Alfred Georg Ludvig Lehmann, F. Bendixen

Die körperlichen Äußerungen psychischer Zustände

Alfred Georg Ludvig Lehmann, F. Bendixen

Die körperlichen Äußerungen psychischer Zustände

ISBN/EAN: 9783741173738

Hergestellt in Europa, USA, Kanada, Australien, Japan

Cover: Foto ©berggeist007 / pixelio.de

Manufactured and distributed by brebook publishing software
(www.brebook.com)

Alfred Georg Ludvig Lehmann, F. Bendixen

Die körperlichen Äußerungen psychischer Zustände

DIE

KÖRPERLICHEN ÄUSSERUNGEN PSYCHISCHER ZUSTÄNDE.

VON

DR. ALFR. LEHMANN.

DRITTER TEIL

TEXT.

LEIPZIG.

O. R. REISLAND.

1905.

ELEMENTE

DER

PSYCHODYNAMIK.

VON

DR. ALFR. LEHMANN.

————

DER KÖRPERLICHEN ÄUSSERUNGEN PSYCHISCHER
ZUSTÄNDE DRITTER TEIL.

TEXT.

MIT 37 FIGUREN IM TEXTE UND EINEM ATLAS VON 42 IN ZINK
GEÄTZTEN TAFELN.

ÜBERSETZT

VON

F. BENDIXEN.

LEIPZIG.
O. R. REISLAND.
1905.

VORWORT.

Indem ich mit dem vorliegenden dritten Teil diese Untersuchungen abschliefse, die mehr als ein Jahrzehnt hindurch meine ganze Zeit und volle Arbeitskraft in Anspruch genommen haben, möchte ich zuvörderst der verehrten Direktion des Carlsbergfonds meinen ergebensten Dank abstatten. Nur durch die freigebige Unterstützung, welche sie meiner Arbeit zuteil hat werden lassen, ist die Durchführung derselben und die Veröffentlichung der als Beweismaterial notwendigen Tafeln ermöglicht worden.

Meinen zahlreichen Mitarbeitern, die sich teils als Versuchspersonen, teils als Assistierende mit grofser Ausdauer an den Versuchen beteiligt haben, bin ich nicht weniger zu Dank verpflichtet. Unter allen sei es mir gestattet, den Namen meines verstorbenen Freundes, des Dr. E. Buch, hervorzuheben, weil die Dankbarkeit, die ich ihm schuldig bin, sich leiderdessen nicht abtragen läfst. Seine eingehende Kritik des zweiten Teils dieser Arbeit wurde von entscheidender Bedeutung für den Inhalt des dritten Teils, indem er mir mehrmals die Unzulänglichkeit der empirischen Formeln für derartige Untersuchungen nachwies und mich dadurch zum rationellen Aufbau der Psychodynamik anspornte.

Schliefslich, aber nicht minder, bringe ich dem Herrn Verlagsbuchhändler Reisland meinen herzlichen Dank für das rege Interesse, das er meiner Arbeit geschenkt hat, und für die häufigen Aufmunterungen, die er mir im Laufe der Jahre hat zufliefsen lassen. Durch's Walten des Schicksals trafen dieselben fast immer in dem Augenblicke ein, wo sie am notwendigsten waren.

Übrigens mufs das Buch für sich selbst reden. Es würde jedenfalls verlorene Mühe sein, wenn ich es dem Wohlwollen des geneigten Lesers empfehlen wollte, denn fast an jedem Punkte stellt es sich den Ansichten der herrschenden Schulen entgegen und ist also im voraus dazu verurteilt, durch eine oberflächliche Kritik in absurdum reduziert und darauf totgeschwiegen zu werden. Meine psychodynamische Theorie ist aber so einfach, und die aus derselben gefolgerten Formeln zeigen eine so vollständige Übereinstimmung mit den Messungen, daß die Theorie, in der Hauptsache wenigstens, richtig sein muß — und folglich wird sie auch schließlich als richtig anerkannt werden.

Kopenhagen, im Juni 1905.

Alfr. Lehmann.

INHALT.

Seite

Vorwort . . . . V—VI

Einleitung . . . . 1—24
    Plan der Untersuchung 1. — Theoretische Voraus-
    setzungen 13.

Die beiden Hauptsätze der Psychodynamik . 24—47
    Die Abgrenzung der Psychodynamik 24. — Hemmung
    und Bahnung 28. — Das Hemmungsgesetz 33. —
    Das Bahnungsgesetz 39.

Bahnung von Schallempfindungen . . . . . 47—81
    Nachweis der Bahnungserscheinung 47. — Messung
    der Schallstärke 53. — Messung der Bahnung 67.

Das Unterscheidungsgesetz für Schallempfindungen . . . . 81—133
    Die ebenmerklichen Unterschiede 81. — Die Bahnung
    und Müllers Theorie des absoluten Eindrucks 99. —
    Külpes Kritik 118. — Gleichgroße übermerkliche
    Empfindungsunterschiede 123.

Optische Meßapparate und Methoden . . . 133—163
    Die Aufgabe der folgenden Untersuchungen 133. —
    Der optische Universalapparat 136. — Die optischen
    Einheiten 149. — Apparate zum Messen der Reiz-
    dauer 156.

Die Abhängigkeit der Lichtempfindung von
der Zeit . . . . 163—217
    Die Helladaptation der Netzhaut 163. — Die Ab-
    hängigkeit der Lichtempfindung von der Dauer des
    Reizes 171. — Die psychophysische Maßformel für
    Lichtempfindungen 186. — Das Zeitverhältnis des
    Maximums der Empfindung 197. — Energetische
    Theorie von der Helladaptation der Netzhaut 200. —
    Negative Nachbilder 211.

Hemmungen in der Netzhaut . . . . 217—245
    Simultaner Kontrast bei vollständiger Adaptation
    217. — Kontrast bei unvollständiger Adaptation
    235. — Das Zusammenwirken simultanen und suk-
    zessiven Kontrastes bei unbestimmter Adaptation 240.

Seite

Die wechselseitige Hemmung der Empfindungen . . . . 245—277
Wechselseitige Hemmung disparater Empfindungen 245. — Das vollständige Hemmungsgesetz für Empfindungen 255. — Ebenmerkliche Lichtunterschiede 258. — Gleichgroße übermerkliche Lichtunterschiede 274.

Die Bahnung als Ursache der Assoziation . . 277—310
Einfluß der Wiederholung auf die Bahnung 277. — Assoziation von Vorstellungen 284. — Auflösung der Assoziationen 303.

Die Assoziationsarbeit . . . . 311—351
Theoretische Betrachtungen 311. — Die Ökonomie der Arbeit 320. — Messung der Assoziationsarbeit 339.

Allgemeine Psycho-Energetik . . . . 351—366
Intensitäts- und Kapazitätsfaktor der P.-Energie 351. — Einfluß der Aufmerksamkeit auf die beiden Faktoren 362.

Hemmung und Bahnung der Herztätigkeit . 366—411
Tatsachen 366. — Die hypothetischen Gefühlsdimensionen 380. — Theoretische Betrachtungen 390. — Weitere Entwicklung der dynamischen Gefühlstheorie 400.

Bestimmung der vasomotorischen Änderungen . . . . 411—435
Die Methode 411. — Die Apparate 417. — Ausmessung und Berechnung der Pulsverspätung 427.

Die vasomotorischen Äußerungen der psychischen Zustände . . . . 435—492
Der Normalzustand 435. — Aufmerksamkeit, Denkarbeit 451. — Die Spannung 457. — Schläfrigkeit, Schlaf, Traum, Erwachen 466. — Einfache Lustgefühle 480. — Einfache Unlustgefühle 484.

Schluß . . . . 492—514
Der Einfluß der psychischen Zustände auf die Atmung 492. — Die Affekte 500.

EINLEITUNG.

Plan der Untersuchung. Im zweiten Teile dieser Arbeit beschäftigten wir uns damit, ein Maß der seelischen Erscheinungen zu suchen. Auf zwei verschiedenen Gebieten wurde eine Lösung der Aufgabe versucht, nämlich teils hinsichtlich der Sinnesempfindungen, teils hinsichtlich solcher seelischen Zustände und Tätigkeiten, die nur in geringem Grade von bestimmten Sinnesreizen abhängig sind.

Was nun erstens die Empfindungen betrifft, so wurde nachgewiesen, daß die Fechnersche Maßformel $E = c \log. (R/R_0)$ unvollständig ist, indem sie bloß für diejenigen Fälle Gültigkeit hat, wo die Tätigkeit der nervösen Organe nur einen so geringen Stoffverbrauch erfordert, daß man diesen nicht mit in Anschlag zu bringen braucht; dies gilt z. B. von den Schallempfindungen. Wo die Nerventätigkeit dagegen einen größeren Stoffverbrauch beansprucht, wie es z. B. mit den photochemischen Prozessen in der Netzhaut der Fall ist, wird es notwendig, den Stoffwechsel mit in Anschlag zu bringen, und man kommt hierdurch zu einer vollständigeren psychophysischen Maßformel:

$$E = c \log. \left[\frac{R}{R_0} (a - a_1 \cdot \log. R) \right].$$

Die Gültigkeit dieser Formel wurde mit Bezug auf die Gesichtsempfindungen dargetan. Indem wir nämlich davon ausgingen, daß ebenmerkliche Empfindungsunterschiede bei Reizungen derselben Art gleichgroß sind, konnten wir aus der Maßformel einen Ausdruck dafür ableiten, wie die Unterschiedsempfindlichkeit (U.-E.) für Lichtunterschiede mit dem Reize variiert, und dies stimmte mit den empirisch gefundenen Größen überein, wenn man bei der Ableitung den zwischen den Reizen stattfindenden Kontrast berücksichtigte. Hinsichtlich der Schallempfindungen, wo die Unterschiedsempfindlichkeit innerhalb eines größeren Reizumfanges konstant ist, und wo deshalb zu erwarten steht, daß die Methode der mittleren Abstufungen das geometrische Mittel der Extreme gibt, wurde nachgewiesen, daß dies wahrscheinlich auch dann der Fall sein wird, wenn man den Zeitfehler, der hier eine ähnliche Rolle spielt wie im Gebiete des Gesichtssinnes der Kontrast, bei der Berechnung mitnimmt[1].

Gegen diese Entwicklungen sind von verschiedenen Seiten mehrere Einwürfe erhoben worden, die sich durchweg jedoch nur auf untergeordnete Details beziehen. Auf einzelne dieser Einwürfe, die mir von größerer Bedeutung zu sein scheinen, werde ich mich im folgenden einlassen, wo sich die Gelegenheit dazu darbieten wird. Einer der wesentlichsten, der die Zulässigkeit betrifft, derartige Berechnungen auf Grundlage rein empirischer Formeln durchzuführen, fällt völlig von selbst weg, da es jetzt, wie ich im folgenden zeigen werde, möglich ist, die Berechnungen mit ratio-

---

[1] Durch Untersuchungen über die Gewichtempfindungen glauben Martin und Müller (Zur Analyse der Unterschiedsempfindlichkeit, Leipzig 1899) drei verschiedene Zeitfehler nachweisen zu können, zu deren Erklärung sie verschiedene, teils physiologische, teils psychische Ursachen annehmen. In einer späteren Arbeit (Gesichtspunkte und Tatsachen der psychophysischen Methodik, Wiesbaden 1904) hat Müller diese Betrachtung dahin erweitert, daß sie auch von Schallempfindungen und wahrscheinlich von allen anderen Sinnesgebieten gelten sollte. In einem folgenden Kapitel: ·Die Bahnung und Müllers Theorie des absoluten Eindrucks· werde ich indes nachweisen, daß weder hinsichtlich der Gewicht- noch der Schallempfindungen drei voneinander unabhängige Zeitfehler existieren, indem es sich erweist, daß diese ganz einfach verschiedene Wirkungen einer gemeinsamen physiologischen Ursache sind. Müllers Theorie ist daher durchaus unhaltbar, was u. a. auch daraus hervorgeht, daß sie sich an einem entscheidenden Punkte mit seinen eigenen Versuchsresultaten im Streit befindet. Es ist natürlich höchst mißlich, daß eine so unrichtige Theorie von einem Forscher mit Müllers Autorität aufgestellt wird, und die weitere Entwicklung dieses Mißgriffes hätte sich leicht vermeiden lassen, wenn Müller es der Mühe wert gefunden hätte, meinen Erwägungen (2. Teil, S. 112—113) ein wenig Aufmerksamkeit zu schenken.

nellen Formeln durchzuführen. Es liegt nur ein einzelner Haupteinwurf vor, dessen nähere Beleuchtung
gleich hier im Anfang notwendig sein wird, weil er
eben die angewandte Methode betrifft. Am Schlusse
der eingehenden Kritik, der K ü l p e meine Betrachtungen
über die Schallempfindungen (2. Teil. S. 99—118) unterworfen hat, sagt er: ›Aber ich kann meine Verwunde-
rung darüber nicht unterdrücken, daß ein Psychologe
ein, psychologisch angesehen, viel unmittelbarer zum
Ziele führendes Verfahren deshalb der Beachtung überhaupt nicht wert findet, weil es eine mathematische Behandlung von Zahlen nicht zulasse. Meinerseits muß
ich gestehen, daß alle Betrachtungen, Entwicklungen
und Gleichungen, die Lehmann für die Gesichtsempfindungen aufgestellt, und bei denen ein ganzes Heer von
Voraussetzungen, Vereinfachungen, Kombinationen
eine Rolle gespielt hat, mir die unmittelbaren Ergebnisse des ,direkten' Verfahrens über die Größe der
ebenmerklichen Unterschiede nicht aufwiegen. Hier tut
sich eben schließlich ein Gegensatz der wissenschaftlichen Prinzipien auf, der eine größere trennende Bedeutung hat als alle Polemik im Detail [1].‹

Das angeführte Zitat wird wahrscheinlich den
meisten Sachverständigen genügen, um darzulegen, daß
K ü l p e überhaupt nicht verstanden hat, was meine
Untersuchungen bezweckten. Und da die Möglichkeit
nicht ausgeschlossen ist, daß es anderen ebenso wie
meinem geehrten Kritiker gegangen sein kann, werde
ich gezwungen, den ›Gegensatz der wissenschaftlichen
Prinzipien‹ näher zu beleuchten, welcher der Uneinigkeit zugrunde liegt, um hierdurch die von mir angewandte Methode zu verteidigen. Die Sache ist wohl
kaum ganz ohne Bedeutung; es handelt sich nämlich —
meines Ermessens — darum, ob die Psychologie andauernd eine ›philosophische‹ Wissenschaft bleiben soll,
ein Tummelplatz allerlei loser Einfälle, die durch un-
klare Definitionen, durch das Überspringen von Möglichkeiten und durch falsche Schlüsse ›bewiesen‹ werden,
so daß jede neue ›Psychologie‹ nicht einen wissen-

---

[1] Zur Frage nach der Beziehung der ebenmerklichen zu den
übermerklichen Unterschieden. Wundt, Phil. Stud. Bd. 18. S 345.

schaftlichen Fortschritt, sondern ganz einfach eine neue
Sammlung privater Ansichten über dieselben alten Tatsachen bezeichnet, — oder ob man durch ein metho-
disches wissenschaftliches Arbeiten nach und nach zum
Verständnisse dieser Tatsachen gelangen soll. Das
philosophische Prinzip scheint in der letzten Zeit eine
erstaunliche Menge Anhänger erhalten zu haben, deren
jeder einzelne sich natürlich seine besonderen Ansichten
über alle möglichen psychologischen Fragen vorbehält,
übrigens aber ganz bereit ist, in Noten und An-
merkungen die »eingehenden und scharfsinnigen Untersuchungen« der Gegner zu preisen. Da man einander
auf diese Weise keinen nennenswerten Schaden zufügt,
blüht das Unwesen weiter fort; um demselben aber
nach geringen Kräften entgegenzuarbeiten, werde ich
jetzt nachweisen, dafs die Herren A m e n t und K ü l p e
im vorliegenden Falle speziell »philosophisch« zu Werke
gegangen sind, und dafs der einzig mögliche Weg, auf
dem sich die Erzielung einer »wissenschaftlichen« Lösung
des Problems erwarten läfst, der von mir eingeschlagene
ist. Da ich mich ausschliefslich des »indirekten« Verfahrens bedient habe, welches K ü l p e für dem »direkten«
weit unterlegen hält, müssen wir vor allen Dingen über
diese beiden Verfahrungsarten völlig ins reine kommen.
Zu diesem Zwecke gebe ich hier A m e n t s Darstellung
der Sache wieder.

»Es besteht eine doppelte Möglichkeit, dies Verhältnis (der ebenmerklichen zu den übermerklichen
Unterschieden) zu prüfen. Man kann nämlich

1. eine gegebene Reizskala in eine stetige Reihe
von ebenmerklichen Unterschieden verwandeln und die
auf diese Weise herausgehobenen Reizwerte zu der
Vergleichung übermerklicher Unterschiede innerhalb
derselben Reihe in Beziehung setzen. Gegeben sei
z. B. die Reihe von Reizen $a, b, c \ldots p$, wo jeder folgende
Wert von dem unmittelbar vorausgehenden in quali-
tativer, intensiver, temporaler oder extensiver Beziehung unmerklich verschieden ist. Man verwandle
diese Reihe in eine aus lauter ebenmerklichen Unterschieden irgendeiner Richtung bestehende, indem man
zu a den ebenmerklich verschiedenen Reiz, zu diesem
wieder den ebenmerklich verschiedenen aufsucht usf., bis

man bei p angelangt ist. Die so erhaltene Reihe sei
$a. c. f. i. l. n, p.$ Dann bestimmt man die Mitte zu a
und p oder a und n oder c und p usf. auf Grund der
ursprünglichen Reizskala. Sind die ebenmerklichen
Unterschiede als merklich gleich anzusehen, dann muſs
jeder der beiden übermerklichen, einander gleichge-
setzten Unterschiede die gleiche Zahl ebenmerklicher
in sich fassen, was z. B. bei a und p nur dann der Fall
wäre, wenn die gefundene Mitte mit i zusammenfiele.
Dies Verfahren läſst sich als das d i r e k t e bezeichnen.
Weiter können wir
2. auf dem gewöhnlichen Wege Unterschiedsschwellen bestimmen und deren Gesetzmäſsigkeit mit
der für das nämliche Reizgebiet nach der Methode der
übermerklichen Unterschiede ermittelten Gesetzmäſsigkeit vergleichen. Es sei z. B. in der obenangeführten
Reizreihe $(c - a)/a = (p - n)/n$ oder die Konstanz der
relativen U.-E. gefunden worden. Daraus müſste, wenn
die ebenmerklichen als merklich gleiche Unterschiede
sollten betrachtet werden dürfen, geschlossen werden,
daſs für zwei gleich erscheinende übermerkliche Unterschiede die nämliche Gesetzmäſsigkeit gelte. Die ge-
suchte Mitte zwischen a und p, die wir x nennen wollen,
würde hiernach so zu liegen kommen, daſs $(x - a)/a =$
$(p - x)/x$, woraus $x = \sqrt{a \cdot p}$, also als geometrisches
Mittel aus den Grenzwerten, sich bestimmte. Bisher ist
dieses letztere Verfahren, das wir das i n d i r e k t e
nennen wollen, allein zur Anwendung gekommen [1].«
Diese ganze Darstellung ist so klar und deutlich,
daſs es nicht schwer wird, den logischen Fehler nachzuweisen, dessen A m e n t sich schuldig macht. Ich verweile zu diesem Zwecke vorläufig nur bei der direkten
Methode. Nennen wir, um mit gröſserer Bestimmtheit
von der Sache reden zu können, die ebenmerklich verschiedenen, von den Reizen a, c, f, i, l, n, p ausgelösten
Empfindungen E_a, E_c, E_f usw. Zeigten die Versuche
nun z. B., daſs der Reiz i als Mitte zu a und p aufgefaſst würde, so würden mithin die beiden gleichgroſsen
Empfindungsunterschiede $E_i - E_a$ und $E_p - E_i$ dieselbe

[1] A m e n t, Über das Verhältnis der ebenmerklichen zu den übermerklichen Unterschieden. Phil. Stud. Bd. 16. S. 136.

Anzahl ebenmerklich verschiedener Empfindungen umfassen, und dann wäre es wahrscheinlich berechtigt, zu
schliefsen, die ebenmerklichen Empfindungsunterschiede
seien gleichgrofs; jedenfalls würde man durchaus keinen
Grund haben, etwas anderes anzunehmen. Bekanntlich
stellt die Sache sich tatsächlich aber nicht so. A m e n t s
Versuche mit grauen Papieren haben gezeigt, dafs nicht
der Reiz i als Mitte zu a und p aufgefafst wird, dafs
die Mitte dagegen näher an der oberen Grenze p liegt;
nehmen wir an, der Reiz l werde als Mitte aufgefafst.
Was läfst sich nun hieraus schliefsen? Durchaus nichts;
es gibt hier nämlich zwei Möglichkeiten. Ruft der Reiz l
fortwährend die nämliche Empfindung E_l hervor, die er
hervorrufen würde, wenn er allein wäre, so zeigen die
Versuche mithin, dafs die beiden gleichgrofsen Empfindungsunterschiede $E_l - E_a$ und $E_p - E_l$ eine ungleich
grofse Anzahl ebenmerklicher Unterschiede umfassen,
und folglich müssen diese ebenmerklichen Unterschiede
von verschiedener Gröfse sein. Es wäre aber auch sehr
wohl denkbar, dafs die ganze Versuchsanordnung, nach
welcher die drei Reize gleichzeitig präsentiert werden,
störende Wirkungen herbeiführte, so dafs der Reiz l
nun gar nicht die Empfindung E_l, sondern dagegen E_i
hervorriefe. In diesem Falle würden die drei Reize a,
l und p uns also die Empfindungsunterschiede $E_i - E_a$
und $E_p - E_i$ geben, von denen wir wissen, dafs sie dieselbe Anzahl ebenmerklicher Unterschiede umfassen,
und es entsteht folglich kein Grund für die Annahme,
dafs die ebenmerklichen Empfindungsunterschiede ungleich grofs wären. Aus dem Umstande, dafs nicht i,
sondern dagegen l die Mitte zwischen a und p zu sein
scheint, läfst sich also durchaus nichts schliefsen, bevor
wir die Gewifsheit haben, dafs die Versuchsanordnung
in den psychischen Wirkungen der Reize keine Störungen erzeugt hat. A m e n t begeht daher einen logischen Fehler, wenn er eine der beiden möglichen Erklärungen übersieht und ohne weiteres die Gültigkeit
der anderen behauptet. Und der Fehler wird nicht geringer, weil K ü l p e ihn verteidigt.
    Die andere, hier von mir hervorgehobene Möglich-
keit ist bekanntlich gar kein reines Phantasiegebilde,
das durchaus einer Stütze an der Erfahrung ermangelte;

im Gegenteil. In einer Jugendarbeit[1], die Ament bekannt ist, da er ein sehr gutes Referat derselben gegeben hat, wies ich nach, dafs die Versuchsanordnung bei der Bestimmung gleichgrofser Lichtunterschiede einen sehr bedeutenden Kontrast im Gefolge hat, der sich namentlich bei dem mittleren der drei Reize geltend macht. Steht es aber fest, dafs hier eine störende Kontrastwirkung stattfindet, so mufs deren Einflufs notwendigerweise untersucht werden. Denn es wäre ja denkbar, dafs es der Kontrast wäre, der an der ›optischen Täuschung‹ — wenn dieser Ausdruck statthaft ist — schuld hätte, dafs gleichgrofse Empfindungsunterschiede eine ungleich grofse Anzahl ebenmerklicher Unterschiede zu umfassen scheinen. Nehmen wir das früher benutzte Beispiel. Ruft der Reiz I nicht die Empfindung E_a sondern wegen eines negativen Kontrastes die Empfindung E_i hervor, so haben wir also in der Tat $E_i - E_a = E_p - E_k$ und da jede dieser Differenzen gleich viele ebenmerkliche Unterschiede umfafst, so sind letztere ja auch als gleichgrofs anzusehen. Es leuchtet nun aber ein, dafs zu einer Bestimmung des Einflusses des Kontrastes die direkte Methode nicht brauchbar ist, wenigstens nicht in in der von Ament angegebenen Form; wir werden somit notwendigerweise auf die indirekte Methode hingewiesen, die uns mathematische Operationen mit Zahlengröfsen gestattet.

Es möchte demnach wohl klar sein, weshalb ich dem direkten Verfahren keinen Wert beizumessen vermag. Es verhält sich nämlich ganz unrichtig, wenn Külpe sagt, dasselbe führe mehr unmittelbar zu einem Resultate. Faktisch gibt dieses Verfahren uns nur eine Tatsache, die erklärt werden soll; von vornherein gibt es aber mehrere gleichmögliche Erklärungen, und die Methode liefert nicht den geringsten Beitrag, um zu entscheiden, welche der möglichen Erklärungen die rechte ist. Dies kann nur die indirekte Methode tun, weil sie gestattet, die verschiedenen störenden Einflüsse in Anschlag zu bringen. Findet man so z. B., dafs der Lichtreiz x, der als Mitte der Grenzen a und p aufgefafst wird, gröfser

---

[1] Über die Anwendung der Methode der mittleren Abstufungen auf den Lichtsinn. Phil. Stud. Bd. 3, S. 498.

ist als das geometrische Mittel dieser Grenzen, also $x > \sqrt{a \cdot p}$, so kann man die Größe des tatsächlich vorhandenen negativen Kontrastes messen und von x abziehen. So verfuhr ich in dem obenerwähnten Jugendwerke und fand, daß das mit Bezug auf den Kontrast korrigierte x sich $\sqrt{a \cdot p}$ sehr näherte. Und Neiglick, der diese Untersuchungen fortsetzte[1], fand in gewissen speziellen Fällen das korrigierte x genau $= \sqrt{a \cdot p}$. Man sollte nun meinen, daß Ament, der dies alles weiß, hierdurch eine Vermutung bekommen könnte, der Kontrast sei eine wesentliche, wenn auch nicht die einzige Ursache, weshalb $x > \sqrt{a \cdot p}$ ist. Und da bei den genannten Untersuchungen ausschließlich auf den simultanen Kontrast Rücksicht genommen wurde, lag es nahe, eine ähnliche Untersuchung mit Bezug auf den sukzessiven Kontrast durchzuführen, um zu prüfen, ob die noch nachbleibende Abweichung sich nicht hierdurch erklären ließe. Selbst wenn dies nicht gelingen sollte, so gibt es ja doch andere physiologische Erscheinungen, deren störendes Eingreifen denkbar wäre, und die mithin untersucht werden müßten. So hätte eine streng wissenschaftliche Untersuchung des Problems die Sache angreifen sollen, und erst wenn es sich erwiesen hätte, daß alle bekannten störenden Faktoren nicht imstande sind, die Abweichung des x von $\sqrt{a \cdot p}$ zu erklären, erst dann wäre es berechtigt gewesen, so wie Ament zu schließen. Eine derartige Untersuchung wäre sehr weitläufig geworden, und Ament macht sich deshalb die Arbeit etwas leichter, indem er die eine Möglichkeit, die physisch-physiologische Erklärung, übergeht und sogleich die andere Möglichkeit, die psychologische Erklärung, akzeptiert. Welchen wissenschaftlichen Wert man aber einem solchen »direkten Verfahren« beilegen darf, — das zu beurteilen überlasse ich Herrn Külpe.

Hiermit ist indes nur die eine Seite der Sache ins reine gebracht. Bisher berücksichtigten wir nämlich gar nicht die Größe der Reize a, c, f usw., welche die ebenmerklich verschiedenen Empfindungen hervorrufen. Diese Reize stehen der Erfahrung gemäß in be-

---

[1] Zur Psychophysik des Lichtsinnes. Phil. Stud. Bd. 4, S. 28 u. f.

stimmtem Verhältnisse zueinander, indem sie mit größerer oder geringerer Annäherung das Webersche Gesetz befolgen: $c/a = f'/c = i/f$ usw. Nun ist es von vornherein höchstwahrscheinlich, daß ein bestimmtes einfaches Verhältnis zwischen unseren Empfindungen eine einfache Relation zwischen den entsprechenden Reizen erfordert. Sind ebenmerkliche Empfindungsunterschiede gleichgroß, so ist es daher höchstwahrscheinlich, daß das Verhältnis zwischen denselben entsprechenden Reizen ein konstantes ist. Da Webers Gesetz nun tatsächlich auf einigen Sinnesgebieten nur annähernde, auf einem einzelnen Gebiete sogar gar keine Gültigkeit besitzt, so entsteht hier offenbar wieder die nämliche doppelte Möglichkeit, die wir oben betrachteten. Entweder rühren die Abweichungen vom Weberschen Gesetze von störenden physiologischen Momenten her, oder auch entstammen sie dem Umstande, daß die ebenmerklichen Empfindungsunterschiede nicht gleichgroß sind. Welche dieser Erklärungen die rechte ist, das wissen wir nicht, apriori läßt sich aber keine derselben ausschließen. Haben wir bei den Abweichungen vom Weberschen Gesetze mit physiologischen Störungen zu tun, so ist es kaum denkbar, daß diese sich nicht auch dann geltendmachen sollten, wenn man mittels der Methode der mittleren Abstufungen gleichgroße Empfindungsunterschiede bestimmt. Greifen sie aber hier ein, so kann man mithin nicht erwarten, daß die Mitte $x = \sqrt{a \cdot p}$ sein sollte. Ich erlaubte mir deshalb zu behaupten, daß Ament einen logischen Fehler beging, als er nach seinen Versuchen über Schallempfindungen aus dem Umstande, daß $x > \sqrt{a \cdot p}$ ist, Schlüsse ziehen wollte. Denn da das Webersche Gesetz in den betreffenden Versuchen nicht für das ganze Gebiet a bis p gilt, genügt schon dies Faktum allein, um alle Tatsachen doppeldeutig zu machen. Külpes Verteidigung dieses logischen Fehlers[1] zeigt mit hinlänglicher Deutlichkeit, daß auch er nicht die Schwierigkeit und die Tragweite des Problems erkannt hat, welches Ament unter seiner Anleitung behandelte.

[1] l. c. S. 329 u. f.

— 10 —

Es läfst sich also nur ein einziger Weg einschlagen,
wenn man wirklich eine Lösung des vorliegenden Problems erreichen will, nämlich der uns von Fechner
und Helmholtz angewiesene Weg, auf den mich auch
Wundt seinerzeit führte, als ich in seinem Laboratorium den Einflufs des Kontrastes bei der Bestimmung
gleichgrofser Lichtunterschiede untersuchte. Man mufs
die Gröfse aller Störungen — physischen, physiologischen
oder psychophysiologischen Ursprungs — feststellen, die
sich geltendmachen, wenn zwei oder mehrere Reize
gleichzeitig oder unmittelbar nacheinander auf ein
Sinnesorgan einwirken. Können diese Momente, wenn
sie bei der Berechnung mitgenommen werden, die Abweichungen nicht nur vom Weberschen Gesetze, sondern auch von der geometrischen Mitte erklären, so ist
die Sache klar. Gelingt es dagegen nicht, die Abweichungen auf diesem Wege zu erklären, so ist der
Schlufs berechtigt, dafs die ebenmerklichen Empfindungsunterschiede nicht gleichgrofs sind. Es war eine
Untersuchung dieser Art, die ich im zweiten Teile der
hier vorliegenden Arbeit durchzuführen suchte. Wenn
Külpe den Versuch als mifslungen betrachtet, zunächst
wohl weil ·ein ganzes Heer von Voraussetzungen, Vereinfachungen, Kombinationen dabei eine Rolle gespielt
hat·, so kann ich das natürlich nur bedauern. Gar so
schlimm, wie er es erscheinen läfst, ist es aber doch
nicht. Ich ging davon aus, dafs ebenmerkliche Empfindungsunterschiede gleichgrofs sind, und dafs das
Webersche Gesetz für die entsprechende Reihe von
Reizen gültig ist. — das waren meine Voraussetzungen.
Hieraus folgt geradezu, dafs $x = \sqrt{a \cdot p}$ für gleichgrofse
übermerkliche Empfindungsunterschiede gelten mufs.
Ich suchte darauf empirische Formeln für die einwirkenden störenden Ursachen aufzustellen und zu
zeigen, dafs diese Ursachen gerade die empirisch gefundenen Abweichungen von dem Weberschen Gesetze
und der geometrischen Mitte veranlassen mufsten. Dafs
dies einige mathematische Operationen erforderte, ist
wirklich nicht meine Schuld; diese psychophysiologischen
Verhältnisse sind nun einmal sehr kompliziert. Wäre
es Külpe, Ament & Co. gestattet worden, diesen Teil
des Daseins zu konstruieren, so bezweifle ich nicht, dafs

derselbe viel einfacher geworden wäre. Um die Sache
nicht gar zu weitläufig zu machen, erlaubte ich mir, wo
die Umstände es erheischten, einige Verkürzungen
meiner Formeln einzuführen, — auch das scheint aber
in Külpes Augen keine Gnade zu finden. Das tut man
doch sonst, sogar in der exakten Physik, wenn die
Formeln gar zu verwickelt werden und die gewünschte
Genauigkeit nicht erfordert, daß man mit den vollständigen Ausdrücken rechnet. Weshalb sollte man es
denn nicht in der Psychologie tun, deren Messungen
sich wahrlich nicht durch solche Genauigkeit aus-
zeichnen, daß man seine Berechnungen mit zwölf richtigen Dezimalen durchzuführen nötig hat?

Diese Auseinandersetzung meiner Methode dürfte gewiß genügen, um zu zeigen, daß, wie vieler Fehler ich
mich auch bei der Behandlung der einzelnen Fragen
schuldig gemacht haben kann, meine Methode nicht nur
richtig, sondern zudem die einzige richtige ist: nur diese
wird imstande sein, uns zu einem endlichen, streng-
wissenschaftlich festgestellten Resultate zu führen. Ich
habe es mir angelegen sein lassen, dies hier zu präzisieren, weil ich gesonnen bin, auf demselben Wege
weiterzugehen. Die Bedeutung der Sache erfordert
nämlich eine solche Durchführung dieser Untersuchung,
daß das Resultat überhaupt nicht bezweifelt werden
kann. Meine frühere Darstellung hat aber erstens unbestreitbar ihre schwachen Punkte, so daß sie nicht
durchaus zu überzeugen vermag, und zweitens war sie
nicht erschöpfend, weil sie sich an einem einzelnen
Punkte, wo ein entscheidender Beweis hätte geführt
werden sollen, mit Wahrscheinlichkeiten und Andeutungen begnügen mußte, da ich damals keinen Ausweg erblickte, der Sache tiefer auf den Grund zu
kommen.

Jetzt ist die Lage eine ganz andere. Es hat sich
nämlich erwiesen, daß die letzte Hälfte meines Buches
die erforderliche theoretische Grundlage enthält, um
die erste Hälfte vollständig zu korrigieren. Ich untersuchte dort ja empirisch den hemmenden Einfluß der
Denkarbeit auf die Muskelarbeit und fand rein empirisch
ein Gesetz für denselben, von dem sich ergab, daß es
nur eine spezielle Form eines auf vielen anderen Ge-

bieten wohlbekannten mechanischen Gesetzes ist. Ein
Versuch, theoretisch zu erklären, wie ein solches
mechanisches Gesetz für den Einfluſs der seelischen auf
die körperliche Arbeit gültig sein kann, führte zu einem
Nachweise, daſs die bekannten physiologischen Verhältnisse, die Hemmung und die Bahnung, nicht nur
für Reflexbewegungen, sondern auch für willkürliche
Muskelbewegungen gelten und wahrscheinlich bei allen
psychophysiologischen Tätigkeiten nachzuweisen sein
müſsten. Somit gelangten wir bis ganz an die Grenze
der Psychodynamik, der Lehre von dem gegenseitigen
Einflusse der gleichzeitigen oder unmittelbar nacheinanderfolgenden seelischen Zustände aufeinander.
Und das erste psychodynamische Hauptgesetz, das Gesetz der Hemmung, war tatsächlich schon damals mathematisch formuliert und mit Bezug auf eine groſse Gruppe
von Erscheinungen dargetan. Die Bahnung hingegen
war nur in gewissen besonderen Fällen nachgewiesen,
und eine mathematische Formulierung eines Bahnungsgesetzes war nicht einmal versucht worden.

Auf dieser Grundlage habe ich später weitergebaut.
Sind die Hemmung und die Bahnung fundamentale
Prozesse im zentralen Nervensystem, so muſs es auch
möglich sein -- folgerte ich —, diese Verhältnisse bei
gleichzeitigen oder sukzessiven Sinneswahrnehmungen
nachzuweisen. Die Resultate bestätigten meine Erwartungen weit über alle wahrscheinlichen Grenzen
hinaus. Auf theoretischem Wege ein dem Hemmungsgesetze analoges Bahnungsgesetz zu formulieren, fiel
nicht schwer, und es erwies sich nun, daſs sich völlig
genaue Gesetze für eine ganze Reihe bekannter Erscheinungen mit gröſster Leichtigkeit aus den beiden
psychodynamischen Hauptgesetzen ableiten lieſsen. Das
ganze Problem der Abweichungen von dem Weberschen
Gesetze und der geometrischen Mitte lieſs sich ohne
Schwierigkeit auf rein theoretischem Wege lösen, und
die Formeln, die man auf diese Weise erlangte, waren
weit eleganter als die früher mit so groſser Mühe aufgestellten empirischen Formeln. Nachdem ich nun gesehen hatte, daſs die Hemmung und die Bahnung sich bei
so verschiedenartigen Funktionen wie bei der Sinneswahrnehmung und der willkürlichen Muskelbewegung

nachweisen liefsen, lag es nahe, zu untersuchen, ob sie
nicht auch bei den die seelischen Zustände begleitenden
organischen Änderungen eine Rolle spielten. Auch hier
zeigte sich eine Beziehung, die auf die körperlichen Erscheinungen neues Licht warf und uns deren Verständnisse einen guten Schritt näher brachte. Hiermit
sind der Gang und der Inhalt der vorliegenden Arbeit
in den Grundzügen angegeben.

Theoretische Voraussetzungen. Bevor ich nun zur
Darstellung der im vorhergehenden skizzierten Untersuchungen schreite, wird eine Erörterung der Voraussetzungen, von denen ich ausgehe, hier am rechten
Orte sein. Dieselben sind nämlich nicht zahlreicher,
als dafs sie sich schnell angeben lassen, und da ich im
folgenden stets auf sie bauen mufs, wird es dem Leser
gewifs eine Erleichterung sein, sie hier gleich anfangs
präzisiert zu finden.

1. Ich nehme an, dafs die seelischen Erscheinungen
an eine spezielle Form der Energie geknüpft sind, die
zwar mit keiner anderen der bisher näher untersuchten
Energien identisch ist, jedoch durch Transformation
chemischer Energie im Nervensysteme entsteht ebenso
wie die übrigen durch die Nerventätigkeit freigemachten
Energien. Der Bequemlichkeit wegen bezeichne ich
diese besondere Energieform mit dem Namen der
P-Energie.

Eine nähere Auseinandersetzung der Berechtigung
dieser Annahme werde ich hier nicht geben, da ich
bereits im Schlusse des zweiten Teils (S. 315—320) vorgebracht habe, was sich hierüber sagen läfst, wenn man
sich nicht auf weitläufige metaphysische Betrachtungen
einlassen will, die ganz aufserhalb des Planes der vorliegenden Arbeit fallen würden. Dafs Ostwald in
seiner ›Naturphilosophie‹ dieselbe Hypothese aufgestellt
hat, kann ich natürlich nur als Beweis dafür betrachten,
dafs ich von dem energetischen Gesichtspunkte aus die
rechten Konsequenzen über die Beziehung des Seelischen zum Körperlichen gezogen habe. Da aufserdem
alle älteren Theorien im Laufe der Zeiten ihren totalen
Mangel an Vermögen dargelegt haben, auch nur eine
einzige der empirisch festgestellten Tatsachen zu erklären, so wird schon dieser Umstand allein hinlänglichen

- 14 -

Grund enthalten, um zu versuchen, ob man nicht auf
einem ganz anderen Wege sollte weiter gelangen
können. Der gewöhnliche Parallelismus ist ja gänzlich
aufserstande, uns zu erklären, weshalb zwischen Empfindung und Reiz ein logarithmisches Verhältnis besteht, ja er ist nicht einmal imstande, zu entscheiden,
ob wir die Ursache auf physiologischem, psychophysi-
schem oder rein psychischem Gebiete zu suchen haben.
Jede dieser Möglichkeiten hat ihre eifrigen Verfechter.
Eine Theorie, die einer fundamentalen Tatsache so völlig
machtlos gegenübersteht, ist aber keine Theorie; sie
hat überhaupt keine Existenzberechtigung. Und da wir
mit den materialistischen und spiritualistischen Theorien
um gar nichts besser daran sind, ist es doch wenigstens
einen Versuch wert, von einer Hypothese auszugehen,
die uns nicht im Zweifel sein läfst, wo die Erklärung
in allen Fällen zu suchen ist. Denn ist die *P*-Energie
nur eine unter vielen Energieformen, und ist sie denselben Gesetzen unterworfen wie diese, so ist die Erklärung jeder beliebigen psychischen Gesetzmäfsigkeit
stets auf physisch-physiologischem Boden zu suchen: die
psychische Gesetzmäfsigkeit mufs in letzter Instanz ein
Gesetz für Nerventätigkeiten sein. Die Berechtigung
der Theorie wird mithin ausschliefslich davon abhängig,
ob diese sich durchführen läfst.

2. Ferner setze ich voraus, dafs die Hypothese von
der Natur der Nerventätigkeit, die ich schon im zweiten
Teile S. 181—186 und 262—269 näher entwickelte, und
der ich später in meiner Abhandlung »Über die Natur
der Nerventätigkeit« [1] einen Unterbau von besonderen
Versuchen gab, in der Hauptsache richtig ist.

In der genannten Abhandlung wies ich nach, dafs
es möglich ist, in einem Elektrolyten, der nicht in
Strömungen kommen kann, genau dieselben elektrischen
Verhältnisse hervorzurufen, die sich in einem gereizten
Nerv zeigen. Es ist hierzu nur erforderlich, dafs die
Konzentration des Elektrolyten an einem einzelnen
Punkte abgeändert wird, und dafs die hierdurch ent-
wickelte Elektrizität durch einen Leiter anderer Art der

[1] Pflügers Archiv Bd. 97, 1903, S. 148.

mit dem Elektrolyten in Berührung steht, entladen werden kann. Dann wird die durch den Konzentrationsunterschied bedingte primäre elektromotorische Kraft sukzessiv elektromotorische Kräfte von abnehmender Stärke den ganzen Elektrolyten hindurch hervorrufen. Da es nun, wie zuerst von Nernst hervorgehoben[1], keine andere bisher bekannte Ursache gibt als eben einen Konzentrationsunterschied, die in einem Organe von dem Bau des Nervs die elektrischen Erscheinungen hervorrufen könnte, welche faktisch während der Nerventätigkeit vorkommen, so wird es wenigstens höchstwahrscheinlich, daß die Reizung eines Nervs primär gerade einen Konzentrationsunterschied hervorruft, womit dann der ganze fortschreitende elektrolytische Prozeß gegeben ist. Für die Richtigkeit der Theorie spricht nun auch, daß Biedermann auf Grundlage einer eingehenden Kritik der Kernleitertheorie zu einem ganz ähnlichen Resultate kommt: die Nervenleitung beruht auf stofflichen Umsätzen, die sich vom Reizungsorte aus fortpflanzen, während die elektrischen Erscheinungen nur notwendige Folgen dieser chemischen Änderungen sind[2]. Dies ist der Kern der Theorie, der deren weitere psychophysiologische Anwendung ermöglicht; von ganz untergeordneter Bedeutung in dieser Beziehung ist es dagegen, in welchen Teilen des Nervs die betreffenden Änderungen vorgehen. In meiner obenangeführten Abhandlung nahm ich an, der Achsenzylinder in seiner Gesamtheit sei der Sitz der Konzentrationsänderungen, während die Markscheide oder, bei den nackten Achsenzylindern, die umgebenden Gewebe zur Ableitung der lokalen elektrischen Ströme dienten. Sehr möglich ist es indes, daß Bethe mit seiner Annahme recht hat, die eigentliche Nervenleitung finde in den Fibrillen des Achsenzylinders statt, während die Perifibrillärsubstanz zur Ableitung der Elektrizität diene[3]. Selbst wenn dies sich als richtig

[1] Zur Theorie der elektrischen Reizung. Nachrichten v.d.Gesellsch. d. Wiss. in Göttingen. 1899. Diese Abhandlung war mir nicht bekannt, als ich den betreffenden Abschnitt des zweiten Teils schrieb.
[2] Elektrophysiologie. Ergebnisse der Physiologie. 2. Jahrg. 2. Abt. S 165 166.
[3] Anat. u. Phys. d. Nervensystems. Leipzig. 1903. S. 316—317.

erweisen sollte. erschüttert es aber doch nicht das Wesentliche der Theorie, die nur die physisch-physiologischen. nicht aber die histologischen Verhältnisse der Nerventätigkeit betrifft. Wir können also davon ausgehen, daſs die Theorie sich in allem Wesentlichen mit den Resultaten in Übereinstimmung befindet, zu denen die Forscher, die sich in der jüngsten Zeit mit der Sache beschäftigt haben. gelangt sind. In psycho-physiologischer Beziehung hat diese Theorie nun die groſse Bedeutung, daſs sie uns einen quantitativen Ausdruck für die Stärke des Aktionsstromes gibt. indem diese $\log.(C/C_R)$ proportional werden muſs, wo C die ursprüngliche, C_R die durch den Reiz hervor-gerufene Konzentration des Stoffes ist[1]. Hieraus läſst sich ferner ein Ausdruck für die Abhängigkeit der Stromstärke von der Stärke R des Reizes ableiten. wie unten näher gezeigt werden wird.

3. Endlich setze ich voraus, daſs diejenige Menge P-Energie. die durch einen Prozeſs im Zentralorgane entwickelt wird, den anderen durch den Prozeſs frei-gemachten Energiemengen proportional ist. so daſs die Intensität der psychischen Erscheinung dem durch den Prozeſs bewirkten Potentialgefäll im Gehirn pro-portional wird.

Langelaan hat zuerst nachgewiesen. daſs das Fechnersche Gesetz sich als rein physiologisches Ge-setz herleiten läſst unter der Voraussetzung, daſs die beiden folgenden Gesetze gültig sind: a) »Die trans-formierte Energie wird in konstantem Verhältnisse über die verschiedenen Formen, in welche sie verwandelt wird. verteilt, unabhängig von dem Zustande, in welchem sich der Transformator befindet« (Gesetz der konstanten Proportionen). b) »Die Natur des Transformators ändert sich nicht infolge der Transformation«[2]. Soweit ich zu ersehen vermag, ist die Gültigkeit des letzteren Satzes eine durchaus notwendige Bedingung. damit das

[1] Pflügers Archiv Bd. 97, 1903. S. 151.
[2] The principle of entropy in physiology. Verslag K. Akademie van Wetenschappen te Amsterdam, May 1902. S. 13—14. — Beiträge zur Physiologie des Reflexapparates. Archiv f. Anat. u. Phys. Phys. Abt. Suppl. 1903. S. 372.

Gesetz der konstanten Proportionen gültig wird. Ändert sich nämlich der Transformator während der Arbeit, so ist es nicht mehr dasselbe System, das arbeitet, und folglich kann das Verhältnis der transformierten Energien zueinander nicht unverändert bleiben. Man könnte sich sonst ebensowohl denken, daß die Proportionen unverändert blieben, wenn man durch ganz willkürliche äußere Eingriffe den Transformator änderte. Wenn der Transformator sich aber nicht verändert, so ist es höchst wahrscheinlich, daß das Gesetz der konstanten Proportionen stets für jedes beliebige physische System gültig sein wird. Es kann hier natürlich keine Rede davon sein, die Tragweite des Gesetzes der konstanten Proportionen durch genaue physische Messungen zu untersuchen; ich werde nur durch einzelne, bekannte Beispiele die Richtigkeit der aufgestellten Behauptung zu zeigen suchen: die Bedingung für die Gültigkeit des Gesetzes der konstanten Proportionen ist die, daß der Transformator nicht abgeändert wird, weder durch innere noch äußere Ursachen, und in je höherem Grade diese Bedingung erfüllt wird, desto mehr wird das Gesetz sich vollständiger Gültigkeit nähern.

Durch ein Beispiel, auf das wir in den folgenden Untersuchungen zurückkommen werden, läßt sich leicht nachweisen, daß die Gültigkeit des Gesetzes der konstanten Proportionen aufhört, wenn der Transformator durch äußere Eingriffe geändert wird. Läßt man eine Stahlkugel aus einer gewissen Höhe auf eine Zinkplatte herabfallen, so wird die Bewegungsenergie in Schall, Rekul und Deformation der Unterlage umgesetzt werden. Genaue Messungen — die in einem späteren Abschnitte zur näheren Besprechung kommen — zeigen nun, daß die Stärke des Schalls proportional zur Fallhöhe, mithin zur Energie der Kugel anwächst, natürlich nur bis zu der Grenze, wo der Widerstand der Luft einen nachweisbaren Einfluß auf die Fallgeschwindigkeit erhält. Hier scheint also das Gesetz der konstanten Proportionen gültig zu sein: man bekommt stets einen konstanten Bruchteil der Bewegungsenergie in Schall umgesetzt. Und es macht keinen Unterschied, ob man statt einer einzigen Kugel *n* Kugeln von demselben

Gewichte wie die erste nimmt und dieselben zu gleicher Zeit aus einer Höhe herabfallen läfst, die 1/n der Fallhöhe der ersten Kugel beträgt. Solange die fallenden Kugeln aus demselben Stoffe bestehen und dasselbe Gewicht haben, bleibt das System unverändert, und die Schallstärke wächst, wie die Messungen ergeben, proportional zur Bewegungsenergie der Kugeln. Dagegen geht es durchaus nicht an, statt der n gleichgrofsen Kugeln eine einzige Kugel von dem n-fachen Gewichte zu nehmen; hierdurch wird die Schallstärke vollständig geändert, weil eine gröfsere Kugel eine ganz andere Deformation der Unterlage als eine kleinere Kugel hervorbringt. Das Gesetz der konstanten Proportionen hat, also keine Gültigkeit, die sich der Natur der Sache zufolge auch nicht erwarten läfst, wenn durch äufseren Eingriff Änderungen des Systems unternommen werden.

Wie das System nicht durch äufsere Ursachen geändert werden darf, so darf dies auch nicht durch innere Ursachen, durch die während der Transformation entwickelten Energien geschehen. Wenn die Scheibe einer Elektrisiermaschine durch die Friktion gegen die Reibkissen erwärmt wird, so wird sich hiermit auch die pro Zeiteinheit entwickelte elektrische Energie ändern, selbst wenn die Rotationsgeschwindigkeit konstant ist. Das arbeitende System ist hier durch die Wärmemenge abgeändert, die während der Transformation selbst entwickelt wurde, und somit variiert auch das Verhältnis zwischen den entwickelten Energiemengen; das Gesetz der konstanten Proportionen ist nicht gültig. Gehen wir nun aber davon aus, dafs die Maschine sich mit den Umgebungen im Temperaturgleichgewicht befindet, und arbeiten wir mit derselben nur so kurze Zeit hindurch, dafs die entwickelte Wärmemenge keine merkliche Steigerung der Temperatur der Scheibe bewirken kann. Unter diesen Umständen kann es keinen Zweifel erleiden, dafs die pro Zeiteinheit entwickelte elektrische Energie der Rotationsgeschwindigkeit der Scheibe, mithin der transformierten mechanischen Arbeit, proportional sein wird. Oder mit anderen Worten: das Gesetz der konstanten Proportionen ist gültig, solange das System nicht durch innere Ursachen abgeändert wird.

Es leuchtet nun ein, dafs, je geringer die Energiemenge ist, die während jeder Zeiteinheit in einem gegebenen Systeme transformiert wird, um so gröfser
ist auch die Wahrscheinlichkeit, dafs das System keine
merklichen Änderungen erleidet, und dafs folglich das
Gesetz der konstanten Proportionen seine Gültigkeit
behält. Dies wird besonders mit einem Systeme der
Fall sein, das in potentieller Form, z. B. als chemische
Energie, eine grofse Energiemenge enthält, deren nur
ein geringer Bruchteil während jeder Zeiteinheit frei
umgesetzt werden kann. Als Beispiel mag das galvanische Element genannt werden. Für ein konstantes
galvanisches Element gilt offenbar das Gesetz der konstanten Proportionen, — sonst wäre ja ganz einfach
das Element nicht konstant. Absolut konstant ist es
natürlich auch nicht; da ein solcher Apparat sich aber
um so länger unverändert erhält, je geringer seine
elektromotorische Kraft und je gröfser sein innerer
Widerstand ist, so geht auch hieraus hervor, wie die
Bedingung für die Gültigkeit des Gesetzes die ist, dafs
das System durch die Energietransformation nicht abgeändert wird.

Zwischen einem Zentralnervensystem und einem
galvanischen Elemente findet nun völlige Übercin-
stimmung an demjenigen Punkte statt, der für das besprochene Verhalten von entscheidender Bedeutung ist.
Das Gehirn enthält ebenso wie das Element eine grofse
Menge potentieller Energie, deren sich nur ein sehr geringer Teil während jedes Augenblicks frei umsetzen
läfst (vgl. 2. Teil, S. 257). Überdies ist das Gehirn mit
einem Stoffwechselapparat ausgerüstet, der neuen Stoff
zuführt, die Zersetzungsprodukte fortschafft und die
Temperatur reguliert, so dafs letztere durch die während
der Arbeit entwickelte Wärmemenge nur sehr wenig
gesteigert werden kann. Alle Verhältnisse sind mithin
so geordnet, dafs das Zentralnervensystem während
seiner Arbeit nur die möglichst kleine Änderung erleiden kann. Allen Analogien zufolge ist es deshalb
berechtigt, zu schliefsen, dafs das Gesetz der konstanten
Proportionen für die Arbeit des Gehirns völlige Gültigkeit besitzt. Somit ist die Berechtigung der an-
genommenen Voraussetzung gegeben: dafs die In-

2*

tensität der psychischen Erscheinungen dem durch den Prozeſs bewirkten elektrischen Potentialgefäll im Gehirn proportional ist.

Nach Berichtigung dieses Punktes wird es offenbar keine Schwierigkeit bereiten, für die Intensität einer Empfindung als Funktion der Stärke des Sinnesreizes einen Ausdruck mathematisch zu formulieren. Denn der elektrolytischen Theorie von der Nerventätigkeit zufolge ist die Stärke des Aktionsstromes proportional zu $\log. (C/C_R)$. Das Potentialgefäll im Sensorium ist aber der Stärke des Aktionsstromes proportional, und da die Intensität E der Empfindung dem Gesetze der konstanten Proportionen gemäſs wieder dem Potentialgefäll proportional ist, so erhalten wir also als den der Intensität des Aktionsstromes und der Intensität der Empfindung gemeinschaftlichen Ausdruck: $E = c \log. (C \cdot C_R)$, wo die Konstante c nur verschiedenen Wert bekommt, je nachdem E eine oder die andere der beiden Gröſsen bezeichnet. Die Aufgabe ist mithin darauf reduziert, C_R als Funktion der Intensität R des Reizes zu bestimmen. Auf elementarem Wege läſst sich eine angenäherte Formel aus folgender Betrachtung ableiten.

Da die Gröſse C die Konzentration, d. h. die Stoffmenge pro Raumeinheit, in der ungereizten Nervenendigung bezeichnet, wird mithin in N Raumeinheiten die Stoffmenge $C \cdot N$ gefunden werden. Die durch den Reiz dekomponierte Menge Stoff muſs der Natur der Sache zufolge der Intensität R des Reizes proportional sein; nennen wir daher die an der Reizschwelle R_0 dekomponierte Stoffmenge A, so wird der Reiz R dekomponieren: $A \cdot R/R_0$. Die Differenz $CN - AR/R_0$ ist mithin die übrigbleibende, nicht-dekomponierte Stoffmenge, die in N Raumeinheiten gefunden wird, und folglich wird die Konzentration:

Also ist:

$$C_R = \frac{CN - A\frac{R}{R_0}}{N} = \frac{CNR_0 - AR}{NR_0}.$$

$$\frac{C}{C_R} = \frac{CNR_0}{CNR_0 - AR} = \frac{Z}{Z - R},$$

indem wir der Kürze wegen $CNR_0/A = Z$ setzen. Wäre nun Z eine konstante Gröſse, so würde also:

$E = c \log. Z/(Z - R)$ der völlig exakte Ausdruck für die Intensität des Aktionsstromes oder der Empfindung sein: aller Wahrscheinlichkeit nach ist Z aber keine Konstante. Die Größen C, A und R_0 sind freilich ihrer Bedeutung zufolge Konstanten, N dagegen nicht. N bezeichnet nämlich diejenige Anzahl Raumelemente, in welcher der Reiz den Stoff dekomponiert, und es ist offenbar durchaus nicht gegeben, daß diese Größe konstant ist; im Gegenteil, es gibt eine gewisse Wahrscheinlichkeit, daß sie mit R anwächst, wenngleich in einem etwas langsameren Maße als R. Ist Z selbst aber eine unbekannte Funktion von R, so ist unsere Aufgabe: E durch R und gewisse Konstanten allein ausgedrückt zu erhalten, also noch nicht gelöst. Setzt man dagegen:

$$\frac{C}{C_R} = \frac{Z}{Z - R} = \frac{x + R}{x}.$$

so begeht man hierdurch einen Fehler von der Größe:

$$F = \frac{x + R}{x} - \frac{Z}{Z - R} = \frac{R}{x} + 1 - \frac{Z}{Z - R} = R\left(\frac{1}{x} - \frac{1}{Z - R}\right)$$

$$\text{oder } \frac{F}{R} = \frac{1}{x} - \frac{1}{Z - R}.$$

Da der Bruch C/C_R seiner Natur zufolge positiv sein muß, ist also auch $Z > R$. Nach unserer Voraussetzung wächst Z mit R an, wenngleich in langsamerem Maße: die Größe $Z - R$ ist also nicht konstant, sondern nimmt bei anwachsendem R langsam ab, und der Bruch $1/(Z - R)$ wird folglich mit R langsam anwachsen. Man muß also einen solchen Wert von x finden können, daß die Differenz:

$$\frac{1}{x} - \frac{1}{Z - R} = \frac{F}{R}$$

für kleine Werte von R positiv und erst bei größeren Werten von R negativ wird. Dies heißt aber mit anderen Worten nur: x läßt sich so bestimmen, daß man mit großer Annäherung haben wird $\frac{C}{C_R} = \frac{x + R}{x}$.

Die Formel

$$E = c \cdot \log. \frac{C}{C_R} = c \cdot \log. \frac{x + R}{x} = c \cdot \log. \left(1 + \frac{R}{x}\right) \quad \dots \text{(Gl. 1)}$$

gibt uns daher mit grofser Annäherung einen Ausdruck
für die Stärke des Aktionsstromes oder der Empfindung
als Funktion des Reizes.

Wir können nun gleich die Gültigkeit der Gleich. 1
für eine Reihe physiologischer Messungen prüfen.
Steinach bestimmte nämlich experimentell die Stärke
des Aktionsstromes, der in der zentralen Endigung des
Ischindicus des Frosches entstand, wenn er dessen Fufs
mit Gewichten von verschiedener Gröfse belastete. Die
Tabelle 1 gibt eine Übersicht über die Resultate dieser
Messungen; R ist die Gröfse des Reizes in Gramm ausgedrückt, E die Stärke des Aktionsstromes nach einem

Tab. 1.

R	30	25	40	50	100	200	500	1000	3000	5000
E	0,44	0,50	0,58	0,89	1,17	1,61	2,00	2,50	3,25	5,00
E.ber.	0,43	0,51	0,69	0,80	1,17	1,60	2,22	2,70	3,50	3,90
f	+0,01	−0,01	−0,11	+0,09	0,0	+0,01	−0,22	−0,20	−0,25	+1,10

willkürlichen Mafse, nach der Gröfse der Galvanometer-
ablenkung. Diese Zahlen sind die Mittelwerte von
Steinachs beiden, sehr wohl miteinander übereinstimmenden Versuchsreihen[1]. Bestimmt man die Konstanten der Gleich. 1, so findet man als die wahrscheinlichen Werte $c = 1,68$ und $x = 25$, so dafs man
für die betreffenden Messungen also die Formel hat:
$E = 1,68 \cdot \log. [1 + R25]$. Werden in diese Formel nach
und nach die verschiedenen Werte von R eingesetzt, so
läfst sich E berechnen; die auf diese Weise gefundenen
Gröfsen sind in der Tab. 1 in der Reihe »E ber.« angeführt. Die Differenz zwischen den gemessenen und
den berechneten E ist unter f gegeben; man sieht, dafs
diese Differenzen durchweg sehr klein sind und abwechselnd in positiver und negativer Richtung liegen.
Nur für $R = 5000$ ist die Differenz ziemlich bedeutend,
was jedoch unzweifelhaft von dem Umstande herrührt,
dafs bei diesen letzten Versuchen ein neuer Querschnitt

[1] Über die elektromotorischen Erscheinungen an Hautsinnes-
nerven bei adäquater Reizung. Pflügers Archiv. Bd. 63. 1896.
S. 508—509.

am Nerv angelegt werden mufste. Der besseren Übersicht wegen sind die Resultate der Tab. 1 in der Fig. 1
graphisch aufgezeichnet, wo als Abszisse log. R abgesetzt, E aber als Ordinate genommen wurde. Die
Kurve gibt die berechneten Werte von E an, während
die gemessenen als durch punktierte Linien miteinander
verbundene Sterne (*) eingezeichnet sind. Man sieht,
wie die beiden Kurven so nahe aneinander fallen, dafs
man bei Messungen so schwieriger Art wohl kaum
gröfsere Übereinstimmung erwarten darf. Es kann da-

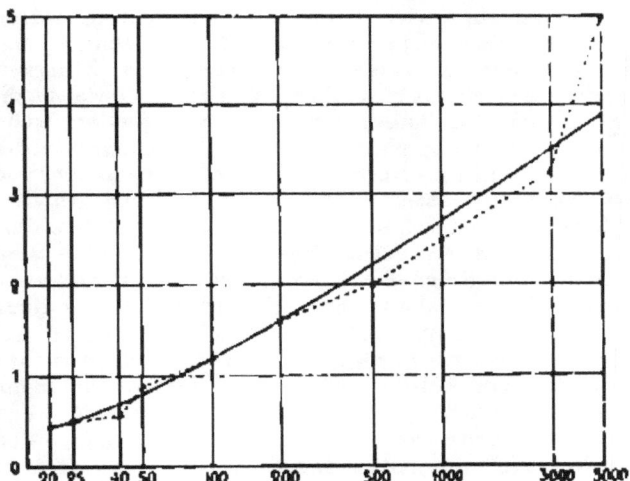

Fig. 1.

her kaum bezweifelt werden, dafs wir an der Gleich. 1
eine Annäherungsformel haben, welche die Intensität
des Aktionsstromes — mithin auch die der Empfindung
— als Funktion des Reizes angibt.

Ist unter gegebenen Umständen R in der Gleich. 1
sehr grofs im Verhältnisse zu A, so kann man also
ohne gröfseren Fehler $R + x = R$ setzen, und hierdurch
geht die Gleichung über in $E = c \log. R x$, was das
Fechnersche Gesetz ist. Wir kommen somit, wenn
auch auf anderem Wege, zu demselben Resultate wie
Langelaan: dafs das Fechnersche Gesetz nur die

erste Annäherung an einen Ausdruck für das Verhältnis zwischen dem Reize und dem durch denselben
ausgelösten Effekte ist[1]. Dieser Ausdruck kann offenbar aber nicht genau sein, denn wenn Gleich. 1 genügende Übereinstimmung zwischen Messung und Berechnung gibt, muß Fechners Formel auch bei großen
Werten von *R* stimmen; bei kleinen Werten von *R*, wo
κ einen merklichen Einfluß erhält, muß sich aber eine
Abweichung der Messung von der Berechnung erweisen.
Das Folgende wird uns reichliche Gelegenheit bieten,
zu gewahren, daß dies wirklich der Fall ist.

Bei der zur Gleich. 1 führenden Betrachtung wurde
der Stoffwechsel nicht berücksichtigt, und folglich kann
Gleich. 1 nur für solche kurze Reizungen Gültigkeit
haben, deren Effekt nicht durch den Stoffwechsel modifiziert wird. Bei längeren Reizungen, besonders wenn
diese, wie bei den photochemischen Vorgängen in der
Netzhaut, einen größeren Stoffverbrauch bedingen, und
wo der Stoffwechsel folglich einen wesentlichen Einfluß erhält, läßt sich deshalb auch nicht erwarten, daß
Gleich. 1 sich als gültig erweisen werde. Dies wird
auch aus dem Folgenden hervorgehen, so daß also auch
Gleich. 1 keine vollständige »Maßformel« ist. Zu einer
theoretischen Entwicklung einer solchen Formel gebricht es uns einstweilen noch an den erforderlichen
Bestimmungen. Mit Bezug auf die Lichtempfindungen
wird der Versuch im folgenden angestellt werden, wenn
wir durch Untersuchungen über die Lichtadaptation
der Netzhaut das nötige empirische Material beschafft
haben.

DIE BEIDEN HAUPTSÄTZE DER
PSYCHODYNAMIK.

Die Abgrenzung der Psychodynamik. Wenn ich es
hier versuche, unter einem besonderen Namen ein bestimmtes Gebiet psychologischer Untersuchungen abzugrenzen, tue ich dies mit demselben Rechte, das

[1] Beiträge zur Physiologie des Reflexapparates, S. 372.

Fechner hatte, die Psychophysik aus der gesamten
übrigen Psychologie auszusondern. Betrachtungen
über die Beziehung zwischen Seele und Körper wurden
seit Jahrtausenden vor Fechner angestellt; er ist aber
unbestreitbar der erste, der mittels spezieller Untersuchungen eine gesetzmäfsige Beziehung zwischen
psychischen und physischen Quantitäten nachzuweisen
suchte. Er konnte deshalb auch mit vollem Recht die
Psychophysik abgrenzen als »eine exakte Lehre von
den funktionellen oder Abhängigkeitsbeziehungen
zwischen Körper und Seele«. In Analogie hiermit be-
stimme ich die Psychodynamik als »die exakte Lehre
von dem gegenseitigen quantitativen Einflusse gleichzeitiger oder sukzessiver seelischer Zustände (psychophysiologischer Vorgänge) aufeinander«. Indem ich
alle hierher gehörenden Untersuchungen als einen selb-
ständigen Zweig der Psychologie aussondere, soll damit
natürlich nicht gesagt sein, dafs sich bisher niemand
mit derartigen Problemen beschäftigt hätte. Dies ist
bei weitem nicht der Fall; zu einer exakten Untersuchung dieser Fragen findet sich aber meines Wissens
nicht einmal ein Anlauf. Die Psychodynamik umfafst
u. a. gerade, was die Psychologen bisher durch den
ganz nichtssagenden Namen des »Beziehungsgesetzes«
gekennzeichnet haben, von welchem Gesetze Ebbinghaus sehr richtig bemerkt, »dafs es für irgendwelche
konkrete Erkenntnis durchaus unfruchtbar ist[1]«. Dafs
etwas dem »Beziehungsgesetze« unterworfen wird, heifst
ja gar nichts anderes, als dafs man feststellt, es gebe
hier eine Beziehung; worin die Beziehung aber besteht,
welche Gesetze sie befolgt, und worauf sie beruht, darüber wird nicht das geringste gesagt. Es wird nun die
Aufgabe der Psychodynamik sein, u. a. alle derartigen
Beziehungen zu untersuchen, insofern die aufeinander-
wirkenden Erscheinungen nur Änderungen der Intensität erleiden, was eine exakte Behandlung ermöglicht.

Es braucht wohl kaum bemerkt zu werden, dafs die
Psychophysik und die Psychodynamik sich an vielen
Punkten berühren und ineinander eingreifen müssen.
Hat man z. B. bei den Untersuchungen über das

---

[1] Psychologie. Bd. 1, S. 519.

Webersche Gesetz den Kontrast mit in die Berechnung
gezogen, so gerät man hierdurch in ein psychodyna-
misches Problem, indem der Lichtkontrast sich gerade als Änderungen der Intensität derjenigen Empfindungen äufsert, die durch gleichzeitige Reizungen
des Sinnesorganes hervorgerufen werden. Ebenfalls
sind die Zeitfehler, deren Elimination man bei psychophysischen Untersuchungen über Schall- und Muskel-
empfindungen, zwar ohne Erfolg, versucht hat, psychodynamische Erscheinungen, deren Natur und Gesetze
man kennen mufs, um sie bei den psychophysischen
Untersuchungen mit in Anschlag bringen zu können.
Die Ursache, weshalb die Psychophysik nicht imstande
gewesen ist, das Hauptproblem, mit dem sie sich beschäftigt, zu lösen, liegt gerade darin, dafs man sich
bisher darauf beschränkt hat, das Vorhandensein
psychodynamischer Faktoren zu konstatieren, deren
Einflufs man durch Berechnung von Mittelwerten zu
eliminieren versucht hat. Wie Martin und Müller
zuerst nachwiesen [1], ist dies jedoch, wenigstens in vielen
Fällen, nicht tunlich, und die psychophysischen Untersuchungen werden hierdurch also, streng genommen,
unmöglich gemacht. Einen Beitrag zur Lösung der
somit entstandenen Schwierigkeit hat Müller nicht
gegeben, so dafs auch er also nicht weiter gelangt ist
als zum Feststellen der Notwendigkeit einer speziellen
Psychodynamik.

Was die gegebene Definition der Psychodynamik
betrifft, so möchte es vielleicht doch noch Erwähnung
verdienen, dafs es, selbst wenn wir sie im Augenblicke
so abgrenzen, dafs sie nur Intensitätsänderungen der
zusammenwirkenden seelischen Zustände oder der
psychophysiologischen Vorgänge behandelt, damit nicht
gegeben ist, dafs ihr Gebiet im Laufe der Zeiten nicht
erweitert werden könnte. Bei dem allmählichen Fortschreiten der Wissenschaft werden qualitative Unterschiede zweifelsohne in vielen Fällen auf quantitative
reduziert werden; hierdurch mufs aber auch das Gebiet
der Psychodynamik sich erweitern. Es sei mir ge-

[1] L. Martin u. G. E. Müller: Zur Analyse der Unterschiedsempfindlichkeit. Leipzig 1899.

stattet, durch ein einzelnes Beispiel zu zeigen, was ich hier ins Auge fasse. Unsere Farbenempfindungen sind unzweifelhaft qualitativ verschieden, und die durch Farbenkontrast hervorgerufenen Änderungen der gleichzeitigen Empfindungen fallen also, da sie Qualitätsänderungen sind, vorläufig aufserhalb der Psychodynamik, d. h., es fehlt dieser bis auf weiteres an jeglichem Mittel, diese Änderungen denjenigen Gesetzen unterzuordnen, die sich als für Intensitätsänderungen gültig erwiesen haben. In diesem Verhalten wird aber früher oder später eine Veränderung eintreten. Die Aufgabe jeder Farbentheorie ist es nämlich, nachzuweisen, wie es sich denken läfst, dafs die grofse Mannigfaltigkeit qualitativ verschiedener Empfindungen aus wenigen Grundprozessen resultieren kann, die in verschiedenen Stärkegraden zusammenwirken. Es ist also gerade die Aufgabe einer solchen Theorie, in möglichst grofsem Umfange die Qualitätsunterschiede auf Quantitätsunterschiede zu reduzieren. Gelingt es nun eines schönen Tages, eine brauchbare Farbentheorie aufzustellen, so wird aller Wahrscheinlichkeit nach das Bereich der Psychodynamik sich also dahin erweitern, dafs es auch den Farbenkontrast umfafst. Denn es wird dann zweifelsohne möglich sein, nachzuweisen, dafs diese Kontrasterscheinungen den allgemeinen Gesetzen der Psychodynamik gehorchen, die gerade für die quantitativ verschiedenen psychophysiologischen Vorgänge gültig sind, welche den qualitativ verschiedenen psychischen Erscheinungen zugrunde liegen. Und wie in diesem Falle, so auch in allen anderen. Überall, wo es uns gelingt, eine Mannigfaltigkeit psychischer Erscheinungen, die dem Bewufstsein als qualitativ verschieden dastehen, auf Quantitätsunterschiede zwischen den zugrunde liegenden psychophysiologischen Vorgängen zurückzuführen, da wird auch die Psychodynamik erwarten können, ihre Gesetze gültig zu finden, und sie wird mithin ihrer Forschung ein neues Gebiet gewinnen.

Im folgenden werde ich nun eine Reihe psychodynamischer Erscheinungen so ausführlich behandeln, dafs man ohne Zweifel zugeben wird, es liege hier der psychologischen Forschung ein bisher fast unbebautes Feld vor.

Und vorerst entwickle ich die beiden Hauptgesetze, denen
alle einzelnen Erscheinungen, wie wir später sehen
werden, nur als spezielle Fälle untergeordnet sind. Dafs
es nur zwei Hauptgesetze geben kann, liegt in der Natur
der Sache. Denn wenn zwei Vorgänge so aufeinander
influieren, dafs die Stärke der Vorgänge eine Veränderung erleidet, so gibt es offenbar nur zwei Möglichkeiten: entweder schwächen die Vorgänge sich gegenseitig ab, oder sie verstärken einander. Hierdurch ist
natürlich nicht ausgeschlossen, dafs eine Verstärkung
des einen von einer Abschwächung des anderen begleitet
sein kann; andre Möglichkeiten für Quantitätsänderungen
als Vermehrung und Verminderung sind aber nicht
denkbar. Nun wissen wir indes rein empirisch aus
physiologischen und psychophysiologischen Untersuchungen, dafs zwei zentrale Nervenvorgänge je den
Umständen gemäfs einen abschwächenden oder einen
verstärkenden Einflufs aufeinander üben können. Die
Physiologen, die diese gegenseitigen Einflüsse zuerst
feststellten, nannten die Erscheinungen die H e m m u n g
und die B a h n u n g, und es liegt durchaus kein Grund
vor, diese Benennungen zu verlassen. Was wir hier
anfangs zu untersuchen haben, werden nun teils die
Bedingungen für das Eintreten der Hemmung und der
Bahnung, teils die allgemeinen quantitativen Gesetze
für diese Erscheinungen sein. Der Bequemlichkeit
halber bezeichnen wir diese Gesetze als das Hemmungsgesetz und das Bahnungsgesetz.

Hemmung und Bahnung. Die wesentlichsten Resultate der physiologischen Untersuchungen über Hemmung
und Bahnung wurden schon früher (2. Teil, S. 259—269)
in Kürze referiert. Dort wurde auch nachgewiesen,
wie diese Erscheinungen sich zwanglos als einfache
Konsequenzen meiner Theorie von der Nerventätigkeit
erklären liefsen. In den späteren, wesentlich geschicht-
lichen Darstellungen dieser Verhältnisse von H e r i n g [1]
und B e t h e [2] ist, soweit ich zu ersehen vermag, nichts

---

[1] Die intrazentralen Hemmungsvorgänge. Ergebnisse d. Physiol.
1. Jahrg., 2. Abt.

[2] Allgemeine Anatomie u. Physiologie d. Nervensystems. Leipzig
1903.

hervorgezogen, was der gegebenen Erklärung widerstritte; es deuten im Gegenteil zahlreiche Äulserungen
gerade in derselben Richtung hin. Ich lege deshalb
jetzt die früher aufgestellte Theorie zugrunde, präzisiere
dieselbe näher und suche ihre Konsequenzen mit Bezug
auf die Frage zu ziehen, unter welchen Bedingungen
ein gegebener zentraler Vorgang auf einen anderen
hemmend oder bahnend wirken wird. Eine solche kon-
sequente Durchführung wird es leichter machen, die
Gültigkeit der Theorie zu prüfen.

Jeder zentrale Vorgang erfordert einen Energieverbrauch, eine Stoffzersetzung, die u. a. ein Potentialgefäll in den arbeitenden Punkten herbeiführt. Infolgedessen muls Energie in irgendeiner Form aus den
Umgebungen hinzuströmen, und diese Strömung wird
also dahin wirken, die Potentialdifferenz, wodurch sie
erzeugt wurde, aufzuheben. In derselben Richtung
wirkt auch der Stoffwechsel, und hieraus muls folgen,
dals die Energieströmung auf einen arbeitenden Punkt
hin nur innerhalb eines gewissen Umkreises vorgehen
wird. Denn ein gegebener Vorgang wird während
jeder Zeiteinheit nur einen bestimmten Energieverbrauch erfordern, und da der Stoffwechsel an jedem
der Punkte, die nach der Arbeitsstelle Energie senden,
pro Sekunde einen gewissen Verbrauch zu decken vermag, so muls offenbar innerhalb eines gewissen Umkreises Gleichgewicht zwischen Verbrauch und Zufuhr
eintreten, und aulserhalb dieses Gebietes bewirkt der
betreffende Vorgang also keine Zuströmung von
Energie. Dieses Gebiet, innerhalb dessen ein gegebener
Vorgang energieverbrauchend wirkt, muls übrigens in
den verschiedenen Richtungen sehr verschiedene Ausdehnung haben, weil anzunehmen ist, dals die zahlreichen Bahnen verschiedenen Leitungswiderstand darbieten. Je gröfser der Leitungswiderstand ist, um so
jäher wird das Potentialgefäll, und um so kürzer wird
folglich die Ausdehnung, in welcher die Energiezuströmung vorgeht. Wenn nun innerhalb des Zuströmungsgebietes zu einem Vorgange A ein anderer
Vorgang B verläuft, der ebenfalls einen Energieverbrauch bewirkt, so muls letzterer notwendigerweise
von A geschwächt, gehemmt werden, weil es an jedem

— 30 —

Punkte nur eine begrenzte disponible Energiemenge gibt, und wird ein Teil derselben von *A* verbraucht, so läfst dieser sich nicht zugleich von *B* verwenden. Da nun aber auch innerhalb eines bestimmten Gebietes Energie nach *B* strömen mufs, so wird dieser Vorgang mithin hemmend auf *A* wirken, sofern dieser Punkt innerhalb des Zuströmungsgebietes für *B* liegt. Die gegenseitige Hemmung zweier gleichzeitiger Vorgänge ist also einfach eine Folge davon, dafs an jedem Punkte nur eine begrenzte disponible Energiemenge zur Verfügung steht, und wird ein Teil derselben zu der einen Arbeit gebraucht, so läfst er sich nicht zugleich zu einer anderen anwenden.

Jeder gegebene zentrale Vorgang hat also stets ein gewisses gröfseres oder kleineres Gebiet, aus dem sein Energiegebrauch gedeckt wird, und innerhalb dessen er folglich auf andere, gleichzeitige Vorgänge hemmend wirkt. Aufserhalb dieses Gebietes wirkt er dagegen bahnend. Indem nämlich die Bewegung in den arbeitenden Zellen *A* sich durch die Achsenzylinder nach anderen Zellen fortpflanzt, entsteht hier eine schwache Bewegung. Kommt nun zu einem solchen Punkte *C* auf anderem Wege eine Bewegungsursache, so summieren sich die beiden Bewegungen, und es wird also ein Vorgang gröfserer Stärke ausgelöst als derjenige, der entstehen würde, wenn *C* nicht von *A* aus angebahnt wäre. Und dieser Vorgang kann nicht von *A* gehemmt werden, da *C* der Voraussetzung zufolge aufserhalb des Hemmungsgebietes des *A* liegt. Ein zentraler Vorgang wird also die Bahnung eines anderen solchen bewirken, sofern letzterer aufserhalb des Hemmungsgebietes des ersteren liegt, und die durch die Bahnung verursachte Verstärkung beruht geradezu auf einer Summation von Bewegungen.

Hieraus folgt nun wieder, dafs ein gegebener zentraler Vorgang *A* sich je nach den Umständen als hemmend oder bahnend erweisen wird. Dies wird nämlich einfach davon abhängig, welchen anderen Vorgang *B* man zur Untersuchung wählt. Liegt dieser innerhalb des Hemmungsgebietes des *A*, so findet man natürlich eine Hemmung, im entgegengesetzten Falle eine Bahnung. Es ist deshalb durchaus notwendig, wenn man die hemmende oder bahnende Wirkung eines Vorgangs A unter verschiedenen Umständen bestimmen will, stets denselben Vorgang B zum Indikator zu benutzen. Dies ist also festzuhalten, wenn wir nun in Kürze die Konsequenzen entwickeln, die sich aus der Theorie mit Bezug darauf ziehen lassen, wie die hemmende oder bahnende Wirkung mit der Stärke, der Ausdehnung und der Dauer eines gegebenen Vorgangs variiert.

Ein andauernder zentraler Vorgang A wird auf einen anderen, B, um so stärker hemmend wirken, je stärker er ist. Denn A's Energieverbrauch wächst mit dem Potentialgefäll; somit wächst aber auch das Gebiet, aus welchem die Energie nach A strömt, und folglich sinkt das Potential an einem gegebenen Punkte B um so mehr, je gröfser A's Intensität ist. Die genauen Gesetze von der gegenseitigen Hemmung zweier oder mehrerer Vorgänge werden im folgenden entwickelt werden. Ebenso wie das Hemmungsgebiet des A mit der Intensität des Vorganges wächst, mufs es auch, bei konstanter Intensität, mit der Extensität wachsen. Denn hierdurch wird ebenfalls der Energieverbrauch vermehrt und somit das Gebiet, aus welchem Energie nach A strömen mufs, damit durch den Stoffwechsel Gleichgewicht zwischen Verbrauch und Zufuhr zuwegegebracht werden kann. Derartige Fälle haben wir wahrscheinlich, wo ein Reiz von konstanter Intensität auf gröfsere oder kleinere Areale des Sinnesapparates (der Netzhaut, der Haut) wirkt, da man wohl annehmen darf, dafs die Anzahl der arbeitenden Neuronen mit der gereizten Fläche anwächst, so dafs der zentrale Vorgang also an Extensität zunimmt; da wir aber durchaus nichts darüber wissen, in welchem Mafse er zunimmt, läfst sich kein bestimmtes Gesetz formulieren. Jedenfalls stimmen unsere aus der Theorie abgeleiteten Resultate ganz mit den physiologischen Experimenten überein, welche dargetan haben, dafs ein Reiz um so mehr reflexhemmend und um so weniger reflexauslösend (bahnend) ist, je gröfsere Stärke er besitzt, und je gröfsere Teile der Oberfläche des Körpers er angreift[1]. Dafs dies übrigens nicht nur von dem Ein-

[1] Bethe, l c. S. 376.

flusse eines Sinnesreizes auf motorische Vorgänge,
sondern auch von dessen Wirkung auf andere Sinnes-
vorgänge gilt, wurde zuerst von Heymans nachgewiesen [1].

Die Bahnung, die ein andauernder zentraler Vorgang A an einem Punkte C aufserhalb des Hemmungsgebietes des A hervorruft, mufs der Natur der Sache
zufolge ebenfalls mit A's Intensität wachsen. Damit
wächst aber auch, wie wir sahen, das Hemmungsgebiet
des A, und dies ist wahrscheinlich eine der Ursachen,
weshalb der experimentelle Nachweis der Bahnung so
schwierig ist (2. Teil, S. 282—285). Ist der Vorgang A
nur schwach, so wird die Bahnung am Punkte C ebenfalls nur schwach; bei wachsender Stärke des A wächst
dessen Hemmungsgebiet, und die Bahnung in C erreicht
deshalb geschwind ein Maximum, wonach sie abnimmt
und in eine Hemmung überschlägt, indem C innerhalb
des Hemmungsgebietes zu liegen kommt. Bei sukzessiven
Vorgängen kann dies dagegen nicht stattfinden; tritt C
erst ein, indem A aufhört, so mufs die hemmende
Wirkung des letzteren verschwinden, und die Bahnung
in C kann sich nun deutlich geltendmachen. Dasselbe
wird natürlich auch erreicht, wenn A nur von so kurzer
Dauer ist, dafs überhaupt keine andauernde Energiezuströmung entsteht; dann wirkt A nicht hemmend,
sondern nur bahnend. Die Erfahrung bestätigt dies,
denn gerade bei starken und äufserst kurzen Reizungen
gelingt der experimentelle Nachweis der Bahnung am
leichtesten (2. Teil, S. 292—295). Bei kurzen, sukzessiven
Reizungen mufs man auch eine eigentümliche ›rekurrente‹ Bahnung nachweisen können. Ein zentraler

---

[1] Untersuchungen über psychische Hemmung. Zeitschr. f. Psych.
Bd. 34, S. 15—28. Heymans' mathematische Formulierung des
Hemmungsgesetzes ist jedoch ganz unrichtig. Wie das Folgende
zeigen wird, sind diese Verhältnisse viel komplizierter; der genaue
Ausdruck für den hemmenden Einflufs eines zentralen Vorganges
auf einen anderen ist notwendigerweise eine transzendente Gleichung.
Die Kurve nähert sich oft aber einer geraden Linie, weshalb Heymans
eine recht befriedigende Übereinstimmung erzielte, indem er die
Gleichung für die Kurve durch die Gleichung für die Sekante er-
setzte, deren Abweichung von den Punkten der Kurve das Minimum
beträgt. Weiteres hierüber im Abschnitte: ›Die gegenseitige Hemmung
der Empfindungen.‹

Vorgang wird gewöhnlich nämlich nicht in demselben
Momente aufhören wie die äußere Ursache: kürzere
oder längere Zeit hindurch »klingt er ab«. Hat nun
ein Vorgang C nicht gänzlich aufgehört, indem ein
anderer kurzer Vorgang A entsteht, so muß C durch
Bahnung aus A verstärkt werden können; hier zeigt
die Bahnung sich also zurücklaufend, indem sie auf
einen Vorgang wirkt, dessen Ursache allenfalls in der
Zeit vor A voraus liegt. Unsere folgenden Untersuchungen werden uns unzweifelhafte Beispiele hiervon
zeigen.

Hiermit haben wir die wesentlichsten der Fälle auseinandergesetzt, die bei gegenseitigen Hemmungen und
Bahnungen zentraler Vorgänge eintreten können. Es
ist leicht zu ersehen, wie es eine spezielle, praktische
Konsequenz des Dargestellten wird, daß wir auf dem
Gebiete des Lichtsinnes, wo wir gewöhnlich mit gleichzeitigen Reizungen operieren, besonders Hemmungs-
erscheinungen antreffen werden, während die Bahnungserscheinungen sich dagegen ausgeprägt auf dem Gebiete des Gehörs zeigen müssen, wo die Untersuchungen
gewöhnlich kurze, sukzessive Reizungen erfordern. Eine
eingehende Behandlung dieser beiden Sinnesgebiete
wird uns daher die Gelegenheit geben, die Wirkungen
sowohl der Bahnung als der Hemmung unter Verhältnissen zu untersuchen, wo sich Messungen mit aller erwünschten Genauigkeit anstellen lassen. Wir werden
dort also die Gelegenheit bekommen, die Richtigkeit
der Gesetze zu kontrollieren, zu deren Entwicklung wir
jetzt schreiten.

Das Hemmungsgesetz. Wir gelangten seinerzeit
auf rein empirischem Wege zu diesem Gesetze, indem
die ergographischen Messungen zeigten, daß die relative
Verminderung der Muskelarbeit, die durch eine psychische Tätigkeit hervorgerufen wird, von dem Zustande
des Muskels unabhängig ist und nur durch die Größe
der psychischen Arbeit bestimmt wird (2. Teil, S. 209—
216). Es wurde darauf nachgewiesen, daß dieser Satz
keineswegs ein spezielles psychophysiologisches Gesetz
ist, indem er tatsächlich für jede Maschine gilt, die
während der Zeiteinheit nur eine begrenzte und konstante Energiemenge zur Verfügung hat. Soll eine

solche Kraftmaschine gleichzeitig für mehrere Arbeiten
Energie liefern, so wird die relative Verminderung der
einen Arbeit gleich dem Bruchteile der verfügbaren
Energie werden, der zur anderen Arbeit verbraucht
wird (2. Teil, S. 237—255). Hierin liegt nichts Merk-
würdiges; es ist nur eine einfache Konsequenz des
d'Alembert'schen Prinzipes, und insofern hätte ich
mir den ziemlich weitläufigen Apparat ersparen können,
mittels dessen ich die Allgemeingültigkeit des Gesetzes
darzulegen suchte. Teils wird aber ein Hinweis auf
einen Satz der rationellen Mechanik wohl nur den
wenigsten Psychologen die Sache einleuchtend machen,
und teils vermag keine mathematische Gleichung, welche
es auch sein möchte, die Anschaulichkeit des Spring-
brunnenversuches zu ersetzen. Es hat daher keinen
Schaden gestiftet, daß ich dieser Entwicklung ein wenig
Raum opferte, und bei den folgenden Betrachtungen,
wo es oft eine Erleichterung sein wird, ein bestimmtes
anschauliches Bild vor Augen zu haben, greife ich in
vorkommenden Fällen denn auch auf den Spring-
brunnenversuch zurück. Derselbe ist eine in jeder Beziehung korrekte Illustration der durchaus unanschau-
lichen psychophysiologischen Verhältnisse [1].

[1] In die theoretische Entwicklung, die ich im zweiten Teil an die
Springbrunnenversuche knüpfte, hat sich aus Unachtsamkeit eine
Unklarheit eingeschlichen, die stellenweise für die Richtigkeit der
ganzen Darstellung verhängnisvoll wird. Es heißt nämlich (S. 238),
die disponible Energie des Apparates sei durch $mv^2/2$ bestimmt. Das
ist richtig; dies ist die absolute Größe der Energiemenge, die während
der Zeiteinheit frei umgesetzt werden kann. Es ist aber nicht diese
Größe, auf die es im folgenden ankommt, und mit der gerechnet wurde.
Dies geht deutlich aus S. 244, Zeile 10—18 v. o., und S. 247, Zeile
4—2 v. u., hervor, wo gesagt wird, die Steighöhen seien den ausgeführten Arbeiten proportional, also demjenigen Teile der disponiblen
Energie, der zur Erzeugung des Springbrunnens verbraucht wird.
Das ist nämlich völlig unrichtig, solange man unter der disponiblen
Energie deren absolute Größe versteht, indem eine leichte Berechnung
zeigt, daß die zum Springbrunnen verbrauchte Energiemenge Vh^2
proportional ist, wo h die Steighöhe bezeichnet. In der ganzen Betrachtung ist aber tatsächlich gar nicht von absoluten Energiemengen
die Rede; die disponible Energie, mit der gerechnet wird, ist nur die
Energie pr. Gewichtseinheit. Diese ist bestimmt durch den Druck,
den das Wasser in der Ausflußöffnung erleidet, und diesem Drucke
ist die Steighöhe stets proportional. Die Verhältnisse hier sind ganz

Die Notwendigkeit, dem Hemmungsgesetze eine umfassendere Formulierung als die oben angeführte zu geben, geht daraus hervor, dafs letztere nur ein spezieller Fall ist, indem sie nur gilt, wenn der eine zweier gleichzeitiger Energieverbrauche ein sehr geringer ist, was auch während der Entwicklung des Gesetzes wiederholt hervorgehoben wurde (so S. 240, 245, 255). Im folgenden können wir unsere Untersuchungen natürlich aber nicht auf solche spezielle Fälle beschränken, und wir müssen deshalb allgemeine Formeln haben. Es wird nun auch keine besonderen Schwierigkeiten bereiten, diese zu entwickeln. Wie oben (S. 29) nachgewiesen, ist die Gröfse der gegenseitigen Hemmung von den Potentialgefällen der aufeinander einwirkenden Vorgänge, also von der Intensität derselben, abhängig. Die Intensitäten können wir uns aber hier folgendermafsen gemessen denken. Nehmen wir an, dafs in jedem Punkte eine begrenzte, konstante Energiemenge $= 1$ zur Verfügung stehe, und dafs die eine Arbeit, wenn sie allein ausgeführt würde, in jedem arbeitenden Punkte $1 \cdot p$, die andere, allein ausgeführt, aber $1 \cdot q$ der disponiblen Energie verbrauchte. Die Gröfsen $1 \cdot p$ und $1 \cdot q$, welche die in jedem arbeitenden Punkte transformierten Mengen chemischer Energie angeben, sind folglich das Mafs der Intensität der Vorgänge. Werden nun beide Arbeiten gleichzeitig ausgeführt, so ändert sich ihr Energieverbrauch; dieser sei $1 \cdot P$ für die erstere, $1 \cdot Q$ für die letztere Arbeit. Wir suchen nun, $1/P$ und $1 \cdot Q$ durch $1 \cdot p$ und $1 \cdot q$ auszudrücken.

Wird zu der einen der gleichzeitigen Arbeiten $1 \cdot Q$ verbraucht, so ist also $1 - (1 \cdot Q)$ übrig. Das Verhältnis

dem analog, was später (S. 254) über die galvanische Batterie entwickelt wird. Hier ist die disponible Energie — korrekt — als die elektromotorische Kraft der Batterie bestimmt, die keine Energiemenge, sondern nur die Energie pr. Elektrizitätseinheit ist. Überall ist es nur das Potentialgefäll, der Niveauunterschied, das in Betracht kommt, nicht aber die Energiemengen. — Der Fehler bei der Darstellung der Springbrunnenversuche ist ganz einfach dadurch entstanden, dafs ich die Sätze statisch entwickelte und dynamisch transformierte, wobei ich zu bemerken vergafs, dafs die bewegte Masse konstant erhalten werden mufs, d. h. dafs nur die Energie pr. Gewichtseinheit in Betracht kommt.

3*

muß nun ganz dasselbe sein, als wenn ursprünglich nur eine disponible Energie $= 1 - (1/Q)$ vorhanden gewesen wäre und die zweite Arbeit, die für sich $1/p$, beansprucht, allein ausgeführt würde. Wir erhalten in diesem Falle also:

$$\frac{1}{P} = \frac{1}{p}\left(1 - \frac{1}{Q}\right) \quad \dots \dots \text{(Gleich. 2 a).}$$

Ganz analog bekommt man, wenn man sich erst den Verbrauch $1/P$ in Abzug gebracht denkt:

$$\frac{1}{Q} = \frac{1}{q}\left(1 - \frac{1}{P}\right) \quad \dots \dots \text{(Gleich. 2 b).}$$

Eliminiert man nun z. B. $1/Q$ aus diesen beiden Gleichungen, so bekommt man:

$$\frac{1}{P} = \frac{1}{p}\left[1 - \frac{1}{q}\left(1 - \frac{1}{P}\right)\right] = \frac{1}{p}\left(1 - \frac{1}{q}\right) + \frac{1}{p \cdot q} \cdot \frac{1}{P},$$

woraus folgt:

$$\frac{1}{P} = \frac{\dfrac{1}{p}\left(1 - \dfrac{1}{q}\right)}{1 - \dfrac{1}{pq}} \quad \dots \dots \text{(Gleich. 3 a).}$$

Analog findet man, wenn $1/P$ aus den Gleich. 2 a und 2 b eliminiert wird:

$$\frac{1}{Q} = \frac{\dfrac{1}{q}\left(1 - \dfrac{1}{p}\right)}{1 - \dfrac{1}{pq}} \quad \dots \dots \text{(Gleich. 3 b).}$$

Die Gleichungen 3 a und 3 b geben uns also Ausdrücke für die Energieverbrauche, die tatsächlich stattfinden, wenn die beiden Arbeiten gleichzeitig ausgeführt werden. Hieraus lassen sich leicht Formeln für die relative Verminderung der Energieverbrauche ableiten, die durch die gleichzeitige Ausführung der beiden Arbeiten verursacht wird. Wir haben nämlich den ursprünglichen Verbrauch zu der einen Arbeit $A_1 = 1/p$; der Verbrauch ist, wenn die andere Arbeit hinzukommt, $A_r = 1/P$; mithin ist die relative Verminderung M_p:

$$M_p = \frac{A_1 - A_r}{A_1} = \frac{\dfrac{1}{p} - \dfrac{1}{P}}{\dfrac{1}{p}} = \frac{\dfrac{1}{q}\left(1 - \dfrac{1}{p}\right)}{1 - \dfrac{1}{pq}} = \frac{1}{Q} \quad \dots \dots \text{(Gleich. 4 a).}$$

welches Resultat man auch direkt aus Gleich. 2a erhält. Für die zweite Arbeit findet man die relative Verminderung ganz analog aus Gleich. 2b:

$$M_t = \frac{\frac{1}{q} - \frac{1}{Q}}{\frac{1}{q}} = \frac{1}{p} \ldots \text{(Gleich. 4b)}.$$

Da wir diese Formeln ohne Rücksicht darauf entwickelt haben, ob die Energieverbrauche klein oder grofs sind, und da aufserdem der gegenseitige Einflufs der Verbrauche aufeinander berücksichtigt wurde, so müssen die Formeln für alle Fälle gültig sein. Wir können das Hemmungsgesetz mithin so formulieren:

Wenn in jedem arbeitenden Punkte eine begrenzte, aber konstante disponible Energiemenge gleichzeitig zwei verschiedene Arbeiten ausführen soll, so werden diese jede für sich eine Verminderung erleiden, deren relative Größe gleich dem Bruchteile der Energie ist, der tatsächlich zur anderen gleichzeitigen Arbeit verbraucht wird.

Ist die eine der beiden Arbeiten nur eine sehr kleine, so dafs ihr Energieverbrauch im Vergleich mit dem der anderen Arbeit praktisch gesehen aufser Betracht gelassen werden kann, so nimmt der entsprechende Ausdruck für M eine einfachere Form an. Setzen wir z. B. in der Gleich. 4a $1/p = 0$, so wird $M = 1/q$, was gerade mit dem früher für diesen speziellen Fall Gefundenen übereinstimmt (2. Teil. S. 246. Gleich. 57).

Das Hemmungsgesetz läfst sich natürlich auch dahin erweitern, dafs es für mehrere gleichzeitig ausgeführte Arbeiten Gültigkeit hat. Die Berechnung ist ganz auf dieselbe Weise durchzuführen, die hier mit Bezug auf zwei verschiedene Arbeiten gezeigt wurde; je mehr Glieder man aber mitnimmt, um so komplizierter werden die Gleichungen. Ich beschränke mich deshalb darauf, die Resultate für nur drei gleichzeitige Arbeiten anzugeben; hierdurch wird in der Tat die Allgemeingültigkeit des Gesetzes dargelegt sein. Die drei Arbeiten mögen, wenn jede für sich ausgeführt wird, $1\,p$, $1\,q$ und $1\,r$ der vorhandenen freien Energie beanspruchen, und die verbrauchten Energiemengen mögen $1/P$, $1/Q$ und $1/R$ sein, wenn alle drei Arbeiten gleichzeitig ausgeführt werden. Man findet dann:

$$\frac{1}{P} = \frac{\frac{1}{p}\left(1 - \frac{1}{q}\right)\left(1 - \frac{1}{r}\right)}{1 - \frac{1}{pq} - \frac{1}{pr} - \frac{1}{qr} + \frac{2}{pqr}}$$

und $1/Q$ und $1/R$ hiermit analog. Suchen wir nun ebenso wie vorher die Größe von $M = (A_i - A_v)/A_i$, wo $A_i = 1/p$ und $A_v = 1/P$, so erhalten wir:

$$M = \frac{\frac{1}{p} - \frac{1}{P}}{\frac{1}{p}} = \frac{\left(1 - \frac{1}{p}\right)\left(\frac{1}{q} + \frac{1}{r} - \frac{2}{rq}\right)}{1 - \frac{1}{pq} - \frac{1}{pr} - \frac{1}{qr} + \frac{2}{p \cdot q \cdot r}} \rightarrow \frac{1}{Q} + \frac{1}{R} \dots \text{(Gl.5)}$$

Hieraus ist also zu ersehen, daß die relative Verminderung der einen Arbeit gleich der Summe der Energiemengen ist, die zu den anderen verbraucht werden. Es kann also wohl keinen Zweifel erleiden, daß dies für jede beliebige Anzahl gleichzeitiger Arbeiten richtig sein wird, wodurch wir mithin zu folgendem allgemeinem Ausdruck für das Hemmungsgesetz gelangen:

Wenn eine begrenzte, aber konstante disponible Energiemenge gleichzeitig mehrere verschiedene Arbeiten ausführen soll, so werden diese jede für sich eine Verminderung erleiden, deren relative Größe gleich der Summe derjenigen Bruchteile der Energie ist, die zu den anderen gleichzeitigen Arbeiten verbraucht werden.

Wie der obige Ausdruck für $1/P$ zeigt, werden diese Formeln ziemlich kompliziert, sobald man drei gleichzeitige Arbeiten in Berechnung ziehen soll, und dies wird deshalb oft praktisch unausführlich werden. Dann wird man sich aber doch, ohne einen größeren Fehler zu begehen, damit begnügen können, die beiden größten Arbeiten zu berücksichtigen. Ist z. B. $1/R$ nur klein im

Vergleich mit $1 \cdot Q$, so zeigt Gleich. 5, daſs $M = 1 \, Q$ ist, welchen Ausdruck man eben erhält (vgl. Gleich. 4a), wenn man nur die zwei Arbeiten berücksichtigt. Im folgenden werden wir aus praktischen Gründen zuweilen gezwungen sein, eine derartige Vereinfachung zu unternehmen; dann kann man aber natürlich nicht auf völlige Übereinstimmung der Messung mit der Berechnung Hoffnung haben.

Das Bahnungsgesetz. Was die Gröſse der Bahnung betrifft, sind wir leider nicht so günstig gestellt wie hinsichtlich der Hemmung, wo das Gesetz rein empirisch mittels ergographischer Messungen, von allen theoretischen Betrachtungen unabhängig, gefunden wurde. Ähnliche Messungen, aus denen ein Bahnungsgesetz sich ableiten lieſse, liegen bis jetzt nicht vor, und es würde sich wohl kaum der Mühe lohnen, einen Versuch anzustellen, solche zu beschaffen. Denn die Bahnung ist nach allen bisher vorliegenden Erfahrungen eine sehr wenig hervortretende Erscheinung, und die kleinen Zuwächse, die sie selbst im günstigsten Falle in einem Ergogramme herbeiführen würde, müssen notwendigerweise mit so groſsen zufälligen Fehlern behaftet werden, daſs ein bestimmtes Gesetz sich auf diesem Wege schwerlich aufstellen läſst. Wir sind deshalb darauf angewiesen, das Gesetz durch theoretische Betrachtungen herzuleiten; dann muſs dessen Gültigkeit hinterdrein selbstverständlich durch ergographische oder andere Messungen verifiziert werden. Auf diese Weise kann man offenbar auch zu einem zuverlässigen Resultate gelangen.

Um auf theoretischem Wege ein Bahnungsgesetz abzuleiten, brauchen wir nur an der oben (S. 30) dargestellten Theorie festzuhalten, nach welcher die Bahnung ganz einfach eine Fortpflanzung der Bewegung aus einem Arbeitszentrum in die Umgebungen ist (vgl. 2. Teil, S. 265—267). Von einer solchen Bewegung, die sich von irgendeinem Punkte im Zentralorgane durch die Nervenbahnen fortpflanzt, dürfen wir aber voraussetzen, daſs sie dieselben Gesetze befolgt, die für die Fortpflanzung einer Bewegung durch eine periphere Nervenbahn gültig sind; ihre Stärke an einem gegebenen Punkte muſs daher erstens eine Funktion der Zeit sein.

Reizt man einen Nerv an dem Punkte *A* mittels eines einzelnen, kurzen Reizes, so wird der an einem Punkte *B* eintretende Aktionsstrom nicht augenblicklich seine volle Stärke erreichen; er wächst geschwind bis auf ein Maximum an und nimmt darauf wieder ab. Man darf erwarten, dafs ein ganz ähnliches Verhalten im Zentralorgane stattfindet, wenn eine Bewegung sich von einem Punkte *A* aus verbreitet. An einem anderen Punkte, *B*, wird die Bewegung dann erst allmählich ihre volle Stärke erreichen, um darauf wieder abzunehmen. Und da wir ferner wissen, dafs die Fortpflanzung einer Bewegung viel längere Zeit beansprucht, wenn sie zahlreiche Nervenzellen zu passieren hat, als wenn sie längs einer einzelnen Nervenleitung geht, so läfst sich mit Sicherheit voraussagen, dafs die Stärkevariationen der zentralen Bahnung weit längere Zeit erfordern werden als die Schwankungen des Aktionsstromes in einer Nervenleitung. Hier handelt es sich nur um Hundertstel von Sekunden; um wieviel längere Zeit im Zentralorgane erforderlich ist, läfst sich selbstverständlich nicht a priori entscheiden.

Während die Stärke der Bahnung an einem gegebenen Punkte sich also unzweifelhaft als eine Funktion der Zeit erweisen wird, mufs sie natürlich auch von der Stärke der sich verbreitenden Bewegung abhängig sein und aufserdem von der Stärke der Bewegung, die bereits an dem Punkte vorhanden ist, der von der bahnenden Bewegung erreicht wird. Dieser Fall tritt ein, wenn unter gleichzeitig gegebenen Zuständen eine Bahnung stattfindet. Indem die Bewegung sich von einem Punkt *A* aus verbreitet, wird sie einen Punkt *B* antreffen, wo es schon Bewegung gibt, und der Zuwachs, den die Bewegung in *B* erhalten kann, mufs dann notwendigerweise davon abhängig sein, wie stark dieselbe vorher war. Aus unserer Hypothese von der Natur der Nerventätigkeit folgt nun geradezu, dafs der durch die Bahnung erzeugte Zuwachs proportional zur Differenz zwischen den beiden Bewegungen sein mufs. Um dies verständlich zu machen, können wir eine Analogie aus einem Gebiete benutzen, wo die Richtigkeit unmittelbar einzusehen ist. Nehmen wir an, dafs wir zwei Metallkugeln von willkürlicher Gröfse und aus willkürlichem Stoffe haben, und daß diese in leitende Verbindung miteinander gebracht sind. Wir denken uns, daß das ganze System anfangs eine konstante Temperatur T hat. Wir kühlen nun die Kugel A um eine Anzahl E^o ab, so daß ihre Temperatur $T - E$ wird; es strömt folglich Wärme aus B nach A, bis wieder Gleichgewicht der Temperatur erreicht ist. Um wieviel die Temperatur in B hierdurch sinkt, wird natürlich von dem Gewicht und der spezifischen Wärme der Kugeln abhängen; für das gegebene System wird die Abkühlung von B aber stets der Größe des ursprünglichen Temperaturgefälls E proportional sein. Kühlen wir nun gleichzeitig mit A auch B ab, z. B. um e^o; der Temperaturunterschied ist dann $E - e$, und wenn das System wieder in Gleichgewicht der Temperatur gekommen ist, wird die Abkühlung, die B von A erhalten hat, $E - e$ proportional sein.

Was somit für Temperaturunterschiede gilt, ist indes auch für Differenzen der elektrischen Spannung, Potentialunterschiede, gültig. In der ganzen angeführten Entwicklung können wir überall Potential statt Temperatur setzen, ohne daß dies die Richtigkeit des Resultats im mindesten ändert. Damit ist aber die Bedeutung des Beispiels für die Bestimmung der Größe der Bahnung gegeben. Denn zufolge der Hypothese von der Natur der Nerventätigkeit kann jede Änderung des Zustandes eines Zentrums als ein Potentialgefäll betrachtet werden. Haben wir also an einem Punkte A eines Zentralorgans einen Vorgang von der Intensität E, an einem anderen Punkte B einen Vorgang von der Intensität e, so muß die Änderung, welche das Potentialgefäll E am Punkte B hervorzubringen vermag, durch den Unterschied $E - e$ bestimmt sein. Da aber die durch die Bahnung verursachte Änderung von B, wie wir oben entwickelten, zugleich eine Funktion der Zeit sein muß, so wird deren Größe mithin nur dann konstant sein, wenn sie nach einem bestimmten Zeitintervall bestimmt wird. Nennen wir daher den Bahnungszuwachs nach Verlauf der Zeit t N_t, so haben wir

$$N_t = v(E - e) \ \dots \ \text{(Gleich. 6)},$$

wo v eine Konstante ist, deren Größe vom Zeitintervalle abhängt.

Die Formulierung, die das Bahnungsgesetz in Gleich. 6 erhielt, ist nun freilich nicht dazu geeignet, einer näheren experimentellen Prüfung unterworfen zu werden. Eine solche würde nämlich notgedrungen erfordern, daß wir die beiden zentralen Vorgänge, E und e, mittels eines gemeinschaftlichen Maßes messen könnten, da wir sonst nicht imstande sind, die Größe ihrer Differenz zu bestimmen. Von einem gemeinschaftlichen Maße kann aber, vorläufig wenigstens, nur dann die Rede sein, wenn beide Vorgänge derselben Art sind, z. B. Sinnesempfindungen derselben Modalität, Innervationen derselben Muskelgruppe usw. Repräsentiert dagegen ein Vorgang eine betonte Sinnesempfindung, der andere eine Muskelinnervation, so gebricht es uns an jeglichem Mittel, die Differenz dieser Vorgänge zu bestimmen, — die betreffenden Potentialdifferenzen direkt im Gehirn zu messen, dazu sind wir ja doch nicht imstande. Trotzdem es also an allen quantitativen Bestimmungen gebricht, sobald von zentralen Vorgängen ganz verschiedener Art die Rede ist, erklärt Gleich. 6 dennoch mehrere Sonderbarkeiten, die sich bei den Versuchen zeigten, die Bahnung auf ergographischem Wege nachzuweisen. Aus der Gleichung ist nämlich zu ersehen, daß N nach Null konvergiert, wenn E und e sich annähernd gleich werden. Darin liegt wahrscheinlich die Ursache, weshalb sich keine Bahnung in den Ergogrammen nachweisen ließ, solange diese in geschwindem Tempo ausgeführt wurden (2. Teil, S. 283). Ist das Tempo nämlich geschwind, so werden die beiden Vorgänge, die Empfindung und die Innervation, wirklich gleichzeitig, und da der Bahnungszuwachs dann ihrer Differenz proportional ist, kann er nicht sehr groß werden. Allerdings vermögen wir, wie gesagt, die Stärke dieser zentralen Vorgänge nicht mittels eines gemeinschaftlichen Maßes auszudrücken, es hat aber doch keine große Wahrscheinlichkeit, daß ein Vorgang, der eine mittelstarke Geruchsempfindung repräsentiert, weit intensiver sein sollte als eine maximale Innervation aller Muskeln der Hand. Ist der Unterschied der physischen Intensität der Vorgänge aber nicht erheblich, so wird auch der Bahnungszuwachs nur ein geringer, da dieser durch deren Differenz bestimmt ist.

Anders wird sich die Sache hingegen stellen, wenn das Ergogramm in hinlänglich langsamem Tempo ausgeführt wird. Gleich. 6 zeigt, dafs N_i für eine gegebene Gröfse von E seinen gröfsten Wert erreicht, wenn $e = 0$ ist. Dies findet aber statt, wenn die beiden Vorgänge nicht gleichzeitig sind, sondern aufeinander folgen. Wenn der bahnende Vorgang von der Intensität E sich bis nach einem Punkte ausbreitet, der in völliger Ruhe ist, so erzeugt er hier eine durch $N_i = v \cdot E$ bestimmte Bewegung, und wird nun auf anderem Wege eine Bewegung an demselben Punkte hervorgerufen, so erhält letztere durch die Bahnung also einen weit gröfseren Zuwachs, als sie erhalten haben würde, falls die beiden Vorgänge gleichzeitig gewesen wären. Gerade so scheint es sich zu verhalten, wenn das Ergogramm in sehr langsamem Tempo ausgeführt wird. Das motorische Zentrum kommt dann zwischen den einzelnen Partialarbeiten fast in Ruhe, und folglich kann die vom Sensorium ausgehende Bahnung der nachfolgenden Partialarbeit einen gröfseren Zuwachs verschaffen. Unter solchen Verhältnissen kann es deshalb gelingen, eine Bahnung nachzuweisen (2. Teil, S. 284); dies geschieht aber nur ausnahmsweise. Die Ursache hiervon ist indes leicht anzugeben; ich deutete dieselbe schon am genannten Orte an (S. 284, Anm.). Wenn nämlich der zentrale Vorgang, der gebahnt wird, eine Stärke besitzt, die im Vergleich zu dem Bahnungszuwachs $N_i = v \cdot E$ sehr grofs ist, mufs der Einflufs des Zuwachses auf das Resultat ein verschwindender werden. Bei den erwähnten Versuchen bestand der Vorgang, der gebahnt wurde, in einer maximalen Innervation aller Muskeln der Hand, und es ist deshalb verständlich, dafs die von einer Empfindung ausgehende Bahnung nur unter günstigen Verhältnissen — wenn die betonte Empfindung besonders stark wurde — eine nachweisbare Vermehrung der Muskelarbeit hervorzubringen vermochte. Wäre dagegen nur die Innervation eines einzelnen Fingers gebahnt worden, so wäre die Vermehrung wahr-

scheinlich im Ergogramme leichter zu gewahren gewesen.

Daſs dieser Schluſs wirklich richtig ist, daſür ſührte
F é r é [1] den Beweis um dieselbe Zeit, da ich den Satz
niederschrieb. F é r é arbeitete mit Mossos Ergographen,
wo nur die Muskeln eines einzelnen Fingers tätig sind.
An einem Tage ſührte er eine Serie von 4 Ergogrammen mit dem Zwischenraum von einer Minute
aus, nach einer Pause von 5 Minuten eine neue Serie
von 4 Ergogrammen mit dem Zwischenraum von einer
Minute und so weiter. An einem folgenden Tage wurde
der Versuch wiederholt, nur mit dem Unterschied, daſs
nach der ersten Serie von 4 Ergogrammen irgendein
Sinnesreiz, gewöhnlich eine Reizung des Geruchs, eingeschaltet wurde. Dieser begann während der Pause
zwischen den beiden Serien, 2 Minuten vor dem Anſang
der nächsten Serie, und wurde während der ganzen
letzteren Serie ſortgesetzt. Unter diesen Umständen
gelang es F é r é, eine sogar sehr bedeutende Vermehrung der Muskelarbeit durch angenehme Geruchsreize hervorzuruſen; diese waren aber ja auch nicht
nur während der Arbeit, sondern auch in den Pausen
zwischen den einzelnen Ergogrammen tätig, so daſs
ihr bahnender Einfluſs sich gerade, während das
motorische Zentrum sich in Ruhe beſand, geltendzumachen vermochte.

Es sieht also wirklich so aus, als stimmten die bisher vorliegenden Erfahrungen in betreff der Bahnung
von willkürlichen Bewegungen durch Empfindungen
völlig mit dem auf theoretischem Wege abgeleiteten
Bahnungsgesetze überein. Das ist natürlich sehr befriedigend; nur dürfen wir aber nicht dabei stehen
bleiben. Soll die Gültigkeit des Gesetzes dargetan
werden, so müssen wir sie mit bestimmten Zahlen belegen können. Dies wird aber, wie oben gesagt, nur
dann möglich sein, wenn die beiden zentralen Vorgänge derselben Art sind, so daſs ihre Intensität sich
durch ein gemeinschaftliches Maſs ausdrücken läſst.
Am genauesten werden diese Bestimmungen zweifels-

---

[1] Étude expérimentale de l'influence des excitations agréables sur
le travail. L'année psychologique, VII⁰ année. Paris 1901.

ohne, wenn wir Sinnesempfindungen untersuchen, wo die physischen Reize als Maſs der zentralen Vorgänge benutzt werden können. Und da es ferner von Interesse sein wird, die Abhängigkeit der Bahnung von der Zeit zu untersuchen, wird es am geeignetsten sein, kurzdauernde, sukzessive Reize anzuwenden, weil es nur unter dieser Bedingung möglich sein wird, mit Sicherheit das Zeitintervall, zwischen dem Anfang der Bahnung und dem Moment, wo der gebahnte Vorgang zustande kommt, zu bestimmen. Zunächst haben wir nun also die Form abzuleiten, welche das Bahnungsgesetz unter diesen besonderen, willkürlich gewählten Bedingungen annimmt. Daſs man in der Praxis die Erfüllung dieser Bedingungen erzielen kann, bedarf wohl keines näheren Nachweises. Sowohl auf dem Gebiete des Gehörs als auf denen des Druck- und des Muskelsinnes wird man gewöhnlich darauf angewiesen sein, mit kurzdauernden, sukzessiven Reizen zu arbeiten, so daſs es also nicht weniger als drei verschiedene Sinnesgebiete gibt, auf denen die Bahnung sich unter diesen Verhältnissen untersuchen läſst.

Wir fanden oben, daſs der Bahnungszuwachs, wenn die beiden Vorgänge aufeinanderfolgen, durch den Ausdruck $N_z = v \cdot E$ bestimmt sein wird, wo E die Intensität des bahnenden Vorgangs bezeichnet, während v von dem Zeitraum zwischen dem Beginn der Bahnung und dem Moment, wo der gebahnte Vorgang eintritt, abhängig ist. Werden die zentralen Vorgänge durch ganz kurzdauernde Reize hervorgerufen, so muſs das genannte Zeitintervall gleich der Zeit zwischen den beiden Reizungen werden. Die Frage ist jetzt nur die, wie dieser Bahnungszuwachs zu dem nachfolgenden Vorgange, der um diese Gröſse vermehrt wird, hinzuzuaddieren ist, denn eine Addition der Ausdrücke für die zentralen Vorgänge würde ein ganz sinnloses Resultat liefern. Hat man nämlich zwei Reize desselben Sinnesorganes, r_1 und r_2, die bezw. die Empfindungen e_1 und e_2 hervorrufen würden, so werden diese der Gleich. 1 zufolge bestimmt sein durch die Formeln: $e_1 = c \log. [(\varkappa + r_1) \varkappa]$ und $e_2 = c \log. [(\varkappa + r_2)' \varkappa]$. Wirken diese beiden Reize nun gleichzeitig auf dieselbe Stelle des Sinnesorganes, so daſs nur eine einzige Empfindung e_3

entsteht, so kann man natürlich gerne sagen, es sei $e_s = e_1 + e_s$, ihre Intensität ist aber bestimmt durch den Ausdruck:

$$e_s = c \cdot \log \cdot \frac{z + r_1 + r_s}{z}.$$

Man würde folglich zu einem ganz falschen Ausdruck kommen, wenn man die Ausdrücke für e_1 und e_s zusammenaddierte. Das Verhältnis muſs nun ganz das nämliche werden, wenn der Zuwachs, den eine Empfindung e erhält, nicht von einer Vergröſserung des Reizes, sondern dagegen von einem Bahnungszuwachs herrührt. Die Intensität der resultierenden Empfindung E_t läſst sich nur berechnen, wenn wir dem Reize r eine Gröſse hinzufügen, welche den zentralen Vorgang eben um eine Gröſse gleich dem Bahnungszuwachse vermehrt. Es sei der bahnende Vorgang E durch einen Reiz von der Gröſse R hervorgerufen: der Bahnungszuwachs $N_t = v \cdot E$ wird dann von R^r abhängig sein, und wir müssen folglich zu dem Reize r, welche die gebahnte Empfindung hervorruft, eine Gröſse $u \cdot R^r$ hinzuaddieren. Die resultierende Empfindung erhält mithin die Intensität:

$$E_t = c \cdot \log \cdot \frac{z + r + u R^r}{z} \quad \ldots \text{ (Gleich. 7).}$$

Für sukzessive, kurzdauernde Reize läſst das Bahnungsgesetz sich also folgendermaſsen ausdrücken:

Wenn eine durch den Reiz R hervorgerufene Empfindung eine nachfolgende, durch den Reiz r hervorgerufene anbahnt, so wird die Intensität der letzteren Empfindung vermehrt werden, als wenn der Reiz r einen Zuwachs $u R^r$ erhalten hätte, wo u und v Funktionen des Zeitintervalles zwischen den beiden Reizungen sind.

Das Gesetz läſst sich nun leicht dahin erweitern, daſs es auch simultane Vorgänge umfaſst; nur ist dann das Zeitintervall vom Anfang der Bahnung an bis zu dem Moment zu rechnen, wo die Intensität der gebahnten Empfindung bestimmt wird. Wie dieser Zeitraum zu ermitteln ist, darüber läſst sich natürlich ganz im allgemeinen nichts sagen; im folgenden werden wir

zur Behandlung eines einzelnen derartigen Falles
kommen. Übrigens ist es offenbar ziemlich gleichgültig,
ob man die Dauer des Zeitintervalls bestimmen kann,
wenn nur diese in einer Versuchsreihe konstant ist und
man imstande ist, die Konstanten u und v für das unbekannte Intervall zu finden. Die Formel selbst ist
analog der Gleich. 7 leicht aus Gleich. 6 abzuleiten.
Wird nämlich die Empfindung e durch den Reiz r hervorgerufen, während sie gleichzeitig durch einen von
dem Reiz R erzeugten zentralen Vorgang gebahnt
wird, so wird folglich $N_t = v \cdot (E - e)$. Wir sahen nun
oben, daß der Bahnungszuwachs $v \cdot E$ mit in Berechnung gezogen werden konnte, indem man $u \cdot R^2$ zu r
hinzuaddierte; also muß $- v \cdot e$ analog durch die Größe
$- u \cdot r^2$ eingeführt werden können, und die resultierende
Empfindung erhält daher die Intensität:

$$ E_t = c \cdot \log \cdot \frac{z + r + u \,(R^2 - r^2)}{z} \ \ldots \ \text{(Gleich. 8)}. $$

Die Formel erfüllt, wie leicht zu ersehen, die an sie zu
stellende mathematische Forderung, indem sie für $R = r$
das Resultat $E_t = r$ gibt. Uns von ihrer Gültigkeit zu
überzeugen, wird sich übrigens später die Gelegenheit
darbieten.

———   •

BAHNUNG VON SCHALLEMPFINDUNGEN.

Nachweis der Bahnungserscheinung. Schon vor
20 Jahren beobachtete G. Lorenz, daß zwei kurz
aufeinanderfolgende, gleichstarke Schallempfindungen
nicht durch gleichstarke Reize hervorgerufen werden;
der zweite Reiz ist stets schwächer als der erste. Über
die Ursache der Erscheinung äußert er u. a. folgendes:
»Wenn der zweite Schall eintritt, ist die durch den
ersten verursachte Erregung noch nicht völlig ab-
geklungen: es entsteht so eine teilweise Summation der
Eindrücke.«[1] Die Bemerkung ist interessant; Lorenz

———

[1] Die Methode der richtigen und falschen Fälle in ihrer Anwendung auf Schallempfindungen. Phil. Stud. Bd. 2. S. 433.

— 48 —

ist hier ohne Zweifel dem Richtigen so nahe gekommen, wie es zu einer Zeit möglich war, wo die Bahnung als allgemeine physiologische Erscheinung noch nicht gekannt war. Er geht indes nicht näher auf die Sache ein, sondern sucht nur die hierdurch verursachte Störung zu eliminieren, indem er die Zeitfolge der beiden Reize umtauscht und das Mittel der somit gefundenen Zahlen nimmt. Daſs die Elimination auf diesem Wege tatsächlich unmöglich ist, wurde später von P. Starke nachgewiesen, der die Erscheinung etwas eingehender untersuchte [1].

Starke hatte sich die Aufgabe gestellt, ein physisches Maſs für die Stärke von Schallreizen zu finden. Wenn eine Kugel von gegebenem Gewichte und Stoffe aus einer gewissen Höhe auf eine Unterlage von bestimmter Beschaffenheit herabfällt, so wird ein Teil der Bewegungsenergie der Kugel in Schallschwingungen umgesetzt werden, während der Rest verloren geht, teils durch den Rückprall, teils durch Änderungen der Form und somit der Temperatur der Körper. Die Frage ist nun, ob es für Kugeln und Unterlagen von konstanter Beschaffenheit stets ein konstanter Bruchteil der Energie ist, der in Schallschwingungen umgesetzt wird, so daſs man die Energie der Kugel, das Produkt aus dem Gewichte und der Fallhöhe, als Maſs für die Stärke des Schallreizes gebrauchen kann. Um zu entscheiden, ob zwei Schallreize gleichstark sind, besitzen wir nun kein anderes Mittel als das Ohr; sind die erzeugten Empfindungen gleichstark, so ist anzunehmen, daſs dies auch mit den Reizen der Fall ist. Soll die Schallstärke also nur von der Bewegungsenergie der Kugeln abhängig sein, so müssen zwei nacheinander fallende Kugeln stets gleichstarke Schallempfindungen erzeugen, wenn nur das Produkt aus ihrem Gewichte und ihrer Fallhöhe konstant ist. Es erwies sich indes durch Starkes Versuche, daſs zwei Kugeln von demselben Stoffe und Gewichte, selbst wenn sie kurz nacheinander aus derselben Höhe auf dieselbe Unterlage fallen, dennoch nie dieselbe Empfindung hervorrufen; die zuletzt eintretende Empfindung ist stets stärker als die zuerst hervor-

[1] Die Messung von Schallstärken. Phil. Stud. Bd. 9. S. 264 u. f.

gerufene, obschon die Stärke der Reize in diesem Falle notwendigerweise dieselbe sein muß, da alle physischen Verhältnisse identisch sind. Man muß also, wenn man gleichstarke Empfindungen hervorrufen will, entweder den zweiten Reiz schwächer machen, z. B. indem man die Fallhöhe vermindert, oder auch den ersten der beiden Reize verstärken, z. B. indem man die Fallhöhe vergrößert. Wie wir nun sehen werden, sind es keineswegs geringe Größen, um die es sich hier handelt.

Tab. 2.

h	Lt.					Lz.				
	h_0	h_1	m_0	m_z	f	h_0	h_1	m_0	m_z	f
75	49	119	84	76,4	+ 1,4	49	113	81	74,4	— 0,6
100	68	136	112	103	+ 3	63	153	108	98,2	— 1,8
150	112	228	170	160	+ 10	97	224	160	147	— 3
200	123	309	216	195	— 5	122	306	214	193	— 7
300	217	451	334	313	+ 13	197	455	326	300	0
400	308	590	449	426	+ 26	286	575	431	405	+ 5
500	385	749	567	537	+ 37	382	715	548	523	+ 23
600	484	863	674	646	+ 46	463	828	645	619	+ 19
700	514	1001	757	717	+ 17	520	980	750	714	+ 14

In der Tab. 2 sind die Resultate der einen von Starkes Versuchsreihen wiedergegeben[1], die an zwei verschiedenen Personen, Lt. und Lz., unternommen wurde. Der Schall wurde durch 10 g schwere Bleikugeln hervorgebracht; die Unterlage war poliertes Eichenholz. Die Fallhöhe der einen Kugel wurde konstant $= h$ gehalten, die der anderen dagegen variiert, und für jeden Wert von h wurden für die variable zwei Werte gefunden, nämlich h_1, wenn die variable der konstanten vorausging, und h_0, wenn die variable auf die konstante Fallhöhe folgte[2]. In der Tab. 2 sind für jeden

[1] l. c. S. 289.

[2] Ich bediene mich hier der früher von mir eingeführten Bezeichnungen, wonach die variable h_1 (r_1) benannt wird, wenn die Zeitfolge h_0, h (r_1, r) ist, und h_0 (r_0), wenn die Zeitfolge h, h_0 (r, r_0) ist. Dies ist praktisch, weil man dann sogleich aus dem Index ersehen

Wert von h die entsprechenden Werte von h_1 und h_1 angeführt; jeder der letzteren ist übrigens die Durchschnittszahl von vier systematisch angestellten Bestimmungen; die Fallhöhe ist in Millimetern angegeben. Die Zahlen zeigen, daß man konstant $h_1 > h > h_2$ hat, und die Abweichungen sind gar nicht unbedeutend, indem h_1 durchweg doppelt so groß als h_2 ist. Hieraus geht also hervor, daß die Auffassung der Schallstärke mit einem Zeitfehler behaftet ist, mit einer durch die Sukzession der Empfindungen verursachten Störung der psychischen Wirkungen der physischen Reize, die sich darin äußert, daß der letzte der beiden identischen Reize eine stärkere Empfindung hervorruft als der erste. Daß dieser Zeitfehler sich nicht dadurch eliminieren läßt, daß man das arithmetische Mittel von h_1 und h_1 nimmt, ist ebenfalls aus Tab. 2 zu ersehen; man hat konstant $m_a = (h_1 + h_2)/2 > h$. Es ist leicht zu verstehen, daß dieser Umstand alle Untersuchungen über Schallempfindungen in hohem Grade erschwert; es gelang S t a r k e jedoch, bei seinen Versuchen die Schwierigkeit auf recht elegante Weise zu vermeiden. Damit haben wir aber vorläufig nichts zu tun, ebensowenig als mit den weiteren Resultaten seiner Untersuchungen.

Es erhebt sich nun die Frage: Was ist die Ursache der nachgewiesenen eigentümlichen Störung der psychischen Resultate der Reizungen? Daß wir hier mit einer Bahnung zu schaffen haben, scheint unzweifelhaft: wenigstens wird eine Bahnung ja eben die Wirkung haben, daß der letzte zweier sukzessiver psychophysiologischer Vorgänge durch den ersten verstärkt wird. Ist die beobachtete Erscheinung aber eine Wirkung der Bahnung, so muß sie dem Bahnungsgesetze gehorchen, und dann muß Gleich. 7, die für kurze, sukzessive Reizungen entwickelt wurde, hier gültig sein. Inwiefern dies der Fall ist, können wir leicht prüfen, indem wir die Fallhöhen h, h_1 und h_2 als Maß für die Stärke der Reize nehmen; daß dies berechtigt

kann, welche Nummer in der Reihenfolge die variable gehabt hat. Bei S t a r k e, M e r k e l u. m. a. haben die Indices gerade die entgegengesetzte Bedeutung, weil F e c h n e r ganz willkürlich die beiden Zeitlagen ›die erste‹ und ›die zweite‹ nannte.

ist, werden wir später darlegen. Ruft nun der Reiz h eine Empfindung $e = c \cdot \log. \frac{x + h}{x}$ hervor, so wird der Gleich. 7 zufolge der darauffolgende Reiz die Empfindung:

$$E_i = c \cdot \log. \frac{x + h_0 + uh^v}{x}$$

erzeugen. Da h_0 gerade so bestimmt ist, daß $e = E_i$, wird folglich

$$c \cdot \log. \frac{x + h}{x} = c \cdot \log. \frac{x + h_0 + uh^v}{x} \quad \ldots \ldots \text{(Gleich. 9)},$$

also:

$$h = h_0 + uh^v \quad \ldots \ldots \text{(Gleich. 10 a)}.$$

Auf ähnliche Weise findet man zwischen h_1 und h folgende Beziehung:

$$h_1 = h + uh^v_1 \quad \ldots \ldots \text{(Gleich. 10 b)}.$$

Um die Gültigkeit der Gleichungen 10a und 10b zu prüfen, kann man verschiedene Wege einschlagen. Man kann entweder u und v aus den beiden Gleichungen durch h, h_1 und h_0 ausgedrückt finden und die Konstanten für jede Gruppe dieser Werte berechnen, oder auch kann man für jede der beiden Gleichungen u und v mittels der Methode der kleinsten Quadrate bestimmen. Die vorliegenden Messungen möchten aber wohl kaum eine so scharfe Kontrolle ertragen. Wir wissen nämlich, daß u und v von dem Zeitraume zwischen den beiden Reizungen abhängig sind; folglich darf man nur erwarten, für u und v konstante Werte zu finden, wenn das Zeitintervall während der ganzen Versuchsreihe dasselbe war. Dies war aber nicht der Fall; das Intervall variierte von 0,8 bis 1,0 Sek. bei Lt. und von 0,6 bis 0,8 Sek. bei Lz., und aus Starkes Bericht ist nicht zu ersehen, ob er irgendeine Vorrichtung zum Markieren des Intervalles gebraucht hat, so daß größere Variationen wohl kaum gänzlich ausgeschlossen sind. Folglich darf man nicht erwarten, daß u und v sich bei Starkes Messungen konstant erweisen sollten. Wir können diese eben aber auf viel leichtere Weise prüfen, indem wir einem unserer späteren Resultate vorgreifen. Zu diesem Zwecke führen wir vorerst eine Bezeichnung

4*

ein, für die wir fortwährend im folgenden Gebrauch haben, indem wir setzen:

$$u h r^{-1} \quad \varrho \dots \dots \text{(Gleich. 11 a)}$$

und

$$u h_1^{r-1} = \varrho' \dots \dots \text{(Gleich. 11 b)}.$$

Werden diese Bezeichnungen in den Gleichungen 10 a und 10 b eingeführt, so erhalten diese die Form:

$$h = h_1 + \varrho h \dots \dots \text{(Gleich. 12 a)}$$

und

$$h_1 = h + \varrho' h_1 \dots \dots \text{(Gleich. 12 b)}.$$

Es wird nun später nachgewiesen werden, dafs die Konstante v weder grofsen individuellen Variationen unterworfen ist noch sich mit dem Zeitintervalle erheblich ändert; ihr Wert scheint zwischen den Grenzen 1,1 und 1,25 zu schwanken. Folglich ist $v - 1$ nur ein kleiner Bruch, und man begeht also nur einen geringen Fehler, wenn man $h^{v-1} = h_1^{v-1}$ setzt, da h und h_1 ihrer Bedeutung zufolge niemals stark voneinander abweichen werden. Wir können mit anderen Worten in den Gleichungen 12 a und 12 b setzen: $\varrho = \varrho'$ und finden, wenn ϱ eliminiert wird:

$$h = \sqrt{h_1 \cdot h_1} \dots \dots \text{(Gleich. 13)}.$$

Mit gewisser Annäherung läfst sich also erwarten, dafs der konstante Reiz h die geometrische Mitte zu den Gröfsen der Reize sein wird, die in den beiden Zeitlagen gefunden werden. Mit wie grofser Annäherung man $h = \sqrt{h_1 \cdot h_1}$ finden wird, hängt namentlich davon ab, inwiefern $\varrho = u \cdot h^{v-1} = u \cdot h_1^{v-1}$ eine konstante Gröfse ist. Da ϱ nun tatsächlich mit dem Zeitintervalle und mit der Gröfse von h oder h_1 variiert, so ist Gleich. 13 mithin nicht für alle Werte von h oder für alle Zeitintervalle gleich gut gültig. Die Tab. 2, wo unter m_t die Gröfsen $\sqrt{h_1 \cdot h_1}$ angegeben sind, zeigt die Richtigkeit hiervon; Gleich. 13 gilt mit gröfserer Annäherung für die Versuchsperson Lz. als für Lt., und sie stimmt besser bei kleinen als bei grofsen Werten von h. Durchweg sind die Abweichungen $f = \sqrt{h_1 \cdot h_1} - h$ aber so klein, dafs man Gleich. 13 als gültig betrachten kann. Gleich im folgenden wird es sich zeigen, wie es nicht ganz ohne praktische Bedeutung ist, dafs wir unter gewissen

Verhältnissen auf diese leichte Weise den Einfluſs der
Bahnung zu eliminieren vermögen.

Dem hier Nachgewiesenen zufolge ist es wohl kaum
als zweifelhaft zu betrachten, daſs Starkes Messungen
dem Bahnungsgesetze gehorchen, weshalb es also für
dargetan zu halten ist, daſs eine Schallempfindung eine
nachfolgende anbahnt. Hierbei können wir aber nicht
stehen bleiben; es wird offenbar von gröſstem Interesse
sein, die Erscheinung weiterzuverfolgen, ein hinlänglich
genaues Versuchsmaterial zu beschaffen, um u und v
für verschiedene Zeitintervalle bestimmen zu können
und den Einfluſs der Bahnung auf die U.-E. zu untersuchen. Sind aber neue Messungen anzustellen — und
das wird notwendig sein, da die erforderlichen Beobachtungen nicht in der Literatur vorliegen —, so muſs
vor allen Dingen die Frage nach dem physischen Maſse
der Schallstärke beantwortet werden, da dieser Punkt
noch gar nicht genügend aufgeklärt ist.

Messung der Schallstärke. In seiner oben besprochenen Untersuchung über die Messung der Schallstärke kam S t a r k e zu dem Ergebnisse, daſs die Stärke
des Schalles der Bewegungsenergie des fallenden Körpers proportional ist. Ist p das Gewicht des Körpers
in Gramm, h die Fallhöhe in Zentimetern, so kann man
setzen: $r = ph$, indem man dann zur Einheit der Schallstärke den — übrigens unbekannten — Bruchteil von
1 g-cm Arbeit nimmt, der in Schallschwingungen umgesetzt wird, wenn eine Kugel aus bestimmtem Stoffe
auf eine gegebene Unterlage herabfällt. Dieses Ergebnis stand in entschiedenem Widerspruch mit dem von
allen früheren Forschern Gefundenen, was M e r k e l
veranlaſste, das Problem zu erneuerter eingehender
Untersuchung aufzunehmen, deren Resultat es wurde,
daſs sich, streng genommen, gar kein bestimmter Ausdruck für die Abhängigkeit der Schallstärke von dem
Gewicht und der Fallhöhe des fallenden Körpers auf-
stellen lasse[1]. Freilich könne man $r = p^{\epsilon} \cdot h^{\eta}$ setzen;
da ϵ aber mit h und η mit p variierten, seien die Exponenten ϵ und η selbst Funktionen von p und h, und
die Formel sei also zur Berechnung der Schallstärke

[1] Das psychophysische Grundgesetz in bezug auf Schallstärken.
Phil. Stud. Bd. 4. S. 117 u. f.

erst brauchbar, wenn man eine Tabelle über die Werte von t und z habe. Da Merkels Resultate mit denen aller seiner Vorgänger in Übereinstimmung standen, schien S t a r k e also zu weniger genauen Ergebnissen gekommen zu sein, weshalb er seine ganze Versuchsreihe mit der größten Sorgfalt wiederholte, jedoch wieder dasselbe Resultat wie vorher erzielte: daß die Schallstärke sowohl der Fallhöhe als dem Gewichte der fallenden Kugel proportional sei[1]. Spätere Untersuchungen über dieses Problem liegen meines Wissens nicht vor, und die Sache steht also durchaus unentschieden dahin.

Es ist leicht zu ersehen, daß beide streitige Parteien im Rechte sind, indem sie ganz verschiedene Verhältnisse untersucht haben. Ohne es übrigens mit reinen Worten zu sagen, geht S t a r k e ganz natürlich davon aus, daß man nur dann erwarten darf, die Schallstärke dem Fallgewicht und der Fallhöhe proportional zu finden, wenn alle anderen physikalischen Verhältnisse identisch sind. Wie oben (S. 48) erwähnt, wird die Bewegungsenergie eines fallenden Körpers nur zum Teil in Schallschwingungen umgesetzt werden: ein Teil geht durch den Rückprall und die Erwärmung der Kugel, ein anderer Teil durch die Formveränderung der Unterlage verloren. Von dem Widerstande der Luft kann man wahrscheinlich absehen, wenn es sich um Metallkugeln handelt, deren Fallhöhe 1 m nicht übersteigt. Es leuchtet nun ein, daß die Schallstärke der Bewegungsenergie der Kugel nur dann proportional werden kann, wenn der Energieverlust einen konstanten Bruchteil der totalen Energiemenge beträgt. Dies ist selbstverständlich aber nur dann der Fall, wenn die Kugel und die Unterlage von konstanter Beschaffenheit sind, denn die Größe der Formveränderung und die des Rückpralles sind ja durch die Härte und die Elastizität der Körper bestimmt. Läßt man daher Kugeln aus verschiedenen Stoffen auf dieselbe Unterlage oder Kugeln aus demselben Stoffe auf verschiedene Unterlagen fallen, so müssen die Energieverluste notwendigerweise verschieden werden, und

---

[1] Zum Maß der Schallstärke. Phil. Stud. Bd. 5, S. 157 u. f.

folglich kann die Schallstärke nicht dieselbe sein, selbst wenn die Bewegungsenergie der Kugeln die gleiche ist. Ferner müssen die fallenden Kugeln aber auch dasselbe Gewicht haben, wenn die Energieverluste gleichgrofs werden sollen. Eine allgemeine physikalische Betrachtung, auf die wir uns hier nicht näher einzulassen brauchen, wird leicht zeigen, dafs eine kleinere Kugel viel stärker zurückprallen mufs als eine gröfsere, wenn die Masse der Unterlage im Verhältnisse zur Masse der Kugeln nicht unendlich grofs ist; das darf sie aber nicht sein, da die Platte dann nicht in Schallschwingungen gesetzt werden kann. Die Erfahrung zeigt, dafs dies richtig ist; wird die Unterlage von zwei Kugeln von verschiedenem Gewichte aber mit derselben Bewegungsenergie getroffen (die Fallhöhen also den Gewichten umgekehrt proportional), so prallt die kleinere Kugel viel höher zurück als die gröfsere. Hierzu kommt überdies, dafs auch die Formveränderung der Unterlage bei der kleineren Kugel gröfser wird als bei der gröfseren, wenn beide dieselbe Bewegungsenergie haben; von den Verlusten unter der Form der Wärme können wir dagegen wahrscheinlich absehen. Im ganzen wird die kleinere Kugel mithin viel mehr verlieren als die gröfsere, wenn beide die Unterlage mit derselben Bewegungsenergie treffen, und folglich wird die kleinere Kugel einen schwächeren Schall geben. Man kann also nicht erwarten, die Schallstärke der Bewegungsenergie proportional zu finden, wenn man bei den Versuchen Kugeln verschiedenen Gewichts benutzt. Dies taten aber Merkel und alle seine Vorgänger — Starke allein ausgenommen —, und es ist daher ganz natürlich, dafs jene keine gesetzmäfsige Beziehung der Schallstärke zur Bewegungsenergie nachzuweisen vermochten.

Starke dagegen ging, wie gesagt, ohne es näher auseinanderzusetzen, davon aus, dafs man sich gleichgrofse Energieverluste sichern müsse, wenn die Schallstärke der Bewegungsenergie proportional sein sollte. Er gebrauchte deshalb Kugeln von genau demselben Gewichte, p; liefs er nun zwei derselben zu gleicher Zeit aus der Höhe h fallen, so fand er, dafs eine einzige aus der Höhe H fallende Kugel dieselbe Schallstärke gab, wenn $2 p \cdot h = p \cdot H$. Oder mit anderen Worten:

Wenn die Schallstärke dieselbe war, erwies es sich konstant, daß die Fallhöhe der einen Kugel doppelt so groß war als die Fallhöhe der beiden zu gleicher Zeit fallenden Kugeln. Freilich fand Starke auch, daß er die beiden gleichgroßen Kugeln durch eine von dem doppelten Gewichte ersetzen konnte, ohne daß hierdurch die Schallstärke sich änderte; das beruht aber, wie ich später zeigen werde, auf einem reinen Zufall.

Die Nichtübereinstimmung zwischen Starke und allen anderen Forschern findet daher ihre höchst natürliche Erklärung darin, daß Starke der einzige ist, der die Bedingungen in acht nahm, unter denen eine Proportionalität zwischen der Schallstärke und der Bewegungsenergie sich überhaupt erwarten läßt; er findet sie deshalb, die anderen aber nicht. Da die Erfahrung mithin die Erwartungen bestätigt, die sich von allgemeinen physikalischen Voraussetzungen aus aufstellen lassen, dürfen wir folgenden Satz wohl als dargetan betrachten:

Die Schallstärke wächst dem Fallgewichte und der Fallhöhe proportional, solange man nur Kugeln von demselben Gewichte (und aus demselben Stoffe) benutzt und das Fallgewicht also dadurch verändert, daß man eine größere oder geringere Anzahl gleichartiger Kugeln zu gleicher Zeit fallen läßt. Dagegen lassen n gleichzeitig fallende, gleichgroße Kugeln sich im allgemeinen nicht durch eine einzige Kugel von n-mal so großem Gewicht ersetzen, ohne die Schallstärke hierdurch zu ändern.

In der Praxis wird es indes äußerst unbequem sein, mit mehreren gleichzeitig fallenden Kugeln zu arbeiten, weil diese die Unterlage zu absolut gleicher Zeit treffen müssen, wenn wirklich nur ein einziger Schall entstehen soll. Mit den gewöhnlich benutzten Schallapparaten läßt sich eine solche gleichzeitige Auslösung mehrerer Kugeln gar nicht erzielen, und es ist deshalb eine Aufgabe von nicht geringer praktischer Bedeutung, nachzuweisen, wie die Schallstärke variiert, wenn man bei unveränderter Fallhöhe eine Kugel durch eine andere von n-mal so großem Gewicht ersetzt. Es muß sich notwendigerweise ein weit einfacherer Ausdruck finden lassen als die Formel $r = p^s \cdot h^e$, wo η und ε nicht einmal Konstanten sind. Ich werde nun im folgenden eine jedenfalls sehr leichte und, soweit ich zu ersehen vermag, vollständig exakte Lösung der Aufgabe geben. Zu diesem Zwecke beschreibe ich vorerst in Kürze den Schallapparat, den ich zu meinen Untersuchungen benutzte.

Die wesentliche Eigentümlichkeit des Apparates habe ich bereits früher angegeben[1]. »Die Kugelhalter bestehen nur aus Elektromagneten, deren Eisenkerne unten konisch ausgedreht sind, so dafs sie in ringförmigen Schneiden endigen. Wenn der Strom hinreichend stark ist, kann der Magnet sehr wohl eine Stahlkugel in einem einzigen Punkte der Schneide festhalten, und sobald der Strom unterbrochen wird, fällt die Kugel ohne eine Möglichkeit, irgendwo anhängen oder anprallen zu können. Der Strom geht von der Batterie durch den Elektromagneten und von da zu einem umgekehrten Telegraphenschlüssel, der so eingerichtet ist, dafs der Strom konstant geschlossen ist und nur durch einen Druck auf den Schlüssel unterbrochen wird. Im selben Moment also, wo die Kugeln gefallen sind, stellt sich der Strom von selbst ein, und der Experimentierende braucht nur die Kugeln von dem für ihr Auffangen bestimmten gepolsterten Kästchen aufzunehmen und gegen die Elektromagneten zu halten, so ist der Apparat für einen neuen Versuch eingerichtet.«

Eine besondere Schwierigkeit bei allen derartigen Apparaten verursacht die Unterlage, die schallgebende Platte. Hölzerne Bretter, die am häufigsten angewandt werden, sind nach meinen Erfahrungen unbrauchbar. Ich habe Mahagoni, Ebenholz und Pockholz geprüft; die Klangfarbe des Schalles wechselt aber von Punkt zu Punkt mit der Konsistenz des Holzes, und ist die Klangfarbe verschieden, so wird es unmöglich, die Stärke des Schalles zu beurteilen. Glas würde vortrefflich sein, wenn nur nicht jede Glasplatte zerspränge, sobald der Schlag nur einigermafsen stark wird; dicke

[1] Kritische u. experim. Studien über das Wiedererkennen. Phil. Stud. Bd. 7. S. 205.

Glasplatten zersprangen zudem leichter als dünne. Das Material, bei dem ich stehen blieb, ist Zink in Platten der Art, die zu Zinkätzungen benutzt werden. Das Metall ist sehr rein, sorgfältig gewalzt und deshalb überall gleichdick; die Platten sind poliert und völlig plan zu haben. Eine Platte dieser Art, 2 mm dick und 16 × 25 im Viereck, gibt einen kurzen, schmetternden Schall, der überdies stärker ist, als ich ihn mit irgendeinem anderen Materiale erzielen konnte[1]. Hiermit in Übereinstimmung erweist sich der Rückprall der Kugel als sehr gering, wie auch die Deformation der Platte nur unbedeutend ist[2]. Ich lege die Platten lose auf eine dicke Filzunterlage, die wieder lose auf einem soliden Holzbalken ruht, welcher mit dem die Kugeln auffangenden Kästchen in fester Verbindung steht. Die obere Fläche des Balkens bildet mit dem wagerechten Plan einen Winkel von 10°, so dafs die Kugeln nicht auf die Zinkplatte zurückfallen können, sondern in das Kästchen hinabspringen. Wenn die auf diese Weise angebrachten Zinkplatten von den fallenden Kugeln an symmetrisch gelegenen Punkten getroffen werden, kann selbst das feinste musikalische Ohr nicht die Spur von einem Unterschied der Klangfarbe entdecken, und die Beurteilung der Schallstärke wird daher aufserordentlich sicher. Der Abstand des Ohres von der Zinkplatte war bei allen meinen Versuchen konstant, ungefähr 1 m.

Von Stahlkugeln benutzte ich vier verschiedene Gröfsen, I-IV. Die beiden kleinsten, unter denen Kugel I 0,403 g, Kugel II 1,945 g wog, waren Friktionskugeln, wie man sie in den Achsenlagern der Fahrräder gebraucht. Die besten Qualitäten dieser Kugeln sind von ganz erstaunlicher Gleichartigkeit. Von Kugel I, von Gewicht 0,403 g, wog ich ziemlich viele, fand aber

---

[1] Die Gröfse der Platten ist von wesentlicher Bedeutung für die Stärke des Schalls, wie ich in meiner Abhandlung «Über unwillkürliches Flüstern», Phil. Stud. Bd. 11, S. 495, nachwies.

[2] Eine Zinkplatte hat natürlich doch keine ewige Dauer. Wenn eine gröfsere Anzahl Schläge sie getroffen hat, fängt die Klangfarbe zu variieren an, je nachdem die Kugel mehr oder weniger komprimierte Gegenden der Platte trifft; diese sollte man dann am liebsten kassieren, weil die Beurteilungen unsicher werden. Man hat keinen Grund, mit den Platten zu ökonomisieren, da dieselben sehr wohlfeil sind.

an keiner einzigen mehr als 0,2 mg Abweichung vom angegebenen Gewichte. Bei Kugel II konnte die Abweichung in einzelnen Fällen bis 1 mg ansteigen, was bei einem Gewichte von 1945 mg durchaus verschwindend ist. Aufser diesen benutzte ich zwei Gröfsen von mit der Hand gedrechselten Kugeln: Kugel III wog 10,98, Kugel IV 40,5 g. Die verschiedenen Exemplare dieser Kugeln konnten bis 0,5 °₀ vom angegebenen Gewicht abweichen; auch dieser Fehler ist aber so klein, dafs er sich ignorieren läfst, da er keine Störung der Messungen bewirken kann.

Endlich ist noch eines zu bemerken. Da die Bahnung, wie bereits nachgewiesen, wesentlichen Einflufs auf die Schallempfindungen hat, und da diese Erscheinung eine Funktion der Zeit ist, sorgte ich bei allen meinen Schallversuchen für ein konstantes Intervall zwischen den sukzessiven Reizungen. Da ein Metronom sich nicht anwenden liefs, weil dessen Taktschläge störend auf die Schallauffassung gewirkt haben würden, bediente ich mich als Zeitregulators einer an einem feinen Faden aufgehängten, ungefähr 300 g wiegenden Bleikugel. Variiert man die Länge des Fadens, so kann man der Schwingung des Pendels verschiedene Dauer, von 0,5 bis 1,4 Sek., geben, und nach einiger Übung gelang es dem Versuchsleiter leicht, den Fall der Kugeln gerade in dem Moment auszulösen, wo das Pendel eben eine Schwingung anfängt. Längere Intervalle, wie z. B. 2, 3, 5 Sek., liefsen sich ebenfalls leicht abpassen, indem das Sekundenpendel dann einfach mehrere Schwingungen ausführte. Auf diese Weise wurde es möglich, bei jeder Versuchsreihe mit grofser Annäherung für ein konstantes Zeitintervall zu sorgen, ohne automatische Auslösungsapparate zu benutzen, die sich natürlich ebenfalls leicht konstruieren lassen. In allen Versuchsreihen, wo kein besonderes Zeitintervall angeführt ist, war dieses 1,25 Sek.: diese Gröfse wurde aus rein praktischen Gründen gewählt, weil es mir schien, die Empfindungen liefsen sich am leichtesten vergleichen, wenn sie mit diesem Zwischenraum aufeinander folgten.

Mittels dieses Apparates kontrollierte ich nun erst die Richtigkeit der oben angeführten Starkeschen Resultate. Hierzu ist es, wie erwähnt, erforderlich, dafs

mehrere Kugeln zum genau gleichzeitigen Fallen gebracht werden können. Dies ist mittels meines Apparates
auch sehr leicht zu erzielen, indem wenigstens drei kleine
Kugeln leicht an der Schneide eines Elektromagneten
angebracht werden können, so dafs deren Fall also
durch Unterbrechung des Stromes zu gleicher Zeit ausgelöst wird. Nur hat man dafür zu sorgen, dafs die
Kugeln am Magneten nicht ganz dicht aneinander
hangen, da es dann leicht geschieht, dafs sie beim Rückprall von der Zinkplatte aneinanderstofsen, worauf eine
derselben auf die Platte zurückfallen kann, was auf die
Schallauffassung sehr störend wirkt. Mehr als drei
Kugeln lassen sich deswegen nicht wohl an demselben
Elektromagneten anbringen; durch Anwendung eines
Hufeisenmagneten, wo jeder Pol also drei Kugeln
tragen kann, gelang es mir aber ohne gröfsere Schwierig-
keit, bis sechs Kugeln zum durchaus gleichzeitigen
Fallen zu bringen.

Die Resultate dieser Versuche sind in der Tab. 3a
angegeben. Das konstante Fallgewicht ist durch p_n bezeichnet, dessen Fallhöhe durch h_n; die Schallstärke r
ist also gemessen durch $r = p_n \cdot h_n$. Das variable Fallgewicht ist durch p_v bezeichnet; wie die Tabelle zeigt, ist

Tab. 3a.

p_n	h_n	$r = p_n \cdot h_n$	p_v	h_1	h_2	$\sqrt{h_1 \cdot h_2}$	$p_v \cdot \sqrt{h_1 \cdot h_2}$
0,403	101,7	40,99	2 × 0,403	62,0	39,3	49,3	39,59
0,403	101,7	40,99	3 × 0,403	45,7	26,3	35,9	43,40
0,403	101,7	40,99	4 × 0,403	36,4	19,9	26,9	43,36
0,403	101,7	40,99	5 × 0,403	30,9	13,8	20,65	41,61

dieses Gewicht dadurch hervorgebracht, dafs zwei bis
fünf Kugeln von der Gröfse des Normalgewichts gleichzeitig herabfallen. Für jeden Wert von p_v wurde die
Fallhöhe in beiden Zeitlagen: h_1, h_2 und h_2, h_1 bestimmt.
Diese Höhen wurden auf gewöhnliche Weise durch
systematisch variierte auf- und absteigende Reihen
gefunden; die angeführten Zahlen sind Mittelwerte von
drei Doppelbestimmungen. Nach Gleich. 13 läfst sich
der Einflufs der Bahnung eliminieren, wenn man $\sqrt{h_1 \cdot h_2}$

berechnet; diese Größe gibt die Fallhöhe an, die man
konstant in beiden Zeitlagen finden müßte, wenn keine
Bahnung existierte. Ist also die Schallstärke unter
den hier beibehaltenen Versuchsbedingungen der Bewegungsenergie proportional, so muß man haben
$r = p_a \cdot h_a = p_v \mid h_1 \cdot h_a$. Denn da die beiden Schallempfindungen dieselbe Stärke hatten, muß auch die Energie
der Reize die gleiche sein, wenn die Schallstärke der
Energie proportional ist. Aus Tab. 3 a geht nun hervor,
daß diese beiden Produkte wirklich gleichgroß sind;
es finden sich freilich kleine Abweichungen, diese
variieren aber unregelmäßig und sind nicht größer, als
daß sie innerhalb der Grenzen der Beobachtungsfehler
fallen. Die Messungen bestätigen also vollständig die
Richtigkeit von Starkes oben angeführten Resultaten.

Untersuchen wir jetzt, was geschehen wird, wenn
wir statt mehrerer, kleiner Kugeln eine einzelne nehmen,
deren Gewicht gleich der Summe der Gewichte der
kleinen Kugeln ist. Dies sind wir, annähernd wenigstens, zu tun imstande, da Kugel II 1,945 g wiegt, mithin fast ebensoviel wie $5 \times 0,403 = 2,015$ g. Für die
fünf kleinen Kugeln fanden wir (vgl. Tab. 3 a) die Fallhöhe $\mid h_1 \cdot h_a = 20,65$; könnte man also, ohne dadurch
die Schallstärke zu verändern, die kleinen Kugeln durch
eine einzelne von demselben Gewicht ersetzen, so
müßte die Fallhöhe unverändert bleiben. Den oben
(S. 55) angestellten Betrachtungen zufolge darf man
nun nicht erwarten, daß dies der Fall sein wird. Ein
verhältnismäßig größerer Teil der Bewegungsenergie
der größeren Kugel wird in Schallschwingungen umgesetzt; folglich muß ihre Fallhöhe geringer werden
wenn die Schallstärke unverändert bleiben soll. Wie
Tab. 3 b zeigt, trifft dies auch ein. In der obersten Reihe
der Tabelle ist der konstante Reiz derselbe wie in
Tab. 3 a, während der variable Reiz durch eine größere
Kugel erzeugt wird. Die Fallhöhe der letzteren, m,
$\mid h_1 \cdot h_n$ ist nicht fast 21 cm, sondern dagegen nur 6,736 cm.
Dieser Unterschied ist ein so beträchtlicher, daß er
nicht von zufälligen Fehlern herrühren kann, und wir
können uns denn auch leicht überzeugen, daß wir hier
mit einer gesetzmäßigen Beziehung zu schaffen haben.
Es erweist sich nämlich, daß zur Erzeugung gleicher

Schallstärken ein konstantes Verhältnis, F, zwischen
den Bewegungsenergien der beiden Kugeln erforderlich
ist. In den beiden nächsten Reihen der Tab. 3 b sind

Tab 3 b.

p_n	h_n	$p_n \cdot h_n$	p_v	h_1	h_2	m_f	$p_v \cdot m_g$	F	s
1 × 0,403	101,7	40,99	1,945	6,3	7,2	6,736	13,10	3,139	
2 × 0,403	100	80,6	1,945	11,0	13,8	12,32	23,96	3,364	} 6,34
3 × 0,403	100	120,9	1,945	15,7	22,8	18,92	36,80	3,285	
1 × 6,34	100	634	10,98	8,45	13,05	10,50	115,29	5,499	
2 × 6,34	100	1268	10,95	16,20	25,65	20,38	223,77	5,661	} 61,21
3 × 6,34	100	1902	10,98	25,70	37,80	31,17	342,25	5,557	
1 × 61,21	50	3061	40,5	17,85	22,95	17,18	695,79	4,400	} 180,6
1 × 61,21	100	6121	40,5	25,0	44,8	3147	1355,5	4,516	

die Resultate einiger Messungen wiedergegeben, welche
dies dartun. Das Fallgewicht p_n des Normalreizes wurde
so variiert, daſs zwei bezw. drei Kugeln gleichzeitig
herabfielen; dagegen war p_v stets dieselbe Kugel, die
also in den verschiedenen Fällen verschiedene Fallhöhe
erhielt. Die Tabelle zeigt nun:

$$F = \frac{p_n \cdot h_n}{p_v \cdot \sqrt{h_1 \cdot h_2}} = \text{konst.} \quad \ldots \ldots \text{(Gleich. 14).}$$

Bringt man Gleich. 14 in die Form:

$$p_n \cdot h_n = F \cdot p_v \cdot \sqrt{h_1 \cdot h_2},$$

so kann man mithin hierin setzen:

$$F \cdot p_v = s \quad \ldots \ldots \ldots \ldots \ldots \text{(Gleich. 15),}$$

und wird dieser Ausdruck in Gleich. 14 eingesetzt, so
erhält man:

$$p_n \cdot h_n = s \cdot \sqrt{h_1 \cdot h_2} \quad \ldots \ldots \ldots \ldots \text{(Gleich. 16).}$$

Hieraus geht also hervor, daſs die gröſsere Kugel,
mit derselben Energie wie die kleinere, einen bedeutend
stärkeren Schall hervorbringt, denn sie verhält sich,
als ob das Gewicht F-mal gröſser wäre, als es tatsächlich ist. Nennen wir der Kürze wegen die Gröſse
$s = F \cdot p_v$ das »Schallgewicht« der Kugel. Gleich. 16

zeigt dann, dafs die beiden Kugeln gleichgrofse Schallstärken hervorrufen, wenn das Produkt des Schallgewichtes und der Fallhöhe der gröfseren Kugel gleich
der Bewegungsenergie der kleineren Kugel ist. Dieser
Satz läfst sich natürlich leicht so erweitern, dafs er
auch für mehrere verschiedene Kugeln gilt; nur ist
hierbei zu beachten, dafs man das Verhältnis F — nach
den oben (S. 55) angestellten Betrachtungen — als mit
dem Gewichte der zu vergleichenden Kugeln variierend
finden wird. F ist also für jede neue zur Anwendung
kommende Kugel zu bestimmen; ist dies aber geschehen, so wird sich auch die Schallstärke für sämtliche Kugeln durch eine gemeinschaftliche einfache
Formel ausdrücken lassen. Eine Reihe verschiedener
Kugeln mag die Gewichte p_I, p_{II}, p_{III} usw. haben, und
die den gleichen Schallstärken entsprechenden Fallhöhen seien h_I, h_{II}, h_{III} usw. Hat man nun das Verhältnis F_1 für Kugel II bestimmt, so wird die Schall-
stärke sich nach Gleich. 16 durch $r = p_I \cdot h_I = F_1 p_{II} \cdot h_{II}$
ausdrücken lassen. Findet man nun ähnlicherweise das
Verhältnis F_2 zwischen den Kugeln II und III, so hat
man also: $p_{II} \cdot h_{II} = F_2 \cdot p_{III} \cdot h_{III}$. Multipliziert man diese
Gleichung mit F_1, erhält man folglich:

$$r = p_I \cdot h_I = F_1 \cdot p_{II} \cdot h_{II} = F_1 \cdot F_2 \cdot p_{III} \cdot h_{III}.$$

$F_1 \cdot p_{II} = s_{II}$ ist aber das Schallgewicht der Kugel II und
$F_1 \cdot F_2 \cdot p_{III} = F_2 \cdot p_{III} = s_{III}$ das Schallgewicht der Kugel III,
so dafs man hat:

$$r = p_I \cdot h_I = s_{II} \cdot h_{II} = s_{III} \cdot h_{III} \quad \ldots \ldots \text{(Gleich. 17)}.$$

Aus dieser Entwicklung ist auch zu ersehen, dafs es
gleichgültig ist, wie man in der Praxis bei der Bestimmung der Verhältnisse F verfährt. Man kann, wie
hier vorausgesetzt, F_1 und F_2 je für sich bestimmen und
hat dann $F_2 = F_1 \cdot F_2$; man kann F_2 aber auch direkt
bestimmen. Nach Gleich. 17 hat man nämlich:

$$s_{II} \cdot h_{II} = s_{III} \cdot h_{III} = F_2 \cdot p_{III} \cdot h_{III},$$

so dafs man also F_2 direkt durch Vergleichung der
Kugeln II und III erhält, wenn man nur mit dem Schallgewichte statt mit dem wirklichen Gewichte der Kugel II
rechnet. Wir benutzen nun das hier Entwickelte zur
Bestimmung der Schallgewichte unserer drei Kugeln.

Für die beiden Kugeln I $= 0.403$ g und II $= 1.945$ g, von denen allein bisher die Rede war, erhalten wir $F = 3.259$, als Mittelwert der drei in der Tab. 3b angeführten Werte. Multipliziert man das Gewicht der gröfseren Kugel, 1,945, mit dieser Zahl, so erhält man also, nach Gleich. 15, das Schallgewicht dieser Kugel $s = 6.34$. Zur Bestimmung des Schallgewichts der Kugel III finden wir die erforderlichen Messungen in den drei folgenden Reihen der Tab. 3b. Der konstante Reiz wird hier durch Kugel II erzeugt; diese ist in der Kolonne p, mit ihrem Schallgewicht 6.34 angeführt, da wir, wie oben nachgewiesen, hierdurch erreichen, das Schallgewicht der Kugel III direkt bestimmen zu können. Der variable Reiz ist Kugel III $= 10.98$ g, und die Tabelle gibt die für dieselbe gefundenen Fallhöhen h_1 und h_2 in den beiden Zeitlagen. Aus den Gewichten und den Fallhöhen wird F mittels der Gleich. 14 berechnet. Wie zu erwarten stand, erhält F wirklich einen anderen Wert für Kugel III als für Kugel II; das Mittel der gefundenen Werte ist $F = 5.574$, und demnach erhält man der Gleich. 15 gemäfs das Schallgewicht der Kugel $s_{III} = 5.574 \times 10.98 = 61.21$. Endlich sind ganz analog in den beiden untersten Reihen der Tab. 3b die Resultate zweier Vergleichungen der Kugel III mit Kugel IV angegeben; für letztere findet man das Schallgewicht 180,6.

Die Schallgewichte der drei Kugeln sind jetzt so bestimmt, dafs Gleich. 17 befriedigt wird; das Produkt des Schallgewichtes und der Fallhöhe einer Kugel wird also die Stärke des erzeugten Schalles in einer allen Kugeln gemeinsamen Einheit angeben. Da nach Gleich. 17 $r = 1$ ist, wenn die Bewegungsenergie $p_1 h_1$ der kleinsten Kugel $= 1$ wird, so wird die hier angewandte Einheit der Schallstärke mithin der Schall werden, der dadurch entsteht, dafs eine 0.403 g wiegende Stahlkugel eine 2 mm dicke und 16×25 cm grofse Zinkplatte mit einer Bewegungsenergie $= 1$ g-cm trifft[1].

---

[1] Es wäre höchst wünschenswert, dafs man bei künftigen Schalluntersuchungen die hier angegebene oder eine andere leicht zugängliche Einheit für die Schallstärke benutzte. Dafs die von den verschiedenen Forschern gemachten Angaben der Schallstärke sich

Sind s und h bekannt, so ist die Schallstärke also einfach durch deren Produkt gegeben; will man einen bestimmten Wert von r herstellen, so findet man die hierzu erforderlichen Fallhöhen, indem man die Schallgewichte der Kugeln in die gegebene Größe r dividiert. Auf diese Weise läßt sich leicht eine geeignete Skala verschiedener Werte von r berechnen. Die Tab. 4 gibt

Tab. 4.

I	h	2,5	5,0	9,9	19,8	39,7	79.4
$s = 0,403$	r	1	2	4	8	16	32
II	h	5,0	10,1	20,2	40,4	80,8	
$s = 6.34$	r	32	64	128	256	512	
III	h	8,4	16,7	33,4	66,8		
$s = 61.21$	r	512	1024	2048	4096		
IV	h	11,3	22,7	45,4	90,8		
$s = 180.6$	r	2048	4096	8192	16384		

die Skala an, deren ich mich bei allen folgenden Versuchen bediente. Es ist, wie man sieht, kein ganz geringer Reizumfang, von $r = 1$ bis $r = 16384$, der sich allein mittels der vier Kugeln hervorbringen läßt, ohne daß die Fallhöhe irgendwo 1 m übersteigt.

Noch ein Verhältnis verdient nähere Betrachtung, die Weise nämlich, wie die Größe F variiert. Die Tab. 5 gibt eine Übersicht über die jeder der vier Kugeln entsprechenden Schallgewichte s, deren wirkliche Gewichte p und das Verhältnis $F = s/p$. Einen besseren

Tab. 5.

Kugel	I	II	III	IV
s	0,403	6.34	61,21	180,6
p	0,403	1,945	10,98	40,5
F	1,00	3,259	5,574	4,458

Überblick darüber, wie F mit p variiert, erhalten wir, wenn wir dies graphisch aufzeichnen. In der Fig. 2 ist das wirkliche Gewicht p als Abszisse, das ent-

nicht in einer gemeinsamen Einheit ausdrücken lassen, ist ein sehr großer Übelstand, da alles Vergleichen hierdurch zur Unmöglichkeit wird.

sprechende Verhältnis F als Ordinate genommen. Wie man sieht, wächst F anfangs stark mit p an, wird darauf fast konstant und nimmt schließlich ein wenig ab. Letzteres Abnehmen rührt zweifelsohne von dem Umstande her, daß die Masse der großen Kugel wegen ihrer bedeutenden Größe die Schallplatte geradezu auf den darunterliegenden Filz preßt. Hierdurch geht ein Teil der Energie verloren, und folglich wird das Schallgewicht der Kugel relativ geringer. Viel interessanter ist indes der Umstand, daß F sich auf einer Strecke etwa von $p = 8$ bis $p = 20$ als annähernd konstant erweist. Haben

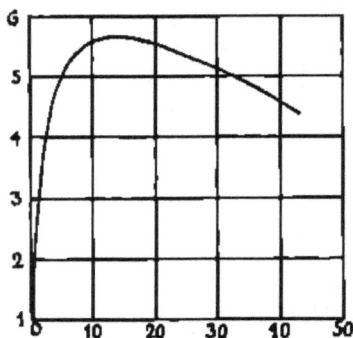

Fig. 2.

wir also zwei Kugeln, deren Gewichte p' und p'' innerhalb dieser Grenzen fallen, und nennen wir ihre Schallgewichte s' und s'', so ist $F = s'/p' = s'' p''$, woraus folgt: $s' s'' = p' p''$. Erzeugen diese Kugeln nun gleichgroße Schallstärken, so muß man also haben: $r = s' \cdot h' = s'' \cdot h''$, indem h' und h'' die respektiven Fallhöhen sind. Also ist $s' s'' = h'' h' = p'/p''$, was sich auch so schreiben läßt: $p' \cdot h' = p'' \cdot h''$. Hieraus geht mithin hervor, daß gleichgroßen Schallstärken gleichgroße Bewegungsenergien entsprechen innerhalb der Grenzen, wo F konstant ist. Das heißt mit anderen Worten aber ja nur, daß die Schallstärke von der Größe der Kugeln unabhängig wird, wenn nur die Bewegungsenergie konstant ist. Hier haben wir die Erklärung des Resultates, zu dem S t a r k e gelangte. Er fand, wie S. 56 bemerkt, daß er zwei 8 (oder 10) g wiegende Kugeln durch eine einzige 16 (oder 20) g wiegende ersetzen konnte, ohne daß die Schallstärke sich hierdurch veränderte. Das ist richtig; denn diese Gewichte liegen gerade innerhalb der Grenzen, wo F annähernd konstant ist. Hätten Starkes Kugeln andere Größe, z. B. 4 und 8 g, gehabt, so wäre

ein Umtausch nicht ohne Änderung der Schallstärke
möglich gewesen. Es ist also ein ganz spezieller Fall,
den Starke hier, ohne es zu ahnen, konstatiert hat.

Die Ergebnisse unserer Untersuchungen über die
Messung der Schallstärke lassen sich nun in Kürze so
angeben:

Wenn zwei Kugeln aus demselben Stoffe,
aber von verschiedenem Gewichte gleichgrofse Schallstärken erzeugen, werden ihre
Bewegungsenergien im allgemeinen nicht
gleichgrofs sein, sondern in einem konstanten
Verhältnisse zueinander stehen. Wird das
Verhältnis *F* zwischen der Bewegungsenergie
der kleineren und der der gröfseren Kugel
bestimmt, so sieht man, dafs die gröfsere
Kugel sich so verhält, als wäre ihr Gewicht
das *F*-fache ihres wirklichen Gewichts. Nennt
man diese Gröfse das »Schallgewicht« der
Kugel und bestimmt man die Schallgewichte
verschiedener Kugeln durch Vergleich mit
einer und derselben kleineren Kugel, so wird
die Schallstärke sämtlicher Kugeln, durch
das Produkt des Schallgewichtes und der
Fallhöhe gemessen, durch eine gemeinsame
Einheit ausgedrückt sein. — Für gewisse
Gröfsen des Gewichts wird das Verhältnis *F*
annähernd konstant sein, und innerhalb
dieser Grenzen werden deshalb die hervorgebrachten Schallstärken den Bewegungsenergien der Kugeln proportional.

Messung der Bahnung. Nachdem wir jetzt die tech-
nische Seite der Sache, die Messung der Stärke der
Reize, geordnet haben, können wir dazu schreiten, die
Gröfse der Bahnung zu bestimmen. Schon bei dem
Nachweise der Erscheinung fanden wir, dafs die Bahnung
sich auf zwei verschiedenen Wegen, entweder mittels
Gleich. 10a oder mittels Gleich. 10b, bestimmen läfst. Im
ersteren Falle geht der konstante Reiz voraus und
der nachfolgende wird variiert, bis dieser dieselbe
Schallstärke gibt wie der konstante; im letzteren Falle
ist die Zeitfolge die umgekehrte. Die Richtigkeit der
Messungen vorausgesetzt, müssen beide Wege zu dem-

5*

selben Resultate führen, und es genügt daher, einen
derselben zu wählen. Da es nun der Erfahrung gemäfs
bequemer fällt, das Urteil über den zuzweit gehörten
Schall abzugeben, ist es das Natürliche, dafs der letzte
Reiz der variable wird, welcher Fall in Gleich. 10a
ausgedrückt ist. In dieser Gleichung ist die Stärke der
Reize indes nur durch die Fallhöhe der Kugel ausgedrückt, da die Gleichung unter der Voraussetzung
eines konstanten Fallgewichtes abgeleitet wurde. Wir
können im folgenden die Untersuchungen jedoch nicht
auf einen so geringen Reizumfang beschränken, der
notwendigerweise die Folge davon sein mufs, dafs man
das Fallgewicht konstant behält, und dies ist ja auch
nicht nötig. Haben wir einen konstanten Reiz r, auf oben
dargestellte Weise in Gramm-Zentimetern gemessen, so
können wir durch Versuche die Gröfse r_1 bestimmen,
die ein nachfolgender Reiz haben mufs, damit die beiden
Schallempfindungen gleichgrofs werden. Wir bekommen
dann, der Gleich. 10a ganz analog:

$$r = r_1 + u r^x = r_1 + u r^{v-1} \cdot r = r_1 + \varrho r. \text{ woraus}$$

$$\varrho = \frac{r - r_1}{r} \quad \ldots \ldots \text{ (Gleich. 18).}$$

indem $\varrho = u \cdot r^{v-1}$ ist. Hat man daher das einem gegebenen Werte von r entsprechende r_1 gefunden, so
berechnet man ϱ mittels der Gleich. 18, und hat man
auf diese Weise ϱ für eine Reihe Werte von r gefunden,
so lassen sich die Bahnungskoeffizienten u und v ohne
Schwierigkeit mittels der Methode der kleinsten Quadrate
bestimmen, indem die Gleichung $\varrho = u \cdot r^{v-1}$ in lineare
Form mit Bezug auf log. u und $v - 1$ gebracht werden
kann. Da nun aber, wie oben entwickelt, ein sehr triftiger
Grund für die Vermutung vorliegt, dafs u und v Funktionen des Zeitintervalles zwischen den beiden Reizungen
sind, so ist bei den Messungen einerseits ein bestimmtes Intervall genau festzuhalten, anderseits wird
es aber auch notwendig, ϱ für verschiedene Zeitintervalle zu bestimmen.

Die Tab. 6 gibt eine Übersicht über die Messungen,
die ich unternommen habe. Die erste Kolonne links
gibt die untersuchten Zeitintervalle, die oberste Reihe
die angewandten Werte von r, dem konstanten Reize,
an. In jeder Rubrik stehen zwei Zahlen: die obere das

durch die Versuche ermittelte r_s, die untere der aus Gleich. 18 berechnete Wert ϱ. Wie die Tabelle zeigt, sind die Messungen bei den drei Zeitintervallen 1.0—1,25—2.5 Sek. für alle Werte von r durchgeführt; für $r = 256$ und $r = 4096$ sind die Messungen bei fast allen Zeitintervallen durchgeführt. Es wird also möglich, mittels dieser Bestimmungen teils zu unter-

Tab. 6.

l	$r =$	64	256	1024	4096	16384
0,5	r_s		250,9		3970	
	ϱ		0,020		0,060	
0,75	r_s		240,3		3664	
	ϱ		0,062		0,105	
1,0	r_s	59,6	236,1	845,5	3453	11931
	ϱ	0,069	0,116	0,174	0,206	0,372
1,12	r_s		232,2		3168	
	ϱ		0,132		0,226	
1,25	r_s	55,2	215,0	827,1	3204	12186
	ϱ	0,138	0,160	0,192	0,217	0,256
1,40	r_s		216,3		3253	
	ϱ		0,155		0,205	
2,0	r_s		222,2			
	ϱ		0,132			
2,5	r_s	57,7	227,6	900,1	3499	13304
	ϱ	0,099	0,111	0,121	0,145	0,188
3,75	r_s	.	242,2			
	ϱ		0,054			
5,0	r_s		250,4		3829	
	ϱ		0,022		0,065	
6,25	r_s				4013	
	ϱ				0,019	

suchen, wie ϱ mit der Zeit für einen konstanten Wert von r variiert, teils u und v für einzelne gegebene Zeitintervalle zu bestimmen. Was die experimentelle Bestimmung von r_s betrifft, bemerke ich nur, dafs diese Gröfse natürlich durch systematische Variation der Reize in auf- und absteigenden Reihen gefunden wurde. In der einen Reihe ist r_s anfangs entschieden zu stark, und man steigt abwärts, bis man einen Unterschied der beiden Schalle eben nicht aufzufassen vermag; in einer anderen Reihe ist r_s anfänglich zu schwach, und man sucht den Punkt, wo der Unterschied eben ver-

schwindet. Durch solches systematisches Verfahren erreicht man eine weit gröfsere Genauigkeit und bessere
Übereinstimmung der einzelnen Bestimmungen, als wenn
man ganz aufs Geratewohl gröfsere und kleinere Werte
prüft. Dies hat einfach seinen Grund darin, dafs die
regelmäfsige Wiederholung einen nicht geringen Einflufs
auf die Gröfse der Bahnung hat, ein Punkt, mit dem
wir uns in einem späteren Kapitel beschäftigen werden.
Doch mufs ich schon hier auf eine Tatsache aufmerksam machen, die ganz regelmäfsig bei all meinen Bestimmungen beobachtet wurde, und die den Einflufs der
Wiederholung auf die Gröfse der Bahnung deutlich
zeigt. Wenn man bei systematischer Variation des
einen Reizes den Punkt erreicht hat, wo der Unterschied der beiden Empfindungen eben verschwunden
ist, und man dann, um seiner Beurteilung völlig sicher
zu sein, dieselben beiden Reize wieder eintreten läfst,
so zeigt es sich fast ohne Ausnahme, dafs die Bahnung
jetzt, bei der Wiederholung, ein wenig stärker geworden
ist, so dafs der Reiz Nr. 2 sich noch ferner vermindern
läfst. Da es nun aus Rücksicht auf die Unsicherheit des
Urteils oft notwendig ist, dieselben Reizungen zu wiederholen, habe ich bei meinen Versuchen stets die Regel
befolgt, mit dem Variieren erst dann innezuhalten, wenn
man bei zwei aufeinanderfolgenden Einwirkungen desselben Reizpaares keinen Unterschied der Empfindungen
aufzufassen vermochte. Auf diese Weise bestimmt man
also die obere und die untere Grenze der Strecke,
innerhalb deren man r_1 nicht von r unterscheiden kann,
und die Mittelzahl der Grenzwerte ist deshalb als
die Mitte der Strecke, als der eigentliche Gleichheits-
punkt zu betrachten. Die in der Tab. 6 angeführten
Werte von r sind die Mittelzahlen von sechs Grenz-
bestimmungen.

Wir beginnen nun damit, dafs wir untersuchen, in-
wiefern $\varrho = u \cdot r^{-1}$ durch die Messungen befriedigt wird.
Diese Gleichung wurde, wie S. 46 u. 52 ersichtlich, auf
rein theoretischem Wege abgeleitet, und bisher haben
wir nicht den geringsten Beweis für ihre Gültigkeit geliefert. Um diese zu prüfen, haben wir jetzt drei den
Zeitintervallen 1,0, 1,25 und 2,5 Sek. entsprechende
Reihen von Messungen. Für jede dieser Reihen sind

also u und v mittels der Methode der kleinsten Quadrate zu bestimmen. Geschicht dies, so findet man:

für $t = 1.0$ Sek. $u = 0,0278$; $v = 1,244$; also $\rho_{1,0} = 0,0278 \cdot r^{0,244}$
 • $t = 1,25$ • $u = 0,0879$; $v = 1,11$; • $\rho_{1,25} = 0,0879 \cdot r^{0,11}$
 • $t = 2,5$ • $u = 0,0603$; $v = 1,11$; • $\rho_{2,5} = 0,0603 \cdot r^{0,11}$

Setzt man nun in die Ausdrücke für ρ sukzessive die verschiedenen Werte von r ein, so läßt ρ sich hieraus berechnen. Eine Übersicht über die Resultate gibt die Tab. 7. In der Kolonne links sind die verschiedenen Werte von r angeführt, und in jedem der drei Hauptabschnitte der Tabelle, den drei Zeitintervallen entsprechend, sind angegeben: das gefundene ρ, das berechnete ρ und die Differenz f zwischen ersterem

Tab. 7.

r	$t = 1,0^s$			$t = 1,25^s$			$t = 2,5^s$		
	$\rho_{1,0}$	ber. $\rho_{1,0}$	f	$\rho_{1,25}$	ber. $\rho_{1,25}$	f	$\rho_{2,5}$	ber. $\rho_{2,5}$	f
64	0,069	0,077	−0,008	0,138	0,139	−0,001	0,099	0,095	+0,004
256	0,116	0,108	+0,008	0,160	0,162	−0,002	0,111	0,111	0,000
1024	0,174	0,151	+0,023	0,192	0,188	+0,004	0,121	0,129	−0,008
4096	0,206	0,212	−0,006	0,217	0,220	−0,003	0,145	0,150	−0,005
16384	0,272	0,297	−0,025	0,256	0,256	0,000	0,188	0,175	+0,013

und letzterem. Wie man sieht, sind diese Abweichungen der Berechnung von der Messung durchweg sehr klein, und die Fehler verteilen sich ganz unregelmäßig in positiver und negativer Richtung, sowohl innerhalb jeder einzelnen Reihe als in den verschiedenen Reihen. Nach dieser Übereinstimmung darf das theoretisch abgeleitete Gesetz für die Bahnung von Schallempfindungen (Gleich. 7) als bewiesen betrachtet werden.

Schreiten wir nun zur Untersuchung, wie ρ mit der Zeit variiert, so haben wir hier kein anderes Mittel, um uns einen Überblick über die Sache zu verschaffen, als eine graphische Darstellung der Erscheinung, da wir auf theoretischem Wege keine mathematische Formel für deren Verlauf aufzustellen vermögen. In der Fig. 3a sind sämtliche in der Tab. 6 angeführte Messungen wiedergegeben, indem die Zeit als Abszisse, ρ als Ordinate genommen wird. Für die drei Zeiten 1,0, 1,25 und 2,5 Sek. sind jedoch nicht die in der Tab. 6 angeführten, gemessenen Werte von ϱ in der Figur abgesetzt, sondern hingegen die in der Tab. 7 gegebenen, berechneten Werte, da diese als richtiger, als von zufälligen Fehlern befreit, zu betrachten sind. Diejenigen Werte von ϱ, die derselben Größe von r entsprechen, sind miteinander verbunden, so daß diese Kurven also ein Bild davon geben, wie die Größe der Bahnung sich mit dem Zeitintervalle für jeden einzelnen Wert von r verändert. Es findet, wie man sieht, völlige Übereinstimmung der Form der Kurven statt, und diese stimmt auch, wie zu erwarten stand, mit der bekannten Kurve für den Verlauf des Aktionsstromes überein. Daß die Bahnung für jedes Zeitintervall um so größer ist, je größer die wirkende Ursache r war, ist ja auch anders nichts, als was sich

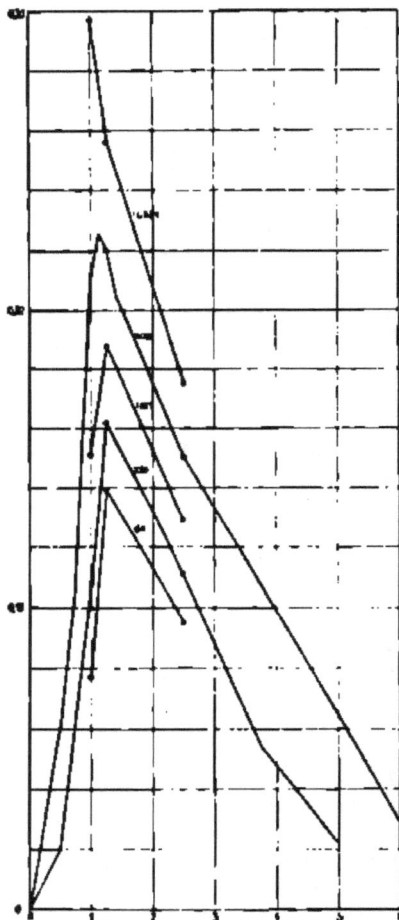

Fig. 3a.

voraussehen liefs. Denn je stärker die sich von einem
gegebenen Punkte aus verbreitende Bewegung ist, um
so stärker mufs notwendigerweise die Wirkung an
jedem beliebigen anderen Punkte werden, nach welchem
die Bewegung sich fortpflanzt. Besonders interessant
ist es, dafs die Maximumspunkte der verschiedenen
Kurven nicht genau auf derselben Ordinate liegen;
augenscheinlich wird das Maximum um so früher erreicht, je grófser r ist. Das heifst mit anderen Worten
nur, dafs die Bahnung an einem gegebenen Punkte ihr
Maximum um so geschwinder erreicht, je stärker die
sich fortpflanzende Bewegung ist. Diese Zeitverschiebung
ist nur gering, da es sich ersichtlich nur um wenige
Zehntelsekunden handelt. Im Lichte der Theorie gesehen, dafs die Bahnung ganz einfach der interzellulare
Aktionsstrom ist, hat die Erscheinung aber ihr grofses
Interesse, weil sie mit der aus den physiologischen
Untersuchungen bekannten Tatsache übereinstimmt.
dafs die Geschwindigkeit des Nervenstromes mit der
Stärke der Reizung anwächst. Alles scheint mithin
darauf hinzudeuten, dafs die hier gegebene Auffassung
der Bahnungserscheinung wohlbegründet ist.

Gegen die hier dargestellten Resultate könnte möglicherweise der Einspruch erhoben werden, dafs dieselben einfach eine Folge der Erwartung, der Auto-
suggestion, oder wie man es nun nennen möchte, seien.
Ebbinghaus ist ja nicht weit davon, diese Möglichkeit
zu behaupten, wenn er schreibt: »Schon bei schwierigeren
naturwissenschaftlichen Untersuchungen wird bekanntlich — unbeschadet der gröfsten Gewissenhaftigkeit —
verwunderlich häufig eben das bestätigt gefunden, was
man erwartet hat. Bei psychologischen Dingen ist die
Gefahr so grofs, dafs man fast als Regel aufstellen
kann, alle Experimente, die behufs Bestätigung einer
eigenen Theorie an dem eigenen Selbst angestellt
wurden, für verdächtig zu halten[1].« Da also zu erwarten steht, dafs Ebbinghaus die besprochenen
Messungen als wenigstens verdächtig betrachten wird,
indem sie unleugbar an mir selbst angestellt wurden
und eine von mir aufgestellte Theorie bestätigen, mufs

[1] Psychologie Bd. I. S. 88.

ich daher zu beweisen suchen, daſs in diesem speziellen
Falle die Ebbinghaussche Regel keine Gültigkeit hat.
Hierfür habe ich nicht weniger als vier Gründe. Erstens
wurden die Messungen nicht angestellt, um die Theorie
zu beweisen, sondern sie lagen abgeschlossen vor, ehe
ich eine Ahnung davon hatte, daſs die Bahnung sich
als ein zentraler Aktionsstrom betrachten läſst. Erst
als ich die Ergebnisse graphisch aufgezeichnet hatte
und mit der Fig. 3 n dargestellten Kurve in der Hand
saſs, fiel es mir ein, daſs diese mit dem bekannten
Bilde der negativen Stromschwankung in einem Nerv
übereinstimmte. Auf dieser Grundlage wurde darauf
die im Abschnitte von dem ›Bahnungsgesetze‹ dargestellte Theorie entwickelt. Zweitens: Selbst wenn ich
die Theorie vor den Messungen gehabt hätte, sehe ich
nicht ein, wie meine Erwartungen sollten auf die Resultate influiert haben können. Ich saſs so am Schall-
apparate, daſs ich die Elektromagneten nur dann zu
sehen vermochte, wenn ich den Kopf stark drehte; um
mich aber nicht distrahieren zu lassen, hielt ich gewöhnlich während der ganzen Versuchsreihe die Augen
geschlossen. Den Maſsstab, an dem die Fallhöhe ab-
gelesen wurde, konnte ich nur sehen, wenn ich meinen
Platz verlieſs. Alle Umstellungen der Elektromagneten
und alle Ablesungen wurden von einem Assistenten
unternommen, der die systematischen Änderungen der
Fallhöhe meinen Äuſserungen gemäſs ausführte. Solange
das Urteil lautete: ›groſser Unterschied‹, geschah die
Variation in Sprüngen von 1 bis 3 cm: sobald es aber
hieſs: ›kleiner‹ oder ›sehr kleiner Unterschied‹, wurde
die Fallhöhe um ¹⁄₂ oder ¹⁄₄ cm für jedes Mal verändert,
um die möglichst genaue Grenzbestimmung zu erzielen.
Drittens: Selbst wenn ich in jedem einzelnen Falle die
Fallhöhe gekannt hätte, so hätte ich einige äuſserst ver-
wickelte Berechnungen im Kopfe ausführen müssen, um zu
erfahren, bei welcher Fallhöhe ich stehen bleiben müſste,
wenn ich die erwünschte Bestätigung meiner Theorie erreichen sollte. Daſs dies unmöglich ist, weiſs jeder, der an
ähnlichen Versuchen teilgenommen hat. Endlich habe
ich viertens ganz entsprechende Messungen, unter denselben Versuchsbedingungen, mit einem jungen Manne,
dem Mag. art. N., angestellt, der durchaus keine Ahnung

davon hatte, was die Versuche bezweckten, oder welche
Resultate erwartet würden. Ich stelle nun in Kürze
diese Messungen dar, die insofern interessant sind, als sie
zeigen, dafs es — freilich nur sehr kleine — individuelle
Verschiedenheiten des Verlaufes der Bahnung gibt.
Mit Mag. N. stellte ich nur zwei Versuchsreihen
über die Bahnung an, eine mit dem konstanten Zeitintervalle 1,25 Sek., um die Konstanten u und v bestimmen zu können, eine andere mit dem konstanten
Reiz $r = 2048$, um einen Überblick über die Abhängigkeit der Bahnung von der Zeit zu erhalten. Die Resultate der ersteren Reihe sind in der Tab. 8 wiedergegeben, wo r wie früher die Gröfse des konstanten
Reizes, r_1 den darauf folgenden variablen Reiz bezeichnet, welcher dieselbe Empfindung wie r hervorrief.
Unter der Überschrift »Mb'«« ist die »Mittelbreite« in
Prozent von r angegeben. Wie früher erwähnt, erhält
man r_1 als Mittel einer oberen und einer unteren Grenze,
wo der Unterschied zwischen den beiden Empfindungen
eben verschwindet, merklich zu sein aufhört. Innerhalb
dieser Grenzen wird also jeder Wert von r_1 gleich r
aufgefafst, und da r_1 selbst als Mitte zwischen den
Grenzen berechnet ist, wird die mittlere Gröfse der
Strecke sich angeben lassen, wenn die Entfernung
von r_1 z. B. bis zur oberen Grenze in Prozenten von r_1
ausgedrückt wird. Diese Gröfse ist als Mittelbreite bezeichnet, und sie ist offenbar ein Mafs für die Sicherheit, mit welcher die beiden Empfindungen als gleichgrofs geschätzt werden. In der Tab. 8 sieht man, dafs
diese Zahlen sehr stark variieren, was damit in Verbindung steht, dafs die Versuchsperson in allen dergleichen Beobachtungen durchaus ungeübt war. Die
Sicherheit wächst nämlich schnell mit der Übung, und
folglich mufs die Mittelbreite abnehmen. Dies stimmt
auch gut mit Tab. 8 überein, wo die Messungen in
folgender Ordnung ausgeführt wurden: $r = 512, 128,$
32, 8192, 2048; man sieht, dafs Mb fast in derselben
Ordnung abnimmt. Bei den später angestellten, in der
Tab. 9 angeführten Messungen ist Mb, wie zu ersehen,
durchweg bedeutend geringer. Zum Vergleich dient,
dafs der Mittelwert der Mb bei allen Messungen, wo
ich selbst V.-P. war, 9,9 % beträgt.

Tab. 8.

r	r_2	Mb %	$r - r_2$	ϱ	ber. ϱ	f
32	29,9	13,9	2,1	0,066	0,077	— 0,011
128	112,5	22,5	15,5	0,121	0,100	+ 0,021
512	435,6	17,8	76,4	0,149	0,130	+ 0,019
2048	1716	11,4	332	0,162	0,169	— 0,007
8192	6545	7,2	1647	0,201	0,221	— 0,020

Die folgenden Kolonnen der Tab. 8 enthalten die
Differenz $r - r_2$ und das hieraus nach Gleich. 18 berechnete ϱ. Werden u und v danach berechnet, so erhält man:

$$u = 0{,}0398, \quad v = 1{,}19; \text{ also: } \varrho = 0{,}0398 \cdot r^{0.19}.$$

Setzt man hierin sukzessive die verschiedenen Werte
von r ein, so bekommt man die in der Tab. 8 angegebenen berechneten Werte von ϱ. Die Abweichung
derselben von den gefundenen ϱ ist, wie man sieht,
durchweg etwas gröfser als die entsprechenden Gröfsen
in der Tab. 7; darin liegt aber nichts Sonderbares, da
es, wie gesagt, eine ganz ungeübte V.-P. war, die die
Bestimmungen der Tab. 8 ausführte. Als Gesamtheit
stehen diese Messungen trotz ihrer geringeren Genauigkeit in völliger Übereinstimmung mit den früheren Resultaten. Es erweist sich nun auch, dafs dasselbe der
Fall ist, wenn wir dazu schreiten, die Abhängigkeit der
Bahnung vom Zeitintervalle zu betrachten. Hier ist die
Genauigkeit, mittels Mb gemessen, übrigens wenigstens
ebenso grofs wie die durch meine Messungen erreichte.
Wie die Tabelle zeigt, war der konstante Reiz $r = 2048$,
und die Bahnung der nachfolgenden Reizung durch
denselben wurde für eine Reihe Intervalle von 0,5 bis
5,0 Sek. bestimmt.

$r = 2048$. Tab. 9.

$t =$	0,5	0,75	1,00	1,12	1,25	1,40	2,0	3,0	5,0
r_2	1873	1818	1763	1659	1714	1757	1830	1873	1891
Mb %	6,2	8,4	8,3	13,3	11,4	5,9	6,0	7,6	5,8
$r - r_2$	175	230	285	389	334	291	218	175	157
ϱ	0,084	0,111	0,137	0,190	0,162	0,141	0,105	0,084	0,075

Für jedes derselben sind die gefundene Größe r_s, die Mittelbreite Mb, die Differenz $r - r_s$ und das hieraus berechnete ϱ angegeben. Der besseren Übersicht wegen sind diese Werte in der Fig. 3b, die der Fig. 3a völlig entspricht, graphisch dargestellt, indem die Zeit als Abszisse und ϱ als Ordinate abgesetzt wurden. Man sieht übrigens, daß die Kurve in allem wesentlichen mit den Kurven der Fig. 3a übereinstimmt. Ihr Maximum fällt auf das Zeitintervall 1.12 Sek., wo auch die Kurve für $r = 4096$ (s. Fig. 3a) ihr Maximum hat. Der einzige hervortretende individuelle Unterschied im Verlaufe von ϱ ist der, daß die Kurve in der Fig. 3b gleich nach ihrem Maximum jäher, später aber weniger jäh sinkt, während die Kurven in der Fig. 3a vom Maximum bis zur Schneidung mit der Abszisse fast geradlinig verlaufen. Es ist wohl kaum zu bezweifeln, daß selbst ein so geringer individueller Unterschied nicht ohne Bedeutung ist, wenn es sich um eine psychophysiologische Grunderscheinung wie die Bahnung handelt. Für nicht ganz unwahrscheinlich halte ich es, daß dieser Unterschied damit in Verbindung steht, daß Mag. N. zu einem ge-

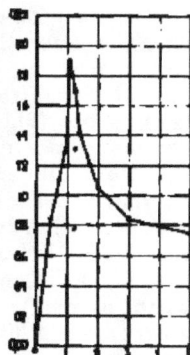

Fig. 3b.

mischten visuell-auditiven Typus gehört, während A. L. durchaus überwiegend visuell, zum Teil motorisch, gewiß aber aller Erinnerungsbilder auditiven Ursprungs gänzlich bar ist. Da die Bahnung, wie wir später sehen werden, die Ursache aller Assoziation ist, liegt ja nichts Sonderbares darin, daß die Art und Weise, wie sie auf einem einzelnen Sinnesgebiete verläuft, von entscheidender Bedeutung dafür sein kann, welche Rolle Erinnerungsbilder auf diesem Sinnesgebiete überhaupt spielen werden. Die nähere Untersuchung dieser Sache muß indes der Zukunft vorbehalten sein.

Bevor wir nun dazu schreiten, in einem folgenden Abschnitte den Einfluß der Bahnung auf unsere Auffassung von Schallunterschieden zu untersuchen, möchte es vielleicht am Platze sein, vorerst zu erwägen, ob die hier hervorgezogenen Tatsachen sich nicht anders denn als Bahnungserscheinungen erklären ließen. Die Annahme liegt nicht fern, und ist denn auch zu verschiedenen Zeiten hervorgehoben worden, die kleinere Größe des r_2 im Vergleich mit r sei eine natürliche Folge davon, daß der zuzweit gehörte Schall mit einem Erinnerungsbilde, nicht mit einer wirklichen Empfindung verglichen werde. Nach dieser Auffassung wird das Verhältnis also gerade das Entgegengesetzte von dem, was hier angenommen ist. Der Unterschied zwischen r_2 und r beruht dann nicht darauf, daß r_2 von r einen Zuwachs erhält, sondern darauf, daß die durch r ausgelöste Empfindung schon erheblich abgeschwächt ist, wenn r_2 eintritt. Die in den Fig. 3a und 3b dargestellten Kurven müssen nach dieser Auffassung ein Bild davon geben, wie die erste Empfindung abnimmt, indem sie in ein Erinnerungsbild übergeht; ein Maximum dieser Kurven entspricht also einem Minimum der Stärke des Erinnerungsbildes, und umgekehrt. Hierdurch wird aber auch leicht ersichtlich, daß diese Weise, die Sache auszulegen, durchaus unhaltbar ist. Denn da r_2 seinen geringsten Wert erhält, wenn es ca. $^{\bullet\iota}$ Sek. nach r eintritt, müßte das Erinnerungsbild hier also am schwächsten sein und darauf während fast 5 Sek. allmählich an Stärke zunehmen. Eine solche Konsequenz widerstreitet offenbar aber allen Erfahrungen: besonders wäre es ganz rätselhaft, weshalb das Erinnerungsbild ganz von selbst an Stärke zunehmen sollte, nachdem es einmal abgenommen hat. Dieses Verhalten mit dem periodischen Abklingen eines Lichtnachbildes zu vergleichen ist wohl kaum möglich: denn die Variationen des Nachbildes sind bekanntlich in hohem Grade zufällig, nicht nur individuell verschieden, sondern auch beim einzelnen Individuum von wechselndem Verlauf, wogegen die Fig. 3a und 3b zeigen, daß die Erscheinung, mit der wir uns hier beschäftigen, wohl kaum individuellen Einflüssen unterliegt, und daß sie bei dem Einzelnen höchst stabil ist. Die Verhältnisse sind also hinsichtlich der beiden Erscheinungen so verschieden, daß sie sich schwerlich parallelisieren lassen: wenn man aber dennoch die Analogie behaupten will, hat man doch zwei bedeutende

Schwierigkeiten zu überwinden. Wie ist es zu erklären, dafs das Erinnerungsbild nach Verlauf von 4—7 Sek. wieder bis zur vollen Stärke der ursprünglichen Empfindung angewachsen ist? Hierzu hat man auf keinem anderen Sinnesgebiete irgendeine Analogie. Und ferner: Wie ist es zu erklären, dafs ein starker Schallreiz noch etwa 6 Sek. nach dem Aufhören der Reizung eine mefsbare Vermehrung der gleichzeitigen Muskelarbeit hervorruft? (Vgl. 2. Teil, S. 295.) Die Annahme eines periodisch abklingenden Erinnerungsbildes führt mithin zu recht unwahrscheinlichen Konsequenzen und mufs mehrere Rätsel dahingestellt bleiben lassen; alle diese Schwierigkeiten verschwinden aber, wenn wir von der Bahnung als einem interzellularen Aktionsstrome ausgehen. Diese Theorie erklärt gerade alle diejenigen Erscheinungen, denen die andere machtlos gegenübersteht.

Sollte ein gewichtiger Einwurf gegen die Bahnungstheorie erhoben werden, so müfste dies meiner Ansicht nach der sein, dafs dieselbe voraussetzt, der ursprüngliche, bahnende Vorgang daure noch an, lange nachdem die Reizung stattgefunden habe. Die Versuche zeigen ja nämlich, dafs unter gewissen Umständen noch bis 7 Sek. nach dem Stattfinden der ersten Reizung eine Bahnung nachgewiesen werden kann. Läfst sich aber eine Bahnung nachweisen, so mufs es notwendigerweise auch eine Tätigkeit geben, von welcher die Bewegung ausgeht. Es ist also anzunehmen, dafs die Änderung im Zentralorgane, die durch einen ganz kurzen Schallreiz erzeugt wird, unter günstigen Verhältnissen 7—8 Sek. nach dem Aufhören des Reizes andauert. Ganz absurd scheint mir diese Konsequenz der Theorie doch nicht zu sein. Denn wie kompliziert die psychophysischen Vorgänge auch sind, so bestehen sie in letzter Instanz doch in einem Umsatze chemischer Energie in andere Energieformen. Chemische Vorgänge besitzen aber nun einmal die Eigentümlichkeit, dafs sie nicht sofort zugleich mit der Ursache, die sie hervorrief, aufhören. Sie schreiten fast immer weiter, entweder mit wachsender oder mit unveränderter oder mit abnehmender Stärke, je nach der Natur des Vorganges und nach den vorhandenen Bedingungen. Es ist des-

- 80 -

halb keineswegs unwahrscheinlich, daſs ein zentraler, durch einen Schallreiz erzeugter Vorgang noch einige Sekunden nach dem Aufhören der Reizung andauern kann, und die auſserordentliche Klarheit des Erinnerungsbildes während dieser kurzen Zeit zeigt zur Genüge, daſs dasselbe sich an Stärke nicht sehr von einer realen Empfindung unterscheiden kann. Es scheint mir deshalb, daſs das Andauern des Vorganges, das die Bahnungstheorie notwendigerweise voraussetzen muſs, kein wesentlicher Einwurf gegen die Theorie ist. Und da diese übrigens mit allen experimentell nachgewiesenen Tatsachen in Übereinstimmung steht, dürfen wir davon ausgehen, daſs sie auch im wesentlichen richtig ist; jedenfalls läſst sich vorläufig wohl keine bessere aufstellen.

Im vorhergehenden wurde wiederholt betont, daſs die beiden Schalle genau denselben Klang haben müssen, wenn ihr Stärkeunterschied mit Sicherheit zu beurteilen sein soll. Hieraus darf gewiſs geschlossen werden, daſs ein Unterschied des Klanges oder der Tonhöhe am besten zu beurteilen sein wird, wenn die beiden Töne dieselbe Stärke haben. Nun ist die Bahnung aber eine physiologische Erscheinung, die nicht im geringsten von der Art der Vorgänge abhängig ist. Kann ein Schallreiz eine Muskelbewegung anbahnen, was tatsächlich stattfindet, so müssen auch Schallreize von verschiedener Klangfarbe oder Tonhöhe einander anbahnen können. Die Bedingung dafür, daſs ein Unterschied der Tonhöhe bei konstanter Intensität der Reize mit Sicherheit beurteilt werden kann, wird also die sein, daſs keine Bahnung stattfindet. Es ist deshalb zu erwarten, daſs eine solche Beurteilung am sichersten wird, wenn die beiden Töne mit einem Intervalle von 5—7 Sek. aufeinanderfolgen. Denn nach diesem Zeitraum wird die Bahnung bei Reizungen mittlerer Stärke fast Null sein und das Erinnerungsbild der ersten Empfindung noch seine volle Klarheit und Stärke haben. Wird das Intervall dagegen länger, so muſs auch das Erinnerungsbild weniger klar und die Beurteilung folglich unsicherer werden. Ebendies hat aber Stern gefunden. Die Sicherheit in der Beurteilung kleiner Unterschiede der Tonhöhe ist am gröſsten bei einem Intervalle von

6 Sek. zwischen den beiden Reizen[1]. Dieses Resultat
scheint somit eine direkte Konsequenz der Bahnung
der Schallempfindungen zu sein.
Wir schreiten nun im folgenden Abschnitte zu der
Untersuchung, welchen Einfluß die Bahnung auf die
U.-E. für die Schallstärke haben muß. Es lassen
sich hier quantitative Schlüsse ziehen, mathematische
Formeln aufstellen, so daß eine Untersuchung an diesem
Punkte für die Richtigkeit der Theorie eine entscheidende
Prüfung werden wird.

DAS UNTERSCHEIDUNGSGESETZ FÜR
SCHALLEMPFINDUNGEN.

Die ebenmerklichen Unterschiede. Zwischen den
psychophysischen und den psychodynamischen Untersuchungen über die Unterschiedsempfindlichkeit muß,
wie oben (S. 26) berührt, ein wesentlicher Unterschied
bestehen. Die psychophysischen Untersuchungen hatten
nur zum Zweck, das Grundverhältnis zwischen dem
physischen Reize und dem hieraus resultierenden psychischen Zustande zu bestimmen. Da dieses Grundverhältnis wohl auf keinem Sinnesgebiete rein und klar
hervortritt, sondern verschiedenartigen Störungen
physiologischer und psychophysiologischer Natur unterworfen ist, haben die Psychophysiker notgedrungen, um
das Verhältnis nachweisen zu können, diesen Störungen
entgegenzuarbeiten suchen müssen. Gewöhnlich war
es nicht tunlich, durch zweckmäßige Versuchsanordnung
das Eintreten der Störungen zu verhindern. Dies wird
nämlich, wie leicht zu ersehen, nur dann möglich sein,
wenn man durch Kenntnis der Natur der Störungen in
den Stand gesetzt wird, die Verhältnisse so zu ordnen,
daß die Störungen keine Gelegenheit erhalten, sich
geltendzumachen. Kenntnis der Natur der Störungen
hatte man aber nur rein ausnahmsweise, weshalb man
denselben nicht direkt entgegenzuarbeiten vermochte.

[1] Die Wahrnehmung von Tonveränderungen. Zeitschr. f. Psych.
u. Phys. Bd. 21. S. 379. Tab. 6.
Lehmann, Körperl. Äußerungen der psych. Zustände III.   6

Es stand mithin nur der Ausweg offen, dafs man durch Variation der Versuchsumstände die Störungen in entgegengesetzten Richtungen wirken zu lassen suchte, um deren Einflufs durch Bildung von Mittelwerten aus den Versuchsresultaten eliminieren zu können. Ob es wirklich gelang, diese Einflüsse zu eliminieren oder auch nicht, war gewöhnlich nicht sicher verbürgt; da man aber auf allen Sinnesgebieten mit gröfserer oder geringerer Annäherung den Nachweis eines logarithmischen Abhängigkeitsverhältnisses zwischen Empfindung und Reiz erzielt hat, scheint diese Übereinstimmung jedenfalls anzudeuten, dafs Fechners Formel annähernd das Grundverhältnis zwischen Reiz und Empfindung angibt, und dafs die Elimination der Störungen folglich zum Teil gelungen ist.

Tatsächlich wird eine völlige Elimination der Störungen schwerlich jemals gelingen, nicht einmal auf den Gebieten, wo die Verhältnisse am wenigsten kompliziert sind. So wurde bei der Besprechung der Starkeschen Versuche (S. 50 u. f.) nachgewiesen, dafs der Einflufs der Zeitfolge auf die Schallempfindungen sich nicht durch Berechnung des arithmetischen, hingegen wohl durch Berechnung des geometrischen Mittels eliminieren läfst, wenn die beiden Gröfsen nur wenig voneinander abweichen, sonst aber nicht. Bei mehr komplizierten Erscheinungen wird alle Elimination zunächst unmöglich. Müller hat eine nicht geringe Arbeit dazu angewandt, dies zu zeigen und die Kriterien dafür anzugeben, dafs Zeit- und Raumfehler sich eliminieren lassen[1]. In den viel zahlreicheren Fällen, wo solche Elimination unmöglich ist, kann man also — von einem psychophysischen Standpunkte aus — mit den Zahlen nichts anfangen. Ganz anders stellt sich die Sache dagegen bei der psychodynamischen Behandlung der U.-E. Hier ist es in erster Linie nicht das psychophysische Grundverhältnis, um dessen Bestimmung es sich handelt, sondern dagegen die gegenseitige Einwirkung der gleichzeitigen oder sukzessiven nervösen Vorgänge aufeinander teils im Sinnesapparate, teils im Zentralorgane. Es wird die Aufgabe, die Gesetze dieser gegenseitigen

---

[1] Gesichtspunkte u. Tatsachen der psychophysischen Methodik.

Einwirkungen klarzulegen, so dafs dieselben mit in die
Berechnung herangezogen werden können. Sind die
Gesetze bekannt, und geht man von der Gültigkeit der
psychophysischen Mafsformeln aus, so mufs man, durch
Einführung von Korrektionen für alle gegenseitigen
Einwirkungen, auf dem Wege der Berechnung zu den
unter gegebenen Verhältnissen experimentell ge-
fundenen Gröfsen kommen können. Überall, wo man
eine solche Übereinstimmung der Berechnung mit der
Messung erzielt, wird dann zugleich ein Beweis für die
Gültigkeit der angewandten psychophysischen Mafsformel geliefert worden sein, und zwar wird dieser Beweis ein weit mehr entscheidender sein, als alle An-
näherungen der Psychophysik ihn zu leisten vermögen.
Es wird nun aber auch einleuchten, wie eine derartige
Untersuchung eben die Forderung stellt, dafs man die
Störungen der Messungsresultate nicht eliminiert —
oder zu eliminieren versucht. Was die Berechnungen
herbeiführen können, sind eben die Zahlen, die man
durch Messung unter durchaus bestimmten Versuchs-
umständen, wo bekannte störende Ursachen mitgewirkt
haben, finden wird. Es kommt folglich darauf an, die
unter verschiedenen Umständen gefundenen Zahlen
auseinanderzuhalten und nicht aus einem ganzen Haufen
von Zahlengröfsen, die nichts miteinander zu schaffen
haben, das Mittel auszuziehen. Da ein einzelnes bestimmtes Beispiel in dieser Beziehung besser aufklärt
als eine weitläufige theoretische Entwicklung, werde ich
jetzt den Unterschied zwischen der gewöhnlichen psychophysischen und der psychodynamischen Behandlung der
ebenmerklichen Schallunterschiede nachweisen.

Gegeben sei ein Reiz von der Gröfse r. Gesucht
werden vier Gröfsen, die wir mit früher eingeführten
Bezeichnungen R_I, R_{II}, r_I und r_{II} nennen können. Die
beiden ersteren sind die Reize, die ebenmerklich
stärkere Empfindungen erregen, und zwar in der
Zeitlage R_I, r und r, R_{II}. Analog hiermit bezeichnen
r_I und r_{II} die Reize, die ebenmerklich schwächere
Empfindungen erzeugen, und zwar in der Zeitlage r_I, r.
bezw. r, r_{II}. Jede dieser vier Gröfsen wird auf gewöhnliche Weise mittels systematisch variierter, auf- und
absteigender Reihen bestimmt. Gesucht werde z. B.

R_i. Beginnt man die Versuche mit einem Werte von R_i, der entschieden zu grofs ist, so wird diese Gröfse gradweise vermindert, bis der Unterschied zwischen R_i und r eben verschwindet, welchen Punkt man notiert, worauf man R_i gradweise vergröfsert, bis der Unterschied wieder ebenmerklich ist, und diese Gröfse von R_i notiert man ebenfalls. Bei der nächsten Bestimmung beginnt man mit einem Werte von R_i, der entschieden zu klein ist, geht aufwärts, bis der Unterschied umschlägt, d. h. bis R_i eine ebenmerklich stärkere Empfindung als r gibt, und steigt wieder abwärts, bis der Unterschied eben verschwindet. Man hat also vier Werte von R_i gefunden, die der Erfahrung gemäfs sehr nahe aneinander liegen, jedoch gesetzmäfsige Abweichungen zeigen. Die Erfahrung lehrt nämlich, dafs es leichter ist, einen gradweise abnehmenden Unterschied zweier Empfindungen festzuhalten, als zu konstatieren, dafs ein Unterschied eben merklich zu werden beginnt. Geht man daher von einem ausgeprägten Unterschied der beiden Empfindungen bis zu dem Punkte, wo der Unterschied verschwindet, so mufs man wieder etwas zurückgehen, bis der Unterschied aufs neue merklich wird. Hier liegt offenbar eine Aufmerksamkeitserscheinung vor, eine attentionelle Bahnung (vgl. 2. Teil, S. 268), deren Gesetze zu finden sein müssen, so dafs sie bei der Berechnung mitgenommen werden kann. Da diese Gesetze einstweilen aber durchaus unbekannt sind, und da der Einflufs der Erscheinung auf die gefundenen Werte von R_i ein verhältnismäfsig geringer ist, begeht man jedenfalls nur einen kleinen Fehler, wenn man das Mittel der vier gefundenen Werte von R_i nimmt und somit den Einflufs der attentionellen Bahnung als eliminiert betrachtet. Führt man die nämlichen vier Bestimmungen von R_i zu wiederholten Malen aus, und nimmt man das Mittel aller dieser Werte, so werden hierdurch die Schwankungen der Aufmerksamkeit und andere zufällige Fehler um so vollständiger eliminiert werden, je öfter man die Messungen wiederholt. Ähnlicherweise verführt man mit den drei anderen Gröfsen, R_{ii}, r_i und r_{ii}, und die hierdurch gefundenen Mittel der vier gesuchten Gröfsen dürfen wir also als von den Fehlern befreit betrachten.

die von der Natur der Aufmerksamkeit und von zufälligen äufseren Störungen herrühren.

Aus den vier genannten Grölsen berechnet man nun die vier Schwellen, die beiden oberen: $R_I - r$ und $R_{II} - r$, und die beiden unteren: $r - r_I$ und $r - r_{II}$, und von diesen vier Grölsen pflegt man ferner das Mittel zu nehmen, indem man meint, hierdurch teils den Einflufs der Zeitlage, teils die zufälligen Umstände zu eliminieren, welche bewirken können, dafs die obere und die untere Schwelle nicht dieselbe Grölse erhalten. Wir wissen aber, dafs der Einflufs der Zeitlage sich nicht auf diese Weise eliminieren läfst, und es hat keinen rechten Sinn, das Mittel der oberen und unteren Schwellen zu nehmen, da diese gar nichts miteinander zu schaffen haben. Die obere Schwelle ist nämlich der Zuwachs, der zu r gelegt werden mufs, damit ein Unterschied ebenmerklich wird, während eine untere Schwelle, z. B. $r - r_I$, der zu r_I hinzuzufügende Zuwachs ist, wenn ein Unterschied eben gemerkt werden soll. Aufser dem rein Empirischen, dafs diese Grölsen oft annähernd gleichgrofs werden, haben sie gar nichts miteinander zu tun. Die ganze Bestimmung des Mittels ist deshalb in theoretischer Beziehung ziemlich gewagt, was sich überdies dadurch erweist, dafs z. B. die Differenz $R_{II} - r$ in gewissen Fällen konstant negativ, $r - r_{II}$ dagegen stets positiv ist. Unter allen Forschern, die sich mit Untersuchungen über die U.-E. für Schallempfindungen beschäftigt haben, ist Starke deshalb der besonnenste, weil er geradeaus erklärt, die Methode der Minimaländerungen sei nicht anwendbar[1]. Merkel schlägt indes einen Ausweg vor: »Wenn es sich lediglich um die Prüfung des Weberschen Gesetzes handelt, ist es keineswegs notwendig, bei den Versuchen von objektiver Gleichheit der Reizstärken auszugehen, sondern eben infolge des Zeitfehlers, den es zu eliminieren gilt, für beide Zeitfolgen von subjektiver Gleichheit der Reizstärken.«[1] Dies ist beinahe richtig; ich bezweifle aber sehr, dafs Merkel imstande sein wird, die Berechtigung seiner Behauptung darzutun. So viel geht jedenfalls aus diesen ver-

[1] Phil. Stud. Bd. 3, S. 303.
[1] Phil. Stud. Bd. 4, S. 272.

schiedenen Äußerungen hervor, daß Forscher, die sich praktisch — nicht nur am Schreibtische — mit derartigen Untersuchungen beschäftigt haben, das Gefühl hatten, sie befänden sich auf schwankendem Boden, und es sei sehr zweifelhaft, wie die durch die Versuche gewonnenen Resultate zu bearbeiten seien.

Da man die Störungen der Resultate nicht zu eliminieren vermag, gibt es tatsächlich nur eine einzige Methode zur Bearbeitung der Zahlen, — nämlich die Störung bei der Berechnung mitzunehmen. Dies ist nun auch sehr einfach. Beginnen wir mit der Zeitlage R_l, r, so wird r, als zuletzt kommend, von R_l angebahnt sein. Es entsteht dann laut Gleich. 7 die Empfindung e, bestimmt durch:

$$e = c \cdot \log. \frac{\varkappa + r + u R_l'}{\varkappa},$$

indem wir die Maßformel Gleich. 1 zugrunde legen. Für die durch R_l erregte Empfindung haben wir den Ausdruck:

$$E = c \cdot \log. \frac{\varkappa + R_l}{\varkappa}.$$

Die Differenz zwischen E und e ist ebenmerklich; nennen wir die Größe μ, so erhalten wir:

$$E - e = \mu = c \cdot \log. \frac{\varkappa + R_l}{\varkappa + r + u R_l'}, \text{ also}$$

$$\frac{\varkappa + R_l}{\varkappa + r + u R_l'} = \sqrt{10^\mu} = K_l \ldots \ldots \text{(Gleich. 19a).}$$

Für R_{ll}, r_l und r_{ll} erhält man ganz analoge Gleichungen. R_{ll} gibt eine ebenmerklich stärkere Empfindung als r, ist aber selbst von letzterem angebahnt; folglich findet man auf dieselbe Weise wie für R_l:

$$\frac{\varkappa + R_{ll} + ur}{\varkappa + r} = \sqrt{10^\mu} = K_{ll} \ldots \ldots \text{(Gleich. 19b).}$$

Da r_l dem r vorausgeht, wird es letzteres anbahnen, und da es eine ebenmerklich schwächere Empfindung gibt als r, hat man also:

$$\frac{\varkappa + r + u r_l'}{\varkappa + r_l} = \sqrt{10^\mu} = K_{lll} \ldots \ldots \text{(Gleich. 19c).}$$

Endlich wird das auf r folgende r_{II} von ersterem angebahnt werden, und da es eine ebenmerklich
schwächere Empfindung gibt, erhält man:

$$\frac{x + r}{x + r_{II} + ur} = \sqrt[.]{10}'' = K_{II} \ \ldots \ldots \ \text{(Gleich. 19d).}$$

Die vier in den Gleichungen 19a — 19d gegebenen
Brüche werden nun gleichgroß sein, wenn u, der ebenmerkliche Unterschied, eine von der Stärke der Reize
unabhängige Größe ist. Hat man daher durch Ver-
suche die vier Größen R_I, R_{II}, r_I und r_{II} gefunden, so
soll nicht nur jeder der vier Brüche für sich konstant
sein, sondern sie müssen auch alle vier, für jeden beliebigen Wert von r, einander gleich sein. Hierbei ist
nur zu beachten, daß u und v Funktionen des Zeitintervalles zwischen den beiden Reizungen sind; dieses
muß folglich während der ganzen Versuchsreihe konstant gehalten werden, und man muß die dem konstanten Zeitintervalle entsprechenden Werte von u und v
kennen, um die Brüche berechnen zu können.

Wir schreiten nun zur Prüfung der Richtigkeit der
entwickelten Theorie. Zunächst führte ich eine Reihe
von Messungen aus, bei denen ich selbst V.-P. war.
Was ich oben (S. 74) äußerte: daß meine Erwartungen
unmöglich auf die Messungen Einfluß erhalten konnten,
gilt auch hier. Um dies noch ferner zu verbürgen,
werde ich eine höchst interessante kleine Versuchsreihe
wiedergeben, welche zeigt, daß man bei Messungen
dieser Art zu Resultaten gelangen kann, die den ganz
bestimmten Erwartungen der V.-P. widerstreiten. Füge
ich dann eine mit Mag. N. als V.-P. angestellte Versuchsreihe hinzu, deren Resultate ganz mit den meinigen
übereinstimmen, so wird hoffentlich sogar der Skeptiker
Ebbinghaus sich befriedigt fühlen.

Meine Messungen wurden bei dem Zeitintervalle
1,25 Sek. ausgeführt, für welches ich mittels direkter
Messungen $u = 0,0879$ und $v = 1,11$ fand (vgl. S. 71).
Um die Versuchsreihe nicht ganz endlos zu machen,
bestimmte ich nur R_I und R_{II}: werden die hierfür berechneten Brüche, Gleich. 19a und Gleich. 19b, gleichgroß, so darf man wegen der übereinstimmenden Form
der Gleichungen davon ausgehen, daß dies auch mit

den beiden anderen der Fall sein wird. Anderseits wurden die Messungen für einen sehr grofsen Reizumfang, von $r = 1$ bis $r = 16\,384$, durchgeführt. Die Tab. 10 gibt erst die angewandten Werte von r, darauf die gefundenen Gröfsen R_{II} und R_I, denen sich die berechneten Gröfsen R_{II} r und R_I r anschliefsen. Vergleicht man diese beiden Reihen von Brüchen, so sieht

Tab. 10.

r	R_{II}	R_I	$\frac{R_{II}}{r}$	$\frac{R_I}{r}$	k_{II}	x_{II}	K_{II}	k_I	x_I	K_I	ber. $\frac{R_{II}}{r}$
1	1,30	1,57	1,300	1,570	1,383	1,71	1,125	1,372	1,83	1,132	1,358
2	2,58	3,00	1,290	1,500	1,385	3,39	1,186	1,100	2,68	1,159	1,200
4	4,64	5,84	1,160	1,460	1,263	3,33	1,172	1,263	3,88	1,181	1,118
8	8,32	11,01	1,040	1,376	1,151	0,45	1,120	1,189	3,00	1,234	1,071
16	16,30	21,16	1,019	1,322	1,118		1,122	1,138		1,124	1,044
32	32,02	42,13	1,001	1,317	1,130		1,122	1,120		1,114	1,025
64	64,86	89,24	1,013	1,394	1,152		1,147	1,161		1,157	1,010
128	117,4	177,2	0,995	1,385	1,145		1,142	1,140		1,138	0,994
256	233,9	356,3	0,992	1,392	1,134		1,133	1,127		1,127	0,984
512	505,3	714,8	0,987	1,396	1,162		1,161	1,115		1,113	0,970
1024	953,8	1498	0,933	1,463	1,121		1,121	1,136		1,136	0,957
2048	1881	3079	0,918	1,503	1,123		1,121	1,140		1,140	0,941
4096	3860	6323	0,942	1,544	1,162		1,162	1,140		1,140	0,924
8192	7639	13108	0,933	1,600	1,170		1,170	1,144		1,144	0,907
16384	14437		0,581		1,137		1,137				0,883

man leicht, dafs sie durchaus nichts miteinander zu tun haben. Während R_I/r anfangs stark abnimmt, darauf konstant wird und schliefslich mit wachsenden Werten von r wieder anwächst, sieht man, wie R_{II}/r gleichmäfsig abnimmt, so dafs der Bruch ziemlich geschwind sogar kleiner als 1 wird. Hier ist also $r > R_{II}$; folglich ist die Schwelle $R_{II} - r$ negativ. Diese Erscheinung wurde, wie oben (S. 85) erwähnt, von S t a r k e beobachtet, dagegen nicht von M e r k e l oder A m e n t. Die Ursache dieser verschiedenen Resultate ist nicht fern zu suchen: da die Bahnung individuell verschieden und überdies vom Zeitintervalle abhängig ist, kann man natürlich nicht erwarten, bei dem zufällig gewählten Zeitintervalle stets eine so starke Bahnung zu erhalten, dafs $R_{II} < r$ wird. Aufserdem zeigt Tab. 10, dafs die Erscheinung erst bei gröfseren Werten von r eintritt; in kurzen Versuchsreihen mit verhältnismäfsig schwachen Reizen kann man also nicht erwarten, sie zu gewahren. Dergleichen kurze Versuchsreihen sind überhaupt un-

zweckmäfsig, weil sie eigentlich nichts beweisen; oft
können sie eine Gesetzmäfsigkeit andeuten, die sich als
durchaus illusorisch erweist, wenn die Versuche innerhalb eines gröfseren Reizumfanges durchgeführt werden.
Wären z. B. die in der Tab. 10 gegebenen Messungen nur
bis $r = 64$ hinaufgeführt, so würde es also den Anschein
haben, als ob die Brüche R_{II}/r und R_I/r freilich etwas
voneinander abwichen, jedoch wesentlich dasselbe Gesetz befolgten; die vollständige Versuchsreihe zeigt,
dafs dies durchaus falsch ist. Es ist leicht zu ersehen,
dafs R_{II} und R_I auf je ihre besondere, gesetzmäfsige
Weise mit r variieren.

Wir prüfen nun also, ob die Gleichungen 19a und 19b
für diese Messungen gültig sind. Setzt man die aus dem
Obigen bekannten Werte von u und v in diese Gleichungen ein, so bleiben noch zwei unbekannte Konstanten übrig, nämlich x und K_I' bezw. K_{II}'; diese lassen
sich aber ohne Schwierigkeit mittels der Methode der
kleinsten Quadrate aus den vorliegenden Messungen
bestimmen. Vorläufig wollen wir dies aber nicht tun,
da es von Interesse sein kann, zu untersuchen, inwiefern
das Fechnersche Gesetz mit diesen Messungen übereinstimmt. Zu den Gleichungen 19a—19d gelangten
wir, wie leicht zu ersehen, indem wir die in Gleich. 1
gegebene Mafsformel zugrunde legten. Wenden wir
statt derselben die Fechnersche Formel an, so wird x in
den Zählern und Nennern der vier Brüche wegfallen;
sonst bleiben die Brüche unverändert (vgl. S. 23). Setzen
wir daher in die Gleichungen 19a und 19b die Werte
von u und v ein, und lassen wir x weg, so erhalten wir
diejenigen Ausdrücke, die sich als mit den Messungen
übereinstimmend erweisen sollten, falls das Fechnersche
Gesetz gültig ist, nämlich:

$$\frac{R_I}{r + 0{,}088 \ R_I^{1,11}} = k_I \ \ldots \ldots \text{(Gleich. 20a)}$$

und $\quad \dfrac{R_{II} + 0{,}088 \ r^{1,11}}{r} = k_{II} \ \ldots \ldots \text{(Gleich. 20b)}.$

Die Konstanten sind hier behufs der Unterscheidung
von den Konstanten K_I' und K_{II}' in den vollständigen
Gleichungen als k_I und k_{II} bezeichnet; ist die Theorie
richtig, so mufs man natürlich auch hier $k_I = k_{II}$ finden.

Setzt man in die Ausdrücke nach und nach die zusammengehörenden Werte von R_I, R_{II} und r ein, so
lassen sich hieraus die verschiedenen Werte von
k_I und k_{II} berechnen; diese sind in der Tab. 10 angeführt.
Wie man sieht, sind k_I und k_{II} von $r = 8$ an nicht nur
jedes für sich konstant, sondern auch einander gleich.
Natürlich findet man nicht die einem gegebenen r entsprechenden Werte k_I und k_{II} genau gleichgrofs, identisch; das steht der Natur der Sache zufolge aber auch
nicht zu erwarten. Sowohl R_I als R_{II} ist ja mit zufälligen Fehlern behaftet; also müssen die demselben r
entsprechenden k_I und k_{II} ebensowohl voneinander abweichen können als die sukzessiven Werte von k_I oder k_{II}.
Man sieht aber, dafs für jede dieser beiden Gröfsen die
Werte durchaus unregelmäfsig zwischen den Grenzen
1,115 und 1,189 schwanken, indem sie sich durchweg
doch dicht um die Mittelzahlen herum halten. Läfst
man die drei Werte von k_I und k_{II}, die $r = 1$, 2 und 4
entsprechen, aufser Betracht, so erhält man als Mittel:
$k_{II} = 1,145$ mit durchschnittlicher Abweichung $\pm$ 0,013,
und $k_I = 1,141$ mit durchschnittlicher Abweichung
$\pm$ 0,013. Hier ist also fast völlige Übereinstimmung der
Mittelwerte, und die durchschnittlichen Abweichungen
sind so klein, dafs wenigstens die partielle Gültigkeit
der Gleichungen 20a und 20b für diese Messungen
keinen Zweifel erleiden kann. Als Ergebnis hiervon
können wir also feststellen:
Wenn der Zuwachs, den der erste zweier
Schallreize durch Bahnung dem letzten gibt,
zu diesem hinzuaddiert wird, so wird das Verhältnis zwischen den auf diese Weise korrigierten Reizen konstant und für beide Zeitlagen das nämliche sein, sofern die Reize
einen ebenmerklichen Empfindungsunterschied hervorrufen. Doch gibt es eine »untere«
Abweichung von diesem konstanten Verhältnisse, indem dieses sich bei kleinen Werten
der Reize als um so gröfser erweist, je kleiner
die Reize sind.
Zurück steht also nur die Frage nach der »unteren«
Abweichung«, welche offenbar einer von der Bahnung
ganz verschiedenen Ursache entstammt, da die Ab-

weichung noch andauert, nachdem die Bahnung mit
in Berechnung genommen ist. Bekanntlich ist es eine
ziemlich übliche Aufassung gewesen, dafs diese untere
Abweichung von dem — verhältnismäfsig — konstanten
Tagesgeräusche herrühre, das sich geradezu zu den
gemessenen Reizen addiere, wegen seiner geringen
Gröfse aber nur bei sehr kleinen Werten von r nachweisbaren Einflufs erhalte. Dafs dies sich richtig ver-
hüllt, wurde, anscheinend wenigstens, durch den Umstand bestätigt, dafs sich aus Merkels Messungen eine
konstante Gröfse herleiten liefs, die, zu den gemessenen
Reizen addiert, $R\,r$ wirklich innerhalb des ganzen
Reizumfanges konstant machte (vgl. 2. Teil, S. 101
bis 103). Hiermit ist also das Gesetz für die störende
Ursache gegeben; sicher ist natürlich aber nicht, dafs
die Ursache eine äufsere, physische ist; dieselbe könnte
unbestreitbar ebensowohl gerade im psychophysiologischen System liegen. Dies zu untersuchen fällt nicht
schwer, da man das Tagesgeräusch ja dadurch eliminieren
kann, dafs man die Versuche bei vollständiger Stille
anstellt. Zu diesem Zwecke führte ich hinsichtlich der
vier schwächsten Reize, $r = 1, 2, 4, 8$. Messungen aus,
sowohl in der Nacht als bei Tage. Obschon das
Laboratorium an einem sehr ruhigen Orte und von
hohen Gebäuden umgeben zwischen zwei wenig fre-
quentierten Strafsen liegt, weshalb nur selten bestimmte
störende Schalle eindringen, läfst es sich doch nicht
vermeiden, dafs die Luft des Tages sozusagen mit Geräusch vom Verkehr der ganzen Stadt angefüllt ist;
des Nachts nach 11 Uhr, wo die Versuche angestellt
wurden, ist die Stille aber vollständig. Subjektiv bewirkt
dies eine gröfsere Sicherheit der Schätzung, und die
U.-E. wird wohl auch etwas feiner, der Unterschied ist
aber fast verschwindend. Das geht deutlich aus der
Tab. 11 (siehe S. 92) hervor, wo die gefundenen Werte von
R_{ll} und R_l sowohl für die Tages- als die Nachtversuche
angeführt sind. Letztere ergaben allerdings durchweg
etwas kleinere Gröfsen, es gibt aber doch auch Ausnahmen hiervon, und jedenfalls sind die Differenzen so
gering, dafs sie die untere Abweichung durchaus nicht
zum Verschwinden bringen. Ich habe deshalb ganz einfach die mittleren Zahlen M der beiden Reihen als die

Tab. 11.

r	R_{II}			R_I		
	Tag	Nacht	M	Tag	Nacht	M
1	1,33	1,26	1,30	1,67	1,47	1,57
2	2,62	2,53	2,58	3,12	2,88	3,00
4	4,61	4,67	4,64	5,84	5,84	5,84
8	8,44	8,19	8,32	11,09	10,92	11,01

richtigen Werte betrachtet, und diese Größen sind die in der Tab. 10 angeführten. Das Resultat dieser Messungen ist mithin negativ:

Die untere Abweichung von dem konstanten Verhältnisse zwischen zwei Schallreizen, welche einen ebenmerklichen Empfindungsunterschied hervorrufen, rührt nicht von einer äufseren, physischen Ursache (dem Tagesgeräusche) her, da diese Abweichung nicht in nennenswertem Grade dadurch vermindert wird, dafs die Messungen in der Stille der Nacht ausgeführt werden.

Selbst wenn die genannten Versuche also keinen positiven Beitrag zur Beantwortung der vorliegenden Frage zu leisten vermochten, sind sie in anderer Beziehung doch von grofsem Interesse. Sollten nämlich theoretische Erwartungen jemals auf die Versuchsresultate influieren können, so hätte es eigentlich hier sein müssen. Ich war nämlich von vornherein fest überzeugt, dafs die untere Abweichung bei den Nachtversuchen verschwinden müfste, und erstaunte sehr, als ich während der Bearbeitung der Resultate der ersten Nacht das Entgegengesetzte fand. Anfangs konnte ich mir die Sache nicht anders erklären, als dafs beim Ablesen Irrtümer begangen sein müfsten — was eigentlich unmöglich war —, oder dafs ich ermüdet gewesen wäre und die Messungen deshalb unzuverlässig geworden wären. Trotz aller Bemühungen und aller Sorgfalt änderten die Messungen während der folgenden Nächte das Resultat nicht im geringsten, und es war somit gegeben, dafs die ›untere Abweichung‹ bei den Schallempfindungen nicht von einer äufseren Ursache

herrühren konnte. Da es sich später erwies, dafs auch
nicht das ›Eigenlicht‹ des Auges die Abweichungen
bei Lichtempfindungen zu erklären vermochte, liefs die
Sache sich nur so verstehen, dafs die Fechnersche
Formel kein exakter Ausdruck ist, und hierdurch geriet
ich auf die theoretischen Betrachtungen, die zur Gleich. 1
(S. 20) führten, deren Gültigkeit wir jetzt zu prüfen haben
werden. So viel geht aber jedenfalls aus diesen Messungen
hervor, dafs theoretische Erwartungen keinen Einflufs
auf die Resultate zu erhalten brauchen, wenn nur die
Versuche zweckmäfsig angeordnet werden.

Was ferner die Ursache der unteren Abweichung
betrifft, so kann dieselbe nicht zweifelhaft sein. Denn
es wurde bereits oben (S. 21—24) nachgewiesen, dafs das
Fechnersche Gesetz nur die erste Annäherung an einen
Ausdruck für die Empfindungsstärke als Funktion der
Reizstärke ist, und dafs dasselbe mit den Messungen
nur für grofse, dagegen nicht für kleine Werte von R
stimmen kann. Ebendies fanden wir aber, so dafs die
›untere Abweichung‹ also eine ganz notwendige Folge
davon ist, dafs wir die Fechnersche Formel statt Gleich. 1
zur Grundlage benutzten. Wird letztere angewandt, so
kommen wir zu den Gleichungen 19a und 19b, und die
Frage wird also die, ob diese gröfsere Übereinstimmung
der Berechnung mit der Messung geben. Dies läfst sich
leicht untersuchen, denn da die Gleichungen 20a und 20b
für grofse Werte von R stimmen, darf man annehmen,
dafs die hieraus gefundenen Werte von k_i und k_{ii} auch
für die Gleichungen 19a und 19b gelten werden[1]. Wir

---

[1] Ich nenne eine solche Annahme, sie möge mathematisch
formuliert sein oder auch nicht, eine berechtigte wissenschaftliche
Hypothese; ob sie richtig ist, hängt natürlich von dem Ergebnisse ab,
davon nämlich, ob sie sich als mit den Messungen übereinstimmend
erweist. Külpe hingegen nennt eine solche Annahme eine petitio
principii, — was wahrscheinlich doch nur ein mehr philosophischer
Ausdruck für dasselbe Ding ist. Weshalb diese petitio aber als ›ganz
unzulässig‹ gestempelt werden sollte (Phil. Stud. Bd. 18, S 334—335),
ist mir ein Rätsel. Ich kann mir die Sache nur so erklären, dafs es
Külpe gänzlich an mathematischem Begriffe gebricht, so dafs er
nicht einzusehen vermag, wie man unmöglich K einen bestimmten
Wert beilegen und dennoch ‹ als konstante Gröfse herausbekommen
kann — was mit Merkels Messungen der Fall war (2. Teil. S. 102) —,
es sei denn, dafs die angewandte Formel wirklich das Gesetz für die
untersuchte Erscheinung angibt.

können also setzen $K_I - K_{II} = K = (k_I + k_{II})/2 = 1,143$, und werden aufserdem die Konstanten u und v in die Gleichung eingesetzt, so läfst x sich berechnen. Nennt man den Wert von κ für jede der beiden Zeitfolgen x_I bezw. x_{II}, und löst man die Gleichung mit Bezug auf diese Gröfsen, so erhält man:

$$x_I = \frac{R_I - K\,(r + uR_I')}{K - 1} \text{ und } x_{II} = \frac{R_{II} + ur - Kr}{K - 1},$$

die nach Einsetzen der genannten Konstanten die Form

$$x_I = \frac{R_I - 1,143\,(r + 0,088\,R_I^{1.11})}{0,143} \text{ und } x_{II} = \frac{R_{II} + 0,088\,r^{1.11} - 1,143\,r}{0,143}$$

annehmen. Hieraus lassen sich x_I und x_{II} durch Einsetzung der zusammengehörenden Werte von r, R_I und R_{II} berechnen; die gefundenen Gröfsen sind in der Tab. 10 angeführt. Diese sind zwar nicht völlig, jedoch sehr annähernd konstant. Die Berechnung der Mittel ergibt: $x_{II} = 2,22$ und $x_I = 2.83$. Bessere Übereinstimmung läfst sich schwerlich erwarten, denn aus den obigen Ausdrücken für x_I und x_{II} ersieht man, dafs ein kleiner Fehler hinsichtlich der gemessenen Gröfsen R_I und R_{II} einen sehr bedeutenden Fehler der berechneten Werte von x_I und x_{II} bewirkt. weil der Nenner ein kleiner Bruch ist und der Fehler des Zählers mithin mit einer ziemlich grofsen Zahl multipliziert wird. Da ferner anzunehmen ist. dafs die zufälligen Fehler der gemessenen Gröfsen R_I und R_{II} bald in positiver, bald in negativer Richtung gehen, werden folglich die sukzessiven Werte von x_I und x_{II} ziemlich bedeutend differieren müssen, und es würde zunächst sonderbar sein, wenn gröfsere Konstanz vorhanden wäre. Wir können indes leicht prüfen, ob ein konstanter Wert von x_I und x_{II} die Gleichungen 19a und 19b befriedigt. Berechnen wir die wahrscheinlichen Werte dieser Gröfsen. so finden wir $x_I = x_{II} = 2,1$. Wird diese Zahl statt x in Gleich. 19a und Gleich. 19b eingesetzt, so lassen sich hieraus wieder K_I und K_{II} berechnen; die somit gefundenen Gröfsen sind in der Tab. 10 angegeben. Diese Gröfsen sind, wie man sieht, durchweg konstant und bieten an keinem Punkte gesetzmäfsige Abweichungen von den Mittelzahlen dar, welche $K_{II} = 1.144 \pm 0,019$ und $K_I = 1.140 \pm 0,013$ sind.

Eine fernere Prüfung der Richtigkeit der Formeln wird sich anstellen lassen, wenn man, mittels der gefundenen Konstanten, $R'r$ berechnet. Dies läßt sich allerdings nur mit dem Bruche R_{II}/r tun, da Gleich. 19a mit Bezug auf R_I/r nicht löslich ist. Da indes, wie

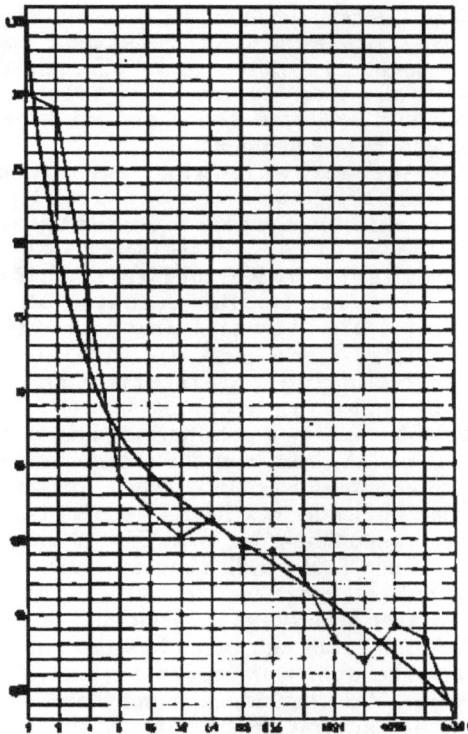

Fig. 4.

Tab. 10 zeigt, kein wesentlicher Unterschied der Genauigkeit der Messungen in den beiden Zeitfolgen besteht, wird die eine Berechnung auch genügen. Setzt man also in Gleich. 19b $x = 2.1$ und $K_{II} = 1.144$, wie auch die früher gefundenen Werte von u und v, so erhält man für R_{II}/r die in der Tab. 10 unter der Über-

schrift »ber. R_{II} 'r‹ angeführten Werte. Der leichteren
Übersicht wegen sind diese in Fig. 4 graphisch dargestellt, wo log.r als Abszisse und R_{II}/r als Ordinate
abgesetzt sind. Die eingezeichnete Kurve ist durch die
berechneten Werte von R_{II} r gelegt, während die gemessenen Größen durch gerade Linien verbunden sind.
Eine bessere Übereinstimmung der Berechnung mit der
Messung läfst sich wohl kaum verlangen; man sieht,
wie die gemessenen Größen ganz unregelmäfsig zu
beiden Seiten der theoretischen Kurve fallen. Als Resultat der durchgeführten Berechnungen können wir
also folgenden Satz aufstellen:
Die untere Abweichung von dem konstanten Verhältnisse zwischen Schallreizen,
die ebenmerkliche Empfindungsunterschiede
hervorrufen, rührt ausschliefslich davon her,
dafs die Fechnersche Formel kein hinlänglich
genauer Ausdruck für die Intensität der Empfindung ist. Die Abweichung verschwindet
nämlich völlig, wenn man die in Gleich. 1 gegebene vollständigere Mafsformel zur Grundlage der Berechnung nimmt.
Aus den Gleich. 19'a—d geht hervor, dafs die Größen
K_I, K_{II}, K_{III} und K_{IV} nur dann gleichgrofs sein können,
wenn μ, der ebenmerkliche Unterschied, konstant, nicht
nur von der Intensität des Reizes, sondern auch von
der Zeitfolge unabhängig ist. Die Tab. 10 zeigt, dafs μ
für die betreffende V.-P. wirklich konstant war. Weil dies
mit Bezug auf eine einzelne V.-P. nachgewiesen wurde,
ist es darum aber keineswegs gegeben, dafs dasselbe allgemeingültig ist. Man hat, besonders am Anfang derartiger Versuche, wenn man ungeübt ist, ein Gefühl, dafs
es leichter sei, die Empfindungen miteinander zu vergleichen, wenn man erst die konstante Norm und darauf
die Variable hört, als wenn die Zeitfolge die umgekehrte
ist. Und hierin liegt nichts Sonderbares. Denn wenn
die konstante Norm zuzweit kommt, wird sie von dem
vorausgehenden variablen Reize angebahnt; da mit
dessen Gröfse aber der Bahnungszuwachs variiert, wird
die konstante Norm tatsächlich also gar nicht konstant,
da sie bei jeder neuen Einstellung des variablen Reizes
einen anderen Bahnungszuwachs erhält. In diesem

Falle muſs die Schätzung verhältnismäſsig unsicher
werden, weil man in der Tat zwei fortwährend vari-
ierende Empfindungen zu vergleichen hat; kommt der
konstante Reiz dagegen zuerst, so gibt er auch beständig eine konstante Empfindung, und da man diese
leicht im Gedächtnisse behält, so wird der Vergleich
hierdurch erheblich erleichtert. Selbst mit geübten
Versuchspersonen läſst sich daher erwarten, daſs man
eine etwas gröſsere mittlere Variation der Messungen
in dem Falle finden wird, wo der konstante Reiz zuzweit kommt; ungeübte Versuchspersonen werden sich
durch die subjektiv gefühlte Unsicherheit leicht verleiten lassen, gröſseren Unterschied der Empfindungen
zu fordern, um denselben Grad der Sicherheit bei
der Schätzung des ebenmerklichen Unterschieds zu erlangen. Dann werden die Messungen aber eine geringere U.-E. zeigen.

Tab. 12 a.

r	R_I	$\frac{R_I}{r}$	K_I	R_{II}	$\frac{R_{II}}{r}$	K_{II}	ber.$\frac{R_{II}}{r}$
32	37,6	1,175	1,075	30,87	0,965	1,041	0,995
128	163,6	1,317	1,156	136,9	1,070	1,094	0,972
512	635,3	1,241	1,062	479,3	0,936	1,066	0,942
2 048	2 626	1,282	1,044	1 904	0,929	1,099	0,902
8 192	10 673	1,303	1,001	6 700	0,818	1,038	0,851
			$M = 1,048$			$M = 1,063$	

Tab. 12 b.

r	r_I	$\frac{r}{r_I}$	K_{III}	r_{II}	$\frac{r}{r_{II}}$	K_{IV}	ber.$\frac{r}{r_{II}}$
32	31,0	1,032	1,108	27,28	1,173	1,076	1,170
128	121,1	1,057	1,156	105,2	1,217	1,085	1,202
512	467,9	1,094	1,222	389,3	1,315	1,123	1,247
2 048	1 995	1,027	1,195	1 634	1,253	1,034	1,311
8 192	8 547	0,959	1,232	5 725	1,431	1,089	1,406
			$M = 1,183$			$M = 1,091$	

Die Erfahrung gibt die völlige Bestätigung dieser
Erwartungen, was aus einer mit Mag. N. angestellten
Reihe von Versuchen hervorgeht, deren Resultate in
den Tabellen 12 a und 12 b wiedergegeben sind. Herr N.
hatte überhaupt keine andere Übung im Ausführen

psychophysischer Messungen als die, welche er durch
die oben besprochenen Bestimmungen der Bahnung er-
worben hatte. Die Versuche umfassen, wie die Tabelle
zeigt, nur wenige Intensitätsstufen, jedoch von ziemlich
bedeutendem Umfange; bei jeder Intensität wurde aber
jede der vier Größen R_I, R_{II}, r_I und r_{II} so bestimmt,
daß die Reihe zweimal durchgemacht wurde, so daß
die Versuche mit demselben Werte von r begannen und
schlossen. Hierdurch wurde die Übung also möglichst
gleichmäßig über die ganze Reihe verteilt, und jeder
der angeführten Werte R_I usw. ist das Mittel von acht
Messungen. Die entsprechenden Werte von K sind
mittels der Gleichungen 19a—d berechnet, wo x doch
einfach weggelassen wurde, da unsere früheren Versuche gezeigt haben, daß diese Größe bei so großen
Werten von r wie den hier angewandten keinen merklichen Einfluß erhält. Es wurde mit anderen Worten
nur die Fechnersche Formel der Berechnung zugrunde
gelegt. Das Zeitintervall war bei allen diesen Messungen
1,25 Sek., und für Mag. N. wurde oben (S. 76) bei diesem
Zeitintervalle $u = 0,0398$ und $v = 1,19$ gefunden. Werden
diese Konstanten nebst den zusammengehörenden
Werten R und r in die Gleichungen 19a—d eingesetzt,
so läßt sich K berechnen. Die Werte von K sind in
mehreren Beziehungen interessant. Erstens erweist es
sich, daß sie nicht so konstant sind, wie es in der
Tab. 10 der Fall war; die mittlere Variation ist größer.
Und in dieser Beziehung macht sich zwischen den beiden
Zeitlagen ein entschiedener Unterschied geltend. Man
findet nämlich $K_I = 1,068 \pm 0,038$ und $K_{III} = 1,183 \pm 0,040$,
dagegen aber $K_{II} = 1,068 \pm 0,023$ und $K_{IV} = 1,081 \pm 0,021$.
Die Abweichungen von den Mittelwerten sind also fast
doppelt so groß, wenn der variable Reiz zuerst kommt,
als wenn der konstante Reiz zuerst kommt. Diese Unsicherheit der Schätzung bei ersterer Reihenfolge hat,
wie zu erwarten stand, auch eine Spur in der U.-E.
hinterlassen, die in einem einzelnen Falle bedeutend geringer wird. Freilich hat K_I im Mittel denselben Wert
wie K_{II} und K_{IV}, was zunächst vielleicht ein Zufall ist,
da die Größen äußerst variabel sind; K_{III} ist jedoch
bedeutend größer. Übrigens sieht man, daß die individuelle U.-E. nicht ausschließlich eine Funktion der

Übung ist, denn während wir in der Tab. 10 als Mittel
$K = 1,142$ fanden, wird die mittlere Zahl für Mag. X.,
wenn man die drei übereinstimmenden Reihen allein
berücksichtigt, 1,072; nimmt man auch die vierte Reihe
mit, so wird $K = 1,100$, jedenfalls mithin bedeutend
kleiner als für den viel geübteren A. L.

Die Tabellen 12 a und 12 b enthalten außer den bereits genannten Größen noch zwei Kolonnen, in welchen
die berechneten Werte von R_{II}/r und r/r_{II} angeführt
sind. Dieselben wurden aus den Gleichungen 19 b
und 19 d berechnet, indem statt K_{II} und K_{Ir} das Mittel
1,072 eingesetzt wurde. Die berechneten Größen haben
ihr Interesse, weil sie zeigen, daß die sinkende Tendenz
in der Reihe R_{II}/r und die steigende Tendenz in der
Reihe r/r_{II}, die durch einzelne Unregelmäfsigkeiten
unterbrochen werden, in der Tat ganz gesetzmäfsig
sind; die berechneten Brüche schliefsen sich den aus
den Versuchen direkt hergeleiteten so eng an, daß die
Abweichungen der beiden Reihen voneinander zweifelsohne nur von den unvermeidlichen Beobachtungsfehlern
herrühren. Wie wir vorher bei der Betrachtung der
Tab. 10 fanden, daß jeder der Brüche R_I/r und R_{II}/r auf
bestimmte, gesetzmäfsige Weise variiert, so sehen wir
jetzt, daß dasselbe von den Brüchen R_{II}/r und r/r_{II}
gilt. Nimmt man das Mittel zweier solcher, demselben r
entsprechender Brüche, so erlangt man also durchaus
nicht die Elimination einer störenden Ursache, man
verwischt ganz einfach auf unzulässige Weise ein ge-
setzmäfsiges Verhältnis. Und daß dieses gesetzmäfsige
Verhältnis der Bahnung zu verdanken ist, dafür ist die
Übereinstimmung zwischen den Größen K_{II} und K_{Ir} der
beste Beweis.

*Die Bahnung und Müllers ›Theorie des absoluten
Eindrucks‹.* Wir sahen im vorhergehenden, daß das
Verhältnis zwischen denjenigen Schallreizen, die ebenmerkliche Empfindungsdifferenzen hervorrufen, durch
die psychophysische Mafsformel (Gleich. 1) völlig bestimmt ist, wenn man die zwischen den sukzessiven
Vorgängen stattfindende Bahnung mit in Berechnung
zieht. Andere Faktoren als die Bahnung brauchten wir
nicht zu berücksichtigen, und es wird deshalb von
Interesse sein, zu untersuchen, welche Bedeutung

Müllers Theorie von dem Einflusse des absoluten Eindrucks auf diesem Gebiete hat. Die Theorie wurde ursprünglich zwar nur zur Erklärung der Verhältnisse bei Gewichtempfindungen aufgestellt[1], später hat Müller sie aber dahin erweitert, daß sie jedenfalls für Schallempfindungen und wahrscheinlich auch für alle anderen Sinnesgebiete gültig sei[2]. Freilich stützte er sich, was die Schallempfindungen betrifft, nur auf Messungen der vier Schwellen für einen einzigen Wert von *r*, und es könnte deshalb vielleicht eine etwas leichtsinnige und übereilte Generalisation sein, wenn die Theorie von einer so schmächtigen empirischen Grundlage aus so erweitert wird, daß sie auch auf diesem Gebiete gültig sein soll[3]. Da er tatsächlich aber mittels dieser einzigen Messung ganz dieselben Verhältnisse wie die der Gewichtempfindungen findet, ist damit jedenfalls eine gewisse Wahrscheinlichkeit der Übereinstimmung der beiden Gebiete gegeben. Es ist deshalb zu untersuchen, warum wir im vorhergehenden gar keine Tatsachen antrafen, die auf die Gültigkeit der Müllerschen Theorie hindeuten könnten.

Anfangs bleiben wir beim rein Faktischen stehen, ohne uns auf die theoretische Erklärung dieser Fakta einzulassen. Durch ihre Versuche mit Gewichtempfindungen wiesen Martin und Müller drei wesentlich verschiedene, eigentümliche Umstände nach. Die Darstellung derselben ist indes sowohl in dem älteren Werke von Martin und Müller als auch in dem jüngeren von Müller höchst unklar, was seinen Grund besonders darin hat, daß man bei der Untersuchung die Methode der konstanten Unterschiede anwandte, wodurch man die Resultate in der Anzahl der richtigen Fälle ausgedrückt bekommt, während unmittelbar über die Größe der Schwellenwerte, wovon die Anzahl der richtigen Urteile abhängt, nichts gesagt wird. Da einer größeren Anzahl richtiger Fälle indes stets eine kleinere Unterschiedsschwelle entsprechen muß, lassen die Re-

[1] Martin und Müller, Zur Analyse der Unterschiedsempfindlichkeit. 1898.
[2] Gesichtspunkte und Tatsachen d. psychophysischen Methodik. S. 122.
[3] Gesichtspunkte. S. 52 u. 71.

sultate sich leicht in relative Schwellenwerten umschreiben, wodurch die ganze Darstellung weit mehr übersichtlich wird. Ich lasse deswegen Müllers Darstellung aufser Betracht und gebe ausschliefslich meine eigene Umschreibung; ein kundiger Leser wird sich ohne gar zu grofse Mühe überzeugen können, dafs das rein Faktische richtig ausgedrückt ist.

I. Es besteht im allgemeinen eine zuerst von Fechner nachgewiesene Tendenz, den letzten von zwei sukzessiven Reizen gröfser aufzufassen, als er ist [1]. Bestimmt man die beiden oberen Schwellen $R_t - r$ und $R_{II} - r$, so wird man folglich $R_t - r > R_{II} - r$ finden. Denn da R_{II} auf r folgt, wird R_{II} schon wegen der Zeitlage allein als relativ zu grofs aufgefafst, während das dem r vorausgehende R_t relativ klein erscheint. Damit ebenmerkliche Unterschiede entstehen sollen, mufs man deswegen R_{II} verhältnismäfsig klein und R_t verhältnismäfsig grofs machen, woraus $R_t - r > R_{II} - r$ folgt. Bestimmt man dagegen die unteren Schwellen $r - r_t$ und $r - r_{II}$, so mufs $r - r_t < r - r_{II}$ sein, denn wegen der Zeitlage überschätzt man r_{II}, während man r_t unterschätzt. Man bringt ebenmerkliche Unterschiede also nur dann hervor, wenn r_{II} verhältnismäfsig klein und r_t verhältnismäfsig grofs genommen werden, woraus $r - r_t < r - r_{II}$ folgt. Fechner nahm nun, freilich ohne nähere Untersuchung, an, $R_t - r$ sei um ebensoviel gröfser als $R_{II} - r$, wie $r - r_t$ kleiner sei als $r - r_{II}$. Nennen wir diesen konstanten Unterschied zwischen den

---

[1] In gewissen Fällen macht sich die entgegengesetzte Tendenz geltend, so dafs der erste von zwei sukzessiven Reizen relativ zu grofs aufgefafst wird. Dieses Verhalten ist jedoch nur bei Gewichtsempfindungen anzutreffen; wenigstens ist es, meines Wissens, bisjetzt nicht auf anderen Gebieten nachgewiesen. Da Müllers Untersuchungen nicht hinlänglich umfassend sind, um die Erscheinung völlig zu beleuchten, lasse ich diese im folgenden ganz aufser Betracht. Die aufserst komplizierten Verhältnisse, die sich gerade bei den Gewichtsempfindungen geltendmachen, erfordern überhaupt viel eingehendere Untersuchungen als die bisher vorliegenden, und ich werde deshalb in der nächsten Zukunft diese und einzelne andere Erscheinungen, die vorläufig dahingestellt bleiben müssen, in einer speziellen Abhandlung auseinandersetzen. Eine erschöpfende Behandlung, die u. a. auch die Darstellung zahlreicher neuer Messungen erforderlich macht, würde hier gar zu weit führen.

beiden oberen bezw. den beiden unteren Schwellen c, so muſs man also, wenn Fechners Annahme richtig ist, haben:

$$R_i - r = R_{ii} - r + c \text{ und } r - r_i + c = r - r_{ii}, \text{ woraus}$$

man durch Addition erhält:

$$R_i - r_i = R_{ii} - r_{ii}.$$

Sind die hier genannten Bedingungen, nämlich $R_i > R_{ii}$, $r_i > r_{ii}$ und $R_i - r_i = R_{ii} - r_{ii}$, erfüllt, so sagt man, daſs ein negativer Fechnerscher Zeitfehler besteht.

II. Martin und Müller wiesen durch Untersuchungen über Gewichtempfindungen nach, daſs Fechners Annahme unrichtig war. Man findet allerdings im allgemeinen[1], daſs $R_i > R_{ii}$ und $r_i > r_{ii}$ ist, zugleich aber $R_i - r_i > R_{ii} - r_{ii}$, welches letztere der Annahme Fechners gerade widerstreitet. Es muſs also auſser der Zeitlage noch ein anderer Faktor mitwirken, und es erweist sich rein empirisch, daſs dieser sich als eine »generelle Tendenz« äuſsert, feiner zu schätzen, wenn der variable Reiz der letzte ist[2]. Diese Tendenz wirkt also dahin, daſs zwischen den Schwellen folgende Relationen bestehen werden:

$$R_i - r > R_{ii} - r \text{ und } r - r_i > r - r_{ii}, \text{ woraus man}$$

durch Addition erhält:

$$R_i - r_i > R_{ii} - r_{ii}.$$

Die generelle Urteilstendenz ist also daran erkennbar, daſs man, wenn der variable Reiz nach dem konstanten r kommt, die Summe der oberen und unteren Schwelle kleiner findet, als wenn die Zeitlage die umgekehrte ist.

III. Martin und Müller wiesen ferner nach, daſs zwischen ihren Versuchspersonen gewisse typische Verschiedenheiten bestanden. Bei einigen derselben zeigte sich eine Tendenz, bei der Bestimmung der unteren Schwellen feiner zu schätzen als bei der Bestimmung der oberen; dieser Typus wird als der positive bezeichnet und ist also dadurch charakterisiert, daſs

$$(r - r_i) + (r - r_{ii}) < (R_i - r) + (R_{ii} - r).$$

---

[1] Über Ausnahmefälle siehe die Anm. S. 101.
[2] Gesichtspunkte. S. 115.

Bei anderen Versuchspersonen ging die Tendenz in entgegengesetzter Richtung; dieser Typus wird als der negative bezeichnet und ist also daran zu erkennen, daſs

$$(r - r_I) + (v - r_{II}) > (R_t - r) + (R_{II} - r).$$

Als Übergangsform zwischen den beiden Typen findet sich ein indifferenter Typus, wo die Summen der oberen und der unteren Schwellen gleichgroſs sind. Da ein gegebenes Individuum des negativen Typus durch Übung in den positiven Typus übergehen kann, wird die indifferente Form in diesem Falle mithin als ein wirkliches Übergangsstadium erscheinen.

Die hier mitgeteilte Definition der verschiedenen Typen ist die ursprüngliche, von Martin und Müller gegebene, die mit den Versuchsresultaten übereinstimmt[1]. Später gab Müller eine andere Bestimmung: »Ist.... ein ausgeprägter positiver oder negativer Typus vorhanden, so besteht bei jeder Zeitlage zwischen der oberen und der unteren Unterschiedsschwelle ein erheblicher Unterschied von der Art, daſs bei positivem Typus die erstere Unterschiedsschwelle gröſser ist als die zweite, bei negativem Typus dagegen das Umgekehrte statt-findet.«[2] Hier ist, wie man sieht, nicht mehr die Rede von Beziehungen zwischen den Summen der oberen und der unteren Schwellen; dagegen sollen dieselben Beziehungen »bei jeder Zeitlage« bestehen. Man soll also haben:

für den positiven Typus:

$$R_{II} - r > r - r_{II} \text{ und } R_t - r > r - r_t,$$

für den negativen Typus:

$$R_{II} - r < r - r_{II} \text{ und } R_t - r < r - r_t.$$

Letzteres widerstreitet aber entschieden Müllers eigenen Versuchen, was aus den Tabellen 13a und 13b hervorgeht, welche die Resultate von Martin und Müllers Tabellen 4 und 5 wiedergeben, nachdem diese so zusammengezogen sind, daſs sie die hier berührten Verhältnisse beleuchten. Zum Verständnisse der beiden Tabellen dient folgendes. Die Gröſsen a_1, a_2, a_3, a_4 geben die relative Anzahl der richtigen Beurteilungen

[1] Zur Analyse. S. 29 u. f.
[2] Gesichtspunkte. S. 140—141.

bei der Bestimmung der unteren Schwellen an, b_1, b_2, b_3, b_4 die entsprechenden Gröſsen hinsichtlich der oberen Schwellen. Ferner haben die Gröſsen a_1 und a_3, b_1 und b_3, a_2 und a_4, b_2 und b_4 paarweise dieselbe Zeitlage, dagegen verschiedene Raumlage; in den Summen $a_1 + a_3$, $b_1 + b_3$, $a_2 + a_4$ und $b_2 + b_4$ ist der Einfluſs des Raumfehlers also, soweit möglich, eliminiert. Endlich entsprechen die ungeraden Indices denjenigen Fällen, wo der variable Reiz zuletzt kommt, die geraden Indices denjenigen Fällen, wo derselbe zuerst eintritt. Folglich bestimmt:

$a_1 + a_3$ die Schwelle $r - r_{II}$, $a_2 + a_4$ die Schwelle $r - r_I$.
$b_1 + b_3$ « « $R_{II} - r$, $b_2 + b_4$ « « $R_I - r$.

Zugleich ist zu beachten, daſs der Schwellenwert um so kleiner ist, je gröſser unter gegebenen Umständen die relative Anzahl der richtigen Fälle wird.

Betrachten wir nun erst den positiven Typus. Tab. 13a. Hier ist, wie man sieht, durchweg $b_2 + b_4 < a_2 \pm a_4$, folglich $R_I - r > r - r_I$. Es finden sich allerdings Ausnahmen hiervon, die negativen Differenzen sind aber so klein, daſs wir sie gewiſs als zu-

Tab. 13a.

Nr.	$a_1 + a_3$	$b_1 + b_3$	Diff.	$a_2 + a_4$	$b_2 + b_4$	Diff.	Σa	Σb	Diff.
1	1,61	1,76	— 0,15	1,75	1,32	+ 0,43	3,36	3,08	+ 0,28
2	1,41	1,87	— 0,46	1,83	1,02	+ 0,81	3,24	2,89	+ 0,35
3	0,95	0,92	+ 0,03	0,95	0,48	+ 0,47	1,90	1,40	+ 0,50
4	1,01	0,90	+ 0,11	0,97	0,54	+ 0,43	1,98	1,44	+ 0,54
5	1,73	1,59	+ 0,14	1,60	1,27	+ 0,33	3,33	2,86	+ 0,47
B	1,63	0,72	+ 0,91	1,07	1,13	— 0,06	2,70	1,35	+ 0,85
A	1,03	1,73	— 0,10	1,59	1,44	+ 0,15	3,22	3,22	0
8	1,70	1,23	+ 0,47	1,50	1,56	— 0,06	3,20	2,79	+ 0,41
9	1,50	1,47	+ 0,13	1,43	1,48	— 0,05	3,03	2,95	+ 0,08
10	1,66	1,27	+ 0,3?	1,43	1,43	— 0,10	3,09	2,70	+ 0,3?
11	1,57	1,41	+ 0,16	1,54	1,36	+ 0,18	3,11	2,77	+ 0,34
12	1,13	1,51	— 0,38	1,43	0,48	+ 0,05	3,36	1,99	+ 0,37
13	1,48	1,58	— 0,10	1,85	1,43	+ 0,42	3,33	3,31	+ 0,02
14	1,60	1,57	+ 0,03	1,12	1,16	— 0,04	3,72	3,73	— 0,01

fällige Fehler betrachten können. In den meisten Fällen ist freilich auch $b_1 + b_3 < a_1 + a_3$, also $R_{II} - r > r - r_{II}$, hier sind die Ausnahmen aber schon ziemlich zahlreich, und die negativen Differenzen erreichen bedeutende Werte, so daſs diese Abweichungen nicht als reine

Zufälligkeiten betrachtet werden dürfen. Dagegen ist
konstant $\Sigma a > \Sigma b$, also:

$$(R_t - r) + (R_{tt} - r) > (r - r_t) + (r - r_{tt}).$$

mit der ursprünglichen Definition des positiven Typus
übereinstimmend. Die einzige in der Tab. 13a befindliche Ausnahme hiervon wurde von Martin und
Müller wegen des Verhaltens bei den übermerklichen
Schwellenwerten mitgenommen, auf welches ich mich
hier nicht einlasse, um die Betrachtung nicht gar zu
verwickelt zu machen. Es geht also aus den Versuchen
hervor, daß man zum Merkmal des positiven Typus
durchweg hat:

$$(R_t - r) + (R_{tt} - r) > (r - r_t) + (r - r_{tt}) \text{ und } R_t - r > r - r_t,$$
$$\text{wogegen } R_{tt} - r \gtrless r - r_{tt}.$$

Betrachten wir darauf den negativen Typus. Tab. 13b.
so zeigt dieser konstant $b_1 + b_2 > a_1 + a_2$, also
$R_{tt} - r < r - r_{tt}$ und ebenfalls durchweg $(R_t - r)$
$+ (R_{tt} - r) < (r - r_t) + (r - r_{tt})$; insoweit stimmen also
die Versuche mit der Definition überein. Dagegen soll
nach Müller $R_t - r < r - r_t$ sein, während die Versuche konstant das Entgegengesetzte ergeben. nämlich
$b_2 + b_4 < a_2 + a_4$. also $R_t - r > r - r_t$. In der ganzen

Tab. 13b.

Nr.	$a_1 + a_3$	$b_2 + b_3$	Diff.	$a_2 + a_4$	$b_1 + b_4$	Diff.	Σa	Σb	Diff.
1	0,69	1,86	— 1,17	1,55	0,35	+ 1,20	2,24	2,21	+ 0,03
5	0,28	0,98	— 0,70	0,62	0,05	+ 0,57	0,90	1,03	— 0,13
2	1,13	1,99	— 0,86	1,92	1,35	+ 0,57	3,05	3,34	— 0,29
13	1,67	1,67	0	1,58	1,59	— 0,01	3,25	3,26	— 0,01
9	1,16	1,64	— 0,48	1,49	1,22	+ 0,27	2,65	2,56	— 0,31
4	1,12	1,43	— 0,31	1,42	1,35	+ 0,07	2,54	2,78	— 0,24
4	1,18	1,52	— 0,34	1,41	1,17	+ 0,24	2,59	2,69	— 0,10
0	0,91	1,68	— 0,77	1,45	0,99	+ 0,46	2,36	2,67	— 0,31
6	1,13	1,81	— 0,68	1,60	0,75	+ 0,85	2,73	2,56	+ 0,17
7	1,09	1,94	— 0,85	1,69	0,78	+ 0,91	2,78	2,72	+ 0,06
8	1,21	1,78	— 0,57	1,54	0,96	+ 0,58	2,75	2,74	+ 0,01

Tab. 13b findet sich nur ein einziger Fall. wo
$R_t - r < r - r_t$ ist. und dieser kommt in einer Versuchsreihe vor. die sich auch in anderen Beziehungen als
weniger zuverlässig erweist. indem $a_1 + a_3 = b_1 + b_3$.

Es kann daher keinen Zweifel erleiden, dafs Müllers spätere Bestimmung des negativen Typus unrichtig ist. Kommt der variable Reiz zuerst, so findet man für beide Typen dieselbe Relation zwischen der oberen und der unteren Schwelle, nämlich $R_t - r > r - r_t$; dagegen hat man für den negativen Typus meistens $(R_t - r) + (R_{ll} - r) < (r - r_t) + (r - r_{ll})$ und konstant $R_{ll} - r < r - r_{ll}$. Letzteres ist doch kein ganz zuverlässiges Merkmal, weil, wie wir sahen, dasselbe Verhalten beim positiven Typus vorkommen kann.

Überhaupt ist die Bestimmung der Typen also keineswegs sicher, wenn man nicht entschieden an der ursprünglichen Definition festhält: Rücksichtlich des positiven Typus ist die Summe der oberen Schwellen gröfser als die der unteren; für den negativen Typus gilt das Umgekehrte. Denn allerdings ist die Relation $R_{ll} - r < r - r_{ll}$ konstant für den negativen Typus; ausnahmsweise gilt sie aber auch für den positiven. Endlich ist es beiden Typen gemeinsam, dafs $R_t - r > r - r_t$ ist. In theoretischer Beziehung ist dies besonders deshalb interessant, weil es zeigt, dafs Müllers Erklärung der Typen durchaus unhaltbar ist. Hiernuf werde ich im folgenden zurückkommen.

Nachdem wir nun gesehen haben, wie sich die verschiedenen, von Martin und Müller bei den Gewichtempfindungen nachgewiesenen Tendenzen äufsern, gehen wir jetzt zur Untersuchung über, ob diese Tendenzen sich auf dieselbe Weise bei den Schallempfindungen zeigen. Es ist nicht schwer, darzutun, dafs dies wirklich der Fall ist. Die drei Tendenzen, die Müller als verschiedene psychophysiologische Tätigkeiten auffafst, sind nämlich weiter nichts als einfache Konsequenzen der Bahnung und müssen sich überall äufsern, wo unter sukzessiven Empfindungen eine Bahnung stattfindet. Wir legen dies am leichtesten dar, wenn wir zeigen, dafs die verschiedenen im vorhergehenden festgestellten Merkmale der drei Tendenzen als einfache mathematische Konsequenzen aus dem Unterscheidungsgesetze für Schallempfindungen hervorgehen. Überall, wo analoge Gesetze gültig sind, müssen folglich auch die drei Tendenzen sich auf entsprechende Weise äufsern. Wie oben nachgewiesen, wird man in den Gleichungen 19 a—d für geübte Versuchspersonen $K_I = K_{II} = K_{III} = K_{IV}$ haben; die vier Gleichungen:

$$\frac{x+R_I}{x+r+uR_I'} = K \ldots \text{(Gl. 19a)} \quad \frac{x+R_{II}+ur'}{x+r} = K \ldots \text{(Gl. 19b)}$$

$$\frac{x+r+ur_I'}{x+r_I} = K \ldots \text{(Gl. 19c)} \quad \frac{x+r}{x+r_{II}+ur'} = K \ldots \text{(Gl. 19d)}$$

geben mithin die Größe der oberen und der unteren Schwelle in den beiden Zeitlagen an unter der Voraussetzung, daß die Bahnung der einzige mitwirkende Faktor ist. Aus diesen müssen wir also auch alle unter dieser Voraussetzung vorkommenden Relationen zwischen den Schwellen ableiten können, und ich führe diese mathematische Entwicklung nun in derselben Ordnung durch wie oben bei der Darstellung der Müllerschen Tendenzen.

I. Aus den Gleichungen 19a und 19b erhält man:

$$\frac{x+R_I}{x+r+uR_I'} = \frac{x+R_{II}+ur'}{x+r};$$

da aber $x+r+uR_I' > x+r$ ist, so ist $x+R_I > x+R_{II}+ur'$, also $R_I > R_{II}$ oder $R_I - r > R_{II} - r$. Analog erhält man aus den Gleichungen 19c und 19d:

$$\frac{x+r+u\cdot r_I'}{x+r_I} = \frac{x+r}{x+r_{II}+u\cdot r'}$$

Da hier $x+r+u\cdot r_I' > x+r$ ist, so muß auch $x+r_I > x+r_{II}+u\cdot r'$, also $r_I > r_{II}$ oder $r-r_I < r-r_{II}$ sein.

Die Bahnung bewirkt also einen negativen Zeitfehler: der letzte von zwei Reizen wird für relativ stärker gehalten, als er wirklich ist.

II. Der durch die Bahnung verursachte negative Zeitfehler ist kein Fechnerscher Zeitfehler; es läßt sich nämlich dartun, daß $R_I — r_I > R_{II} — r_{II}$ ist. Aus den Gleichungen 19b und 19d erhält man:

$$\frac{x+R_{II}+u\cdot r'}{x+r} - \frac{x+r_{II}+u\cdot r'}{x+r} = \frac{R_{II}-r_{II}}{x+r} = K - \frac{1}{K}.$$

Aus den Gleichungen 19a und 19c erhält man:

$$\frac{x+R_I}{x+r+uR_I'} - \frac{x+r_I}{x+r+ur_I'} = K - \frac{1}{K}.$$

Da nun $u \cdot R_i'$ und $u \cdot r_i'$ nur wenig voneinander verschieden und außerdem im Vergleich mit $x + r$ nur klein sind, kann man ohne wesentlichen Fehler $x + r + u \cdot R_i' = x + r + u \cdot r_i'$ setzen. Die letzte Gleichung läßt sich dann schreiben:

$$\frac{R_i - r_i}{x + r + u \cdot R_i'} = K - \frac{1}{K}$$

Also ist
$$\frac{R_{II} - r_{II}}{x + r} = \frac{R_i - r_i}{x + r + uR_i'}$$

Da $x + r + u \cdot R_i' > x + r$ ist, so muß auch $R_i - r_i > R_{II} - r_{II}$ sein, was zu beweisen war. Man sieht mithin, daß die Bahnung die Ursache der »generellen Urteilstendenz« ist, indem sie bewirkt, daß die Summe der oberen und der unteren Schwelle kleiner wird, wenn der variable Reiz zuletzt kommt, als wenn die Zeitlage die umgekehrte ist.

III. Die eigentümlichen, schwankenden Relationen zwischen den Schwellen, die, wie wir sahen, den typischen Tendenzen charakteristisch sind, gehen auch als einfache Konsequenzen der Bahnung hervor. Aus den Gleichungen 19a und 19c erhält man:

$$\frac{x + R_i}{x + r + u \cdot R_i'} = \frac{x + r + u \cdot r_i'}{x + r_i}$$

Also ist auch
$$\frac{x + R_i - (x + r + uR_i')}{x + r + uR_i'} = \frac{x + r + u \cdot r_i' - (x + r_i)}{x + r_i} \quad \text{oder:}$$

$$\frac{R_i - r - u \cdot R_i'}{x + r + u \cdot R_i'} = \frac{r - r_i + u \cdot r_i'}{x + r_i}$$

Hier ist $x + r + uR_i' > x + r_i$, weil $x + r + ur_i' > x + r_i$ (Gleich. 19c) und $uR_i' > ur_i'$. Also muß auch $R_i - r - u \cdot R_i' > r - r_i + u \cdot r_i'$ oder $R_i - r > r - r_i$ sein.

Wir fanden oben, daß Müllers Versuche — in direktem Widerspruch mit seinen eigenen Angaben — konstant $R_i - r > r - r_i$ zeigten, sowohl bei dem negativen als bei dem positiven Typus. Diese konstante Relation ist also, wie wir jetzt sehen, eine einfache Folge der Bahnung.

Ferner erhalten wir aus den Gleichungen 19b und 19d:

$$\frac{z + R_{II} + ur'}{z + r} = \frac{z + r}{z + r_{II} + ur'}$$

Also ist auch

$$\frac{z + R_{II} + ur' - (z + r)}{z + r} = \frac{z + r - (z + r_{II} + ur')}{z + r_{II} + ur'} \quad \text{oder:}$$

$$\frac{R_{II} - r + ur'}{z + r} = \frac{r - r_{II} - ur'}{z + r_{II} + ur'}$$

Da $z + r > z + r_{II} + ur'$ ist (Gleich. 19d), wird auch $R_{II} - r + u \cdot r' > r - r_{II} - u \cdot r'$ oder $R_{II} - r + 2 u \cdot r' > r - r_{II}$. Es ist somit ausschliefslich von der Gröfse der Bahnung abhängig, ob $R_{II} - r \gtrless r - r_{II}$ wird. Ist nämlich $2 u \cdot r'$ hinlänglich klein, so kann $R_{II} - r > r - r_{II}$ werden; ist $2 u \cdot r'$ dagegen grofs, so kann man sehr wohl $R_{II} - r + 2 u \cdot r' > r - r_{II}$ und dennoch $R_{II} - r < r - r_{II}$ haben. Hiermit sind offenbar die Typen gegeben. Denn da man, wie oben nachgewiesen, konstant $R_I - r > r - r_I$ hat, so erhält man also, falls $R_{II} - r > r - r_{II}$ ist, durch Addition der beiden ungleichen Gröfsen:

$$(R_I - r) + (R_{II} - r) > (r - r_I) + (r - r_{II}).$$

was dem positiven Typus entspricht. Hat man dagegen $R_{II} - r < r - r_{II}$, was konstant beim negativen Typus stattfindet, so erhält man hieraus im Verein mit $R_I - r > r - r_I$ durch Addition:

$$(R_I - r) + (R_{II} - r) \gtrless (r - r_I) + (r - r_{II}).$$

was gerade für den negativen Typus gilt.

Wir sehen also, dafs die ganze Unbestimmtheit der Typen gerade aus der Bahnungstheorie hervorgeht, die übrigens auch alle anderen Eigentümlichkeiten der Typen zu erklären vermag. So wurde oben nachgewiesen, dafs es ausschliefslich von dem Gliede $2 ur'$, also von der Gröfse der Bahnung abhängig ist, ob ein positiver oder ein negativer Typus entsteht. Die Gröfse der Bahnung ist aber erstens individuell verschieden — damit ist also gegeben, dafs verschiedene Individuen zu verschiedenen Typen gehören können. Ferner ist der Wert von ur' für dasselbe Individuum — u und v also

konstant — von der Größe des r abhängig. Da $v > 1$
ist, wird $u \cdot r$ in stärkerem Maße anwachsen als r. Die Ungleichheit $R_{II} - r + 2 u \cdot r' > r - r_{II}$ kann also für kleine
Werte von r ergeben: $R_{II} - r > r - r_{II}$, während sie
für große Werte des r zu $R_{II} - r < r - r_{II}$ führt. Die
Theorie legt somit die Möglichkeit dar, daß ein gegebenes Individuum bei kleinen Werten von r dem
positiven Typus angehören und bei großen r zum
negativen übergehen kann. Änderungen in dieser
Richtung haben Martin und Müller experimentell
nachgewiesen[1]. Daß bei den Gewichtempfindungen
übrigens Verhältnisse vorkommen, die sich nicht unmittelbar aus der Bahnung ableiten lassen — z. B. der
positive Fechnersche Zeitfehler und dessen Übergang
in einen negativen[2] — hat seinen Grund darin, daß
dieses Gebiet weit komplizierter ist als die Schallempfindungen; die nähere Auseinandersetzung dieser
Sache muß ich indes aufschieben, bis ich dieselbe in
einer späteren speziellen Abhandlung geben kann. Als
Ergebnis der vorhergehenden Betrachtungen läßt sich
nun jedenfalls feststellen:

Die drei von Martin und Müller hinsichtlich der Gewichtempfindungen nachgewiesenen
Tendenzen sind gar nicht drei verschiedene
zusammenwirkende psychophysiologische
Verhältnisse, sondern ganz einfach drei verschiedene Wirkungen der Bahnung. Aus den
Unterscheidungsgesetzen, die überall gültig
sind, wo unter sukzessiven Empfindungen
eine Bahnung stattfindet, gehen die verschiedenen Ausdrücke für die Tendenzen als
einfache mathematische Konsequenzen hervor; die Unterscheidungsgesetze selbst geben
uns also die genauen Formeln für die Verhältnisse, für welche Martin und Müller nur
rein empirisch gewisse Relationen feststellten.

Die Bahnung kann also als die allen drei Tendenzen
gemeinschaftliche physiologische Ursache betrachtet
werden, und diese Erklärung gilt nicht nur von Schall-

[1] Zur Analyse. S. 136.
[2] Zur Analyse. S. 136.

empfindungen, sondern von allen Sinnesgebieten, wo eine
Bahnung stattfindet, und wo folglich die vier Schwellen
durch Gleichungen, analog den Gleichungen 19a—19d
bestimmt sind. Im Vergleich hiermit ist Müllers Erklärung sehr weitläufig und mislungen, indem nicht
nur eine Reihe verschiedener, teils physiologischer,
teils psychologischer Ursachen angenommen wird, sondern die Theorie überdies an einem einzelnen Punkte
den Versuchsresultaten geradezu widerstreitet. Wenn
Müller nun aufserdem in den »Gesichtspunkten und
Tatsachen« seinen hypothetischen Erklärungen ohne
nähere Untersuchung auch aufserhalb des Gebietes der
Gewichtempfindungen Gültigkeit beilegt, so möchte eine
solche übereilte Generalisation — um seine eigenen Worte
zu gebrauchen — eine »von einer empirischen Psychologie himmelweit verschiedene Konstruktion« sein.
Wenigstens fällt der Nachweis nicht schwer, dafs
Müllers Erklärungen, an den Schallempfindungen durchgeführt, zu rein absurden Konsequenzen führen.

Der negative Zeitfehler ist nach Martin und Müller
eine einfache Folge der Muskelermüdung[1]. Durch das
erste Heben ermüdet der Muskel, und das folgende Gewicht wird deshalb als schwerer aufgefafst, als es erscheinen würde, wenn der Muskel unermüdet wäre.
Diese Erklärung ist sehr plausibel, und es fällt denn
auch nicht schwer, experimentell nachzuweisen, dafs
man bei Ungeübten, die durch die Gewichtversuche
stark ermüden, anfangs einen viel gröfseren negativen
Zeitfehler erhält als später, wenn die V.-P. geübt ist[2].
Es ist also nicht zu bezweifeln, dafs die Muskelermüdung
in derselben Richtung wirkt wie die Bahnung und anscheinend die Gröfse der letzteren vermehrt. Ebenfalls
leuchtet es aber ein, dafs die Ermüdung unmöglich die
Ursache des negativen Zeitfehlers bei den Schallempfindungen sein kann. Denn hier handelt es sich,
wie die Tabellen 6 und 8 zeigen, keineswegs um geringe Gröfsen; bei mittelstarken Reizen beträgt r_s nur
$\frac{1}{4}$ von r. Dies heifst mit anderen Worten, dafs im

---
[1] Zur Analyse. S. 117.
[2] Müller und Schumann, Über die psycholog. Grundlagen der
Vergleichung gehobener Gewichte. Pflügers Archiv, Bd. 45, S. 96 u. f.

— 112

Schallsensorium durch einen einzelnen, kurzen Reiz
eine so bedeutende ›reizbare Schwäche‹ hervorgerufen
werden müßte, daß ein nachfolgender Reiz dieselbe
Wirkung erzeugen würde wie der erste, selbst wenn er
um ungefähr ¹⁄₄ geringer wäre. Kein Physiolog wird
einer solchen Annahme beitreten, und schon hierdurch
allein wird Müllers Erklärung auch mit Bezug auf die
Gewichtempfindungen höchst unwahrscheinlich. Denn
wenn wir auf zwei Sinnesgebieten Verhältnisse antreffen, die in allem Wesentlichen gleichartig sind, so
müssen diese auch auf gleiche Weise erklärt werden,
und es würde ganz unwissenschaftlich sein, auf dem
einen Gebiete eine Hypothese aufzustellen, die auf dem
anderen durchaus unanwendbar wäre. Müllers Er-
müdungshypothese kann deshalb höchstens sekundäre
Bedeutung haben, und so verhält es sich denn auch
tatsächlich. Die Bahnung bewirkt den negativen Zeitfehler sowohl bei den Gewicht- als den Schallempf-
findungen, und die Muskelermüdung ist eine den Gewichtempfindungen eigentümliche Komplikation, die
sich, wie ich später zeigen werde, wesentlich als eine
Vergröfserung des negativen Zeitfehlers äufsert. Was
den positiven Zeitfehler betrifft, den Müller durch ›die
Anregung und Bahnung‹ erklären zu können glaubt,
so werde ich mich nicht auf denselben einlassen, da
man bis jetzt die Erscheinung ja nur bei den Gewichtempfindungen kennt und sie sich hier folglich nicht ohne
das erforderliche Versuchsmaterial behandeln läfst
(vgl. Anm. S. 101). Es wäre übrigens ganz interessant,
zu erfahren, wie Müller sich eigentlich die Wirkung
der Bahnung denkt, da er meint, diese sei die Ursache
des positiven Zeitfehlers. Im vorhergehenden sahen
wir im Gegenteil, dafs der negative Zeitfehler eine
einfache mathematische Konsequenz des Bahnungsgesetzes ist.

Zur Erklärung der generellen Tendenz und der
typischen Tendenzen stellten Martin und Müller
eine psychologische Hypothese auf: die Lehre von dem
absoluten Eindruck¹. Die Tatsache, auf die sich die
Hypothese gründet, ist im folgenden Satze gegeben:

¹ Zur Analyse, S. 43—58. — Gesichtspunkte, S. 117.

›Unser Urteil über die beiden gehobenen Gewichte beruht zwar in manchen Fällen auf einer Art wirklicher Vergleichung derselben, in vielen Fällen aber stützt sich dasselbe nur auf den absoluten Eindruck des einen derselben, in der Weise, dafs, wenn das zuerst oder zuzweit gehobene Gewicht den absoluten Eindruck der Leichtigkeit oder der Schwere erweckt, hieraus eine Tendenz entspringt, dieses Gewicht für kleiner bezw. gröfser zu erklären als das andere Gewicht.‹ Bei Martin und Müllers Versuchen erwies sich die generelle Tendenz nun dadurch, dafs, wenn der Vergleichsreiz der letzte war, die Anzahl der richtigen Urteile gröfser wurde, als wenn die Zeitlage die umgekehrte war; die Schwellen wurden im ersteren Falle also kleiner befunden als im letzteren (vgl. oben S. 102). ›Die generelle Urteilstendenz erklärt sich ohne weiteres daraus, dafs das Vergleichsgewicht den absoluten Eindruck der Schwere oder der Leichtigkeit im allgemeinen viel häufiger macht als das Hauptgewicht, und dafs der absolute Eindruck des Vergleichsgewichtes das Urteil über die beiden Gewichte im allgemeinen leichter und häufiger bestimmt, wenn das Vergleichsgewicht zuzweit gehoben wird, als dann, wenn es an erster Stelle kommt.‹ Die typischen Tendenzen werden von derselben Hypothese aus erklärt. Bei Martin und Müllers Versuchen erwies der positive Typus sich dadurch, dafs, wenn der Vergleichsreiz kleiner war als der Hauptreiz, die Anzahl der richtigen Urteile gröfser war als im umgekehrten Falle. Der negative Typus lieferte dagegen mehr richtige Urteile, wenn der Vergleichsreiz gröfser war als der Hauptreiz. Und da es sich nun ergab, dafs die kräftigen Versuchspersonen dem positiven, die weniger kräftigen dem negativen Typus angehören, so lassen die typischen Tendenzen sich auf natürliche Weise so erklären: ›Kräftige Heber erhalten von den Gewichten leichter den absoluten Eindruck der Leichtigkeit als denjenigen der Schwere; weniger kräftige Heber verhalten sich umgekehrt.‹

Nach Müllers Hypothese soll also sowohl die generelle Tendenz als die typischen Tendenzen darauf beruhen, dafs die V.-P. nicht fortwährend ein wirkliches Vergleichen der Empfindungen unternehme, sondern in

einer gewissen, bald größeren, bald kleineren Anzahl
von Fällen das Urteil auf Grundlage des absoluten
Eindrucks allein ausspreche. Es werden hier also fortwährend zwei verschiedene Beurteilungsarten miteinander vermischt, nämlich teils ein Vergleichen und
teils eine absolute Beurteilung, und es ist die Einwirkung der letzteren, die sich in den eigentümlichen
generellen und typischen Tendenzen erweist. Die
Konsequenz hiervon ist, daß alle diese Tendenzen wegfallen müssen, wenn man einen Vergleich konsequent
durchführt oder alle diejenigen Einzelfälle ausscheidet,
in welchen das Urteil nach dem absoluten Eindruck
abgegeben ist. Und zwar verschwindet alsdann nicht
nur die generelle Tendenz, sondern auch die typischen.
Denn vergleicht die V.-P. wirklich die beiden Reize miteinander, so wird es offenbar ganz ohne Bedeutung, ob
sie — bei der absoluten Beurteilung — häufiger einen
Eindruck der Leichtigkeit als den der Schwere erhält; dieser absolute Eindruck wird ja eben durch den
Vergleich ausgeschlossen. Müller hat natürlich selbst
eingesehen, daß die Richtigkeit seiner Hypothese davon
abhängig ist, ob diese Konsequenz sich auch als mit
der Erfahrung übereinstimmend erweist, und er hat
deshalb einige Versuche begonnen, die dies darlegen
sollen[1]. Müller scheint diese Versuche jedoch auf
ziemlich sonderbare Weise angeordnet zu haben. Statt
den naheliegenden und natürlichen Weg einzuschlagen,
nämlich den Einfluß des absoluten Eindrucks durch
konsequent durchgeführtes Vergleichen auszuschließen,
scheint er ganz anders verfahren zu sein: ... »nahm ich
mir während des ganzen Verlaufes der Versuchsreihe
vor, bei den Versuchen mit sukzessiver Hebung beider
Gewichte den absoluten Eindruck des ersten Gewichtes
stets gut einzuprägen und bei der Urteilsabgabe niemals zu vernachlässigen«. Was dies bedeuten soll, ist
mir nicht ganz klar; ist es Müller aber wirklich gelungen, auf diese Weise den Einfluß des absoluten
Eindrucks auszuschließen, so hat er damit auch den
Beweis geliefert, daß die typischen Tendenzen nicht
vom absoluten Eindruck abhängig sind. Denn die Re-

[1] Gesichtspunkte, S. 120.

sultate zeigen, dafs die generelle Tendenz allerdings so
gut wie verschwunden ist, dafs aber dennoch ein ausgeprägt positiver Typus besteht[1]. Dies ist aber unmöglich, wenn die Ursache, die absolute Beurteilung,
wirklich aufgehoben war. Also: entweder ist es Müller
nicht gelungen, mittels seines Verfahrens den Einflufs
des absoluten Eindrucks auszuschliefsen, und dann beweisen diese Versuche nichts und wieder nichts, oder
auch ist die absolute Beurteilung ausgeschlossen worden,
und dann beweisen die Versuche, dafs der absolute
Eindruck nicht die Ursache der typischen Tendenzen,
mithin auch nicht die Ursache der generellen Tendenz
sein kann.

Dafs die Hypothese übrigens an einem einzelnen
Punkte mit Martin und Müllers eigenen Versuchsresultaten in direkten Widerspruch gerät, wurde bereits
oben erwähnt. Der Hypothese zufolge sollen Individuen
des negativen Typus häufiger den Eindruck der Schwere
als den der Leichtigkeit erhalten, und folglich müssen
die oberen Schwellen notwendigerweise kleiner werden
als die unteren. Man sollte daher für den negativen
Typus sowohl $R_I - r < r - r_I$ als $R_{II} - r < r - r_{II}$
finden. Letzteres ist der Erfahrung gemäfs der Fall;
dagegen zeigen die Versuche (Tab. 13b) konstant
$R_I - r > r - r_I$. Nun wäre es natürlich denkbar, dafs
diese Nichtübereinstimmung der Theorie mit der
Messung davon herrührte, dafs hier die generelle
Tendenz der typischen entgegenarbeitete. Dies ist aber
nicht der Fall, denn die generelle Tendenz übt nur
Einflufs auf das Verhalten der beiden Zeitlagen; sie bewirkt, dafs $R_I - r > R_{II} - r$ und $r - r_I > r - r_{II}$. Aus
diesen beiden Ungleichheiten läfst sich aber nichts über
das Verhältnis zwischen $R_I - r$ und $r - r_I$ schliefsen;
die generelle Tendenz hat mithin keinen Einflufs darauf,
ob $R_I - r \gtrless r - r_I$ ist. Rein praktisch sieht man überdies, dafs die beiden Tendenzen nicht aufeinander influieren können; denn täten sie dies, so müfsten die
Resultate von Versuchen mit mehreren Individuen sehr
schwankend werden, indem bald die eine, bald die andere

[1] Gesichtspunkte, S. 130—131.

8*

Tendenz die vorwiegende werden würde. Tab. 13b zeigt aber, daß die Relation $R_t - r > r - r_t$ ($b_1 + b_4 < a_1 + a_4$) äußerst konstant ist; es findet sich also keine Spur einander entgegenwirkender Tendenzen. Hiermit ist dargelegt, daß Müllers Hypothese von dem absoluten Eindruck nicht imstande ist, die tatsächlich bestehenden Relationen der beiden Typen zu erklären, indem die Theorie zu Konsequenzen führt, die der Erfahrung geradezu widerstreiten.

Endlich wird die Unrichtigkeit der Müllerschen Hypothese direkt durch meine oben angeführten Untersuchungen über die Schallempfindungen dargetan. Bei diesen Versuchen, wo die Unterschiedsschwellen mittels der Grenzmethode bestimmt wurden, führte ich konsequent ein Vergleichen der beiden Reize durch, und der absolute Eindruck hatte weder bei mir selbst noch bei Mag. N. irgendeinen Einfluß. Dennoch sieht man hier deutlich die drei »Tendenzen« hervortreten. Denn meine Resultate befriedigen die Gleichungen 19a—d, und aus diesen Gleichungen gehen, wie oben nachgewiesen, die verschiedenen Tendenzen als einfache mathematische Konsequenzen hervor. Der absolute Eindruck kann also nicht die Ursache der Tendenzen sein, da er nicht mitbetätigt gewesen ist, während die Tendenzen dennoch bestehen bleiben. Daß die Erklärung sich überhaupt nicht für andere Sinnesgebiete als die Gewichtempfindungen durchführen läßt, ist auch deutlich daraus zu ersehen, daß eine dem Unterschiede zwischen »kräftigen und weniger kräftigen Hebern« entsprechende Differenz auf anderen Sinnesgebieten gar nicht nachgewiesen werden kann. Die Muskelstärke ist eine Komplikation, die nur bei den Gewichtempfindungen hinzukommt, und konsequent hätte Müller behaupten müssen, daß die typischen Verschiedenheiten nur bei Gewichtempfindungen vorkommen. Ohne das geringste Bedenken zu tragen, redet er aber von einem positiven Typus bei Schallempfindungen[1]; daß dies von seiner eigenen Hypothese aus zunächst eine Absurdität ist, scheint ihm keinen Augenblick eingefallen zu sein.

[1] Gesichtspunkte. S. 142.

Müllers Hypothese von dem absoluten Eindruck als Ursache der generellen Tendenz und der typischen Tendenzen ist durchaus unhaltbar, da diese Tendenzen bestehen bleiben, selbst wenn der Einfluſs des absoluten Eindrucks durch ein konsequent durchgeführtes Vergleichen der sukzessiven Empfindungen ausgeschlossen wird. Überdies ist eine notwendige Konsequenz der Hypothese mit Bezug auf den negativen Typus der Erfahrung geradezu widerstreitend, und die Erklärung der typischen Tendenzen wird absurd, wenn sie von den Gewichtempfindungen auf ein anderes Sinnesgebiet übertragen werden soll.

Indes ist es eine Tatsache, daſs viele Versuchspersonen unter gegebenen Umständen eine Neigung haben, absolut zu beurteilen, und es entsteht also die Frage, welche Bedeutung dieser Erscheinung beizumessen ist. Strenggenommen ist diese Neigung der Versuchspersonen natürlich als ein fehlerhaftes Verfahren zu betrachten, denn wenn ein Vergleichen zweier gegebener Gröſsen verlangt wird, soll eine gewissenhafte V.-P. den Vergleich auch ausführen. Hat man aber zu wiederholten Malen den konstanten Reiz aufgefaſst, so behält man zweifelsohne ein mehr oder weniger deutliches Erinnerungsbild desselben. Kommt nun bei einem Versuche der variable Reiz vor dem konstanten, so wird es natürlich geschehen können — namentlich bei groſsen Differenzen der Reize —, daſs man vor dem Stattfinden der zweiten Reizung darüber im klaren ist, der variable Reiz sei zu groſs oder zu klein. Ohne sich dessen bewuſst zu werden, führt man also eine Art Vergleich mit dem Erinnerungsbilde aus [1]. Ganz dasselbe kann eintreten, wenn der variable Reiz nach dem konstanten kommt; ist dieser hinlänglich oft aufgefaſst worden, so schenkt man ihm keine Aufmerksamkeit mehr, weil ein so festes Erinnerungsbild desselben besteht, daſs die Schätzung sozusagen unmittelbar geschieht. Ist man sich des Vergleichens aber

---

[1] Näheres hierüber im Abschnitte: »Allgemeine Psycho-Energetik«.

nicht bewuſst, so nimmt die Beurteilung sich aus, als
wäre sie absolut. Nach meinen eigenen Erfahrungen in
betreff der absoluten Beurteilung bei Gewichtversuchen
handelt es sich dabei nur darum, daſs man sich des
Aktes des Vergleichens nicht bewuſst wird; es muſs aber
dennoch ein dem bewuſsten Vergleichen analoger Vorgang stattfinden, denn das Resultat wird dasselbe, wenn
auch nicht völlig so sicher, wie wenn man sich des
Vergleichens bewuſst ist. Unter gewöhnlichen Verhältnissen wird es deshalb ganz ohne Unterschied oder Bedeutung, ob das Urteil nach dem absoluten Eindruck
oder nach einem bewuſsten Vergleichen abgegeben wird.

Külpes Kritik. Da wir jetzt wissen, wie es sich tatsächlich mit
·der unteren Abweichung· und den ·Zeitfehlern· bei ebenmerklichen
Schallunterschieden verhält, möchte es ganz erbaulich sein, die Kritik
ein wenig zu betrachten, der Külpe meine früheren Äuſserungen
über dieses Thema unterzieht[1]. Namentlich bei der Behandlung der
genannten beiden Punkte soll ich mich böser Fehler schuldig gemacht
und hierdurch ·Konfusion angerichtet· haben; ich werde deshalb jeden
dieser Punkte für sich beleuchten.

Was die untere Abweichung betrifft, findet Külpe es ·ganz un-
zulässig·, daſs ich zur Berechnung des Korrektionsaddenden die Formel
$\frac{R + x}{r + x} = b$ benutze, wo ich b einen mittels anderer Messungen gefundenen Wert gebe, um darauf zu prüfen, ob x bei kleineren Werten
von r eine Konstante wird. Statt derselben hätte ich nach Külpe
die Müllersche Formel:

$$x = \frac{r_0 \cdot \varDelta r_1 - r_1 \cdot \varDelta r_2}{\varDelta r_2 - \varDelta r_1}$$

benutzen sollen. Wird diese angewandt, so zeigt es sich, daſs x durchaus nicht konstant wird, während die Anwendung meiner Formel
doch zu einigermaſsen übereinstimmenden Werten führt. Die Ursache
hiervon ist leicht einzusehen: Müllers Formel ist nämlich zwar
mathematisch richtig, praktisch aber zur Lösung der vorliegenden
Aufgabe unbrauchbar. Die hier in Rede stehenden Messungen werden
nämlich stets mit ziemlich bedeutenden zufälligen Fehlern behaftet
sein, weil sie bei schwachen Intensitäten ausgeführt werden; nur bei
diesen tritt die untere Abweichung hervor. Sind die Messungen nun
einigermaſsen zuverlässig, so werden die zufälligen Fehler bald in
positiver, bald in negativer Richtung gehen. Es sei nun z. B. $\varDelta r_1$ mit
einem positiven Fehler, $+ f_1$, und $\varDelta r_2$ mit einem negativen Fehler, $- f_2$,
behaftet, so sind die gemessenen Schwellenwerte also $\varDelta r_1 + f_1$ und
$\varDelta r_2 - f_2$; folglich erhält man:

[1] Phil. Stud. Bd. 18, S. 332 u. f.

$$x = \frac{r_2(dr_1 + f_1) - r_1(dr_2 - f_2)}{dr_2 - f_2 - (dr_1 + f_2)} = \frac{r_2 \cdot dr_1 - r_1 \cdot dr_2 + r_2 f_1 + r_1 f_2}{dr_2 - dr_1 - (f_2 + f_1)}$$

In diesem Falle wird x daher viel zu grofs gefunden, weil die zufälligen Fehler zu gleicher Zeit den Nenner des Bruches zu klein und den Zähler zu grofs machen. Ist nun dr_2 mit einem positiven Fehler behaftet, so erweist es sich, dafs x viel zu klein wird, weil die zufälligen Fehler den Nenner des Bruches zu grofs und zugleich dessen Zähler zu klein machen. Die beiden sukzessiven Werte von x werden deshalb sehr erheblich differieren, nur wegen des Einflusses der zufälligen Fehler auf die berechneten Werte, was mit anderen Worten nur heifst, dafs x sehr wohl eine Konstante sein kann, dafs Müllers Formel sich aber nicht zu deren Berechnung eignet. Dies alles hätte Herr Külpe von selbst wissen sollen.

Bei der von mir angewandten Formel erhalten die zufälligen Fehler keinen so grofsen Einflufs; deshalb wird x auch annähernd konstant. Dafs die Methode übrigens theoretisch richtig, nicht aber »ganz unzulässig« ist, würde Herr Külpe verstehen können, wenn es ihm nicht so völlig an mathematischem Begriffe gebräche. Denn wie schon S. 93 Anm. bemerkt, kann man nicht dem b der Formel einen willkürlichen Wert beilegen und dennoch x für eine Reihe Messungen konstant finden, es sei denn, dafs die angewandte Formel wirklich das Gesetz für die Erscheinung ausdrückte. Es unterliegt deshalb, rein mathematisch betrachtet, keinem Zweifel, dafs sowohl in Merkels als in Aments Messungen die untere Abweichung sich durch Hinzufügung eines konstanten Addenden korrigieren läfst. Es ist nur die Frage, wie diese Gröfse am richtigsten zu berechnen ist.

Dies kann auch keine Diskussion veranlassen. Hat man sich erst durch sukzessive Berechnung des x überzeugt, dafs dieses annähernd konstant ist, so müssen x und b zugleich aus der ganzen Reihe der Messungen berechnet werden, sowohl aus denen, wo die untere Abweichung gefunden wird, als aus allen anderen. Man bringt dann die Gleichung:

$$\frac{R + x}{r + x} = b \quad \text{in die Form:} \quad b \cdot r + x(b - 1) - R = 0,$$

betrachtet hier $x(b - 1)$ und b als die beiden Unbekannten und berechnet diese mittels der Methode der kleinsten Quadrate. Dies ist sehr einfach, erfordert aber ziemlich viel Zeit, und da es im allgemeinen kein Interesse hat, die wahrscheinlichsten Werte zu finden, kann man ein leichteres Verfahren einschlagen. Entweder kann man so verfahren, wie ich es oben (S. 93) tat, indem man b (K) als aus den Messungen, die keine untere Abweichung zeigen, mit hinlänglicher Genauigkeit bekannt betrachtet und dann den wahrscheinlichen Wert von x durch eine der unten (S. 120) angeführten analoge Formel bestimmt. Oder auch kann man noch schneller zu Werke gehen, indem man die bereits berechneten sukzessiven Werte von x benutzt. Sind diese völlig übereinstimmend, wie z. B. bei Merkels Messungen (2. Teil, S. 102), so nimmt man das Mittel von allen; stimmen sie dagegen weniger gut miteinander überein, so nimmt man das Mittel der beiden Werte allein, die den kleinsten r entsprechen. Dies könnte Herr Külpe,

wenn er sich etwas auf dergleichen Sachen verstünde, aus der Formel
für den wahrscheinlichen Wert von x herauslesen:

$$x = \frac{\sum \frac{b-1}{r} \cdot \left(\frac{R}{r} - b\right)}{\sum \left(\frac{b-1}{r}\right)^2}$$

Diese zeigt nämlich, daß die größeren Werte von r nebst den zugehörigen Werten von R r auf den wahrscheinlichen Wert von x durchaus keinen Einfluß erhalten. Nimmt man daher, wenn man x als Mittel berechnet, alle einzelnen Werte dieser Größe mit, so legt man bei dieser Berechnung den höheren Werten von r und R r ein Gewicht bei, das sie gar nicht besitzen, was zur praktischen Folge hat, daß man sich vom wahrscheinlichen Werte entfernt. Daß dies sich richtig verhält, kann man mittels der Tab. 10 erproben. Nimmt man hier das Mittel der beiden ersten Werte von x_I und x_{II}, so kommt man dem berechneten wahrscheinlichen Werte $x_I = x_{II} = 2,1$ sehr nahe; nimmt man bei der Berechnung des Mittels den dritten Wert mit, so entfernt man sich von dem wahrscheinlichen Werte.

Die Methode, die ich anwandte, um x für Amentis Messungen zu berechnen, ist deshalb völlig korrekt. Eine Übersicht über das Verfahren und die Resultate ist in der Tab. 13c gegeben, die für jeden

Tab. 13 c.

r	$K.$				$A.$			
	$\frac{R}{r}$	b	x	x nach M.	$\frac{R}{r}$	b	x	x nach M.
46,95	1,125				1,224			
32,78	1,162				1,301			
20,76	1,164	1,165			1,316	1,500		
11,24	1,170				1,393			
4,50	1,236		1,92	3,80	1,442		2,13	6,77
1,00	1,400		1,42	1,12	1,550		0,83	0,34

der beiden Beobachter, K. und A., die gefundenen R r anführt. Aus den drei annähernd konstanten Werten von R r nehme ich das unter b angegebene Mittel, und hieraus berechne ich x für die beiden kleinsten Werte von r. Die Mittel der letzteren werden eben die Größen, mit denen ich rechnete (2. Teil, S. 110). Des Vergleiches wegen habe ich unter der Überschrift x nach M. die von Külpe nach Müllers Formel berechneten Zahlen angeführt. Diese geben wohl schwerlich eine Ahnung davon, daß x eine konstante Größe sein kann, was sich doch gewiß von meinen Zahlen sagen läßt. Hiermit glaube ich Herrn Külpes Kapazität als Beobachtungstheoretiker zur Genüge beleuchtet zu haben.

Wir kommen nun zum zweiten Punkte: zum Zeitfehler. Ich behandelte oben diese Frage im Verein mit der Müllerschen Theorie so ausführlich, daß ich vorläufig nichts hinzuzusetzen habe; dagegen möchte wohl Anlaß vorliegen, über meine frühere Behandlung der Sache (2. Teil, S. 112—113) und Herrn Külpes Auffassung meiner Behandlung ein wenig Licht zu werfen. Daß es jedenfalls bei den Schallempfindungen keine andere Ursache der Zeitfehler gibt als die Bahnung, dürfte sicherlich als im vorhergehenden dargetan zu betrachten sein. Als ich den zweiten Teil schrieb, wußte ich unleugbar nicht, daß die Bahnung die Ursache ist; ich vermutete es nur (2. Teil, S. 116, Zeile 5 v. u.); ich war aber ganz darüber im klaren, daß es nicht nötig sei, mehr als eine einzige gemeinsame Ursache der anscheinend verschiedenen Zeitfehler anzunehmen, und dies suchte ich nachzuweisen. Wie wenig Külpe aber meinen Gedankengang verstanden hat, geht aus folgender Äußerung hervor: »Wir wußten, daß ein Einfluß der Zeitlage auf verschiedenen Faktoren beruhen kann, während Lehmann nur den Fechnerschen Zeitfehler zu kennen scheint« (l. c. S. 342). Das ist positiv falsch und zeigt, daß Külpe gar nicht weiß, was unter einem Fechnerschen Zeitfehler zu verstehen ist. Auf Grundlage der Amentschen Messungen wies ich nämlich nach, daß der letzte von zwei Reizen sich so verhält, als hätte er einen mit dem Reize selbst zunehmenden Zuwachs erhalten. In der Zeitlage R_I, r verhält sich r, als hätte es die Größe $r + ar = Qr$; also erhält man in diesem Falle als Ausdruck der U.-E.: R_I'r·Q. In der Zeitlage r, R_{II} erhält man auf analoge Weise als Ausdruck der U.-E.: QR_{II}/r; und ich machte nun ausdrücklich darauf aufmerksam, daß der hierdurch bedingte Zeitfehler sich nicht durch Berechnung des Mittels der beiden Brüche eliminieren läßt. Da ein Fechnerscher Zeitfehler aber gerade solcher Beschaffenheit ist, daß man ihn eliminieren kann, indem man das arithmetische Mittel der beiden mit dem Fehler behafteten Größen nimmt, so ist der durch den Faktor Q ausgedrückte negative Zeitfehler also eben nicht der Fechnersche und muß zugleich die generelle Urteilstendenz (die anormale Differenz) umfassen. Ich war so naiv, daß ich glaubte, ein solcher Schluß müsse allen Sachverständigen einleuchten, und es sei hierdurch dargetan, daß sowohl der negative Zeitfehler als die anormale Differenz auf eine gemeinsame, wenn auch unbekannte Ursache zurückgeführt sei.

Külpe hat diesen Schluß jedoch nicht ziehen können; er betrachtet es als gegeben, daß ich die anormale Differenz aus dem Fechnerschen Zeitfehler ableiten wolle: »Seltsamerweise ist es nun Lehmann nicht gelungen, die im vorstehenden ebenso wie in der Arbeit von Ament unterschiedenen bezw. als verschieden vorausgesetzten Faktoren des Einflusses der Zeitlage auseinanderzuhalten. ... er verfährt so, als ob es nur den Fechnerschen negativen Zeitfehler gebe, und unternimmt den natürlich a priori aussichtslosen Versuch, unsere anormale Differenz auf ihn zurückzuführen« (l. c. S. 339). Richtig ist, daß ein solcher Versuch ganz hoffnungslos sein würde; weniger richtig ist dagegen Külpes Beweis von der Unmöglichkeit: »In der Zeitlage R_I ist die obere Schwelle größer und die untere kleiner als in der Zeitlage R_{II}. Das haben wir bei unseren Versuchen regelmäßig konstatieren können. Dieser Unterschied muß sich aber, da er für beide Zeitlagen ein entgegengesetzter ist, bei der Bildung des mittleren Unterschiedsschwellenwertes ausgleichen, sofern man von einem Einfluß des Weberschen Gesetzes absieht. Folglich ist die anormale Differenz durch den Fechnerschen negativen Zeitfehler nicht zu erklären. (l. c. S. 340).

Hier sieht man, was die Folge werden kann, wenn man mathematische Probleme mit Worten allein, ohne Anwendung mathematischer Symbole behandeln will. Külpe geht davon aus, daß: $R_I - r > R_{II} - r$ und $r - r_I < r - r_{II}$ ist, woraus er schließt, daß $R_I - r_I = R_{II} - r_{II}$ sei, denn er sagt ja: «der Unterschied muß sich ausgleichen, da er für beide Zeitlagen ein entgegengesetzter ist». In der Philosophie ist dieser Schluß vielleicht ganz richtig, in der Mathematik läßt sich aber aus den beiden Ungleichheiten gar kein Schluß ziehen; man kann $R_I - r_I \gtrless R_{II} - r_{II}$ haben, und dieser sinnreiche Schluß legt also nur dar, daß es Külpe an den mathematischen Voraussetzungen zur Behandlung derartiger Probleme gebricht. Es fällt jedoch nicht schwer, einen entscheidenden Beweis dafür zu führen, daß die anormale Differenz unmöglich aus dem Fechnerschen Zeitfehler abgeleitet werden kann. Ein Fechnerscher negativer Zeitfehler erfordert nämlich, daß: $R_I - r_I = R_{II} - r_{II}$; die anormale Differenz dagegen ist daran zu erkennen, daß $R_I - r_I > R_{II} - r_{II}$. Da man nun nicht zu gleicher Zeit $R_I - r_I$ sowohl größer als $R_{II} - r_{II}$ als auch gleich $R_{II} - r_{II}$ haben kann, so ist es ein aussichtsloses Unternehmen, eines aus dem anderen herleiten zu wollen. Ein so törichtes Ding habe ich denn auch nie versucht; es gehört eine Külpesche mathematische Begabung dazu, sich darauf einzulassen. Dagegen war es, wie schon gesagt, mein Gedanke, zeigen zu wollen, daß alle in Aments Versuchen hervortretenden Zeitfehler sich auf eine einzige gemeinschaftliche, unbekannte Ursache zurückführen lassen, die so wirkt, als ob der letzte von zwei Reizen einen mit dem Reize selbst proportionalen Zuwachs erhielte. Geht man hiervon aus, so bekommt man also unter der Voraussetzung, daß der ebenmerkliche Unterschied eine konstante Größe ist, für die vier Schwellen folgende Ausdrücke:

$$\frac{R_I}{r \cdot Q} = K; \quad \frac{R_{II} \cdot Q}{r} = K; \quad \frac{r \cdot Q}{r_I} = K; \quad \frac{r}{r_{II} \cdot Q} = K;$$

Aus den beiden ersten erhält man: $R_I \cdot r \cdot Q = R_{II} \cdot Q \cdot r$; da $Q > 1$ ist, wird folglich $rQ > r$, also muß man auch für die Zähler haben: $R_I > R_{II} Q$ oder $R_I > R_{II}$. Aus den letzten beiden Brüchen erhält man analog: $rQ \cdot r_I = r \cdot r_{II} Q$, und da hier ebenfalls $rQ > r$ ist, müssen folglich die Nenner $r_I > r_{II} \cdot Q$, also $r_I > r_{II}$ sein. Die angenommene unbekannte Ursache, die auf die angegebene Weise wirkt, hat also zur Folge, daß ein negativer Zeitfehler entsteht, indem $R_I > R_{II}$ und $r_I > r_{II}$. Es läßt sich aber leicht nachweisen, daß dieser negative Zeitfehler nicht der Fechnersche ist. Nimmt man nämlich die Differenz zwischen dem ersten Bruche und dem reziproken Werte des dritten und ebenfalls die Differenz zwischen dem zweiten und dem reziproken Werte des vierten, so bekommt man:

$$\frac{R_l}{r \cdot Q} - \frac{r_l}{r \cdot Q} = K - \frac{1}{K} = \frac{R_{ll}\,Q}{r} - \frac{r_{ll}\,Q}{r}$$

oder $\dfrac{R_l - r_l}{r\,Q} = \dfrac{Q(R_{ll} - r_{ll})}{r}$

Da $rQ > r$ ist, muís auch zwischen den Zahlern die Ungleichheit: $R_l - r_l > Q(R_{ll} - r_{ll})$ bestehen, also $R_l - r_l > R_{ll} - r_{ll}$. Die angenommene unbekannte Ursache hat also gerade zur Folge, daís eine anormale Differenz entsteht.

Ich hoffe hiermit dargetan zu haben, daís meine Darstellung im zweiten Teile keineswegs so sinnlos ist, wie Külpe sie gern erscheinen lassen möchte. Im Gegenteil, der Gedanke ist vollkommen richtig, unleugbar beging ich aber den Fehler, die Sache nicht hinlänglich eingehend zu behandeln. Durch die im vorhergehenden gegebene Besprechung der Müllerschen Hypothese hoffe ich indes, diesem Fehler abgeholfen zu haben, so daís kein Zweifel mehr darüber stattfinden kann, was die Ursache dieser verschiedenen »Tendenzen« ist.

Gleichgrofse übermerkliche Empfindungsunterschiede.
Da wir im vorhergehenden sahen, daís wir durch Heranziehung der Bahnung in die Berechnung imstande sind, ein gesetzmäísiges Verhältnis zwischen den Reizen zu finden, welche ebenmerklich verschiedene Empfindungen erregen, liegt die Annahme nahe, daís wir auf demselben Wege ein gesetzmäísiges Verhältnis zwischen drei Reizen, die gleichgrofse übermerkliche Empfindungsunterschiede hervorrufen, zu finden vermögen. Natürlich müssen wir hier, wie früher, jede einzelne Zeitlage für sich betrachten, indem der Bahnungszuwachs der einzelnen Reize eben durch die Zeitlage bestimmt ist und sich folglich nur für jeden speziellen Fall genau berechnen läíst. Unter den verschiedenen möglichen Zeitlagen dreier Reize betrachten wir indes nur die beiden, die sich mit ziemlicher Sicherheit experimentell untersuchen lassen, nämlich R, M, r und r, M, R, wo $R > M > r$ ist. Ich beginne hier mit der letzteren Zeitlage, weil diese sich leichter untersuchen läíst und in mehreren Beziehungen gröíseres Interesse darbietet.

I. Die Zeitlage r, M, R. Der Kürze wegen setzen wir voraus, daís zwischen r und M dasselbe Zeitintervall stattfindet wie zwischen M und R. Bei den experimentellen Untersuchungen wird man dies immer haben, da die Bestimmungen in hohem Grade erschwert werden, wenn die Reize nicht in demselben Tempo aufeinanderfolgen. Wir suchen nun die Bahnungszuwächse zu berechnen, welche die verschiedenen Reize in dem Moment erhalten haben, wo der letzte Reiz, R, eintritt. Erstens wurde M von r angebahnt und hat somit die Größe $M + u \cdot r'$ erhalten. Ferner ist R teils von r und teils von $M + u \cdot r'$ gebahnt worden. Letztere Größe gibt R einen Zuwachs von $u(M + ur')'$; die Bahnung von r aus wird die Größe $\eta \cdot r'$ haben, denn da die Bahnungskonstanten Funktionen der Zeit sind und r in der Zeit doppelt so weit zurückliegt als M, müssen die Konstanten für M andere Werte bekommen. Wegen dieser beiden vereinten Bahnungen wächst R also bis zur Größe $R + u(M + u \cdot r')' + \eta \cdot r'$ an. Endlich gibt es aber noch eine »rekurrente« Bahnung, die zu berücksichtigen ist, indem auch r von M angebahnt werden muß (vgl. S. 32—33). Es ist nämlich nicht anzunehmen, daß die von M ausgehende Bewegung sich einseitig nur bis nach dem Punkte verbreiten sollte, wo das nachfolgende R eine Bewegung hervorruft; sie muß alle Punkte treffen, also auch den Punkt, der von r in Bewegung gesetzt war. Da hier aber schon vorher eine Bewegung ist, so wird dieser Bahnungszuwachs der Gleich. 8 zufolge: $u(M' - r')$. Nennen wir nun die drei aus den Reizen resultierenden Empfindungen E_r, E_x und E_R, und ist M so angepaßt, daß $E_x - E_r = E_R - E_x$ ist, so hat man, wenn x gegen r vernachlässigt werden kann:

$$E_x - E_r = c \cdot \log. (M + u \cdot r') - c \cdot \log. [r + u(M' - r')] =$$
$$E_R - E_x = c \cdot \log. [R + u(M + u \cdot r')' + \eta r'] - c \cdot \log. (M + u \cdot r').$$

woraus folgt:

$$\frac{M + u \cdot r'}{r + u(M' - r')} = \frac{R + u(M + ur')' + \eta \cdot r'}{M + u \cdot r'} \quad \dots \text{(Gl. 21)}.$$

Die Gültigkeit der Gleich. 21 zu prüfen, wird nicht mit besonderen Schwierigkeiten verbunden sein. Werden die Messungen mit einem Zeitintervalle ausgeführt, für welches die Bahnung vorher bestimmt ist, so kennt man also die Konstanten u und v, und wie wir später sehen werden, verwehrt uns nichts, die beiden unbekannten Größen η und ϵ zu bestimmen. Damit sind also sämtliche in der Gleichung vorkommenden Größen gegeben, und bei sukzessivem Einsetzen der zusammengehörenden Werte r, M und R läßt es sich leicht entscheiden, ob

— 125 —

die beiden Seiten der Gleichung fortwährend gleichgrofs
werden. Diese Probe erfordert aber notwendigerweise,
dafs die Bahnungskonstanten bekannt sind, und sie läfst
sich deshalb nicht auf ältere in der Literatur vorliegende
Messungen anwenden. Wenn wir zu der zweiten Zeitlage, R, M r, kommen, läfst sich überhaupt kein anderer
Weg einschlagen, und dort werden wir also Gelegenheit
haben, die Berechnungen vollständig durchzuführen.
Die Gleich. 21 dagegen läfst sich, der Genauigkeit unbeschadet, so sehr vereinfachen, dafs sie auch in denjenigen Fällen geprüft werden kann, wo die Bahnungskonstanten nicht bekannt sind. Da nämlich $r < M < R$
und u ein kleiner Bruch ist (das vorläufig unbekannte η
ist ein noch kleinerer Bruch), wird $u \cdot r'$ mithin im Vergleich mit M sehr klein sein. Ebenfalls wird $u \cdot (M + u \cdot r')'$
im Vergleich mit R verschwindend klein sein, und dies
gilt in noch höherem Grade von $\eta \cdot r'$. Der einzige der
Bahnungszuwächse, der wirklich einen merkbaren Einflufs auf das Resultat erhalten kann, ist $u \cdot (M' - r')$,
weil diese Gröfse zu der verhältnismäfsig kleinen
Gröfse r hinzuzufügen ist. Da nun ferner v, wie wir
wissen, sehr nahe an 1 liegt, so kann man, ohne gröfsere
Fehler zu begehen, $M' - r' = M - r$ setzen. Hierdurch
vereinfacht man Gleich. 21 auf:

$$\frac{M}{r + u(M-r)} = \frac{R}{M} \quad \text{oder} \left(\frac{M}{R}\right)^2 - \frac{r}{R} = u\left(\frac{M}{R} - \frac{r}{R}\right) \ldots \text{(Gleich. 22)}.$$

Die Gültigkeit der Gleich. 22 ist leicht zu prüfen, indem man u aus den zusammengehörenden Werten r, M, R
berechnet; u soll sich dann konstant erweisen.
Von Merkels Hand liegt eine ausführliche Reihe
Messungen von gleichgrofsen übermerklichen Schallunterschieden vor, wo die Resultate für die beiden Zeitlagen, dem Üblichen entgegen, auseinandergehalten
sind[1]. In untenstehender Tab. 14 sind die Resultate
wiedergegeben, die sich auf die Zeitlage r, M, R beziehen. Behufs des Vergleichs mit den gefundenen
M_{rR} ist $\sqrt{Rr}$ angeführt und danach u aus Gleich. 22
berechnet. Diese Werte variieren freilich etwas, indes
ziemlich unregelmäfsig, so dafs anzunehmen ist, dafs

[1] Die Abhängigkeit zwischen Reiz und Empfindung. Phil. Stud.
Bd. 5, S. 521—522 (Tab. XX u. XXI).

die Schwankungen zunächst von zufälligen Fehlern herrühren, und jeder, der selbst derartige Versuche angestellt hat und weifs, wie schwierig die Beurteilung
ist, wird finden, dafs diese Variationen nichts Sonderbares enthalten. Hierzu kommt ferner, dafs M e r k e l
seine Versuche unter Umständen anstellte, welche
meines Erachtens die Beurteilung so schwierig machten,
wie nur irgend möglich, indem alle drei zusammengehörenden Reize oft durch Kugeln verschiedenen Gewichts hervorgebracht wurden [1]. Wenn aufserdem noch
die Fallplatten aus Holz sind, wie es mit Merkels
Apparat der Fall war, so sind Klangverschiedenheiten
unvermeidlich, und bei gröfseren Differenzen der Reize
entsteht dann die von M e r k e l selbst erwähnte Neigung
der Versuchspersonen, nicht Empfindungsunterschiede,
sondern Empfindungsverhältnisse zu beurteilen [2]. In
welchem Umfang diese Neigung die Ergebnisse beeinflufst hat, ist schwer zu entscheiden, um so mehr, da
es aus Merkels Äufserungen nicht hervorgeht, ob
er — der Tendenz bewufst — derselben entgegenzuarbeiten suchte, oder ob er ihr ohne weiteres nach-
gab. Was mich persönlich betrifft, so hat die genannte
Neigung sich — merkwürdigerweise — bei mir gar
nicht bei der Zeitlage r, M. R geltendgemacht, was aus
der zweiten Abteilung der Tab. 14 hervorgeht; dagegen ist es nicht ausgeschlossen, dafs sie bei der
Zeitlage R, M, r entscheidenden Einflufs auf die Resultate geübt hat.

Bei meinen in der Tab. 14 angegebenen Messungen
war das Zeitintervall zwischen den drei Reizen konstant
1,25 Sek. Für dieses Intervall wurde bei der direkten
Bestimmung der Bahnung $u = 0,0879$ gefunden (S. 71).
Ist Gleich. 22 daher richtig, so mufs das daraus berechnete u nicht nur eine konstante Gröfse sein, sondern
auch sehr nahe an 0,0879 liegen. Dafs dieser Wert genau
erscheine, läfst sich natürlich nicht erwarten, teils weil
die Beurteilung der drei Reize schwieriger, mithin unsicherer ist als die direkte Messung der Bahnung, teils
weil Gleich. 22 eine nur annähernd richtige Formel ist.

[1] l. c. S. 521.
[2] l. c. S. 532—533.

Tab. 14.

Merkel					Lehmann					
R	r	M_{eR}	VRr	u	R	r	M_{eR}	VRr	u	Mb
2468	1390	2043	1981	0,228	4096	1024	2151	2048	0,093	± 69
	869,5	1675	1465	0,333		512	1568	1446	0,084	30
	488,6	1479	1098	0,401		256	1151	1024	0,080	94
	259,6	1340	800,4	0,434		128	901	723	0,091	59
	132,5	1207	571,8	0,425		64	729	512	0,097	61
	49,43	1109	349,3	0,426		32	588	362	0,094	67
	24,96	1015	248,3	0,396		16	507	256	0,096	63
	10,12	946,5	158,0	0,376	2048		294	181	0,095	32
	5,062	875,0	111,8	0,351	1024		188	128	0,107	18
2468	5,062	831,8	111,8	0,334	512	16	117	90	0,105	11
1590		596,0	86,71	0,371	256		72,9	64	0,084	10,8
869,5		354,9	66,34	0,398	128		49,5	45	0,095	3,8
488,6		216,9	49,73	0,431	64		34,2	32	0,124	± 1,4
259,6		121,6	36,25	0,445						
132,5		65,58	25,90	0,453						
49,43		26,70	15,82	0,434						
24,96		14,89	11,24	0,388						
10,12		7,56	7,157	0,235						

Indes zeigt Tab. 14, dafs das berechnete u wirklich
nahezu konstant ist, und da das Mittel der 13 Werte
0,096 wird, kommt es dem Bahnungskoeffizienten so
nahe, wie sich nur irgend erwarten liefs. Meine
Messungen bestätigen also ebenso wie diejenigen
Merkels die Richtigkeit der Gleich. 22. Dafs ein wesentlicher Unterschied zwischen dem aus Merkels und dem
aus meinen Versuchen berechneten Werte von u besteht, hat offenbar nichts zu sagen. Denn u ist, wie wir
wissen (vgl. S. 71 u. 76), erstens individuell verschieden,
ferner von dem Zeitintervalle zwischen den Reizen abhängig und endlich auch von der gewählten Einheit
der Reize. Diese Einheit war bei Merkels Versuchen
aber erheblich gröfser als bei den meinen; denn Merkels
Reiz 5,062 wurde durch eine 0,45 g wiegende Kugel
erzeugt, die aus einer Höhe von 25 cm herabfiel und
folglich eine Bewegungsenergie von 11 g-cm hatte.
Mithin betrug dieser Reiz wohl ungefähr 11 meiner Einheiten, wahrscheinlich noch etwas mehr, da das Schallgewicht der betreffenden Kugel etwas gröfser sein mufs
als ihr wirkliches Gewicht. Die genannten verschiedenen
Umstände im Verein genügen also völlig zur Erklärung

des Unterschiedes zwischen den in den beiden Reihen der Tab. 14 angeführten Werten von u.

II. Die Zeitlage R, M, r. Dieser Fall ist dem vorher betrachteten natürlich ganz analog. R bahnt die beiden nachfolgenden Reize an und gibt dem zuerst eintretenden Reize M den Zuwachs $u \cdot R'$, während der darauf folgende Reiz r den Zuwachs $\iota \cdot R'$ erhält. Ebenfalls bahnt $M + u \cdot R'$ das nachfolgende r an, wodurch dieses den Zuwachs $u \cdot (M + u \cdot R')'$ bekommt. Dagegen vermag M das vorausgehende R nicht anzubahnen, weil $R > M$ ist. Wird M so angepaßt, daß zwischen den drei erregten Empfindungen gleichgroße Unterschiede bestehen $(E_R - E_M = E_M - E_r)$, so ist:

$$E_R - E_M = c \cdot \log. R - c \cdot \log.(M + uR') = E_M - E_r =$$
$$c \cdot \log.(M + uR') - c \cdot \log.[r + u(M + uR')' + \iota_i R'].$$

woraus folgt:

$$\frac{R}{M + uR'} = \frac{M + uR'}{r + u(M + uR')' + \iota_i R'} \quad \ldots \ldots \text{(Gleich. 23)}.$$

Eine Reduktion dieser Gleichung ist wohl kaum möglich, denn da $R > M > r$ ist, lassen sich die Bahnungszuwächse nicht als im Vergleich mit den Reizen selbst verschwindend klein betrachten. Die Gültigkeit der Gleichung läßt sich deshalb erst dann prüfen, wenn man die darin vorkommenden Bahnungskonstanten kennt, und es ist uns folglich nicht tunlich, dieselbe auf ältere in der Literatur vorliegende Messungen anzuwenden, hinsichtlich deren die betreffenden Konstanten uns in keinem Falle bekannt sind. Ich muß mich daher darauf beschränken, die Gleichung mittels der an mir selber angestellten Messungen zu prüfen, die mit dem Zeitintervalle von 1.25 Sek. zwischen den Reizen ausgeführt wurden. Für dieses Intervall sind u und v bekannt; dagegen ist es nicht sicher, daß wir auch ι und ε kennen. Denn freilich wurden u und v auch für das Intervall 2.5 Sek. bestimmt (S. 71), es ist aber nicht gegeben, daß diese Größen den Konstanten ι und ε entsprechen, da die für das Intervall 2.5 Sek. bestimmten Werte von u und v die Größe der Bahnung unter der Voraussetzung angeben, daß während des genannten Zeitraumes kein anderer Reiz eintritt, wogegen ι und ε die

Gröfse der Bahnung vom ersten bis zum letzten der
drei mit dem Intervalle 1.25 Sek. aufeinanderfolgenden
Reize bestimmen. Es liegt offenbar nicht die geringste
Notwendigkeit, ja nicht einmal die Wahrscheinlichkeit
vor, dafs R in diesen beiden durchaus verschiedenen
Fällen denselben Bahnungszuwachs geben sollte. Es
ist also nichts anderes zu tun. als durch Versuche den
Bahnungszuwachs direkt zu bestimmen, den der letzte
unter drei Reizen von dem ersten erhält, wenn alle drei
mit konstantem Zwischenraum aufeinanderfolgen.

Die Aufgabe, die wir hier experimentell zu lösen
haben, besteht dem Angeführten zufolge darin: wenn
ein Reiz r_1 gegeben ist, die Gröfse von zwei anderen
Reizen, r_2 und r_3. zu bestimmen, welche dieselbe Empfindung wie r_1 erregen, indem alle drei mit konstantem
Zeitintervalle aufeinanderfolgen. Es erwies sich bei
den Versuchen sogleich, wie auch von vornherein zu
erwarten war, dafs die Gröfse von r_2 nicht im geringsten
durch einen nachfolgenden dritten Reiz beeinflufst wird,
weil der Vergleich zwischen r_1 und r_2 schon stattgefunden
hat, wenn r_3 eintritt; man findet mit anderen Worten
für r_2 ganz dieselben Werte, die man erhalten haben
würde. wenn man nur mit zwei Reizen gearbeitet hätte.
Dagegen erweist es sich, dafs r_3 etwas kleiner als r_2
wird, was ebenfalls nicht anders zu erwarten war, da r_3
durch beide vorhergehende Reize angebahnt wird. Die
Tabelle 15 gibt eine Übersicht über die gefundenen

Tab. 15.

r_1	r_2	r_3	r_2-r_3	$\beta'_{2,3}$	$\beta_{1,3}$	ber. $\beta'_{2,3}$
64	55,2	52,0	3,2	0,050	0,099	0,050
256	215,0	202,2	12,8	0,050	0,111	0,056
1024	827,1	765,9	61,2	0,060	0,121	0,061
4096	3204	2916	288	0,070	0,145	0,073

Resultate für den Fall, wo das Intervall zwischen den
Reizen 1.25 Sek. beträgt. Die jedem Werte von r_1 ent-
sprechende Gröfse des r_2 ist der Tab. 6 entnommen
($t = 1,25$). Dieselbe Tabelle enthält nämlich eben die
Werte, die r_2 haben mufs, wenn es als gleich dem vor-
hergehenden r_1 aufgefafst werden soll. und diese Gröfsen

werden, wie schon gesagt, nicht dadurch geändert, dafs
ein dritter Reiz hinterherkommt. Bei den Versuchen
erhielten r_1 und r_2 deshalb die in der Tab. 15 angeführten
Werte, und die Aufgabe wurde somit darauf reduziert,
die Gröfse r_3 zu finden, die dieselbe Empfindung erregen könnte wie die beiden vorhergehenden Reize.
Diese Bestimmungen wurden natürlich auf gewöhnliche
Weise mittels systematisch variierter auf- und absteigender Reihen unternommen; die Resultate sind
unter r_3 angeführt. Da $r_1 > r_2$ ist, mufs r_3 nicht nur
durch r_2, sondern auch durch r_1 angebahnt sein; es
handelt sich jetzt also nur darum, die Bahnungskonstanten zu bestimmen. Zu den erforderlichen Gleichungen gelangen wir mittels folgender Betrachtung.
Da die drei Reize gleichstarke Empfindungen hervorrufen, müssen die Reize, um die bezüglichen Bahnungszuwächse vermehrt, gleichgrofs sein. Man hat also:

$$r_1 = r_3 + u \cdot r_3' = r_3 + u (r_2 + u \cdot r_1')^r + \eta \cdot r_1' \dots \dots (\text{Gl. 24}).$$

Da aber $r_1 = r_2 + u \cdot r_1'$ ist, erhält man, wenn man diesen
Ausdruck in die letzte der drei Identitäten der Gleich. 24
einsetzt:

$$r_1 = r_2 + u \cdot r_1' = r_3 + u \cdot r_1' + \eta \cdot r_1', \text{ woraus folgt}$$

$$r_2 - r_3 = \eta \cdot r_1' = \varrho_{2,5}' \cdot r_1, \text{ indem } \varrho_{2,5}' = \eta \cdot r_1^{1-1}.$$

Also:

$$\varrho_{2,5}' = \frac{r_2 - r_3}{r_1} \dots \dots (\text{Gleich. 25}).$$

Die aus der Gleich. 25 berechneten Werte von $\varrho_{2,5}'$ sind
in der Tab. 15 angegeben. Aus diesen Gröfsen lassen
sich leicht auf gewöhnliche Weise die Konstanten
η und ι finden; bevor wir aber hierzu schreiten, kann
es von Interesse sein, $\varrho_{2,5}'$ mit $\varrho_{2,5}$ zu vergleichen, welches
der Bahnungskoeffizient für das Intervall 2,5 Sek. unter
der Voraussetzung ist, dafs während dieses Zeit-
zwischenraumes kein Reiz stattfindet. In der Tab. 15
sind die der Tab. 7 entnommenen gemessenen Werte
von $\varrho_{2,5}$ angeführt. Wie man sieht, ist $\varrho_{2,5}$ mit grofser Annäherung doppelt so grofs als $\varrho_{2,5}'$. Da man nun (S. 71)
$\varrho_{2,5} = 0,0603 \cdot r^{0,11}$ hat, mufs folglich $\varrho_{2,5}' = 0,0301 \cdot r^{0,11}$ sein;
die aus diesem Ausdrucke berechneten Werte von $\varrho_{2,5}'$
sind in der Tab. 15 unter »$\varrho_{2,5}'$ ber.« angeführt.

Da wir jetzt nicht nur u und v, sondern auch $v_i = 0{,}0301$ und $i = 1{,}11$ kennen, sind wir also imstande, die Gültigkeit der Gleich. 23 für eine vorliegende Reihe von Messungen zu prüfen. Das Ergebnis meiner Bestimmungen ist in der Tab. 16 gegeben, wo M_{kr} für dieselben Werte von R und r bestimmt ist wie M_{rs} in der Tab. 14. Ferner enthält die Tabelle die Werte der beiden Brüche, welche die Gleich. 23 bilden, indem der Kürze wegen gesetzt ist:

$$B_i = \frac{R}{M + uR'} \quad \ldots \ldots \ldots \quad \text{(Gleich. 26a)}.$$

$$\text{und } B_{II} = \frac{M + uR'}{r + u(M + uR')' + v_i R'} \quad \ldots \text{(Gleich. 26b)}.$$

Ist Gleich. 23 für die vorliegenden Messungen gültig, muſs also $B_I = B_{II}$ sein. Die Tab. 16 zeigt, daſs dies wirklich annähernd der Fall ist; die Differenzen $B_I - B_{II}$ erreichen an einzelnen Stellen freilich eine nicht ganz unbeträchtliche Gröſse; dies ist aber leicht zu verstehen. Erstens sind in Gleich. 23 nicht weniger als vier Kon-

Tab. 16.

R	r	M_{kr}	B_I	B_{II}	$B_I - B_{II}$	M_b
	1024	2077	1,375	1,517	—0,142	± 93
	512	1526	1,687	1,836	—0,149	49
	256	1310	1,940	2,122	—0,182	90
4096	128	1168	1,980	2,411	—0,431	113
	64	1030	2,121	2,534	—0,413	70
	32	754	2.475	2,474	+ 0,001	66
	16	510	2,882	2,389	+ 0,493	80
2048		295	2,880	2,469	+ 0,411	29
1024		194	2,646	2,620	+ 0,026	16
512	16	110	2,565	2,556	+ 0,009	11
256		70,3	2,290	2,394	—0,104	7,7
128		47,6	1,916	2,094	—0,178	5,7
64		33,6	1,506	1,721	—0,215	± 2,0

stanten eingesetzt, deren Werte durch andere Messungen bestimmt wurden, und selbst wenn diese Konstanten nun auch nach der Weise, wie sie berechnet wurden, als sehr genau betrachtet werden können, sind kleine Abweichungen doch nicht ausgeschlossen, und diese müssen in ungünstigen Fällen nicht unerhebliche Differenzen zwischen den Brüchen B_I und B_{II} hervorbringen

9*

können. Ferner sind die gemessenen Werte von M_R, mit ziemlich grofsen Fehlern behaftet. Es erwies sich nämlich, dafs die Bestimmung dieser Werte weit unsicherer war als die Bestimmung des M_{rR}. Während letztere in der Tab. 14 angeführte Gröfsen die Mittelzahlen von sechs Bestimmungen, drei für die obere und drei für die untere Grenze, sind, mufste ich beim Messen des M_R der Unsicherheit wegen zwölf Bestimmungen ausführen. Die Mittelbreite Mb des Abstandes zwischen der oberen und der unteren Grenze wurde hierdurch bis fast auf dieselbe Gröfse wie Mb für M_{rR} herabgebracht (vgl. Tab. 14 und 16); dies schliefst natürlich aber nicht aus, dafs die Mittelzahl der Messungen noch mit einem wesentlichen Fehler behaftet sein kann. Solche zufälligen Fehler im Verein mit den vielen in Gleich. 23 eingesetzten Konstanten sind sehr wohl imstande, die hie und da hervortretenden grofsen Abweichungen zwischen B_I und B_{II} zu erklären.

Dagegen gibt es einen anderen, wesentlicheren Umstand, der sich wohl kaum durch zufällige Fehler erklären läfst, nämlich die gesetzmäfsige Variation der Differenzen B_I B_{II}. Wie die Tab. 16 zeigt, sind diese Differenzen negativ für kleine Werte von R r, dagegen positiv für grofse Werte von $R'r$. Dies deutet an, dafs hier ein störender Umstand mitwirkend gewesen ist, den wir nicht mit in Anschlag gebracht haben. Welcher Art derselbe ist, läfst sich im Augenblicke wohl nicht entscheiden. Die Einwürfe, die G. E. Müller gegen die Bestimmung gleichgrofser übermerklicher Empfindungsdifferenzen vorgebracht hat, scheinen mir keinen Anhalt zu geben[1]. Dafs überhaupt der »absolute Eindruck« sollte anderen Einflufs erhalten können als den, die Resultate weniger sicher zu machen, betrachte ich nach meinen Erfahrungen als ausgeschlossen, weil es sich bei der absoluten Beurteilung gewifs stets um ein Vergleichen mit einem mehr oder weniger klaren Erinnerungsbilde handelt. Da ich im ganzen nicht sehr geneigt bin, derartige Urteile auszusprechen, kann der absolute Eindruck bei meinen Versuchen ganz sicherlich nicht störend gewirkt haben. Gröfsere Bedeutung hat

[1] Gesichtspunkte. S. 237—240.

Müllers zweiter Einwurf: es seien nicht die Unterschiede der Empfindungen, sondern deren ›Kohärenzgrad‹, den man — oder wenigstens er — vergleiche. Nun vermag ich freilich nicht anders zu sehen, als daſs Müllers Beschreibung der Kohärenz der Empfindungen ganz dem entspricht, was andere deren Unterschied nennen; ob man zwei gegebenen Empfindungen eine groſse Kohärenz oder einen kleinen Unterschied beilegen will, scheint mir zunächst eine reine Verschiedenheit der Benennung zu sein. Möglich ist es natürlich, daſs es nicht ganz dasselbe wäre. Da Gleich. 23 nur für denjenigen Fall gilt, wo man zwei gleichgroſse Empfindungsdifferenzen bestimmt hat, so leuchtet es ein, daſs B_i und B_{ii} nicht gleichgroſs werden können, wenn man faktisch etwas anderes als gleichgroſse Empfindungsdifferenzen bestimmt. Ich bin indes nur wenig zu der Annahme geneigt, daſs die Abweichungen zwischen B_i und B_{ii} auf diese Weise zu erklären sein sollten. Denn dann müſste dasselbe Verhalten sich unzweifelhaft auch bei der Zeitlage r, M, R geltendmachen und eine periodische Abweichung zwischen Messung und Berechnung hervorbringen; davon findet sich aber keine Spur. Indes ist es ja denkbar, daſs die von Müller in Aussicht gestellten Untersuchungen einige Klarheit über diesen Punkt verbreiten werden, und bis diese vorliegen, können wir deshalb die periodische Variation von $B_i - B_{ii}$ als ein ungelöstes Problem dahingestellt bleiben lassen.

OPTISCHE MESZAPPARATE UND METHODEN.

Die Aufgabe der folgenden Untersuchungen. Im zweiten Teil (S. 64) gelang es mir, eine empirische, mit den Messungen übereinstimmende Formel für die Unterschiedsempfindlichkeit für Lichtempfindungen aufzustellen. Später (S. 82–98) wies ich nach, daſs diese Formel sich, zum Teil wenigstens, rationell begründen läſst. Indem wir davon ausgingen, daſs die photochemische Wirkung in der Netzhaut dasselbe Gesetz

befolgt wie in einer gewöhnlichen photographischen
Platte, kamen wir zu der vollständigen, ›korrigierten‹
psychophysischen Maßformel, und aus dieser im Verein
mit dem empirischen Gesetze für den simultanen Kontrast
ließ sich das empirisch gefundene ›Unterscheidungsgesetz‹ für die Lichtempfindungen ableiten. Diese
rationelle Begründung des Unterscheidungsgesetzes
scheint unbestreitbar zu zeigen, daß wir uns hier auf
dem richtigen Wege befanden: nur wenn man die verschiedenen physiologischen Prozesse, die zwischen den
Reizen und den zentralen Vorgängen eintreten, mit in
Berechnung zieht, wird man zu einem genauen Ausdruck für die Abhängigkeit der U.-E. von der Intensität
der Reize gelangen. Hierbei ist aber noch vieles einer
näheren Beleuchtung benötigt.

Erstens ist eben die Ableitung der psychophysischen
Maßformel nicht ganz unangreifbar. Wir gingen davon
aus, daß die photochemische Wirkung in der Netzhaut
durch das Produkt aus der Intensität des Reizes und der
Expositionszeit bestimmt sei, bis man das Maximum der
Empfindung erreiche. Trotzdem wir beim Ausgehen
von dieser Voraussetzung zu einer mit Exners
Messungen ganz gut übereinstimmenden Formel kamen
(2. Teil, S. 89—90), wird die Voraussetzung selbst hierdurch doch nicht völlig berechtigt: die Abweichungen
zwischen Exners Messungen und der für diese aufgestellten Formel deuten zunächst darauf hin, daß die
Voraussetzung nur zum Teil richtig ist. Die Richtigkeit der psychophysischen Maßformel selbst steht kaum
zu bezweifeln, da sie einen sehr genauen Ausdruck für
die Reizstärke gleichheller Farben gibt[1], sie ist aber
nicht hinlänglich rationell begründet. Dieser Punkt ist
also vorerst ins reine zu bringen. Ferner ist es eine
ziemlich mißliche Sache, mit solchen rein empirischen
Formeln wie den Kontrastgesetzen zu operieren.
Natürlich ist es völlig berechtigt, mit diesen Formeln
Berechnungen anzustellen, sobald ihre Übereinstimmung
mit den Messungen dargetan ist, es können sich aber
leicht unter einer solchen Formel mit mehreren Kon-

---

[1] Über die Helligkeitsvariationen der Farben. Phil. Stud. Bd. 20,
S. 106 u. f.

stanten von unbekannter Bedeutung andere Erscheinungen verbergen, die man also tatsächlich, ohne es zu wissen, mit in Berechnung nimmt. Da nun der Lichtkontrast deutlich das Gepräge einer Hemmungserscheinung trägt, wäre es wenigstens den Versuch wert, ob man nicht vom Hemmungsgesetze aus zu einem rationellen Kontrastgesetze gelangen könnte. Aufserdem gibt es eine Erscheinung, deren äufserst grofse Wichtigkeit bei allen psychologisch-optischen Untersuchungen niemand bezweifelt, wenngleich bisher niemand es der Mühe wert gefunden hat, dieselbe einer genauen quantitativen Bestimmung zu unterwerfen, nämlich die Helladaptation der Netzhaut. Eine Untersuchung darüber, wie zu verfahren ist, um eine gleichartige Adaptation der Netzhaut für Reize gegebener Stärke zu erzielen, mufs notwendigerweise jedem Versuche, ein Unterscheidungsgesetz exakt zu entwickeln, vorausgehen. Endlich ist die durch die Blendung verursachte zentrale Hemmung mit in Berechnung zu ziehen; wie dies sich tun läfst, habe ich schon früher angedeutet[1].

Es gibt somit eine ganze Reihe keineswegs bedeutungsloser Aufgaben, die gelöst werden müssen, bevor sich sagen läfst, dafs die Untersuchungen über die Intensitätsverhältnisse der Lichtempfindungen auch nur einen relativen Abschlufs erlangt hätten. Sollen diese Untersuchungen sich aber wechselseitig so ergänzen, dafs die durch eine derselben gefundenen Konstanten in die andere eingeführt werden können, so müssen sie nach einer gleichartigen Methode und mit Apparaten durchgeführt werden, die es wenigstens gestatten, die benutzten Reize in genau derselben Einheit auszudrücken. Mit diesem Zweck vor Augen konstruierte ich den schon früher beschriebenen optischen Universalapparat[2]. Da dieser bei allen im folgenden zu besprechenden Untersuchungen benutzt wurde, und da ich deshalb stets seine Einrichtung und seine verschiedenen möglichen Anwendungen als bekannt voraussetze, wiederhole ich hier die Beschreibung, wozu um so mehr

[1] Phil. Stud. Bd. 20, S. 93.
[2] Phil. Stud. Bd. 20, S. 79 u. f.

Anlaſs vorliegt, da der Apparat nicht unwesentliche
Verbesserungen erfahren hat.

Der optische Universalapparat. Die wichtigsten Teile
des Apparates sind in der Fig. 5 schematisch dargestellt.
Ein planer, 50 cm langer und 35 cm breiter Tisch aus
Metall, trägt an der einen langen Seite eine senkrechte,
10 cm hohe Wand. In diese sind drei Kollimatorrohre
festgeschraubt, deren Achsen in genau derselben Höhe
über dem Metalltische und 12 cm voneinander entfernt
liegen; in den dem Tische zugekehrten Enden der Rohre
finden sich die drei identischen Linsen, C_1, C_2, C_3, mit
einer Brennweite von 14 cm. Die entgegengesetzten
Enden der drei Rohre sind mit einer Platte verschlossen,
worin sich drei senkrechte Spalte s_1, s_2, s_3, finden,
die genau im Brennpunkte der Kollimatorlinsen liegen.
Den Metalltisch trägt ein schwerer Dreifuſs mit Stellschrauben (in der Figur nicht sichtbar), und das Ganze
ist von einem auſsen und innen schwarz angestrichenen
hölzernen Kasten umgeben, durch dessen eine Wand
die drei Kollimatorrohre geführt sind; die Metallwand
verschlieſst diese Öffnungen lichtdicht. Die Spalte $s_1 - s_3$
sind 0,5 mm breit, und das durch dieselben eintretende
und aus den Kollimatorlinsen parallel austretende Licht
wird durch die drei Prismen P_1, P_2, und P_3 aus schwerem
Flintglas gebrochen. Die Prismen sind auf kleinen, mit
Stellschrauben versehenen Tischchen montiert, so daſs
die brechenden Kanten genau parallel zu den Kollimatorspalten gestellt werden können. Die Stellschrauben
passen in konische Vertiefungen des Metalltisches, so
daſs jedes einzelne Prisma sich herausnehmen und
wieder genau an demselben Platze anbringen läſst. Die
aus den Prismen austretenden Farbenstrahlen werden
von kleinen Spiegeln (in der Figur auf den Hebeln
$H_1 - H_3$ angedeutet) reflektiert, so daſs sie das Objektiv O
eines kleinen, 11 cm langen Fernrohrs treffen; das Gesichtsfeld desselben ist 12,5°. Im Brennpunkte B des
Objektivs befindet sich ein 0,5 mm breiter, 2 mm langer
Spalt; sieht man durch diesen hindurch, so zeigen die
Spiegel sich in der Farbe beleuchtet, die sie eben auf O
reflektieren. Durch die geringe Länge des Spaltes B
erreicht man zugleich, daſs alle Observationen von der
wirklichen Gröſse der Pupille unabhängig werden. —

Was man jetzt durch das Fernrohr erblickt, hängt
offenbar nur davon ab, wie die Spiegel geordnet sind.

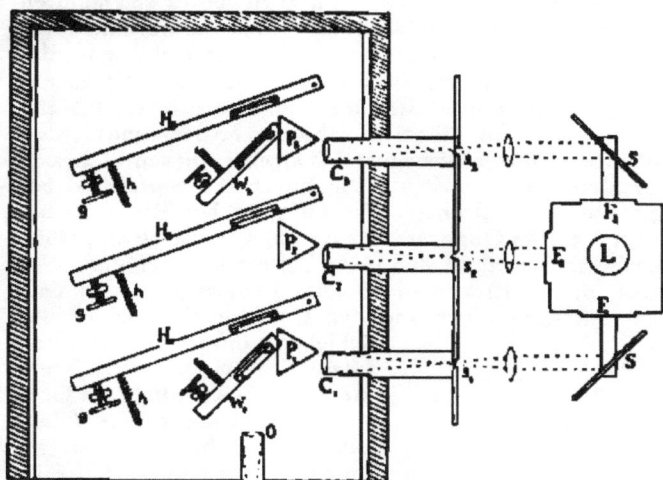

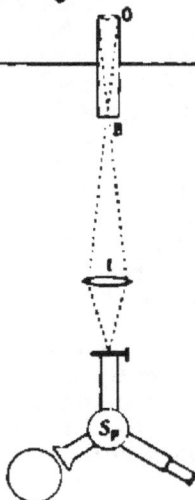

Fig. 5.

und die verschiedenen An-
wendungen des Apparates
beruhen gerade auf den
zahlreichen Variationen,
die hier möglich werden.
Damit die Spiegel jeden
beliebigen Farbenstrahl
auf O reflektieren können,
müssen sie beweglich sein.
Sie sind deshalb auf
Hebeln, H_1, H_2 und H_3,
angebracht, deren Um-
drehungsachsen fast im
Plane der Kollimator-
linsen liegen, was not-
wendig ist, damit die re-
flektierten Strahlen stets
das Objektiv O und nicht, bei einer Drehung der Spiegel,
daneben treffen. Die Drehung der Hebel geschieht
mittels der Schrauben g; die Spiralfedern h sorgen dafür,

dafs die Hebel den Bewegungen der Schrauben in beiden
Richtungen folgen. Die Spiegel müssen genau vertikal,
parallel zu den Spalten $s_1 - s_2$ und zu den Prismenkanten
stehen; aufserdem müssen sie leicht herauszunehmen
und wieder einzusetzen sein. Dies erreicht man dadurch, dafs man sie in besonderen Spiegelhaltern anbringt, deren Einrichtung die Fig. 6 in gröfserem Mafsstabe zeigt. Am Hebel H sind die beiden senkrechten
Ständer T fest angebracht. Zwischen diesen läfst sich
der Metallrahmen R um die durch die Spitzen Z bestimmte Achse drehen. Die Öffnung des Rahmens beträgt 4 cm im Quadrat; der Rahmen selbst ist ungefähr
5 mm breit und an der einen Seite plangeschliffen. An
diese Seite drücken die beiden Federn f an, so dafs
sich zwischen diese und den Rahmen ein Spiegel einschieben und hier festhalten
läfst. Die Spiegel sind 2,5 mm
starke, planparallele, silberbelegte und gefirnifste Glasplatten; sie halten 5 cm im
Quadrat und entsprechen mithin der Gröfse des Rahmens.
Wird die unbelegte Seite eines
solchen Spiegels von den
Federn f an die plan-
geschliffene Seite des Rahmens

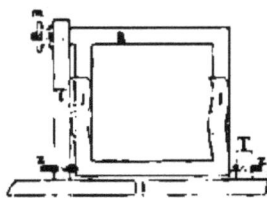

Fig. 6.

angedrückt, so ist dessen Lage völlig gesichert; er läfst
sich herausnehmen und wieder einsetzen, ohne dafs man
eine Veränderung zu fürchten brauchte. Die senkrechte
Lage der Spiegel, die notwendig ist, damit die reflektierten Strahlen den kleinen Spalt B treffen, wird dadurch erreicht, dafs man den Rahmen um die Spitzen Z
dreht; die Schraube m oben am Rahmen bewegt sich
in einem bogenförmigen Ausschnitte am Ständer T, und
wenn die rechte Lage gefunden ist, wird diese dadurch
gesichert, dafs eine Schraubenmutter fest angezogen
wird. Von den Spiegeln ist nur zu bemerken, dafs sie
aus völlig bläschen- und streifenlosem Glase geschliffen
sein müssen, weil das Licht von der belegten Hinterseite reflektiert wird und folglich die Glasplatte zweimal durchläuft. Das Licht wird deshalb unregelmäfsig reflektiert werden, wenn sich Streifen im Glase

finden, und die Spiegel erweisen sich dann als unbrauchbar.

Als Lichtquelle dient ein in eine Blende aus schwarzem Eisenblech eingeschlossenes Gasglühlicht L (Fig. 5). Die Laterne hat drei 10 cm hohe, 6 cm breite Fenster (F_1, F_2 und F_3 der Fig. 5) und trägt zwei Spiegel SS, welche das Licht der beiden Seitenfenster reflektieren. Diese Spiegel stecken in ähnlichen Spiegelhaltern wie die oben beschriebenen, nur sind sie bedeutend größer, etwa 10 cm im Quadrat, und nicht nur um eine wagerechte, sondern auch eine senkrechte, im Plan des Spiegels liegende Achse drehbar. Die Mittelpunkte der beiden Spiegel sind 24 cm voneinander entfernt, so daß die Spiegel nach den Spalten s_1 und s_2 Licht senden können. Zwischen der Blende und den Spalten sind drei grofse Linsen von 10 cm Brennweite angebracht; diese sind so aufgestellt, daß die Spalte s_1-s_2 sich fast in den Brennpunkten der Linsen befinden, während der Abstand von den Linsen bis zur Laterne fast die doppelte Brennweite beträgt. Hierdurch erhält man bedeutend mehr Licht auf die Spalte konzentriert, als wenn diese direkt von der Laterne in 10 cm Entfernung beleuchtet würden. Um die völlig gleichartige Beleuchtung des Gesichtsfeldes zu erzielen, deckt man die Fenster der Laterne mit feingeschliffenem mattem Glas. Die Spiegel, die das Licht nach den Spalten reflektieren, sind entweder gewöhnliche silberbelegte Glasspiegel oder plane Glasplatten, die an der Hinterseite mit einer dicken Schicht von schwarzem Schellackfirnis versehen sind; diese schwarzen Spiegel reflektieren nur 0,0667 des von den Metallspiegeln zurückgeworfenen Lichtes. Übrigens geschieht die Änderung und Messung des durch die Spalte eintretenden Lichtes ausschließlich mittels Dunkelgläser und rotierender Scheiben. Von der Anwendung beweglicher Spalte habe ich deshalb Abstand genommen, weil sie durchaus irrationell ist, indem man durch eine Änderung der Spaltgröfse nicht nur die Intensität, sondern zugleich auch die Zusammensetzung des Lichtes ändert. Welche Bedeutung dies in den verschiedenen Fällen haben kann, ist uns von vornherein durchaus unbekannt, und es ist deshalb am besten, die Spaltweite nicht zu ändern. Die Dunkelgläser in Verbindung mit dem Episkotister genügen auch vollständig zum genauen Ausmessen der Stärke des Lichtes.

Reingraue Dunkelgläser, die das Licht nur schwächen, nicht aber färben, lassen sich auf photographischem Wege leicht in jeder beliebigen Helligkeitsstufe darstellen. Ich benutze hierzu gewöhnliche Diapositivplatten, 8,2 × 8,2 cm, wie sie meist zur Darstellung von Laternenbildern gebraucht werden. Es erwies sich, daß nicht alle Plattensorten zu unserem Zwecke gleich brauchbar sind; die besten Resultate — die größte Gleichartigkeit und das reinste Grau — erzielte ich mittels der englischen Thomas-Platten. Die Exposition geschieht bei einer gewöhnlichen Petroleumlampe, und je nach dem erwünschten Grade der Dunkelheit variiert man die Entfernung und die Dauer der Exposition. Eine 2—3 Sek. dauernde Exposition in einer Entfernung von 2 m gibt schon eine merkbare Wirkung (der Absorptionskoeffizient ca. 0,5), während die dunkelsten Gläser 20 Sek. lang in der Entfernung von 25 cm exponiert werden. Nach der Exposition sind die Platten wie gewöhnlich zu entwickeln. Ich benutzte hierzu eine nicht zu starke, alkalische Lösung von Eikonogen; wahrscheinlich läßt sich aber jeder andere Entwickler mit derselben Wirkung anwenden, wenn nur die Lösung keine Spur von Bromkalium enthält, da sonst die Platten rötlich und mithin unbrauchbar werden. Bei der Entwicklung ist übrigens verschiedenes zu beachten. Erstens muß man zu jeder Serie von Platten frische, unbenutzte Entwicklerlösung nehmen; eine Mischung gebrauchter und frischer Lösung gibt ungleichartige, fleckige Platten. Dasselbe Resultat bekommt man, wenn die Entwicklung nicht genügend lange fortgesetzt wird; die Lösung muß um so länger wirken, je mehr die Platte dem Lichte exponiert gewesen ist, damit diese völlig durchgearbeitet werden kann. Allgemeine Regeln für die erforderliche Dauer lassen sich natürlich nicht geben, da dieselbe von der Beschaffenheit der Platten und des Entwicklers, von der Temperatur usw. abhängig ist. Nach der Entwicklung und der Fixierung werden die Platten ca. eine Stunde hindurch in fließendem Wasser sorgfältig abgespült und darauf gleichmäßig getrocknet. Das zarte

Gelatinehäutchen wird durch ein Deckglas, das mittels
schmaler Bändchen längs des Randes festgeklebt wird,
vor Beschädigung geschützt; Papier verträgt die fortwährend Abnutzung nicht. Solcher Gläser habe ich
eine ganze Reihe dargestellt, deren Durchlässigkeitskoeffizienten zwischen 0,5 und 0,0019 liegen[1]. Dunklere
Gläser sollte man nicht darstellen, da es schwierig ist,
deren Absorption mit hinlänglicher Genauigkeit zu bestimmen. Soll das Licht noch mehr abgeschwächt
werden, so kann man entweder eine Kombination von
zwei Gläsern oder auch die obengenannten schwarzen
Spiegel anwenden. Auf diese Weise wird die Bestimmung der Intensität weit sicherer. Wie die Transmissionskoeffizienten der Dunkelgläser übrigens bestimmt werden, ist später zu besprechen, wenn wir zu
den Anwendungen des Apparates kommen.

Die feineren Variationen der Lichtstärke lassen sich
mittels des Episkotisters hervorbringen. Bekanntlich
ist das Arbeiten mit diesem Apparat aber ziemlich zeit-
raubend, und noch schlimmer ist es, dafs man mittels
desselben keine schnelle, kontinuierte Variation der
Lichtstärke erzielen kann, die bei vielen optischen Untersuchungen ganz notwendig ist. Mit Marbes Apparat
kann man allerdings solche kontinuierte Änderung zu-
wegebringen, derselbe ist aber zu umfangreich, um
zwischen der Blende und den Kollimatorspalten Platz
finden zu können. Ich benutzte deshalb keilförmige
Dunkelgläser, die sich ebenso wie die anderen Dunkelgläser auf photographischem Wege darstellen lassen.
Eine Diapositivplatte wird hinter einem dunkeln Schirm
angebracht und mittels einer Schraube mit gleichmäfsiger Geschwindigkeit langsam vorgeschoben. Die
verschiedenen Partien der Platte werden auf diese
Weise ungleich lange exponiert; der zuerst hervortretende Rand wird am längsten, der zuletzt hervor-

[1] Ist a der Absorptionskoeffizient, d. h. derjenige Bruchteil des
Lichtes, den das Glas absorbiert, so ist 1−a derjenige Bruchteil des
Lichtes, der hindurchpassiert, also der Transmissionskoeffizient. Natürlich ist es der letztere, der eigentlich für uns Interesse hat; in meiner
früheren Arbeit (Über die Helligkeitsvariationen der Farben) habe ich
aus Unachtsamkeit aber häufig das Wort «Absorptionskoeffizient» gebraucht, wo ich eigentlich den Transmissionskoeffizienten im Sinne
hatte.

tretende am kürzesten exponiert, und nach der Entwicklung und Fixierung hat man ein Glas, das einen
ebenso sanften Übergang vom Licht zum Dunkel darbietet, als wenn das Glas keilförmig zugeschliffen wäre.
Dergleichen Verdunklungskeile lassen sich durch Variation der Lichtstärke und der Geschwindigkeit der vor-
wärts schreitenden Bewegung in jeder beliebigen Schlank-
heit herstellen. Versieht man den Verdunklungskeil mit
einer Millimetereinteilung, so kann man leicht den Punkt
bestimmen, der sich gerade vor dem Kollimatorspalt
befindet, und hierdurch läfst die Abschwächung des
Lichtes sich ebenso genau messen wie mit dem Episkotister. Vor letzterem haben die Verdunklungskeile
zugleich den augenscheinlichen Vorteil voraus, dafs sie
sich vor dem Kollimatorspalte vor- und rückwärts

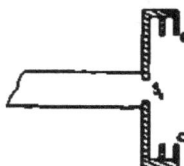

schieben lassen und hierdurch eine
schnelle kontinuierte Variation der
Lichtstärke hervorbringen können.
Natürlich ist hierbei zu beachten, dafs
der Spalt in seiner ganzen Länge
gleichmäfsig beleuchtet wird, was erfordert, dafs die Schärfe des Keiles
fortwährend zum Spalte parallel ist.

Fig. 7.

Dies erreicht man aber leicht auf die
in der Fig. 7 gezeigten Weise. Die Zeichnung zeigt
einen senkrechten Schnitt im Plane des Spaltes s_1
(Fig. 5). Über und unter dem Spalte s_1 sieht man hier
zwei Paar Rillen, c c, die zur Aufnahme der Dunkelgläser dienen; die Rillen laufen an allen drei Spalten
vorbei und gehen eine Strecke bis aufserhalb der beiden
äufsersten nach beiden Seiten. In den inneren Rillen
werden die gewöhnlichen Dunkelgläser angebracht; in
den äufseren lassen sich die Keile hin und her schieben.
Gerade vor den Spalten sind Marken angebracht, die
auf denjenigen Teilstrich der Millimeterskala weisen,
der sich gerade vor dem Spalt befindet. Wie man sonst
übrigens den Absorptionskoeffizienten des betreffenden
Punktes des Keils bestimmt, wird sogleich im folgenden
zur Besprechung kommen.

Zur Bestimmung der Wellenlänge der Farbenstrahlen, welche B treffen (Fig. 5), dient ein Spektroskop
mit Wellenlängeskala. In einem Abstand von 70 cm

von *B* steht eine grofse Linse *l* mit kurzer Brennweite;
diese Linse sammelt das Licht auf den Spalt des
Spektroskops, und man sieht in dessen Fernrohr daher
ein kurzes, gleichfarbiges Band, dessen mittlere Wellenlänge sich leicht mittels der Skala bestimmen läfst. Da
der in das Spektroskop eintretende Lichtkegel äufserst
schmal ist, wird es möglich, durch Drehung des
Apparates die Lage des farbigen Bandes in der Beziehung zur Skala innerhalb enger Grenzen zu ändern.
Man mufs also dafür Sorge tragen, dafs das Spektroskop
richtig steht, so dafs das farbige Band auf denjenigen
Teilstrich der Skala fällt, der der Wellenlänge desselben
entspricht. Dies ist leicht dadurch zu erreichen, dafs
man Licht von bekannter Wellenlänge in den Apparat
sendet und diesen dreht, bis das farbige Band auf dem
rechten Teilstriche liegt. Man setzt deshalb z. B. eine
mit Natrium gefärbte Spiritusflamme dicht vor den
Spalt s_1 und dreht den Hebel H_1, bis das Auge bei *B*
den Spiegel auf H_1 leuchtend gelb sieht; im Spektroskop
soll nun der kleine gelbe Streifen den Teilstrich 589
decken. Ist dies der Fall, so werden auch alle anderen
Farben auf den rechten Teilstrich fallen, wovon man
sich überzeugen kann, indem man andere Metallsalze
in die Spiritusflamme bringt, wobei man natürlich nicht
vergessen darf, den Hebel H_1 so zu drehen, dafs der
Spiegel die bestimmten Farbenstrahlen auf *B* reflektiert. Ist nun alles in Ordnung, so schraubt man
das Spektroskop, die Linse und alle sonstigen Teile des
Apparates fest.

Schliefslich ist noch zu bemerken, dafs der Deckel
des grofsen hölzernen Kastens (Fig. 5) eine gute Strecke
über das Fernrohr *OB* hinausragt, und von diesem
Vorsprung hängt ein lichtdichtes schwarzes Tuch bis
ganz an den Fufsboden hinab. Hierdurch wird ein Zelt
gebildet, das alles fremde Licht vom Auge des Beobachters fernhält; übrigens ist der ganze Apparat im
Dunkelzimmer aufgestellt, dessen Fufsboden, Wände
und sämtliches Gerät schwarz angestrichen sind, so dafs
sehr wenig Licht reflektiert wird. Unter diesen Verhältnissen ist es möglich, die Untersuchung bis zur
Reizschwelle hinab durchzuführen.

Wir kommen jetzt zu den Anwendungen des

Apparates. Stehen alle drei Prismen hinter den Kollimatoren, so kann man die Farbenmischungen mit ungemischtem Lichte vergleichen. Zu diesem Zwecke bringt man an H_2 einen belegten Spiegel, an H_3 eine unbelegte Glasplatte und an H_1 wieder einen belegten Spiegel an, dessen Höhe doch nur die Hälfte von der Höhe der beiden anderen Spiegel beträgt. Durch B sieht das Auge nun das Gesichtsfeld durch einen horizontalen Diameter in zwei halbkreisförmige Teile geteilt; die beiden Halbkreise grenzen unmittelbar aneinander und sind nur durch eine ganz feine dunkle Linie, den oberen Rand des vorderen Spiegels, voneinander getrennt. Das Licht in der oberen Hälfte des Gesichtsfeldes kommt von H_2 und H_3 und ist folglich eine Mischung der von diesen beiden Spiegeln reflektierten Strahlen; die untere Hälfte enthält nur das von H_1 reflektierte, also ungemischtes Licht. Es ist nun leicht zu verstehen, dafs man durch Drehung der drei Hebel H nach und nach alle Farben des Spektrums miteinander mischen und die Mischung mit jeder reinen Spektralfarbe vergleichen kann. Will man ungemischte Farben miteinander vergleichen, so braucht man nur einen Schirm vor den Spalt s_3 zu setzen und den betreffenden Spiegel zu entfernen. Mit Hilfe dieser Anordnung kann man die U.-E. entweder für Farbentöne gegebener Intensität oder für Intensitätsvariationen desselben Farbentones bestimmen. Auch als Spektrophotometer zu physikalischen Untersuchungen kann diese Anordnung dienen. Dann stellt man die beiden Hälften des Gesichtsfeldes auf denselben Farbenton ein, was sich leicht mittels des Spektroskopes Sp (Fig. 5) tun läfst, und man kann nun den Absorptionskoeffizienten eines Objektes für diese Farbe bestimmen, indem man den Gegenstand vor dem einen Spalt und ein Dunkelglas vor dem anderen Spalt anbringt, bis die beiden Hälften des Gesichtsfeldes identisch sind. Setzt man statt des Objektes ein Dunkelglas, und bewirkt man die Abschwächung vor dem Spalt mittels des Episkotisters, so kann man auf diese Weise die mögliche elektive Absorption der Dunkelgläser untersuchen. Da die dunkelsten der photographisch dargestellten Dunkelgläser einen leicht gelbbraunen Farbenton haben, be-

stimmte ich deren Absorptionskoeffizienten für Orange-
gelb und Blau, ohne doch einen mefsbaren Unterschied
finden zu können.

Wir sind indes gar nicht ausschliefslich darauf angewiesen, mit Spektralfarben zu arbeiten; weifses Licht
kann auch zur Anwendung kommen, sowohl allein als
im Verein mit Farben. Will man z. B. Komplementärfarben aufsuchen, so ist weifses Vergleichslicht notwendig. Dann behalten wir bei H_a und H_b die obengenannte Kombination von Spiegeln zur Farbenmischung; dagegen wird der Spiegel von H_1 entfernt
und ebenfalls das Prisma P_1. Ein kurzer Hebel W_1 mit
einem Spiegelhalter, ganz wie die oben beschriebenen
eingerichtet, wird so eingesetzt, dafs die Spiegelfläche
den Punkt zu enthalten kommt, wo die optischen Achsen
des Kollimatorrohrs C_1 und des Fernrohrs OB sich
schneiden. Die Umdrehungsachse des Hebels liegt senkrecht unter der Spiegelfläche. Wird hier einer der
kleinen, 2.5 cm hohen Spiegel angebracht und so gestellt, dafs man ihn völlig beleuchtet sieht, so hat man
im Gesichtsfelde oben die Farbenmischung und unten
weifses Licht. Übrigens mufs dieses weifse Licht, um
mit einer Mischung von Komplementärfarben identisch
zu erscheinen, vorher entfärbt werden, indem es eine
schwache Lösung schwefelsauren Kupferoxydammoniaks
passiert.

Als gewöhnliches Photometer kann man endlich den
Apparat benutzen, wenn man alle Prismen entfernt, den
Spalt s_1 mit einem Schirm verschliefst und hinter dem
Kollimatorrohre C_2 einen Hebel W_2 anbringt, der ebenso
wie W_1 eingerichtet ist. An W_2 wird ein grofser, belegter Spiegel befestigt, und wird dieser in die rechte
Stellung gebracht, so haben die beiden Hälften des Gesichtsfeldes genau dieselbe Helligkeit. Setzt man nun
vor s_2 z. B. ein Dunkelglas, so läfst der Absorptionskoeffizient desselben sich leicht mittels eines Episkotisters vor s_1 bestimmen. Die Helligkeit zweier Flächen
zu vergleichen, die nur aneinandergrenzen, ist indes bekanntlich nicht so ganz leicht. Gröfsere subjektive
Sicherheit erreicht man, wenn eine Fläche die andere
umgibt. Dies kann man erzielen, wenn man statt des
kleinen Spiegels bei W_1 einen grofsen anbringt, in dessen

Mitte der silberne Belag an einem kleinen, kreisrunden Fleck entfernt ist. Die beiden Spiegel im Verein bilden dann ein Bunsensches Photometer, wo der Stearinfleck des Papiers durch den unbelegten Fleck des vorderen Spiegels ersetzt wird. Mit dieser Einrichtung, die selbstverständlich auch auf farbiges Licht angewandt werden kann, lassen sich die photometrischen Bestimmungen sehr genau ausführen[1]. Eine wesentliche Bedingung hierfür ist es indes, daß das Licht, welches durch den unbelegten Fleck passieren soll, ganz dieselbe Beschaffenheit hat wie das Licht, das von der Vorderseite des Flecks reflektiert wird. Ist eines dieser Strahlenbündel aber schon zum Teil durch die Reflexion von einer unbelegten Glasplatte polarisiert, während das andere Strahlenbündel nicht in demselben Grade polarisiert ist, so vermag die Methode keine zuverlässigen Resultate zu liefern. Einem solchen Falle steht man gegenüber, wenn man denjenigen Bruchteil des Lichtes, der von einer unbelegten Glasplatte reflektiert wird, zu bestimmen wünscht. Bei Anwendung der besprochenen Fleckmethode war es mir nicht möglich, zu einwandfreien Resulaten zu gelangen, wogegen die Bestimmung sich leicht ausführen läßt, wenn jede Hälfte des Gesichtsfeldes von ihrem besonderen Spiegel herrührt. Es bedarf wohl keines näheren Nachweises, daß es bei verschiedenen Untersuchungen von Wichtigkeit ist, denjenigen Bruchteil des Lichtes, den die unbelegte Platte durchläßt, wie auch denjenigen Teil, der reflektiert wird, genau zu kennen. Dies gilt z. B. von der obengenannten Methode zum Mischen der Farben, wenn man die quantitative Zusammensetzung der Mischung bestimmen will. Genaue Kenntnis dieser Brüche ist aber

_____ _

[1] Mit Hilfe dieser Anordnung lassen sich auch die Absorptionskoeffizienten der Verdunklungskeile bestimmen, indem vor s_1 ein Episkotister mit einem Ausschnitt von bestimmter Größe angebracht wird, während man den Keil vor dem Spalt s_1 hin und her schiebt, bis die beiden Hälften des Gesichtsfeldes die gleiche Helligkeit zeigen. Bringt man nach und nach verschiedene Scheiben am Episkotister an, so kann man den Absorptionskoeffizienten für die hinlängliche Anzahl Punkte des Keiles bestimmen. Geben die auf diese Weise gefundenen Größen, graphisch aufgezeichnet, eine glatte Kurve, wie sie es sollen, so kann man an dieser die zwischenliegenden Werte ablesen.

— 147 —

auch erforderlich, wenn man die U.-E. auf eine spezielle
Weise, deren Anwendung die Konstruktion des Apparates uns gestattet, zu untersuchen wünscht.
Bei den Untersuchungen über die U.-E. für Lichtstärken, die im folgenden ausführlich erörtert werden,
bediente ich mich anfangs der oben besprochenen photometrischen Methoden. Ob ich die Fleckmethode oder die
beiden aneinandergrenzenden Halbkreise benutzte, ich
erhielt in beiden Fällen erstaunlich hohe Werte der Unterschiedsschwelle; selbst bei der günstigsten Intensität
ging diese nur auf 0,016 herab, mithin fast auf ganz
denselben Wert, 0,017, den König mittels seines
Apparates fand[1]. Die Ursache dieses hohen Wertes
war indes unschwer nachzuweisen. Bei den eben genannten Methoden sind die beiden Felder nämlich durch
eine äußerst feine Kontur voneinander getrennt. Dies
erschwert das Vergleichen nicht im geringsten, hat aber
zur Folge, daß der Unterschied zwischen der Intensität
der beiden Felder ziemlich bedeutend gemacht werden
muß, damit man sicher gehen kann, daß dieselben
wirklich verschieden sind. Man sieht die beiden Felder
nämlich ja als getrennt, selbst wenn ihre Lichtstärke
absolut die gleiche ist; hierdurch wird man gezwungen,
den Unterschied zwischen ihnen verhältnismäßig groß
zu machen, um sicher zu sein, daß man sich im Bewußtsein ihrer Trennung nicht verleiten läßt, sie auch
als verschieden beleuchtet aufzufassen. Bei den Masson-
schen Scheiben dagegen, wo man eine Reihe kon-
zentrischer Ringe betrachtet, gibt es nichts als den
Lichtunterschied, der die Felder voneinander abgrenzt.
Die geringste Andeutung einer Ungleichartigkeit der
betrachteten Fläche wird hier das Anzeichen sein, daß
man den Lichtunterschied aufzufassen vermag, und
unter diesen Umständen wird die Unterschiedsschwelle
deswegen einen viel geringeren Wert erhalten; so fand
Simon unter den günstigsten Verhältnissen $R'r = 1,004$[2].
Die Frage war deshalb, ob es nicht möglich sein sollte,
mittels des Universalapparates zwei verschieden be-

[1] Vgl. 2. Teil. S. 60.
[2] Über die Wahrnehmung von Helligkeitsunterschieden. Zeitschr.
für Psych. u. Phys. Bd. 21, S. 434.

10*

leuchtete Felder zuwege zu bringen, die nicht durch irgendeine Kontur voneinander abgegrenzt wären. Es wäre offenbar von grofsem Interesse, wenn man mit demselben Apparate, bei einer ein wenig geänderten Anordnung der Versuche, zu ähnlichen kleinen Werten der Unterschiedsschwelle kommen könnte wie den mittels rotierender Scheiben gefundenen.

Die Lösung dieser Aufgabe verursachte keine grofsen Schwierigkeiten. Verdeckt man nämlich die obere oder die untere Hälfte einer der Kollimatorlinsen mit einem undurchsichtigen Schirm, so erscheint im korrespondierenden Spiegel eine scharf abgegrenzte halbkreisförmige Fläche, und es kann sich zwischen dieser und dem übrigen Teile des Gesichtsfeldes keine Kontur bilden. Die Anordnung wird deshalb folgende. Bei W_2 wird ein belegter Spiegel, bei W_1 eine unbelegte Glasplatte eingeschaltet; die obere Hälfte der Kollimatorlinse C_1 wird verdeckt. Das Gesichtsfeld ist jetzt wieder durch einen wagerechten Durchmesser in zwei Hälften geteilt; die obere Hälfte erhält nur vom Spalt s_2 Licht, die untere Hälfte erhält von beiden Spalten Licht; es findet sich aber nicht die schwächste Andeutung einer Scheidelinie zwischen diesen beiden Feldern; gewahrt man keinen Helligkeitsunterschied derselben, so gibt es nur ein einziges, nicht aber zwei Felder. Der Kürze wegen nenne ich diese Methode, die im folgenden ausgedehnte Anwendung finden wird, die »Methode der unabgegrenzten Felder«. Um den Bruch Rr zu berechnen, haben wir nun folgende Bestimmungen. Hat das durch den Spalt s_2 eintretende Licht die Intensität r', und geht der Bruchteil b desselben durch die unbelegte Glasplatte, so ist $r = b \cdot r'$. Kommt durch den Spalt s_1 Licht von der Intensität r'', und wird hiervon durch die unbelegte Glasplatte der Bruchteil a reflektiert, so ist also $R = a \cdot r'' + b \cdot r'$. Folglich sind a und b zu bestimmen. Da in einer dünnen und reinen Glasplatte wohl keine Lichtabsorption von mefsbarer Gröfse stattfinden kann, hat man zur Kontrolle $a + b$ 1. Bei der Bestimmung von a und b ist die Fleckmethode nicht anwendbar, weil das Licht beim Passieren der unbelegten Glasplatte zum Teil polarisiert wird; die Unrichtigkeit der Methode erweist sich da-

durch, daſs man $a + b > 1$ findet. Man muſs daher die
beiden aneinandergrenzenden Halbkreise anwenden; erweisen diese sich als identisch, und schaltet man auf der
Bahn der Strahlen zwischen W_2 und W_3 die unbelegte
Glasplatte so ein, daſs der Spiegel einen Winkel von 45°
mit den Lichtstrahlen bildet, so läſst sich die hierdurch
bewirkte Verdunklung der oberen Hälfte des Gesichtsfeldes bestimmen. Als Mittel einer groſsen Reihe von
Messungen fand ich $b = 0,864$. Bringt man nun statt
des Spiegels die unbelegte Glasplatte bei W_3 an, so erhält die obere Hälfte des Gesichtsfelds also nur von
dieser unbelegten Platte Licht, und hierdurch wird der
reflektierte Bruchteil bestimmt als $a = 0,135$. Als Kontrolle haben wir $0,864 + 0,135 = 0,999$, was äuſserst befriedigend ist, da der mittlere Fehler der einzelnen
Messungen 0,012 beträgt.

Die »Methode der unabgegrenzten Felder« läſst sich
natürlich auch auf Spektralfarben anwenden. Da aber
derjenige Bruchteil des Lichtes, der durch eine unbelegte
Glasplatte passiert, vom Einfallwinkel der Strahlen abhängig ist, wird der Bruch für die Spektralfarben besonders zu bestimmen sein. Der Einfallwinkel ist nämlich für das weiſse Licht 45°, für die Mitte des Spektrums ($\gamma = 535$) bei meinem Apparate aber nur 15°; folglich muſs hier ein gröſserer Teil des Lichtes hindurch-
passieren. Als Mittel mehrerer, auf verschiedene Weise
ausgeführter Bestimmungen fand ich für den Einfallwinkel 15° $b = 0,886$ und $a = 0,103$, so daſs $a + b = 0,989$.
Auch diese Übereinstimmung ist als befriedigend zu betrachten; da aber der Wert von b als der genauere anzusehen ist, ging ich von diesem aus und setzte $a = 0,114$.
Diese Zahlengröſsen müssen für alle Spektralfarben
gültig sein, da die kleinen Unterschiede der Einfallwinkel derselben keine meſsbaren Unterschiede der
Menge des reflektierten oder des hindurchtretenden
Lichtes hervorrufen können.

Die optischen Einheiten. Da der Apparat einen
direkten Vergleich der Spektralfarben mit dem weiſsen
Lichte gestattet, wird es hierdurch möglich, die Einheiten für die verschiedenen Farben so zu wählen, daſs
diese isoluzid sind, d. h. daſs sämtliche Farben bei der
Intensitätseinheit gleichhell erscheinen. Da die Einheit

für die einzelnen Farben mit möglichst großer Genauigkeit bestimmt werden muß, kommt es darauf an, das konstante Vergleichsglied so zu wählen, daß die Bestimmung sich wirklich genau ausführen läßt. Es ist deshalb zweckmäßig, die Einheit in der Nähe der Reizschwelle zu wählen, weil die meisten Spektralfarben hier keine eigentliche Farbenempfindung erregen, was offenbar in hohem Grade die Beurteilung erleichtert, ob sie ebenso hell sind wie ein gegebenes weißes Feld. Anderseits darf die Einheit aber auch nicht kleiner als notwendig gewählt werden, da die U.-E. in der Nähe der Reizschwelle verhältnismäßig unsicher wird. Ich wählte deshalb seinerzeit[1] die Einheit so, daß sie fünfmal größer war als die Reizschwelle des weißen Lichtes, und es hat sich auf verschiedene Weise erwiesen, daß diese Größe sehr praktisch ist, so daß ich deren Anwendung bei künftigen Untersuchungen auf diesem Gebiete nur empfehlen kann. Ich brauche wohl kaum näher zu entwickeln, wie große Vorteile es herbeiführen wird, wenn die Messungen der verschiedenen Forscher in derselben Einheit ausgedrückt werden, so daß die Resultate sich direkt vergleichen lassen.

Es kommt nun also nur darauf an, diese willkürlich gewählte Einheit in einem leicht zugänglichen Maße auszudrücken, so daß sie sich ohne Schwierigkeiten von jedermann zum Vergleichen benutzen läßt. Dies scheint mir nicht mit Platinlampen und dergleichen künstlichen Einrichtungen der Fall zu sein, die wohl nur die wenigsten Psychologen zu handhaben wissen werden. Eine gewöhnliche Hefner-Amylazetlampe gibt denn auch völlig genügende Genauigkeit. Um die mit dieser hervorgebrachte Beleuchtung mit meiner Einheit zu vergleichen, verfuhr ich auf die in Fig. 8 gezeigte Weise. Das Rohr, das dieselbe Größe hat wie das Fernrohr OB (Fig. 5), ist unten mittels einer Platte verschlossen, in welcher sich eine kreisförmige, 2 mm im Durchmesser haltende Öffnung findet. Rohr und Platte sind innen und außen

mattschwarz. In einiger Entfernung vom Rohre ist ein
Schirm aus weißem Karton angebracht, der mit Magnesiumoxyd (oder Zinkweiß) bestrichen ist; dieser Schirm
bildet einen Winkel von 45° mit der Achse des Rohres.
50 cm vom Mittelpunkt des Schirmes steht eine Hefner-
Normallampe, die den Schirm unter einem Winkel von 45°
bestrahlt. Dieser kleine Apparat stand neben dem Fernrohr OB (Fig. 5), und ich suchte die Intensität, die das durch
den Spalt s_1 einfallende Licht haben
müßte, damit die durch die beiden
Rohre betrachteten Felder gleichhell würden. Das Vergleichen kann
auf zweifache Weise geschehen: Entweder rückt man das Auge schnell
von einem Fernrohr nach dem
anderen, oder aber man sieht zugleich mit je einem Auge durch beide
Rohre. Letzteres scheint mir unbedingt das leichtere, und stehen die
beiden Rohre in der rechten Entfernung voneinander, so erscheinen
die Gesichtsfelder als zwei sich
tangierende kreisförmige Flächen,

Fig. 8.

deren Helligkeit sich leicht vergleichen läßt. Als Mittel
mehrerer Bestimmungen fand ich, daß die durch die
Hefnerlampe hervorgebrachte Beleuchtung gleich 750
meiner Einheiten war [1]. Wir haben also folgende Bestimmung:

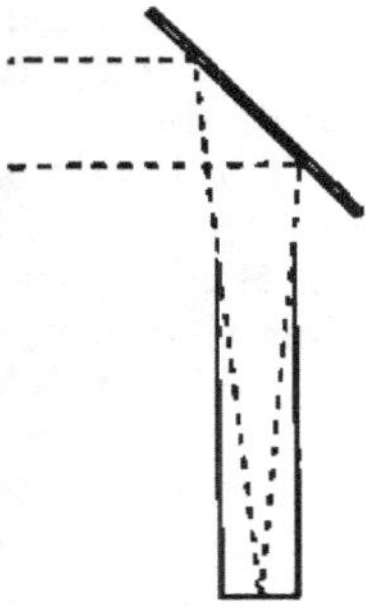

---

[1] Mittels dieser Angabe wird es nun möglich sein, die im folgenden
benutzte Einheit mit anderen zu vergleichen, u. a. mit der früher
(2. Teil, S. 25) von mir gebrauchten. Wird eine mattweiße Fläche
unter einem Winkel von 45° bestrahlt und unter demselben Winkel
betrachtet, so wird die Intensität des das Auge treffenden Lichtes
nur $(1/\sqrt{2})^2$ mal die Intensität desjenigen Lichtes sein, welches das
Auge unter Voraussetzung winkelrechter Bestrahlung und Betrachtung
trifft. 750 sind also gleich 1/2 Hefner-Einheit in 50 cm Entfernung
oder gleich 2 Hefner-Einheiten in 1 m Entfernung; folglich ist
1 = 1/375 Hefner-Einheit in 1 m Entfernung. Da nun eine englische
Normalkerze gleich 1,2 Hefner-Einheiten ist, wird folglich 1 = 1/450
Normalkerze in 1 m Entfernung oder gleich 2·9 Normalkerzen in 10 m
Entfernung. Hierbei ist fortwährend vorausgesetzt, daß weißes Papier
beleuchtet wird; von neutralschwarzem Papier wird nur 1/57,55 mal so
wenig Licht reflektiert, also wird 1 gleich 12,8 mal die Intensität des-

Die Einheit für die Intensität weifsen Lichtes ist 1/750 derjenigen Beleuchtung, in welcher sich eine mit Magnesiumoxyd bestrichene weifse Fläche zeigt, wenn sie in 50 cm Entfernung unter einem Winkel von 45° von einer Hefner-Normallampe bestrahlt und unter einem Winkel von 45° durch eine kreisförmige, 2 mm im Durchmesser haltende Öffnung betrachtet wird. Die Intensitätseinheit für die verschiedenen Spektralfarben ist diejenige Stärke, die das farbige Licht haben mufs, um sich mit der Einheit des weifsen Lichtes als isoluzid zu erweisen; diese Einheit bezeichnen wir im folgenden durch »ie«.

Die Bestimmung der Einheiten für die verschiedenen Spektralfarben ist leicht auszuführen, indem man durch den Spalt s_1 weifses Licht von einer Stärke gleich der Einheit sendet, ein Prisma bei P_2 anbringt und darauf für die verschiedenen Wellenlängen diejenige Abschwächung des farbigen Lichtes bestimmt, die notwendig ist, damit die beiden Hälften des Gesichtsfeldes gleichhell erscheinen. Die Bestimmungen sind hinsicht-

---

jenigen Lichtes, welches das Auge trifft, wenn eine neutralschwarze Fläche in 10 m Entfernung von einer Normalkerze beleuchtet wird. Dies war aber eben die früher angewandte Einheit. Hierbei ist konstante Pupillenweite von 2 mm im Durchmesser vorausgesetzt; konstant ist diese tatsächlich aber nicht, wenn man sich nicht einer künstlichen Pupille bedient, da die wirkliche Pupille sich bei abnehmender Beleuchtung erweitert. Deshalb ist auch jede Angabe der Intensität unrichtig, wenn man keine künstliche, konstante Pupille gebraucht, da die angegebenen objektiven Intensitäten durchaus nicht der Intensität des die Netzhaut treffenden Lichtes entsprechen, und eben von diesem mufs man notwendigerweise ausgehen. Die natürliche Pupille kann bei den niedrigsten Intensitäten ein Areal haben, das wenigstens zehnmal so grofs ist als bei den höchsten (2. Teil, S. 326—327); dies hat mithin zur Folge, dafs der Reizumfang anscheinend zehnmal gröfser wird, als er tatsächlich ist. Es sei nämlich die objektive Intensität von 10^4 bis auf 1 gesunken, und es habe die Pupille hierdurch ein zehnmal so grofses Areal bekommen; die Intensität des jetzt die Netzhaut treffenden Lichtes ist folglich nicht 1, sondern dagegen 10, und man kann also die objektive Intensität bis auf 0,1 vermindern, bevor die Intensität des die Netzhaut treffenden Lichtes bis auf 1 gesunken ist. Der Reizumfang ist jetzt scheinbar 10^5, in der Tat aber nur 10^4. Für unsere mathematischen Formeln ist dies ohne Bedeutung (2. Teil, S. 324—325); das direkte Vergleichen der bei konstanter Pupille gefundenen Resultate mit den bei variabler Pupille gefundenen wird aber dadurch unmöglich.

lich einer Reihe Spektralfarben teils von mir selbst, teils von einzelnen anderen Personen ausgeführt worden, und wie zu erwarten stand, zeigen unsere Bestimmungen einige Abweichung, die indes so gering ist, daß sie weder praktisches noch theoretisches Interesse hat. In der Tab. 17 habe ich deshalb nur eine Übersicht über meine eigenen Messungen gegeben, welche die ausführlichsten sind. Die Einheit für die einzelnen Spektralfarben wurde bestimmt mittels des Durchlässigkeitskoeffizienten $1 - \alpha$ derjenigen Gläser, die das Licht zu passieren hat, um bis zur Einheit der Lichtstärke geschwächt zu werden; die Tabelle enthält die Werte $(1 - \alpha) \cdot 10^6$. Da die Helligkeit des Spektrums auf der untersuchten Intensitätsstufe diesen Zahlen umgekehrt proportional sein muß, so erhalten wir die relative Helligkeit F, z. B. mit $\lambda = 535$ als Einheit, indem wir die verschiedenen Werte von $(1 - \alpha)\,10^6$ in den für $\lambda = 535$ angegebenen Wert dividieren. Diese Quotienten sind in Tab. 17 an-

Tab. 17.

	A. L.		A. K.		Sch.	
λ	$(1-\alpha)\,10^6$	F	λ	F	λ	F
656	17 100	0,0065	650	0,0114	653	0,012
645	8 350	0,0133	625	0,0487	616	0,072
620	1 760	0,063	605	0,116	603	0,141
600	625	0,178	590	0,233	577	0,475
590	358	0,310	575	0,501	556	0,570
580	256	0,432	555	0,812	546	0,967
560	137	0,808	535	1,000	537	1,000
545	113	0,925	520	0,919	522	0,543
535	111	1,000	505	0,636	509	0,648
525	123	0,903	490	0,334	502	0,492
510	187	0,594	470	0,154	490	0,338
490	595	0,187	450	0,0466	468	0,121
470	2 190	0,0534	430	0,0088	451	0,037
450	8 350	0,0133				
430	20 200	0,0055				

geführt; sie entsprechen, wie leicht zu verstehen, durchaus den »Helligkeitswerten«, die König aus seinen direkt bestimmten »gleichwertigen Spaltbreiten« berechnet hat. Des Vergleiches wegen sind in der Tab. 17 die von König selbst bestimmten Helligkeitswerte für die Intensitätsstufe A angeführt; unter der Überschrift »A. K.« sind die von ihm untersuchten Wellenlängen, λ.

und die für diese gefundenen relativen Helligkeiten F angeführt[1]. Endlich habe ich noch die neuesten, von Schaternikoff angestellten Bestimmungen mitgenommen[2]. Diese sind in den ›Sch.‹ überschriebenen Kolonnen angeben. Wie man sieht, stimmen die Werte von F in den drei Reihen von Messungen gut miteinander überein bis $\lambda = 510$; von hier an bis $\lambda = 430$ sind sie für A. L. aber nur etwa halb so groß wie in den beiden anderen Reihen. Da andere Versuchspersonen mit meinem Apparate dieselben Werte erhielten wie ich, konnte diese Abweichung offenbar nicht von einer individuellen Eigentümlichkeit herrühren; sie mußte durch den Apparat verursacht sein. Zum Teil kann sie verschiedenartiger Dispersion in den angewandten Flintglasprismen zu verdanken sein. Da die Prismen meines Apparates aus schwerem, stark gelblichem Flintglase sind, ist es ziemlich wahrscheinlich, daß gerade der blaue Teil des Spektrums verhältnismäßig stark geschwächt wird. Eine nähere Untersuchung ergab indes überdies, daß das matte Glas, welches das Glühlicht umgab, die blauen Strahlen merkbar schwächte, obschon das Glas anscheinend ganz farblos war. Dieser Umstand hat daher ganz sicherlich dazu beigetragen, das Resultat abweichend zu machen.

Der erwähnte Fall zeigt, wie notwendig es ist, bei vergleichenden Farbenuntersuchungen die Intensität in Einheiten auszudrücken, die von der Beschaffenheit der Lichtquelle und des Apparates wie auch von dem untersuchenden Auge unabhängig sind. Wenn man z. B. bei gewissen Messungen die Intensität der verschiedenen Farbenstrahlen durch Bruchteile derjenigen Intensität ausdrückte, welche die Farbenstrahlen im ungeschwächten Lichte haben, so würden sich alle Messungen als unrichtig erweisen, wenn das matte Glas um das Glühlicht durch ein anderes ersetzt würde, welches die Strahlen anders schwächte als das vorige. Dies wird durch Anwendung isoluzider Einheiten gänzlich vermieden. Nimmt man als Einheit für die verschiedenen

[1] König, Über den Helligkeitswert der Spektralfarben. Helmholtz-Festschrift. 1891, S. 340.
[2] Zeitschr. f. Psych. Bd. 29, S. 260.

Farbenstrahlen diejenige Intensität, die das farbige Licht haben muß, um ebenso hell zu erscheinen wie ein gegebenes weißes Licht, das sich leicht reproduzieren läßt, so kann man mit verschiedenartigen Apparaten angestellte Untersuchungen ohne weiteres miteinander vergleichen. Was sich ändert, ist dann nur die objektive Intensität desjenigen Lichtes, das erforderlich ist, um die als Einheit gewählte Wirkung auf das Auge

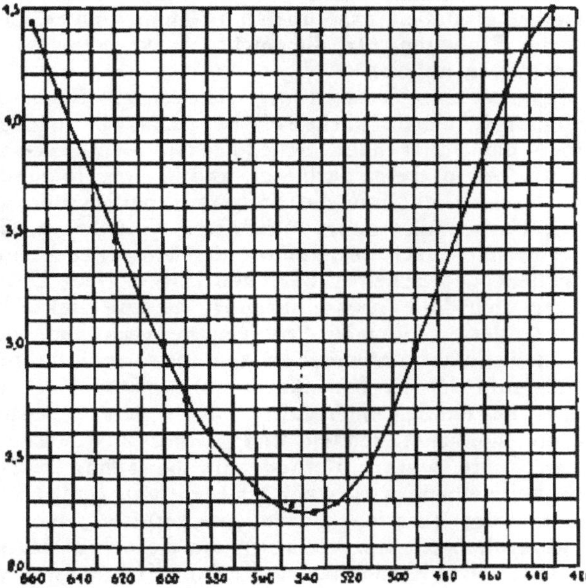

Fig. 9.

hervorzubringen (also die Größen $(1 — a) 10^a$ in der Tab. 17); einer gegebenen Intensität wird aber stets dieselbe Farbenempfindung entsprechen. Es ist deshalb von Wichtigkeit, daß die Einheiten für die verschiedenen Farbenstrahlen mit möglichst großer Genauigkeit bestimmt werden. Sicherheit dafür, daß die Messungen hinlänglich genau sind, kann man sich durch das graphische Aufzeichnen der Resultate verschaffen. In jedem Spektrum, das keine Frauenhoferschen Linien zeigt, wird die Lichtstärke kontinuierlich variieren; folglich müssen die gemessenen Einheiten für die verschiedenen Farbenstrahlen eine glatte Kurve bilden. Dafs dies sich erzielen läfst, ist aus Fig. 9 zu ersehen, welche die in der Tab. 17 angeführten Werte für A. L. wiedergibt. Als Abszisse ist die Wellenlänge λ abgesetzt, als Ordinate $\log.[10^{8} \cdot (1 - \alpha)]^{1}$. Die Kurve läfst sich, wie man sieht, fast genau durch die Endpunkte der abgesetzten Ordinaten legen. Mittels einer solchen, in grofsem Mafsstabe ausgeführten »Einheitskurve« kann man die Einheiten für die nicht direkt gemessenen Wellenlängen ablesen.

Apparate zum Messen der Reizdauer. Schon im zweiten Teil wurde nachgewiesen, dafs die kritische Periode der rotierenden Scheiben ein nicht geringes theoretisches Interesse darbietet, und in einer folgenden Arbeit[1] zeigte ich, wie die Steigungskoeffizienten, die für die Farbenauffassung wichtigsten Konstanten, sich am sichersten durch Bestimmung der kritischen Periode der rotierenden Scheiben herleiten lassen. Jede Untersuchung über die Farbenauffassung, die eine exakte Behandlung des betreffenden Problems bezweckt, mufs deshalb unzweifelhaft mit einer Bestimmung der Steigungskoeffizienten der Farben für die bezügliche V.-P. beginnen. Es handelt sich daher darum, diese Bestimmungen möglichst schnell und genau ausführen zu können. Eine bessere Methode als die früher (2. Teil, S. 26) angegebene wird wohl schwerlich zu finden sein, wenn nur der Rotationsapparat zweckmäfsig gebaut ist. Die wesentlichsten Forderungen, die dieser zu erfüllen hat, sind: solide Konstruktion, geringe Friktion und ein grofses Inertiemoment der rotierenden Teile. Die Fig. 10 gibt eine schematische Darstellung derjenigen Form des Apparates, bei der ich schliefslich stehen blieb. Der starke Metallrahmen RR trägt die Achse A, die mit einer Kurbel und den beiden Zahnrädern B und C versehen ist. Von B geht eine Kette über das an der

---

[1] Aus Versehen sind sämtliche Ordinaten der Figur 0,2 zu grofs geworden. Man hat log. 111 = 2,045 und nicht, wie in der Figur, = 2,245. Dies ist, wie leicht zu ersehen, ganz ohne Bedeutung für die Form der Kurve.

[2] Phil. Stud. Bd. 20, S. 89 u. f.

Achse D befestigte Zahnrad; D rotiert dreimal so schnell als B. Das Zahnrad C steht mittels einer Reihe von Wechselrädern mit der Achse E in Verbindung: diese rotiert dreißigmal schneller als A, also zehnmal schneller als D. Die die rotierenden Scheiben tragenden Achsen E und D befinden sich in einer Entfernung von genau 24 cm voneinander; wird E daher vor dem Spalte s_1 des Universalapparates angebracht, so kommt D vor den Spalt s_2. Die Achsen liegen unterhalb der Spalte, so daß die Ränder der rotierenden, undurchsichtigen Sektoren in dem Momente, wo sie die Spalte verschließen, zu diesen genau parallel sind. Hierdurch wird erzielt, daß die Spalte in ihrer ganzen Länge auf einmal verschlossen werden, was die geringste Spur von Flimmer während der Rotation der Scheiben sofort be-

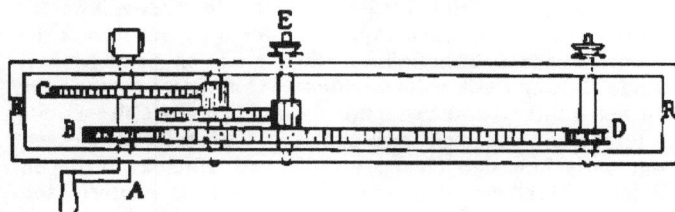

Fig. 10.

merkbar macht. Gewöhnlich benutzt man natürlich nur eine der Scheiben, entweder die an E oder die an D angebrachte; der große Unterschied ihrer Geschwindigkeit wurde gewählt, um die Kurbel stets, auch wenn die Scheibe nur sehr langsam rotieren soll, in ziemlich geschwinder Bewegung zu erhalten, wodurch man sich leichter eine gleichmäßige Geschwindigkeit sichert.

Zur Bestimmung der Rotationsdauer finden sich zwei Metallfedern, die auf einer aus Ebonit und Messing zusammengesetzten Welle an der Achse A schleifen. Nach jedesmaliger Umdrehung der Kurbel A schließt sich hier ein elektrischer Strom, der entweder einen Signalhammer in Bewegung setzen oder an einem mit bekannter Geschwindigkeit rotierenden Zylinder ein Zeichen absetzen kann. Bei meinen Messungen bediente ich mich des ersteren Verfahrens, indem ein Assistent die Zeit an einer Uhr ablas, die beim ersten Signalschlage

nach Erzielung der rechten Geschwindigkeit in Gang
gesetzt und dann wieder gehemmt wurde, wenn eine
gewisse Anzahl Umdrehungen der Kurbel ausgeführt
worden war. Wie schon früher (2. Teil, S. 30) angegeben, war es möglich, die Dauer der Passage des
einzelnen Sektors auf diese Weise mit der Genauigkeit 0,1" zu bestimmen.

Bei den im folgenden zu besprechenden Untersuchungen erwies es sich bald als notwendig, Exners
bekannte Messungen der Abhängigkeit der Lichtempfindung von der Zeit wieder aufzunehmen. Obendrein mußten diese Messungen in weit größerer Ausdehnung und wo möglich mit bedeutend größerer Genauigkeit als die Exnerschen ausgeführt werden, damit
die Stärke der Lichtempfindung als Funktion der Zeit
vollständig bestimmt werden konnte. Zu diesem Zwecke
konstruierte ich einen Apparat, der sich mit dem Universalapparate kombinieren ließ und es ermöglichte,
beide Hälften des Gesichtsfeldes unabhängig voneinander
zu beleuchten, und zwar mit willkürlich gewählten Zeitintervallen, die sich mit größter Genauigkeit messen
und zwischen den Grenzen 0,01 und 10 Sek. variieren
ließen. Wird der Apparat nun zugleich so eingerichtet,
daß die beiden Reize stets, ganz ohne Rücksicht auf
ihre kürzere oder längere Dauer, in demselben Momente
aufhören, so sind alle Bedingungen vorhanden, um einen
Reiz von konstanter Stärke, aber variabler Dauer mit
einem anderen von variabler Stärke, aber konstanter
Dauer vergleichen zu können. Hierdurch wird es möglich, einen Ausdruck für die Empfindung als Funktion
dieser beiden Größen zu finden.

Der Apparat hat folgende Form (Fig. 11). Zwischen
zwei soliden Ständern, oo, sind zwei 1,5 cm starke
und 140 cm lange, polierte, zylindrische Stahlstangen
10 cm voneinander entfernt wagerecht ausgespannt.
Zwischen diesen gleitet ein steifer Metallschirm, PP,
indem er die Stahlstangen oben und unten mittels der
vier halbkreisförmig geschliffenen Gabeln gg umfaßt.
Wird dieser Apparat vor den Kollimatorspalten des
Universalapparates aufgestellt, so befindet die Mitte des
Schirmes PP sich in der Höhe der Mitte der Kollimatorspalten. In den Schirm sind zwei rechteckige, 20 cm

lange und 4 cm breite Öffnungen, *ab* und *cd*, 4 cm voneinander entfernt eingeschnitten. Folglich befinden die beiden Seitenlinien *a* und *c* sich in dem Abstand von 24 cm voneinander. Bewegt der Schirm sich daher in der Richtung des Pfeiles, von links nach rechts, so müssen die Ränder *c* und *a* die beiden 24 cm voneinander liegenden Kollimatorspalten zu gleicher Zeit verschliefsen. Mit anderen Worten: die beiden Spalte werden genau in demselben Augenblicke versperrt; wie lange das Licht durch dieselben eintritt, wird nur von der Gröfse der Öffnungen *ab* und *cd* abhängig sein, unter der Voraussetzung natürlich, dafs der Schirm sich stets mit derselben Geschwindigkeit bewegt. Um die Gröfse der Öffnungen variieren zu können, befinden sich oben und unten am Schirm die Rillen *QQ* und *RR*, in welche man dünne Metallplatten einschieben kann, wodurch gröfsere oder kleinere Teile der Öffnungen verschlossen werden. An der Rille *RR* finden sich Mafsstäbe, deren Nullpunkte an den Rändern *a* und *c* liegen, so dafs die Gröfse der Öffnungen sich ablesen läfst.

Befindet der Schirm sich in seiner Ausgangsstellung, wie in der Figur gezeigt, so sind die Kollimatorspalte s_1 und s_2 (Fig. 11) nicht verdeckt. Da diese aber verschlossen sein müssen, bis die Öffnungen des Schirmes

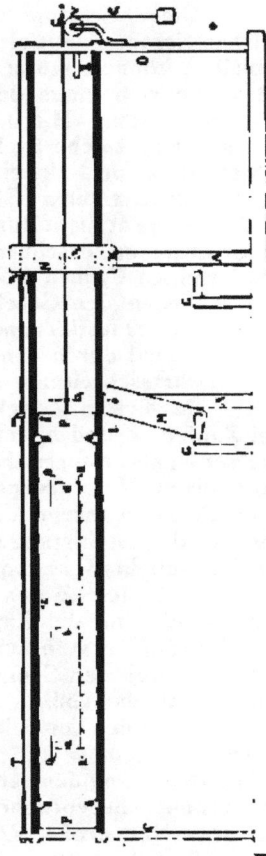

Fig. 11.

an ihnen vorbeipassieren, so sind vor diesen beiden
Spalten dünne Metallschirme M und N angebracht, die
von den Ständern AA getragen werden und mittels der
Zapfen BB so befestigt sind, dafs sie sich leicht drehen
lassen. Diese Schirme befinden sich also in labilem
Gleichgewichte; damit sie überhaupt in dieser Stellung
verbleiben können, stützen sie sich auf die Klemmen m
und n, die sich längs der dünnen Stahlstange T verschieben lassen. Hierdurch wird es möglich, den
Schirmen eine solche Stellung zu geben, dafs ein ganz
leichter Stofs von links eine Schwingung um die Zapfen
BB bis zur stabilen Gleichgewichtsstellung bewirkt.
Um den Apparat nicht durch das Hin-und-her-schwingen
der Schirme zu erschüttern, werden diese durch die
gabelförmigen Federn GG aufgefangen, zwischen denen
sie sich wegen der Geschwindigkeit, mit welcher sie
kommen, sofort festklemmen. Die Bewegung der Schirme
M und N wird durch den grofsen Schirm PP während
der vorwärtsschreitenden Bewegung desselben ausgelöst. Zu diesem Zwecke ist der grofse Schirm mit
zwei Zapfen, Z und z, versehen, deren letzterer etwas
kürzerer ist als ersterer. Hierdurch erzielt man, dafs z an
dem Schirme M vorüberpassieren kann, ohne denselben
zu berühren, während der Schirm N, der sich etwas
näher an den Stahlstangen befindet, einen Stofs erhält
und dadurch in Bewegung gerät. Dasselbe geschieht,
wenn der Zapfen Z den Schirm M berührt. Wie die
Figur zeigt, sind die Zapfen Z und z so angebracht,
dafs M und N erst beseitigt werden, wenn die Spalte
s_1 und s_2 durch den Schirm PP verdeckt sind; das Gesichtsfeld ist also völlig verdunkelt bis zu dem Momente,
wo die Öffnungen des Schirmes an den Spalten vorüber-
gleiten.

Die Bewegung des Schirmes PP wurde mittels eines
Kymographen hervorgebracht. An der Achse des letzteren war eine grofse Rolle befestigt, um die sich die
Schnur C aufwickelte, deren anderes Ende an dem
Schirm festgemacht war. Die Rolle war von solcher
Gröfse, dafs die Kymographenwelle eine halbe Umdrehung gemacht hatte, bevor die Öffnungen ab und cd
bis vor die Kollimatorspalten gelangten; hierdurch war
der völlig gleichmäfsige Gang des ganzen Apparates

zuwege gebracht, bis der Zeitraum begann, um dessen
genaue Ausmessung es sich handelte. Um den Gang
noch ferner möglichst gleichmäfsig zu machen, ist an
den Schirm *PP* eine andere Schnur C_1 befestigt, die über
die Rolle *V* geht und an ihrem anderen Ende ein Gewicht von solcher Gröfse trägt, dafs dieses den Schirm
PP eben nicht in Bewegung zu setzen vermag. Ist der
Schirm also durch den Kymographen in Bewegung gesetzt, so wird dieses Gewicht fast genügen, um die
Friktion zu überwinden und die Bewegung zu unterhalten. Oder mit anderen Worten: Der Widerstand ist
fast auf Null reduziert, so dafs die Arbeit des Kymographen sich — nach Erreichung der rechten Geschwindigkeit — auf die Überwindung der zufälligen
Variationen des Widerstandes beschränkt. Eine genaue
Messung zeigte denn auch, dafs die Geschwindigkeit
aufserordentlich konstant war. Der Kymograph wurde
so reguliert, dafs er dem Schirm eine Geschwindigkeit
von 200 mm pro Sekunde mitteilte. Die Kontrolle wurde
dadurch ausgeführt, dafs man eine Stimmgabel ihre
Schwingungen auf ein Stück berufstes Papier, welches
am Schirme ausgespannt war, aufschreiben liefs. Der
gröfste, in einer Reihe von Messungen gefundene Fehler
betrug 0,5 mm auf 200 mm, mithin eine ganz ver-
schwindende Gröfse, da die Regulierung der Gröfse
der Öffnungen im Schirm gewöhnlich nur mit einer
Genauigkeit von 0,2 mm ausgeführt werden konnte.
Aufser dieser Geschwindigkeit kam eine zehnmal kleinere
zur Anwendung; diese war freilich nicht völlig so konstant wie erstere, jedenfalls aber so gleichmäfsig, dafs
der Fehler ganz verschwindend wird.

Hat der Schirm *PP* seine Bahn durchlaufen, so
wird er mit ziemlich bedeutender Kraft an den Ständer *O*
anstofsen. Hierdurch leiden natürlich nicht nur die Teile,
die den Stofs direkt empfangen, sondern auch das Uhrwerk des Kymographen, das plötzlich gehemmt wird.
Um dies zu verhindern, ist bei *K* eine ziemlich
lange, gabelförmige Feder angebracht, zwischen deren
Schenkeln der Schirm sich festklemmt; der Stofs wird
also aufgehoben, und die Bewegung hört allmählich auf.

Zur Bedienung des anscheinend ziemlich weitläufigen
Apparates ist keine grofse Beihilfe erforderlich; die

meisten meiner Messungen habe ich ganz allein ausgeführt, weil für einen Assistenten nichts zu tun war. Die Augen werden nämlich durch die kurzen, scharfen Blitze nicht gar wenig angegriffen, besonders wenn das Licht bedeutende Intensität besitzt, und es ist deshalb notwendig, zwischen den einzelnen Versuchen einige Minuten lang zu ruhen. Verfährt man auf diese Weise, so kann man es ohne Anstrengung aushalten, täglich 5—6 Stunden zu arbeiten, was ich länger als einen Monat hindurch getan habe. Von dieser ganzen Zeit wird aber nur ein kleiner Bruchteil zu den Versuchen verbraucht; während des größeren Teiles ruht man, und unter diesen Verhältnissen würde ein Assistent ganz stumpf werden, da die wenigen Manipulationen, die er auszuführen hätte, ihn nicht hinlänglich in Anspruch nehmen könnten. Nur muß man zweierlei beachten, wenn man den Apparat selbst bedienen will. Erstens hat man Sorge zu tragen, daß die Adaptation nicht verloren geht, wenn man aus dem Zelte des Universalapparates heraustritt, um alles zu einem neuen Versuche zu ordnen. Zu diesem Zwecke versah ich mich mit einer schwarzen Halbmaske, vor deren Augenöffnungen so dunkle Gläser angebracht waren, daß ich zum Ausführen der erforderlichen Manipulationen eben hinlänglich zu sehen vermochte. Es erwies sich, daß die Ruhezeit, welche die Augen ohnehin haben sollten, nicht in nennenswertem Maße verlängert wurde, weil sie dem schwachen Licht ausgesetzt wurden, das durch die Dunkelgläser der Halbmaske hindurchdringen konnte. Waren die nötigen Umstellungen am Apparate ausgeführt, so genügte ein Aufenthalt von einer Minute in vollständiger Dunkelheit, um die Dunkeladaptation wiederherzustellen. — Zweitens war es notwendig, die Apparate so einzurichten, daß der Kymograph sich vom Platze des Beobachters am Universalapparate aus in Bewegung setzen ließ. Dies erzielte man dadurch, daß an der unteren Stahlstange (Fig. 11) eine starke Federklemme bei L angebracht wurde, die den Schirm PP verhinderte, sich in Bewegung zu setzen, selbst wenn die Bremse des Kymographen ausgelöst war. Man konnte also alles zum Versuche bereit machen, seinen Platz am Fernrohr des Universalapparates einnehmen

und nach beendeter Adaptation mittels eines leichten
Druckes auf die Klemme *L*, die sich unmittelbar an der
rechten Hand des Beobachters befindet, die Bewegung
des Schirmes auslösen. Auf diese Weise konnte ich
alles völlig allein besorgen, was ich für einen unschätz-
baren Vorteil halte. Man kann arbeiten oder auch
nicht, je, wie man aufgelegt ist, man ist an keine bestimmten, dem Assistenten passenden Zeiten gebunden,
und die Arbeit wird ruhiger, sicherer und besser, weil
die Gegenwart anderer Personen nicht stört. Glücklicherweise war ja von einer darzulegenden Theorie
gar keine Rede, so daſs deswegen gegen die Methode
nichts einzuwenden sein kann.

DIE ABHÄNGIGKEIT DER LICHT-
EMPFINDUNG VON DER ZEIT.

Die Helladaptation der Netzhaut. Die fortschreitende
Dunkeladaptation der Netzhaut wurde bekanntlich seinerzeit von Aubert genau untersucht. Indem er die Stärke
des Lichtes bestimmte, das sich nach einem Aufenthalte
von verschiedener Dauer in absoluter Dunkelheit
eben schimmern ließ, fand er, daſs diese Gröſse —
die Reizschwelle — fortwährend abnimmt, keineswegs
aber der Zeitdauer proportional. Während der ersten
zehn Minuten nimmt der Schwellenwert sehr stark ab,
darauf aber langsamer, so daſs er 20 Minuten nach
dem Eintritt in die Dunkelkammer einen Wert erreicht
hat, der während der nächsten paar Stunden nur sehr
wenig abnimmt[1]. Nach Aubert haben viele andere
Forscher ähnliche Untersuchungen angestellt und sind zu
wesentlich übereinstimmenden Ergebnissen gekommen.
Nur mit Bezug auf die quantitative Seite der Sache, um
wieviel Mal der Schwellenwert nach einem Aufenthalt
von bestimmter Dauer im Dunkeln kleiner wird, differieren die Angaben erheblich. Während Aubert fand,
daſs der Schwellenwert nach mehrstündiger Dunkeladaptation nur bis auf ¹⁄₃₈ der ursprünglichen Gröſse

[1] Physiologie der Netzhaut. Breslau 1865. S. 36.

gesunken war, fand Piper, der in der jüngsten Zeit an
einer Reihe verschiedener Personen Messungen angestellt hat. Zahlen, die zwischen $^1/_{1400}$ und $^1/_{4400}$
variierten[1]. Die Ursache dieser enormen Differenzen
erörtert Piper ausführlich; diese Seite der Sache ist
übrigens hier ohne wesentliche Bedeutung. Als Resultat der zahlreichen Untersuchungen über diesen
Gegenstand läfst sich feststellen, dafs sich hinsichtlich
der Dunkeladaptation zwar bedeutende individuelle Verschiedenheiten geltendmachen, dafs der Schwellenwert
indes gewöhnlich nach Verlauf von 20—30 Minuten
tief genug gesunken ist, um eine weitere Änderung bedeutungslos zu machen; völlige Konstanz scheint doch
nicht erreicht zu werden, nicht einmal nach acht-
stündigem Aufenthalte in der Dunkelheit.

Was die Adaptation der Netzhaut für Licht von
höherer Intensität betrifft, sind wir insofern weit ungünstiger gestellt, als wir hierüber eigentlich gar nichts
wissen. Quantitative Bestimmungen ähnlicher Art wie
die von Aubert angestellten wurden meines Wissens
bisher noch nicht unternommen. Man findet freilich in
allen einigermafsen sorgfältigen optischen Arbeiten die
Bemerkung, es sei grofse Mühe auf die vollständige
Adaptation angewandt; selten wird aber gesagt, wie
diese erreicht wurde. Zuweilen scheinen Auberts Bestimmungen der Dunkeladaptation direkt auf die Lichtadaptation übertragen worden zu sein. So sagt Simon,
der mit Beleuchtungen von 1—700 Meterkerzen arbeitete, er habe 20—30 Minuten zur Adaptation angewandt[2]. Eine Meterkerze entspricht aber 375 ie und
ist mithin schon eine ziemlich bedeutende Intensität,
und meine eigenen Beobachtungen erweisen durchaus
nicht die Notwendigkeit einer halbstündigen Adaptation
unter diesen Verhältnissen. Bei meinen Bestimmungen
der kritischen Periode der rotierenden Scheiben stellte
sich heraus, dafs die Lichtadaptation sehr schnell zustande kam. Sogar bei den gröfsten Lichtstärken genügte es, das dunkeladaptierte Auge einige Sekunden

[1] Über Dunkeladaptation. Zeitschr. f. Psych. u. Phys. Bd. 31.
S. 191.
[2] Zeitschr. f. Psych. u. Phys. Bd. 21, S. 441.

hindurch die beleuchtete Fläche betrachten zu lassen; darauf konnte das Messen sogleich beginnen (2. Teil, S. 29). Ich gewann weder an Sicherheit noch an Genauigkeit durch vorhergehendes längeres Anstarren der stark beleuchteten Scheiben. Nicht ganz so kurz ist die von Schirmer bestimmte Dauer der Adaptation, indem er zum Übergange aus völliger Dunkelheit in »mäfsige Helligkeit« 30 Sekunden erforderlich fand[1]. Wie er diese Dauer aber bestimmte, wird nicht gesagt. Freilich sagt Schirmer etwas früher: »Adaptation, d. h. sich der Helligkeit so anpassen, dafs seine [des Auges] Funktionsfähigkeit, die ja bei jedem Beleuchtungswechsel zunächst herabgesetzt ist, wieder ihr Maximum erreicht hat.«[2] Welche Funktion hier zunächst gemeint wird, erfahren wir aber nicht. Aus dem folgenden, namentlich aus S. 16 der Abhandlung, scheint hervorzugehen, dafs es die U.-E. ist, deren Maximum der Autor zum Merkmal der vollständigen Adaptation benutzt: die hierüber angestellten Versuche sind aber nur vorläufig und gewifs nicht zuverlässig[3]. Wenigstens kam ich zu einem ganz anderen Resultate. Aus den verschiedenen Äuserungen geht nur so viel mit Sicherheit hervor, dafs über die Bedingungen einer vollständigen Helladaptation sehr verschiedene Ansichten herrschen, und eine nähere Untersuchung dieses Problems würde deshalb am Orte sein.

Je vollständiger das Auge für die Dunkelheit adaptiert ist, um so geringer wird die Lichtstärke sein, die es eben zu unterscheiden vermag: die reziproke Gröfse der Reizschwelle wird deshalb das natürliche Mafs für die Dunkeladaptation. Hiermit in Analogie läfst sich schliefsen: Je vollständiger das Auge an Licht von gegebener Intensität adaptiert ist, um so kleiner mufs der Zuwachs sein, den dasselbe eben zu unterscheiden vermag. Die reziproke Gröfse der Unterschiedsschwelle wird also das Mafs für die Hell-

---

[1] Untersuchungen zur Physiologie der Pupillenweite. Graefes Archiv für Ophthalmologie. Bd. 40, Abt. V, S. 18.
[2] l. c. S. 13.
[3] Vgl.: Über die Gültigkeit des Weberschen Gesetzes für den Lichtsinn. Graefes Archiv. Bd. 36, Abt. IV, S. 132.

adaptation. Später werden wir sehen, dafs dies durchaus falsch ist, indem das Maximum der U.-E. schon längst überschritten ist, wenn das Auge sich für Licht einer gegebenen Intensität adaptiert hat. Dies kann man aber nicht von vornherein wissen; jedenfalls mufs ich das genannte Mafs zum Ausgangspunkt nehmen, um zu zeigen, wie ich zu dem erwähnten Resultate gelangte. Ich stelle mir also vorläufig die Aufgabe, zu untersuchen, inwiefern und wie die U.-E. für Licht von gegebener Stärke mit der Zeitdauer variiert.

Diese Untersuchung läfst sich am besten mittels der Methode der nicht-abgegrenzten Felder durchführen, weil jedes Wissen davon, dafs das Gesichtsfeld in zwei Abteilungen geteilt ist, notwendigerweise die Bestimmung, ob man die beiden Teile verschieden beleuchtet sieht oder nicht, erschweren wird. Das Verfahren ist übrigens, wie leicht zu verstehen, sehr einfach. Auf die oben (S. 147—149) beschriebene Weise stellt man die beiden Hälften des Gesichtsfeldes auf eine bestimmte Differenz ein: man setzt das vollständig dunkeladaptierte Auge vor das Fernrohr und entscheidet darauf, ob der gegebene Unterschied sich sogleich oder zu bestimmten späteren Zeitpunkten beobachten läfst. Ein Metronom gibt die Zeit an. Da gewöhnlich fast 1 Sek. verstreicht, bis man das Auge richtig angebracht hat, wählte ich bei meinen Versuchen, die Entscheidung nach Verlauf von 1, 3 und 10 Sek. zu treffen. Die Sekundenschläge des Metronoms zu zählen, ohne sich hierdurch in der Beobachtung stören zu lassen, lernt man bald, und die ganze Arbeit besteht also in dem Entscheiden, ob man in den Momenten, wo der erste, der dritte und der zehnte Sekundenschlag fallen, die Differenz im Gesichtsfelde erblickt. Nach Verlauf der 10 Sek. teilt man dem Assistenten das Resultat mit, der hierauf nach einer im voraus vereinbarten Skala die Differenz des Gesichtsfeldes vermindert. Die Skala beginnt mit einer so grofsen Differenz, dafs diese sich während der 10 Sek. dauernden Observation beständig festhalten läfst; gleichmäfsig und gradweise wird sie vermindert. Der Erfahrung gemäfs kommt zuletzt eine Differenz, die nach Verlauf von 1 und 3 Sek. zwar aufgefafst wird, die während der folgenden Sekunden aber

›verschwimmt‹, so dafs sie sich 10 Sek. nach Anfang der Observation nicht mehr gewahren läfst. Von diesem Augenblick an braucht man das Auge natürlich nicht mehr durch 10 Sek. dauerndes Beobachten zu ermüden; schon nach Verlauf von 3 Sek. stellt man die Arbeit ein. Nimmt die Differenz nun ferner noch mehr ab, so erreicht man einen Punkt, wo man sie nicht mehr sogleich, nach Verlauf von 1 Sek. gewahrt, wo sie aber erst ein wenig später auftaucht, so dafs sie bei den niederen Intensitäten erst 3—4 Sek. nach Anfang der Observation sichtbar wird. Schliefslich wird der Unterschied natürlich so klein, dafs er überhaupt gar nicht bemerkt wird.

Mittels des hier beschriebenen Verfahrens findet man also für jede der untersuchten Intensitäten die kleinste Differenz, die sich nach Verlauf von 1, 3 und 10 Sek. beobachten läfst. Die gefundenen Resultate sind in der Tab. 18 angegeben; für jeden Wert der Intensität r sind drei, den Zeitdauern 1, 3 und 10 Sek. entsprechende Zahlen angeführt. Diese Zahlen sind jedoch nicht eben die gefundenen Differenzen Δr, sondern dagegen R/r, indem $R = r + \Delta r$; mit anderen Worten: die Zahlen geben die U.-E. in unserem gewöhnlichen Mafse an. Die Tabelle zeigt nun ganz konstant das schon oben erwähnte Verhalten, dafs man nach Verlauf von 10 Sek. nicht mehr imstande ist, so kleine Diffe-

Tab. 18.

t	1	2	4	8	16	32	64	128	256	512
1	1,210	1,100	1,075	1,050	1,044	1,034	1,030	1,028	1,026	1,026
3—4	1,177	1,085	1,070	1,043	1,041	1,031	1,026	1,023	1,022	1,021
10	1,210	1,125	1,090	1,060	1,052	1,048	1,040	1,032	1,030	1,030

t	1024	2048	4096	8192	16 384	32 768	65 536	131 072	262 144	524 288
1	1,022	1,015	1,0083	1,0060	1,0061	1,011	1,016	1,017	1,017	1,019
3	1,016	1,013	1,0075	1,0039	1,0037	1,014	1,021		1,023	
10	1,025	1,019	1,0098	1,0075	1,0086	1,018	1,023	1,027	1,030	1,034

renzen zu unterscheiden wie nach Verlauf von 3 Sek.; ein ähnliches konstantes Verhältnis findet sich dagegen nicht zwischen den Werten von Rr nach Verlauf von

1 oder 3 Sek. Bis $r = 16384$ unterscheidet man besser
nach Verlauf von 3 Sek. als sogleich, nach Verlauf von
1 Sek. Bei den höheren Intensitäten verhält es sich
dagegen umgekehrt; $R'r$ ist am kleinsten nach Verlauf
von 1 Sek. und wächst, je länger die Beobachtung fortgesetzt wird, bis zu immer höheren Werten an. Dafs
übrigens bei 16384 ein Sprung eintreten sollte, ist doch
nicht sehr wahrscheinlich. Aus der Tab. 18 geht nämlich hervor, dafs die Werte für $R'r$ von $r = 4096$ bis
$r = 16384$ während der ersten 3 Sek. fast nicht variieren: man findet nach Verlauf von 3 Sek. fast ganz
dieselben Werte wie nach Verlauf von 1 Sek. Es ist
also sehr wohl möglich, dafs $R'r$ in der Tat seinen
kleinsten Wert hier nach Verlauf von 2 Sek. hätte: die
Differenzen sind aber nur so klein, dafs dies meiner
Aufmerksamkeit entgangen sein könnte. Wir würden
demnach einen sanften Übergang bekommen von den
niederen Intensitäten, wo $R'r$ seinen geringsten Wert
entschieden nach Verlauf von 3 Sek. hat, zu den
höchsten Intensitäten, wo der geringste Wert ebenso
sicher nach Verlauf von 1 Sek. gefunden wird. Wie
es sich nun übrigens hiermit verhält, ist natürlich ohne
besondere Bedeutung. Tatsache ist es: eine gröfsere
U.-E. erzielt man durchaus nicht dadurch, dafs man das
Auge längere Zeit hindurch einem Lichte gegebener
Intensität aussetzt; die U.-E. ist am gröfsten nach Verlauf weniger Sekunden und nimmt um so schneller mit
der Zeitdauer ab, je höher die Intensität des Lichtes
ist. Es erhebt sich nun die Frage· Was mag die Ursache dieses fast paradoxalen Verhaltens sein, dafs das
Auge beim Übergange aus völliger Dunkelheit zur
Helligkeit anscheinend um so schneller adaptiert wird,
je gröfser die Lichtstärke ist.

Zwei Erklärungen sind hier von vornherein möglich:
eine psychophysische und eine psychodynamische. Entweder kann das nachgewiesene eigentümliche Verhältnis
nämlich auf der Art und Weise beruhen, wie die einzelne Empfindung mit der Zeitdauer anwächst, oder
auch kann es davon herrühren, dafs die beiden gleichzeitigen Empfindungen gegenseitigen Einflufs aufeinander üben. Welche dieser Erklärungen die rechte
ist, läfst sich einstweilen nicht entscheiden, dazu wissen

wir gar zu wenig. Allerdings bestimmte E x n e r seinerzeit, wie eine Lichtempfindung mit der Zeitdauer anwächst, diese Messungen wurden aber nur bei einer einzigen willkürlichen Intensität ausgeführt, deren Größe überdies ganz unbekannt ist. Es ist deshalb gar nicht unmöglich, daß die Kurve, welche angäbe, wie die Lichtempfindung bei höheren oder niederen Intensitäten mit der Reizdauer variiert, einen ganz anderen Verlauf als den von E x n e r gefundenen hätte. Wenn diese Kurve z. B. nach Erreichung ihres Maximums um so steiler mit der anwachsenden Reizdauer abfiele, je höher die Intensität wäre, so würde schon dieser Umstand genügen, um zu erklären, daß die U.-E. um so feiner ist, je kürzere Zeit hindurch das Auge einem Lichte von hoher Intensität ausgesetzt wird. Ob es sich aber wirklich so verhält, wissen wir durchaus nicht, und es wird folglich notwendig, die Sache näher zu untersuchen. Dieser Punkt ist also zuvörderst ins reine zu bringen; bevor ich aber hierzu schreite, werde ich nur eine einzelne Tatsache hervorheben, die unmittelbar aus der Betrachtung der Tab. 18 hervorgeht, und von der wir im folgenden ziemlich oft Gebrauch machen werden.

Die Tabelle zeigt, daß $R'r$ für keinen Teil des Reizumfanges von 1 bis 500000 konstant ist, was bekanntlich auch alle früheren genauen Untersuchungen dargetan haben [1]. In jeder der drei Reihen nimmt $R r$

[1] Schirmers Resultate (Graefes Archiv f. Ophthalmologie. Bd. 36, Abt. IV. S. 121) stehen nur scheinbar im Widerspruch hiermit. Allerdings fand er die U.-E. konstant von 1 bis 1000 Meterkerzen (Mk), da er seine Untersuchungen aber mit freier Pupille anstellte, und da deren Areal bei 1000 Mk nur ein Drittel ihres Areals bei 1 Mk beträgt (2. Teil, S. 324), so hat das Licht, das tatsächlich die Netzhaut traf, nur im Verhältnisse 1:300 variiert. Innerhalb eines so kleinen Reizumfanges, der 375 bis 112500 ie entspricht, variiert die U.-E. gewöhnlich nur wenig, vgl. Tab. 18. Kommt nun hierzu, daß Schirmer sich Bewegungen des Kopfes gestattete (l. c. S. 130), so wird die völlige Konstanz von $R'r$ ziemlich verständlich. Denn wird die U.-E. mittels schmaler Ringe auf rotierenden Scheiben bestimmt, so wächst sie bekanntlich sehr bedeutend an, wenn das Auge sich der Scheibe ein wenig nähert, was ganz unwillkürlich stattfindet, sobald die Auffassung besonders schwierig wird. Auf diese Weise gelingt es leicht, die U.-E. konstant zu erhalten, sogar in weit größerem Umfange als dem von S c h i r m e r untersuchten, wenn das Auge für die untersuchten Intensitäten vollständig adaptiert ist.

mit wachsenden Werten von r bis zu einem Minimum
ab, worauf es wieder etwas steigt. Das genannte
Minimum fällt aber nicht auf genau denselben Wert
von r in allen drei Reihen. Betrachten wir zuerst die
bei langer Observationsdauer (10 Sek.) gefundene Reihe,
so fällt das minimale $R'r$ hier sehr nahe an $r = 8192$.
Dies ist aber gerade die Intensität, die ich in einer
früheren Arbeit als die »Blendungsschwelle« bezeichnete,
weil man hier die eigentümlichen, unangenehmen
Blendungserscheinungen zu spüren beginnt[1]. Ferner
wurde (l. c.) nachgewiesen, daß die Gesetze, die für die
kritische Periode rotierender Scheiben und für die
objektive Intensität gleichheller Farben gültig sind, beim
Überschreiten der Blendungsschwelle ihre Gültigkeit
verlieren[2]. Da man nun bei den Untersuchungen sowohl über die rotierenden Scheiben als über die Helligkeiten der Farben so lange Observationsdauer benutzt,
wie das Auge ohne Anstrengung ertragen kann — also
etwa 10 Sek. —, so ist es ganz natürlich, daß man bei
diesen Untersuchungen denselben Wert der Blendungsschwelle findet, den die Bestimmung der U.-E. bei derselben Observationsdauer t ergibt. Bei kürzerer Observationsdauer — bis 3 Sek. — fällt dagegen, wie die
Tab. 18 zeigt, die Blendungsschwelle ein wenig höher,
näher an 16384. Dies heißt mit anderen Worten,
daß die Blendung, ebenso wie die Lichtempfindung
selbst, einiger Zeit bedarf, um ihre volle Entwicklung
zu erreichen. Je kürzer daher die Observationsdauer
wird, um so größer muß die Lichtstärke sein, bei
welcher die Blendung sich eben spüren läßt. Es ist
wohl eine wahrscheinliche Annahme, daß die objektiven
Intensitäten, bei welchen unter verschiedenen Verhältnissen die Blendungsschwelle liegt, etwas individuell
verschieden sind. Bisher ist es mir freilich nicht gelungen, ausgeprägte individuelle Verschiedenheiten nachzuweisen; es waren aber auch nur sehr wenige Personen, die mir die Gelegenheit boten, genaue Untersuchungen anzustellen. Jedenfalls läßt sich feststellen
und wird im folgenden häufige Bestätigung finden:

[1] Phil. Stud. Bd. 20, S. 91.
[2] l. c. S. 93.

dafs die Blendungsschwelle bei ca. 10 Sek. dauernden Beobachtungen etwas niedriger liegt als bei Beobachtungen von kürzerer, ca. 3 Sek. langer Dauer.

Die Abhängigkeit der Lichtempfindung von der Dauer des Reizes. Um genau bestimmen zu können, wie die Lichtempfindung mit der Dauer des Reizes anwächst, ist vor allen Dingen ein bestimmtes Mafs für die Empfindung erforderlich. Bei seinen bekannten Untersuchungen gebrauchte Exner als Mafs diejenige Empfindung, die durch einen Reiz von bekannter Gröfse und solcher Dauer erregt wird, dafs sie eben das Maximum der Empfindung hervorruft. Er begann nämlich mit der Bestimmung der Länge t_m der Zeitdauern, während welcher eine Reihe von Reizen $0,1 \cdot R, 0,2 \cdot R \ldots 0,9 \cdot R$ wirken mufsten, um das Maximum der Empfindung zu erzeugen. Darauf bestimmte er die Zeitdauer, T, während deren der Reiz R wirken mufste, um dieselben Empfindungen hervorzurufen wie $0,1 \cdot R, 0,2 \cdot R$ usw., wenn diese das Maximum von Empfindung gaben [1]. Gegen dieses Verfahren lassen sich aber viele Einwürfe erheben. Erstens ist dasselbe äufserst weitläufig, da es schon recht umständlich ist, zu ermitteln, wie lange ein Reiz wirken mufs, um das Maximum der Empfindung zu geben. Will man daher die Exnerschen Messungen für mehrere verschiedene Intensitäten durchführen, so wird leicht die Bestimmung der Maximumszeiten für eine lange Reihe von Reizen notwendig. Dies liefse sich jedoch durchführen, wenn es nicht zu vermeiden wäre. Viel schlimmer ist es aber, dafs man nicht imstande ist, mit Genauigkeit zu bestimmen, wann ein Reiz das Maximum der Empfindung hervorruft. Exners eigene Messungen zeigen nicht so

---

[1] Über die zu einer Gesichtswahrnehmung nötige Zeit. S. 620. Im zweiten Teil, S. 88, habe ich aus unverzeihlicher Unachtsamkeit die Sache so dargestellt, als ob Exner die schwächeren Reize konstant aufs Auge wirken liefse. Dies ist erstens falsch und zweitens durchaus unmöglich, da man dann gar keine genauen Bestimmungen erhalten könnte. Soweit wird die Anmerkung 2. Teil S. 88 ganz überflüssig; übrigens ist die folgende Erörterung richtig, da sie gerade voraussetzt, dafs der Reiz das Maximum der Empfindung gibt, was er nicht einmal annähernd tun könnte, wenn Exner es so gemacht hätte, wie ich es darstellte.

ganz geringe Schwankungen, und die von ihm angewandte Methode ist gewifs nicht leicht durchzuführen,
da es K u n k e l durchaus unmöglich war, auf diese Weise
brauchbare Resultate zu erhalten [1]. Aber auch der von
K u n k e l eingeschlagene Weg führt nicht zu einer besonders genauen Bestimmung, was Kunkels eigene
Tabellen erweisen [2]. Einigermafsen genaue Werte für
die gesuchten Maximumszeiten sind folglich nur als
Mittel zahlreicher Observationen zu erwarten. Soll man
also, nur als Einleitung zu den eigentlichen Bestimmungen, für eine gröfsere Reihe von Reizen die
Maximumszeiten finden und für jede einzelne dieser
Dauern behufs der Elimination unvermeidlicher Fehler
wieder eine gröfsere Anzahl Einzelbestimmungen machen,
so läuft man offenbar Gefahr, nie zur eigentlichen Untersuchung zu gelangen.

Die Überwindung dieser verschiedenen Schwierigkeiten ist indes doch nur eine Zeitfrage; die gröfste
erübrigt aber noch. Denn es sollte ja doch gerne das
Ziel der ganzen Untersuchung sein, für das Anwachsen
der Empfindung einen zahlenmäfsigen Ausdruck zu
finden: ruft aber ein gegebener Reiz r das Maximum
der Empfindung hervor, wie stark ist dann diese Empfindung? Wir können nicht ohne weiteres die Empfindung
$\log. r$ proportional setzen, denn die Stärke der Empfindung ist ja von der Zeit abhängig, und folglich mufs
die Zeit im Ausdrucke für die Stärke der Empfindung
vorkommen. Wir können auch nicht die Empfindung
$\log. r t_{\mathrm{m}}$ proportional setzen, wo t_{m} die Zeitdauer ist, in
welcher die Empfindung ihr Maximum erreicht. Denn
dafs die Empfindung proportional zu $\log. t$ anwächst,
bis sie ihr Maximum erreicht hat, ist nicht bewiesen.
Früher (2. Teil, S. 87) nahm ich dies an, und anscheinend
erwies diese Voraussetzung sich als richtig, indem es
sich zeigte, dafs die aus derselben abgeleitete Formel
für Exners Messungen ganz gut mit letzteren übereinstimmte: da es u. a. aber eben die Richtigkeit dieser
Formel ist, die wir zu untersuchen haben, wäre es am

[1] Über die Abhängigkeit der Farbenempfindung von der Zeit.
Pflügers Archiv. Bd. 19. 1874. S. 201.
[2] l. c. S. 217.

besten, wenn wir direkt, ohne spezielle Voraussetzungen, einen Ausdruck dafür finden könnten, wie die Empfindung mit der Reizdauer variiert.

Dazu sind wir nun glücklicherweise ohne Schwierigkeit imstande. Wir haben nämlich einen festen und unangreifbaren Ausgangspunkt: die Wirkung der rotierenden Scheiben. Diese geben uns stets dieselbe Empfindung, wenn $rt = RT$ ist, wo t und T die Zeiten angeben, die zwei Sektoren von den Intensitäten r und R zum Passieren eines festen Punktes gebrauchen, wenn die Rotationszeit der Scheiben gleich der kritischen Periode ist (2. Teil, S. 85). Hiermit ist also gegeben, daß das Produkt rt sich als Maß der Empfindung gebrauchen läßt, wenn man nur t hinlänglich klein (d. h. kleiner als 30°) wählt. Setzt man also konstant $t = 10°$, so hat man sich völlig gesichert, und die Empfindung wird dann durch die andere unabhängige Variable genau bestimmt sein. Hiermit ist die Versuchsanordnung in den Hauptzügen gegeben. Wir wünschen zu untersuchen, wie die durch einen konstanten Reiz R erregte Empfindung mit der Zeit T variiert. Folglich lassen wir R sukzessiv während verschiedener, genau ausgemessener Zeiten aufs Auge einwirken und bestimmen für jede einzelne Zeitdauer diejenige Größe des Reizes r, die während der konstanten Zeit $10°$ dieselbe Empfindung erregt wie R. An den auf diese Weise gefundenen verschiedenen Werten von r haben wir dann ein Maß dafür, wie die durch R hervorgerufene Empfindung mit der Zeit T anwächst oder abnimmt.

Der zu diesen Messungen erforderliche Apparat wurde bereits oben (S. 158—161) beschrieben. Durch den Kollimatorspalt s_2 (Fig. 11) tritt Licht von der konstanten Intensität R ein; die Öffnung cd am beweglichen Schirme wird auf solche Größe eingestellt, daß sie den Kollimatorspalt während der Zeit T passiert. Die Öffnung ab hat konstant solche Größe, daß sie den Kollimatorspalt s_1 während der Zeit $10°$ passiert, und es ist jetzt nur die Aufgabe, die Intensität r zu finden, die das durch s_1 eintretende Licht haben muß, damit die beiden Hälften des Gesichtsfeldes sich als gleichhell erweisen. Dem Anschein nach ist dies äußerst leicht, da man

durchaus nicht im Zweifel ist, ob die beiden Hälften
des Gesichtsfeldes gleiche oder verschiedene Helligkeit
zeigen; will man aber genaue Resultate haben, so sind
doch verschiedene Umstände zu berücksichtigen. Ich
bin gezwungen, bei diesen ein wenig zu verweilen, um
hierdurch womöglich eine Vorstellung davon zu geben,
welches Gewicht man meinen Resultaten beilegen kann.
Während der letzten Jahre sind nämlich drei experimentelle Arbeiten über diesen Gegenstand erschienen [1],
die Resultate derselben sind aber weder untereinander
noch mit den meinigen übereinstimmend. Die Ursache
der Abweichungen ist natürlich in den Bedingungen zu
suchen, unter welchen die Versuche angestellt wurden;
zuverlässige Resultate kann man aber der Natur der
Sache zufolge nur unter ganz bestimmten Bedingungen
erwarten. Es ist deshalb nicht ohne Bedeutung, zu
präzisieren, daß weder D ü r r noch M a r t i u s noch
Mc. D o u g a l l bei seinen Versuchen die Rücksichten genommen hat, die meiner Ansicht nach die allerwesentlich-
sten sind.

   Erstens leuchtet es ja ein, daß eine genaue Bestimmung des Anwachsens der Lichtempfindung einen
durchaus bestimmten Adaptationszustand der Netzhaut
voraussetzen muß. Es würde im höchsten Grade
sonderbar sein, wenn die Empfindung ganz unabhängig
von dem Adaptationszustande der Netzhaut für das
einwirkende Licht anwüchse. Man muß deshalb selbstverständlich von völliger Dunkeladaptation ausgehen,
weil diese der einzige Zustand ist, der sich stets mit
Sicherheit zuwege bringen läßt. Es genügt aber nicht,
daß das Auge vor den Versuchen dunkeladaptiert wird;
der Zustand muß auch erhalten werden. Ich ließ deswegen, wie oben (S. 162) berührt, zwischen je zwei Beobachtungen, selbst wenn das Auge nur wenige
Tausendstel Sekunden lang dem Lichte ausgesetzt gewesen war, ein paar Minuten in völliger Dunkelheit ver-
streichen, um die Netzhaut aufs neue dunkeladaptiert

[1] D ü r r: »Über das Ansteigen der Netzhauterregungen.« Phil.
Stud. Bd. 18. S. 215 u. f. M a r t i u s: »Über die Dauer der Licht-
empfindungen«. Beiträge z. Psych. u. Phil., S. 275 u. f. Mc. D o u g a l l:
Intensity of Sensation and Duration of Stimulus. British Journal of
Psychology. Vol. 1. S. 153 u. f.

zu machen. Keiner der drei genannten Experimentatoren scheint diese Maßregel getroffen zu haben. Dürr trug freilich bei einigen seiner Versuchsreihen für vorausgehende Dunkeladaptation Sorge, sagt aber nichts darüber, ob diese durch angemessene Intervalle zwischen den einzelnen Versuchen erhalten wurde. War dies nicht der Fall, so muß die Netzhaut nach und nach helladaptiert geworden sein, und hierdurch wäre dann das Eigentümliche zu erklären, daß Dürr zu den nämlichen Resultaten kam, ob er nun mit dunkel- oder helladaptierten Augen arbeitete. Martius und Mc. Dougall scheinen die Adaptation überhaupt gar nicht berücksichtigt zu haben; jedenfalls haben sie diese nicht erhalten können, da die einzelnen Einwirkungen sich mit ganz kurzen Zwischenräumen wiederholen. Hier haben wir also schon eine wesentliche Ursache der Nichtübereinstimmungen.

Ferner ist es klar, daß die beiden Reize von verschiedener Stärke und Dauer, die verglichen werden sollen, jeder auf seinen Teil der Netzhaut wirken müssen. War die Netzhaut nämlich erst eine Zeitlang dem einen Reize ausgesetzt, und wird sie unmittelbar darauf an derselben Stelle von einem anderen Reize getroffen, so ist der Zustand hier nicht mehr unverändert, und die beiden Erregungen addieren sich auf ganz unberechenbare Weise. Man vergleicht dann nicht zwei voneinander unabhängige Empfindungen, die durch verschiedene Einwirkungen auf die dunkeladaptierte Netzhaut erregt wurden, sondern dagegen Empfindungen, deren die letzteintretende jedenfalls durch die zuerst eingetroffene influiert worden ist. Jede Möglichkeit genauen Messens ist unter diesen Verhältnissen ausgeschlossen. Folglich ist es die erste und wesentlichste Bedingung, um aus diesen Messungen ein brauchbares Resultat zu erzielen, daß das Auge, solange die Reize andauern, unerschütterlich fixiert ist. Dies ist nun gar nicht leicht zu bewerkstelligen, denn da der Natur der Untersuchungen zufolge der eine Reiz stets früher eintritt als der andere, wird man die instinktive Neigung haben, den zuerst beleuchteten Teil des Gesichtsfeldes zu fixieren, um darauf bei Beginn des anderen Reizes das Auge auf diesen zu richten. Gerade dies darf man

aber nicht tun. Selbst bei meinem Apparate, wo die
beiden Hälften des Gesichtsfeldes unmittelbar aneinander grenzen, war die Tendenz zum Bewegen der
Augen sehr grofs, und die Überwindung derselben
kostete mir eine mehrtägige Arbeit. Hat man also, wie
Dürr, eine einigermafsen breite Grenzscheide zwischen
den beiden Hälften des Feldes, so sind hiermit genaue
Bestimmungen von vornherein ausgeschlossen. Da nun
die unwillkürlichen Variationen der Fixation notwendigerweise um so grölser werden, je länger der eine
Reiz dauert, bevor der andere eintritt, so ist es auch
in diesem Punkte Herrn Dürr gelungen, die möglichst
schlechten Versuchsbedingungen zu beschaffen, da
sein einer Reiz konstant etwa 1.7 Sek. dauerte, der
andere dagegen nur Bruchteile einer Sekunde.

Noch ungünstiger stellten sich die Verhältnisse bei
Martius' Messungen, wo der Beobachter gewöhnlich das
Auge von einem Fernrohr vor ein anderes brachte, um
die beiden Felder miteinander vergleichen zu können
(l. c. S. 329). Es ist also dieselbe Stelle der Netzhaut,
die erst einen und mefsbare Zeit darauf den anderen
Reiz empfängt, und diese doppelte Reizung wiederholt
sich mit kurzen Zwischenräumen. Der Adaptationszustand variiert mithin unablässig, und da die beiden
zu vergleichenden Empfindungen nicht gleichzeitig gegeben sind, ist eine Einstellung auf Identität ganz einfach unmöglich; mehr als ein oberflächliches Gutachten,
ob die Empfindungen fast dieselben sind, läfst sich gar
nicht gewinnen. Hierzu kommt noch ferner, dafs der
eine der beiden Reize gar keine begrenzte Dauer hatte;
es fiel fortwährend Licht durch das eine Fernrohr, so
dafs der Beobachter dieses Feld betrachten konnte, solange es ihm beliebte. Auch dies bewirkt aber ein
Variieren der Empfindung, weil eine konstante Reizung
der Netzhaut eine an Stärke abnehmende Empfindung
hervorruft, was Martius nicht zu wissen scheint. Wie
es unter diesen Verhältnissen überhaupt möglich war,
einigermafsen konstante Zahlenwerte zu erhalten, ist
mir durchaus rätselhaft. Jedenfalls haben die von
Martius angegebenen Zahlen nichts mit dem Maximum
der Empfindung zu schaffen und sind im ganzen als
völlig wertlos zu betrachten.

Über die neuesten Bestimmungen von Mc. Dougall
ist wesentlich dasselbe zu bemerken wie über diejenigen Martius'. Der Apparat war so eingerichtet, dafs
die zu vergleichenden Reize sukzessiv dieselbe Stelle
der Netzhaut trafen; von einem genauen Vergleichen
kann folglich nicht die Rede sein, sondern nur von
einem losen Gutachten. Da dieselbe Stelle der Netzhaut gereizt wird, verändert die Adaptation sich fortwährend, und da die beiden verschiedenen Reize überdies in einer ganz unbegrenzten Anzahl von Wiederholungen aufeinanderfolgen, ist es unmöglich, zu sagen,
was denn eigentlich beurteilt wird. Sicher ist nur, dafs
Mc. Dougall nicht diejenigen Empfindungen verglichen
hat, die aus zwei auf die dunkeladaptierte Netzhaut
fallenden Lichtreizen von verschiedener Stärke und
Dauer resultieren. Nur wenn die Dunkeladaptation der
Netzhaut konstant erhalten wird, können die Resultate
allgemeingültig werden. Bei einem willkürlichen Adaptationszustande müssen die Empfindungen dagegen
von den zufälligen Zuständen abhängig werden, was
auch aus den untereinander abweichenden Resultaten
der drei genannten Experimentatoren hervorgeht.

Es ist, wie gesagt, notwendig, dafs das Auge vor
dem Eintreten der Reize einen festen Punkt der Grenzlinie fixiert und diesen festhält. Bei meinen Versuchen
ermöglichte ich dies, indem ich die beiden Schirme M und N
(Fig. 11) so schmal machte, dafs von ihrer Rückseite
eine äufserst geringe Menge Licht auf die Kollimatorspalte reflektiert wurde. Das Gesichtsfeld zeigte sich
hierdurch schwach beleuchtet, so dafs es möglich war,
den Mittelpunkt des zirkulären Feldes schon vor dem
Eintreffen des ersten Reizes zu fixieren. Die konstante Beleuchtung des Feldes war selbstverständlich eine äufserst
geringe, um die Nähe des Schwellenwertes herum,
wodurch man erreichte, die Dunkeladaptation des Auges
noch ferner kontrollieren zu können; war diese nämlich
nicht hinlänglich, so konnte man überhaupt nicht beobachten, wie das Gesichtsfeld sich als eine leuchtende
Kreisfläche gegen das völlig dunkle Rohr des Fernrohrs abzeichnete. Den Fixationspunkt während der
Reizung festzuhalten, war, wie schon gesagt, zunächst
Sache der Übung. Nur bei den langen Expositions-

dauern, 2—10 Sek., war es mir nicht möglich, das Auge
so lange ruhig zu halten, dafs ich mit Sicherheit die
Empfindung mit derjenigen zu vergleichen vermochte,
die durch einen 0,01 Sek. (10^a) dauernden Reiz erregt
wurde. Ich umging diese Schwierigkeit, indem ich die
konstante Zeit, die bei allen anderen Messungen 10^a
betrug, in eine Sekunde abänderte. Selbstverständlich
wurde es hierdurch nicht um das geringste leichter, das
Auge ruhig zu halten; der durch die Bewegungen verursachte Fehler erhielt aber weit geringeren Einfluls,
denn im Laufe einer Sekunde hatte ich Zeit genug, die
rechte Fixation wiederherzustellen, was sich während
0,01 Sek. natürlich nicht tun läfst. Durch die ein-
geführte Abänderung gelang es mir, übereinstimmende
und somit brauchbare Messungen zu erhalten, was sonst
unmöglich gewesen wäre.

Eine ganz andere Frage ist es, ob man nicht durch
solche Abänderung der Expositionsdauer für den
variablen Reiz einen Fehler einführt, der die Resultate
der Messungen zweifelhaft macht. Die Wahl der Dauer
von 10^a war ja keineswegs eine zufällige; sie war dadurch angewiesen, dafs man nur für so kurze Zeiträume die Empfindung als durch das Produkt von $r \cdot t$
bestimmt, folglich allein von r abhängig hat, wenn t
konstant bleibt. Setzt man nun aber $t = 1000^a$, so ist
die Empfindung nicht mehr durch das Produkt rt be-
bestimmt, und folglich kann r auch nicht mehr ein genaues Mafs der Empfindung sein. Unzweifelhaft begeht
man hier einen Fehler, es ist aber recht wahrscheinlich,
dafs dieser ein äufserst geringer ist, wenn die Expositionsdauer T bis über 1 Sek. verlängert wird. Nehmen
wir nämlich an, wir hätten in einem Versuche gefunden,
der konstante Reiz R gebe während der Dauer von
1000^a dieselbe Empfindung wie r während der Dauer
von 10^a. Wir haben dann $R \cdot 1000 = r \cdot 10$, weil die beiden
Empfindungen identisch sind. Die folgende Bestimmung
ergebe nun: $R \cdot T = r' \cdot 1000$, indem der variable Reiz
jetzt während der konstanten Zeit 1000^a einwirkt; es
ist folglich $R \cdot T = r' \cdot 10 \cdot r/R$. Die Empfindung wird also
in diesem Falle durch $r' \cdot r R$ gemessen; wir wissen aber
nicht, ob wir ebendiesen Wert von r gefunden hätten,
wenn die konstante Reizdauer 10^a statt 1000^a gewesen

wäre. Der Fehler kann aber nicht grofs sein, solange
r' von R nur wenig verschieden ist, und da dies der Erfahrung gemäfs für alle Zeiten zwischen 1 und 10 Sek.
der Fall ist, wird die Messung auf diese Weise so genau,
wie sie nur irgend zu erzielen ist.

Aufserdem mufs noch eine sehr wesentliche subjektive Bedingung vorhanden sein, wenn die Messungen
brauchbare Resultate ergeben sollen, nämlich die erforderliche Übung. Ich erwähnte oben, dafs es sehr
leicht zu entscheiden ist, ob die beiden Hälften des Gesichtsfeldes sich gleich oder verschieden sind. An diesem
Punkte ist man nie im Zweifel, dagegen ist es äufserst
schwierig, die Identität derselben zustande zu bringen.
Dies erfordert nämlich eine Beurteilung, welcher der
beiden Teile der hellere ist, damit man den variablen Reiz
in der rechten Richtung abändern kann. Anfangs ist
diese Beurteilung aber ganz unmöglich. Man sieht
zwar den Unterschied; während der äufserst kurzen
Zeit, die der eine Reiz andauert, vermag man aber gar
nicht zu beurteilen, welche Hälfte des Gesichtsfeldes
die hellere ist. Bei Änderung des Unterschiedes bemerkt man ferner leicht, ob dieser erheblich gröfser
oder kleiner wird; kleine Variationen ist man jedoch
ebensowenig zu beurteilen imstande. So kann man —
anfangs — stundenlang den Unterschied der Felder
vergröfsern oder vermindern, ohne jemals den Identitäts-
punkt zu treffen, denn sobald man diesem so nahe
kommt, dafs der Unterschied nur ganz gering ist, beruht es auf einem reinen Zufall, ob man sich demselben
noch mehr nähert oder ihn möglicherweise überschreitet,
so dafs man von vorne anfangen mufs. Nach und nach
wird die Beurteilung indes sicherer; ich mufste mich aber
drei Wochen hindurch täglich sechs Stunden üben, bis
ich mit Sicherheit zu entscheiden lernte, in welcher
Richtung der Unterschied geht.

Von vornherein sollte man erwarten, bei diesen Bestimmungen eine gute Stütze an den positiven Nach-
bildern zu haben, die ja noch einige Zeit nach dem Aufhören der Reize bestehen bleiben. Die Erfahrung lehrt
aber, dafs die Nachbilder für die Beurteilung, welche
der Hälften die hellere ist, durchaus unbrauchbar sind.
Es war mir nicht möglich, eine Regel für die Abhängig-

12 *

keit der Nachbilder von den ursprünglichen Empfindungen zu finden, solange letztere verschieden sind.
Bald schien die stärkere, bald die schwächere Empfindung das hellere Nachbild zu geben, so dafs wir hier
keine Stütze finden. Dagegen gewähren die Nachbilder
grofse Hilfe bei der Beurteilung der Identität der
Felder. Auf Basis einer sehr grofsen Anzahl Erfahrungen kann ich hier folgendes Gesetz feststellen:
Zwei identische Lichtempfindungen, die
durch Reize von verschiedener Stärke und
Dauer erregt werden, geben stets identische
positive Nachbilder.
Wenn man also, nach dem Aufhören der Reize,
fortwährend das Gesichtsfeld überall völlig gleichartig
sieht[1], so sind auch die Empfindungen dieselben gewesen; und sind die Nachbilder verschieden, so sind
auch die ursprünglichen Empfindungen verschieden gewesen; andere Aufschlüsse vermochten die Nachbilder
mir nicht zu geben.

Nachdem ich jetzt die verschiedenen bei den Versuchen zu beachtenden Umstände auseinandergesetzt
habe, komme ich zu den Resultaten. Ich untersuchte
sechs verschiedene Intensitäten, $R = 256$, 1024, 4096,
12288, 16384, 65536, und bestimmte die Stärke der erregten Empfindung für so viele Reizdauern, als nötig
waren, um einen Überblick über die Variationen der
Empfindung mit der Zeit zu erhalten. Die Resultate
der Messungen sind in den sechs Tabellen 19a–19f
angeführt. Über jeder einzelnen derselben ist die Intensität des konstanten Reizes R angegeben. Die erste
Kolonne gibt die Dauer T der Reizung an. In der
nächsten Kolonne ist die Gröfse des variablen Reizes r
angegeben, der in der Zeit $t = 10''$ dieselbe Empfindung
erregt wie R in der Zeit T. Um die Übersicht zu erleichtern, habe ich indes nicht den absoluten Wert
von r angeführt, sondern die Gröfse $r:R$; diese Zahlen
geben also geradezu an, um wievielmal das Argument r

[1] Bei meinen Versuchen habe ich nie ein Intervall zwischen der
primären Empfindung und dem positiven Nachbilde bemerkt. Nach
den Untersuchungen von Kriefs (Zeitschr. f. Psych. Bd. 12, S. 90) ist
dies als Beweis dafür zu betrachten, dafs die Netzhaut hinlänglich
dunkeladaptiert war.

Tab. 19a.
$R = 256.$ $T_m = 350.$ $\frac{r_m}{R} = 9{,}969.$

T	$\frac{r}{R}$	$\frac{r}{r_m}$	log. 10 r
10	1,000	0,101	3,41
20	1,953	0,196	3,70
40	4,400	0,441	4,05
60	5,501	0,552	4,15
80	6,601	0,662	4,23
120	7,948	0,797	4,31
160	8,756	0,878	4,35
200	9,160	0,919	4,37
250	9,542	0,957	4,39
300	9,793	0,982	4,40
350	9,969	1,000	4,41
400	9,700	0,973	4,39
500	9,331	0,936	4,38
1000	8,603	0,863	4,34
2000	7,915	0,794	4,30
3000	7,590	0,762	4,29
10000	6,649	0,667	4,23

Tab. 19b.
$R = 1024.$ $T_m = 250.$ $\frac{r_m}{R} = 6{,}583.$

T	$\frac{r}{R}$	$\frac{r}{r_m}$	log. 10 r
10	1,000	0,152	4,01
190	6,105	0,927	4,79
220	6,392	0,971	4,81
250	6,583	1,000	4,83
280	6,296	0,956	4,81
310	5,724	0,870	4,76

Tab. 19c.
$R = 4096.$ $T_m = 160.$ $\frac{r_m}{R} = 4{,}917.$

T	$\frac{r}{R}$	$\frac{r}{r_m}$	log. 10 r
10	1,000	0,203	4,61
20	2,006	0,408	4,91
40	3,455	0,703	5,15
80	3,759	0,764	5,19
120	4,761	0,968	5,29
140	4,887	0,994	5,30
180	4,824	0,981	5,30
210	4,385	0,892	5,25
300	4,009	0,816	5,22
500	3,756	0,561	5,03
1000	2,410	0,490	4,99
2000	2,303	0,468	4,97
3000	2,146	0,436	4,94
10000	1,624	0,330	4,82

Tab. 19d.
$R = 12288.$ $T_m = 90.$ $\frac{r_m}{R} = 3{,}750.$

T	$\frac{r}{R}$	$\frac{r}{r_m}$	log. 10 r
10	1,000	0,267	5,09
20	1,944	0,518	5,38
40	2,870	0,765	5,55
70	3,519	0,939	5,64
80	3,658	0,976	5,65
90	3,750	1,000	5,66
100	3,565	0,951	5,64
110	3,287	0,877	5,61
150	2,634	0,702	5,51
200	2,349	0,626	5,46
300	2,127	0,567	5,42
400	1,895	0,505	5,37
500	1,820	0,485	5,35
1000	1,613	0,430	5,30
2000	1,452	0,387	5,25
3000	0,987	0,263	5,08
10000	0,559	0,149	4,84

Tab. 19e.
$R = 16384.$ $T_m = 70.$ $\frac{r_m}{R} = 3{,}407.$

T	$\frac{r}{R}$	$\frac{r}{r_m}$	log. 10 r
10	1,000	0,293	5,21
20	1,898	0,557	5,49
30	2,507	0,736	5,61
40	2,932	0,861	5,68
60	3,277	0,962	5,73
70	3,407	1,000	5,74
80	3,277	0,962	5,73
100	3,018	0,886	5,69
120	2,507	0,736	5,61
150	1,898	0,557	5,49
200	1,898	0,557	5,49
250	2,242	0,658	5,56
350	2,507	0,736	5,61
500	2,846	0,835	5,67
1000	2,932	0,861	5,68
2000	2,706	0,794	5,64
3000	1,693	0,497	5,44
5000	1,516	0,445	5,39
10000	1,032	0,303	5,23

Tab. 19f.
$R = 65536.$ $T_m = 32.$ $\frac{r_m}{R} = 2{,}865.$

T	$\frac{r}{R}$	$\frac{r}{r_m}$	log. 10 r
10	1,000	0,349	5,82
20	1,819	0,635	6,08
30	2,841	0,991	6,27
40	2,690	0,939	6,25
50	2,614	0,912	6,24
60	2,424	0,846	6,20
100	1,564	0,545	6,01
150	0,926	0,323	5,79
200	0,842	0,294	5,74
250	0,842	0,294	5,74
350	1,347	0,470	5,96
500	1,884	0,588	6,05
1000	1,894	0,661	6,10
2000	1,985	0,693	6,12
3000	0,992	0,346	5,82
5000	0,898	0,313	5,78
10000	0,451	0,158	5,48

der Empfindung nach Verlauf der Zeit T gröfser geworden ist, als es nach Verlauf von 10" war. Mittels dieser Zahlen berechnete ich darauf die Reizdauer T_m, welche die maximale Empfindung hervorruft, und den Wert r_m, den der variable Reiz hier haben würde. Dieser Punkt bedarf indes einer näheren Erklärung.

Die Tabellen 19 a—f zeigen, dafs rR anfangs mit steigenden Werten von T stark anwächst, in der Umgegend seines Maximalwertes dagegen nur äufserst wenig variiert. Folglich wird die experimentelle Bestimmung sowohl dieser Gröfse als auch des Wertes T_m, wo r sein Maximum erreicht, mit grofsen Schwierigkeiten verbunden sein, was auch aus den bedeutenden zufälligen Fehlern hervorgeht, mit denen sowohl Exners als Kunkels Messungen behaftet sind. Es ist deshalb viel genauer, die maximalen Werte T_m und r_m zu berechnen, wozu nur erforderlich ist, dafs man die Werte von r für eine hinlängliche Anzahl äquidistanter Werte von T in der Umgegend des Maximumspunktes gefunden hat. Durch die Masse vorläufiger Versuche, die ich anstellen mufste, um die nötige Übung zu erwerben, hatte ich zugleich eine Vorstellung von der ungefähren Lage der Maximumspunkte erhalten, und es war daher leicht zu bestimmen, für welche Werte von T die Messungen ausgeführt werden mufsten. Mittels der Newtonschen Interpolationsformel wurde hieraus dann T_m und das entsprechende r_m berechnet. Wie genau die Bestimmungen auf diese Weise werden können, wird sich uns später zeigen, wenn wir die Richtigkeit der von E x n e r aufgestellten Formel für die Abhängigkeit der Maximumszeiten von der Intensität des Reizes untersuchen sollen. Einstweilen haben nur die einzelnen Werte T_m und r_m/R Bedeutung für uns, und diese sind über jeder der sechs Tabellen angegeben.

Mit Hilfe der berechneten Werte r_m können wir nun einen Überblick darüber erhalten, wie die Empfindung mit der Zeit T variiert. Nimmt man nämlich für jede der untersuchten Intensitäten r_m als Einheit, und drückt man die anderen Werte von r durch diese Einheit aus, so erhält man die in der Kolonne $r r_m$ angeführten Brüche, die mithin die Beziehungen zwischen den Argumenten der verschiedenen Empfindungen mit dem Maximal-

argumente r_- als Einheit angeben. In der Fig. 12 sind
diese Gröfsen als Ordinaten abgesetzt, während die

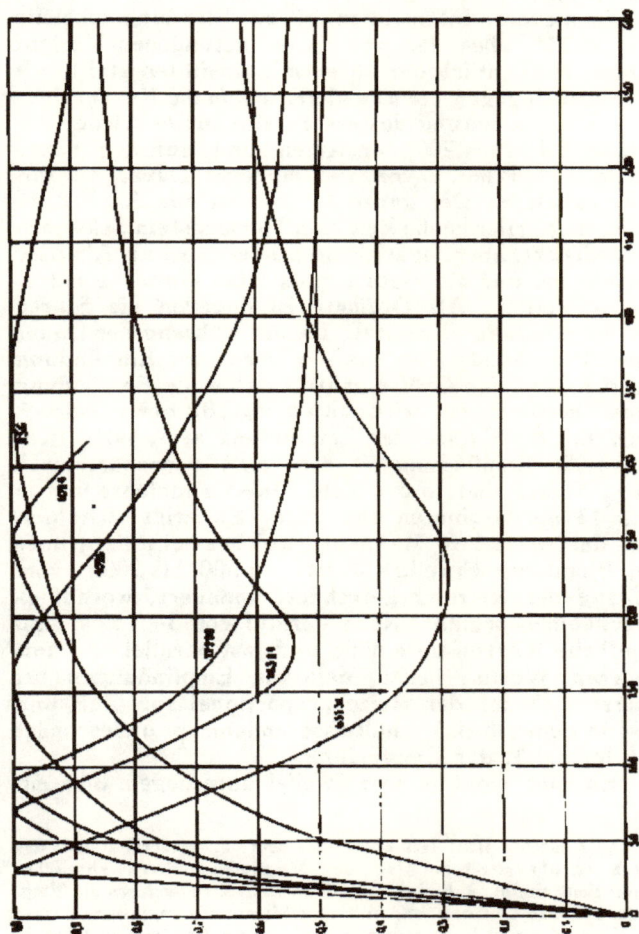

Fig. 12.

Zeit T als Abszisse genommen wurde. Für jede der
sechs Intensitäten R erhalten wir also eine besondere
Kurve. Da die Abänderungen während der ersten

halben Sekunde das größste theoretische Interesse haben, umfaßt die Figur nur diese, bis $T = 600°$. Aus der graphischen Darstellung ist zu ersehen, daß die Kurven für die niederen Intensitäten, bis zur Blendungsschwelle $R = 12\,288$, eben den von Exner gefundenen Verlauf haben. Hinsichtlich der höheren Intensitäten stellt sich die Sache dagegen etwas anders, indem die Kurven hier nach Überschreitung des ersten Maximums wieder ungefähr bei $T = 200°$ ansteigen und nun ein neues partielles Maximum von viel längerer Dauer als das erste erhalten. Der ganze Verlauf ist aus der Fig. 13 ersichtlich. Hier ist die Zeit T, in Tausendsteln Sekunden ausgedrückt, aber logarithmisch abgesetzt, als Abszisse genommen, und die Figur umfaßt also sämtliche untersuchte Zeiten. Als Ordinate ist dagegen die Stärke der Empfindung abgesetzt. Da der während der Dauer von $10°$ wirkende Reiz das Argument der Empfindung ist, d. h. diejenige Größe, mittels deren die Empfindung genau bestimmt ist, wird mithin $\log.10r$ der Ausdruck eben für die Größe der Empfindung sein, oder richtiger: die Empfindung ist dem $\log.10r$ proportional[1]. Diese Werte sind in der Tab. 19a—f angeführt und in Fig. 13 als Ordinaten abgesetzt. Es zeigt sich hier, daß das sekundäre Maximum, welches bei Reizen über der Blendungsschwelle eintritt, von $500°$ bis $2000°$, vom Anfang der Reizung gerechnet, andauert, worauf es abzunehmen beginnt. Nach Verlauf von 3—5 Sek. sind sämtliche Kurven geradlinig und fast parallel, was mit anderen Worten heißt, daß die Empfindungen bei längerer Dauer der Reize proportional zur Zeit und fast in demselben Verhältnisse abnehmen, unbeschadet der Intensität der Empfindung.

Es kann wohl keinem Zweifel unterliegen, daß ein

[1] Es möchte wohl fast überflüssig sein, zu bemerken, daß das durch $\log.10r$ gegebene Maß der Empfindung deren physisches Äquivalent angibt, d. h. das Potentialgefäll, durch welches die Empfindungsstärke bestimmt ist. Wie man hieraus die psychische Größe der Empfindung, d. h. die zwischen Null und der Empfindung liegende Anzahl ebenmerklicher verschiedener Empfindungen zu bestimmen imstande ist, damit werden wir uns in einem folgenden Abschnitte beschäftigen, wo das Unterscheidungsgesetz für Lichtempfindungen zur Behandlung kommt.

so umfassendes empirisches Material wie das vorliegende, aus welchem zugleich bisher ganz unbekannte

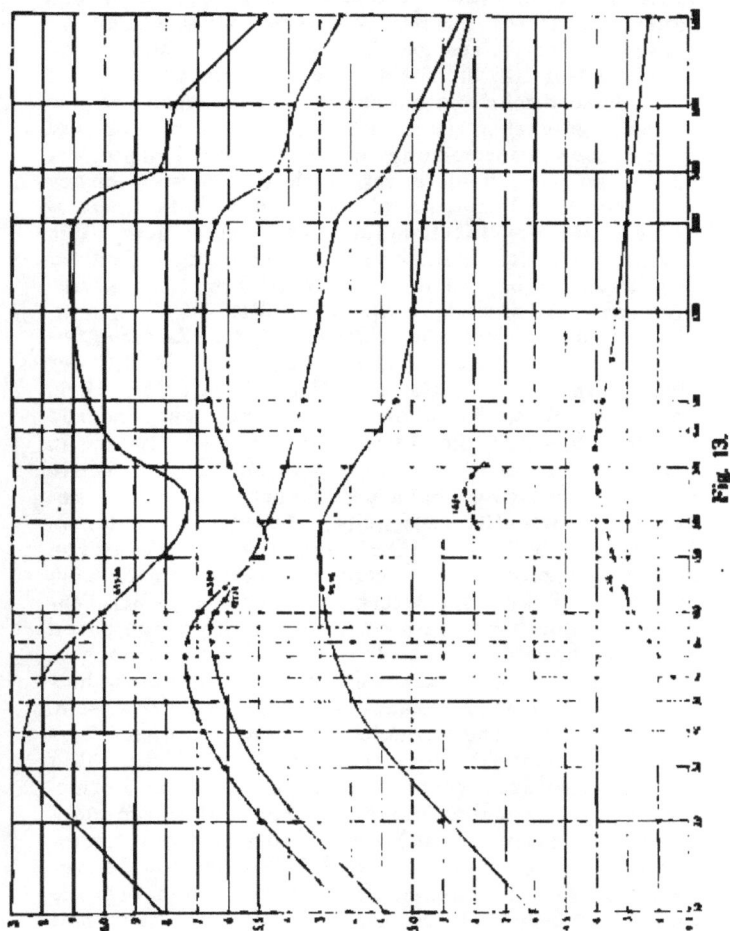

Fig. 13.

Tatsachen hervorgehen, nicht nur die Beantwortung
mehrerer bis jetzt ungelöster Fragen enthält, sondern
auch neue Probleme erhebt. Solcher stellen sich sogleich

zwei ein: Was ist die Ursache der eigentümlichen Variationen, die eine durch einen konstanten Reiz erregte Lichtempfindung erleidet, wenn die Dauer des Reizes anwächst? Ferner: Wenn die Stärke R und die Dauer T des Reizes gegeben sind, wie können wir dann ein Maß für die Stärke der Empfindung erhalten, ohne diese direkt experimentell zu bestimmen, so wie es hier geschehen ist? Können wir nur eine befriedigende Beantwortung dieser beiden Fragen erzielen, so werden hierdurch auch die meisten bisher aufgeworfenen Probleme mit Bezug auf die Intensitätsverhältnisse der Lichtempfindungen gelöst sein. Wir beginnen mit der letzteren der beiden Fragen, da diese sich unabhängig von der hypothetischen Lösung der ersteren befriedigend beantworten läßt.

Die psychophysische Maßformel für Lichtempfindungen. Zur genauen Berechnung der Stärke der Empfindung als Funktion von R und T ist erforderlich, daß man diese Funktion kennt, oder mit anderen Worten, daß man die vollständigen Formeln für die in der Fig. 13 gezeichneten Kurven kennt. Diese Formeln abzuleiten, wird nun meines Ermessens wohl keine unüberwindlichen Schwierigkeiten bereiten. In einem folgenden Abschnitte: ›Die energetische Theorie von der Helladaptation der Netzhaut‹ werde ich die verschiedenen Faktoren erörtern, die aller Wahrscheinlichkeit nach durch ihr Zusammenwirken die sonderbaren Schwankungen der Stärke der Empfindung verursachen, und wenn wir nur wissen, mit welchen Kräften wir hier zu schaffen haben, so kann es nicht schwierig sein, allenfalls empirische Formeln für deren Wirkungen herzuleiten. So muß sich eine, wenn auch nicht völlig rationelle, so doch jedenfalls hinlänglich genaue Formel für die Stärke der Empfindung als Funktion von R und T beschaffen lassen. Diese Formel wird höchstwahrscheinlich aber so kompliziert sein, daß ihre praktische Anwendbarkeit sehr zweifelhaft wird. Zudem haben wir gar keinen Gebrauch für eine solche Formel. Es kommt in der Praxis, bei den psychologisch-optischen Untersuchungen, nämlich gar nicht vor, daß die zu vergleichenden Lichtempfindungen verschiedene Dauer haben. Entweder sind die beiden Reize als unmittelbar

aneinander grenzend gegeben, und dann mufs ihre Dauer
dieselbe werden, wenn man die Grenzlinie fixiert. Oder
auch handelt es sich um drei oder mehr räumlich ge-
trennte Reize, dann erfordert ein Vergleichen aber,
dafs das Auge zu wiederholten Malen zwischen ihnen
hin und her wandert, und der Reiz wird dann so andauernd, dafs kleine Differenzen der Dauer der einzelnen
Reize ohne wesentliche Bedeutung werden. Wir brauchen
mit anderen Worten in der Praxis die Abhängigkeit
der Empfindung von der Zeit nicht zu berücksichtigen,
weil die Zeit bei jeder einzelnen, speziellen Untersuchung als konstant betrachtet werden kann. Es ist
natürlich diese relative Konstanz der Zeit, die es ermöglicht hat, auf dem psychologisch-optischen Gebiete
Gesetzmäfsigkeiten zu finden, obschon man die Stärke
der Empfindung einzig und allein als Funktion des
Reizes betrachtet hat, was auch berechtigt ist, wenn
dessen Dauer während einer bestimmten Versuchsreihe
hinlänglich konstant beibehalten wird. Man mufs dann
aber auch darüber im reinen sein, dafs man nicht dieselben zahlenmäfsigen Resultate erhalten kann, wenn
man die Dauer des Reizes ändert. Dies tritt in
der Tab. 18 klar hervor. Da derselbe Reiz nach
verschiedener Dauer gar nicht dieselbe Empfindung
erregt, wird selbstverständlich auch die U.-E. eine
andere. Im folgenden kommen wir auf diesen Punkt
wie auch auf die hieraus fliefsenden Konsequenzen
zurück.

Hier handelt es sich vorläufig nur darum, einen
Ausdruck für die Beziehung zwischen der Stärke des
Reizes und der maximalen Empfindung, die dieser zu
erregen vermag, herzuleiten. Nun haben wir bei den
experimentellen Untersuchungen freilich fast nie mit
der maximalen Empfindung zu schaffen, da dieses
Maximum so schnell eintritt, dafs es bei unseren gewöhnlichen Beobachtungen gar nicht in Betracht kommt.
Es läfst sich aber leicht nachweisen, dafs man, ohne
einen mefsbaren Fehler zu begehen, die für das Maximum
der Empfindung gültige Beziehung zur Berechnung gebrauchen kann, sobald die miteinander zu vergleichenden
Empfindungen nicht gar zu sehr an Intensität differieren. Dies können wir am leichtesten darlegen, wenn

wir vorerst die betreffende Beziehung kennen, zu deren Herleitung wir jetzt schreiten.

Schon früher (2. Teil, S. 84—88) wies ich nach, dafs man einen Ausdruck für das einem gegebenen Werte von R entsprechende Maximum der Empfindung unter der Voraussetzung herleiten kann, dafs die Formel $E = c \cdot \log. (R \cdot T / R_0)$ für den Zeitraum, T_m, gültig ist, während dessen die Empfindung ihr Maximum erreicht. Später zeigte ich, wie man die zum Ausdruck für T gehörenden Konstanten durch Messungen der Periodenkonstanten der rotierenden Scheiben zu finden imstande ist[1]. Nun ist es indes sicher, dafs der obengenannte Ausdruck für E nicht gültig ist, bis $T = T_m$. Wäre dies nämlich der Fall, so würde E eine symmetrische Funktion von R und T sein; man müfste folglich innerhalb der genannten Grenze $r \cdot t = R \cdot T$ haben. Unsere Messungen (Tab. 19a—f) zeigen indes, dafs dem nicht so ist. Da man bei allen diesen Bestimmungen $t = 10^e$ hatte, mufs mithin $T = 10 \cdot r / R$ sein, solange E eine symmetrische Funktion von R und T ist. Man hat also nur nötig, die in der Tab. 19a—f angeführten Werte r/R mit 10 zu multiplizieren; ist das erschienene Produkt gleich T, so gilt die Formel $E = c \cdot \log. (R \cdot T / R_0)$, im entgegengesetzten Falle aber nicht. Auf diese Weise überzeugt man sich leicht, dafs die Empfindung bis $T = 30^e$, schwerlich aber weiter, durch das Produkt $R \cdot T$ bestimmt ist. Folglich ist es auch unzulässig, den maximalen Wert der Empfindung dadurch zu bestimmen, dafs man T_m statt T setzt, denn so weit ist die Formel nicht gültig, was uns die Messungen zeigen. Es läfst sich aber leicht darlegen, dafs die unrichtige Voraussetzung, auf die ich mich früher stützte, ganz unnötig ist. Man kann nämlich einen Ausdruck für die maximale Intensität der Empfindung ableiten, ohne zu irgendeiner hypothetischen Voraussetzung zu greifen, und gelangt hierdurch, einen konstanten Faktor ausgenommen, zu ebendemselben Ausdruck, den ich früher angegeben habe. Da dieser Ausdruck, die psychophysische Mafsformel für die Lichtempfindungen, für alle unsere folgenden Untersuchungen von der gröfsten Wichtigkeit ist, werde ich

---

[1] Phil. Stud. Bd. 20. S. 76—77.

nun eine Entwicklung desselben geben, die sich meines Erachtens ausschließlich auf festgestellte Tatsachen stützt.

Zum Ausgangspunkte nehme ich die Tatsache, daß zwei Reize, r und R, die während ganz kurzer Zeiten, t und T, wirken, dieselbe Empfindung geben werden, wenn

$$r \cdot t = R \cdot T \dots \dots \dots \dots \text{(Gleich. 27)}.$$

Daß Gleich. 27 unter der angeführten Bedingung gilt, wurde teils mittels rotierender Scheiben (2. Teil, S. 85—86), teils mittels der oben besprochenen Messungen (Tab. 19 a—f) dargetan. Da die Intensität E der Empfindung bei kleinen Werten von T also durch das Produkt $R \cdot T$ bestimmt ist, hat man folglich auf Grundlage der Fechnerschen Formel:

$$E = c \cdot \log. \frac{R \cdot T}{R_0} \dots \dots \dots \dots \text{(Gleich. 28)}.$$

Wir wissen nun, daß Gleich. 28 im allgemeinen nicht für längere Zeiten als $T - 30''$ gültig ist, während welcher Dauer die Empfindung ihr Maximum nicht erreicht. Wäre sie aber noch ferner gültig, bis die Empfindung während der Zeit T, ihr Maximum E_- erreicht hätte, so würde man also haben:

$$E_- = c \cdot \log. \frac{R \cdot T_,}{R_0} \dots \dots \dots \text{(Gleich. 29)}.$$

Da die Messungen der Variationen der Empfindung mit der Zeit T zeigten, daß die Empfindung ihr Maximum um so früher erreicht, je größer R ist, muß mithin die hypothetische Größe T, eine Funktion von R sein. Könnten wir daher nur T, durch R ausgedrückt finden, so müßte dieser Ausdruck, in Gleich. 29 eingesetzt, den gesuchten Ausdruck für die maximale Intensität E_- der Empfindung geben.

Zu einem Ausdruck für T, gelangen wir nun durch folgende Betrachtung. Wir denken uns eine rotierende Scheibe mit gleichgroßen lichtlosen und hellen Sektoren, letztere von der Intensität $2 R$. An derselben Achse ist eine kleinere Scheibe angebracht, die überall die Intensität R hat. Rotieren diese Scheiben nun so geschwind, daß der periphere Ring eben gleichmäßig grau erscheint, so wird die Intensität des Zentrums der Er-

fahrung gemäfs genau dieselbe sein wie die der Peripherie,
indem die Sektoren des peripheren Ringes zusammen
die halbe Gradanzahl, aber doppelt so grofse Intensität
haben als die zentrale Scheibe. Da ferner die Rotationszeit der Scheibe gerade gleich der kritischen Periode
ist, so wird die Zeit, während der jeder einzelne der
hellen Sektoren aufs Auge wirkt, gleich der Perioden-
konstante τ sein. Wir denken uns nun, dafs wir die
Scheibe während der Zeit T_x betrachtet haben, und dafs
die Empfindung während dieser Zeit gerade ihr Maximum
erreicht hat. An dem zentralen Teile der Scheibe hat also
die Intensität R während der Zeit T_x, an dem peripheren
Teile die Intensität $2R$ während der Zeit $x \cdot \tau$ das Auge
gereizt, indem wir annehmen, dafs die unbekannte Anzahl x Sektoren das Auge passiert hat. Da das Zentrum
dieselbe Empfindung gibt wie die Peripherie, mufs man
folglich haben:

$$R \cdot T_x = 2 R \cdot x \cdot \tau \text{ oder } R \cdot \frac{T_x}{x} = 2 R \cdot \tau \dots \text{(Gleich. 30)}.$$

Es kommt nun also blofs darauf an, zu ermitteln, wie τ
mit R variiert. Die Formel hierfür haben wir schon
früher gefunden (2. Teil. S. 37). Diese Messungen leiden
jedoch an dem Mangel, dafs sie nicht weiter als bis zur
Blendungsschwelle geführt sind; aufserdem wurden sie
mit natürlicher Pupille angestellt, so dafs der gemessene
objektive Wert von R nicht der Intensität des Lichtes
entspricht, das die Netzhaut trifft. Später[1] wurde diesen
beiden Mängeln abgeholfen, indem die an diesem Orte
gegebenen Messungen mit unveränderlicher Pupillenweite ausgeführt sind und weit über die Blendungsschwelle hinausgehen; die Intensität ist in der oben
(S. 152) festgestellten Einheit ausgedrückt. In der
Tab. 20 sind diese Messungen wiedergegeben; es erweist sich, dafs bis zur Blendungsschwelle die Formel:

$$τ = k — k_1 \log. R \dots \dots \text{(Gleich. 31)}$$

gültig ist. Die Größe k ist eine von der Wellenlänge
des Lichtes unabhängige Konstante, indem man für
alle Farben bei gleicher Intensität denselben Wert
findet; als Mittel von 110 Bestimmungen fand ich

[1] Phil. Stud. Bd. 20, S. 91.

$k = 47,1$. Berechnet man hieraus den wahrscheinlichen Wert von k_1 für die Intensitäten zwischen den Grenzen $R = 1$ und $R = 16384$, so bekommt man $k_1 = 8,41$. Setzt man daher in den Ausdruck $\tau = 47,1 - 8,41 \cdot \log$. R sukzessiv die verschiedenen Werte von R ein, so erhält man die unter der Überschrift »τ ber.« in der Tab. 20 angeführten Größen. Werden die Berech-

Tab. 20.

R	τ	τ ber.	$\dfrac{R}{Btg2}$	p	τ_b ber.	f
1	47,1					
4	41,8	42,0				−0,2
16	35,6	37,1				−1,5
64	31,9	31,9				0,0
256	26,2	26,8				−0,6
1024	20,5	21,8				−1,3
4096	17,2	16,7				+0,5
16384	13,0	11,7	2	0,123	12,9	+0,1
65536	10,7	6,6	3	0,113	10,9	−0,2
262144	9,8	1,6	32	0,121	9,7	+0,1
1048576	9,4	−3,5	128	0,121	9,2	+0,2

nungen auch für höhere Werte von R als $R = 16384$ durchgeführt, so erweist es sich, dafs das Gesetz hier durchaus keine Gültigkeit hat; zuletzt wird τ sogar negativ. Es mufs also eine besondere Ursache geben, die oberhalb der Blendungsschwelle störend eingreift und die Gültigkeit der Gleich. 31 aufhebt. Diese Ursache kann offenbar wohl keine andere sein als die Blendungsempfindung, die als eine Hemmung der Lichtempfindung wirkt, welche sie begleitet[1]. Verhält dies sich aber so, so mufs die Änderung, welche die Lichtempfindung durch die gleichzeitige Blendungsempfindung erleidet, sich mittels des Hemmungsgesetzes berechnen lassen. Zu dem gesuchten Ausdruck für τ gelangen wir dann durch folgende Betrachtung.

Es liege die Blendungsschwelle bei der Intensität B. Ist $R > B$, so wird mithin die durch R erregte Empfindung durch die gleichzeitige Blendung gehemmt werden. Das Verhältnis wird also dasselbe sein, als wenn die Empfindung nicht durch R, sondern durch

---

[1] Ein ferneres Argument hierfür ist gegeben l. c. S. 93.

den etwas kleineren Reiz R_{a} erregt wäre, und r hat dann die Größe:

$$r_{a} = k - k_{1} \log . R_{a} \dots \dots \dots \text{(Gleich. 32)}.$$

Die zentralen, durch R und R_{a} hervorgerufenen Vorgänge (Empfindungen) werden dann $\log . R$ bezw. $\log . R_{a}$ proportional sein[1]. Die Verminderung, welche die von R hervorgerufene Empfindung durch die Blendung erlitten hat, ist folglich $\log . R - \log . R_{a}$, und die relative Verminderung wird also: $(\log . R - \log . R_{a}) : \log . R$. Diese relative Verminderung soll nun dem Hemmungsgesetze zufolge gleich demjenigen Bruchteile der Energie sein, der von dem anderen gleichzeitigen Vorgange, der Blendung, verbraucht wird. Von dieser wissen wir jedenfalls so viel, daß sie für $R = B$ Null ist, und daß sie mit R anwächst; den anderen zentralen Vorgängen analog dürfen wir sie deshalb als proportional zu $\log . (R/B)$ betrachten. Ist nun p derjenige Bruchteil der disponiblen Energie, der vom Blendungsvorgange verbraucht wird, wenn $\log . (R/B) = 1$ ist, so hat man folglich für einen willkürlichen Wert von $R > B$:

$$\frac{\log . R - \log . R_{a}}{\log . R} = p \cdot \log . \frac{R}{B}, \text{ woraus folgt:}$$

$$\log . R_{a} = \left(1 - p \cdot \log . \frac{R}{B}\right) \log . R$$

oder: $R_{a} = R^{1-p \cdot \log . (R/B)} \dots \dots$ (Gleich. 33).

Setzt man den Ausdruck für $\log . R_{a}$ in Gleich. 32 ein, so hat man:

$$r_{a} = k - k_{1} \left(1 - p \cdot \log . \frac{R}{B}\right) \log . R \dots \text{(Gleich. 34)}.$$

Ist nun die Betrachtung, die uns zur Gleich. 33 führte, richtig, so muß es sich also erweisen, daß p, aus Gleich. 34 berechnet, eine Konstante ist. Diese Berechnung läßt sich leicht ausführen, da die Tab. 20 uns die den einzelnen Werten von R entsprechenden Größen von r gibt, es fehlt uns also nur die Größe von B. Da die Messungen, durch die wir r bestimmen, ziemlich lange Observationsdauer, etwa 10 Sek., erfordern, haben

---

[1] Vgl. die weitere Entwicklung in dem späteren Abschnitte: »Die wechselseitige Hemmung disparater Empfindungen«.

wir infolgedessen für mein Auge $B = 8192$ (vgl. S. 170). Setzt man diese Größe in Gleich. 34 ein, und löst man die Gleichung mit Bezug auf p, so bekommt man:

$$p = \frac{1 - \dfrac{k - \tau}{k_1 \, \log. R}}{\log. \dfrac{R}{8192}}.$$

Wird hierin $k = 47,1$ und $k_1 = 8,41$ und darauf sukzessiv die zusammengehörenden Werte von R und τ eingesetzt, so läßt sich p berechnen; die somit gefundenen Größen sind in der Tab. 20 angeführt, und es geht aus ihnen hervor, daß p wirklich konstant ist. Als Mittel erhält man $p = 0,119$, und wird dies in Gleich. 34 eingesetzt, so kann man hieraus τ_B berechnen; diese Größen sind in der Tab. 20 unter der Überschrift »τ_B ber.« angegeben. Die Differenzen f zwischen den gefundenen und den berechneten Werten von τ zeigen, wie genau diese Größe die angegebenen Gesetze befolgt.

Wir haben jetzt also zwei Ausdrücke für τ. Für $R < B$ gilt die Formel:

$$\tau = k - k_1 \cdot \log. R \quad \ldots \ldots \ldots \text{(Gleich. 31)}.$$

Für $R > B$ gilt dagegen Gleich. 34. Diese läßt sich aber der Bequemlichkeit wegen auf eine der Gleich. 31 analoge Form bringen. Setzt man nämlich:

$$k_2 = k_1 \left(1 - p \cdot \log. \frac{R}{B} \right) \quad \ldots \ldots \text{(Gleich. 35)},$$

so wird:

$$\tau_B = k - k_2 \cdot \log. R \quad \ldots \ldots \ldots \text{(Gleich. 36)}.$$

Hieraus folgt also, daß wir im folgenden nur nötig haben, die allgemeinen Formeln für den Fall zu entwickeln, wo $R < B$ ist, wo mithin Gleich. 31 Gültigkeit hat. Wird $R > B$, so erhalten wir dann einen analogen Ausdruck, indem wir überall, wo k_1 vorkommt, nur das durch Gleich. 35 bestimmte k_2 setzen. Wegen dieser Vereinfachung vermeiden wir es also, alle allgemeinen Entwicklungen an einer doppelten Gruppe von Formeln durchzuführen.

In Gleich. 30 können wir jetzt den gefundenen Ausdruck für τ einsetzen. Der der Intensität $2 R$

entsprechende Wert von τ ist nach Gleich. 31:
$\tau = k - k_1 \log. 2 R$; wir haben also:

$$R \cdot \frac{T_r}{x} = 2 R \cdot \tau = R (2 k - 2 k_1 \log. 2 - 2 k_1 \log. R).$$

Setzen wir hier:
$$a = 2 (k - k_1 \log. 2) \dots \dots \dots \text{(Gleich. 37)}$$
$$\text{und } b = 2 k_1 \dots \dots \dots \dots \text{(Gleich. 38)}.$$
so erhalten wir:

$$R \cdot \frac{T_r}{x} = R (a - b \log. R) \text{ oder}$$
$$R \cdot T_r = x \cdot R (a - b \log. R) \dots \dots \text{(Gleich. 39)}.$$

Da die Größen a und b sich für jeden Wert von R aus den Gleichungen 37 und 38 (und den analogen, mit k_2 statt k_1, wenn $R > B$ ist) berechnen lassen, ist $T_r x$ also bekannt. Nun ist das Maximum der Empfindung gerade durch das Produkt $R \cdot T_r$ bestimmt. Für die maximale Größe der Empfindung haben aber auch unsere Bestimmungen (Tab. 19 a—f) uns ein Maß gegeben an dem Produkte $10 \cdot r_m$. Ist obige Entwicklung im ganzen richtig, so müssen wir folglich haben: $10 \cdot r_m = R \cdot T_r$. Wird hier der Wert $R \cdot T_r$ aus Gleich. 39 eingesetzt, so erhalten wir:

$$10 \cdot r_m = x \cdot R \cdot (a - b \log. R) \text{ oder}$$
$$x = \frac{10 \cdot r_m}{R (a - b \log. R)} \dots \dots \text{(Gleich. 39 a)}.$$

Berechnet man x aus obigem Ausdrucke, so muß es sich als eine von R unabhängige Konstante erweisen. In

Tab. 21.

R	$\dfrac{r_m}{R}$	$a - b \log. R$	x	f
256	9,969	48,6	2,051	+ 0,118
1024	6,583	35,5	1,710	— 0,113
4096	4,917	28,3	1,738	— 0,085
11288	3,750	20,3	1,848	+ 0,035
16384	3,407	19,4	1,756	— 0,067
65536	2,865	15,6	1,837	+ 0,014

vorstehender Tab. 21 sind die zu dieser Prüfung erforderlichen Werte angeführt. Unter R sind die Intensitäten

gegeben, hinsichtlich deren wir in der Tab. 19a—f die
Variationen der Empfindung mafsen; $r_{-}'R$ sind die in
den sechs genannten Tabellen angeführten Mafse der
maximalen Empfindungen. Die Gröfsen $(a — b \cdot \log. R)$
sind aus den Gleichungen 37 und 38 berechnet, wo
$k = 47,1$, $k_1 = 8,41$ ist. Für Werte von $R > B$ ist k_1
gebraucht statt k_1, indem k_1 aus Gleich. 35 berechnet
wurde. Hierbei ist nur zu bemerken, dafs die Blendungsschwelle hier bei $R = 12288$ liegt, da es sich bei der
Bestimmung des Maximums der Empfindung stets um
sehr kurze Zeiträume handelt; in Gleich. 35 ist deswegen
$B = 12288$ gesetzt. Die aus Gleich. 39 berechneten
Werte von x sind in der Tab. 21 angeführt; eine
gröfsere Übereinstimmung steht wohl kaum zu erwarten, wenn man bedenkt, wie schwierig die Bestimmungen sind, die zu den Werten $r_{-}'R$ führten. Ein
kleiner Fehler dieser Zahlen, die mit 10 multipliziert
werden (vgl. Gleich. 39a), mufs notwendigerweise wesentlichen Einflufs auf x erhalten. Als Mittel bekommt
man $x = 1,823$, und da die unter f angeführten Abweichungen keine gesetzmäfsigen Variationen zeigen,
darf man x mithin wirklich als eine Konstante betrachten.
Mit grofser Annäherung hat man also tatsächlich
$10 \cdot r_{-} = R \cdot T_1 = 1,823 \cdot R \cdot (a — b \log. R)$, und wird dies in
Gleich. 28 eingesetzt, so erhält man als Ausdruck für
den maximalen Wert der Empfindung:

$$E_{-} = c \cdot \log. \left[\frac{1,823 \cdot R}{R_0} (a — b \cdot \log. R) \right]$$

welche Formel sich nur durch die Konstante 1,823 von
dem früher (2. Teil, S. 88) entwickelten Ausdrucke
unterscheidet. Gröfsere Bedeutung kann diese Konstante doch nicht für uns haben, da wir in der Praxis
wohl nie mit der maximalen Gröfse der Empfindung zu
tun bekommen. Dieses Maximum tritt nämlich, wie
Tab. 19a—f zeigt, so früh ein, dafs es sich der Aufmerksamkeit gänzlich entzieht, und bei unseren gewöhnlichen Vergleichungen von Lichtempfindungen, wo
die Beobachtung doch stets einige Sekunden beansprucht, ist die Empfindung schon erheblich schwächer
als ihr Maximum. Nennen wir die Stärke der Emp-

findung, nachdem der Reiz T Sekunden gedauert hat,
E_τ, so hat man für diese Größe also die Formel:

$$E_\tau = c \cdot \log \cdot \left[\frac{\vartheta \cdot R}{R_u} (a - b \cdot \log \cdot R) \right] \ldots \text{(Gleich. 40)},$$

wo ϑ eine von T abhängige Konstante ist. Dies ist
also die psychophysische Maßformel für die Lichtempfindungen, und, soweit ich zu ersehen vermag, ist
jetzt die Richtigkeit derselben von allen theoretischen
Voraussetzungen unabhängig dargelegt, indem die
ganze vorhergehende Entwicklung sich einzig und allein
auf empirisch festgestellte Tatsachen stützte.

Nun sollte man aber meinen, die Konstante ϑ, die
selbst eine — einstweilen unbekannte — Funktion der
Zeit ist, mache die Maßformel praktisch unanwendbar. Da wir gewöhnlich nämlich ϑ nicht kennen, lasse
die Formel sich also nicht zur Bestimmung von E anwenden. Handelte es sich hierum, so wären wir ohne
Zweifel auch übel daran, denn auch c ist eine ganz unbekannte Größe, so daß schon deswegen die Bestimmung der absoluten Größe der Empfindung unmöglich sein würde. Die Maßformel, Gleich. 40, soll
bekanntlich aber nur dazu dienen,[1] uns eine Beziehung
zwischen zwei Empfindungen zu geben, entweder die
Bedingung für deren gleiche Stärke oder einen Ausdruck für das Verhältnis zwischen den Reizen, wenn
die Empfindungen ebenmerklich verschieden sind. In
beiden Fällen haben wir also mit zwei Reizen zu
schaffen; und ist nur deren Dauer dieselbe, was fast
immer bei den Beobachtungen stattfindet, so wird ϑ
auch eine beiden Empfindungen gemeinschaftliche Konstante, die sich eliminieren läßt. Man sieht z. B. leicht,
daß es nicht den geringsten Einfluß auf die Bedingungsgleichung für gleichhelle Farben erhält[1], ob
innerhalb des Logarithmenzeichens an beiden Stellen
der Faktor ϑ hinzugefügt wird; die Folge hiervon wird
nur, daß man, statt P auszuscheiden, die Größe ϑP
isolieren muß, und die Bedingungsgleichung ändert
hierdurch ihre Form nicht. Im folgenden wird sich
uns hinlängliche Gelegenheit darbieten, um zu sehen,

---

[1] Phil. Stud. Bd. 20. S. 73.

daſs wir ϑ ebenfalls bei der Bestimmung ebenmerklicher
Unterschiede völlig auſser Betracht lassen können. Der
Faktor ϑ wird, soweit ich zu ersehen vermag, eigentlich
nur bei der Methode der mittleren Abstufungen eine
Rolle spielen, wenn die drei zu vergleichenden Reize
untereinander sehr verschieden sind: denn ϑ ist nicht
nur eine Funktion der Zeit — mithin für dieselbe Be-
obachtungsdauer konstant — sondern auch eine Funktion
des R, wie am leichtesten aus Fig. 13 ersichtlich. Je
gröſser R ist, um so mehr sinkt E während einer gegebenen Zeit, wenn nur diese 3 Sek. überschreitet,
unter das Maximum. Will man daher bei der Methode
der Abstufungen ϑ als konstant betrachten, so führt
man einen Fehler ein, der um so gröſser wird, je gröſser
die Differenz zwischen den Reizen ist. Später werden
wir indes sehen, daſs dieser Fehler bei den Differenzen derjenigen Reize, von deren Anwendbarkeit in
der Praxis die Rede sein kann, fast verschwindend ist.
Der Faktor ϑ wird deshalb in fast allen Fällen ohne
Bedeutung, und wir können also folgendes Resultat
feststellen:

Wenn zwei oder mehrere Lichtempfindungen, die durch Reize von derselben Dauer
erregt werden, miteinander in Beziehung gesetzt werden sollen, so ist die Intensität der
einzelnen Empfindung bestimmt durch:

$$E = c \cdot \log.\left[\frac{R}{R_0} (a - b \cdot \log. R)\right]$$

Das Zeitverhältnis des Maximums der Empfindung.
Während die Bestimmung eines Ausdrucks für die
maximale Gröſse der Empfindung, wie wir oben sahen,
von groſser praktischer Wichtigkeit ist, hat der Zeitpunkt für das Eintreten des Maximums der Empfindung
kein praktisches und kaum theoretisches Interesse. Da
verschiedene Forscher indes eine nicht geringe Arbeit ver-
wandt haben, um die gesetzmäſsigen Variationen dieses
Zeitpunktes festzustellen (siehe S. 171—172, 174 –177),
ohne daſs das Resultat schon als unzweifelhaft zu betrachten wäre, und da meine oben angeführten Messungen
hinlängliches Material zur Entscheidung des Streites
enthalten, werde ich diesen Punkt mit ein paar Worten

berühren. Exner kam durch seine Untersuchungen bekanntlich zu einem Gesetze, das sich mathematisch so formulieren läfst:

$$T_m = a - a_1 \cdot \log. R,$$

wo a und a_1 Konstanten sind (2. Teil, S. 88). Eine Bestimmung dieser Konstanten für Exners Messungen ist wohl kaum möglich, da die einzelnen Resultate stark voneinander abweichen und es nicht angegeben ist, ob die Werte von R, bei denen die Messungen ausgeführt wurden, in den beiden Versuchsreihen dieselben sind. Als Mittel aller Exnerschen Messungen erhält man indes folgendes Ergebnis: Nimmt die Lichtstärke R bis zur Hälfte ab, so steigt die Zeit für das Eintreten des Maximums der Empfindung um 47,2". Kunkels Messungen, die an Spektralfarben angestellt wurden, geben viel kleinere Werte für T_m als die Exnerschen; ebenfalls sind die einer Halbierung von R entsprechenden Zuwachse zu T_m durchweg kleiner. Kunkel bemerkt übrigens, es habe kein grofses Interesse, eine Formel wie die angeführte: $T_m = a - a_1 \log. R$ aufzustellen, denn diese werde bei anwachsenden Werten von R schnell zu negativen Werten von T_m führen, was unmöglich sei, so dafs das Gesetz nur sehr beschränkte Gültigkeit haben könne. Der Unterschied zwischen den von Kunkel und den von Exner erzielten Resultaten rührt offenbar von dem Umstande her, dafs Kunkel mit viel höheren Intensitäten arbeitete. Er selbst bezeichnete seine höchsten Intensitäten als blendend, was auch damit übereinstimmt, dafs er das direkte Spektrum einer Petroleumlampe untersuchte. Das hellste Rot eines solchen Spektrums — für welches Kunkel gerade die kürzesten Zeiten findet —, liegt entschieden oberhalb der Blendungsschwelle. Damit scheint aber auch der ganze Unterschied zwischen Exner und Kunkel seine Erklärung gefunden zu haben, wie es aus meinen Messungen hervorgeht.

In der Tab. 22 sind die in der Tab. 19a–f angeführten Werte von R mit den entsprechenden Werten von T_m zusammengestellt. Betrachten wir vorläufig nur diejenigen Gröfsen von T_m, die unterhalb der Blendungsschwelle 12288 fallen, so gelangen wir hier zu genau

demselben Ergebnisse wie Exner: Nimmt R bis zur
Hälfte ab, so steigt T_{π} um 47,2°. Berechnen wir die

Tab. 22.

R	256	1024	4096	12288	16384	65536
T_{π}	350	350	160	90	70	32
ber. T_{π}	350	255	160	85	65	— 30
ber. T_{π}					75	36

Konstanten im Ausdrucke für T_{π}, so erhalten wir:
$T_{\pi} = 730 - 157,8 \cdot \log. R$; die hieraus berechneten Werte
sind in der Tab. 22 angeführt. Wie zu erwarten, gibt
die Formel für hinlänglich grofse R wirklich negative
Werte von T_{π}. Oberhalb der Blendungsschwelle läfst
sich nun aber auch nicht erwarten, dafs die Formel
gültig sein sollte; wir sahen ja im vorhergehenden (S. 192),
dafs der maximalen Empfindung, die der Reiz erregt,
von der zugleich eintretenden Blendungshemmung entgegengearbeitet wird. Hiervon wurde die Folge, dafs
das Maximum der Empfindung nicht die Gröfse erreichte, die es erlangt haben würde, wenn keine
Hemmung stattgefunden hätte. Ferner sahen wir, dafs
der Reiz R_{β}, der ohne Hemmung dieselbe Wirkung
hervorzurufen vermochte wie der von der Hemmung
beeinflufste Reiz R, bestimmt war durch die Formel:
$$R_{\beta} = R^{1 - \log.(R\beta)} \quad \ldots \ldots \ldots \ldots \text{(Gleich. 33)}.$$
Arbeitet also die Hemmung dem im Entstehen be-
griffenen Vorgange entgegen, so dafs R nur wirkt, als
wäre seine Gröfse R_{β}, dann liegt nichts Ungereimtes in
der Annahme, dafs R sich auch in zeitlicher Beziehung
verhält, als wäre seine Gröfse nur R_{β}. Wir müssen
dann mit anderen Worten die Zeit für das Eintreten
des Maximums der Empfindung dadurch ermitteln
können, dafs wir in den Ausdruck für T_{π} statt R das
aus Gleich. 33 entnommene R_{β} setzen. Die hierin vorkommenden Konstanten kennen wir; für die Blendungsschwelle ist bei diesen kurzen Zeiten $B = 12288$ zu
setzen, und oben fanden wir $p = 0.119$. Für Werte von
$R > 12288$ erhalten wir also:
$$T_{\pi} = 730 - 157,8 \left(1 - 0.119 \log. \frac{R}{12288}\right) \log. R.$$

Aus der Tab. 22 sieht man, dafs die hieraus berechneten Werte T_m sehr wohl mit den gefundenen übereinstimmen; die Abweichungen liegen jedenfalls innerhalb der Fehlergrenze der Bestimmungen. Die Formel für T_m wird mithin ein fernerer Beweis für die Richtigkeit der Formel, die wir für die Wirkung der Blendung aufstellten.

Energetische Theorie von der Helladaptation der Netzhaut. Wir kehren nun zu der Frage zurück, die den Ausgangspunkt aller im vorhergehenden besprochenen Untersuchungen bildete: zum Problem von der Helladaptation der Netzhaut. Oben wurde nachgewiesen, dafs man, wenn die U.-E. als Mafs der Helladaptation genommen wurde, zu dem sonderbaren Resultate kam, die Adaptation komme um so früher zustande, je stärker der Lichtreiz sei. Dieses Resultat ist zunächst absurd zu nennen; denn wenn die dunkeladaptierte Netzhaut plötzlich dem Lichte ausgesetzt wird, müssen doch notwendigerweise gewisse Änderungen in derselben vorgehen, bevor sie an den Reiz adaptiert, demselben angepafst ist. Worin diese Änderungen nun auch bestehen mögen, so ist man doch von vornherein zu der Annahme berechtigt, dafs sie um so gröfser werden müssen, je stärker der Lichtreiz ist. Da nun aber vernünftigerweise anzunehmen ist, dafs eine gröfsere Änderung längere Zeit erfordert als eine geringere, so ist es absurd, aller gesunden Vernunft widerstreitend, wenn die experimentelle Untersuchung zu dem entgegengesetzten Ergebnisse führt. Dieser Widerstreit deutet dann zunächst darauf hin, dafs die Erscheinung, die wir als Mafs der Adaptation benutzten, mit dieser gar nichts zu schaffen hätte, und dies ist nach unseren vorhergehenden Untersuchungen auch im höchsten Grade wahrscheinlich. Die Fig. 13 zeigt nämlich, dafs die aus einem Reize von gegebener Stärke resultierende Empfindung während der laufenden Zeit sehr bedeutende Variationen der Intensität erleidet, die überdies um so gröfser und andauernder sind, je stärker der Reiz ist. Diese zeitlichen Variationen der Empfindung können nun unmöglich von dem Reize herrühren, der fortwährend konstant ist. Es ist auch nicht wahrscheinlich, dafs sie spontanen Änderungen

des Zustandes des Gehirns entstammen sollten, denn
dann wäre es ganz unverständlich, weshalb sie von der
Stärke des Reizes gesetzmäfsig abhängig sind, wie
man dann auch erwarten müfste, ähnliche Oszillationen
der Stärke der Empfindung auf anderen Sinnesgebieten
zu finden, wovon sich jedoch nicht die geringste Andeutung findet. Es erübrigt also als einzige wahrscheinliche Annahme, dafs die Variationen der Empfindung dem kleinen isolierten Zentrum, der Netzhaut,
zu verdanken sind. Diese befindet sich während der
Dunkeladaptation in einem relativen Ruhezustand und
mufs folglich gewisse Änderungen erleiden, bevor sie
die von dem Reize beanspruchte Arbeit zu leisten vermag. Erst wenn diese Änderungen stattgefunden haben,
ist die Netzhaut an den Reiz adaptiert, und erst dann wird
aus einem konstanten Reize eine annähernd konstante
Empfindung resultieren. Dies geschieht aber, wie die
Messungen ergaben, beim Übergange aus der Dunkeladaptation nach Verlauf von 1 bis 3 Sek. (vgl. Fig. 13)
je nach der Stärke des Reizes. Gehen wir also davon
aus, dafs die zeitlichen Variationen der Empfindung
von Adaptationsvorgängen in der Netzhaut herrühren,
so kommen wir auf natürliche Weise zu folgender Bestimmung:

Dafs die Netzhaut an einen gegebenen
Lichtreiz adaptiert ist, heifst: ihre Arbeitsfähigkeit ist dem Reize so angepafst, dafs
eine wenigstens annähernd konstante Empfindung resultiert, solange der Reiz konstant
bleibt.

Es ist leicht ersichtlich, dafs diese Definition auch
für die Dunkeladaptation gültig ist. Das Auge ist
nämlich dunkeladaptiert, wenn die Reizschwelle konstant geworden ist, also wenn ein Reiz von ebendieser
Gröfse eine konstante Empfindung hervorruft.

Durch diese Definition der Adaptation entgehen wir
nun zuvörderst der Sinnlosigkeit, zu der die frühere
Bestimmung uns führte. Denn die Fig. 13 zeigt, dafs
annähernd konstant wird die aus einem gegebenen
Reize resultierende Empfindung um so später, je stärker
der Reiz ist. Bei schwachen Reizen wird die Empfindung fast konstant nach Verlauf einer Sekunde, in-

dem sie bei längerer Dauer nur sehr wenig abnimmt. Die stärkeren Reize rufen dagegen längere, periodische Variationen der Empfindung hervor, so daß diese erst nach Verlauf von 3 Sek. fast konstant wird. Unsere neue Bestimmung der Adaptation führt also empirisch eben zu dem Resultate, das man von vornherein erwarten mußte: daß die Anpassung der Netzhaut an einen gegebenen Reiz um so längere Zeit beansprucht, je stärker der Reiz ist.

Demnächst erhebt sich die Frage: Worauf beruht die Adaptation? Welche Änderungen gehen in der Netzhaut vor, wenn diese sich einem gegebenen Lichtreize anpaßt? Hierüber wissen wir allerdings nichts Sicheres, anderseits scheint es aber nicht mit besonderen Schwierigkeiten verbunden zu sein, zu einer befriedigenden Erklärung der Erscheinung zu gelangen, wenn wir von der oben gemachten Annahme ausgehen, daß das Variieren der Lichtempfindung mit der Zeit eben von den Vorgängen herrührt, die während der Adaptation in der Netzhaut stattfinden. Dann wird uns die Form der Kurven Aufschluß darüber geben, was eigentlich geschieht, wenn wir nämlich diese verschiedenen Kurven damit zusammenhalten, was die physiologischen Untersuchungen dargelegt haben. Wir wissen, daß während der Einwirkung des Lichtes auf die Netzhaut elektrische Erscheinungen in dieser auftreten, ähnlicher Art wie die bei der Reizung jedes anderen Nerves beobachteten, und wir dürfen deshalb annehmen, daß diese elektromotorischen Kräfte eben die Tätigkeit der Nervenelemente ausdrücken. Da Elektrizität aber nur auf Kosten anderer Energieformen, in casu chemischer Energie, entstehen kann, hat die Einwirkung des Lichtes auf die Netzhaut also einen Stoffverbrauch zur Folge, und wie in jedem anderen arbeitenden Organe muß ein Reiz deshalb lebhaftere Blutzuströmung und geschwinderen Stoffwechsel herbeiführen. Endlich verursacht die Einwirkung des Lichtes ein Bleichen des Sehpurpurs und ein Wandern der Kristalle des Pigmentepithels. Was diese Änderungen bezwecken, weiß man nicht; daß die Lichtadaptation aber nicht auf ihnen allein beruhen kann, ist unzweifelhaft. Schon der Umstand, daß sie verhältnismäßig langsam geschehen, einige Minuten bis zu ihrer Beendigung erfordern, die Adaptation dagegen nach meinen Bestimmungen während ebenso vieler Sekunden zustande kommt, zeigt deutlich genug, daſs sie bei der Erscheinung, die wir die Helladaptation nennen, jedenfalls nicht das Entscheidende sein können. Unter allen durch die Einwirkung des Lichtes in der Netzhaut erregten Vorgängen gibt es daher nur einen einzigen, auf dem die Adaptation beruhen kann, nämlich den vermehrten Stoffwechsel. Dieser wird aber auch, wie wir jetzt sehen werden, völlig imstande sein, die Sache zu erklären.

Erstens leuchtet es ein, daſs der in der Netzhaut während der Einwirkung des Lichtes stattfindende Stoffverbrauch notwendigerweise gedeckt werden muſs, wenn aus einem fortwährenden Reize eine konstante Empfindung resultieren soll. Denn da die Nerventätigkeit zweifelsohne auf einer Transformation chemischer Energie in andere Energieformen beruht, wird ein konstanter Reiz keine gleichförmige Nerventätigkeit erregen können, es sei denn, daſs zwischen Zufuhr und Verbrauch von Stoff Gleichgewicht besteht. Halten wir also an unserem Ausgangspunkte fest: daſs die Adaptation der Netzhaut eine vollständige ist, wenn einem konstanten Reize eine konstante Empfindung entspricht, so scheint hieraus geradezu zu folgen, daſs die Helladaptation eben auf einem vermehrten Stoffwechsel beruhen muſs, der dem fortwährenden Verbrauche das Gleichgewicht zu halten vermag. Oder mit anderen Worten: Die Helladaptation der Netzhaut ist hergestellt, wenn die vorhandene freie Energie der Intensität des Reizes proportional ist. Wird das dunkeladaptierte Auge daher plötzlich dem Lichte ausgesetzt, so muſs dies eine je nach der Stärke des Reizes gröſsere oder geringere Vermehrung der Blutzuströmung zur Folge haben. Eine solche vermehrte Ernährungstätigkeit kann jedoch nicht in demselben Moment eintreten wie der Reiz; sie setzt wenigstens einen vasomotorischen Reflex voraus, der eine meſsbare Zeit beansprucht.

Betrachten wir nun Fig. 12. Hier ist, wie man sich erinnern wird, die Zeit T als Abszisse und als Ordinate diejenige Gröſse des Reizes r abgesetzt, die während der konstanten Zeit $t = 10^r$ dieselbe Wirkung erzeugt wie der Reiz R während der Zeit T. Während eines so kurzen Zeitraumes wie 10^r wird der Stoffverbrauch in der Netzhaut aber der Stärke des einfallenden Lichtes r proportional sein. Wir wissen nämlich, daß die Menge des bei einem photochemischen Prozesse dekomponierten Stoffes dem Produkte $r \cdot t$ proportional ist, wenn keine besonderen Hindernisse eintreten, z. B. dadurch, daß die dekomponible Stoffmenge verzehrt ist. Nun wurde oben (S. 189) aber nachgewiesen, daß in der Netzhaut die Stoffdekomposition proportional zur Zeit anwächst, jedenfalls bis $T = 30^\circ$, denn so lange findet man die Formel $10 \cdot r = R \cdot T$ gültig. Dies geht auch aus Fig. 12 hervor, denn bis $T = 30^\circ$ verlaufen alle Kurven geradlinig, so daß $r/T = R \cdot 10 =$ konst. ist. Innerhalb des kurzen Zeitraumes 10^r wird der Stoffverbrauch in der Netzhaut also stets mit dem Reize r proportional sein, und indem wir diese Größe als Maß der Wirkung gebrauchen, die durch die Intensität R während der Zeit T hervorgebracht wird, messen wir mit anderen Worten den Stoffverbrauch. Folglich geben die Kurven der Fig. 12 ein Bild von den Variationen des Stoffverbrauchs, aus dem es möglich sein wird, Schlüsse darüber zu ziehen, was zu den verschiedenen Zeitpunkten in der Netzhaut vorgeht.

Da die vom Nullpunkte ausgehenden Kurven mit der Abszissenachse Winkel bilden, die um so größer werden, je größer der Reiz ist, geht hieraus hervor, daß der Stoffverbrauch mit der Reizstärke anwächst. In der Tat ist der Verbrauch anfangs, wie oben erwähnt, R proportional; da die Ordinaten für die verschiedenen Kurven in der Figur aber nicht nach demselben Maßstabe ausgedrückt sind, wird das Verhältnis der Neigungswinkel nicht das rechte. Die Fig. 13 gibt das Verhältnis insofern richtiger, da hier die Logarithmen der Ordinaten in einem allen Kurven gemeinschaftlichen Maßstabe abgesetzt sind. Betrachten wir nun die einzelnen Kurven der Fig. 12, so sehen wir, daß dieselben anfangs geradlinig verlaufen, was mit anderen Worten heißt, daß der Zuwachs während der Zeiteinheit konstant ist, so daß die Gesamtwirkung der Zeit proportional anwächst. Dies hört jedoch bald auf, und um

- 205 -

so früher, je stärker der Reiz ist. Für $R = 256$ verläuft die Kurve geradlinig bis $T = 60^\circ$, für $R = 4096$ bis $T = 40^\circ$, für die höheren Intensitäten nur bis $T = 30^\circ$. Beim Überschreiten dieser Zeiträume wird die Wirkung während jeder folgenden Zeiteinheit immer kleiner, so daß die gesamte erreichte Wirkung zwar anwächst, aber um immer mehr abnehmende Beträge. Indem die Zuwachse auf diese Weise gegen Null konvergieren, nähern die Kurven sich einem Maximumspunkte; und dauert der Reiz noch ferner an, so sieht man, wie die Wirkung wieder abnimmt.

Die Ursache dieser Änderungen kann wohl kaum zweifelhaft sein. Schon früher (2. Teil, S. 91–93) wies ich nach, wie der Umstand, daß die Vorgänge in der Netzhaut ein gewisses, von der Stärke des Reizes abhängiges Maximum erreichen, sich nicht auf rein physikalischem Wege durch die Erschöpfung der vorhandenen Menge dekomponiblen Stoffes erklären läßt. Wäre dies der Fall, so müßte jeder beliebige Reiz, der die dunkeladaptierte Netzhaut trifft, dieselbe Empfindung erregen. Die Wirkung würde nämlich anwachsen, bis aller Stoff verbraucht wäre; dies würde freilich um so längere Zeit erfordern, je schwächer der Reiz wäre, das Ergebnis müßte aber schließlich, unabhängig von der Stärke des Reizes, notwendigerweise dasselbe werden. Da dies tatsächlich nun stattfindet, ist mithin gegeben, daß ein vitaler Prozeß stattfinden muß, dessen Stärke von der des Reizes abhängig ist, und welcher der Einwirkung des letzteren auf die Netzhaut entgegenarbeitet. Daß dieser Prozeß wahrscheinlich der Stoffwechsel sei, wurde am genannten Orte ebenfalls ziemlich ausführlich motiviert, ohne daß es sich aber näher angeben ließ, auf welche Weise dieses Entgegenarbeiten zustande kommt. Der Umstand, daß die Wirkung des Reizes nicht nur in kurzer Zeit ein Maximum erreicht, sondern darauf sogar wieder abnimmt, scheint mir anzudeuten, worum es sich hier handelt. Wie wir sahen, wird die Stoffdekomposition während jeder Zeiteinheit immer geringer und ist Null, wenn die Empfindung ihr Maximum hat. Da diese Verminderung, wie ebenfalls nachgewiesen, nun nicht von völligem Mangel an dekomponiblem Stoffe herrühren

kann, scheint keine andere Erklärung als diejenige möglich zu sein, dafs die durch die Dekomposition erzeugten
Spaltungsprodukte einfach nicht-lichtdurchlässig sind.
so dafs die Anhäufung dieser Produkte eine fortgesetzte
photochemische Wirkung verhindert. Hierdurch wird
es nun erstens verständlich, dafs das Maximum um so
früher erreicht wird, je stärker der Reiz ist. Denn da
der Stoffwechsel in der dunkeladaptierten Netzhaut
anfangs langsam vorgehen mufs, häufen die Spaltungsprodukte sich um so mehr an, je stärker der Reiz ist,
weil während einer gegebenen Zeit nur eine gewisse
Menge entfernt werden kann, die produzierte Menge
aber mit dem Reize anwächst. Ferner wird es auch
verständlich, dafs die Empfindung sich nicht unverändert
auf ihrem Maximum erhalten kann, sondern wieder abnehmen mufs. Denn nach der elektrolytischen Theorie
von der Nerventätigkeit werden die in der Nervenleitung
verlaufenden Prozesse den Konzentrationsunterschied
aufheben, der sie erregt hat (2. Teil, S. 181). Wird die
Reizung nicht unterhalten, so mufs folglich die Nerventätigkeit geschwind abnehmen; dies geschieht bekanntlich, wenn der physische Reiz beseitigt wird, und mufs
ebenso sicher geschehen, wenn der Reiz aus irgendeiner Ursache am Eindringen in die lichtempfindlichen
Schichten verhindert wird. Sowohl das mehr oder
weniger schnelle Anwachsen der Empfindung bis zu einem
Maximum als auch deren darauf folgendes Abnehmen
findet daher seine zwanglose Erklärung durch die Annahme, dafs die Spaltungsprodukte in der dunkeladaptierten Netzhaut, die sich nicht sofort entfernen
lassen, das Licht am Eindringen verhindern.

Wir verfolgen nun den weiteren zeitlichen Verlauf
des Prozesses in der Netzhaut. Wie die Fig. 12 zeigt,
besteht ein wesentlicher Unterschied zwischen den
höheren und den niederen Intensitäten hinsichtlich der
Art und Weise, wie die Wirkung nach dem Überschreiten des Maximums abnimmt. Vorläufig verweilen
wir ausschliefslich bei den höheren Intensitäten, die
mehr Variationen aufzeigen als die niederen. Man
sieht, dafs für $R > 12288$ der absteigende Ast der
Kurven fast geradlinig verläuft; die Wirkung nimmt
mithin der Zeit proportional ab. Ferner dauert dieser

geradlinige Verlauf für alle höheren Intensitäten bis
genau zu demselben Zeitpunkte an; erst 150" nach Beginn des Reizes fängt die Wirkung an, weniger steil
zu sinken. Bald darauf erhalten die Kurven einen
Minimumspunkt, der offenbar um so später eintritt, je
höher die Intensität ist (s. Fig. 13), und darauf steigt
die Wirkung abermals. Es muß also ungefähr um den
Zeitpunkt 150" etwas geschehen, was den weiteren Verlauf des Prozesses vollständig verändert, indem nach und
nach das Hindernis beseitigt wird, das dem Lichte ver-
wehrte, auf den dekomponiblen Stoff zu wirken. Da
die Ursache einer solchen Änderung, die zu einem von
der Stärke des Reizes unabhängigen Zeitpunkte eintritt, nicht wohl in der Netzhaut selbst zu suchen ist,
mithin eine anderswoher kommende Einwirkung sein
muß, scheint eigentlich von nichts anderem die Rede
sein zu können als von einer vermehrten Blutzufuhr,
einem lebhafteren Stoffwechsel. Hierdurch wird der
weitere Verlauf nun auch völlig verständlich, denn ein
lebhafterer Stoffwechsel wird nicht allein den verbrauchten dekomponiblen Stoff regenerieren, sondern
auch die angehäuften Spaltungsprodukte entfernen, die
nach unserer Annahme die Einwirkung des Lichtes verhindern. Folglich wächst die Wirkung aufs neue an,
und da wir anzunehmen haben, daß die Lebhaftigkeit
des Stoffwechsels im Auge wie in anderen arbeitenden
Organen eine Funktion der Stärke des Reizes ist, so
muß die Wirkung jetzt, nachdem der vermehrte Stoffwechsel zustande gekommen ist, um so beträchtlicher
steigen, je stärker der Reiz ist. Ebendies geht aber ganz
deutlich aus den Fig. 12 und 13 hervor.

Nur für $R = 12\,288$ steigt die Wirkung nicht von
neuem. Diese Intensität bildet offenbar, wie Fig. 13
zeigt, einen Grenzfall zwischen den höheren und
niederen Intensitäten. Mit den niederen Intensitäten
ist es ihr gemeinschaftlich, daß sie nur ein einziges
Maximum hat; mit den höheren Intensitäten hat sie
dagegen eine andere Eigentümlichkeit gemeinsam, nämlich ein plötzliches jähes Sinken, das, von der Stärke
des Reizes unabhängig, um dieselbe Zeit, 2 bis 3 Sek.
nach dem Anfang des ganzen Prozesses, eintritt (Fig. 13).
Die Ursache hiervon läßt sich wohl kaum mit Sicher-

heit angeben; rührt das sekundäre Maximum aber von
vergrößerter Blutzufuhr her, so muß dieses neue Sinken
wahrscheinlich von einer Abnahme der Blutzufuhr
stammen. Es liegt denn auch durchaus nichts Unwahr-
scheinliches in der Annahme, daß die durch den Reiz
hervorgerufene Vermehrung der Blutzufuhr sogleich
mit sehr großer Stärke einsetzt, um dann nach Entfernung der großen Masse angehäufter Spaltungsprodukte wieder zu sinken. Nachdem dieses Sinken
stattgefunden hat, ist zwischen der Stoffzufuhr und
dem Verbrauch ein gewisses Gleichgewicht hergestellt,
so daß die Wirkung jetzt während der folgenden Zeit
nur sehr wenig und ganz sanft sinkt: die Netzhaut ist
jetzt für das Licht adaptiert. Bei der Betrachtung
der Fig. 13 ist nicht zu vergessen, daß die Zeit logarithmisch abgesetzt ist, weshalb das Sinken während
der letzten 7 Sek. (von 3000 bis 10000) viel steiler zu
sein scheint, als es tatsächlich ist; wären die Abszissen
der Zeit proportional, so würde diese letztere Strecke
mehr als das Doppelte der Strecke von 10 bis 3000
betragen.

Bei den niederen Intensitäten, $R < 12288$, müssen
sich natürlich ganz dieselben Verhältnisse geltendmachen wie bei den höheren. Auch hier ist anzunehmen,
daß nach Verlauf von ungefähr 150° eine zur Stärke
des Reizes in bestimmtem Verhältnisse stehende Vermehrung der Blutzufuhr eintritt. Die Kurve für
$R = 12288$ zeigt nun, daß diese Vermehrung zwar genügt, um das jähe Abnehmen der Wirkung zu verhindern, jedoch nicht stark genug ist, um ein
sekundäres Maximum hervorzubringen. Bei den
niederen Intensitäten wird ein solches sekundäres
Maximum schon aus dem Grunde unmöglich, weil
der vasomotorische Reflex eintritt, bevor der Stoffverbrauch sein Maximum erreicht hat. Die Wirkung
schreitet deshalb nur noch eine Zeitlang weiter und
nimmt darauf ein wenig ab, da nicht einmal die vermehrte Blutzufuhr imstande ist, sie auf dem Maximum
zu erhalten. Übrigens zeigt die Kurve für $R = 256$,
daß das folgende Sinken ein äußerst geringes ist und
offenbar um so geringer werden muß, je niedriger die
Intensität ist.

Wir sehen also, dafs alle Variationen der Empfindung mit der Zeit, sowohl bei niederer als bei höherer
Intensität, sich von zwei Annahmen aus erklären lassen:
1. dadurch, dafs eben der photochemische Prozefs in
der Netzhaut ein mit der Stärke des Reizes an-
wachsendes Hindernis der ferneren Einwirkung des
Lichtes hervorbringt, und 2. dadurch, dafs ungefähr 150"
nach Beginn des Reizes eine Vermehrung der Blutzufuhr eintritt, deren Stärke gleichfalls mit der des
Reizes anwächst, und die nach ca. 2 Sek. wieder etwas
schwächer wird. Die erstere dieser Annahmen kann
gar nicht als eine Hypothese betrachtet werden, sie ist
einfach eine notwendige Konsequenz der Tatsache, dafs
die Stoffzersetzung in der Netzhaut mit abnehmenden
Zuwachsen zunimmt. Folglich mufs für die Einwirkung
des Lichtes ein Hindernis entstehen, da die Dekomposition sonst demselben Gesetze gemäfs fortschreiten müfste, das sie anfangs befolgt, nämlich mit
gleichgrofsem Verbrauch pro Zeiteinheit. Die andere
Annahme dagegen ist unstreitig hypothetisch; da jedes
arbeitende Organ aber vermehrte Blutzufuhr erhält, die
der Natur der Sache zufolge erst einige Zeit nach Beginn
der Arbeit eintreten kann, ist diese Hypothese jedenfalls nicht unwahrscheinlich. Ihre Richtigkeit wird nun
ferner durch eine recht merkwürdige Beobachtung bestätigt, die ich bei den oben besprochenen Messungen
der Variationen der Empfindung öfters anzustellen
Gelegenheit hatte. Es erwies sich nämlich bei den
höheren Intensitäten, $R > 16384$, dafs die Netzhaut
während des Zeitraumes, der zwischen das erste
Maximum und das nachfolgende Minimum der Emp-
pfindung fällt, für Lichtreize ganz besonders unempfind-
lich war. Hatte einer dieser starken Reize z. B. 150"
gedauert, so befand sich an derjenigen Stelle der Netzhaut, die dem Reize ausgesetzt gewesen war, ein sehr
dunkles negatives Nachbild. Ich konnte nicht umhin,
dieses zu bemerken, denn das geringste Schwanken des
Auges, bei dem das Vergleichslicht zum Teil auf die
bereits exponierte Stelle der Netzhaut fiel, hatte zur
Folge, dafs sich zwischen den beiden Hälften des Gesichtsfeldes ein dunkler Streifen bildete. Wenn ich
dann absichtlich einen Punkt am äufseren Rande der

— 210 —

zweiten Hälfte des Gesichtsfeldes fixierte, so zeichnete
die zuerst exponierte Hälfte sich als ein dunkler, fast
schwarzer Halbkreis auf derselben ab. Dies erschwerte
die Untersuchungen innerhalb dieses Zeitraumes selbstverständlich in hohem Grade, lieferte mir zugleich aber
einen entscheidenden Beweis dafür, daſs der Reiz
während dieser kurzen Zeit in der Netzhaut eine lokale,
scharf begrenzte Unempfindlichkeit erzeugte. Da diese
Nachbilder durchaus nicht auftraten, sobald der Reiz
2—300° gedauert hatte, ist die Empfindlichkeit der Netzhaut mithin hier schon bedeutend vermehrt. Nun gibt
es aber wohl kaum irgendeine andere denkbare Ursache
als eine Vermehrung des Stoffwechsels, die während so
kurzer Zeit ein Hindernis für die Einwirkung des
Lichtes beseitigen könnte. Wir dürfen also folgendes
Resultat feststellen:

Die Veränderungen, die eine durch einen
gegebenen Reiz erzeugte Lichtempfindung
im Laufe der Zeit erleidet, rühren wahrscheinlich teils von dem durch die Stoffdekomposition in der dunkeladaptierten Netzhaut erzeugten Hindernisse für das weitere
Eindringen des Lichtes her, teils aber auch
von dem von der Stärke des Reizes ab-
hängigen, ungefähr 150° später eintretenden
vermehrten Blutzuflusse. Ist 1 bis 3 Sek.
später durch den vermehrten Stoffwechsel
annäherndes Gleichgewicht zwischen Zufuhr
und Verbrauch hergestellt, so verändert die
Empfindung sich während der folgenden Zeit
nur sehr wenig und ganz sanft; die Netzhaut
ist also an den gegebenen Reiz adaptiert.

Dieses Resultat gibt uns nun auch eine ganz
natürliche Erklärung der eigentümlichen Form, welche
die ›Maſsformel‹ für die Lichtempfindungen annimmt.
Der Ausdruck für die maximale Empfindung:

$$E_m = c \cdot \log \left[\frac{1{,}823\ R}{R_0} (a - b \cdot \log R) \right]$$

zeigt nämlich, daſs E_m nicht logarithmisch mit R anwächst, sondern in einem etwas langsameren Verhältnisse, indem der Faktor $(a - b \cdot \log R)$ um so kleiner
wird, je gröſser R ist. Dies ist offenbar einfach eine

Folge davon, dafs durch die Einwirkung des Lichtes
auf die Netzhaut eine fortgesetzte Wirkung verhindert
wird. Denn da dieser Widerstand mit R anwächst, mufs
die erreichte maximale Wirkung verhältnismäfsig um
so kleiner werden, je gröfser der Reiz ist. Die
Gröfse — $b \cdot \log. R$ wird also gerade ein Mafs für die
durch den Widerstand hervorgebrachte Verminderung.
Da nun die Wirkung zu jedem beliebigen späteren
Zeitpunkte sich als ein Bruchteil der maximalen Wirkung
bestimmen läfst, so behält die Mafsformel mithin die
oben angegebene Form, indem man nur statt des
Zahlenfaktors 1.823 den Faktor ϑ zu setzen hat, der
übrigens selbst eine Funktion der Zeit und der Gröfse
des Reizes ist (Gleich. 40). Für diese Funktion mufs
man die Form bestimmen, wenn man den völligen
Ausdruck für die Abhängigkeit der Empfindung von
dem Reize und der Zeit wünscht. Dafs dies für die
meisten Untersuchungen indessen ohne Belang ist,
wurde schon oben, S. 186—187, bemerkt.

Negative Nachbilder. Wir können jetzt die Richtigkeit der im vorhergehenden aufgestellten Adaptations-
theorie prüfen, indem wir aus derselben eine Formel für
die Stärke der negativen Nachbilder ableiten. Nehmen
wir an, dafs wir ein lichtloses Feld auf einem Hintergrunde von der Intensität H_r haben, und dafs wir diesen
mit fixiertem Auge eine konstante Zeit, z. B. 20 Sek.
lang, betrachten. Die Netzhaut ist dann lokal an den
Reiz H_r adaptiert, und die erregte Empfindung wird
bestimmt sein durch:

$$E = c \cdot \log. \left[\frac{\vartheta \cdot H_r}{R_0} \left(a - b \cdot \log. H_r\right) \right] \dots \text{(Gleich. 40)}.$$

wo ϑ für eine konstante Dauer von H_r um so kleiner
sein wird, je gröfser H_r ist. Bringt man nun plötzlich
auf dem lichtlosen Felde einen Reiz F_1 hervor, der in
wenigen Sekunden dieselbe Empfindung erzeugt wie H_r,
so mufs $F_1 < H_r$ sein, weil die durch H_r erzeugte Empfindung wegen der langen Dauer des Reizes schon bedeutend abgeschwächt ist. Wir können also setzen:
$F_1 = \vartheta_1 \cdot H_r$, wo ϑ_1 ein mit ϑ in der Gleich. 40 pro-
portionaler Bruch ist, denn ϑ ist eben ein Mafs für die
Änderung, welche die Empfindung durch die Dauer des

14*

Reizes erleidet. Die Differenz $H_t - F_t = H_t (1 - \vartheta_1)$ ist mithin ein Maſs für die durch die Dauer des Reizes H_t bewirkte Verminderung der Empfindung. Hieraus erhalten wir:

$$\frac{H_t - F_1}{H_t} = 1 - \vartheta_1 = m \quad \ldots \ldots \text{(Gleich. 41)}.$$

Bestimmt man also die Gröſse F_1 des Reizes, der auf dem bisher lichtlosen Felde dieselbe Empfindung gibt wie H_t, der 20 Sek. hindurch konstant gewirkt hat, so wird damit der Bruch m bekannt. Da ϑ_1 um so kleiner ist, je gröſser H_t wird, muſs folglich m mit H_t anwachsen (vgl. Gleich. 41).

Nehmen wir nun an, daſs wir, nachdem H_t 20 Sek. lang gewirkt hat, diesen Reiz plötzlich durch einen anderen, H ersetzen. Da H denjenigen Teil der Netzhaut trifft, der bereits an den Reiz H_t adaptiert ist, kann er selbstverständlich nicht dieselbe Empfindung erregen, als wenn er eine dunkeladaptierte Netzhaut träfe. Suchen wir also die Gröſse des Reizes F, der auf dem bisher lichtlosen Felde dieselbe Empfindung gibt wie H auf dem an H_t adaptierten Hintergrunde, so muſs notwendigerweise $F < H$ sein. Wie oben, können wir mithin den Bruch:

$$\frac{H - F}{H} = \mu$$

berechnen, und es wird jetzt die Aufgabe sein, einen Ausdruck für μ als Funktion von m, H und H_t zu finden. Es ist nun auch leicht ersichtlich, daſs μ von dem Verhältnisse H_t / H abhängig sein muſs. Ist nämlich $H > H_t$, so trifft H die an einen kleineren Reiz adaptierte Netzhaut, und die Verminderung, welche die Wirkung hierdurch erleidet, muſs geringer sein, als sie sein würde, wenn die Netzhaut 20 Sek. hindurch an den gröſseren Reiz H adaptiert gewesen wäre. In diesem Falle muſs also F, wodurch die Wirkung von H gemessen wird, relativ gröſser als F_1 sein, oder mit anderen Worten: $F H > F_1 H_t$. Hieraus folgt $\mu < m$. Ist dagegen $H < H_t$, so ist die Netzhaut mithin vorher an eine höhere Intensität adaptiert; es sind dann — unserer Theorie zufolge — eine gröſsere Menge Spaltungsprodukte angehäuft, als H selbst während

20 Sek. erzeugen könnte, und folglich muſs die durch H
hervorgebrachte Wirkung bedeutend abgeschwächt
werden. In diesem Falle ist also F verhältnismäſsig
kleiner als F_1, d. h. $F/H < F_1 H_1$, folglich ist auch $\mu > m$.
Damit ist die Sache offenbar klar, denn da die durch
Anhäufung von Spaltungsprodukten verursachte Verminderung der Wirkung von log. R abhängig ist (vgl.
S. 211), so wird:

$$\frac{H-F}{H} = \mu = m + n \cdot \log \frac{H_t}{H} = m + n \cdot \log. H_t - n \cdot \log. H \ldots \text{(Gl. 42)},$$

wo n ein Bruch ist. Wie man sieht, befriedigt Gleich. 42
die gestellten Forderungen also vollständig. Für $H = H_t$
wird $\mu = m$; für $H > H_t$ wird $\mu < m$ und umgekehrt.
Die Richtigkeit der Gleich. 42 wird durch die von
Wirth angestellten Messungen dargetan[1]. Das hierbei
benutzte Verfahren entspricht eben dem oben ausgeführten Gedankenexperimente. Ein Hintergrund von
der konstanten Intensität H_t wurde mit fixiertem Auge
20 Sek. lang betrachtet; darauf wurde H_t plötzlich in H
verändert, und auf einem kreisförmigen Felde in der
Mitte des Hintergrundes wurde darauf wenige Sekunden
hindurch die Intensität F hergestellt, die gleich H zu
sein schien. Ein Mangel war es bei Wirths Versuchen,
daſs das Feld während der 20 Sek. dauernden Adaptation nicht lichtlos war, sondern eine Intensität F_t
hatte, die indes so gering war, daſs sie auſser Betracht
bleiben kann. Die Versuche wurden mit schwarzen,
weiſsen und verschiedenen Stufen grauer Papiere im
Tageslichte bei bewölktem Himmel angestellt; ein
mattschwarzes Papier hat bei dieser Beleuchtung zwar
noch eine bedeutende Helligkeit, da unter diesen Verhältnissen aber auch nicht von Dunkeladaptation die
Rede sein kann, ist Schwarz als fast lichtlos zu betrachten. Die Intensität des Schwarz setzt Wirth
willkürlich auf 3,6 an; die übrigen Intensitäten wurden
im Vergleich hierzu photometrisch bestimmt. Die
Resultate einer der Wirthschen Versuchsreihen sind in
der Tab. 23 gegeben. Bei diesen Messungen war konstant $H_t = 52,16$; die verschiedenen Gröſsen von H

[1] Der Fechner-Helmholtzsche Satz über negative Nachbilder und
seine Analogien. Phil. Stud. Bd. 16, S. 504 u. f.

und die gefundenen, denselben entsprechenden Werte
von F wie auch die daraus berechneten $\mu = (H - F)/H$
sind in der Tabelle angeführt. Man sieht, dafs die berechneten Werte μ mit anwachsendem H regelmäfsig

$H_c - 52,16;\ F_c - 36.$ Tab. 23.

H	F	μ	μ ber.	f
7,36	2,93	0,602	0,602	0,0
18,04	8,12	0,552	0,561	— 0,009
52,16	24,92	0,523	0,513	+ 0,015
100,52	49,10	0,510	0,483	+ 0,027
111,44	58,24	0,478	0,478	0,0
122,28	65,08	0,460	0,474	— 0,014
147,60	82,52	0,442	0,465	— 0,023

abnehmen, wie nach Gleich. 42 zu erwarten war, die
für konstantes H_c verlangt, dafs μ abnimmt, wenn H
zunimmt. Wirth betrachtet diese Brüche freilich als
konstant, indem er sagt: »Man erkennt sofort, dafs in
einer breiten Mittelzone der Wert des Nachbildes in
dem oben bezeichneten Sinne tatsächlich zur absoluten
Helligkeit der reagierenden Fläche in einem annähernd
konstanten Verhältnis steht.«[1] Diese Äufserung, die
dem aus der Tab. 23 Hervorgehenden geradezu wider-
spricht, ist indes nur als ein Ausdruck der gewöhnlichen Genügsamkeit der Psychologen zu betrachten,
wenn von konstanten Zahlen die Rede ist. Das Verhältnis μ ist durchaus nicht konstant und kann es auch
nicht sein, da seine Gröfse durch Gleich. 42 bestimmt
ist. Dafs diese Gleichung vollständig stimmt, läfst sich
leicht nachweisen. Berechnet man m und n mittels der
Methode der kleinsten Quadrate, so erhält man $m = 0,513$
und $n - 0,105$, mithin $\mu = 0,513 + 0,105 \cdot \log.(H_c/H)$.
Setzt man hierin $H_c = 52.16$ und darauf die sukzessiven
Werte von H ein, so läfst sich hieraus μ berechnen.
Diese Gröfsen sind in der Tab. 23 unter der Überschrift »μ ber.« angeführt; unter f stehen die Abweichungen zwischen den gefundenen und den berechneten μ. Die Übereinstimmung zwischen Messung und

[1] l. c. S. 524.

Berechnung ist so grofs, wie man bei derartigen Versuchen nur irgend erwarten darf, und Wirths Messungen sprechen daher jedenfalls weit mehr für die Richtigkeit der Gleich. 42 als für den Fechner-Helmholtzschen Satz, demzufolge μ konstant sein sollte.

Aufser der genannten Versuchsreihe führte Wirth noch eine andere aus, wo die Verhältnisse etwas komplizierter waren. Ebenso wie in der ersten war konstant $H_c = 52.16$, das Feld hatte während der Adaptation aber eine beträchtliche Intensität $F_c = 111,66$. Nach Verlauf von 20 Sek. wurde nun H_c in H umgeändert und gleich darauf auf dem Felde die Intensität F hervorgebracht, die H gleich zu sein schien. Das Resultat dieser Messungen ist in der Tab. 24 gegeben. Da F hier auf einen Teil der Netzhaut wirkt, der an die höhere Intensität F_c adaptiert ist, mufs F gröfser werden als H, das auf denjenigen Teil der Netzhaut wirkt, der an die niedere Intensität H_c adaptiert ist:

Tab. 24.

H	F	$\dfrac{F-H}{H}$	$(1-\mu)H$	μ_1	m_1	ber. μ_1	f
4,68	6,81	0,456	1,76	0,741	0,613	0,762	— 0,021
7,36	11,08	0,507	3,93	0,736	0,631	0,739	— 0,003
18,04	27,24	0,510	7,92	0,709	0,645	0,698	+ 0,011
52,16	78,44	0,505	25,40	0,676	0,660	0,650	+ 0,026
100,52	134,60	0,341	51,97	0,614	0,623	0,625	— 0,011

dies geht auch aus der Tabelle hervor. Hieraus berechnet Wirth den Bruch $(F - H)/H$, der in der Tabelle angeführt und allerdings innerhalb eines kleinen Gebietes konstant ist; dies betrachtet Wirth nun als einen entscheidenden Beweis für die Richtigkeit des Fechner-Helmholtzschen Satzes. Hierzu ist nur zu bemerken, dafs der genannte Bruch die Gröfse des Nachbildes ganz unrichtig ausdrückt, denn bei diesen Versuchen wird die Wirkung sowohl von H als von F dadurch modifiziert, dafs die Netzhaut vorher an andere Intensitäten adaptiert ist. H wirkt auf die an H_c adaptierte Netzhaut, erzeugt folglich eine Wirkung, die

sich aus Gleich. 42 berechnen läßt, wenn man diese
schreibt:

$$F = (1 - \mu) H = \left(1 - m - n \cdot \log \frac{H_r}{H}\right) H$$

oder, wenn die oben gefundenen Werte eingesetzt werden:

$$F = (1 - 0{,}513 - 0{,}105 \log . 52{,}16 + 0{,}105 \log . H) H.$$

Die hieraus berechneten Werte $F = (1 - \mu) H$ sind ja
eben die Reize, denen H entspricht, wenn es auf die
an H_r adaptierte Netzhaut wirkt; diese Größen sind
in der Tab. 24 angeführt. Nun wirkt F aber auf die
an F_r adaptierte Netzhaut und scheint deshalb gleich
der Größe $(1 - \mu) H$ zu sein. In Analogie mit Gleich. 42
müssen wir nun also finden:

$$\frac{F - (1 - \mu) H}{F} = \mu_1 = m_1 + n \cdot \log . \frac{F_r}{F} \ldots \text{(Gleich. 43)}.$$

Der Bruch n muß hier derselbe sein wie in der früher
besprochenen Versuchsreihe, da er nur von der gewählten Intensitätseinheit abhängig sein kann; wir
müssen also auch hier $n = 0{,}105$ haben. Dagegen
muß m_1 größer sein als m (vgl. Gleich. 41 und die
hieran geknüpfte Bemerkung). Setzen wir daher in
Gleich. 43: $n = 0{,}105$ und $F_r = 111{,}66$, so läßt sich m_1
berechnen, indem sukzessiv die zusammengehörenden
Werte von F und $(1 - \mu) \cdot H$ eingesetzt werden. In
der Tab. 24 sind sowohl die berechneten Größen:

$$\mu_1 = \frac{F - (1 - \mu) H}{F} \text{ als die hieraus abgeleiteten:}$$

$$m_1 = \mu_1 - 0{,}105 \cdot \log . \frac{111{,}66}{F}$$

angeführt. Man sieht, daß m_1 nahezu konstant ist,
allenfalls weit mehr als der Bruch $(F - H) H$; als
Mittel erhält man $m = 0{,}634$. Diese Zahl ist somit, wie
es nach der Theorie zu erwarten stand, wirklich größer
als das früher gefundene $m = 0{,}513$. Außerdem ist
ersichtlich, wie μ_1 mit anwachsenden Werten von F
abnimmt, was nach Gleich. 43 auch stattfinden sollte.
Setzen wir in Gleich. 43 $m_1 = 0{,}634$ und $F_r = 111{,}66$,
so läßt sich μ_1 berechnen; die hieraus gefundenen
Größen sind in Tab. 24 unter der Überschrift »μ_1 ber.«
angeführt. Die Abweichungen f zwischen den gefundenen und den berechneten μ_1 legen offenbar die

Richtigkeit der Gleichungen 42 und 43 dar. Wir können jetzt also folgende Resultate feststellen:

Wenn ein Teil der Netzhaut helladaptiert ist, wird ein gegebener Reiz auf diesen Teil der Netzhaut unter allen Umständen eine schwächere Empfindung bewirken als auf den nicht-helladaptierten Teil der Netzhaut. Diese weniger intensive Empfindung ist das sogenannte negative Nachbild.

Derjenige Bruchteil μ, um welchen der Reiz anscheinend vermindert wird, indem er auf den helladaptierten Teil der Netzhaut wirkt, ist keine konstante Größe; der Fechner-Helmholtzsche Satz ist entschieden unrichtig.

Dagegen ist erwiesen, daß $\mu = m + n \cdot \log.(H_e \cdot H)$ ist, wo m und n Konstanten sind, H_e den Reiz bezeichnet, an den die Netzhaut adaptiert ist, und H den nachfolgenden Reiz angibt.

HEMMUNGEN IN DER NETZHAUT.

Simultaner Kontrast bei vollständiger Adaptation. Betrachtet man eine Reihe genau gleichartiger, grauer Felder, die auf Hintergründen von verschiedener Helligkeit angebracht sind, wie in der Fig. 14 angedeutet, so sieht man leicht, daß das auf dem schwarzen Hinter-

Fig. 14.

grunde befindliche Feld das hellste ist, und daß die Felder, je heller der Hintergrund wird, um so dunkler erscheinen. Dies ist der sogenannte »simultane Kontrast«, der sich hier geltendmacht; worin derselbe aber besteht, worauf er beruht, das wissen wir durchaus

nicht. Gewöhnlich pflegt man zwei Arten des simultanen
Kontrastes voneinander zu unterscheiden, den positiven
und den negativen. Vergleicht man nämlich das
mittelste der fünf Felder der Fig. 14, welches genau
dieselbe Helligkeit hat wie sein Hintergrund, mit den
auf dunkleren Hintergründen befindlichen Feldern, so
sieht man, daß diese Felder heller sind, während die
auf helleren Hintergründen befindlichen Felder dunkler
erscheinen. Anscheinend machen sich also zwei verschiedene Tätigkeiten geltend: ein Feld von bestimmter
Helligkeit wird auf einem dunkleren Hintergrunde
heller (positiver Kontrast), auf einem helleren Hintergrunde aber dunkler (negativer Kontrast). Alles, was wir
vorläufig über diese Erscheinungen wissen, beschränkt
sich auf einige empirisch gefundene Formeln für die Größe
des Kontrastes (vgl. 2. Teil, S. 44—51), und was deren
Ursache betrifft, so ist es wahrscheinlich, daß sie auf
einem in der Netzhaut verlaufenden Vorgange beruhen
(2. Teil, S. 61). Über die Natur und Wirkungsweise
dieses Vorganges hat man bisher aber nur ganz lose
Mutmaßungen aufgestellt, die obendrein aufs engste
mit den verschiedenen Hypothesen von der Farbenauffassung verknüpft sind. Da sich von diesen Hypothesen aber nichts Besseres sagen läßt, als daß sie
zweifelsohne in der bis jetzt vorliegenden Form sämtlich
unbrauchbar sind, so ruht die Erklärung des simultanen
Kontrastes eigentlich nicht auf einer unanfechtbaren
Grundlage.

Eine rein dynamische Erklärung des simultanen
Kontrastes, von allen Farbentheorien völlig unabhängig,
können wir indes durch folgende Betrachtung erzielen.
Die Fig. 14 zeigt uns, daß das Feld auf dem schwarzen
Hintergrunde das hellste ist, und daß, je heller der
Hintergrund wird, das Feld um so dunkler ist. Hätten
wir einen noch dunkleren Hintergrund als den
schwarzen, z. B. einen völlig lichtlosen, so würde das
Feld sich hier am allerhellsten erweisen. Es verhält
sich also so, daß ein Reiz von gegebener Intensität eine
um so schwächere Empfindung erregt, je stärker ein
anderer, gleichzeitiger Reiz wird. Findet kein anderer,
gleichzeitiger Reiz statt, sieht man das Feld auf völlig
lichtlosem Hintergrunde, so erhalten wir die intensivste

Empfindung; je stärker aber die Intensität des Hintergrundes ist, um so mehr wird die Empfindung abgeschwächt, gehemmt. Aller Lichtkontrast läfst sich also als eine Hemmungserscheinung auffassen, indem anzunehmen ist, dafs ein Lichtreiz nur dann seine ›rechte‹ Empfindung gibt, wenn kein anderer Reiz vorhanden ist[1]. Da es nun wahrscheinlich ist, dafs der simultane Kontrast von Vorgängen in der Netzhaut herrührt, und da die Netzhaut selbst ein kleines Zentrum ist, dessen freie Energie notwendigerweise verschiedenartig verteilt werden mufs, je nachdem sich ein oder mehrere Reize geltendmachen, so mufs es möglich sein — sofern die ganze Betrachtung richtig ist — die Gesetze für den simultanen Kontrast aus dem psychodynamischen Hemmungsgesetze herzuleiten. Oder vielmehr: Das Kontrastgesetz ist nur ein spezieller Fall des Hemmungsgesetzes.

Der Nachweis, dafs dies richtig ist, fällt nicht schwer. Nur müssen wir, um die Berechnungen durchführen zu können, vier Bedingungen aufstellen, die bei den Kontrastmessungen beachtet werden müssen, nämlich: 1. das Auge ist während der Observation völlig fixiert zu halten, damit der sukzessive Kontrast (negative Nachbilder) nicht auf die Gröfse des Kontrastes influiert; 2. die Netzhaut mufs vor dem Beobachten völlig dunkeladaptiert sein; 3. die Bestimmung der Gröfse des Kontrastes darf nicht unternommen werden, bevor die Netzhaut an die gegebenen Reize adaptiert ist, also frühestens 3 Sek. nach deren Beginn; 4. kein fremdes Licht darf das Auge treffen; füllt der Hintergrund nicht das ganze Gesichtsfeld, so mufs die Gegend um diesen herum lichtlos sein. Den Zweck dieser vier Bedingungen, die sich bei einer experimentellen Untersuchung ohne Ausnahme leicht erfüllen lassen, brauchen wir wohl nicht näher nachzuweisen. Nr. 1 und 4 bezwecken nur die Ausschliefsung fremder, störender

[1] Da Heymans am Psychologentage in Giefsen 1904 ganz dieselbe Betrachtung dargestellt hat, bemerke ich hierzu nur, dafs die folgenden Kontrastuntersuchungen im Jahre 1902 durchgeführt und in etwas verkürzter Gestalt ›Selskabet for Naturlärens Udbredelse‹ (der Gesellschaft für Verbreitung der Naturlehre) zu Kopenhagen in einer Sitzung im Frühjahr 1903 vorgelegt wurden.

Faktoren, die sich nicht leicht mit zur Berechnung
heranziehen lassen; Nr. 2 und 3 sollen uns die vollständige Helladaptation der Netzhaut an die vorliegenden Reize sichern. Unter diesen gegebenen Umständen läfst die Gröfse des Kontrastes sich folgendermafsen berechnen.

Wenn ein Feld von der Intensität F auf einem
Hintergrunde von der Intensität H gesehen wird, so
erleidet F eine Hemmung seiner Wirkung und ruft
eine schwächere Empfindung hervor. Die Wirkung
wird also gleich derjenigen, die durch eine schwächere
Reizstärke, F_0, hervorgebracht werden könnte, wenn
das Feld sich auf einem lichtlosen Hintergrunde be-
fände. Die durch die Hemmung verursachte relative
Verminderung ist mithin gleich $(F - F_0)/F$. Diese
relative Verminderung soll nun dem Hemmungsgesetze
zufolge gleich demjenigen Bruchteile der Energie sein,
der von dem anderen gleichzeitigen Vorgange, also
von der durch H erzeugten Wirkung, verbraucht wird.
Es gilt nun, diesen Bruchteil zu bestimmen. Zufolge
der oben aufgestellten Theorie von der Helladaptation
halten sich die Energiezufuhr und der Verbrauch das
Gleichgewicht, wenn die Netzhaut an einen gegebenen
Reiz adaptiert ist. Wirkt daher auf einen begrenzten
Teil der Netzhaut ein Reiz F, so mufs in der an diesen
adaptierten Netzhaut die freie Energie eben gleich der
Energie sein, die durch die Wirkung des F verbraucht
wird. Dasselbe mufs gelten, wenn ein anderer Teil der
Netzhaut, z. B. um das Feld F herum, von einem Reize
mit der Intensität H getroffen wird. Wirken diese
beiden Reize nun zugleich, und ist die Netzhaut an
beide lokal adaptiert, so ist die freie Energie an zwei
aufeinander einwirkenden Punkten bestimmt durch
$F + H$. Von dieser würde F, wenn es allein wäre,
einen Bruchteil $1/p = F/(F + H)$, und H unter derselben Bedingung $1/q = H/(F + H)$ verbrauchen. Da
aber beide gleichzeitig zur Geltung kommen, hemmen
sie sich gegenseitig, so dafs die Verbrauche nur $1/P$
und $1/Q$ werden. Die Gröfse dieser Brüche, durch $1/p$
und $1/q$ ausgedrückt, wurde bereits oben entwickelt,
vgl. Gleich. 3a und 3b (S. 36). Wir haben hier aber
nicht beide diese Ausdrücke nötig, denn allerdings

hemmt das Feld den Hintergrund ebensowohl als
letzterer das Feld, gewöhnlich können wir uns aber
nur auf die Messung der letzteren Wirkung einlassen.
Es kommt also nur auf die Bestimmung des Bruches $1/Q$,
desjenigen Teiles der Energie, der tatsächlich vom
Hintergrunde verbraucht wird, an. Nach Gleich. 3b ist

$$\frac{1}{Q} = \frac{\frac{1}{q}\left(1-\frac{1}{p}\right)}{1-\frac{1}{p}\cdot\frac{1}{q}} = \frac{\frac{H}{F+H}\left(1-\frac{F}{F+H}\right)}{1-\frac{F}{F+H}\cdot\frac{H}{F+H}} = \frac{H^2}{F^2+FH+H^2}$$

indem wir $1/p = F/(F+H)$ und $1/q = H/(F+H)$ einsetzen. Nun soll laut des Hemmungsgesetzes (Gleich. 4 a)
die relative Verminderung des Feldes gleich demjenigen
Bruchteile der Energie sein, der zur anderen gleichzeitigen Arbeit erforderlich ist, mithin zur Wirkung
des Hintergrundes verbraucht wird. Folglich müssen
wir haben:

$$\frac{F-F_0}{F} = \frac{1}{Q} = \frac{H^2}{F^2+FH+H^2}$$

welche Gleichung sich in die Form bringen läfst:

$$\frac{F_0}{F} = \frac{F^2+FH}{F^2+FH+H^2} \ \ \ \ \cdots \cdots \text{(Gleich. 44).}$$

Durch Gleich. 44 ist die Gröfse des Kontrastes vollständig bestimmt, indem F_0, wie oben angegeben, die
Intensität desjenigen Reizes bezeichnet, der auf lichtlosem Hintergrunde dieselbe Wirkung erzeugen würde
wie F auf dem Hintergrunde H. Da der Bruch in der
rechten Seite der Gleichung stets < 1 ist, wird mithin
$F_0 < F$, wie es auch der Fall sein soll. Die Richtigkeit
der Gleich. 44 durch Messungen zu prüfen, kann keine
besonderen Schwierigkeiten verursachen. Man braucht
offenbar nur die Intensität F_0 zu bestimmen, die ein
Feld auf lichtlosem Hintergrunde haben mufs, um gleich
einem Felde von der gegebenen Intensität F auf dem
Hintergrunde H zu erscheinen. Sind F und H gegeben,
so ist F_0 durch die Gleich. 44 vollständig bestimmt, und
ein Vergleich der gemessenen Werte mit den berechneten wird die Sache schnell zur Entscheidung bringen.
Indes ist die Durchführung dieser Messungen mit gewissen praktischen Schwierigkeiten verbunden, so dafs
eine Prüfung des Gesetzes in der durch Gleich. 44 ge-

gebenen Form recht mifslich ist. Aus der Gleich. 44
können wir aber Ausdrücke ableiten, die besser zur
experimentellen Prüfung geeignet sind. Da bei der
Entwicklung der Gleich. 44 durchaus nichts von der
Gröfse von F und H vorausgesetzt wurde, mufs die
Gleichung notwendigerweise auch dann gelten, wenn
diese Gröfsen die gleichen sind. Setzen wir nun $F = H = I$:
die Gleich. 44 heifst dann:

$$F_0 = \frac{2}{3} I \quad \ldots \ldots \ldots \ldots \text{(Gleich. 45).}$$

Setzen wir den Ausdruck für F_0 aus Gleich. 45 in
Gleich. 44 ein, so erhalten wir

$$\frac{2}{3} \cdot \frac{I}{F} = \frac{F^2 + FH}{F^2 + FH + H^2}$$

$$\text{oder} \quad \frac{I}{F} = \frac{3}{2} \cdot \frac{\left(\frac{F}{H}\right)^2 + \frac{F}{H}}{\left(\frac{F}{H}\right)^2 + \frac{F}{H} + 1} \quad \ldots \ldots \text{(Gleich. 46).}$$

Die Gleich. 46 gibt uns also die Bedingung dafür, dafs
ein Feld von der Intensität I, welches auf einem Hintergrunde von derselben Intensität gesehen wird, ebenso
hell erscheint wie ein Feld F auf einem Hintergrunde H.
Diese Gleichung ist in vielen Beziehungen äufserst
interessant; ich erörtere jedes der wichtigsten Verhältnisse für sich.

1. Da die Gröfse des Kontrastes durch den Bruch $I:F$,
das Verhältnis zwischen den Intensitäten der beiden
Felder, bestimmt ist, zeigt die Gleich. 46, dafs der Kontrast von den absoluten Helligkeiten unabhängig und
allein von dem Verhältnis $F:H$ abhängig wird. Diese
Tatsache wurde bereits früher experimentell festgestellt
(2. Teil, S. 48).

2. Aus Gleich. 46 geht hervor, dafs positiver und
negativer Kontrast nicht zwei verschiedene, sondern
eine und dieselbe Erscheinung sind; die Gleichung umfafst nämlich alle beide. Dies läfst sich leicht nachweisen.
Ist nämlich das Feld F heller als der Hintergrund H,
so ist mithin $F:H > 1$. Dann ist aber auch:

$$\left(\frac{F}{H}\right)^2 + \frac{F}{H} > 2.$$

Durch Addition von $2\left[\left(\frac{F}{H}\right)^2 + \frac{F}{H}\right]$ auf beiden Seiten dieser Ungleichheit erhält man:

$$3\left[\left(\frac{F}{H}\right)^2 + \frac{F}{H}\right] > 2\left[\left(\frac{F}{H}\right)^2 + \frac{F}{H} + 1\right]$$

$$\text{oder}: \frac{I}{F} = \frac{3}{2} \cdot \frac{\left(\frac{F}{H}\right)^2 + \frac{F}{H}}{\left(\frac{F}{H}\right)^2 + \frac{F}{H} + 1} > 1.$$

Ist also $F > H$, so wird $I > F$, weil die rechte Seite der Gleich. 46 größer als 1 ist. Dies heißt aber, daß I, um gleich F zu erscheinen, intensiver als F sein muß, oder mit anderen Worten: F wird heller als I erscheinen, wenn beide dieselbe objektive Intensität haben. Der Fall $F > H$ entspricht mithin dem sogenannten positiven Kontraste: ein auf einem dunkleren Hintergrunde erblicktes Feld erscheint heller, als wenn es auf einem Hintergrunde von seiner eigenen Intensität gesehen wird. Der sogenannte positive Kontrast beruht also nicht auf einer wirklichen Zunahme der Helligkeit des Feldes, sondern rührt nur davon her, daß das Feld weniger gehemmt wird, als wenn man es auf einem Hintergrunde von der eigenen Intensität desselben sieht. — Ganz analog läßt sich darlegen, daß, wenn $F < H$ ist, $I < F$ wird. Dies entspricht also dem sogenannten negativen Kontraste, der beobachtet wird, wenn man ein Feld auf einem Hintergrunde sieht, der heller ist als das Feld. Nach Gleich 46 beruht der negative Kontrast daher einfach darauf, daß ein Feld auf einem helleren Hintergrunde mehr gehemmt wird, als es gehemmt werden würde, wenn der Hintergrund die Intensität des Feldes hätte.

3. Da in Gleich. 46 keine unbekannten Konstanten vorkommen, folgt hieraus, daß der Kontrast bei völliger Adaptation für alle Augen dieselbe Größe haben muß: es gibt keine individuellen Differenzen. Hierin liegt nichts Sonderbares; dies ist eine seit langem experimentell festgestellte Tatsache. Schon bei meinen ersten quantitativen Kontrastbestimmungen im Jahre 1886 zeigte sich dies. »Das merkwürdigste Resultat, welches sämtliche Kontrastversuche ergeben haben, scheint mir

dies zu sein, dafs sich zwischen Herrn Neiglick und mir keine Spur von individuellen Differenzen gezeigt hat . . . . Dies scheint mir nur durch die Annahme erklärt werden zu können, dafs die Kontrasterscheinungen unter gegebenen Umständen für alle, wenigstens für alle normalen Augen gleich sind.«[1] Spätere Untersuchungen haben dies völlig bestätigt. Dafs wir unter gegebenen Bedingungen zu einer Kontrastformel gelangen, die keine unbekannten Konstanten enthält, mithin auch keine Möglichkeit individueller Differenzen, ist also keineswegs ein Beweis gegen die Gültigkeit der Formel.

4. Bei der Entwicklung der Gleich. 46 wurde vorausgesetzt, dafs unter dem Felde und dem Hintergrunde eine völlig wechselseitige Hemmung stattfindet: nur unter Erfüllung dieser Bedingung wird sich die Gleich. 46 als gültig erweisen. Es ist aber nicht gegeben, dafs die Bedingung stets verwirklicht sein wird. Unsere theoretischen Betrachtungen führten uns zu dem Resultate, dafs ein Reiz von gegebener Stärke nur innerhalb eines gewissen Gebietes hemmend wirken wird (siehe S. 29—30). Verhält dies sich richtig, so kann das Feld daher, wenn es hinlängliche Gröfse hat, nicht vollständig innerhalb des Hemmungsgebietes des Hintergrundes fallen, und folglich wird es nicht in seinem ganzen Umfange durch den Kontrast abgeändert. Dies stimmt offenbar mit der Erfahrung überein, die uns lehrt, dafs Felder, die unter einem hinlänglich grofsen Gesichtswinkel erblickt werden, nur ›Randkontrast‹ zeigen, während innerhalb des letzteren keine besondere Änderung zu bemerken ist. Wird der Gesichtswinkel des Feldes nun kleiner, so mufs der Randkontrast einen immer gröfseren Teil des Feldes decken, schliefslich, bei hinlänglich kleinem Gesichtswinkel, das ganze Feld. Die Erfahrung bestätigt dies denn auch, indem man findet, dafs der Kontrast um so stärker wird, je kleiner der Gesichtswinkel des Feldes ist (2. Teil, S. 48). In völliger Übereinstimmung mit der Theorie deuten diese Erfahrungen also darauf hin, dafs die wechselseitige Hemmung des Feldes und des Hintergrundes, auf welcher der Kontrast

[1] Phil. Stud. Bd. 3. S. 520.

beruht, nur innerhalb eines gewissen Abstandes von
der Grenzlinie stattfindet; bei wachsendem Abstande
sinkt dieselbe sehr geschwind. Wenn es sich nicht so
verhielte, würde eine Messung der Größe des Kontrastes auf gewöhnliche Weise denn auch unmöglich
sein. Bestimmt man nämlich den Kontrast zwischen
dem Felde F und dem Hintergrunde H dadurch, daß
man die Intensität I ermittelt, die eine größere Fläche
haben muß, um gleich F zu erscheinen, so wird hierbei
vorausgesetzt, daß der Kontrast zwischen den großen
aneinanderstoßenden Flächen H und I in einiger Entfernung von der Grenzlinie keinen Einfluß auf I übt.
Diese Voraussetzung ist zweifelsohne auch richtig, sobald wir ein wenig außerhalb des Gebietes des deutlichen Randkontrastes gelangen.

Das Ergebnis dieser Betrachtungen wird also, daß
die Gültigkeit der Gleich. 46 nur dann zu erwarten ist,
wenn der Gesichtswinkel des Feldes eine gewisse Größe
nicht übersteigt. Letztere habe ich nicht bestimmt; es
wird die Aufgabe künftiger Untersuchungen werden,
zu ermitteln, wie der Kontrast mit anwachsendem Gesichtswinkel abnimmt. Ich hatte keinen Anlaß, mich
hierauf näher einzulassen, weil es einen anderen Umstand gibt, der dem Gesichtswinkel, welchen wir bei
genauen Messungen nicht überschreiten dürfen, viel
engere Grenzen absteckt. Da nämlich die beiden
Felder mit fixiertem Auge verglichen werden sollen,
und da sie notwendigerweise eine gegenseitige Entfernung von wenigstens 6—7° haben müssen, um
außerhalb des Gebietes des Randkontrastes auf den
Hintergründen zu fallen, so folgt hieraus, daß die
Felder selbst verhältnismäßig klein sein müssen,
wenn ein genaues Vergleichen möglich sein soll. Einen
größeren Gesichtswinkel als 3° 12' — was einem Quadrate
mit der Seite 2 cm, in der Entfernung von 35 cm gesehen, entspricht — darf man den Feldern wohl kaum
geben, und hier ist der Kontrast noch ein vollständiger.

Die Notwendigkeit, neue Kontrastmessungen anzustellen, um die Richtigkeit der Gleich. 46 zu prüfen,
ist deswegen gegeben, weil die Bedingungen, unter
denen die Gültigkeit derselben zu erwarten steht, bei
den früher ausgeführten Messungen nicht beachtet

wurden. Weder bei meinen vorhergehenden noch bei
den Ebbinghausschen Kontrastbestimmungen war das
Auge streng fixiert, und von vorausgehender Dunkeladaptation war gar nicht die Rede, ebensowenig wie von
der Ausschliefsung fremden Lichtes. Bei Hefs und
Pretoris Untersuchungen, die im folgenden nähere
Besprechung finden werden, war das Auge zwar
fixiert, ob aber eine vorhergehende Dunkeladaptation
durchgeführt wurde, ist zweifelhaft; sicher ist es dagegen, dafs die Helladaptation nicht hinlänglich war,
da die kontrastierenden Intensitäten nur 1 Sek. lang
aufs Auge wirkten. Es läfst sich daher nicht annehmen,
dafs die Gleich. 46 für irgendeine dieser Versuchsreihen gültig sein sollte, und wir müssen deshalb die
Messungen unter Beachtung der festgestellten Bedingungen ausführen. Zur Ausführung solcher Bestimmungen eignet sich nur die von Hefs und Pretori
angewandte Versuchsanordnung[1], die übrigens an einem
praktischen Übelstande leidet, indem sie zur Variation
der Intensität eine Verschiebung von Lampen nach
entgegengesetzten Seiten erfordert, was eine gröfsere
Dunkelkammer benötigt, als mir wenigstens zur Verfügung stand. Ich brachte deshalb eine kleine Abänderung am Apparate an, die diesen weit mehr praktisch anwendbar macht.

Der in der Fig. 15 schematisch dargestellte Apparat
besteht aus einem 34 cm langen, 21 cm breiten und
14 cm hohen, innen und aufsen schwarz angestrichenen
Kasten. Dieser trägt vorne eine Verlängerung F, verschlossen mit einer Metallplatte, in der sich eine 2 mm
im Durchmesser haltende Okularöffnung befindet.
A und B, C und D sind senkrechte Wände, die paarweise unter rechten Winkeln aneinanderstofsen. In
den vorderen, C und D, sind 2 cm von dem senkrechten
Rande quadratische Öffnungen, c und d, angebracht.
Das Licht tritt durch die quadratischen Fenster
f, g, h und i ein, deren Seiten 7 cm lang sind. Oberhalb und unterhalb dieser Fenster finden sich (in der
Figur nicht angedeutete) Rillen, in denen sich Dunkelgläser anbringen lassen, welche das Licht in bekanntem

---

Verhältnisse abschwächen. Die Beleuchtung wird durch
Petroleumlampen, eine vor jedem Fenster, hergestellt;
der Abstand der Flammen von den Mittelpunkten der
beleuchteten Flächen läfst sich an auf den Tischen angebrachten Mafsstäben ablesen. Die Schirme s s verhindern das Licht der einzelnen Lampen daran, mehr
als ein einziges Fenster zu treffen; sie waren in der
Tat so weit seitwärts verlängert, wie überhaupt von
einem Verschieben der Lampen die Rede sein konnte.
Der Beobachter sitzt im Zelte TT, das in der Figur
nur eben angedeutet ist, während es in der Wirklichkeit
einen geschlossenen Raum bildet, in den kein fremdes
Licht einzudringen vermag.

Die beiden Flächen A und B
waren konstant mit weifsem,
mit Zinkweifs bestrichenem
Karton bekleidet; entsprechend
bestrichene Papiere liefsen sich
auch an C und D anbringen;
hier safsen sie aber lose, so
dafs man durch Einsetzen von
Kartons mit Ausschnitten von
verschiedener Gröfse vor die
Öffnung c die Gröfse des Kon-
trastfeldes variieren konnte.
Der Ausschnitt d wurde dagegen nicht benutzt, sondern
blieb durch den an D an-
gebrachten Karton verdeckt.

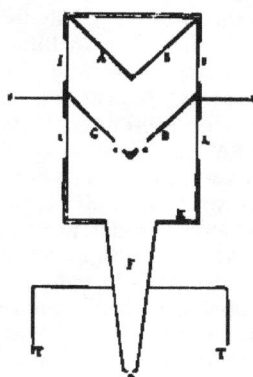

Fig. 15.

Es zeigte sich nämlich bei den
Versuchen, dafs es keine Schwierigkeit darbot, das
Kontrastfeld — welches durch das von A durch die
Öffnung c reflektierte Licht erzeugt wurde — mit einem
symmetrisch gelegenen Areal der Fläche D zu vergleichen. Dieses war insofern ein sehr günstiger Umstand, als man deshalb nur die Fläche D zu beleuchten
brauchte und folglich völlig sicher war, dafs das kleine
Areal, das der Beobachter selbst auf der Fläche ab-
grenzte, wirklich dieselbe Intensität hatte wie dessen
Umgebungen. Hätte man dagegen auf der Fläche D
ein Feld von derselben Intensität dadurch herstellen
sollen, dafs man Licht von B durch d entsendete, so

15 *

würde die geringste Ungenauigkeit hinsichtlich der
Flammenhöhe oder der Entfernung der beiden Lampen
sofort einen Unterschied zwischen dem Felde und dem
Hintergrunde herbeigeführt und mithin die Resultate un-
genau gemacht haben. Damit im Kasten Veränderungen
unternommen werden konnten, war derselbe mit einem
lichtdichten Deckel versehen, der während der Versuche natürlich aufgesetzt war.

Stellt man nun vor die Fläche C eine Hefner-
Normallampe in der Entfernung von 50 cm, so ist die
Beleuchtung hier also 750 *ie* (vgl. S. 152), und man
findet dann leicht den Abstand, den eine auf bestimmte Flammenhöhe regulierte Petroleumlampe haben
mufs, damit die Fläche D ebenso stark beleuchtet wird.
Auf diese Weise läfst sich somit die beim Universalapparate benutzte Intensitätseinheit genau auf den
Kontrastapparat übertragen, und in dieser Einheit sind
bei den folgenden Untersuchungen die Intensitäten angegeben. Die verschiedenen Lichtstärken, die zur Anwendung kamen, wurden übrigens der Konstruktion des
Apparates gemäfs teils durch das Einsetzen von Dunkel-
gläsern vor die Fenster *f—i*, teils durch Änderung des
Abstandes der Lampen hervorgebracht.

Man sieht nun leicht, dafs die Einrichtung des
Apparates die genaue Befolgung der vier oben genannten
Mafsregeln ermöglicht. Es kann kein fremdes Licht
ins Auge gelangen, weder von aufsen noch von innen
aus dem Apparate, wo die Umgebungen der beiden
beleuchteten Flächen C und D völlig schwarz sind.
Da der Beobachter selbst in einem schwarzen Zelte
sitzt, lassen die Bestimmungen sich nach vorausgehender
Dunkeladaptation des Auges ausführen, und letzteres
auf einen bestimmten Punkt der Grenzlinie zwischen
den verschieden beleuchteten Flächen C und D fixiert
zu halten, fällt nicht schwer. Da ferner die Herstellung
der Identität zwischen dem Felde einerseits und anderseits der ganzen Fläche gewöhnlich 5 bis 10 Sek. in
Anspruch nahm, war hierdurch eine völlige Helladaptation gesichert. Die Bestimmungen wurden ganz
unwissentlich ausgeführt, indem ein Assistent das Einstellen der Lampen und das Ablesen der gefundenen
Entfernungen besorgte; für jeden gegebenen Wert von

F und H wurden sowohl in auf- als in absteigenden Reihen zwei Einstellungen gemacht, deren Mittel in den Tabellen 25 und 26 angeführt sind. Als Versuchsperson fungierte teils ich selbst, teils das Fräulein Mag. art. H. Krarup, die sich seit mehreren Jahren mit optischen Untersuchungen beschäftigt, und die eine sehr zuverlässige und sichere Beobachterin war. Übrigens wurden die Versuche sowohl mit verschiedenem Gesichtswinkel des Feldes als auch mit verschiedenen Werten von H und F angestellt.

Tab. 25.

$\frac{F}{H}$	I	II	F	$\frac{I}{F}$	$\frac{I}{F}$ ber.
		Gesichtswinkel 1° 38′			
0,064	19,7		191	0,103	0,099
0,116	39,3		347	0,113	0,176
0,134	77		400	0,192	0,195
0,173	127	2982	516	0,246	0,250
0,304	393		505	0,434	0,415
0,454	770		1334	0,568	0,591
0,705	1393		2103	0,662	0,810
0,851	2417		2538	0,952	0,970

$\frac{F}{H}$	F	II	$\frac{I}{F}$ (1° 38′)	$\frac{I}{F}$ (3° 12′)	Mittel	$\frac{I}{F}$ ber.
1,125	283		1,050	1,089	1,070	1,058
1,25	320		1,079	1,107	1,093	1,107
1,375	352		1,138	1,142	1,140	1,148
1,5	384		1,168	1,177	1,173	1,184
1,625	416		1,196	1,206	1,201	1,215
1,75	448	256	1,213	1,248	1,232	1,242
1,875	480		1,282	1,299	1,291	1,205
2	512		1,244	1,287	1,266	1,286
4	1024		1,494	1,501	1,498	1,429
8	2048		1,430	1,402	1,416	1,480
16	4096		1,555	1,537	1,546	1,495
32	8192		1,523	1,546	1,534	1,498

Die Resultate sind angeführt in der Tab. 25, welche H. K.'s, und in der Tab. 26, welche A. L.'s Bestimmungen enthält; die angegebenen Zahlen sind die Mittel von vier Einstellungen. Da die durch I/F gemessene Größe des Kontrastes der Gleich. 46 zufolge lediglich eine Funktion von F/H ist, sind in der ersten Kolonne beider Tabellen die verschiedenen Werte dieses Bruches angeführt. Wie oben erwähnt, entspricht $F/H > 1$ dem sogenannten positiven, $F/H < 1$ dem negativen Kontraste; die Tabellen umfassen mithin beide Fälle. Man sieht, daß die verschiedenen Werte von $F:H$ mit sehr verschiedenen absoluten Werten von F und H hergestellt sind; außerdem war F in einigen Versuchs-

Tab. 26.

Gesichtswinkel 3° 12'				3° 12'			1° 38'				
F/H	F	H	I/F	F	H	I/F	F	H	I/F	Mittel	I/F ber.
0,016	16384		0,026	4016		0,034	256		0,039	0,030	0,023
0,031				2048		0,057	512		0,078	0,048	0,047
0,063	4096		0,113	1024		0,103	1024		0,253	0,100	0,094
0,125	2048		0,211	512		0,140	2048		0,362	0,209	0,185
0,25	1024		0,367	256		0,372	4096		0,510	0,367	0,357
0,5	512	256	0,503	128	64	0,541	4320	8192	0,565	0,513	0,643
0,334	480		0,556	112		0,560	4080		0,600	0,560	0,675
0,571	448		0,697	96		0,835	5040		0,631	0,619	0,705
0,615	416		0,800	80		0,801	5460		0,677	0,716	0,748
0,667	384		0,822	72		0,973	5960		0,727	0,778	0,789
0,727	352		0,866				6450		0,872	0,794	0,835
0,800	320		0,904				7280		0,934	0,873	0,885
0,889										0,954	0,940
1,125	288		1,047							1,062	1,058
1,25	320		1,120							1,102	1,107
1,375	352		1,121							1,134	1,148
1,5	384		1,195	24		1,132				1,169	1,184
1,625	416		1,229							1,210	1,213
1,75	448		1,248							1,237	1,243
1,875	480	256	1,281							1,237	1,365
2	512		1,305	32		1,316				1,288	1,286
4	1024		1,420	64	16	1,361				1,449	1,429
8	2048		1,452	128		1,495				1,447	1,480
16	4096		1,473	256		1,558				1,531	1,495
32	8192		1,577	512		1,473				1,529	1,498
64	14384		1,473	1024		1,525				1,499	1,499
128				2048		1,441				1,441	1,500
256				4096		1,477				1,477	1,500
1024				16384		1,481				1,481	1,500

reihen konstant, während H eine Reihe von Werten durchlief; in anderen Versuchsreihen war das Verhältnis das umgekehrte. In allen Versuchen waren H und F gegeben, während man die mit F identische Größe von I suchte; nur in der oberen Abteilung der Tab. 25 war die Methode eine andere, indem hier H und I gegeben waren und man die dem gegebenen I identische Größe von F suchte. Endlich sind die Versuche, wie die Tabellen zeigen, mit zwei verschiedenen Größen des Feldes ausgeführt worden, dessen Gesichtswinkel 1° 38′ bezw. 3° 12′ war. Diese Größen liegen allenfalls in sehr großer Nähe der Grenzwerte, von deren Untersuchung in der Praxis die Rede werden kann. Denn es geht kaum an, den Gesichtswinkel kleiner als 1,5° zu machen — was einem Quadrate mit 1 cm langer Seite entspricht —, da das Vergleichen der Helligkeit kleinerer Flächen der Erfahrung gemäß gar zu unsicher wird. Größer als 3,5° kann aber der Gesichtswinkel, wie oben erwähnt, auch nicht wohl sein, wenn die notwendige Bedingung, die Fixation des Auges, streng beachtet werden soll.

Betrachten wir nun die einzelnen Versuchsreihen, so erweist es sich, daß es zwischen den Resultaten weder hinsichtlich der verschiedenen Gesichtswinkel noch hinsichtlich der beiden Versuchspersonen einen gesetzmäßigen Unterschied gibt; jedenfalls sind die individuellen Differenzen nicht größer als die Unterschiede zwischen den einzelnen Versuchsreihen für dieselbe Person. Dies stimmt also mit früheren Erfahrungen und mit den theoretischen Entwicklungen völlig überein. Um näher zu prüfen, inwiefern die Resultate der Messungen mit der Theorie in Übereinstimmung stehen, brauchen wir nur aus Gleich. 46 diejenigen Werte von $I\,F$ zu berechnen, die jedem der angewandten Werte $F\,H$ entsprechen. Da in der Gleich. 46 keine unbekannten Konstanten vorkommen, wird die Übereinstimmung der Messung mit der Berechnung hier völlig entscheidend sein, weil man nicht nötig hat, eben die Messungsresultate zur Bestimmung unbekannter Konstanten zu benutzen. Die berechneten Werte $I\,F$ sind in den Tabellen 25 und 26 in der letzten Kolonne unter ›$I\,F$ ber.‹ angeführt. In der unteren Hälfte der Tab. 25 sind unter ›Mittel‹ die mittleren Zahlen der beiden hier vorkommenden Versuchsreihen angeführt, und die Tab. 26 gibt unter derselben Überschrift die Mittelzahlen sämtlicher sowohl von A. L. als von H. K. angestellten Messungen. Die Berechnung solcher Mittelzahlen für zwei verschiedene Versuchspersonen ist sicherlich berechtigt, da es keine nachweisbaren individuellen Differenzen gibt und der Theorie zufolge auch nicht geben kann. Diese Mittelzahlen stimmen, wie die Tabelle zeigt, mit den berechneten $I'F$

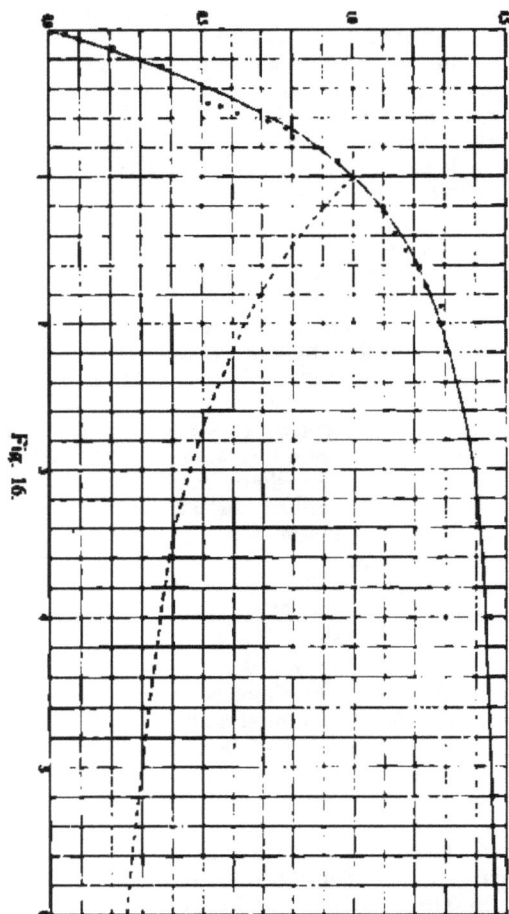

Fig. 16.

äufserst gut überein. Um die Übersicht zu erleichtern, sind die Resultate in der Fig. 16 graphisch dargestellt. $F'H$ ist hier als Abszisse, $I'F$ als Ordinate abgesetzt.

Die gezeichnete Kurve ist die theoretische, deren Gleichung in Gleich. 46 gegeben ist. Die mit ✶ gemerkten Punkte sind die in der Tab. 26 angeführten Mittelzahlen. Bis auf ganz einzelne Ausnahmen fallen diese, wie zu ersehen, fast vollständig mit der theoretischen Kurve zusammen, und die Richtigkeit der Theorie kann mithin nicht den geringsten Zweifel erleiden. Einen anderen Beweis für deren Richtigkeit können wir übrigens, wie wir sogleich im folgenden nachweisen werden, mittels der von Hefs und Pretori ausgeführten Messungen liefern.

Vorerst ist indes ein ziemlich sonderbarer Umstand zu berühren. An der Gleich. 45 hatten wir einen Ausdruck für die Intensität F_0, die ein kleines Feld auf lichtlosem Hintergrunde haben mufs, um gleich einem gröfseren Felde von der Intensität I zu erscheinen. Bringt man die Gleichung in die Form $I/F_0 = {}^3/_2$, so sieht man, dafs eine gröfsere Fläche 1,5 mal so grofse Intensität als ein kleines Feld, das gegen einen lichtlosen Hintergrund kontrastiert, haben mufs, wenn die beiden Flächen gleichhell erscheinen sollen. Diese Konsequenz der Theorie zu prüfen, fällt nicht schwer. Wir brauchen nur am Kontrastapparate (Fig. 15, S. 227) die Fläche C durch ein Stück mattschwarzen Kartons mit einem Ausschnitte vor der Öffnung c zu verdecken. Deckt man aufserdem die Öffnung i mittels eines undurchdringlichen Schirmes, so wird das von A durch die Öffnung c hindurch reflektierte Licht uns ein kleines Feld auf völlig schwarzem Hintergrunde geben, und wir können dann leicht auf gewöhnliche Weise die Intensität I finden, welche die Fläche D haben mufs, um gleich dem Felde zu erscheinen. Die Tab. 27 (S. 234) gibt die Resultate von drei derartigen Versuchsreihen an, die von A. L. bei einem Gesichtswinkel des Feldes von 3° 12′ und von H. K. sowohl bei 3° 12′ als bei 1° 38′ ausgeführt wurden. Wie man sieht, sind die Resultate ziemlich variabel, durchweg aber gar zu grofs, und ganz besonders gilt dies von dem kleinen Gesichtswinkel 1° 38′. Während die Mittelzahlen für die beiden ersten Versuchsreihen, 1,583 bezw. 1,704, sich doch einigermafsen dem theoretischen Werte nähern, gilt dies ganz entschieden nicht von der Mittelzahl für die

letzte Reihe der Messungen, 1,99. Da dieser grofse
Wert gerade bei dem geringsten Gesichtswinkel für
das Feld gefunden wurde, scheint der Kontrast auf

Tab. 27.

F_0	H	$\frac{I}{F_0}$		
		A. l. 3° 12′	II. K. 3° 12′	II. K. 1° 38′
24	1,600			
32	1,535	1,905	2,189	
64	1,602	1,540	1,812	
128	1,654	1,659	2,126	
256	1,542	1,766	1,995	
512	1,690	1,581	1,884	
1 024	1,656	1,940	2,088	
2 048	1,471	1,588	1,863	
4 096	1,543	1,646	2,015	
8 192	1,677	1,704	1,939	
16 384	1,439			
Mittel	1,583	1,704	1,990	

lichtlosem Hintergrunde mithin von der Gröfse des Gesichtswinkels abhängig zu sein. Dies im Verein mit
dem Umstande, dafs auch bei dem gröfseren Gesichtswinkel ausnahmsweise sehr hohe Werte von $I F$ vorkommen, scheint eine Erklärung dieser sonderbaren
Abweichung zu geben. Wir wissen nämlich ja, dafs
Licht, welches nur ganz kurze Zeit hindurch auf eine
dunkeladaptierte Netzhaut einwirkt, eine Empfindung
erzeugt, die bedeutend stärker ist als diejenige, welche
man durch konstante Einwirkung desselben Lichtes erhält. Ist daher das Auge bei den hier besprochenen
Kontrastbestimmungen nicht absolut fixiert, sondern
macht es kleine willkürliche Schwankungen, so trifft
das Licht des kleinen Feldes zum Teil dunkeladaptierte
Gegenden der Netzhaut; die Folge hiervon mufs werden,
dafs das Feld bedeutend heller erscheint, als es sein
würde, wenn das Auge einen bestimmten Punkt unerschütterlich fixierte. Die Wirkung mufs dann um so
stärker werden, je kleiner das Feld ist, weil verhältnismäfsig gröfsere Teile des letzteren wegen der unwillkürlichen Bewegungen auf dunkeladaptierte Teile der
Netzhaut fallen. Dies ist eine allenfalls nicht unwahr-
scheinliche Erklärung, die übrigens indes nicht aus-

schliefst, dafs noch andere, nicht näher bekannte Verhältnisse mitwirken könnten. Hier ist also ein Punkt,
der vielleicht eine nähere Untersuchung verdient.

Kontrast bei unvollständiger Adaptation. Die von
Hefs und Pretori ausgeführten Kontrastbestimmungen
unterscheiden sich von meinen oben besprochenen nur
an zwei Punkten, dadurch nämlich, dafs die Pupille
frei, variabel war, und dafs der Beobachter die zu vergleichenden Flächen nur 1 Sek. lang betrachtete.
Übrigens geschah die Betrachtung monokular; zweifelhaft ist es aber, ob für vorausgehende Dunkeladaptation
gesorgt war. Da fremdes Licht sorgfältig vom Auge
des Beobachters ferngehalten wurde und die beleuchteten Flächen nur gerade 1 Sek. lang sichtbar
waren, während das Auge sonst in einen fast lichtlosen
Raum blickte, ist die Annahme gewifs berechtigt, dafs
sich während der Versuche jedenfalls eine leichtere
Dunkeladaptation einstellte. Diese ist aber kaum gleich
von Anfang an zugegen gewesen, und eine gewisse Un-
regelmäfsigkeit der Resultate scheint hierin ihre Erklärung zu finden. Ein anderer Mangel dieser Versuche
ist es, dafs gar keine Angaben mit Bezug auf die Zuver-
lässigkeit der einzelnen Resultate gemacht werden. Wir
erfahren nichts darüber, ob die angegebenen Zahlen
Mittelwerte oder ob sie nur einzelne, mit allen zufälligen Fehlern behaftete Messungen sind. Nicht nur
scheint letzteres der Fall zu sein, sondern die Verfasser
haben auch, dem Anschein nach, genauen Zahlen nur
sehr geringes Gewicht beigelegt, denn sonst ist es unbegreiflich, wie sie fortwährend ganz ›runde‹ Zahlen
erhalten konnten (siehe Tab. 28, Kolonne *H*). Ich nehme
deshalb an, dafs man diesen Messungen wohl keine besonders grofse Genauigkeit zuschreiben darf.

Die Versuche haben indes ihr Interesse, weil sie bei
der Observationsdauer von nur 1 Sek. angestellt
wurden, bei welcher die Helladaptation noch nicht
stattgefunden haben kann; in dieser Beziehung unterscheiden sie sich entschieden von meinen oben besprochenen Messungen. Ein anderer Unterschied von
untergeordneter, wenngleich praktischer Bedeutung ist
der, dafs die Verfasser zwei kleine, je auf seinem Hintergrunde befindliche Felder verglichen. In der einzelnen

Versuchsreihe war die Intensität des linken Feldes und
die des linken Hintergrundes konstant: wir nennen
diese F_r bezw. H_r. Das rechte Feld erhielt sukzessiv
verschiedene Intensitäten, F, und für jede derselben
suchte man diejenige Intensität H, die der Hintergrund
haben mußte, damit F auf H sich gleich F_r auf H_r zeigte.
Die Resultate finden sich in der Tab. 28 in der von
Hefs und Pretori angewandten Beleuchtungseinheit
(gleich 22,5 ie) angegeben. Die sechs (II—VII) gemerkten Versuchsreihen, welche die Verfasser selbst
(weshalb, wird nicht gesagt) für »besonders gut« erklären, sind jede in ihrer Abteilung angeführt, die oben
die Nummer der Versuchsreihe und die konstanten
Werte von F_r und H_r anzeigt. Für jedes F ist das gefundene H angeführt, und es handelt sich nun darum,
ob wir auf theoretischem Wege eine Relation zwischen
den vier zusammengehörenden Größen F_r, H_r, F und H
für die vorliegenden Versuchsumstände abzuleiten imstande sind.

Der wesentlichste Unterschied zwischen den von
Hefs-Pretori und den von mir angestellten Kontrastmessungen besteht darin, dafs die Adaptation bei den
ersteren keine vollständige war. Dann steht die Stoffzufuhr aber auch nicht im Gleichgewicht mit dem Verbrauche, oder mit anderen Worten: die freie Energie
der Netzhaut ist der Summe der Energieverbrauche
der einzelnen Reize allerdings proportional, jedoch nicht
gleich. Ist die Netzhaut aber nicht adaptiert, so ist der
Natur der Sache zufolge die Energiezufuhr auch nicht
lokal begrenzt, denn die Adaptation besteht ja gerade
darin, dafs in jedem Teile der Netzhaut eben der erforderliche Stoffwechsel stattfindet. Wären Hefs-
Pretoris Versuche mit vollständiger Adaptation ausgeführt worden, so wäre die freie Energie der Netzhaut
für eine Hälfte des Gesichtsfeldes $F_r + H_r$, für die andere
Hälfte $F + H$ gewesen. Da die Adaptation jetzt aber
ganz unvollständig war, läfst die freie Energie sich
nur insgesamt für die ganze Netzhaut berechnen; dieselbe muß dann in vier aufeinander einwirkenden
Punkten der Summe der wirkenden Intensitäten proportional sein und ist mithin gleich $\beta \cdot (F_r + H_r + F + H)$
zu setzen. Nun ist es uns allerdings nicht verwehrt,

die Berechnungen so durchzuführen. dafs wir die wechselseitigen hemmenden Einwirkungen aller vier Größen berücksichtigen, die hieraus entwickelten Gleichungen werden aber praktisch durchaus unanwendbar. Bei Messungen von so zweifelhafter Genauigkeit wie den hier besprochenen mufs es völlig genügen, die beiden wesentlichen Wirkungen: die Hemmung des H_r auf F_r und die des H auf F, zu untersuchen.

Da F_r und F gleichhell erscheinen, müssen beide gleich einem Felde von der Intensität F_0 auf lichtlosem Hintergrunde sein. Indem wir nun, wie gesagt, nur die hemmende Einwirkung der Hintergründe auf die bezüglichen Felder berücksichtigen, bekommen wir:

$$\frac{F_r - F_0}{F_r} = \frac{H_r}{\beta(F_r + H_r + F + H)}$$

und $$\frac{F - F_0}{F} = \frac{H}{\beta(F_r + H_r + F + H)}$$

Durch Elimination von F_0 erhält man hieraus:

$$F - F_r = \frac{FH - F_r \cdot H_r}{\beta(F_r + H_r + F + H)}$$

oder $$\beta = \frac{FH - F_r \cdot H_r}{(F - F_r)(F_r + H_r + F + H)} \quad \ldots \text{(Gleich. 47)}.$$

Da β hier allein durch bekannte Größen ausgedrückt ist, läfst sich die Richtigkeit der Gleich. 47 leicht prüfen. indem man nur nötig hat, sukzessiv die in der Tab. 28 angeführten zusammengehörenden Werte von F_r, H_r, F und H einzusetzen; β läfst sich dann berechnen. Ist Gleich. 47 für die angeführten Messungen gültig, so mufs β sich als konstant erweisen. In der Tab. 28 sind die auf diese Weise berechneten Werte angeführt. und diese sind freilich nicht völlig konstant; in einigen der Versuchsreihen nimmt β aber mit wachsenden Werten von F ab, in anderen dagegen zu. so dafs die Variationen also nicht gesetzmäfsig in bestimmter Richtung gehen. Kommt hierzu noch, dafs die Messungen, wie bereits bemerkt, wohl kaum besonders genau ausgeführt wurden. und dafs die vorausgehende Dunkeladaptation, die bei der theoretischen Entwicklung der Gleich. 47

notwendigerweise vorausgesetzt wird, bei den Versuchen wohl nicht beachtet wurde, so scheint die Formel
in der Tat so gut zu stimmen, wie es sich überhaupt

Tab. 28.

II. $F_r = 10$, $H_r = 312$.

F	H	β	H ber.
4	450	0,57	335
14	500	0,45	608
20	650	0,66	738
28	612	0,57	828
37	700	0,61	933
49	750	0,61	1040
64	800	0,62	1150
100	1000	6,65	1340
200	1360	0,67	1725
512	2360	0,71	2650
700	3220	0,73	3200
1024	4800	0,76	4060

V. $F_r = 300$, $H_r = 14$.

F	H	β	H ber.
400	200	0,93	172
512	400	0,77	370
600	560	0,75	537
700	800	0,78	736
1024	1500	0,75	1437
1600	2750	0,73	2790
2048	3300	0,68	3910

III. $F_r = 37$, $H_r = 49$.

F	H	β	H ber.
64	100	0,68	109
100	230	0,85	192
200	510	0,77	443
300	980	0,81	703
512	1500	0,77	1270
1024	3740	0,80	2645

VI. $F_r = 512$, $H_r = 10$.

F	H	β	H ber.
600	240	1,12	145
700	550	1,11	307
900	860	0,87	660
1024	1050	0,82	897
1600	2000	0,71	2097
2048	2600	0,67	3114
3032	4800	0,69	5480

IV. $F_r = 200$, $H_r = 20$.

F	H	β	H ber.
256	160	1,04	109
300	250	0,93	185
512	680	0,78	601
700	1340	0,82	1015
1024	1800	0,73	1783
1600	3620	0,76	3225
2048	4400	0,73	4383

VII. $F_r = 700$, $H_r = 6,2$.

F	H	β	H ber.
900	460	0,99	317
1024	750	0,95	525
1600	1500	0,70	1610
2048	2048	0,65	2550
3032	3500	0,63	4790

erwarten läfst. Dafs die Variationen von β jedenfalls
nicht viel zu bedeuten haben, ist am besten zu ersehen,
wenn man H berechnet. Nehmen wir nämlich als den
wahrscheinlichen Wert sämtlicher Messungen $\beta = 0.73$,

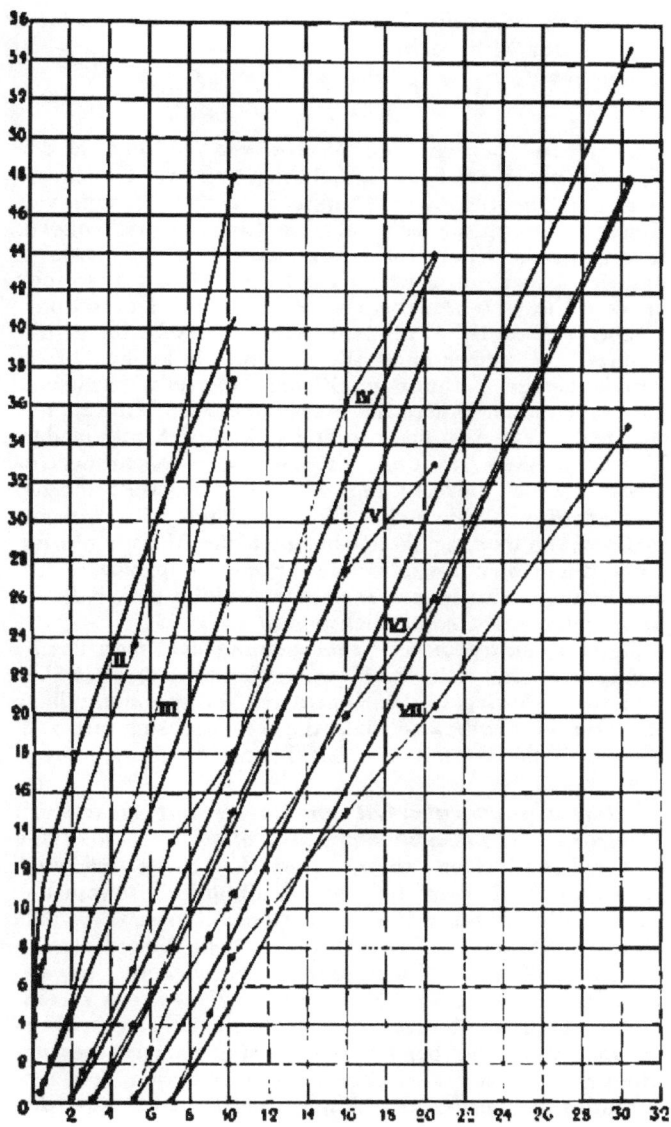

Fig. 17.

und setzen wir diese Größe in Gleich. 47 ein, so läßt sich hieraus H berechnen:

$$H = \frac{\beta(F - F_r)(F_r + H_r + F) - F_r \cdot H_r}{(1 - \beta)F + \beta \cdot F_r} \quad \ldots \text{(Gl. 48)}.$$

Die hieraus berechneten Werte von H sind in der Tab. 28 unter »H ber.« angeführt, und wie Gleich. 48 zeigt, liegen alle diese Punkte in einem System von Kegelschnitten, die sich geraden Linien stark nähern. Wie groß die Übereinstimmung zwischen der Messung und der Berechnung ist, läßt sich am besten aus einer in der Fig. 17 gegebenen graphischen Darstellung ersehen. Hier ist F als Abszisse, H als Ordinate abgesetzt; die gemessenen Werte sind als kleine, durch gerade Linien verbundene Zirkel abgesetzt, während die berechneten Werte die eingezeichneten Kurven bestimmen. Wie man sieht, gibt es eigentlich nur in den Versuchsreihen III und VII größere Nichtübereinstimmung der Berechnung mit der Messung; in den vier anderen Fällen geben die berechneten Kurven mit großer Annäherung die Richtungen der Messungen an. Daß auch hier an einzelnen Punkten größere Abweichungen stattfinden, beweist jedenfalls nur, daß die Messungen nicht sonderlich genau sind.

Als Resultat dieser Untersuchung darf man gewiß behaupten, daß Gleich. 47 wenigstens mit großer Annäherung die Größe des Kontrastes bei unvollständiger Adaptation angibt, so daß die Theorie sich auch in diesem Falle als mit der Erfahrung übereinstimmend erweist.

Das Zusammenwirken simultanen und sukzessiven Kontrastes bei unbestimmter Adaptation. In den beiden bisher behandelten Fällen, dem Kontraste bei vollständiger und dem bei unvollständiger Adaptation, waren alle fremden Faktoren ausgeschlossen, so daß es möglich wurde, auf rein theoretischem Wege Formeln für die Größe des Kontrastes zu entwickeln. Im allgemeinen sind die Verhältnisse aber keineswegs so einfach: wenigstens waren sie es nicht bei meinen ursprünglichen und bei Ebbinghaus' Kontrastbestimmungen. In den Zwischenräumen zwischen den Observationen wurde das Auge durch Licht aus den

zufälligen Umgebungen beeinflußt, und dieses wirkte
auch während der Beobachtungen, allenfalls auf die
peripheren Teile der Netzhaut. Der Adaptationszustand war mithin ganz unbestimmt. Überdies war
das Auge während der Beobachtungen nicht fixiert,
sondern wanderte frei über die Objekte hin, und die
Observationsdauer war — bei meinen Bestimmungen
wenigstens — ganz dem Gutachten des Beobachters
überlassen. Es leuchtet ein, daß man unter diesen Verhältnissen, streng genommen, nicht den rein simultanen
Kontrast mißt, sondern eine Komplikation desselben
mit einem je den Umständen nach stärkeren oder
schwächeren sukzessiven Kontraste. Die oben entwickelten Formeln (Gleich. 46 und 47) können der
Natur der Sache zufolge für diese komplizierteren Fälle
gar nicht gültig sein. Es braucht auch wohl kaum bemerkt zu werden, daß es überhaupt unmöglich sein
wird, auf theoretischem Wege Formeln für eine Erscheinung aufzustellen, die unter ganz unbestimmten
Umständen eintritt: unter wechselndem Adaptationszustande, Einwirkung negativer Nachbilder und fremden
Lichtes von unbekannter Stärke usw. Sehr verständlich
ist es, daß Ebbinghaus es unter diesen Verhältnissen
äußerst schwierig fand, zu einwandfreien Resultaten
zu gelangen, und es ist zunächst erstaunlich, daß
sowohl seine Resultate als die meinigen sich überhaupt
in bestimmte empirische Formeln einordnen lassen.
Daß dies möglich war, läßt sich wohl nur dadurch erklären, daß die äußeren Umstände bei den verschiedenen Versuchen einigermaßen konstant waren,
und da ein geübter Beobachter sich natürlich auf einen
bestimmten modus observandi einstellt, muß er auch
zu ziemlich gesetzmäßigen Resultaten kommen, wie
kompliziert die beobachtete Erscheinung auch sein mag.

Schon früher (2. Teil, S. 44—52) wies ich nach,
daß die Ebbinghausschen Kontrastgesetze, mit meiner
kleinen Korrektion, in allem Wesentlichen mit Messungen
übereinstimmen, die unter den genannten, recht unbestimmten Verhältnissen ausgeführt wurden. Von
einer auf theoretischem Wege durchgeführten Verbesserung dieser Formeln kann, wie gesagt, wohl nicht
die Rede sein. Hat man in speziellen Fällen Gebrauch

für eine Berechnung der Erscheinungen, so werden stets die empirischen Formeln genügen, da sie die Bestimmung einer Anzahl Konstanten gestatten, wodurch die Formeln sich stets mit den vorliegenden Messungen in Übereinstimmung bringen lassen. Zu solchem Gebrauche können sie sehr zweckmäfsig sein, und ein derartiges Beispiel haben wir bereits an meiner Bestimmung eines Ausdruckes für die kritische Periode der rotierenden Scheiben (2. Teil, S. 55). Eben weil diese empirischen Formeln den simultanen Kontrast, mit dem sukzessiven kompliziert, umfassen, führten sie zu einem Resultate; mit den theoretischen Formeln für den rein simultanen Kontrast wäre ich wahrscheinlich nicht aus der Stelle gekommen.

Ebbinghaus' empirische Kontrastformeln sind mithin meiner Meinung nach keineswegs ohne Bedeutung; sie geben immerhin einen genügenden Ausdruck für die Gröfse des Kontrastes eben in den häufigst vorkommenden Fällen, wo simultaner und sukzessiver Kontrast auf eine Netzhaut in unbestimmtem Adaptationszustande zusammenwirken. Es wird indes von Interesse sein, zu sehen, ob die durch diese Formeln bestimmten Kurven doch nicht derjenigen Kurve ähnlich sind und sich nähern, die ein graphisches Bild von der Gröfse des rein simultanen Kontrastes gibt. Dies

Tab. 29.

$\frac{H}{F}$	1,1	1,2	1,4	1,7	2,3	3,3	4	5	6	7			
$\frac{I}{F}$	0,92	0,88	0,84	0,81	0,79	0,75	0,68	0,66	0,69	0,68			
$\frac{F}{H}$	1,2	1,4	1,7	2,3	3,3	4	5	6	7	8	10	13	16
$\frac{I}{F}$	1,05	1,07	1,09	1,12	1,16	1,18	1,19	1,19	1,17	1,18	1,18	1,19	1,18

können wir leicht mittels meiner älteren Kontrastmessungen[1] prüfen. Aus den l. c. angeführten Werten läfst sich das jeder gegebenen Gröfse von $F H$ entsprechende $I F$ berechnen. Nimmt man darauf das

---

[1] Phil. Stud. Bd. 3, S. 522—523.

Mittel der berechneten H/F, die auf annähernd denselben Wert von F/H fallen, so erhält man die in der Tab. 29 angeführten Zahlen. Hier sind aus praktischen Gründen der positive und der negative Kontrast getrennt; die beiden oberen Reihen sind für den negativen ($H/F < 1$), die beiden unteren für den positiven Kontrast ($H/F > 1$) gültig. Für den negativen Kontrast sind in der obersten Reihe nicht die Werte F/H, sondern die reziproken H/F angeführt. Setzt man nun F/H in positiver, H/F in negativer Richtung als Abszissen, und als Ordinaten die entsprechenden, in der Tab. 29 angeführten Werte von I/F ab, so erhält man die Punkte,

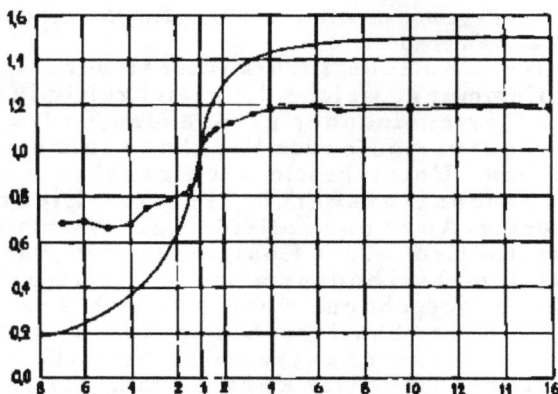

Fig. 18.

die in Fig. 18, durch gerade Linien verbunden, eingezeichnet sind. Vergleicht man diese Kurve mit den in der zitierten Abhandlung gegebenen verschiedenen graphischen Darstellungen, so sieht man leicht, dafs sie, wie zu erwarten stand, die typische Form aller dieser Kurven hat. In der Tat entspricht sie aber auch der Kurve für den rein simultanen Kontrast, Fig. 16. Berechnen wir nämlich für die in der Tab. 26 angeführten Werte $F/H < 1$ die reziproken, mithin H/F, und setzen wir diese in der Fig. 16 als Abszissen, die entsprechenden I/F aber als Ordinaten ab, so entsteht hierdurch die punktierte Kurve, die also nur ein anderer Aus
16 *

— 244 —

druck für die Variationen des negativen Kontrastes wird.
In der Fig. 18 ist dieselbe Kurve gezeichnet, indem nur die
Abszissen *HF* in negativer Richtung abgesetzt sind,
während die Abszissen *FH* für den positiven Kontrast
in positiver Richtung gehen; die so erhaltene Kurve
wird mithin ein Ausdruck für die Variationen des rein
simultanen Kontrastes. Wie man sieht, stimmt diese
an Form so genau mit der anderen Kurve überein, daß
die Identität der beiden beobachteten Erscheinungen
aufser allen Zweifel gestellt wird. Der rein simultane
Kontrast ist jedoch weit stärker als derjenige, der sich
geltendmacht, wenn die Netzhaut an die gegebenen
Reize nicht vollständig adaptiert ist.

Das Ergebnis unserer vorstehenden Betrachtungen
wird also folgendes:

Der simultane Lichtkontrast beruht auf
der Hemmung, welche die gleichzeitig in unmittelbar aneinander grenzenden Teilen der
Netzhaut verlaufenden Vorgänge aufeinander
ausüben. Unter bestimmten gegebenen Bedingungen: Ausschlufs fremden Lichtes,
fixiertem Auge und vollständiger Adaptation,
läfst die Gröfse des Kontrastes sich einfach
aus dem psychodynamischen Hemmungsgesetze berechnen, wobei es sich erweist,
dafs die gewöhnliche Sonderung zwischen
positivem und negativem Kontraste eine
künstliche ist. Aller Kontrast ist, streng genommen, negativ, indem er von einer durch
die Hemmung verursachten Verminderung
der Wirkung des Reizes herrührt; die Vergröfserung der Wirkung durch den sogenannten positiven Kontrast ist nur eine
scheinbare, indem die Hemmung hier geringer
ist als bei der zum Vergleich benutzten
gleichartigen Fläche. Auch bei unvollständiger Adaptation der Netzhaut ist die
Gröfse des Kontrastes in allem Wesentlichen
durch das Hemmungsgesetz bestimmt; für die
am häufigsten untersuchten Kontrasterscheinungen, wo der Adaptationszustand
der Netzhaut ganz unbestimmt ist und der

simultane Kontrast sich mit dem sukzessiven
kompliziert, lassen sich der Natur der Sache
zufolge nur empirische Formeln aufstellen
(die Ebbinghausschen Kontrastgesetze).

DIE WECHSELSEITIGE HEMMUNG
DER EMPFINDUNGEN.

Wechselseitige Hemmung disparater Empfindungen.
Dafs komplizierte psychophysiologische Vorgänge nicht
nur wechselseitig aufeinander (Vogt), sondern auch auf
die Innervation willkürlicher Muskeln hemmend einwirken können, wurde schon früher ausführlich nachgewiesen (2. Teil, S. 197–222). Die angewandte Methode
war aber zu grob, um die hemmende Wirkung einfacher Empfindungen zu zeigen, wenn diese nicht stark
unlustbetont waren (l. c. S. 286–291). Die Ehre für
den Nachweis der hemmenden Wirkung schwächerer
Empfindungen gebührt Heymans, der mittels einer
auf verschiedenen Sinnesgebieten angestellten Reihe
von Versuchen das Gesetz für die Gröfse dieser
Hemmung zu finden suchte[1]. Die von Heymans angewandte Methode war in den verschiedenen Fällen
wesentlich dieselbe. Erst bestimmte er die Reizschwelle r_0 auf einem gewissen Sinnesgebiete, und
darauf liefs er einen anderen Reiz R von verschiedener
Stärke gleichzeitig mit r_0 wirken. Es erwies sich nun,
dafs der Reiz r_0 vergröfsert werden mufste, oft sogar
ziemlich beträchtlich, um überhaupt merkbar zu sein.
Findet man auf diese Weise, dafs r_0 wegen des Einflusses von R bis auf r gesteigert werden mufs, um
merklich zu werden, so hat man offenbar an der
Differenz $r - r_0$ ein Mafs für die hemmende Wirkung
des R. Indem Heymans dem R sukzessiv verschiedene
Werte gab, bestimmte er verschiedene Werte von r,
und er glaubte nun zu finden, dafs die durch die
Differenz $r - r_0$ gemessene Hemmung direkt pro-

---

[1] Zeitschr. f. Psychol. Bd. 21, S. 321; Bd. 26, S. 305; Bd. 34, S. 15.

portional zur Größe des hemmenden, ›aktiven‹ Reizes R anwachse. Er stellt deshalb für die wechselseitige Hemmung der Empfindungen das einfache Gesetz auf: $r - r_0 = h \cdot R$, wo h eine Konstante, der Hemmungskoeffizient, ist.

Gegen diese Messungen und das hieraus abgeleitete Gesetz lassen sich jedoch zahlreiche Einwürfe erheben. Was erstens die Versuche selbst betrifft, so wandte Heymans in den meisten Fällen gleichzeitige Reizungen desselben Sinnesorganes an, wodurch es unstreitbar sehr zweifelhaft wird, ob die beobachtete Hemmung wirklich zentraler Natur ist und nicht vielmehr von Vorgängen im Sinnesorgane selbst herrührt. Man darf sogar mit Sicherheit behaupten, daß die gemessene Wirkung in einigen der untersuchten Fälle vorwiegend peripheren Ursprungs ist, z. B. wenn ein starker Lichtreiz der Netzhaut einen gleichzeitigen schwachen Lichtreiz unmerklich macht[1]. Die Dunkeladaptation, die notwendigerweise erforderlich ist, um die Reizschwelle für Licht bestimmen zu können, muß ja völlig gestört werden, wenn die Netzhaut gleichzeitig durch ein starkes Licht in nicht rein verschwindender Ausdehnung beeinflußt wird. Ist die Netzhaut aber nicht mehr dunkeladaptiert, so ist es leicht verständlich, daß die Reizschwelle steigt. Wüßte man daher nicht auf anderem Wege, daß sämtliche zentrale Vorgänge einander hemmen, so würde im genannten Falle durchaus kein Grund vorliegen, eine solche Hemmung anzunehmen; der Versuch beweist deshalb nichts. Ähnliche Einwürfe lassen sich gegen mehrere der anderen Versuche erheben. Indes hat Heymans in einem Falle einen unanfechtbaren Beweis für die Existenz der zentralen Hemmung geliefert, indem jeder der beiden Reize auf sein spezielles Sinnesorgan einwirkte; der aktive Reiz war hier ein Induktionsstrom durch die Finger, die gehemmte Empfindung dagegen durch einen Schall verursacht[2]. Hier ist offenbar jede Möglichkeit einer Wechselwirkung zwischen peripheren Vorgängen ausgeschlossen, und da die Hemmung dennoch erscheint,

[1] l. c. Bd. 26, S. 321.
[2] l. c. Bd. 34, S. 23.

muls sie rein zentraler Natur sein. Ist es aber einmal
dargetan, dals eine solche Wirkung zwischen Empfindungen verschiedener Modalität stattfindet, so muls
man notgedrungen annehmen, dals sie auch zwischen
Empfindungen auf demselben Sinnesgebiete eintritt.
Es waren daher nach meiner Auffassung zweifelsohne
auch zentrale Hemmungen bei allen Versuchen Heymans' mitwirkend; die letzteren sind aber nicht rein,
weil in mehreren Fällen die peripheren Wechselwirkungen nicht ausgeschlossen waren. Man kann aus
diesen zweifelhaften Versuchen also kein Gesetz für
die rein zentralen Hemmungen ableiten.

Was nun das Gesetz betrifft, das Heymans für
seine Messungen gültig zu finden glaubt, so ist dessen
Gültigkeit in der Tat bei weitem nicht erwiesen. Aus
$r - r_0 = h \cdot R$ folgt $h = (r - r_0)/R$. Berechnet man auf
diese Weise für die einzelnen Messungen die Werte
von h, die Heymans nirgends angegeben hat, so erweist es sich, dals h durchaus keine Konstante wird,
sondern im Gegenteil in den meisten Fällen gesetz-
mälsige Variationen darbietet. Das heilst mit anderen
Worten, dals h selbst irgendeine Funktion von R ist,
und folglich wird das Gesetz für die Hemmung nicht
so einfach, wie Heymans angibt. Übereinstimmung
der Berechnung mit der Messung erzielt er daher nur
dadurch, dals er die wahrscheinlichen Werte von r_0
und h berechnet; das auf diese Weise berechnete r_0
weicht allerdings in vielen Fällen aber in hohem Grade
von dem gemessenen ab, so dals schon dies allein genügt, um die Gültigkeit des Gesetzes zweifelhaft zu
machen.

Eine fernere Stütze für sein Gesetz findet Heymans durch dessen Anwendung auf gleichgrolse übermerkliche Empfindungsdifferenzen. Wenn die drei
Reize R, M, r gleichgrolse Empfindungsunterschiede
hervorrufen, so mufs nach Heymans' Theorie unter den
Reizen die einfache Relation bestehen:

$$\frac{M}{r} = \tfrac{1}{2}\left[\frac{R}{r} + 1 - h\left(\frac{R}{r} - 1\right)\right]$$

wo h der Hemmungskoeffizient ist[1]. Für ein gegebenes

---
[1] l. c. Bd. 26, S. 360.

Versuchsgebiet mufs also der Gleichung zufolge einem
konstanten Werte von $R\cdot r$, unbeschadet der absoluten
Werte von R und r, stets derselbe Wert von $M\cdot r$ entsprechen. Dafs dies wirklich der Fall sei, sucht Heymans dadurch darzulegen, dafs er fast alle in der
Literatur vorliegenden Messungen über gleichgrofse
Empfindungsdifferenzen durchgeht. Ein ungeheures
Geduldswerk, das aber die Richtigkeit des Heymansschen Gesetzes nicht im geringsten beweist. Es wird
hierdurch nämlich weiter nichts dargetan, als dafs $M\cdot r$
in allen betreffenden Messungen eine Funktion von $R\cdot r$
ist; jede Gleichung, die durch diese Messungen zu be-
friedigen sein soll, mufs sich in die Form $\frac{M}{r} = \varphi\left(c, \frac{R}{r}\right)$
bringen lassen. Heymans hat aber durchaus nicht
dargetan, dafs es aufser seiner eigenen Gleichung nicht
auch noch viele andere geben könnte, die sogar noch
weit besser mit diesen Messungen übereinstimmten.
Dafs seine Gleichung jedenfalls häufig nicht pafst, sieht
man schnell, wenn man die graphischen Darstellungen
mustert, mittels deren Heymans das Verhältnis
zwischen den gemessenen und den nach seiner Formel
berechneten Werten beleuchtet. Die durch die Heymanssche lineare Gleichung bestimmte Gerade ist in
zahlreichen Fällen nur die Tangente eines einzelnen
Punktes derjenigen Kurve, die durch die gemessenen
Werte bestimmt wird[1]. Hier findet sich nicht die geringste Spur einer Übereinstimmung der Berechnung
mit der Messung. Für einen speziellen Fall wird dies
unten näher nachgewiesen werden.

Es mufs jedoch bemerkt werden, dafs Heymans
selbst an einem einzelnen Orte zugibt, es finde keine
völlige Übereinstimmung der Messung mit der Berechnung statt; dies bezieht sich eben auf die Versuche,
wo die zentrale Hemmung unzweifelhaft dargelegt ist[2].
Die Ursache dieser Abweichung glaubt er aber in einer
weniger befriedigenden Ausführung der Versuche zu
finden. Sonderbarerweise scheint ihm die andere, nahe-

[1] l. c. Bd. 26, S. 372—374.
[2] l. c. Bd. 34, S. 25.

liegende Möglichkeit gar nicht beigefallen zu sein, dafs
nämlich die Versuche allerdings gut sein könnten, die
aufgestellte Formel aber falsch wäre. Im folgenden
hoffe ich beweisen zu können, dafs die Sache sich gerade
so verhält.

Also: die Gültigkeit der von H e y m a n s aufgestellten
Formel für die »psychische« Hemmung ist freilich nicht
dargetan, weder mit Bezug auf seine eigenen noch auf
andere Messungen. Sehen wir hiervon aber ganz ab,
und nehmen wir an, die Gültigkeit des Gesetzes sei dagegen bewiesen; hieraus würde dann ganz einfach
folgen, dafs Heymans' Gesetz nicht für die rein zentralen
Hemmungen gültig sein könnte, denn in vielen der
untersuchten Fälle waren zweifelsohne aufser der
zentralen Hemmung noch andere, periphere Faktoren
mitbetätigt. Wäre das Gesetz daher für ein solches
Zusammenwirken verschiedener Momente gültig, so
könnte es unmöglich zugleich für die rein zentralen
Hemmungen gültig sein. Da die Formel nun überdies
keine genaue Gültigkeit hat, weder für die rein zentralen
Hemmungen — was H e y m a n s, wie erwähnt, selbst
zugibt — noch für die komplizierteren Fälle, so scheint
mir, dafs das Resultat dieser Betrachtungen folgendes
werden mufs:

H e y m a n s' Gesetz für die »psychische«
Hemmung ist eine rein empirische Formel,
die mit einer gewissen groben Annäherung
das Resultat der verschiedenartigen, teils
peripheren, teils zentralen Einflüsse ausdrückt, welche gleichzeitige Vorgänge in
einem Sinnesorgane aufeinander üben.

Das Gesetz für die rein zentrale Hemmung von
Empfindungen ist uns also noch nicht bekannt; der
Natur der Sache zufolge müssen wir dasselbe aber
aus dem allgemeinen psychodynamischen Hemmungs-
gesetze herleiten können, worauf seine Richtigkeit sich
mittels der Heymansschen Messungen, wo alle anderen
Wechselwirkungen als die zentrale Hemmung aus-
geschlossen waren, prüfen läfst. Die Lösung dieser
Aufgabe kann keine grofsen Schwierigkeiten bereiten.
Gegeben seien zwei psychophysiologische Vorgänge.

deren Intensitäten E und e bestimmt sind durch die Ausdrücke:

$$e = c \cdot \log.\left(1 + \frac{r}{k}\right) \text{ und } E = c \cdot \log.\left(1 + \frac{R}{k}\right)$$

Wir müssen hier notwendigerweise die Maßformel Gleich. 1 benutzen, weil nur diese uns in der Nähe der Reizschwelle hinlängliche Genauigkeit gewährt; da es sich bei Heymans' Messungen gerade um Bestimmungen des Schwellenwertes handelt, würde Fechners Formel hier durchaus unanwendbar sein. Es sei ferner e_0 diejenige Stärke, die e annimmt, wenn r die Größe des Schwellenwertes r_0 hat. Da der aktive Reiz R gewöhnlich viel größer als r sein wird, brauchen wir nur den hemmenden Einfluß des E auf e zu berücksichtigen, indem die reziproke Wirkung ganz verschwindend wird. Da e durch den Einfluß von E zu e_0 wird, beträgt die relative Verminderung, die e erlitten hat, mithin $(e - e_0)'e$. Laut des Hemmungsgesetzes (S. 37) soll diese relative Verminderung nun denjenigen Bruchteil der Energie betragen, der zur anderen gleichzeitigen Arbeit verbraucht wurde. Da E aber gerade die Intensität dieser Arbeit angibt, wird der Energieverbrauch unter sonst gleichen Umständen E proportional sein. Nennen wir die Größe, die E 1 entspricht. p/c, so erhalten wir also als Ausdruck für die hemmende Wirkung auf e:

$$\frac{e - e_0}{e} = \frac{p}{c} \cdot E.$$

Setzen wir hierin die Ausdrücke für E, e und e_0 bei R, r und r_0 ein, so bekommen wir:

$$\frac{\log.\left(1 + \frac{r}{k}\right) - \log.\left(1 + \frac{r_0}{k}\right)}{\log.\left(1 + \frac{r}{k}\right)} = p \cdot \log.\left(1 + \frac{R}{k}\right) \text{ oder:}$$

$$\frac{\log.\left(1 + \frac{r_0}{k}\right)}{\log.\left(1 + \frac{r}{k}\right)} = 1 - p \cdot \log.\left(1 + \frac{R}{k}\right) \ldots \text{(Gleich. 49)}.$$

Wir schreiten nun zur Prüfung der Gültigkeit dieser Formel für Heymans' Messungen der rein zentralen

Hemmung. Die Resultate der betreffenden Versuche[1] sind hinsichtlich beider Versuchspersonen in der Tab. 30 wiedergegeben. R bezeichnet die Energie des hemmenden Induktionsstromes, durch das Quadrat der in Milliampères ausgedrückten Stromstärke gemessen; r ist die durch die Versuche ermittelte Schallstärke, indem als Einheit die Stärke genommen wurde, die der Schall hatte, wenn der Schallerzeuger sich in der Entfernung von 10 m befand. In der folgenden Kolonne ist der Wert des Heymansschen Hemmungskoeffizienten

Tab. 30.

	R	r	h	r ber. (a. II.)	f	$\frac{R}{h}$	$\frac{r}{h}$	p	ber. r	f_t
Wiersma	0	23,6		22,0	+1,6	0	0,118		23,6	0
	0,01	27,7	410	30,7	−3,0	0,3	0,139	1,618	24,6	+3,1
	0,04	32,3	218	32,8	−0,5	1,2	0,162	0,860	31,0	+1,3
	0,09	41,5	199	46,3	−4,6	2,7	0,208	0,771	41,8	−0,3
	0,16	58,1	216	65,2	−7,0	4,8	0,292	0,767	59,0	−0,7
	0,25	94,4	283	89,5	−4,9	7,5	0,472	0,779	91,2	−3,2
Heymans	0	25,8		24,0	+1,8	0	0,139		25,8	0
	0,01	28,9	310	26,5	+2,4	0,3	0,145	0,922	28,2	+0,7
	0,04	32,3	163	34,0	−1,7	1,2	0,162	0,566	34,8	−2,5
	0,09	44,4	207	46,5	−2,1	2,7	0,222	0,697	45,4	−1,0
	0,16	65,1	246	64,0	+1,1	4,8	0,326	0,749	61,8	+3,3
	0,25	87,3	246	86,5	+0,8	7,5	0,437	0,716	88,6	−1,3

$h = (r - r_0)/R$ angeführt; wenigstens für die eine V.-P., Wiersma, zeigen diese Werte von h eine deutliche Periodizität, von der sich auch in der anderen Hälfte der Tabelle Andeutungen finden. Dessenungeachtet berechnet Heymans den wahrscheinlichen Wert von h und hieraus wieder r; diese Größen sind unter der Überschrift ›r ber. n. H.‹ und unter f die Differenz zwischen den gemessenen und den berechneten Werten angegeben. Wie sich nach der Periodizität der Werte von h erwarten ließ, sind die Abweichungen zwischen Messung und Berechnung ziemlich bedeutend, namentlich was W. betrifft. Die Frage ist nun also, ob Gleich. 49 bessere Übereinstimmung mit den vorliegenden Messungen ergibt.

---

[1] l. c. Bd. 34, S. 23.

In der Gleichung kommen zwei Konstanten, x und K, vor, die wir nicht kennen, was glücklicherweise auch ziemlich gleichgültig ist, denn die Maßformel Gleich. 1 ist kein exakter Ausdruck, sondern nur eine Annäherungsformel, welche die ersten Glieder einer Reihe angibt; es erhält deshalb keine große Bedeutung, welche Werte man den Konstanten x und K beilegt, wenn diese nur innerhalb passender Grenzen gehalten werden. Für Licht-, Schall- und Gewichtempfindungen fand ich, daß man völlig befriedigende Übereinstimmung mit den Messungen erreicht, wenn man x auf das 6—10fache des Schwellenwertes auf dem betreffenden Sinnesgebiete ansetzt; aller Wahrscheinlichkeit nach wird dasselbe Verhältnis auch hier gelten. Bei Heymans' Messungen kennen wir den Schwellenwert für die Schallreize; derselbe ist gerade der für $R = 0$ gefundene Wert von r, mithin für die beiden Versuchspersonen 23.6 bezw. 25.8. Ich setze daher $x = 8 \cdot 25 = 200$ und benutze diese Größe für beide Versuchsreihen. Von dem elektrischen Strome gibt Heymans an, daß $R = 0.01$ nur wenig mehr als merklich ist; nehmen wir 0.005 als die Reizschwelle an, so können wir $K = 0.033$ setzen. Dividiert man nun die in der Tab. 30 angeführten Werte von r und R mit den angegebenen Größen von x und K, so erhält man man die unter r/x und R/K gegebenen Zahlen. Da r_0 derjenige Wert von r ist, der $R = 0$ entspricht, so findet man also auch r_0/x in der entsprechenden Reihe der Tabelle, und es sind mithin alle in der Gleich. 49 vorkommenden Größen bekannt, so daß p sich durch sukzessives Einsetzen der zusammengehörenden Werte von R und r berechnen läßt. Wie aus der Tab. 30 zu ersehen, werden die berechneten p zwar nicht völlig konstant, was auch schwerlich zu erwarten stand, da wir zwei willkürlich gewählte Konstanten in die Gleichung eingesetzt haben, das Wesentliche ist jedoch, daß p keine gesetzmäßigen Variationen zeigt. Im Gegenteil liegen diejenigen Werte von p, die großen Werten von R entsprechen, sehr nahe aneinander, so daß es vollständig genügen wird, bei der Berechnung das Mittel dieser drei übereinstimmenden Zahlen zu gebrauchen. Wir erhalten somit für Wiersma $p = 0.772$ und für

Heymans $p = 0.721$. Setzen wir diese Zahlen in Gleich. 49 ein, und lösen wir letztere mit Bezug auf log. $(1 + r'\mu)$,

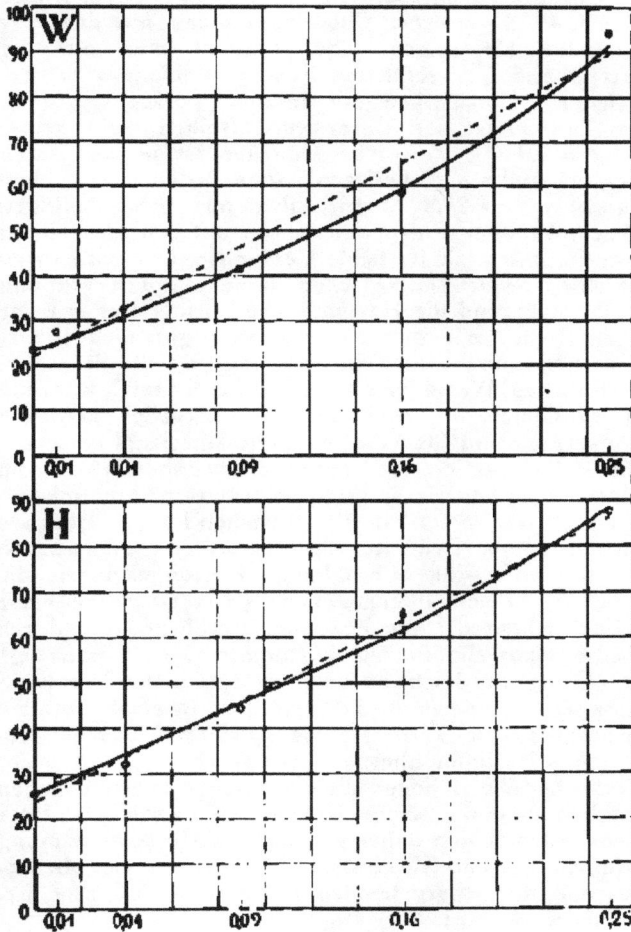

Fig. 19.

so läfst sich erst diese Grölse und hieraus wieder r berechnen. Diese Zahlen sind in der Tab. 30 angeführt ebenso wie f_1, die Differenz zwischen den gemessenen und den berechneten Werten von r.

Um nun zu entscheiden, ob Heymans' Formel oder Gleich. 49 die bessere Übereinstimmung mit den vorliegenden Messungen gibt, braucht man nur die unter f und f_1 angeführten Fehler miteinander zu vergleichen. Hinsichtlich der letzten Versuchsreihe in der Tab. 30 ist der Unterschied freilich nicht grofs: $\Sigma \pm f = 9.9$, $\Sigma \pm f_1 = 8.8$. Dagegen ist in der ersten Versuchsreihe die Differenz sehr bedeutend, indem man $\Sigma \pm f = 21.8$, $\Sigma \pm f_1$ aber nur $= 8.6$ befindet. Gleich. 49 stimmt also weit besser mit den Messungen überein, indem sie für beide Versuchsreihen fast nahezu dieselbe Abweichung zwischen Messung und Berechnung ergibt, während die Heymanssche Formel nur mit der einen Reihe, mit der anderen aber gar nicht übereinstimmt, und zwar obgleich Heymans die wahrscheinlichen Werte von r_0 und h berechnete, während ich in Gleich. 49 zwei ziemlich willkürlich gewählte Konstanten und für p eine einfache Mittelzahl einsetzte. Die Erklärung dieses Verhaltens bekommen wir am leichtesten, wenn wir die Versuchsresultate graphisch aufzeichnen, was in der Fig. 19 geschehen ist. Als Abszisse wurde R, als Ordinate r abgesetzt; die gemessenen Werte von r sind durch kleine Kreise markiert; die durch die Gleich. 49 angegebene Kurve ist mittels einer vollgezeichneten Linie bezeichnet, während die durch die Heymanssche Formel bestimmte Gerade punktiert ist. Es ist nun leicht zu ersehen, dafs in der Versuchsreihe H die gemessenen Werte fast in einer Geraden liegen; deshalb kann Heymans' Formel hier passen. Gleich. 49 stimmt aber wenigstens ebensogut. In der Versuchsreihe H' liegen die gemessenen Werte dagegen deutlich genug in einer Kurve; mit diesen läfst Heymans' Formel sich daher gar nicht in Übereinstimmung bringen, während Gleich. 49, wie zu ersehen, hier ebensogut als im vorhergehenden Falle stimmt. Unser Ergebnis wird also:

Heymans' Messungen der Hemmung disparater Empfindungen stimmen völlig mit der aus dem psychodynamischen Hemmungsgesetze für diesen speziellen Fall abgeleiteten Relation überein.

Das vollständige Hemmungsgesetz für Empfindungen. Wir haben jetzt gesehen, dafs unter gleichzeitigen Empfindungen aus verschiedenen Sinnesgebieten zweifelsohne eine Hemmung stattfindet; hiermit ist denn auch gegeben, dafs gleichzeitige Empfindungen auf demselben Sinnesgebiete sich gegenseitig hemmen müssen. Folglich ist diese Hemmung überall in Betracht zu nehmen, wo man einen Ausdruck für die Gröfse derjenigen Reize ableiten will, die erforderlich sind, um ein bestimmtes Verhältnis zwischen zwei oder mehreren Empfindungen hervorzubringen. Dies läfst sich natürlich auch mittels einer ähnlichen Betrachtung erreichen wie die, welche uns zur Gleich. 49 führte; gewöhnlich wird das Verhältnis aber ein viel verwickelteres sein. In Gleich. 49 wurde nämlich nur die hemmende Wirkung der einen Empfindung auf die andere berücksichtigt; haben die beiden Empfindungen aber fast dieselbe Stärke — was z. B. bei der Bestimmung ebenmerklicher Empfindungsunterschiede der Fall ist — so mufs auch ihre gegenseitige Hemmung in Betracht gezogen werden. Die allgemeinen Ausdrücke für diese Hemmung sind in den Gleichungen 3a und 3b gegeben; es kommt jetzt nur darauf an, die Energieverbrauche in dem besonderen Mafse auszudrücken, das wir für die Empfindungen haben. Es seien e und E die Intensität zweier Empfindungen (psychophysiologischer Vorgänge) auf demselben Sinnesgebiete. Unter sonst ganz gleichen Umständen werden die Energieverbrauche dann diesen Gröfsen proportional sein, so dafs wir sie gleich $p \cdot e'c$ und $p \cdot E c$ setzen können. Indem sie sich nun gegenseitig hemmen, werden diese Verbrauche auf P_r bezw. P_E reduziert, und diese Gröfsen werden nach Gleich. 3a und 3b:

$$P_r = \frac{\frac{p}{c}e\left(1 - \frac{p}{c}E\right)}{1 - \left(\frac{p}{c}\right)^2 \cdot e \cdot E} \text{ und } P_E = \frac{\frac{p}{c}E\left(1 - \frac{p}{c}e\right)}{1 - \left(\frac{p}{c}\right)^2 \cdot e \cdot E}$$

Wegen der Hemmung erhält e die Gröfse e', E die Gröfse E', und dem Hemmungsgesetze zufolge ist die relative

Verminderung der einzelnen Empfindung gleich demjenigen Bruchteile der Energie, der von der anderen verbraucht wird. Man hat folglich:

$$\frac{e-e'}{e} = P_E = \frac{\frac{p}{c} \cdot E\left(1 - \frac{p}{c}\,e\right)}{1 - \left(\frac{p}{c}\right)^2 e \cdot E}$$

$$\text{und } \frac{E-E'}{E} = P_e = \frac{\frac{p}{c} \cdot e\left(1 - \frac{p}{c}\,E\right)}{1 - \left(\frac{p}{c}\right)^2 e \cdot E}$$

woraus folgt:

$$e' = \left[1 - \frac{\frac{p}{c}\,E\left(1 - \frac{p}{c}\,e\right)}{1 - \left(\frac{p}{c}\right)^2 \cdot e \cdot E}\right] \cdot e = h \cdot e$$

$$\text{und } E' = \left[1 - \frac{\frac{p}{c}\,e\left(1 - \frac{p}{c}\,E\right)}{1 - \left(\frac{p}{c}\right)^2 \cdot e \cdot E}\right] \cdot E = H \cdot E.$$

Da e' und E' diejenigen Intensitäten bezeichnen, welche die Empfindungen wegen der gegenseitigen Hemmung erhalten, wird man sich stets denken können, daß dieselben Empfindungen durch zwei Reize, r' und R', erregt wären, die nicht hemmend aufeinander wirkten. Man hat also:

$$e' = c \cdot \log.\left(1 + \frac{r'}{\varkappa}\right),\ e = c \cdot \log.\left(1 + \frac{r}{\varkappa}\right),$$

$$E = c \cdot \log.\left(1 + \frac{R}{\varkappa}\right),\ E' = c \cdot \log.\left(1 + \frac{R'}{\varkappa}\right)$$

Werden diese Ausdrücke in die Formeln für e' und E' eingesetzt, so erhält man:

$$1 + \frac{r'}{\varkappa} = \left(1 + \frac{r}{\varkappa}\right)^h \ \ldots \ldots \ldots \text{(Gleich. 50a),}$$

$$\text{wo } h = 1 - \frac{p\log.\left(1 + \frac{R}{\varkappa}\right)\left[1 - p\log.\left(1 + \frac{r}{\varkappa}\right)\right]}{1 - p^2 \log.\left(1 + \frac{r}{\varkappa}\right) \cdot \log.\left(1 + \frac{R}{\varkappa}\right)} \ \text{(Gl. 50b)}$$

— 257 —

und das Analoge für R' und H. Aus den Gleichungen 50 a
und 50 b nebst den analogen lassen sich r' und R' berechnen, wenn man auf irgendeinem Wege p kennt;
im entgegengesetzten Falle wird eine solche Berechnung
sich wohl schwerlich durchführen lassen, da p in den
Exponenten h und H vorkommt. Wiefern es nun
möglich sein wird, z. B. mittels eines ähnlichen Verfahrens wie des von Heymans angewandten, p zu bestimmen, wage ich nicht zu entscheiden; selbst wenn
man eine hierzu geeignete Methode finden könnte, würde
die Berechnung von r' und R' aber eine äußerst weitläufige werden. Da man indes noch keine Methode
zur besonderen Bestimmung von p besitzt, muß man
sich vorläufig mit weniger genauen Formeln behelfen.
Diese erzielt man am leichtesten mittels derselben Betrachtung, die zur Gleich. 49 führte, indem man nur die
Einwirkung der einen Empfindung auf die andere berücksichtigt, ohne deren gegenseitige Hemmung in Betracht zu ziehen. Dann hat man also:

$$\frac{e-e'}{e} = \frac{p}{c}\cdot E \text{ und } \frac{E-E'}{E} = \frac{p}{c}\cdot e, \text{ woraus}$$

$$e' = \left(1 - \frac{p}{c}E\right)e \text{ und } E' = \left(1 - \frac{p}{c}\cdot e\right)E.$$

Liegen die betreffenden Empfindungen nun nicht gar
zu nahe an der Reizschwelle, so kann man, ohne einen
größeren Fehler zu begehen, $e = c\cdot\log.r$, $e' = c\cdot\log.r'$,
$E = c\cdot\log.R$ und $E' = c\cdot\log.R'$ nehmen, was, in die
Ausdrücke für e' und E' eingesetzt, gibt:

$$\log.r' = (1 - p\cdot\log.R)\log.r$$
$$\text{und } \log.R' = (1 - p\cdot\log.r)\log.R.$$

Folglich wird:

$$r' = r^{1-p\cdot\log.R} \dots\dots\dots\dots \text{(Gleich. 51 a)}$$
$$R' = R^{1-p\cdot\log.r} \dots\dots\dots\dots \text{(Gleich. 51 b)}.$$

Wenn zwei Empfindungen sich gegenseitig hemmen,
kann man diese Wirkung also annähernd mit in Berechnung nehmen, sofern man statt der bezüglichen
Reize r und R die durch die Gleichungen 51 a und 51 b
bestimmten r' und R' setzt. Hierdurch wird in den
meisten Fällen die Berechnung stark vereinfacht, be-

sonders da sich dartun läfst, dafs $R'/r' = R\ r$ ist. Man
hat nämlich nach Gleich. 51a und 51b:

$$\frac{R'}{r'} = \frac{R^{1-p.\log r}}{r^{1-p.\log R}}$$

Nimmt man hier auf beiden Seiten den Logarithmus,
so erhält man:

$$\log. R' - \log. r' = \log. R - p\log. r \cdot \log. R - \log. r$$
$$+ p \cdot \log. r \cdot \log. R = \log. R - \log. r.$$

Also ist:

$$\log. \frac{R'}{r'} = \log. \frac{R}{r} \text{ oder } \frac{R'}{r'} = \frac{R}{r}$$

Dies heifst mit anderen Worten, dafs das Verhältnis
zwischen zwei Reizen, die sich zentral hemmen, durch
diese Hemmung nicht verändert wird[1]. Streng gültig
ist dieser Satz natürlich aber nicht, denn um zu demselben zu kommen, mufsten wir das vollständige
Hemmungsgesetz ja sehr bedeutend reduzieren.

Wir wollen jetzt die Richtigkeit des hier Entwickelten in einem speziellen Falle prüfen, indem wir
ein vollständiges Unterscheidungsgesetz für Lichtempfindungen zu entwickeln suchen.

Ebenmerkliche Lichtunterschiede. Im vorhergehenden
erörterten wir ausführlich alle Umstände, die auf die
Intensität zweier gleichzeitiger Lichtempfindungen Einflufs üben können. Wir untersuchten die Abhängigkeit der Empfindungen von dem Adaptationszustande
der Netzhaut (sukzessiver Kontrast), von gegenseitigen Hemmungen der Vorgänge in der Netzhaut
(simultaner Kontrast) und schliefslich von den zentralen Hemmungen. Es mufs uns jetzt daher möglich
sein, ein Gesetz für die Abhängigkeit der U.-E. von
der Stärke der Reize zu entwickeln. Nun ist die

---

[1] Wenn wir bei den Untersuchungen über die Kontrasterscheinung
(die periphere Hemmung in der Netzhaut) die zentrale Hemmung nicht
zu berücksichtigen brauchten, so rührt das offenbar zum Teil von dem
Umstande her, dafs die periphere Hemmung ausschliefslich von dem
Verhältnis der Reize abhängig ist, das durch die zentrale Hemmung
fast gar nicht geändert wird. Hierzu kommt ferner noch, dafs die
zentrale Hemmung nur vom Logarithmus der Reize abhängt und
deshalb im Vergleich mit der peripheren sehr gering ist.

U.-E. indes nicht von den genannten Faktoren allein
abhängig; so sahen wir oben (Tab. 18, S. 167), dafs sie
auch mit der Dauer des Reizes variiert, und früher
schon wies Simon eine ganze Reihe verschiedener Umstände nach, die ebenfalls mehr oder weniger auf dieselbe influieren [1]. Es ist nicht ohne Bedeutung, ob die
Observationen monokular oder binokular ausgeführt
werden, und aufserdem haben die Gröfse des Gesichtswinkels, die Übung und die Untersuchungsmethode einen
nicht geringen Einflufs. Folglich mufs man, wenn man
die Abhängigkeit der U.-E. von der Stärke des Reizes
zu untersuchen wünscht, notwendigerweise dafür Sorge
tragen, dafs alle diese Faktoren völlig konstant gehalten werden. Gröfsere Schwierigkeiten wird dies gewöhnlich nun auch nicht bereiten. Durch die Natur des
Apparates — rotierende Scheiben oder Photometer
irgendeiner Art — ist es schon gegeben, ob die Betrachtung mit einem oder mit beiden Augen anzustellen
ist; ebenfalls sind die Gröfse des Gesichtswinkels und
die Untersuchungsmethode dadurch bestimmt. Eine bestimmte Reizdauer läfst sich leicht beachten, und den
Einflufs der Übung auf eine Versuchsreihe zu eliminieren
gehört zu den gewöhnlichsten Aufgaben beim psychologischen Experimente. Nichts verwehrt uns also, die
Abhängigkeit der U.-E. von der Stärke des Reizes zu
untersuchen, ohne dafs die Resultate durch zufällige
Variationen anderer Faktoren beeinflufst würden.

Indes genügt es nicht, zu wissen, dafs gewisse Umstände auf die U.-E. influieren; wir wünschen auch zu
erfahren, weshalb diese den empirisch nachgewiesenen
Einflufs besitzen. Es ist natürlich aber noch sehr
weit, bis wir dies in allen Fällen tun können. Der
Einflufs, den die Übung, der Gesichtswinkel und die
monokulare oder binokulare Betrachtung haben, ist
noch nicht so untersucht worden, dafs wir im einzelnen
auseinandersetzen könnten, worauf die hierdurch erzeugten Änderungen beruhen. Hier findet die künftige
Forschung also noch Aufgaben genug. Was dagegen
die Reizdauer und die Untersuchungsmethode betrifft,
die zweifelsohne von gröfster Bedeutung sind, so

---

[1] Zeitschr. f. Psychologie. Bd. 21, S. 433 u. f.

17*

scheinen wir jetzt imstande zu sein, deren Einfluſs
völlig ins reine zu bringen. Da diese beiden Faktoren
übrigens in gewisser Beziehung zueinander stehen,
werde ich sie im folgenden näher erörtern.
Auf welche Weise die Reizdauer empirisch auf die
U.-E. einwirkt, geht aus der Tab. 18 (S. 167) hervor,
wo die Hauptzüge dieser Änderungen in Kürze auseinandergesetzt wurden. Es scheint nun kaum an-
gezweifelt werden zu können, daſs die Ursache dieser
Variationen ausschliefslich darin zu suchen ist, auf
welche Weise die einzelne Empfindung mit der Zeit
variiert. Die Fig. 13 gibt uns ein ziemlich vollständiges
Bild der Variationen, das uns wirklich alle Änderungen
erklärt, welche die U.-E. im Laufe der Observationsdauer erleidet. Nehmen wir an, daſs zwei Reize, R und r,
eine gewisse Zeit, z. B. 1 Sek. lang, gewirkt haben, und
daſs sie jetzt einen ebenmerklichen Empfindungsunterschied hervorrufen. Es leuchtet dann ein, daſs
dieser Unterschied der Empfindung nur ebenmerklich
bleiben wird, wenn die beiden Empfindungen bei fort-
gesetzter Einwirkung von R und r proportional
variieren. Die Kurven der Fig. 13 zeigen aber, daſs
dies fast nie stattfindet. Bald nähern die Kurven sich
einander, bald entfernen sie sich voneinander; parallel
laufen sie aber eigentlich nirgends, ausgenommen vielleicht während der ersten 30°, wo eine Bestimmung der
U.-E. der Natur der Sache zufolge ausgeschlossen ist.
Allerdings entsprechen die in Fig. 13 gezeichneten
Kurven Reizunterschieden, die viel gröſser sind als diejenigen Differenzen, welche ebenmerkliche Empfindungsunterschiede hervorrufen; in der Tat werden ganz entsprechende, obschon kleinere Abweichungen aber auch
zwischen Empfindungen stattfinden, die in einem gegebenen Augenblicke nur ebenmerklich verschieden
sind. So gibt uns die Fig. 13, nur in stark ver-
gröſsertem Maſsstabe, ein Bild davon, wie zwei Empfindungen, die in einem Momente ebenmerklich verschieden sind, kurz darauf einen gröſseren Unterschied, etwas später wieder einen kleineren darbieten
können usw. Das Eigentümliche ist nun, daſs die
Schwankungen der Kurven der Fig. 13 gerade den aus

der Tab. 18 hervorgehenden Änderungen der U.-E. entsprechen.

Beginnen wir mit dem auffälligsten Verhalten. Die Fig. 13 zeigt, dafs von 3000" ab alle Kurven Geraden sind, die sich einander immer mehr nähern. Dies heifst also, dafs zwei Reize, R und r, die nach einer Observationsdauer von 3000" einen ebenmerklichen Empfindungsunterschied hervorbringen, einen immer mehr abnehmenden Empfindungsunterschied geben werden, je längere Zeit verstreicht. Folglich mufs das Verhältnis R/r fortwährend anwachsen, wenn die erzeugte Empfindungsdifferenz ebenmerklich bleiben soll. Gerade dies geht aber aus der Tab. 18 hervor, die uns zeigt, dafs R/r nach 10 Sek. langer Beobachtung grölser ist als nach Verlauf von 3 Sek. Ganz analog erklären die Kurven der Fig. 13, weshalb R/r für $r < 16384$ seinen geringsten Wert nach 3 Sek. dauernder Beobachtung hat, dagegen schon nach Verlauf von 1 Sek., wenn $r > 16384$ ist. Fangen wir mit letzterem Falle an, so sehen wir leicht, dafs der Abstand zwischen zwei Kurven, z. B. $r = 16384$ und $r = 65536$, bei der Ordinate 1000" viel grölser ist als bei der Ordinate 3000". Das heifst mit anderen Worten aber nur, dafs zwei gegebene Reize nach Verlauf von 1 Sek. eine grölsere Empfindungsdifferenz hervorrufen als nach Verlauf von 3 Sek. Für kleine Werte von r ist das Verhalten nicht ganz so auffällig; mifst man aber die Entfernung zwischen den beiden Kurven $r = 256$ und $r = 4096$, so findet man dieselbe bei der Ordinate 3000" grölser als bei der Ordinate 1000". Nach Verlauf von 3 Sek. ist also die zwei gegebenen Reizen entsprechende Empfindungsdifferenz grölser als nach Verlauf von 1 Sek. Soll ein ebenmerklicher Unterschied hervorgerufen werden, so mufs folglich im erstgenannten Falle R/r kleiner sein als im letztgenannten. Wir sehen mithin, dafs die Art und Weise, wie R/r der Erfahrung gemäfs mit der Observationsdauer variiert, sich durch die Variationen, welche die einzelne Empfindung im Laufe der Zeit erleidet, völlig erklären läfst. Da diese Variationen für die verschiedenen Werte von r höchst verschieden sind, so folgt hieraus, dafs auch R/r — das Verhältnis

zwischen den Reizen, die eine ebenmerkliche Empfindungsdifferenz hervorbringen — bei anwachsender
Observationsdauer Änderungen erleiden muſs, die von
dem absoluten Werte von r abhängig sind.
In enger Verbindung mit der Reizdauer steht die
Frage nach dem Einfluſs der Untersuchungsmethode
auf die U.-E. Simon machte in der oben genannten
Abhandlung auf das eigentümliche Verhalten aufmerksam, das König und er selbst, wenn die U.-E. mittels
rotierender Scheiben bestimmt wurde, unter den
günstigsten Umständen R/r nahe an 1,004 fanden.
Wandten sie dagegen Königs Photometer an, so stieg
R/r bis auf wenigstens 1,016; die Unterschiedsschwelle
betrug hier also etwa das Vierfache. Es gelang Simon
leicht, darzutun, daſs die Ursache dieses bedeutenden
Unterschiedes nicht in der Benutzung polarisierten
Lichtes im Photometer lag; worauf derselbe aber beruhte, vermochte er nicht zu entscheiden. Eine wesentliche, wenngleich nicht die einzige Ursache dieses Unterschieds erwähnte ich schon oben (S. 147). Die Entscheidung, ob man irgendwo im Gesichtsfelde einen
Unterschied der Helligkeit sehen kann, und die Einstellung eines ebenmerklichen Unterschiedes zwischen
zwei gesondert gegebenen Teilen des Gesichtsfeldes
sind zwei gänzlich verschiedene Aufgaben. Im letzteren
Falle muſs der Helligkeitsunterschied viel gröſser gemacht werden, als er im ersteren Falle zu sein braucht,
weil man sonst keine Sicherheit hat, daſs die gesonderten
Teile sich wirklich durch ihre Helligkeit voneinander
unterscheiden. Hierzu kommt aber noch ein anderer
Umstand. Soll man selbst durch Variation der Beleuchtung einen ebenmerklichen Unterschied hervorbringen, so kann dies nur durch allmähliche Veränderung der Helligkeit geschehen, damit die Grenze
eben erreicht und nicht überschritten wird. Dies nimmt
Zeit in Anspruch, und je länger man die Observation
fortsetzt, um so schlechter wird das Resultat, d. h. das
Verhältnis R/r wird, wie wir sahen, um so gröſser, je
länger die Observation dauert. Da die Ermüdung der
Dauer der Beobachtung aber praktisch eine Grenze
absteckt, ist sie wahrscheinlich die Ursache, weshalb
man überhaupt zu konstanten Resultaten gelangt. Daſs

die Sache sich im wesentlichen so verhält, erscheint mir als ganz unzweifelhaft; eine Wahrnehmung, die ich oftmals zu machen die Gelegenheit hatte, scheint die Richtigkeit der Erklärung direkt zu beweisen. Wenn ich mit möglichster Anspannung einen ebenmerklichen Unterschied eingestellt habe, darauf das Auge ruhen lasse und dann wieder einen Blick ins Fernrohr werfe, so scheint mir die eingestellte Differenz sogleich gar zu groß zu sein. Versuche ich nun aber, dieselbe zu vermindern, so komme ich dennoch fast zu demselben Ergebnisse wie vorher. Dies stimmt, wie man sieht, völlig mit der gegebenen Erklärung überein. Die eingestellte Differenz entspricht der U.-E. nach Verlauf von 10 bis 15 Sek., dem ausgeruhten Auge wird diese Differenz aber übermerklich sein. Stellt man nun aufs neue ein, so ermüdet das Auge wieder, und man kommt zu demselben Resultate wie vorher.

Tab. 31.

r	A. Einstellung $\frac{R}{r}$	$\frac{R}{r}$ ber. nach Gl. 55	Gl. 57	B. 10 Sek. $\frac{R}{r}$	$\frac{R}{r}$ ber. nach Gl. 55	Gl. 57	C. Max. U.-E. $\frac{R}{r}$	$\frac{R}{r}$ ber. nach Gl. 55	Gl. 57
1	1,693	1,272	1,703	1,210	1,089	1,204	1,177	1,058	1,167
2				1,125	1,082	1,135	1,085	1,054	1,105
4	1,384	1,221	1,310	1,090	1,073	1,097	1,070	1,049	1,072
8				1,060	1,064	1,074	*1,043	1,043	1,053
16	1,704	1,169	1,186	1,052	1,056	1,061	1,041	1,038	1,042
32				*1,048	1,048	1,050	1,031	1,034	1,036
64	*1,118	1,118	1,121	1,040	1,040	1,041	1,026	1,029	1,030
128				1,032	1,033		1,023	1,024	
256	1,071	1,073		1,030	1,026		1,017	1,020	
512				1,030	1,020		1,021	1,015	
1024	1,042	1,039		1,025	1,015		1,018	1,012	
2048				1,019	1,012		1,013	1,0093	
4096	*1,019	1,019		*1,0098	1,009		*1,0075	1,0072	
8192	1,016	1,017		1,0075	1,008		1,0059	1,0065	
16384	1,019	1,018		1,0086	1,009		1,0057	1,0064	
32768				1,018	1,012		1,011	1,008	
65536	1,024	1,038		1,013	1,015		1,016	1,009	
131072				1,017	1,020		1,017	1,012	
262144	1,056	1,072		1,030	1,026		1,017	1,015	
524288				1,034	1,033		1,019	1,020	
1048576	1,104	1,115							

Wie groß der Unterschied bei den verschiedenen Untersuchungsmethoden unter sonst ganz gleichen Verhältnissen werden kann, geht deutlich aus der Tab. 31

hervor. Hier sind drei verschiedene Reihen von Bestimmungen für mein eigenes Auge gegeben, die mit
demselben Apparate ausgeführt wurden. In der ersten
Kolonne ist die in der hier benutzten Einheit ausgedrückte Lichtstärke *r* angeführt. Unter der Überschrift ›Einstellung‹ sind diejenigen Werte von *R r*
gegeben, die ich finde, wenn ich einen ebenmerklichen
Unterschied zwischen den beiden halbkreisförmigen
Teilen des Gesichtsfeldes einstelle. Absichtlich wandte
ich hier nicht die Fleckmethode an, damit die Verhältnisse ganz dieselben würden wie bei der Methode der
nicht abgegrenzten Felder, wo die Konstruktion des
Apparates nur gestattet, zwischen den beiden Hälften
des Feldes einen Unterschied herzustellen. Diejenigen
Werte von *R/r*, die in den beiden anderen Abteilungen
der Tabelle angeführt sind, wurden mittels der Methode
der nicht abgegrenzten Felder bestimmt und sind nur
eine Wiederholung der in der Tab. 18 angegebenen
Größen. Unter der Überschrift ›10 Sek.‹ sind die
Zahlen angeführt, die sich in der Tab. 18 für *t* = 10″
finden. Endlich stehen unter der Überschrift ›Max. U.-E.‹
die geringsten Werte, die in der Tab. 18 für jeden ge-
gegebenen Wert von *r*, ohne Rücksicht auf die Dauer,
vorkommen. Bis *r* = 16384 wurden also die in der
Tab. 18 in den Reihen *t* = 3″ befindlichen Zahlen genommen, für höhere Werte von *r* dagegen die Zahlen der
Reihe *t* = 1″. Diese Zusammenstellung der Werte, ohne
Berücksichtigung der Observationsdauer, unternahm ich,
weil es sein spezielles Interesse haben kann, zu sehen,
wie fein die U.-E. im günstigsten Falle zu werden vermag.

Eine graphische Übersicht über die Resultate der
drei verschiedenen Untersuchungsmethoden ist in der
Fig. 20 gegeben. Als Abszisse ist hier log.*r*, als
Ordinate *R r* abgesetzt. Die in der Tab. 31 angeführten,
gemessenen Werte sind durch kleine Kreise bezeichnet;
die zusammengehörenden Punkte, durch gerade Linien
verbunden, bilden die gebrochenen Linien *A*, *B* und *C*,
den drei Abteilungen der Tab. 31 entsprechend; jede ist
durch den korrespondierenden Buchstaben gekennzeichnet. Die Kurven *A*, *B* und *C* enthalten die theoretisch berechneten Werte von *R r*; diese sind in der
Tab. 31 in den drei Kolonnen angeführt, welche die

Überschrift »*R/r* ber.« tragen. Wie diese Zahlen gefunden wurden, werde ich nun gleich nachweisen, indem

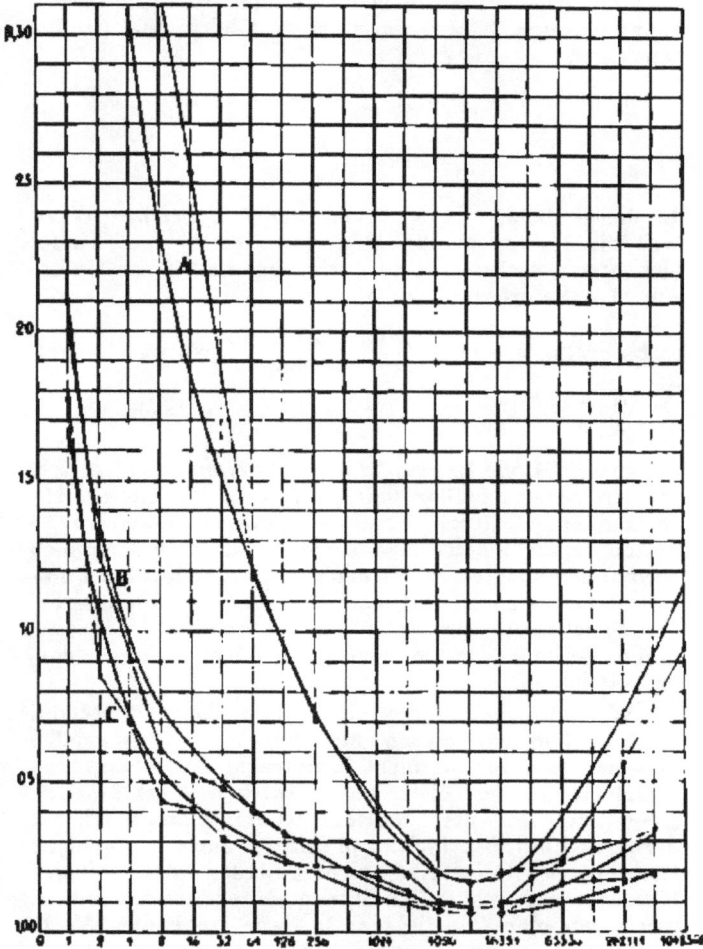

Fig. 20.

ich, soweit möglich, ein »Unterscheidungsgesetz für
Lichtempfindungen‹ rationell entwickle.

Gegeben seien zwei durch die Reize R und r erzeugte Lichtempfindungen E und e, und nehmen wir an,
dafs die Reizdauer für beide dieselbe ist. Die beiden
Empfindungen haben dann nach Gleich. 40 die Intensitäten:

$$E_r = c \cdot \log \left[\frac{\vartheta \cdot R}{R_0} (a - b \cdot \log R) \right]$$

$$\text{und } e_r = c \cdot \log \left[\frac{\vartheta \, r}{R_0} (a - b \cdot \log r) \right]$$

In diesen beiden Ausdrücken hat ϑ denselben Wert,
weil die Reizdauer für R und r dieselbe ist. Findet
sich nun zwischen E und e ein ebenmerklicher Unterschied μ, so erhalten wir also:

$$E_r - e_r = \mu = c \cdot \log \frac{R(a - b \cdot \log R)}{r(a - b \cdot \log r)}, \text{ woraus folgt:}$$

$$\frac{R}{r} \cdot \frac{a - b \cdot \log R}{a - b \cdot \log r} = 10^x = K \ldots \text{(Gleich. 52)}.$$

Bis so weit ist die Entwicklung ganz derjenigen identisch,
die ich bereits früher gab (2. Teil, S. 95, Gleich. 41).
Statt aber — wie ich damals zu tun gezwungen war —
mittels einer empirischen Formel, die wahrscheinlich
sowohl den simultanen als den sukzessiven Kontrast um-
fafste (vgl. oben S. 241), vom Kontraste zu korrigieren,
berücksichtigen wir jetzt alle störenden Vorgänge,
deren Gesetze wir im vorhergehenden rationell entwickelt haben.

Was nun erstens den simultanen Kontrast betrifft,
so brauchen wir diesen bei den hier vorliegenden
Messungen durchaus nicht in Betracht zu ziehen, denn
dieselben wurden eben unter solchen Verhältnissen
ausgeführt, dafs der simultane Kontrast den möglichst
geringen Einflufs erhielt, und selbst wenn die räumliche
Ordnung der Reize eine solche gewesen wäre, dafs der
Kontrast sich mit voller Stärke geltendgemacht hätte,
würde derselbe für die hier in Rede stehenden Werte
von Rr so gering geworden sein, dafs man seinen Einflufs ganz vernachlässigen kann. Endlich kommt hierzu
noch folgender Umstand. Weicht das Verhältnis Rr
nur wenig von 1 ab, so läfst es sich dartun, dafs

der gegenseitige Kontrast zwischen R und r den Bruch $R'r$ in $1(R\,rr^2$ abändert; hierdurch ändern sich aber nur die in der Gleichung vorkommenden Konstanten, während die Form der Gleichung keine wesentliche Änderung erleidet. Als Resultat all dieser zusammenwirkenden Umstände geht also hervor, daß wir bei den vorliegenden Messungen keinen nachweisbaren Fehler begehen, wenn wir den Einfluß des simultanen Kontrastes unberücksichtigt lassen.

Ganz anders stellt sich die Sache mit Bezug auf den sukzessiven Kontrast. Selbst wenn man die Grenzlinie zwischen den beiden Hälften des Gesichtsfeldes fixiert, sind kleine unwillkürliche Schwankungen der Sehachse doch unvermeidlich, weshalb bald r auf die an R adaptierte Netzhaut wirkt, bald das Umgekehrte stattfindet. Dies geschieht natürlich auch, nur in weit größerem Umfange, wenn man nicht einen gewissen Punkt fixiert, sondern dem Auge freie Bewegung gestattet. Letzteres wird man in der Praxis gewiß immer tun — wenn das Entgegengesetzte nicht ausdrücklich vorgeschrieben ist —, weil der Erfahrung gemäß die U.-E. dadurch etwas feiner wird, daß R in einzelnen Augenblicken auf den an r adaptierten Teil der Netzhaut wirkt und umgekehrt. Hierdurch wird nämlich, wie wir wissen, die durch R erregte Empfindung etwas stärker, während die dem r entsprechende Empfindung schwächer wird (vgl. S. 212), so daß das Verhältnis $R'r$ sich vermindern läßt, wenn die Empfindungsdifferenz nur ebenmerklich sein soll. Für die Größe der Änderung, die dadurch bewirkt wird, daß ein Reiz einen an einen anderen Reiz adaptierten Teil der Netzhaut trifft, haben wir bereits oben das Gesetz entwickelt; diese Änderung kann also leicht in die Berechnung herangezogen werden. Es wird jedoch nicht notwendig sein, die durch beide Reize bewirkten Änderungen zu berücksichtigen. Die Helladaptation der Netzhaut geschieht nämlich so schnell, daß der für r adaptierte Teil in der Wirkung des R keine wesentliche Änderung hervorbringen kann. Dagegen muß die Wirkung des r, wenn dieses den an R adaptierten Teil trifft, eine andauernde Verminderung erleiden, die in Betracht zu ziehen ist. Unter den gegebenen Umständen wird r wirken, als hätte es die durch Gleich. 42 bestimmte Gröfse F:

$$\frac{r - F}{r} = m + n \cdot \log.\frac{R}{r}$$

woraus folgt:

$$F = r\left(1 - m - n \cdot \log.\frac{R}{r}\right)$$

Wir müssen also in Gleich. 52 statt r das durch obige Gleichung bestimmte F setzen. Hierdurch wird aber der Nenner des Bruches sehr kompliziert, und noch schlimmer ist es, dafs wir zwei unbekannte Konstanten, m und n, einführen, deren direkte Bestimmung für kurze Adaptationsdauern praktisch unausführlich sein wird. Diese verschiedenen Übelstände können wir doch vermeiden, ohne einen nennenswerten Fehler zu begehen, wenn wir statt a im Nenner a, setzen, wo a, $= (1 - m)a$ ist. Da m und n nämlich kleine Brüche sind, werden alle anderen Glieder ohne wesentliche Bedeutung, besonders weil einige positiv, andere negativ sind, so dafs sie sich zum Teil heben. Wir erhalten also, unter Berücksichtigung des sukzessiven Kontrastes:

$$\frac{R}{r} \cdot \frac{a - b \cdot \log.R}{a, - b \cdot \log.r} = K \ \ldots \ldots \text{(Gleich. 53)}.$$

Aufserdem sind noch zwei Umstände zu beachten, nämlich teils die gegenseitige zentrale Hemmung, welche die beiden psychophysiologischen Vorgänge aufeinander üben, teils die bei höheren Intensitäten eintretende Blendungshemmung. Für die gegenseitige Hemmung der Empfindungen entwickelten wir bereits im vorhergehenden sowohl die vollständigen Formeln (Gleich. 50a und b) als auch die Approximationsformeln, mit denen man sich nötigenfalls behelfen kann (Gleich. 51a und b). Mit letzteren müssen wir uns hier begnügen, da es uns sonst an den zur Bestimmung der Konstante p erforderlichen Mitteln gebricht. Wir setzen in Gleich. 53 statt R und r daher R' und r', durch Gleich. 51a und b bestimmt: hierdurch bleibt, wie oben gewiesen, der Bruch R/r unverändert, und Gleich. 53 erhält die Form:

$$\frac{R}{r} \cdot \frac{a - b \cdot \log.R + pb \cdot \log.r \cdot \log.R}{a, - b \cdot \log.r + pb \cdot \log.r \cdot \log.R} = K \ \ldots \text{(Gleich. 54)}.$$

Man kann aber nur erwarten, dafs Gleich. 54 bis zur
Blendungsschwelle gültig ist; wird diese überschritten,
so mufs auch noch die durch die Blendung verursachte
Hemmung berücksichtigt werden. Dies läfst sich der
Gleich. 33 zufolge mit hinlänglicher Genauigkeit dadurch
bewerkstelligen, dafs r und R zur Potenz $1 - p \cdot \log. (R/B)$
erhoben werden, wo B ebenso wie früher die Blendungs-
schwelle angibt. Werden die hierdurch benötigten
Rechnungen ausgeführt, so sieht man leicht, dafs die
Form der Gleich. 54 sich darum nicht verändert; nur
erhält der Bruch einige Glieder mehr, welche höhere
Potenzen des $\log. r$ und des $\log. R$ mit sehr kleinen
Koeffizienten enthalten. Infolgedessen erhalten diese
Glieder erst bei sehr grofsen Werten von R und r Be-
deutung, und es erweist sich, dafs wir in der Praxis
von denselben gänzlich absehen können, da die
Messungen die Werte von R und r, wo die höheren
Potenzen merkbaren Einflufs bekommen, überhaupt
nicht erreichen. Gleich. 54 mufs daher sämtliche
Messungen sowohl über als unter der Blendungs-
schwelle umfassen.

Noch eine kleine Vereinfachung läfst sich einführen,
ohne einen Fehler von Belang zu begehen, die im
Gegenteil nicht unwesentliche Vorteile herbeiführt. In
der Gleich. 54 kommen nämlich R/r, $\log. R$ und $\log. r$ vor;
folglich läfst sich der einer gegebenen Gröfse des r entsprechende Wert von R/r nicht berechnen. Da R und r
sich einander bei den Bestimmungen ebenmerklicher
Unterschiede aber stark nähern, und zwar um so mehr,
je gröfser r und R werden, so ist es ganz gleichgültig,
ob wir den $\log. R$ oder den $\log. r$ zur Berechnung gebrauchen. Führt man die Zahlenberechnungen mit den
in der Tab. 31 gegebenen Werten durch, so erweist es
sich, dafs die Fehler ganz verschwindend werden. Wir
können deshalb in Gleich. 54 unbedenklich statt $\log. R$
$\log. r$ setzen, worauf die Gleichung sich schreiben läfst:

$$\frac{R}{r} \cdot \frac{a - b \cdot \log. r + p\, b \cdot \log.^2 r}{a, - b \cdot \log. r + p\, b \cdot \log.^2 r} = K \; \ldots \text{(Gleich. 55)}.$$

In dieser Form ist der Ausdruck anwendbar, weil man,
wenn die vorkommenden Konstanten bekannt sind, die
jedem gegebenen Werte von r entsprechende Gröfse
von R/r berechnen kann.

Wollen wir nun die Gültigkeit der Gleich. 55 an den in der Tab. 31 vorliegenden Messungen prüfen, so handelt es sich mithin nur um die Bestimmung der Konstanten. Einige derselben kennen wir indes hinsichtlich der betreffenden Versuchsperson, nämlich $a = 89,1$ und $b = 16,82$ (vgl. S. 194); es erübrigen also nur K, a, und p. Unter diesen läfst p sich ohne Rücksicht auf die gefundenen Werte von $R \cdot r$ bestimmen, indem diese Grö fse ausschlie fslich von der Lage des Minimumspunktes abhängig ist. Betrachtet man nämlich die Fig. 20, so sieht man, wie die Kurven, welche die gefundenen Werte von $R \cdot r$ enthalten, in der Nähe des Minimumspunktes nahezu symmetrisch um die durch den Minimumspunkt gehende Ordinate liegen. Es lassen sich also für jede Kurve zwei Werte des r, r' und r'', finden, einer an jeder Seite des Minimumspunktes (der Blendungsschwelle), denen gleichgrofse Werte von $R \cdot r$ entsprechen. Gleich. 55 zufolge ist dann aber:

$$\frac{R}{r} = K \cdot \frac{a, - b \cdot \log. r' + p b \cdot \log.^2 r'}{a - b \cdot \log. r' + p b \cdot \log.^2 r'} = K \cdot \frac{a, - b \cdot \log. r'' + p b \cdot \log.^2 r''}{a - b \cdot \log. r'' + p b \cdot \log.^2 r''}$$

Dies ist aber nur dann möglich, wenn

$$- b \cdot \log. r' + p b \cdot \log.^2 r' = - b \cdot \log. r'' + p b \cdot \log.^2 r''$$

woraus erhalten wird:

$$p = \frac{1}{\log. (r' \cdot r'')} \quad \cdots \cdots \cdots \text{(Gleich. 56)}.$$

Für die beiden Versuchsreihen A und B (Tab. 31) kann man mit hinlänglicher Annäherung $r' = 4096$ und $r'' = 16384$ setzen; der Gleich. 56 zufolge wird dann $p = 0,127$. Für die Versuchsreihe C erhalten wir ebenso $r' = 8192$ und $r'' = 16384$, woraus $p = 0,123$. Es bleiben somit nur zwei unbestimmte Konstanten übrig, die eben mittels der vorliegenden Messungen zu bestimmen sind, was sich natürlich am genauesten mittels der Methode der kleinsten Quadrate ausführen läfst. Ich verfuhr indes anders, denn die wahrscheinlichsten Werte der Konstanten haben für uns kein Interesse, und für die Übereinstimmung der Formel mit den vorliegenden Messungen erhält man wohl bessere Garantie, wenn man nicht die wahrscheinlichen Werte der Konstanten bestimmt, sondern letztere mittels zwei willkürlich ge-

wählter Messungen berechnet. Die gewählten Messungen
sind in der Tab. 31 mit * bezeichnet, und setzt man für
jede der drei Versuchsreihen die zusammengehörenden
Werte von R/r und r in Gleich. 55 ein, so erhält man
mithin zwei Gleichungen, aus denen sich K und a, ermitteln lassen. Auf diese Weise bekommt man für

Versuchsreihe A: $K = 1{,}703$; $a_r = 66{,}5$
» B: $K = 1{,}224$; $a_r = 79{,}2$
» C: $K = 1{,}141$; $a_r = 82{,}6$.

Wie man sieht, wird a_r um so gröfser, je kleiner K ist,
was auch zu erwarten stand, denn je kleiner K ist, um
so kleiner ist durchweg auch das Verhältnis R/r, und
je mehr R/r sich 1 nähert, um so geringer wird der Einfluls des sukzessiven Kontrastes, d. h. um so mehr
nähert a_r sich $a = 89{,}1$. Da jetzt die Konstanten der
Gleich. 55 für alle drei Versuchsreihen bekannt sind,
läfst sich mithin die jedem gegebenen Werte von r entsprechende Gröfse von R/r berechnen aus folgenden
Gleichungen:

Versuchsreihe A: $\dfrac{R}{r} = 1{,}703 \cdot \dfrac{66{,}5 - 16{,}82\log r + 16{,}82 \cdot 0{,}127 \log^2 r}{89{,}1 - 16{,}82\log r + 16{,}82 \cdot 0{,}127 \log^2 r}$

Versuchsreihe B: $\dfrac{R}{r} = 1{,}224 \cdot \dfrac{79{,}2 - 16{,}82\log r + 16{,}82 \cdot 0{,}127 \log^2 r}{89{,}1 - 16{,}82\log r + 16{,}82 \cdot 0{,}127 \log^2 r}$

Versuchsreihe C: $\dfrac{R}{r} = 1{,}141 \cdot \dfrac{82{,}6 - 16{,}82\log r + 16{,}82 \cdot 0{,}123 \log^2 r}{89{,}1 - 16{,}82\log r + 16{,}82 \cdot 0{,}123 \log^2 r}$

Die hieraus gefundenen Werte von R/r sind in der
Tab. 31 unter der Überschrift »R/r ber. nach Gl. 55«
angeführt, und betrachtet man die Abweichungen dieser
theoretisch berechneten von den empirisch gefundenen
Werten von R/r, so zeigen alle drei Versuchsreihen
eine deutlich ausgesprochene »untere Abweichung«, indem die berechneten Werte für alle Werte von $r \gtrless 8$
kleiner sind als die gefundenen. Dies entspricht also
ganz dem früher hinsichtlich der Schallempfindungen
Gezeigten. Für die gröfseren Werte von r ist die Übereinstimmung der Berechnung mit der Messung eine
sehr befriedigende, besonders wenn man bedenkt, dafs
keineswegs die vollständige, sondern eine stark ver-
einfachte Formel angewandt wurde, und dafs, mit Bezug
auf zwei Konstanten wenigstens, nicht die wahrscheinlichen Werte bei der Berechnung zur Grundlage
dienten. Dafs sich für kleine Werte von r eine Ab-

weichung von dem Gesetze zeigt, welches für alle
größeren r gültig ist, war aber nur zu erwarten, da
wir bei der Entwicklung der Maßformel für Lichtempfindungen der Bequemlichkeit halber von Fechners
Formel ausgingen (vgl. Gleich. 28). Wären wir dagegen
von der Maßformel Gleich. 1 ausgegangen, so hätte
Gleich. 28 die Form angenommen:

$$E = c \cdot \log. \frac{z + RT}{z}$$

worauf die vollständige Maßformel für Lichtempfindungen folgendes Aussehen erhalten hätte:

$$E_r = c \cdot \log. \frac{z + \vartheta R (a - b \cdot \log. R)}{z}$$

Als Ausdruck für die ebenmerkliche Empfindungsdifferenz hätten wir dann statt Gleich. 52 bekommen:

$$\frac{z' + R (a - b \cdot \log. R)}{z' + r (a - b \cdot \log. r)} = K.$$

wo $z' = z \vartheta$ ist. Nach Korrektion des sukzessiven Kontrastes wird hier der Nenner des Bruches ein a_r statt a
bekommen, wie in der Gleich. 53; etwas schwieriger
wird es aber, die zentrale Hemmung mit in die Berechnung zu ziehen. Wendet man nämlich die vollständige Hemmungsformel (Gleich. 50a und b) an, so
muß sowohl der Zähler als der Nenner in der obigen
Gleichung auf die Potenz h erhoben werden (Gleich. 50b).
Hierdurch würde also z', wenn man sich den Ausdruck
der Binomialformel gemäß entwickelt denkt, in einer
Reihe von Potenzen vorkommen, die verschiedene
Potenzen von $a - b \cdot \log. r$ als Koeffizienten erhalten
würden. Alle diese z' enthaltenden Glieder werden dagegen wegfallen, wenn wir die im vorhergehenden benutzte unvollständige Hemmungsformel anwenden; man
vermeidet dies aber, indem man der Gleich. 55 die
Form gibt:

$$\frac{(z' + R) (a - b \cdot \log. r + pb \cdot \log.^2 r)}{(z' + r) (a_r - b \cdot \log. r + pb \cdot \log.^2 r)} = K \dots \text{(Gleich. 57)}.$$

Hier bekommt z', wie man sieht, die verschiedenen
Potenzen von $\log. r$ als Koeffizienten, so daß wir an
Gleich. 57 den möglichst genauen Ausdruck haben
müssen, zu dem wir gelangen können, solange wir nicht

imstande sind, die vollständige Berechnung der Hemmung
durchzuführen. Da wir alle Konstanten der Gleich. 57
mit Ausnahme von x' kennen, läfst dieses sich leicht
für jede der drei Versuchsreihen berechnen, und man
findet als die wahrscheinlichen Werte:

für Versuchsreihe   *A*   *B*   *C*

$$x' = 1{,}606 \quad 1{,}293 \quad 1{,}886$$

Werden diese Zahlen statt x' in Gleich. 57 eingesetzt,
so läfst sich hieraus R/r berechnen, und wir erhalten
dann die in der Tab. 31 unter der Überschrift
»R/r ber. nach Gleich. 57« angeführten Werte. Wie
die Tabelle zeigt, bringt die Gleich. 57 nur bis $r = 64$
eine Abweichung von den nach Gleich. 55 berechneten
Werten; für $r > 64$ ist R/r deshalb nur mit einer
einzelnen Reihe von Werten angeführt. Diese Zahlen
bestimmen die drei Kurven *A, B* und *C* der Fig. 20,
wo die gemessenen Werte von R/r ebenfalls eingezeichnet
und mittels gerader Linien verbunden sind. Wie die
Figur zeigt, ist die Übereinstimmung der berechneten
Kurven mit den gemessenen Gröfsen eine so vollständige, dafs die Gültigkeit der Gleich. 57 als einer
wirklich rationellen, wenn auch stark vereinfachten
Formel sich wohl kaum bezweifeln läfst.

    Halten wir dies nun damit zusammen, was wir oben
mit Bezug auf die Schallempfindungen fanden, so
können wir folgendes Resultat feststellen:

    **Für jedes Sinnesgebiet ist, unter ge-
gebenen Umständen, die ebenmerkliche Empfindungsdifferenz eine konstante Gröfse.**
Unter dieser Voraussetzung ist man nämlich
imstande, aus der für das einzelne Sinnesgebiet gültigen Mafsformel, wenn die zwischen
gleichzeitigen oder sukzessiven Empfindungen
stattfindenden Hemmungen oder Bahnungen
mit in Anschlag gebracht werden, einen Ausdruck für das Verhältnis zwischen den einen
ebenmerklichen Empfindungsunterschied
hervorbringenden Reizen abzuleiten, und es
erweist sich, dafs dieser Ausdruck völlig mit
den Messungen übereinstimmt. Folglich mufs
auch die Voraussetzung, dafs ebenmerkliche

Empfindungsunterschiede gleichgrofs sind.
richtig sein.

Wir können noch die Probe machen, ob dieses Resultat richtig ist, indem wir untersuchen, ob die Formel, die wir mit Bezug auf ebenmerkliche Empfindungsdifferenzen aufstellten, auch für gleichgrofse übermerkliche Empfindungsunterschiede gültig ist.

Gleichgrofse übermerkliche Lichtunterschiede. Die Bedingung, welche zwei Reize erfüllen müssen, damit die erzeugten Empfindungen ebenmerklich verschieden werden, sind in der Gleich. 54 gegeben. Ganz dieselbe Bedingung mufs jedoch auch für zwei Lichtreize gelten, welche Empfindungen mit jeder beliebigen anderen Differenz hervorrufen; nur erhalten dann die beiden Konstanten K und a, andere Werte. Es ist nämlich leicht zu ersehen, dafs das Resultat μ in der Gleich. 52 möge einen ebenmerklichen oder einen jeden beliebigen anderen Empfindungsunterschied bezeichnen, ganz dasselbe werden mufs; mit der Gröfse von μ variiert aber K. Ebenfalls mufs a, der Ausdruck des sukzessiven Kontrastes, sich mit dem Verhältnisse zwischen den Reizen ändern. Haben wir daher drei Empfindungen, E_R, E_M und E_r. die durch die Reize R, M und r erzeugt und so abgestuft sind, dafs $E_R - E_M = E_M - E_r$, so müssen einerseits R und M, andererseits M und r die in der Gleich. 54 ausgedrückte Bedingung erfüllen. Folglich wird die Bedingungsgleichung für gleichgrofse Lichtunterschiede:

$$\frac{R}{M} \cdot \frac{a - b \cdot \log. R + bp \cdot \log. R \cdot \log. M}{a_{\prime} - b \cdot \log. M + bp \cdot \log. R \cdot \log. M}$$
$$= \frac{M}{r} \cdot \frac{a - b \log. M + bp \cdot \log. M \cdot \log. r}{a_{\prime} - b \log. r + bp \log. M \cdot \log. r}$$

Setzen wir hier der Kürze wegen:

$$B_1 = \frac{a - b \cdot \log. R + bp \cdot \log. R \cdot \log. M}{a_{\prime} - b \cdot \log. M + bp \cdot \log. R \cdot \log. M}$$

und $B_2 = \dfrac{a - b \cdot \log. M + bp \log. M \cdot \log. r}{a_{\prime} - b \cdot \log. r + bp \log. M \cdot \log. r}$

so wird:

$$B_1 \cdot \frac{R}{M} = B_2 \cdot \frac{M}{r} \quad \text{oder} \quad r = \frac{M^2}{R} \cdot \frac{B_2}{B_1}$$

Will man diese Formel auf die in der Literatur vorliegenden Messungen anwenden, für welche die zahlreichen Konstanten nicht bekannt sind, so muß man
die Division B_2/B_1 ausführen: wieviel Glieder man im
Quotienten haben will, wird von der gewünschten Genauigkeit abhängig. Nehmen wir nur die beiden ersten
Glieder, so können wir setzen: $B_2/B_1 = 1 — K_2 \cdot \log.(R \cdot M)$;
also ist:

$$r = \frac{M^2}{R}\left(1 — K_2 \cdot \log. \frac{R}{M}\right) \quad \ldots \ldots (Gleich. 58).$$

Besonders interessant ist es, diese Formel mit derjenigen
zu vergleichen, zu der wir früher (2. Teil, S. 76) auf
rein empirischem Wege gelangten:

$$d = \frac{v^2}{h} — K_2 (\log. h — \log. v)v$$

$$oder: r = \frac{M^2}{R} — K_2 (\log. R — \log. M).M,$$

indem $d = r$, $v = M$, $h = R$. Bringen wir die Gleich. 58
in die Form:

$$r = \frac{M^2}{R} — K_2 (\log. R — \log. M) \cdot \frac{M^2}{R}$$

so erweist es sich als der einzige Unterschied zwischen
den beiden Ausdrücken, daß in der empirischen Formel
ein M vorkommt, wo wir rationell zu M^2/R kommen.
Es fällt nun nicht schwer, nachzuweisen, daß die
Gleich. 58 in der Tat weit besser mit den Messungen
übereinstimmt als die ältere, empirische Formel. Zu
diesem Nachweise sind die Merkelschen Versuche vorzüglich geeignet, die ich schon früher (2. Teil, S. 79)
zu ähnlichem Zwecke benutzte. Erstens zeichnen
Merkels Versuche sich nämlich durchweg durch ihre
große Genauigkeit aus, so daß die Übereinstimmung
der Theorie mit denselben wirklich Bedeutung hat. Und
hierzu kommt noch der Umstand, daß bei der Entwicklung der Gleich. 58 der simultane Kontrast gar
nicht berücksichtigt wurde, der gewöhnlich doch einen
ziemlich bedeutenden Einfluß haben muß, wenn
zwischen den gleichzeitigen Reizen größere Differenzen
stattfinden. Eben bei Merkels Messungen muß aber die
Wirkung des simultanen Kontrastes so gut wie voll-

ständig eliminiert gewesen sein, da die drei Reize räumlich getrennt waren und jeder für sich auf lichtlosem Hintergrunde betrachtet wurden. Es läfst sich deshalb erwarten, dafs die Gleich. 58 ganz besonders gut mit diesen Messungen übereinstimmt, was sich denn auch erweist.

In der Tab. 32 sind in den Kolonnen r, M und R die zusammengehörenden Werte der Reize angeführt. Werden diese sukzessiv in Gleich. 58 eingeführt, so läfst sich hieraus K_1 berechnen; diese Werte sind in der Tab. 32 angegeben. Wie man sieht, weichen die

Tab. 32.

r	M	R	K_1	r ber.	f	r ber. a. II.	f_1
0,5	8,3	32	1,310	0,228	+ 0,272	— 5,33	+ 5,63
	5,45	16	1,565	0,534	— 0,034	— 0,615	+ 1,115
	2,98	8	1,252	0,384	+ 0,116	0,110	+ 0,390
	1,86	4	1,260	0,424	+ 0,076	0,630	— 0,130
	1,166	2	1,131	0,437	+ 0,063	0,686	— 0,186
	0,721	1	0,274	0,407	+ 0,093	0,561	— 0,061
24	472,3	1536	1,630	31,80	— 7,80	— 138,9	+ 162,9
	203,8	768	1,883	40,91	— 16,91	21,1	+ 2,9
	157,7	384	1,630	26,63	— 2,63	27,6	— 3,6
	93,6	192	1,519	23,89	+ 0,11	37,0	— 13,0
	58,21	96	1,471	23,62	+ 0,38	36,5	— 12,5
	39,79	48	3,345	28,91	— 4,91	35,1	— 11,1

einzelnen Gröfsen nur wenig von dem Mittel, 1,525, ab, so dafs K_1 wirklich als eine Konstante zu betrachten ist. Es finden sich nur zwei gröfsere Abweichungen, diese treffen aber beide bei den Versuchen ein, wo die Differenz zwischen r und R am geringsten ist, und wo deshalb ein kleiner Fehler des M auf den Wert von K_1 grofsen Einflufs erhalten mufs. Wir dürfen daher das Mittel 1,525 als den rechten Wert betrachten, und setzen wir diesen in Gleich. 58 ein, so können wir hieraus r berechnen; die auf diese Weise bestimmten Gröfsen sind unter »r ber.« angeführt. Die Abweichungen f zeigen keine gesetzmäfsige Variation, so dafs die Gleich. 58 offenbar so gut stimmt, wie es sich nur von einer Formel approximativer Natur erwarten läfst. Jedenfalls stimmt sie viel besser als die ältere empirische Formel. Die hiernach berechneten Werte von r nebst den Abweichungen zwischen Messung und Berechnung sind im 2. Teil, S. 79, Tab. 15, gegeben; stellt man diese Abweichungen mit den entsprechenden der Tab. 32 zusammen, so erweisen die älteren sich als durchweg weit größer. In betreff der empirischen Formel beträgt die Summe der Fehler 58,94, während die aus Gleich. 58 berechneten r ergeben: $\Sigma \pm f = 33,39$.

Da Heymans seine Hemmungsformel ebenfalls mittels der genannten Merkelschen Messungen geprüft hat und zu finden glaubt, dieselbe stimme mit diesen gut überein, wird es von Interesse sein, zu untersuchen, ob diese Formel oder die Gleich. 58 die bessere Übereinstimmung gibt. Des Vergleiches wegen lösen wir darum Heymans' Gleichung:

$$\frac{M}{r} = \frac{1}{2}\left[1 + \frac{R}{r} - h\left(\frac{R}{r} - 1\right)\right]$$

mit Bezug auf r und erhalten dann:

$$r = \frac{2M - R(1 - h)}{h + 1}$$

Setzen wir hierin den von Heymans berechneten wahrscheinlichen Wert, $h = 0,27$, ein, so läßt sich r für die zusammengehörenden Werte von R und M berechnen; die somit gefundenen Zahlen sind in der Tab. 32 unter der Überschrift »r ber. n. H.« angeführt, wie auch die Abweichung f_1 dieser Größen von den gegebenen r. Hieraus geht hervor, wie zu erwarten stand, daß Heymans' Formel durchaus nicht mit den Messungen übereinstimmt, indem erstens die Abweichungen f_1 gesetzmäßig variieren, da sie für kleine Werte von Rr negativ sind, darauf abnehmen und für große Werte von Rr positiv werden, und zweitens die positiven Fehler so groß sind, daß sich nicht einmal behaupten läßt, die Formel habe als ein annähernd richtiger empirischer Ausdruck Bedeutung.

DIE BAHNUNG ALS URSACHE DER ASSOZIATION.

Einfluß der Wiederholung auf die Bahnung. Es wurde oben (S. 70) bei den Untersuchungen über die Bahnung der Schallempfindungen flüchtig berührt, daß die Bahnung sich als um so stärker erweist, je häufiger dieselben beiden Reize wiederholt werden. Hieraus entsprang die rein praktische Notwendigkeit, beim Messen der Bahnung willkürlich festzustellen, wie oft dieselben beiden Reize wiederholt werden sollten; wenn man sie nach einer Wiederholung als gleichstark beurteilte, wurde die Größe des variablen Reizes nicht mehr geändert. Indes wird es offenbar von Interesse sein, zu erfahren, in welchem Umfange mehrmalige Wiederholungen derselben beiden Reize imstande sein werden, die Größe der Bahnung zu vermehren, und ich machte deshalb diese Sache zum Gegenstande einer besonderen kleinen Untersuchung.

Das Verfahren war hierbei in Kürze folgendes. Für eine konstante Schallstärke ($r = 4096$) und mit konstantem Zeitintervall (1.25 Sek.) suchte ich die Größe des nachfolgenden Reizes, r_1, der dieselbe Empfindung wie r gab. Diejenige Größe von r_1, die zuerst die Identität der Empfindungen gab, wurde notiert. Bei einer Wiederholung derselben beiden Reize erwies es sich wie gewöhnlich, daß das gefundene r_1 etwas zu groß war, weshalb die Größe vermindert wurde, bis man bei zwei sukzessiven Einwirkungen der Reize Identität fand. Diese Größe von r_1 wurde ebenfalls notiert. Wurden dieselben beiden Reizungen noch einmal wiederholt, so erwies r_1 sich wieder als zu groß, worauf es ferner ganz unbedeutend vermindert wurde (0,5 cm Fallhöhe, 16 Schalleinheiten entsprechend). Darauf suchte ich zu bestimmen, wie oft r, r_1 wiederholt werden müßten, damit r_1 mit Sicherheit als zu stark aufgefaßt würde. War dies n mal, so betrachtete ich $n - 1$ Wiederholungen als diejenige Anzahl, welche unzweifelhafte Identität hervorbrachte. Darauf wurde r_1 noch ferner um dieselbe konstante Größe vermindert, und ich ermittelte aufs neue diejenige Anzahl der Wiederholungen, die erforderlich war, um das neue r_1 als zu stark aufzufassen. usw.

Das Resultat dieser Bestimmungen ist in der Tab. 33 gegeben. In der Reihe $n - 1$ ist die Anzahl der Einwirkungen angeführt, die erforderlich war, um r und r_1 als identisch aufzufassen. Wie oben erwähnt, wurde diese Zahl so bestimmt, daß n Wiederholungen mit

Sicherheit die Auffassung von r_2 als zu stark bewirken werden. In der Reihe r_1 ist die Gröfse desjenigen r_2 angeführt, das in jedem einzelnen Falle als

$r = 40,6$. **Tab. 33.**

$n-1$	1	2	4	7	10	14	21
r_2	32,6	32,07	31,87	31,74	31,58	31,42	31,25
ϱ	0,210	0,217	0,222	0,225	0,229	0,233	0,237

mit r identisch aufgefafst wurde; unter ϱ steht der
hieraus berechnete Bahnungskoeffizient: $\varrho = (r - r_2) : r$.
Höchstwahrscheinlich würde die Bahnung noch ferner
angewachsen sein, indes ist schon die 21malige Wiederholung derselben beiden Reize so erschlaffend und ermüdend, dafs ich mich nicht veranlafst fühlte, weiterzugehen. Der Zweck des Versuches war ja auch
schon völlig erreicht, indem die Tab. 33 deutlich zeigt,
nicht nur, dafs die Bahnung anwächst, sondern zugleich
auch, dafs sie um so langsamer anwächst, je gröfser sie
bereits geworden ist. Es ist nämlich leicht zu ersehen,
dafs, während ϱ um den konstanten Zuwachs 0,004 zunimmt, die Anzahl der Wiederholungen ungefähr mit
dem Quotienten ³/₂ anwächst; der Bahnungskoeffizient
ist also annähernd eine logarithmische Funktion der
Anzahl der Wiederholungen. Ob dies nun der genaue
mathematische Ausdruck für die Abhängigkeitsbeziehung
ist, oder ob eine nähere Untersuchung zu einer anderen
Funktion führen würde, hat einstweilen weniger Interesse, da es doch nicht möglich sein wird, eine exakte
Behandlung dieser Verhältnisse durchzuführen. Es
wird genügen, wenn wir daran festhalten, dafs die
Bahnung nach einer gewissen Anzahl Wiederholungen,
praktisch gesprochen, ein Maximum erreicht, indem eine
sehr grofse Anzahl fernerer Wiederholungen erforderlich ist, um dann ihre Stärke merkbar zu vermehren.
Als Resultat dieser Untersuchung können wir also feststellen:
Wenn ein zentraler Vorgang A einen nachfolgenden, B, anbahnt, so wächst die Stärke
der Bahnung durch Wiederholung derselben

beiden Vorgänge an, zwar aber um immer mehr
abnehmende Zuwachse. Während die Stärke
der Bahnung, theoretisch gesprochen, also
wahrscheinlich ins unendliche wächst, wird
sie, praktisch genommen, schnell ein Maximum erreichen, das sich nur schwer überschreiten läfst.

Was die Ursache der hier konstatierten Gesetzmäfsigkeit betrifft, so scheint deren Nachweis nicht
schwer zu sein. Denn es ist ja eben die Eigentümlichkeit eines Organismus, dafs er sich jeder häufig von ihm
ausgeübten Tätigkeit anpafst. Verläuft ein Vorgang in
irgendeinem Organe, so hinterläfst er in diesem derartige kleine Veränderungen, dafs derselbe Vorgang bei
Wiederholung leichter, schneller, mit geringerem Energieverbrauche als das erste Mal stattfindet. Dies können
wir freilich im allgemeinen nur von mehr zusammengesetzten Tätigkeiten nachweisen, wo wir geradezu
merken können, dafs dieselben nach Einübung, d. h. nach
häufiger Wiederholung, immer schneller verlaufen und
uns weniger Anstrengung kosten. Ein solches Resultat läfst sich der Natur der Sache zufolge aber nur
dadurch erreichen, dafs jeder einzelne der Vorgänge,
aus denen die zusammengesetzte Tätigkeit besteht, an
Schnelligkeit und Leichtigkeit gewinnt. Pflanzt sich
also in einer Nervenbahn eine Bewegung bestimmter
Art von einem Punkte *A* nach einem Punkte *B* fort, so
müssen wir notgedrungen annehmen, dafs die Bewegung
eine Spur in der Nervenbahn hinterläfst, so dafs letztere
künftig der Fortpflanzung einer Bewegung derselben
Art geringeren Widerstand leistet. Aus dieser Annahme folgt nun ganz einfach das oben nachgewiesene
Gesetz über die anwachsende Stärke der Bahnung, denn
die Bahnung ist unserer theoretischen Auffassung zufolge weiter nichts als die Fortpflanzung einer Bewegung
aus einem Arbeitszentrum nach allen Umgebungen.
Entsteht also zum erstenmal eine Bewegung bestimmter
Art an einem Punkte *A*, so wird sie sich gleichmäfsig
nach allen Seiten, u. a. auch nach einem Punkte *B*, fortpflanzen. Wird nun unmittelbar darauf auf anderem
Wege eine Bewegung am Punkte *B* erregt, so wird die
Bahnung von hier aus nicht in allen Richtungen gleich

leicht erfolgen. Denn die Leitung *AB* ist schon mehr fahrbar, weil kurz vorher eine Bewegung in derselben stattgefunden hat, wodurch unserer Annahme zufolge der Leitungswiderstand vermindert wurde. Folglich schreitet die Bahnung von *B* aus vorzugsweise in der Richtung *BA* fort, wodurch der Widerstand in dieser Leitung noch ferner vermindert wird. Erscheint nun der Vorgang *A* wieder, so wird er unter allen möglichen Bahnen die Leitung *AB* am fahrbarsten finden, und mithin wird er sich vorzüglich in dieser Richtung fortpflanzen. Oder mit anderen Worten: die Bahnung in der Richtung nach *B* wird jetzt wegen der Wiederholung stärker als die Bahnung in allen anderen Richtungen, weil die Leitung von *A* nach *B* früher in beiden Richtungen befahren worden ist, während jede andere Leitung von *A* aus die Bewegung nur in einer einzigen Richtung fortgepflanzt hat. Eine Wiederholung des Vorgangs *B* wird nun den Widerstand in der Bahn *AB* noch ferner vermindern, und jede neue Wiederholung fügt somit ihre Wirkung zu der der vorhergehenden hinzu. Da der Leitungswiderstand natürlich aber nur bis zu einer gewissen Grenze abnehmen kann, so muß eine Verminderung um eine bestimmte Größe um so schwieriger zu erzielen sein, je geringer der Widerstand schon vorher ist, oder mit anderen Worten: die Stärke der Bahnung in einer gewissen Richtung wird mit der Anzahl der Wiederholungen zunehmen, jedoch um abnehmende Zuwachse. Das Resultat dieser Betrachtungen wird also:

Daß die Stärke der Bahnung zwischen den Punkten *A* und *B* bei der Wiederholung der in *A* und *B* verlaufenden sukzessiven Vorgänge zunimmt, ist als einfache Folge davon zu verstehen, daß der Leitungswiderstand in einer Nervenbahn eine Verminderung erleidet, wenn eine bestimmte Bewegung die Bahn durchläuft. Hat *A B* angebahnt, so wird die Bahn *BA* geringeren Widerstand darbieten als irgendeine andere von *B* ausgehende Leitung, weshalb der Vorgang in *B* sich vorzüglich längs dieser Bahn fortpflanzen muß, deren Leitungswiderstand hierdurch noch ferner vermindert wird. Wiederholt sich darauf der Vorgang in A, so wird dessen Anbahnung von B stärker werden als das erste Mal, weil der Widerstand in der Leitung AB geringer ist.

Gegen diese Erklärung läßt sich sogleich der Einwurf erheben, daß wir durch die Annahme einer rekurrenten Bahnung (von B auf A) zwischen Vorgängen von gleicher Stärke, scheinbar wenigstens, mit allem in Streit geraten, was im vorigen Abschnitt von der Natur der Bahnung entwickelt wurde. Bei der Darstellung des Bahnungsgesetzes wurde auf rein theoretischem Wege nachgewiesen, daß gleichzeitige Vorgänge einander nur mit einer Stärke anbahnen konnten, die der Differenz zwischen den Intensitäten der beiden Vorgänge proportional ist (S. 40—41). Folglich wird nur der stärkere den schwächeren anbahnen können, und die Bahnung wird um so schwächer, je mehr die beiden Vorgänge sich einander an Stärke nähern. Daß dies sich richtig verhält, dafür erhielten wir später einen entscheidenden experimentellen Beweis bei den Untersuchungen der ebenmerklichen Schallunterschiede. Beurteilt man die Empfindungsdifferenzen zwischen drei sukzessiven Schallempfindungen, E_ι, E_ν und E_R in dem Momente, wo die letzte Empfindung E_R entsteht, so hat daher die mittlere, E_ν, Zeit gehabt, während des Zeitintervalles zwischen E_ν und E_R die erste, E_ι, anzubahnen. Es erwies sich nun, daß wir völlige Übereinstimmung der Messung mit der Berechnung erhielten, wenn wir diese rekurrente Bahnung, von E_ν auf E_ι, bei der Berechnung berücksichtigten. Unstreitig läßt sich aber ein Einwurf gegen die Art und Weise erheben, wie die Größe des Bahnungszuwachses berechnet wurde. Der auf theoretischem Wege abgeleiteten Gleich. 8 gemäß wurde der Bahnungszuwachs gleich $u(M-r')$ gesetzt, wo M und r die Größe der Reize bezeichnen, welche E_ν bezw. E_ι erzeugt haben. Dies ist nur zum Teil richtig. Allerdings ist die Intensität des zentralen Vorganges E_ι durch die Größe r bestimmt, natürlich aber nur in dem Momente, wo derselbe entsteht. Bei solchen kurzen Reizen, von denen allein hier die Rede ist, muß E_ι zu dem Zeitpunkte, wo E_R eintritt, und für den wir die

Stärke der Bahnung zu erfahren wünschen, notwendigerweise etwas an Stärke abgenommen haben. Bei der Berechnung des Bahnungszuwachses begehen wir daher zweifelsohne einen Fehler, wenn wir mit der Stärke der angebahnten Empfindung, die diese im Entstehungsmomente hat, rechnen, statt mit deren Stärke um den Zeitpunkt, für welchen die Bahnung berechnet werden soll. Grofs kann der Fehler jedoch nicht werden, und bei Messungen von so grofser Unsicherheit wie der Bestimmung gleichgrofser übermerklicher Empfindungsdifferenzen erhält derselbe gewifs keinen Einflufs; man kann ihn also gegen die Beobachtungsfehler völlig vernachlässigen. Wir dürfen deshalb die genannten Messungen als Beweis dafür betrachten, dafs die Stärke der rekurrenten Bahnung der Differenz zwischen den Intensitäten der beiden Vorgänge, unter denen die Bahnung stattfindet, proportional ist.

Kehren wir nun zu unseren Messungen des Einflusses der Wiederholungen auf die Stärke der Bahnung zurück, so scheint — einer oberflächlichen Betrachtung — eine rekurrente Bahnung hier also ausgeschlossen zu sein, weil die beiden Vorgänge dieselbe Stärke haben. Näher besehen ist dies jedoch nicht richtig, weil es sich hier um kurzdauernde Reize handelt, deren ersterer schon zu wirken aufgehört hat, wenn letzterer beginnt. Der zuerst entstandene Vorgang A mufs daher schon etwas an Stärke nachgelassen haben, wenn der andere, B, eintritt. Da die Gröfse der Bahnung nun durch die jeweilige Stärke der Vorgänge bestimmt ist, so mufs also eine Bahnung von B auf A hin stattfinden. Der Umstand, dafs A um einen gewissen früheren Zeitpunkt, wo B noch gar nicht existierte, dieselbe Stärke besafs wie B im Augenblicke seiner Entstehung, ist für die rekurrente Bahnung offenbar ganz ohne Belang; denn wenn B entsteht, ist es stärker als A in dem gegebenen Momente, und folglich geht eine Bahnung von B auf A. Die Gröfse dieser rekurrenten Bahnung unter Vorgängen, die im Anfangsmomente dieselbe Stärke haben, mufs natürlich in hohem Grade von dem Zeitintervalle zwischen den Reizen abhängig sein, denn je gröfser dieses ist, um so mehr ist der zuerst eingetretene Vorgang, A, abgeschwächt, und um so gröfser wird der

Bahnungszuwachs. Bei kleinen Intervallen wird die Bahnung selbstverständlich nur eine geringe; selbst wenn sie aber so klein ist, daß wir sie durchaus nicht zu messen vermögen, muß sie dennoch eine Wirkung üben können, besonders weil sie lange andauert. Da A und B nämlich jedes für sich »abklingen«, und da A stets etwas vor B voraus, folglich schwächer ist, so muß die rekurrente Bahnung andauern, bis B gleich Null wird. Daß eine solche lange andauernde Bahnung zwischen zwei Punkten auf den Widerstand in der Bahn wesentlichen Einfluß hat, läßt sich wohl kaum bezweifeln, selbst wenn die Bahnung nur mit sehr geringer Stärke geschieht.

Zu der oben gegebenen Erklärung des Einflusses der Wiederholung auf die Bahnung können wir also folgende nähere Bestimmung fügen:

Wenn zwei kurzdauernde sukzessive Reize zentrale Vorgänge, A und B, erzeugen, die in ihrem Entstehungsmomente dieselbe Stärke haben, so muß A bereits etwas abgeschwächt sein, wenn B entsteht, und B wird deshalb A anbahnen. Die Stärke dieser rekurrenten Bahnung ist in jedem Moment durch die Differenz zwischen der Stärke der beiden Vorgänge bestimmt; sie ist daher von dem Zeitintervalle zwischen A und B abhängig und dauert, wenn keine Störungen eintreten, so lange an, bis B bis auf Null abgenommen hat. Es ist anzunehmen, daß diese andauernde, wenn auch verhältnismäßig schwache Bahnung den Widerstand in der Leitung BA merkbar vermindert.

Assoziation von Vorstellungen. Im vorhergehenden verweilte ich etwas länger, als vielleicht streng notwendig scheinen möchte, bei der Erklärung der anwachsenden Stärke der Bahnung, weil die Sache augenscheinlich von größtem psychologischem Interesse ist. Es erleidet wohl keinen Zweifel, daß die Bahnung die physiologische Grundlage ist, auf welcher jede Bildung von Verbindungen zwischen ursprünglich gesonderten, psychophysiologischen Vorgängen beruht. Die Bahnung wird somit u. a. die physiologische Ursache aller Vor-

stellungsassoziation [1]. Denn überall, wo Vorstellungen,
die ursprünglich nichts miteinander zu schaffen haben,
assoziiert werden sollen, handelt es sich ja eben darum,
eine Verbindung von immer mehr anwachsender Festigkeit herzustellen, so daß schließlich die eine Vorstellung
imstande ist, die andere auszulösen. Eine solche Verbindung zweier gesonderter Vorgänge bildet sich aber,
wie wir sahen, eben mittels der Bahnung. Gerade der
Umstand, daß eine feste, dauerhafte Verbindung
zwischen verschiedenen Vorstellungen eine gewisse
Anzahl Wiederholungen benötigt, um zustande zu
kommen, deutet denn auch darauf hin, daß es sich hier um
die Hervorbringung einer mehr eingreifenden Änderung
der Nervenleitung dreht, die sich nur durch eine Reihe
kleiner Umgestaltungen erreichen läßt. Es deutet also
mehreres darauf hin, daß eine Assoziation zwischen Vorstellungen gerade auf wechselseitiger Anbahnung der
psychophysiologischen Vorgänge, durch welche die Vorstellungen entstehen, beruht. Ist diese Annahme aber
richtig, so muß es möglich sein, aus den bekannten
Gesetzen der Bahnung die Gesetze für die Assoziation
der Vorstellungen abzuleiten.

Unmittelbar scheint eine solche Ableitung doch kaum
möglich zu sein. Denn in allen Fällen, wo wir im vorhergehenden die Bahnung untersuchten, hatten wir
mit qualitativ gleichartigen, nur intensiv verschiedenen
Vorgängen zu tun, und alle unsere Bahnungsgesetze
beziehen sich nur auf die gegenseitigen Quantitätsänderungen, welche dergleichen Vorgänge zu bewirken

---

[1] Wenn wir hier besonders die Vorstellungsassoziationen hervorheben, so hat dies seinen Grund ausschließlich darin, daß diese den
Untersuchungen weit leichter zugänglich und deshalb viel genauer
erforscht sind als alle anderen Arten von Assoziationen. Geht man
aber davon aus, daß alle Assoziation von dem physiologischen Vorgange der Bahnung herrührt, so müssen es in allen Fällen dieselben
Gesetze sein, die ohne Rücksicht auf die Art der assoziierten Erscheinungen gültig befunden werden. Von diesem Gesichtspunkte aus
liegt offenbar nichts Sonderbares darin, daß man für die motorischen
Einstellungen dieselben Gesetze gefunden hat wie für die Vorstellungsassoziationen (vgl. Laura Steffens: Über die motorische Einstellung,
Zeitschr. f. Psych., Bd. 23, S. 241 u. f.), denn eine motorische Einstellung ist ganz einfach eine Assoziation zentraler Vorgänge, deren
wenigstens einer eine motorische Innervation ist.

vermögen. Wenn sich aber Vorstellungen assoziieren,
so werden es ja fast immer qualitativ verschiedene
Vorgänge sein, die aufeinander influieren. Die Gesetze
für die beiden Gruppen von Fällen scheinen deshalb
recht verschiedenartig sein zu müssen. Dennoch gibt
es, theoretisch betrachtet, nichts, was uns eine Ableitung verwehren könnte, da bei der Bahnung von der
Qualität des sich fortpflanzenden Vorganges überhaupt
nicht die Rede ist. Die Bahnung ist unserer Auffassung
zufolge nur die Fortpflanzung einer Bewegung aus
einem Arbeitszentrum nach näheren oder ferneren Umgebungen. Ob diese Ausstrahlung gleichmäfsig in allen
Richtungen oder möglicherweise in einzelnen Richtungen
stärker als in anderen geschieht, beruht teils auf an-
geerbten Dispositionen, teils auf bereits erworbenen
Verschiedenheiten der Leitungsfähigkeit der Nervenbahnen. Die Stärke, womit ein gegebener Vorgang
andere anbahnt, kann also verschieden werden, so dafs
der Bahnungskoeffizient für die verschiedenen Vorgänge verschiedene Werte erhält; hat aber überhaupt eine Bahnung stattgefunden, so mufs sie, unabhängig von der Qualität der bahnenden Bewegung,
dieselben Gesetze befolgen. Dafs diese Auffassung mit
der Erfahrung übereinstimmt, läfst sich wohl kaum bezweifeln. So ist es experimentell dargetan worden, dafs
Muskelbewegungen von Schall- und Geruchsempfin-
dungen angebahnt werden können[1], und wie oben
(S. 80—81) erwähnt, ist es höchst wahrscheinlich, dafs
sich die gegenseitige Bahnung von Tonqualitäten in
bestimmten Fällen nachweisen läfst. Sowohl die Theorie
als die Erfahrung führt mithin zu dem Resultate, dafs
unter qualitativ verschiedenen Vorgängen eine Bahnung
stattfinden kann.

Tatsächlich steht also nichts dem im Wege, dafs
die Bahnungsgesetze für die Bildung der Assoziationen
gültig sein können. Ein anderes ist die Frage, ob es
uns möglich sein wird, die Assoziationsgesetze aus den

---

[1] Vgl. 2. Teil, S. 283 u. 295. Vgl. ebenfalls Féré: Étude expérimentale de l'influence des excitations agréables. L'année psych.
VII, 1901. Die Einwendungen Breukinks sollen später berücksichtigt werden.

Bahnungsgesetzen abzuleiten. Soll dies sich durchführen lassen, so müssen wir jedenfalls gewisse
Forderungen an die zu assoziierenden Vorstellungen
richten. Die Vorstellungsverbindungen des täglichen
Lebens sind gar zu kompliziert, bilden sich unter Be-
wußtseinszuständen, die qualitativ und intensiv so verschieden sind und von vornherein so viele Berührungs-
punkte haben, daß eine Anwendung der Bahnungsgesetze auf diese Verhältnisse fast unmöglich wird.
Soll es einige Hoffnung auf die Durchführung der
Untersuchung geben, so müssen die zu betrachtenden
Vorstellungen bis zu einem gewissen Grade gleichartig
sein, denselben Inhalt und dieselbe Stärke besitzen.
Ferner müssen sie von Anfang an isoliert sein, dürfen
keine Verbindungen, weder untereinander noch mit
anderen Vorstellungen, bilden; kurz, sie müssen sinnlos sein, weil die Wirkung eines Sinnes, einer festeren
oder loseren Verbindung mit anderen Vorstellungen,
sich im Voraus nicht berechnen läßt. Mit e i n e m Worte
könnte man vielleicht sagen: die Vorstellungen, deren
Assoziationen sich untersuchen lassen, müssen äquivalent, d. h. qualitativ verschieden, in allen anderen
Beziehungen aber sich gleich sein. Die Notwendigkeit,
mit solchen äquivalenten Größen zu operieren, haben
die Psychologen denn auch glücklicherweise schon
längst eingesehen. Bei den von E b b i n g h a u s be-
gründeten, später von G. E. M ü l l e r und dessen
Schülern fortgesetzten Untersuchungen hat man stets
mit sinnlosen Silben gearbeitet, die ganz gleichmäßig
aus einem zwischen zwei Konsonanten eingeschlossenen
Vokale gebildet waren. Indem man nun zugleich bei
der Bildung von Reihen solcher Vorstellungen alle
Silben ausschließt, die entweder an und für sich oder
auch im Verein mit den nächsten Gliedern der Reihe
bestimmte Wörter bilden, und außerdem solche Silben
wegläßt, die der Aussprache größere Schwierigkeiten
darbieten, hat man sich hierdurch also gesichert, daß
die Vorstellungen sinnlos sind und denselben Inhalt
haben. Wird die Reihe nun in bestimmtem Tempo hergesagt, so kann man davon ausgehen, daß die zentralen
Vorgänge dieselbe Intensität erhalten. Ist unsere Annahme, daß die Bahnung die physiologische Ursache

der Assoziation ist, anders richtig, so mufs es möglich
sein, die unter den genannten Bedingungen gefundenen
Assoziationsgesetze aus den Bahnungsgesetzen abzuleiten.

Wie wir gleich im folgenden sehen werden, ist dies
wirklich möglich; nur darf man für den Augenblick
natürlich keine gar zu strengen Forderungen an eine
solche Deduktion stellen. Von einer exakten, mathematischen Beweisführung, der einzigen völlig zuverlässigen, kann vorläufig keine Rede sein. Wir sind
noch nicht imstande, die Summe aller anbahnenden
Einflüsse zu berechnen, denen ein einzelnes Glied einer
Reihe äquivalenter Gröfsen von seiten aller anderen
Glieder unterworfen ist. Könnten wir diese Summe bestimmen, so müfste es auch möglich sein, die Bedingung
dafür, dafs eine Reihe von *n* Gliedern unter bestimmten
gegebenen Verhältnissen reproduziert werden könnte,
mathematisch zu formulieren. Setzten wir dann in die
Formel die durch empirische Versuche gefundenen
Zahlenwerte ein, so müfsten wir die Richtigkeit der
Theorie prüfen können. Dafs man dereinst dahin gelangen wird, auch auf diesem Gebiete solches Verfahren
anzuwenden, scheint mir ganz unzweifelhaft. Vorläufig
kennen wir aber nur das Gesetz der progressiven
Bahnung für eine Reihe von drei Gliedern, und eine
genaue Bestimmung der rekurrenten Bahnung unter
Rücksichtnahme auf die mit der Zeit abnehmende Stärke
der Vorgänge hat man nicht einmal versucht. Eine
mathematische Deduktion liegt daher noch in weiter
Ferne, und einstweilen müssen wir uns mit dem Nachweise begnügen, dafs die Bahnungsgesetze gerade zu
Konsequenzen führen, deren Richtigkeit die Assoziations-
versuche dargetan haben.

Um dies nun zu zeigen, beginnen wir mit einer Er-
weiterung der Betrachtung, die wir oben über die
Bahnung zwischen zwei Gliedern anstellten, auf eine
längere Reihe. Es seien *A, B, C, D, ... M, N* eine
Reihe äquivalenter Vorgänge, die in der angegebenen
Ordnung mit konstantem Intervalle aufeinander folgen.
Von *A* wird dann die Bahnung nach den nachfolgenden
Gliedern ausgehen; wieviele derselben angebahnt werden,
wissen wir nicht; das beruht wesentlich auf der Dauer

des Intervalles. Auch die Stärke der Bahnung wird
von der Dauer des Intervalles abhängig sein, indem sie,
wie wir wissen, nach Verlauf von etwa 1 Sek. ihr
Maximum erreicht und darauf während einer noch nicht
genau bestimmten Zeit bis Null abnimmt. Wir können
daher das Intervall so wählen, daß die Anbahnung
von *B* ihr Maximum erreicht, und ferner können wir
annehmen, daß *A* noch die nächsten vier Glieder anbahnt, freilich mit immer mehr abnehmender Stärke.
Nun entsteht *B*. Dieses bahnt *C* und die folgenden vier
Glieder an; die Stärke dieser progressiven Bahnungen
ist aber bereits etwas kleiner als die Stärke der von *A*
ausgehenden, denn die Bahn *BA* ist schon fahrbarer als
irgendeine andere
von *B* ausgehende
Leitung, und es
findet folglich eine
rekurrente Bah-
nung statt: pflanzt
ein Teil der Be-
wegung sich aber
von *B* auf *A* hin
fort, so muß deren
Stärke in anderen
Richtungen ver-
mindert werden.
Dies muß in noch

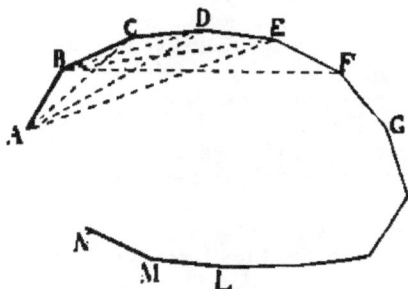
Fig. 21.

höherem Grade mit der von *C* ausgehenden progressiven
Bahnung der Fall sein, denn hier ist sowohl die Leitung
BC als *AC* schon einmal durchlaufen (siehe Fig. 21),
und diese sind daher fahrbarer als alle anderen; unter
den beiden ist *AC* wieder weniger fahrbar als *BC*, weil
letztere Leitung von einer stärkeren Bewegung durchlaufen worden ist als erstere. Wir bekommen also
von *C* rekurrente Bahnung auf *B* und eine etwas
schwächere auf *A* hin; außerdem progressive Bahnung
auf *D*, *E* usw.; die Stärke dieser Bahnung ist aber geringer als die der von *B* ausgehenden, welche wiederum
geringer ist als die der von *A* ausgehenden. Bei den
Vorgängen *D* und *E* wird die progressive Bahnung
noch ferner vermindert, denn von *D* gehen drei
rekurrente Bahnungen aus, *DC*, *DB* und *DA*, von *E*

sogar vier, nämlich *ED, EC, EB* und *EA*. In jeder
dieser Nebenbahnen ist der Leitungswiderstand freilich
gröfser als in der Hauptbahn, *EDCBA*, weil die progressive Bahnung längs der Nebenbahnen mit geringerer
Stärke als in der Hauptbahn stattgefunden hat; da aber
doch ein Teil der Bewegung sich längs dieser verschiedenen Nebenbahnen fortpflanzen wird, mufs die
progressive Bahnung von *E* aus kleiner sein als die
von *D*. Von *E* an gerechnet, mufs die progressive
Bahnung jedoch konstant werden, denn wir gingen ja
davon aus, dafs die Bahnung von *A* aus nur bis *E* gelangte; *F* ist folglich nicht von *A*, sondern nur von *B*
und den folgenden Gliedern angebahnt. Für *F* gibt es
also nur vier rekurrente Bahnungen, ebenso wie für *E*,
und die von *F* ausgehende progressive Bahnung mufs
daher dieselbe Stärke erhalten wie die von *E* aus-
gegangene. Für die folgenden Glieder wird das Verhältnis ganz dasselbe, und auch für die letzten Glieder
der Reihe, ... *L, M, N,* kann in dieser Beziehung
keine Veränderung eintreten. Die Bahnung ist ja nämlich eine auf physischem Boden verlaufende Erscheinung;
die Bewegung aus den letzten Gliedern der Reihe
pflanzt sich mithin, physischen Gesetzen gemäfs, nach
anderen Punkten fort, ohne Rücksicht darauf, ob später
an diesen anderen Punkten eine Bewegung entsteht
oder auch nicht. Der Umstand, dafs keine anderen
Glieder hinterherkommen, kann die Bahnungsverhält-
nisse des letzten Gliedes der Reihe mithin nicht ändern.

Um einen besseren Überblick über die Verhältnisse
nach dem ersten Durchgehen der Vorstellungsreihe zu
erhalten, können wir das gewonnene Resultat graphisch
aufzeichnen. Hierbei berücksichtigen wir jedoch nur die
Hauptbahn, *A, B, C, D,* .... *N,* weil die Änderungen
in allen Nebenbahnen, z. B. *AC, AD, BD* usw., weit geringer und von untergeordneter Bedeutung sind. Da
die Wirkung der Bahnung wesentlich darin besteht,
dafs in der Bahn der Widerstand vermindert oder
die Leitungsfähigkeit vergröfsert wird, können wir
also auf einer Abszisse die sukzessiven Vorstellungen
als Punkte und an jedem einzelnen Punkte die Leitungsfähigkeit der Bahn als Ordinate absetzen. Da wir nun
gesehen haben, dafs die Bahnung zwischen den ersten

Punkten der Reihe am größten sein und nach dem
Innern der Reihe bis zu einem gewissen Punkte abnehmen muß, von welchem an sie konstant wird, so
wird die Kurve 1 der Fig. 22 uns mithin ein Bild von
der Leitungsfähigkeit der Bahn nach dem ersten Durchgehen geben. Wir untersuchen jetzt, was geschieht,
wenn die Reihe noch einmal durchgemacht wird.

Um ermüdende Weitläufigkeiten zu vermeiden,
sehen wir jetzt von allen Nebenbahnen ab und bleiben
ausschließlich bei der Hauptbahn. Dies läßt sich um
so leichter tun, da dem Entwickelten zufolge der
Leitungswiderstand in den Nebenbahnen bedeutend

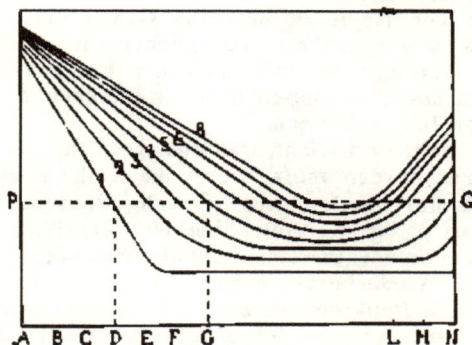

Fig. 22.

größer sein wird als in der Hauptbahn, weshalb die
Bewegung sich wohl fast ausschließlich längs letzterer
fortpflanzen wird. Da die Leitungsfähigkeit hier im
Vergleich mit dem ersten Male schon bedeutend zugenommen hat, wird die Bahnung also stärker, der
Bahnungszuwachs größer. Dies hat offenbar zur Folge,
teils daß die Leitungsfähigkeit noch ferner anwächst,
teils daß die Bewegung an den sukzessiven Punkten
stärker wird. Der Punkt E erhält mithin einen verhältnismäßig großen Bahnungszuwachs und bahnt
folglich F stärker an; der Zuwachs des F wird aber
nicht so groß wie der des E, weil die Leitungsfähigkeit
der Bahn BF nicht so groß ist wie die der Bahn AE.
Dies bewirkt natürlich, daß die Bahnung, die beim

19*

`ersten Durchgehen von E an konstant war, jetzt nicht mehr konstant ist: die ungleiche Zunahme der Leitungsfähigkeit erstreckt sich bis weiter in die Reihe hinein. Auch am anderen Endpunkte der Reihe müssen Änderungen eintreten, denn die Bahn ... L, M, N leistet weit geringeren Widerstand als irgendeine andere der von diesen Punkten ausgehenden Leitungen, weil sie sowohl rekurrent als progressiv durchlaufen worden ist, während alle anderen Bahnen nur progressiv durchlaufen worden sind, da keine Glieder hinterherfolgten. Folglich muß jetzt die ganze Bewegung, die in ... L, M, N entsteht, sich rekurrent fortpflanzen; hierdurch wird offenbar die Leitungsfähigkeit zwischen den letzten Gliedern der Reihe in höherem Grade vermehrt als zwischen den zunächst vorangehenden. Nach dem zweiten Durchgange muß sich die Leitungsfähigkeit der Bahn daher graphisch durch die Kurve 2 (Fig. 22) darstellen lassen können.

Man sieht nun leicht, was das Resultat des ganzen Vorganges werden muß, wenn die Reihe noch ferner mehrmals durchlaufen wird. Durch jede neue Wiederholung wird die Leitungsfähigkeit vergrößert, zwar aber, wie oben nachgewiesen, um abnehmende Zuwachse. Jede neue Wiederholung erhält also am wenigsten Einfluß an den Punkten, wo die Leitungsfähigkeit vorher am größsten war; das Resultat wird daher, daß die Leitungsfähigkeit schließlich überall gleichgroß wird, und sie muß dann das Maximum erreicht haben, das sich, praktisch genommen, wohl kaum überschreiten läßt, da dies eine sehr große Anzahl weiterer Wiederholungen erfordern würde. Die Wirkung der verschiedenen Wiederholungen ist in der Fig. 22 mittels der Kurven 3, 4, 5 ... n graphisch dargestellt; die letzte ist eine Gerade, was also eine in der ganzen Reihe konstante Leitungsfähigkeit bezeichnet.

Als Resultat dieser Betrachtungen können wir jetzt folgenden Satz feststellen:

1. Wenn eine Reihe äquivalenter, sukzessiver Vorstellungen mehrmals in derselben Ordnung durchgemacht wird, so hat die zwischen den einzelnen Gliedern vorgehende progressive und rekurrente Bahnung

zur Folge, daſs die Leitungsfähigkeit der
Bahn anwächst, und zwar am geschwindesten
im Anfang der Reihe, etwas langsamer am
Schlusse und am wenigsten in der Mitte. Da
die Leitungsfähigkeit indes um abnehmende
Zuwachse zunimmt, am wenigsten aber da,
wo sie vorher am größten war, so wird sie
nach einer hinlänglichen Anzahl Wiederholungen in der ganzen Bahn konstant sein.

Ist die Bahnung daher wirklich die physiologische
Ursache der Assoziation der Vorstellungen, so müssen
wir erwarten, daſs die Festigkeit der Assoziation in
einer längeren Reihe von Vorstellungen dem hier
theoretisch abgeleiteten Gesetze gemäſs fortschreitet.
Es liegen nun bekanntlich Untersuchungen von Ebbinghaus vor, aus denen hervorgeht, daſs man den Anfang
und den Schluſs einer Reihe am schnellsten auswendig
lernt, so daſs man dieselben zu reproduzieren vermag,
während man in der Mitte noch unsicher ist, Fehler
macht und stockt. Die Frage ist also, ob diese experimentellen Resultate als Beweis für das angeführte
Gesetz zu betrachten sind. Dies wird sich entscheiden
lassen, wenn wir die Bedingung für die Reproduktion
einer Vorstellungsreihe abzuleiten imstande sind. Das
Anstellen einer Betrachtung hierüber wird überhaupt
wohl kaum zu vermeiden sein, denn wir besitzen kein
Mittel, um die Leitungsfähigkeit oder die Stärke der
Bahnung an einem willkürlichen Punkte einer Reihe
qualitativ verschiedener Vorstellungen direkt zu messen.
Die Wirkung von einer Anzahl Wiederholungen einer
solchen Reihe läſst sich experimentell nur dadurch bestimmen, daſs man prüft, ob die Reihe reproduziert
werden kann oder auch nicht. Bei allen bisher angestellten Versuchen über die Assoziation von Vorstellungsreihen nahm man die Möglichkeit der Reproduktion zum Maſse des erreichten Resultates. Es
ist deshalb notwendig, darüber ins reine zu kommen,
wann die Reproduktion einer Vorstellungsreihe überhaupt möglich ist.

Von der Bahnungstheorie aus kann die Beantwortung dieser Frage wohl keine groſse Schwierigkeit
bereiten. Soll nämlich eine Vorstellung *A* eine andere,

B. reproduzieren können, so muſs die Leitungsfähigkeit
der Bahn *AB* gerade groſs genug sein, damit der
Bahnungszuwachs aus *A* am Punkte *B* einen Vorgang
von solcher Stärke auszulösen vermag, daſs die begleitende Vorstellung den Schwellenwert überschreitet.
Die auf diese Weise in *B* entstandene Bewegung muſs
dann wieder in *C* einen neuen Vorgang auslösen
können usw. Soll also eine längere Vorstellungsreihe
fehlerlos reproduziert werden können, so ist die Bedingung die, daſs die Leitungsfähigkeit der Bahn, selbst
an dem Punkte, wo sie am geringsten ist, solche Höhe
erreicht hat, daſs der Bahnungszuwachs die folgende
Vorstellung über die Schwelle des Bewuſstseins zu erheben vermag. Wie groſs die Leitungsfähigkeit sein
muſs, um dies zu erreichen, das wissen wir durchaus
nicht; es fällt aber nicht schwer, nachzuweisen, daſs das
zur Reproduktion erforderliche Minimum der Leitungsfähigkeit den Umständen gemäſs ziemlich bedeutend
variieren kann. Denn der Bahnungszuwachs, der erforderlich ist, um an einem bestimmten Punkte eine
Vorstellung auszulösen, muſs notwendigerweise davon
abhängig sein, ob an dem betreffenden Punkte völlige
Ruhe herrscht oder noch eine schwache Bewegung
stattfindet[1]. Letzteres wird offenbar der Fall sein.

---

[1] Wie lange die Bewegung unter normalen Verhältnissen andauert, weiſs man noch nicht mit Sicherheit. Durch direkte Messungen
der vom Arbeitszentrum ausgehenden Bahnung können wir allerdings
nur nachweisen, daſs die Bewegung noch 5—7 Sek. nach dem Aufhören des Reizes andauert; es hat aber nicht die geringste Wahrscheinlichkeit für sich, daſs die Bewegung dann wirklich aufgehört
haben sollte, wenn unsere groben Maſsmethoden uns nicht mehr gestatten, sie direkt nachzuweisen. Auf ganz anderem Wege, mittels
der Bedeutung der andauernden Bewegung für das Wiedererkennen
einfacher Empfindungen, habe ich schon längst nachgewiesen (Phil.
Stud. Bd. 5, S. 127), daſs etwa eine Minute lang nach dem Aufhören des
Reizes ein »zentrales Nachbild« der Empfindung besteht, und dieselbe
Erscheinung haben Müller und Pilzecker unter dem Namen der
»Perseverationstendenz« näher beschrieben (Zur Lehre vom Gedächtnis, S. 58—78). Eine genaue Bestimmung der Dauer des zentralen
Nachbildes haben die genannten Forscher indes nicht versucht, ob-
schon sie sich auf dem Wege befanden, der zu einem sicheren Resultate
hatte führen können. Solange nämlich die Bewegung besteht, muſs
sie durch die fortwährend verlaufenden rekurrenten Bahnungen die
Festigkeit der Assoziation vermehren. Führt man aber, bevor die

unmittelbar nachdem eine Reihe eine gewisse Anzahl
Male wiederholt worden ist, weil die rekurrente Bahnung
die Bewegung unterhält. Versucht man es also, eine
Reihe, gleich nachdem man sie eine gewisse Anzahl
Male wiederholt hat, zu reproduzieren, so muſs die
Möglichkeit der Reproduktion bedeutend gröſser sein als
auch nur wenige Minuten später nach dem Aufhören
der Bewegung. Dies stimmt bekanntlich aber völlig mit
der Erfahrung überein: eine Reihe, die man so viele
Male wiederholt hat, daſs sie sich unmittelbar nach be-
endigter Lesung eben reproduzieren läſst, wird man
gewöhnlich nicht fehlerlos reproduzieren können, wenn
man die Probe auch nur ein paar Minuten aufschiebt.

II. Die Bedingung dafür, daſs eine Vorstellungsreihe sich reproduzieren läſst, ist die,
daſs die Leitungsfähigkeit an jedem Punkte
der Bahn ein gewisses Maximum übersteigt,
so daſs der Bahnungszuwachs aus einer Vorstellung die folgende über die Schwelle des
Bewuſstseins zu erheben vermag. Die Gröſse
des erforderlichen Minimums muſs deshalb
wesentlich davon abhängig sein, ob die Reproduktion unmittelbar nach dem Erlernen
der Reihe oder um einen späteren Zeitpunkt
ausgeführt wird. Im ersteren Falle verlaufen
nämlich noch die zentralen Vorgänge, wenn
auch mit geringer Stärke, weshalb sie nur
eines kleinen Bahnungszuwachses bedürfen,
um über die Schwelle erhoben zu werden;

Bewegung von selbst aufgehört hat, eine neue psychische Arbeit
aus, so wird diese wegen ihrer hemmenden Einwirkung auf andere
gleichzeitige Vorgänge die bestehende Bewegung entweder völlig
stocken machen oder doch allenfalls schwächen. Diese hemmende
Einwirkung, welche Müller und Pilzecker als »die rückwirkende
Hemmung« näher behandelt haben (l. c. S. 174—198), muſs offenbar
zu einer genauen Zeitbestimmung zu gebrauchen sein. Hat man
nämlich eine Assoziation von bestimmter Stärke hergestellt, und führt
man gewisse Zeit darauf eine neue psychische Arbeit aus, so muſs
man durch systematisches Variieren der Dauer dieses Zeitintervalls
die Grenze finden können, wo die hemmende Einwirkung auf die
Assoziation sich nicht mehr nachweisen läſst. Bis dahin wenigstens
muſs die ursprüngliche Bewegung andauern.

später, wenn die Vorgänge aufgehört haben,
muls der Bahnungszuwachs grölser sein.

Untersuchen wir nun von diesem Ergebnisse aus,
welche Schlüsse sich aus Ebbinghaus' obengenannten Versuchen[1] ziehen lassen. Diese wurden mittels
seiner »Methode der Hilfen« ausgeführt. Reihen von
einer gewissen Anzahl Silben wurden ein-, zwei- oder
mehrmals gelesen und die Reproduktion unmittelbar
darauf versucht. Stockte diese, so half ein Assistent
der V.-P. weiter, und es wurde notiert, an welchen
Punkten der Reihe Hilfe erforderlich war. Indem die
Versuche nun nach einer verschiedenen Anzahl Wiederholungen der Reihen ausgeführt wurden, gewann man
ein statistisches Material, aus welchem hervorging, wie
häufig in betreff jeder einzelnen Nummer der Reihe Hilfe
erforderlich gewesen war. Die Bedeutung dieser Zahlen
lälst sich wohl nicht bezweifeln, denn wenn die Reproduktion stockt, so dals Hilfe erforderlich wird, kann
dies dem oben Entwickelten zufolge nur ein Anzeichen
sein, dals die Leitungsfähigkeit der Bahn nicht hinlänglich war. Die grölste Anzahl der Hilfen wird
sicherlich da eintreten, wo selbst eine mehrmalige
Wiederholung der Reihe die Möglichkeit des Stockens
noch nicht ausschliefst, wo die Leitungsfähigkeit mithin
am langsamsten anwächst; und je weniger Hilfe in
betreff einer gewissen Nummer der Reihe nötig war,
um so weniger Wiederholungen sind also an diesem
Punkte erforderlich, um die Leitungsfähigkeit über das
zur Reproduktion notwendige Minimum zu erheben.
Da mithin der grölsten Anzahl Hilfen die geringste
Leitungsfähigkeit entspricht, so ist die Leitungsfähigkeit
der Anzahl der Hilfen umgekehrt proportional; da aber
Leitungsfähigkeit und Leitungswiderstand ihrerseits
umgekehrt proportionale Grölsen sind, wird ganz einfach die Anzahl der Hilfen das Mals für den Leitungswiderstand an den verschiedenen Punkten der Reihe.

Die Fig. 22 stellt dar, wie die Leitungsfähigkeit von
den Endpunkten der Reihe an nach innen gegen die
Mitte hin abnimmt. Natürlich hätte man ebensogut
das umgekehrte Verhältnis darstellen können, nämlich

[1] Ebbinghaus: Psychologie. Bd. I. Leipzig 1902. S. 624 u. f.

das Anwachsen des Leitungswiderstandes von den Endpunkten an nach innen. Dann hätte man Kurven erhalten, deren Maximumspunkte dort fallen würden, wo
die Kurven der Tab. 22 ein Minimum haben. Diesen
›Widerstandskurven‹ müssen Ebbinghaus' Zahlen
offenbar entsprechen, wenn wir an der Anzahl der Hilfen
wirklich einen Ausdruck für den Leitungswiderstand der
Bahn besitzen. In der Fig. 23 sind die Resultate von
zwei der Ebbinghausschen Versuchsreihen dargestellt,
indem die Nummer der Glieder der Reihe als Abszisse,
die auf jedes Glied fallende Anzahl der Hilfen als
Ordinate abgesetzt
wurde[1]. Trotz aller
Unregelmäßig-
keiten, welche die
Rhythmen und zu-
fällige Umstände bei
derartigen Ver-
suchen natürlich
herbeiführen, zeigen
die Kurven der
Fig. 23 doch ganz
deutlich den er-
warteten Verlauf.
Die Anzahl der
Hilfen, mithin der
Widerstand der

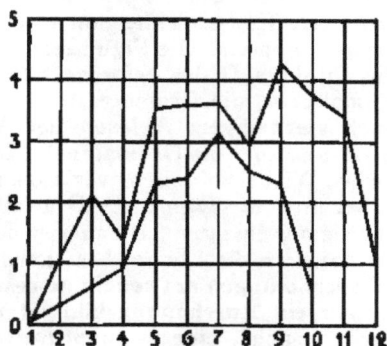

Fig. 23.

Bahn, wächst vom Anfangspunkte der Reihe nach innen
gegen die Mitte an und nimmt gegen das Ende wieder
etwas ab. Die Erfahrung bestätigt an diesem Punkte
also völlig die Konsequenzen, die wir aus der Bahnungstheorie zogen.

Es wird jetzt nicht schwer fallen, nachzuweisen,
daß fast alle empirisch festgestellten Resultate mit
Bezug auf die Assoziation von Vorstellungsreihen sich
ganz zwanglos von der Bahnungstheorie aus als eine
Folge derjenigen Gesetze erklären lassen, die uns bereits über die Bahnung bekannt sind. Natürlich würde

[1] l. c. S. 626. Die Ordinaten der Fig. 23 müssen mit 10 multipliziert werden, um der Zahl der Hilfen in Ebbinghaus' Tabelle zu
entsprechen.

es uns hier gar zu weit führen, wollten wir uns auf alle Details einlassen, welche verschiedene Forscher hervorgezogen haben. Ich werde im folgenden daher nur einige Hauptpunkte besprechen, denn haben wir nur erst nachgewiesen, daß die Hauptgesetze für die Assoziationsbildung Bahnungsgesetze sind, so kann es wohl keinen Zweifel erleiden, daß sich auch mehr spezielle Verhältnisse erklären lassen.

Der oben angeführte Satz II nennt als Bedingung für die fehlerlose Reproduktion einer Vorstellungsreihe, daß die Leitungsfähigkeit an jedem Punkte der Bahn ein von den Umständen abhängiges Minimum überschreitet. Es bezeichne nun in der Fig. 22 die Linie PQ dieses Minimum. Die Figur zeigt dann, daß die Ordinate des Punktes D das erforderliche Minimum schon nach einmaligem, die Ordinate des Punktes G dagegen erst nach viermaligem Ablesen der Reihe erreicht haben wird, und daß die Ordinaten der folgenden Punkte noch mehr Wiederholungen verlangen. Hätte die Reihe daher nur die Länge $A—D$ gehabt, so müßte sie sich nach einer einzigen Lesung reproduzieren lassen; hätte sie dagegen die Länge $A—G$ gehabt, so wären mehrere Wiederholungen notwendig gewesen usw. Da die Fig. 22 ja nur ein Anschauungsbild ist und keinen Anspruch darauf macht, eine in quantitativer Beziehung richtige Darstellung des Wachstums der Leitungsfähigkeit zu geben, so darf den genannten Zahlen natürlich kein Gewicht beigelegt werden; diese wurden nur beispielsweise angeführt. Wir sind aber gewiß berechtigt, aus dieser Betrachtung folgenden allgemeinen Schluß zu ziehen:

III. Je mehr Glieder eine gegebene Vorstellungsreihe enthält, um so öfter muß sie wiederholt werden, damit eine fehlerlose Reproduktion möglich wird.

Die Gültigkeit dieses Satzes kann jeder Schuljunge bescheinigen; überdies hat Ebbinghaus sie mittels einer sorgfältigen quantitativen Untersuchung dargetan[1]. Ein bestimmtes gesetzmäßiges Verhältnis zwischen der Länge der Reihe und der notwendigen

[1] Über das Gedächtnis, Leipzig 1885. S. 62 u. f.

Anzahl der Wiederholungen läfst sich indes nicht angeben. Wir wissen nämlich, dafs die Stärke der Bahnung
eine Funktion des Zeitintervalles zwischen dem bahnenden und dem angebahnten Vorgange ist; es steht deshalb
nicht zu bezweifeln, dafs die für eine gegebene Reihe
erforderliche Anzahl Wiederholungen in hohem Grade
von dem Tempo abhängig sein mufs, in welchem die
Reihe durchgelesen wird. Auf theoretischem Wege zu
entscheiden, welches Tempo das günstigste ist, die
wenigsten Wiederholungen benötigt, möchte wohl unmöglich sein. Zwar fanden wir bei den Schallversuchen,
dafs der Bahnungszuwachs sein Maximum bei einem
Intervalle von ca. 1,2 Sek. zwischen den beiden Vorgängen erreicht. Erstens ist es aber ja keineswegs gegeben, dafs eine derartige Gröfse sich ohne weiteres
aus einem Sinnesgebiete in ein anderes übertragen
läfst. Ferner ist es nicht einmal wahrscheinlich, dafs
das Tempo, welches den gröfsten Bahnungszuwachs
gibt, auch das der Assoziationsbildung günstigste sein
wird, denn bei dieser ist es besonders von Wichtigkeit,
dafs der Widerstand der Bahn möglichst vermindert
wird, während es weniger wesentlich ist, dafs die
folgende Vorstellung den möglichst grofsen Bahnungszuwachs erhält. Nun wird der Widerstand ziemlich
sicher um so mehr abnehmen, je längere Zeit hindurch
es der progressiven Bahnung zwischen den sukzessiven
Vorstellungen gestattet wird, sich geltendzumachen. Bei
sehr langen Intervallen (3—5 Sek.) wird diese Bahnung
zuletzt aber so schwach, dafs sie wohl keine gröfsere
Wirkung hat; Intervalle von längerer Dauer als 3 Sek.
sind deswegen sicherlich nicht günstig. Ist anderseits
das Intervall kürzer als 1—1.5 Sek., so kann die Bahnung
ihren maximalen Wert nicht erreichen, und sie wird
dann um so geringer, je geschwinder das Tempo ist.
Je kürzer ein solches kleines Intervall ist, um so mehr
Wiederholungen müssen daher erforderlich sein. Auf
theoretischem Wege können wir also nicht weiter
kommen als bis zu folgendem Resultate:
   IV. Da die Stärke der Bahnung vom Zeitintervalle abhängig ist und bedeutend abnimmt, sowohl wenn das Intervall 3 Sek. übersteigt, als wenn es kürzer als 1 Sek. ist, so

wird nichts dadurch gewonnen sein, daſs man
das Intervall länger als 3 Sek. macht, und bei
Zwischenräumen, die kürzer als 1 Sek. sind,
muſs das Durchlesen um so häufiger wiederholt werden, je kürzer das Intervall wird.
Wie sich das Verhältnis innerhalb der genannten Grenzen stellt, läſst sich nur empirisch entscheiden.

Ziemlich umfassende Versuche zur Beleuchtung
dieser Verhältnisse wurden von Ogden angestellt[1].
Seine Resultate können wir folgendermaſsen in Kürze
zusammenfassen: Bei jedem Tempo erscheinen groſse
individuelle Unterschiede hinsichtlich der Anzahl der
Wiederholungen, die zur Reproduktion einer Reihe von
gegebener Länge erforderlich ist. Für jedes einzelne
Individuum ist die Anzahl der Wiederholungen aber
am kleinsten bei dem gröſsten der untersuchten Intervalle (2,6 Sek.) und nimmt von da an einigermaſsen
regelmäſsig zu, so daſs sie beim kürzesten Intervalle
(0,33 Sek.) am gröſsten ist[2]. Hieraus scheint also hervorzugehen, daſs man wirklich bei etwa 3 Sek. ein Optimum
hat, und daſs die Anzahl der Wiederholungen von da
an anwächst, wenn das Intervall abnimmt. Es ist jedoch zweifelhaft, ob man wirklich dieses Resultat feststellen kann, da die Versuche bei den verschiedenen
Tempos nicht ganz gleichartig waren. Der Verfasser
selbst erwähnt an mehreren Orten (S. 26, 31—33), daſs
es seinen Versuchspersonen bei den längsten Intervallen (2,6 und 1,7 Sek.) schwer fiel, nicht zu Hilfsmitteln zu greifen, die entweder geradezu in mnemo-
technischen Kunstgriffen oder in dem bewuſsten Ein-
prägen der einzelnen Vorstellungen bestanden. Dies
heiſst wohl zunächst, daſs die V.-P. die schon gelesenen
Silben so oft, wie die Zeit ihr gestattete, für sich hin
wiederholte. Bei den kürzeren Intervallen fiel die Anwendung solcher Hilfsmittel aber von selbst weg. Es
leuchtet nun jedoch ein, wie der willkürliche oder unwillkürliche Gebrauch von Kunstgriffen bewirkt, daſs

[1] Einfluſs der Geschwindigkeit des Lesens auf das Erlernen.
Diss. Leipzig 1903. Archiv f. d. gesamte Psych. Bd. 2.
[2] a. a. O. Tab. IX, S. 78—80.

die betreffenden Versuchsreihen sich nicht direkt mit den anderen vergleichen lassen, wo diese Hilfsmittel nicht zur Anwendung kamen. Ist das hinsichtlich der langen Intervalle erzielte günstige Resultat eine direkte Folge der Länge des Intervalles, oder ist es nur den angewandten Hilfsmitteln zu verdanken? Darüber wissen wir noch nichts. Der Verfasser stellte freilich eine Reihe von Kontrollversuchen an, wo alle Hilfsmittel untersagt waren, gibt aber selbst zu (S. 59), daß die Versuche weniger zuverlässig sind, da es den Versuchspersonen große Anstrengung kostete, die angewöhnten Kunstgriffe zu unterlassen. Sicher ist also nur, daß vom Intervalle 1.5 Sek. an die Anzahl der erforderlichen Wiederholungen anwächst, wenn die Länge des Intervalles abnimmt.

Bisher betrachteten wir ausschließlich die Herstellung von Assoziationen zwischen Vorstellungen, die völlig isoliert waren, keine vorhergehenden Verbindungen mit anderen Vorstellungen geschlossen hatten. Dies war notwendig, um die Komplikationen zu vermeiden, die eine bereits bestehende Assoziation bei der Bildung einer neuen Verbindung verursacht. Da wir nun so ziemlich über die verhältnismäßig unzusammengesetzten Fälle im reinen sind, wird es nicht schwer sein, nachzuweisen, worin die Komplikationen bestehen, welche eine bereits bestehende Assoziation herbeizuführen vermag. Nehmen wir an, die Assoziation $A, B, C \ldots N$ besitze in einem gegebenen Momente eine gewisse Festigkeit. Wir wünschen nun die Assoziation $a, B, c \ldots n$ herzustellen; wir setzen, daß das Glied B den beiden Reihen, die sonst aus isolierten Vorstellungen bestehen, gemeinschaftlich ist. Der Kürze wegen bezeichnen wir die ursprüngliche Assoziation als Nr. 1, die neuzubildende als Nr. 2. Der Umstand, daß B schon mit $C, D \ldots$ assoziiert ist, wird nun offenbar drei verschiedene Wirkungen herbeiführen, die sämtlich indes die direkte Folge davon sind, daß die von B ausgehende Bahnung — wenn die Reihe Nr. 2 gelesen wird — sich zum Teil längs der Leitungsbahnen $C, D \ldots$ fortpflanzt. Dies muß nämlich erstens bewirken, daß die Festigkeit der Assoziation Nr. 1 etwas zunimmt. Ob die Glieder C, D usw. hierdurch über die Schwelle des

Bewulstseins erhoben werden, beruht teils auf der Festigkeit der Assoziation, teils auf der Stärke der in dem gegebenen Momente eventuell bestehenden Bewegung; dies möge nun geschehen oder auch nicht, so muls die Assoziation aber doch an Festigkeit gewinnen. Pflanzt die Bewegung sich aber zum Teil längs der alten Bahnen fort — und das wird sie mit um so gröfserer Stärke tun, je gröfsere Leitungsfähigkeit diese besitzen, je gröfsere Festigkeit die Assoziation hat —, so muls dies zweitens bewirken, dals die neue Assoziation schwieriger zustande kommt. Da ein Teil der Energie fortwährend zur Verstärkung der Assoziation Nr. 1 verbraucht wird, so ist notwendigerweise eine gröfsere Anzahl von Wiederholungen erforderlich, um Nr. 2 solche Festigkeit zu geben, dals sie sich reproduzieren läfst. Ist eine solche Festigkeit aber erreicht, so wird der Reproduktion drittens dadurch eine besondere Schwierigkeit entstehen, dals *B* ebensowohl *C* als *c* reproduzieren kann.

Das nähere Eingehen auf diese Wirkungen bereits bestehender Assoziationen liegt ganz aufserhalb des Planes der vorliegenden Untersuchung. Uns genügt es, die Wirkungen in einem verhältnismäfsig einfachen Falle nachgewiesen zu haben. Wir sehen hieraus, teils dals die Theorie dieselben zu erklären vermag, teils dals die Verhältnisse äufserst kompliziert werden müssen, wenn mehrere Assoziationsreihen sich gegenseitig an mehreren Punkten kreuzen, was gerade mit den Assoziationen des täglichen Lebens der Fall ist. Dals die besprochenen Wirkungen selbst tatsächlich vorkommen, wurde durch eingehende und sorgfältige Versuche von Müller und Pilzecker nachgewiesen[1], die ebenfalls, wie mir scheint, ohne besonderen Anlals, den drei Wirkungen der Kreuzung der Assoziationen besondere Namen beigelegt haben: »die assoziative Miterregung«, »die generative Hemmung« und »die effektuelle Hemmung«. Die beiden letzteren Namen sind indes höchst ungeeignet, da hier ja gar keine eigentliche Hemmungserscheinung, sondern nur eine Erschwerung der Bahnung vorliegt. Ich möchte deshalb vorschlagen, wenn Namen

---

[1] Zur Lehre vom Gedächtnis. S. 134—137.

überhaupt notwendig sind, lieber von einer ›Erschwerung‹ als von einer ›Hemmung‹ zu reden.

Auflösung der Assoziationen. Im vorhergehenden sahen wir an einer Reihe von Beispielen, wie die empirisch gefundenen Gesetze für die Assoziationsbildung sich als einfache Konsequenzen der Gesetze für die Abhängigkeit der Bahnung von der Länge des Intervalles, der Anzahl der Wiederholungen usw. ableiten lassen. Nun gibt es aber ein Verhältnis, das für unsere Vorstellungsverbindungen eine fast ebenso große Rolle spielt wie deren Bildung — nämlich deren Auflösung; hierüber können die Bahnungsgesetze uns aber nicht belehren, wenigstens nicht direkt. Denn die Auflösung der Assoziation tritt ja gerade ein, wenn die Verbindung nicht tätig ist, wenn die Bahnung sich mithin nicht geltendmacht; die Auflösung beruht also auf einem von der Bahnung durchaus unabhängigen Vorgange. Dennoch gibt die Bahnungstheorie uns Anleitung zum Verständnisse auch der Gesetze der Auflösung. Unserer Auffassung zufolge ist die Vorstellungsassoziation nämlich ja nur ein ganz spezielles Beispiel einer Verbindung oder eines Zusammenwirkens ursprünglich gesonderter nervöser Elemente; jede beliebige, durch Übung, Wiederholung, erworbene Geschicklichkeit kommt zustande und wird wieder abgeschwächt auf ganz dieselbe Weise. Hieraus folgt also, daß die großenteils aus dem täglichen Leben bekannten Gesetze für das graduelle Abnehmen einer erworbenen Geschicklichkeit sich ohne weiteres auf die Auflösung der Assoziationen übertragen lassen, und daß ihre Gültigkeit auch für diese zu erwarten steht. Erweist es sich nun, daß dies mit der Erfahrung übereinstimmt, so ist hierdurch mithin erreicht, daß alle diese Erscheinungen auf eine gemeinschaftliche physiologische Grundlage zurückgeführt worden sind: die durch die Bahnung verursachte Zunahme der Leitungsfähigkeit bestimmter Nervenbahnen verliert sich wieder, wenn sie nicht unterhalten wird. Dies gibt allerdings durchaus keine Erklärung, weshalb die Assoziation sich auflöst, weshalb der Leitungswiderstand aufs neue anwächst. Da wir tatsächlich aber ja auch nicht zu erklären vermögen, weshalb die Bahnung die Leitungsfähigkeit vermehrt, so ist unser Verständnis

der beiden Gruppen von Erscheinungen genau dasselbe.
Soviel ist jedenfalls durch die Theorie errungen, dafs
sie anscheinend weit verschiedene Erscheinungen auf
dieselbe physiologische Ursache zurückführt, auf Änderungen der Leitungsfähigkeit der Nervenbahnen, deren
Gesetze wir nachweisen können, wenn wir einstweilen
auch nicht imstande sind, zu erklären, warum eben diese
Gesetze gültig sein müssen.

Suchen wir nun auf dem angegebenen Wege die
Auflösung der Assoziationen auseinanderzusetzen, so
können wir daher von der Tatsache ausgehen, dafs jede
beliebige erworbene Fertigkeit nur durch fortwährende
Übung ihren Gipfel zu behaupten vermag. Hört man
mit dem Üben auf, so verliert sich die Geschicklichkeit
im Laufe der Zeit; anfangs wird sie geschwind, später
immer langsamer geschwächt, so dafs sie niemals gänzlich
verschwindet. Auf die Vorstellungsverbindungen übertragen mufs diese Auflösung sich folgendermafsen
äufsern. Läfst eine Reihe sich nach einer gewissen
Anzahl Wiederholungen eben reproduzieren, so wird zu
jedem gegebenen späteren Zeitpunkte eine Reproduktion
nicht möglich sein, wenn die Reihe während der Zwischenzeit nicht aufgefrischt, unterhalten wird. Soll eine Reproduktion wieder ermöglicht werden, so mufs man die
Reihe daher vorerst eine gewisse Anzahl Male durchlesen. Und da die Festigkeit der Verbindung — wie
andere Geschicklichkeiten — sich anfangs geschwind
später langsam verliert, so mufs die Anzahl der Wiederholungen, die um verschiedene Zeitpunkte zur Reproduktion erforderlich ist, anfangs stark, später langsamer anwachsen. An der notwendigen Anzahl der
Wiederholungen, g, haben wir somit ein Mafs für die
Gröfse der Änderung; je gröfser sich g erweist, um so
geringer mufs die Festigkeit der Verbindung geworden
sein. Als Mafs für die übriggebliebene Festigkeit kann
man daher die ›Ersparnis‹ gebrauchen. Ist G die Anzahl
der Wiederholungen, die ursprünglich zur ersten Reproduktion erforderlich war, so ist $G - g$ offenbar das
Mafs der Nachwirkung, die um einen späteren Zeitpunkt
noch seit dem ersten Erlernen der Reihe besteht. Die
Richtigkeit des Entwickelten vorausgesetzt, mufs es sich
also erweisen, dafs die Gröfse $G - g$ anfangs geschwind

abnimmt, um darauf annähernd konstant zu werden. Dafs es sich nun wirklich so verhält, hat Ebbinghaus bekanntlich schon längst durch eine Reihe sorgfältiger Messungen nachgewiesen[1]. Setzt man als Abszisse die in Stunden ausgedrückte Zeit, als Ordinate denjenigen Bruchteil der ursprünglichen Anzahl der Wiederholungen ab, der zu jeder Zeit erspart werden kann — also die Gröfse $(G - g) G$ — so wird die hierdurch bestimmte Kurve die jezeitige Festigkeit der Verbindung angeben. In der Fig. 24 (S. 307) zeigt die Kurve A das Ergebnis der genannten Ebbinghausschen Messungen; die Erfahrung bestätigt also völlig, was der Theorie zufolge zu erwarten stand:

V. Wie jede andere durch Übung erworbene vermehrte Leitungsfähigkeit gewisser Nervenbahnen, wird auch die durch eine gewisse Anzahl Wiederholungen hergestellte Verbindung zwischen den Gliedern einer Reihe von Vorstellungen im Laufe der Zeit geschwächt werden, anfangs verhältnismäfsig stark, später immer weniger.

In dem hier betrachteten Falle wurde vorausgesetzt, die Reihe sei ursprünglich nur so vielmal wiederholt worden, dafs sie sich eben reproduzieren liefs. Es entsteht nun die Frage: Auf welche Weise wird die Verbindung geschwächt, wenn die Reihe ursprünglich eine gröfsere Anzahl Wiederholungen erfahren hat als die eben zu einer Reproduktion erforderliche? Wird hierdurch etwas gewonnen, so dafs die Ersparnis um einen späteren Zeitpunkt gröfser wird, oder wird diese nur dieselbe, die man durch die weniger gründliche Aneignung erzielte, so dafs die überschüssige Arbeit als nutzlos zu betrachten ist? Auch diese Frage läfst sich leicht mit Hilfe von Erfahrungen aus anderen Gebieten des täglichen Lebens beantworten. Lernt jemand z. B. das Schlittschuhlaufen, so erwirbt er im ersten Winter eine gewisse Geschicklichkeit. Anfang des nächsten Winters hat diese etwas abgenommen, durch Übung im Laufe des Winters wächst sie aber bis weit über den im vorigen Winter erreichten Standpunkt hinaus. An-

---

fang des dritten Winters wird die somit vermehrte Geschicklichkeit sich wieder als etwas abgeschwächt erweisen, sie ist aber bei weitem nicht bis auf den Standpunkt gesunken, auf welchem sie sich im Anfang des
zweiten Winters befand. Die vermehrte Geschicklichkeit erweist sich darin, daß man nach einer Pause
gleichsam auf einem höheren Niveau beginnt; die angewandte Arbeit ist also keineswegs nutzlos gewesen.

Wenden wir dies nun auf die Vorstellungsverbindungen an. Um einen gegebenen Zeitpunkt lesen wir
zwei gleich lange Reihen durch, die eine G mal, was
eben zu einer Reproduktion genügt, die andere $2 G$ mal.
Gewisse Zeit, z. B. 24 Stunden, später wird die Reproduktion beider Reihen eine neue Anzahl Wiederholungen erfordern; diese Anzahl muß für die beiden
Reihen aber verschieden sein. Sie sei g_1 für die G mal,
g_2 für die $2 G$ mal gelesene Reihe. Es muß sich dann
zeigen, daß $g_1 > g_2$ ist, weil die gründlicher erlernte
Reihe sich dem oben Entwickelten zufolge auf einem
höheren Niveau befinden, größere Festigkeit besitzen
muß. Da ursprünglich zur Reproduktion der Reihen G
Wiederholungen erforderlich waren, so wird die Ersparnis für die beiden Reihen um den späteren Zeitpunkt $G - g_1$ bezw. $G - g_2$, wo mithin $G - g_1 < G - g_2$.
Das gründlichere Erlernen der einen Reihe muß für
diese um einen späteren Zeitpunkt eine größere Ersparnis herbeiführen. Daß dies sich wirklich so verhält,
wurde ebenfalls von Ebbinghaus nachgewiesen[1]. Er
las Reihen von konstanter Länge G, $2G$, $3G$ usw. mal
durch und bestimmte 24 Stunden später die Anzahl
Wiederholungen. g_1, g_2, g_3 usw., die gerade erforderlich
war, um die Reproduktion aufs neue zu ermöglichen.
Die Versuche führten zu dem sehr interessanten Ergebnisse, daß:

$$\frac{G - g_1}{G} = \frac{G - g_2}{2G} = \frac{G - g_3}{3G} = \ldots\ldots = K,$$

wo K eine Konstante ist. Man hat also:

$$\frac{G - g_1}{G} = K, \quad \frac{G - g_2}{G} = 2K, \quad \frac{G - g_3}{G} = 3K \ldots \quad \frac{G - g_n}{G} = nK.$$

[1] Über das Gedächtnis. S. 77.

Drücken wir dieses Resultat in Worten aus, so kommen wir zu folgendem Satze:

VI. Wenn Vorstellungsreihen von konstanter Länge eine Anzahl Male wiederholt werden, die für jede einzelne Reihe verschieden, und zwar gröfser als die zur Reproduktion eben erforderliche ist, so wird die Festigkeit der Reihen um einen gegebenen späteren Zeitpunkt verschieden sein und sich wie die Anzahl der Wiederholungen verhalten, welche die Reihen ursprünglich erfahren haben.

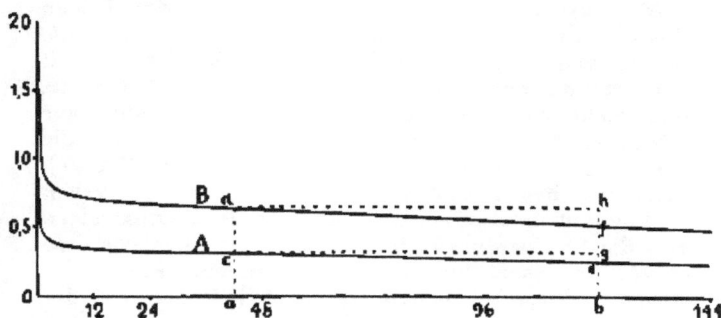

Fig. 24.

Die Bedeutung dieses Satzes fällt mehr in die Augen, wenn wir das in demselben ausgedrückte Verhalten graphisch darstellen. Da die Festigkeit zweier Reihen sich dem Satze zufolge zu jeder Zeit verhalten wird wie die Anzahl der Wiederholungen, welche die Reihen ursprünglich erfuhren, so sollen mit anderen Worten die Ordinaten derjenigen Kurven, die die jezeitige Festigkeit der Assoziationen angeben, stets in konstantem Verhältnisse zueinander stehen. In der Fig. 24 bezeichnet die Kurve *A* die Schwankungen der Festigkeit einer Vorstellungsreihe, die ursprünglich diejenige Anzahl Wiederholungen erlitt, welche eben zur Reproduktion erforderlich war. Wiederholt man eine andere Reihe zweimal so oft, so müssen sämtliche Ordinaten der betreffenden Kurve also die zweifache Höhe haben. So wurde die Kurve *B* konstruiert. Die gegenseitige

Lage der beiden Kurven veranschaulicht gerade, was uns die Erfahrung des täglichen Lebens lehrt: daß jede nicht unterhaltene Geschicklichkeit sich im Laufe der Zeit verliert, daß das Niveau, auf welchem sie sich erhält, aber um so höher ist, je gründlicher sie erlernt wurde.

Aus dem Satze VI können wir zwei nebengeordnete und sehr wichtige Sätze ableiten. Der eine derselben betrifft die Beziehung zwischen zwei Assoziationen desselben Alters, aber verschiedener Festigkeit. Die Art und Weise, wie zwei solche Assoziationen im Laufe der Zeit variieren, ist in der Fig. 24 graphisch dargestellt. Wir wünschen nun zu erfahren, welche der beiden Assoziationen während eines gegebenen Zeitraumes *ab*, absolut genommen, weiter hinabsinkt, mehr an Festigkeit verliert. Zeichnet man die Ordinaten für diese Punkte, und zieht man die Linien *dh* und *eg* parallel zur Abszissenachse, so sinkt die Kurve *B* also um die Strecke *fh*, die Kurve *A* dagegen um *eg*. Es läßt sich nun leicht beweisen, daß *fh* > *eg* ist, denn die Kurven sind dem oben Gegebenen zufolge gerade so konstruiert, daß die Ordinaten zu Punkten mit derselben Abszisse überall in einem konstanten Verhältnisse zueinander stehen. Dieses Verhältnis sei *n*. Wir haben nun der Figur zufolge:

$$ad = bh = n \cdot ac = n \cdot bg;$$ ferner ist $bf = n \cdot be.$

Hieraus folgt: $bh - bf = fh = n \cdot (bg - be) = n \cdot ge;$ da $n > 1$ ist, wird also $fh > ge.$ Wir kommen daher zu folgendem Satze:

VII. Unter zwei Assoziationen desselben Alters, aber verschiedener Festigkeit, wird diejenige, welche die geringere Festigkeit besitzt, während eines gegebenen Zeitraumes die geringere Abnahme zeigen.

Der Satz VII wurde empirisch dargelegt von Frl. Lottie Steffens, die ihn ebenfalls vorher aus denselben Ebbinghausschen Messungen ableitete, welche hier benutzt wurden, um den Satz VI zu beweisen[1]. Hieran schließt sich nun der Parallelsatz von zwei

---

[1] Experimentelle Beiträge zur Lehre vom ökonomischen Lernen. Zeitschr. f. Psych. Bd. 22. S. 377 u. f.

Assoziationen derselben Festigkeit. aber verschiedenen
Alters. Denken wir uns, daſs zu irgendeinem Zeitpunkte eine Vorstellungsreihe Wiederholungen durchgemacht hat, deren Anzahl die zur Reproduktion erforderliche bedeutend übersteigt. Die Festigkeit dieser
Assoziation wird dann im Laufe der Zeit so variieren,
wie die Kurve *AB* (Fig. 25) zeigt. Um einen späteren
Zeitpunkt erfährt eine andere, ebenso lange Reihe eine
geringere Anzahl Wiederholungen; ihre Festigkeit wird
dann, wie durch die Kurve *CD* angegeben, variieren.
Das Wesentliche ist hier, daſs der Punkt *D* tiefer gelegen

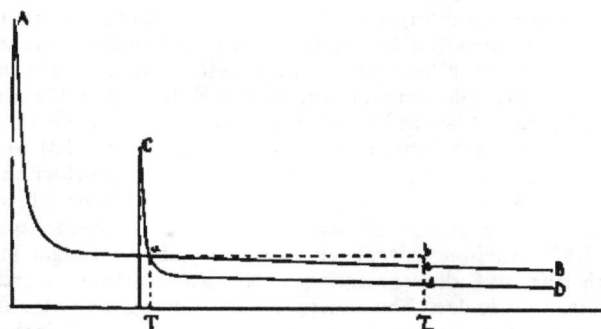

Fig. 25.

wird als der Punkt *B*. was immer erreicht werden kann,
wenn nur der Unterschied zwischen den Ordinaten
der Punkte *C* und *A* hinlänglich ist. Da die beiden
Kurven sich also schneiden, heiſst dies. daſs die beiden
Assoziationen um den Zeitpunkt *T* dieselbe Festigkeit
haben. Es sei nun die Linie *ab* der Abszissenachse
parallel; wir sehen dann. daſs die Kurve *AB* während
der Zeit *TT₁* um die Strecke *bc*, die Kurve *CD* während
derselben Zeit dagegen um die Strecke *bd* gesunken
ist. Wir kommen also zu folgendem Satze:

    VIII. Sind zwei Assoziationen um einen
gegebenen Zeitpunkt (*T*) derselben Festigkeit,
aber verschiedenen Alters. so wird die ältere
im Laufe der Zeit weniger an Festigkeit verlieren.

Dieser Satz wurde zuerst von Jost[1] als eine Hypothese zur Erklärung gewisser auf experimentellem Wege gefundener Tatsachen aufgestellt. Wir sehen indes, daß die »Hypothese« eine ganz einfache Konsequenz unanfechtbarer Fakta ist.

Man könnte zweifelsohne lange auf diese Weise fortfahren und nach und nach beweisen, daß alle experimentell gefundenen Gesetzmäßigkeiten sich zwanglos aus der Bahnungstheorie erklären lassen. Es kann der Natur der Sache zufolge aber nicht meine Aufgabe sein, hier eine vollständige Assoziationslehre zu geben. Ich bezweckte nur den Nachweis, daß die Vorstellungsassoziation durchaus keine Wirkung unbekannter Kräfte einer immateriellen Seele, sondern eine spezielle Äußerung einer wohlbekannten Tätigkeit unseres Nervensystems ist. Sie kommt durch die Bahnung zustande, die eine vergrößerte Leitungsfähigkeit gewisser Nervenbahnen hervorbringt, und bei mangelnder Unterhaltung wird sie ganz denselben Gesetzen gemäß abgeschwächt, die für jede andere erworbene »Geschicklichkeit« gültig sind. Dieser Nachweis war hier meine Aufgabe, und ich hoffe, meinen Zweck erreicht zu haben. Indem ich mich nun auf die gewonnenen Resultate stütze, werde ich im folgenden Abschnitte einen Beitrag zur Beantwortung der sowohl in theoretischer als praktischer Beziehung wichtigen Frage nach der Assoziationsarbeit und deren ökonomischer Ordnung geben. Da die Ergebnisse, zu denen Jost[2] und L. Steffens[3] gelangten, an gewissen Punkten den Erfahrungen des täglichen Lebens widerstreiten, muß das Problem früher oder später doch zu erneuerter Behandlung aufgenommen werden.

[1] Die Assoziationsfestigkeit in ihrer Abhängigkeit von der Verteilung der Wiederholungen. Zeitschr. f. Psych. Bd. 14, S, 467.
[2] l. c. S. 452—454.
[3] l. c. S. 368 u. f.

DIE ASSOZIATIONSARBEIT.

Theoretische Betrachtungen. Das Zustandebringen
einer Assoziation zwischen einer Reihe von Vorstellungen
ist eine psychische Arbeit, die sowohl weitläufig als anstrengend sein kann, namentlich wenn die Reihe eine
lange ist. Nur wer nie versuchte, irgend etwas auswendig zu lernen, kann dies bestreiten. Die Tatsache
ist nicht zu bezweifeln, und ebensowenig kann es
zweifelhaft sein, wozu diese Arbeit verbraucht wird.
Ein freilich gewiſs nur sehr geringer Teil wird zur Erzeugung der Vorstellungen verbraucht. Wie alle
anderen Bewuſstseinszustände entstehen diese nur
durch einen Energieumsatz, der also einen Teil der
disponiblen Energie des Gehirns beansprucht. Daſs
dieser Energieverbrauch indes nur ein sehr geringer ist,
haben wir früher bereits bewiesen (2. Teil, S. 211—212);
das bloſse Hersagen einer Zahlenreihe oder dergleichen
bewirkt keine meſsbare Verminderung des gleichzeitig
ausgeführten Ergogramms. Konzentriert man aber die
Aufmerksamkeit auf die Vorstellungsreihe, und sucht
man deren einzelne Glieder festzuhalten, so tritt sogleich eine bedeutende Arbeitsverminderung im Ergogramme ein. Dieser Unterschied zeigt, daſs, wenn die
Vorstellungsreihe die Aufmerksamkeit fesselt, etwas
geschieht, was nicht beim bloſsen Hersagen ohne Aufmerksamkeit stattfindet. Da nun im ersteren Falle das
Resultat wird, daſs man die Reihe auswendig lernt,
allenfalls bei einer hinlänglichen Anzahl Wiederholungen,
während im letzteren Falle eine Assoziationsbildung nur
schwierig oder auch gar nicht zustande kommt, so ist
es offenbar das Aneinanderknüpfen der Vorstellungen,
das die Arbeit erfordert. Dies kann uns denn auch
durchaus nicht wundernehmen, denn, wie wir im vorhergehenden sahen, kommt die Assoziation dadurch zustande, daſs die Bahnung den Widerstand der Nerven-
leitungen vermindert. Einen Widerstand überwinden
heiſst aber eine Arbeit ausführen, und das kann nur
auf Kosten vorhandener Energie geschehen. Der im
Ergogramme hervortretende Energieverbrauch bei der
Assoziationsbildung ist mithin ganz in der Ordnung;

die Sache würde in der Tat erst bedenklich werden, wenn eine Vorstellungsverbindung sich ohne Entgelt herstellen liefse.

Wir können also davon ausgehen, dafs bei der Bahnung, bei der Fortpflanzung der Bewegung aus einem arbeitenden Punkte nach einem anderen, Energie zur Überwindung des Widerstands der Leitungen verbraucht wird. Wie wird nun dieser Energieverbrauch mit dem allmählichen Fortschreiten der Assoziationsbildung und mit dem allmählichen Abnehmen des Leitungswiderstandes variieren? Zwei Umstände sind hierbei in Betracht zu ziehen. Erstens leuchtet es ein, dafs der Energieverbrauch um so gröfser wird, an je mehr Punkten gleichzeitig mit voller Kraft gearbeitet wird. Das Verhältnis kann hier kein anderes werden als bei der Ausführung jeder beliebigen anderen Arbeit z. B. der Anlage eines Weges. Die Erfahrung zeigt denn auch, dafs es sich wirklich so verhält. Eine Reihe von vier Silben lernt man z. B. durch eine Lesung ohne besondere Anspannung der Aufmerksamkeit leicht auswendig; soll man aber durch eine einzelne Lesung 6—7 Silben erlernen, so wird dies bei den meisten Menschen die völlige Konzentration der Aufmerksamkeit erheischen. Da wir nun wissen, dafs der Energieverbrauch um so gröfser ist, je mehr eine psychische Arbeit die Aufmerksamkeit beansprucht (2. Teil, S. 216), so folgt hieraus ganz einfach, dafs der Energieverbrauch um so gröfser wird, an je mehr Punkten gleichzeitig gearbeitet wird. — Zweitens läfst es sich ebenfalls a priori feststellen, dafs der Energieverbrauch um so geringer wird, je mehr der Leitungswiderstand allmählich abnimmt, denn je geringeren Widerstand die bahnende Bewegung antrifft, um so weniger Energie ist zur Überwindung des Widerstands erforderlich. Das Verhalten mufs hier ganz dem analog sein, was in jeder elektrischen Leitung stattfindet, wo der Energieverlust sich als um so geringer erweist, je geringer der Leitungswiderstand ist. Wir besitzen auch die hinlänglichen Erfahrungen, um darzutun, dafs dies wirklich von der Nervenleitung gilt; denn während die Assoziationsbildung selbst eine merkbare Verminderung des gleichzeitig ausgeführten Ergogrammes bewirkt, wird

eine fest verbundene Reihe von Vorstellungen (die
Zahlenreihe, das Alphabet) sich reproduzieren lassen,
ohne im Ergogramme die geringste Spur zu hinterlassen.
Hat der Leitungswiderstand daher eine gewisse geringe
Gröfse erreicht, so wird die Fortpflanzung der Bewegung keinen mefsbaren Energieverbrauch erfordern;
dieser mufs folglich mit dem Widerstande abnehmen.

Berücksichtigen wir nun die beiden angeführten Umstände, so kann es nicht zweifelhaft sein, wie die Assoziationsarbeit variieren wird, wenn eine längere Vorstellungsreihe, die eine bedeutende Anzahl Wiederholungen verlangt, auswendig gelernt werden soll. Wir
setzen bei den folgenden Betrachtungen voraus, dafs
das Tempo konstant bleibt. Ist man beim ersten Ablesen eine Strecke in die Reihe hineingelangt, so werden,
wie die Erfahrung lehrt, die ersten Glieder bereits vergessen sein. Der Leitungswiderstand ist noch zu grofs,
als dafs die rekurrente Bahnung an Punkten, die weiter
in der Zeit zurückliegen, die Bewegung unterhalten
könnte. Beim folgenden Ablesen ist der Leitungswiderstand schon geringer, und die Bahnung geschieht deshalb gleichzeitig zwischen einer gröfseren Anzahl von
Gliedern; folglich mufs die während jeder Zeiteinheit
ausgeführte Arbeit jetzt gröfser sein als bei der ersten
Lesung. Da jede neue Wiederholung den Widerstand
noch ferner vermindert und mithin diejenige Anzahl der
Punkte vermehrt, unter denen gleichzeitig eine Bahnung
vorgeht, so mufs offenbar auch die pro Zeiteinheit ausgeführte Arbeit immer mehr zunehmen, bis die ganze
Reihe hindurch gleichzeitige Bewegung stattfindet;
hiermit hat die Arbeit pro Zeiteinheit ihr Maximum erreicht, denn eine neue Wiederholung kann keine Punkte
mehr in Arbeit setzen, da die Reihe überhaupt ja nicht
länger ist; dagegen wird jede neue Wiederholung jetzt
den Leitungswiderstand noch ferner vermindern, weshalb,
dem früher Entwickelten zufolge, auch die Arbeit vermindert wird. Läfst die Reihe sich unmittelbar nach
dem Durchlesen eben reproduzieren, so mufs die Arbeit
bis auf eine gewisse geringe Gröfse gesunken sein, und
sie wird noch mehr gegen Null konvergieren, je mehr
die Anzahl der Wiederholungen die zu einer Reproduktion eben erforderliche übersteigt. Bei alten,

häufig wiederholten und deshalb sehr festen Assoziationen muß die beim Ablesen oder Hersagen geleistete Arbeit daher sehr nahe an Null liegen. Wir können mithin folgenden Satz aufstellen:

IX. Wird eine längere Reihe von Vorstellungen mit Aufmerksamkeit durchgelesen, so wird anfangs die pro Zeiteinheit ausgeführte Arbeit bei jeder neuen Wiederholung immer größer, bis sie ihr Maximum erreicht, wenn die Assoziation so fest ist, daß die Bahnung unter allen Punkten gleichzeitig stattfindet. Darauf nimmt die Arbeit bei jeder neuen Wiederholung ab, hat eine gewisse kleine Größe, wenn die Reihe sich eben reproduzieren läßt, und konvergiert gegen Null, wenn die Assoziation ferner an Festigkeit zunimmt.

Wie wird sich das Verhältnis nun stellen, wenn die Länge der Reihe anwächst? Erstens leuchtet es ein, daß der Zeitpunkt, um den die Arbeit ihren maximalen Wert erreicht, alsdann später eintreten muß, denn die Bedingung dafür, daß die Arbeit möglichst groß wird, war ja die, daß die Bahnung gleichzeitig an allen Punkten vorgehen sollte. Dies setzt aber voraus, daß die Leitungsfähigkeit eine gewisse Größe erreicht hat, die offenbar um so mehr Wiederholungen erfordert, je länger die Reihe ist. Ferner leuchtet es ein, daß die maximale Arbeit um so größer werden muß, je länger die Reihe ist, weil um so mehr Arbeit ausgeführt wird, je größer die Anzahl der Punkte ist, an denen gleichzeitiges Arbeiten stattfindet. Aus demselben Grunde ist wahrscheinlich auch die Arbeit, die bei der letzten Lesung, unmittelbar bevor die Reihe sich reproduzieren läßt, geleistet wird, während jeder Zeiteinheit um so größer, je länger die Reihe ist. Letzteres ist jedoch ziemlich unwesentlich und hat wohl keine praktische Bedeutung. Wir begnügen uns deshalb damit, als Resultat dieser Betrachtungen festzustellen:

X. Je länger eine Reihe ist, um so mehr Wiederholungen sind erforderlich, bis die pro Zeiteinheit ausgeführte Arbeit ihre maximale Größe erreicht, und um so größer wird dieser maximale Wert.

Es wird nun nicht schwierig sein, aus den beiden
Sätzen IX und X eine genaue Formel für die ausgeführte Assoziationsarbeit abzuleiten. Behufs dieses
Zweckes stellen wir die Variationen der Arbeit graphisch
dar. Setzt man als Abszisse die Anzahl der Wiederholungen und als Ordinate die bei jedem einzelnen Durchlesen pro Zeiteinheit ausgeführte Assoziationsarbeit ab,
so wird dem Satze IX zufolge die Kurve *ABC* (Fig. 26)
die Variation der Arbeit von einer Wiederholung zur
anderen angeben. Bezeichnet man die Ordinaten der
Kurve als $a_1, a_2, a_3, a_4 \ldots \ldots a_W$, so sind diese Größen
mithin die während jeder Sekunde ausgeführte Arbeit
bei bezw. 1, 2, 3, 4 ... *W*-maligem Durchlesen. Hat die
Reihe *N* Glieder, und wird sie in solchem Tempo

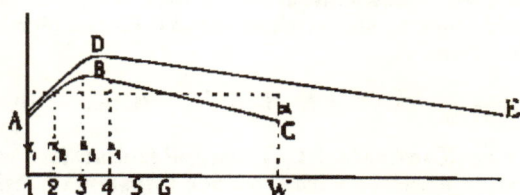

Fig. 26.

gelesen, daß während jeder Sekunde *n* Glieder ausgesprochen werden, so beansprucht das einmalige Durchlesen mithin *N/n* Sekunden. Folglich wird die totale
ausgeführte Arbeit:

$$A = \frac{N}{n} (a_1 + a_2 + a_3 + \ldots + a_W) = a W \cdot \frac{N}{n}$$

wo *W* die Anzahl der Wiederholungen und *a* der mittlere
Wert der Arbeit ist, die konstant pro Sekunde geleistet
werden müßte, wenn die Arbeit dieselbe Größe erreichen sollte, die sie tatsächlich bei der variablen
Arbeitsleistung erlangt. Man sieht nun leicht, daß dieser
mittlere Wert der Arbeit der Anzahl der Glieder proportional sein muß, denn erstens ist es dem Satze X
zufolge klar, daß er mit der Länge der Reihe, mit der
Anzahl *N* der Glieder anwachsen muß. Je länger
nämlich die Reihe ist, um so mehr Wiederholungen erfordert eine freie Reproduktion, und um so größer wird

die pro Sekunde geleistete maximale Arbeit. So zeigt
die Kurve *ADE* (Fig. 26) das Variieren der Arbeit beim
Durchlesen einer Reihe. die länger ist als die der
Kurve *ABC* korrespondierende. Da die Ordinaten zu
ADE aber gröfser sind als die zu *ABC*, so mufs auch der
mittlere Wert *a* gröfser werden. Ferner sieht man
auch. dafs $a = k \cdot N$, wo *k* eine Konstante ist. Denken
wir uns nämlich die Arbeit so ausgeführt, dafs während
ihrer Dauer in jeder Sekunde konstant die Arbeit *a* geleistet wird, indem zu gleicher Zeit die Bahnung gleichmäfsig unter allen *N* Gliedern der Reihe stattfindet. so
mufs in einer Reihe von $2 N$ Gliedern die doppelte
Arbeit geleistet werden, weil gleichzeitig an doppelt so
vielen Punkten gearbeitet wird. Folglich mufs *a* proportional zu *N* anwachsen. Wird dies in den Ausdruck
für *A* eingesetzt, so erhalten wir die Gröfse der Assoziationsarbeit:

$$A = \frac{k}{n} \cdot W \cdot N^2 = K \cdot W \cdot N^2 \quad \ldots \text{(Gleich. 59)},$$

wo *K* eine Konstante ist. Dieses Resultat ist, wie es
sich später erweisen wird, von der gröfsten Wichtigkeit
für die Ökonomie der Arbeit; in Worten können wir
dasselbe so formulieren:

XI. Die Arbeit. die ausgeführt werden
mufs, damit eine Reihe Vorstellungen eben
reproduziert werden kann. wächst proportional zur Anzahl der Wiederholungen
und zum Quadrate der Länge der Reihe an.

Dies ist nun Theorie, obendrein psychologische
Theorie, und da den psychologischen Theorien gewöhnlich
das unangenehme Mifsgeschick widerfährt, dafs sie sich
als weniger zuverlässig erweisen, wenn sie der Erfahrung gegenübergestellt werden, so müssen wir notwendigerweise den Satz einer experimentellen Prüfung
unterwerfen. Später werden wir dies denn auch tun;
hier setze ich vorläufig die theoretischen Betrachtungen
fort, um verschiedene wichtige Sätze abzuleiten, die teils
bereits experimentell dargelegt worden sind, teils im
Verein mit dem Satze XI geprüft werden können.

Nach Gleich. 59 ist $K = k n$. wo *n* die während jeder
Sekunde gelesene Anzahl Silben bezeichnet; *K* ist folglich

vom Tempo abhängig. Hält man dieses aber konstant, und arbeitet man mit Reihen von bestimmter Länge, wodurch auch N konstant wird, so sieht man, dafs die ausgeführte Assoziationsarbeit der Anzahl der Wiederholungen proportional ist. Es wird nun sicherlich von Interesse sein, zu untersuchen, wie die verschiedenen anderen Mafse, die man bei Assoziationsversuchen angewandt hat, sich hierzu verhalten. Die Methode der ›Hilfen‹ haben wir bereits früher diskutiert (S. 296), und wir kamen zu dem Resultate, dafs die Anzahl der ›Hilfen‹ um so gröfser sein wird, je gröfser der Leitungswiderstand der Reihe ist. Da ein vorhandener gröfserer Leitungswiderstand notwendigerweise auch eine gröfsere Arbeit erfordert, damit die Reihe reproduziert werden kann, wird man also im allgemeinen sagen können, dafs einer gröfseren Anzahl Hilfen eine gröfsere Arbeit entspricht, die geleistet werden mufs, um eine Reproduktion zu ermöglichen. Dafs es aber zwischen der Anzahl der Hilfen und der Gröfse der noch fehlenden Arbeit nicht einmal eine annähernde Proportionalität geben kann, ist eine einfache Folge der unregelmäfsigen Art und Weise, wie die Leitungsfähigkeit der Bahn mit der Anzahl der Wiederholungen anwächst (vgl. Satz I, Fig. 22). Hierzu kommt aufserdem, dafs das Alter der Assoziation in dem Momente, wo man die Prüfung anstellt, für die als notwendig gefundene Anzahl der Hilfen von entscheidender Bedeutung ist. Gleich nach dem Durchlesen, wo die zentralen Vorgänge noch in Tätigkeit sind, wird die Anzahl eine verhältnismäfsig geringe, während sie im Laufe kurzer Zeit bedeutend ansteigt.

Von der von Müller und Pilzecker eingeführten ›Treffermethode‹ mufs ähnliches gelten. Hat eine V.-P. eine Reihe mehrmals durchgelesen, und präsentiert man ihr darauf bald das eine, bald das andere willkürlich herausgegriffene Glied der Reihe, so wird sie in gewissen Fällen imstande sein, das folgende Glied zu reproduzieren. Prüft man auf diese Weise die ganze Reihe durch, so wird man offenbar um so mehr Treffer erhalten, je gröfser die Leitungsfähigkeit der Bahn ist, oder, was ganz auf dasselbe hinausläuft, je gröfser die Festigkeit der Assoziation ist. Da die Leitungsfähigkeit mit der ausgeführten Assoziationsarbeit anwächst, kann

man also sagen, dafs man an der Anzahl der Treffer
ein Mafs der ausgeführten Arbeit hat, wie die Anzahl
der Hilfen das Mafs der noch fehlenden Arbeit ist. Da
die Leitungsfähigkeit aber keineswegs der ausgeführten
Arbeit proportional, sondern im Gegenteil nach einem
gewissen Quantum Arbeit (einer gegebenen Anzahl
Wiederholungen) an den verschiedenen Punkten der
Reihe äufserst verschieden ist (Satz I), so kann auch
die Anzahl der Treffer nicht der ausgeführten Arbeit
proportional sein, was denn auch experimentell dargelegt worden ist[1]. Noch weniger darf man erwarten,
die Anzahl der Treffer der noch fehlenden Arbeit umgekehrt proportional zu finden, denn wir wissen, dafs
die Möglichkeit der Reproduktion in hohem Grade davon
abhängig ist, ob die zentralen Vorgänge noch andauern,
oder ob sie aufgehört haben (Satz II). Prüft man daher
sofort nach einer gewissen Anzahl Wiederholungen,
eine Reihe mittels der Treffermethode, so wird man eine
verhältnismäfsig hohe Anzahl Treffer erhalten, obschon
noch eine beträchtliche Arbeit erforderlich ist, um eine
freie Reproduktion der Reihe zu ermöglichen. Wartet
man dagegen eine kleine Weile, bis man die Reihe prüft,
so erhält man eine verhältnismäfsig weit geringere
Anzahl Treffer, während die zur freien Reproduktion
erforderliche Anzahl Wiederholungen nicht wesentlich
zunimmt.

In gewissen Fällen mufs man deshalb, wie zuerst
Jost experimentell nachwies, sogar zu ganz entgegengesetzten Resultaten kommen können. Jost liefs
12 silbige Reihen viermal durchlesen und prüfte dieselben eine Minute später entweder mittels der Treffer-
oder der Wiederholungsmethode. Durchschnittlich bekam er nun 2,7 Treffer, während die Reihen, um frei
reproduziert werden zu können, noch 9,6 Wiederholungen
erforderten. Andere Reihen von derselben Länge
wurden 30 mal durchgelesen, und 24 Stunden später
versuchte er sie mittels einer der beiden Methoden.
Jetzt erhielt er durchschnittlich 0,9 Treffer, während
die Reihen nur 5,85 Wiederholungen bedurften, bis eine

---

[1] Müller und Pilzecker: Lehre vom Gedächtnis. S. 27—28.

freie Reproduktion möglich war[1]. Hier gibt es also durchaus keine umgekehrte Proportionalität zwischen den Treffern und der Anzahl der Wiederholungen. Die große Trefferzahl für die sogleich geprüften Reihen scheint anzudeuten, daß hier nur geringe Arbeit auszuführen ist, bevor die Reihe sich frei reproduzieren läßt; die Probe ergibt aber eine große Anzahl der notwendigen Wiederholungen. Umgekehrt bei den später geprüften Reihen, wo die kleine Trefferzahl eine große restierende Arbeit andeutet, während die Erfahrung das Gegenteil zeigt. Da nun die restierende Arbeit der zur Reproduktion erforderlichen Anzahl Wiederholungen proportional ist, so zeigen diese Versuche also, wie zu erwarten stand, daß die Anzahl der Treffer nicht der ausgeführten Assoziationsarbeit proportional ist, sondern vorzugsweise eine Funktion des Alters der untersuchten Assoziation sein muß.

Wir haben somit theoretisch den folgenden Satz abgeleitet, dessen Gültigkeit schon früher experimentell bewiesen ist:

XII. An der Anzahl der Treffer oder der Hilfen besitzt man ein Maß für die Festigkeit der Assoziationen — genauer gesagt: für die Leitungsfähigkeit bezw. den Leitungswiderstand — an jedem Punkte der Reihe. Da die Festigkeit der Assoziation aber nicht an jedem Punkte der ausgeführten Arbeit proportional anwächst, so lassen sich aus der Anzahl der Treffer oder der Hilfen keine Schlüsse hinsichtlich der Größe der ausgeführten oder der noch restierenden Assoziationsarbeit ziehen. Da außerdem für Assoziationen gegebener Festigkeit die gefundene Anzahl der Treffer oder der Hilfen in hohem Grade von dem Zeitraum abhängt, der seit dem Abschluß der Wiederholungen verstrichen ist, so sind diese Größen nur dann als Maß für die relative Festigkeit von Assoziationen anwendbar, wenn das genannte Zeitintervall konstant gehalten wird.

---

[1] Zeitschr. f. Psych. Bd. 14, S. 463.

Die Ökonomie der Arbeit. Wir kommen jetzt zu dem letzten und wesentlichsten Punkte, den unsere theoretischen Betrachtungen ins Auge faßten, nämlich zu der ökonomischen Ordnung der Assoziationsarbeit. Da die Herstellung einer Assoziation, wie jede andere Arbeit, in der Überwindung eines Widerstands besteht, des Widerstands in den zentralen Nervenbahnen nämlich, so leuchtet es ein, daß eine Assoziation unter einer gegebenen Anzahl von Gliedern notwendigerweise ein bestimmtes Quantum Energie kosten muß. Es läßt sich kein Verfahren denken, mittels dessen eine Assoziation ohne Aufwand der bestimmten Energiemenge, die der zu leistenden Arbeit äquivalent ist, hergestellt werden könnte. Die Arbeit läßt sich aber auf verschiedene Weise ausführen, und die Möglichkeit ist nicht ausgeschlossen, daß diese verschiedenen Verfahrungsarten nicht alle gleich zweckmäßig wären, indem in gewissen Fällen durch Überwindung fremder, die Sache selbst nichts angehender Widerstände Energie verloren ginge. Das Verhältnis ist augenscheinlich ganz dem analog, was bei jeder physischen Arbeit stattfinden kann. Soll man z. B. einen Haufen Backsteine eine gewisse Strecke transportieren, so ist die Größe der Arbeit durch das Produkt aus dem Gewichte der Steine und der Länge des Weges bestimmt, und eine demselben entsprechende Energiemenge kostet notwendigerweise der Transport der Steine. Wendet man aber eine Maschine zum Transporte an, so wird stets eine größere Energiemenge verbraucht, weil mit der Maschine allerlei schädliche Widerstände eingeführt werden. Wird die Arbeit dagegen mit Muskelkraft allein verrichtet, so läßt sie sich zwar auf höchst verschiedene Weise ordnen, das totale, zum Transport der Steine verbrauchte Quantum Energie variiert aber tatsächlich nur wenig. Dennoch bezweifelt niemand, daß die verschiedenen Anordnungen der Arbeit nicht alle gleich zweckmäßig sind, und wer solche Arbeiten selbst auszuführen hat, der findet bald empirisch die Ordnung, welche ihm die ›beste‹ ist. Was hierunter zu verstehen ist, kann keinen Zweifel erleiden:

Die am meisten ökonomische Anwendung der Arbeitsfähigkeit eines Organismus zur Ausführung einer gegebenen Arbeit wird die sein, mittels deren die Arbeit während der möglichst kurzen Zeit unter der möglichst geringen Ermüdung des Organismus ausgeführt wird.

Es ist nun leicht zu ersehen, daſs es selbst bei einer so einfachen Arbeit wie dem Transport eines Haufens von Backsteinen nicht möglich ist, im voraus eine Ordnung als die in allen Fällen am meisten ökonomische festzustellen. Ist die ganze Arbeit nur gering, so daſs sie sich in wenigen Minuten beendigen läſst, dann kann man gern die Lasten so grofs machen, daſs sie sich der Grenze dessen nähern, was das Individuum zu tragen vermag; denn eine kurze Zeit hindurch wird der Organismus maximale Arbeit leisten können, ohne gar zu sehr zu ermüden. Ist die Arbeit dagegen so grofs, daſs es sich um Stunden oder Tage handelt, so ist es unbedingt am meisten ökonomisch, verhältnismäfsig kleine Lasten zu nehmen, welche die gleichmäfsige Fortsetzung der Arbeit gestatten. Arbeitet man aber maximal bis zur völligen Ermüdung, so bedarf der Organismus so langer Zeit zur Wiederherstellung der Arbeitsfähigkeit, daſs man auf die Dauer ein geringeres Quantum leistet. Aus demselben Grunde muſs man bei langer Arbeit auch kurze, aber häufige Pausen einschalten, da es vor allem darauf ankommt, die vollständige Erschöpfung der Arbeitsfähigkeit des Organismus zu vermeiden. Raubwirtschaft ist immer unökonomisch.

Die Erweiterung dieser Betrachtungen, so daſs diese auch die Assoziationsarbeit umfassen, liegt auf der Hand. Da bei dieser ebensowenig wie bei anderer psychischen Arbeit die Rede davon sein kann, Maschinen zur Erleichterung der Arbeit anzuwenden, so können wir davon ausgehen, daſs die Herstellung einer Assoziation bestimmter Art bei einem gegebenen Individuum stets ein bestimmtes Quantum Energie, und zwar weder mehr noch weniger erfordert. Selbstverständlich wird hier vorausgesetzt, nicht nur daſs die Anzahl der zu assoziierenden Vorstellungen in den verschiedenen Fällen konstant ist, sondern aufserdem auch, daſs ihre Art wirklich dieselbe ist. Wird eine gegebene Reihe Vorstellungen z. B. einmal als Klangbilder, ein anderes Mal als Gesichtsbilder assoziiert, so sind die Vor-

stellungen in den beiden Fällen eben nicht der nämlichen Art, weshalb wir auch nicht behaupten dürfen,
dafs die Assoziation dieser ganz verschiedenen Vorstellungsreihen dieselbe Arbeit erfordert wird. Gehen
wir aber davon aus, dafs die Reihen wirklich konstanter
Art und Länge sind, so ist nicht einzusehen, warum
die Arbeit das eine Mal gröfser als das andere sein
sollte. Natürlich können Störungen äufseren oder
inneren Ursprungs (distrahierendes Gespräch, Gemütsbewegungen) die Arbeit erschweren, die in solchen
Fällen einen verhältnismäfsig grofsen Energieaufwand
beansprucht; diese Störungen haben mit der Arbeit aber
ja gar nichts zu tun. Sie brauchen nicht im täglichen
Leben vorzukommen, und bei unseren Untersuchungen
im Laboratorium müssen sie ferngehalten werden.
Haben wir aber mit der reinen Assoziationsarbeit zu
tun, so läfst es sich kaum bezweifeln, dafs diese stets
eine konstante, nur von der Art und der Länge der
Reihe abhängige Menge Energie erfordert. Die Arbeit
kann indes auf verschiedene Weise ausgeführt werden,
und die am meisten ökonomische wird, ebenso wie in
betreff der physischen Arbeit, diejenige sein, welche
die Arbeit in der kürzesten Zeit unter geringster Ermüdung des Individuums liefert. Wie dies zu erreichen
ist, läfst sich wohl kaum ganz im allgemeinen entscheiden, weil es, wie bei der physischen Arbeit, nicht
nur von der Gröfse der Arbeit, sondern auch von den
Kräften des Individuums abhängt. Es liegen hierüber
indes keine Untersuchungen vor, da man bei der Bestimmung der Ökonomie der Arbeit bisher die aus der
Arbeit resultierende Ermüdung unbeachtet liefs.

    L. Steffens versteht unter der ökonomischen
Lernmethode diejenige, die in der kürzesten Zeit zum
Ziele führt[1]. Sie gibt übrigens zu, dafs diese Bestimmung
nicht genügt, da man prinzipiell auch berücksichtigen
müsse, ob das Ziel mit der geringsten Anstrengung erreicht werde. Das ist ganz gewifs richtig, denn die geringste Anstrengung mufs auch die geringste Ermüdung
bewirken, und bei der Bestimmung der ökonomischen
Lernmethode ist folglich sowohl der Zeitaufwand als

[1] l. c. S. 335.

die Anstrengung zu berücksichtigen. Leiderdessen
läfst Fräulein Steffens sich bei ihren Untersuchungen
gar nicht darauf ein, die Anstrengung, Ermüdung, zu
bestimmen. Pentschew, der später diese Untersuchungen aufnahm, berücksichtigt 1. die angewandte
Zeit, 2. die angewandte Arbeit und 3. die von der
Assoziation erlangte Festigkeit und Dauer[1]. Letzteres
Moment ist indes eine ganz überflüssige Komplikation,
die wir nicht mitzunehmen brauchen. Aus den
Sätzen VII und VIII geht nämlich hervor, dafs zwei
Assoziationen, die zu einem gegebenen Zeitpunkte dasselbe Alter und dieselbe Festigkeit besitzen, auch um
jeden späteren Zeitpunkt dieselbe Festigkeit haben
müssen, und die Art und Weise, wie die Assoziation
zustande gebracht ist, mufs in dieser Beziehung ganz
ohne Bedeutung sein. Dafs dies richtig ist, geht auch
aus Pentschews Untersuchungen über die erlangte
Festigkeit hervor, die er mittels der Anzahl Wiederholungen mafs, welche 24 Stunden später zum erneuten
Erlernen nötig waren[2]. Es zeigt sich nämlich, dafs der
Unterschied mit Bezug auf die erlangte Festigkeit
zwischen den verschiedenen Lernmethoden ein sehr geringer ist und keineswegs konstant in derselben Richtung
liegt. Wir können es deshalb als bewiesen betrachten,
dafs die »Erhaltung« einer Assoziation, ihre Festigkeit
um einen späteren Zeitpunkt, nicht von ihrer Entstehungsweise abhängt, sondern nur eine Funktion ihres
Alters und ihrer Festigkeit in einem gegebenen Momente
ist. — Was ferner die angewandte Arbeit betrifft, die
Pentschew ebenfalls berücksichtigen will, so ist dieser
Ausdruck jedenfalls ein ungeeigneter, da hierin zu
liegen scheint, dafs eine gegebene Assoziation je den
Umständen nach mehr oder weniger Arbeit erfordern
könne. Dies ist, wie oben entwickelt, wohl kaum richtig,
und unsere Annahme wird nicht dadurch widerlegt,
dafs unter verschiedenen Umständen der Erfahrung
gemäfs eine gröfsere oder geringere Anzahl Wiederholungen erforderlich ist, denn nach Gleich. 59 ist diese

[1] Untersuchungen zur Ökonomie und Technik des Lernens. Arch.
f. Psych. Bd. I. S. 418.
[2] l. c. S. 518—521. Gesamttabelle I. B und II. B.

Anzahl nur das Mals der ausgeführten Arbeit, wenn die Länge der Reihe konstant ist. Wenn man aber eine Reihe in kleinere Teile zerlegt und darauf findet, dafs dann eine gröfsere Anzahl Wiederholungen erforderlich ist, als wenn die Reihe als Totalität gelernt wird, so war die Länge der Reihe in den beiden Fällen, die miteinander verglichen werden, ja eben nicht konstant, und folglich ist die Anzahl der Wiederholungen kein Mafs für die Gröfse der Arbeit. Mithin ist die Rücksicht auf »die angewandte Arbeit« durchaus irrelevant, da wir keinen Grund zum Mutmafsen haben, eine gegebene Assoziation könne je den Umständen nach gröfsere oder geringere Arbeit erfordern.

Wir sehen also, dafs man in den bisher vorliegenden Untersuchungen nur das eine der beiden entscheidenden Momente berücksichtigt hat, die Zeitdauer nämlich, während das andere, ebenso wesentliche: die Ermüdung, ganz unbeachtet blieb. Es kann uns deshalb auch nicht wundern, dafs die Resultate der Psychologen hinsichtlich der praktischen Ordnung der Arbeit dem tatsächlichen Verfahren derjenigen, die im Auswendiglernen Übung besitzen, entschieden widerstreiten. Dafs die alltägliche Erfahrung den unvollständigen Untersuchungen der Psychologen gegenüber entschieden recht hat, möchte wohl kaum zweifelhaft sein. So gewifs ein Maurergehilfe nicht nötig hat, die Ergebnisse unserer ergographischen Untersuchungen abzuwarten, um zu wissen, wie er seine Arbeit auf die am meisten praktische und ökonomische Weise verteilen soll, so gewifs wird auch der einigermafsen im Auswendiglernen Geübte die zweckmäfsigste Ordnung treffen. Ich werde nun in möglichster Kürze zu zeigen suchen, wie die im vorhergehenden aufgestellte Theorie von der Assoziationsarbeit gerade zu dem Resultate führt, dafs die praktische Erfahrung recht hat, und ferner werde ich nachweisen, dafs die vorliegenden psychologischen Untersuchungen hiermit übereinstimmen, sobald man bei der Bestimmung der ökonomischen Arbeit nicht nur die Zeit, sondern auch die resultierende Ermüdung berücksichtigt.

Zwei Hauptpunkte sind hier in Betracht zu ziehen, nämlich erstens die Teilung der Reihe in Strecken, zweitens die zeitliche Verteilung der Wiederholungen. Wir behandeln jeden dieser Punkte für sich in der angegebenen Ordnung.

Es sei eine Reihe von N Gliedern vorgelegt, die assoziiert werden sollen. Liest man diese als Totalität W mal durch und erreicht man damit, dafs die Reihe sich eben reproduzieren läfst, so hat die ausgeführte Arbeit der Gleich. 59 zufolge also die Gröfse $A = K \cdot W \cdot N^2$. Indem wir nun voraussetzen, dafs alle äufseren und inneren Störungen ferngehalten wurden, ist der gefundene Wert von A gerade die Gröfse, welche die Assoziationsarbeit auf gegebenem Übungsstadium stets haben wird. Eine Reihe derselben Art und Gröfse wird nicht mittels weniger Arbeit assoziiert werden können, wird aber auch, wie die Arbeit sonst geordnet werden möchte, unter Ausschlufs zufälliger Störungen nicht mehr Arbeit erfordern. Wir wünschen nun zu erfahren, wie grofs die ausgeführte Arbeit wird, wenn man die Reihe in Strecken teilt, die man so durchliest, dafs jedes Glied W mal wiederholt wird. Da die Arbeit mit dem Quadrate der Länge der Reihe anwächst, sieht man leicht, dafs jede Teilung eine Verminderung der geleisteten Arbeit zur Folge haben wird. Teilt man die Reihe in zwei Hälften, so wird die Arbeit beim Durchlesen jeder derselben für sich $A/4$, die totale Arbeit mithin $A/2$ werden; die Teilung der Reihe in vier gleiche Teile, deren jeder für sich W mal durchgelesen wird, reduziert die totale ausgeführte Arbeit auf $A/4$. usw. Um das Verhältnis ganz klar zu machen, können wir die Berechnung für einen speziellen Fall durchführen. Teilen wir die Reihe in vier gleiche Teile, und lesen wir erst jeden derselben $W/3$ mal. Die somit ausgeführte Arbeit erhält die Gröfse:

$$a_1 = 4 \cdot K \cdot \frac{W}{3} \cdot \left(\frac{N}{4}\right)^2 = \frac{K}{12} W \cdot N^2.$$

Hierauf lesen wir die beiden Hälften der Reihe, ebenfalls jede für sich $W/3$ mal. Dies entspricht der Arbeit:

$$a_2 = 2 \cdot K \cdot \frac{W}{3} \cdot \left(\frac{N}{2}\right)^2 = \frac{K}{6} \cdot W \cdot N^2.$$

Schliefslich lesen wir die Reihe als Totalität $W/3$ mal und leisten also die Arbeit:

$$a_3 = K \cdot \frac{W}{3} \cdot N^2.$$

Nun haben wir die Reihe im ganzen W'mal durchgelesen; die ausgeführte Arbeit beträgt aber nur:

$$a_1 + a_2 + a_3 = \left(\frac{1}{12} + \frac{1}{6} + \frac{1}{3}\right) K \cdot W \cdot N^2 = \frac{7}{12} K \cdot W \cdot N^2.$$

Wie in diesen, geht es in allen Fällen:

XIII. Jede Teilung der Reihe hat zur
Folge, daß die durch eine gewisse Anzahl
Wiederholungen geleistete Arbeit geringer
wird als diejenige, die ausgeführt worden
wäre, hätte man die Reihe als Totalität
ebensooft wiederholt.

Da wir also, dem Satze XIII zufolge, nach W Wiederholungen der geteilten Reihe eine Arbeit ausgeführt
haben, die kleiner ist als A, während die Reihe die
Arbeit A erfordert, um reproduziert werden zu können,
so wird die Reihe sich folglich nicht reproduzieren
lassen. Oder mit anderen Worten: Jede beliebige Teilung
einer Reihe hat zur Folge, daß die Reihe eine Anzahl
Wiederholungen erheischt, die größer ist als diejenige,
welche als notwendig befunden wird, wenn man die
Reihe als Totalität durchliest. Überdies können wir
hinzusetzen: Je mehr die Reihe geteilt wird, um so
größer wird die Anzahl der erforderlichen Wiederholungen, weil die beim Durchlesen einer geteilten
Reihe geleistete Arbeit um so kleiner wird, je mehr
man die Reihe teilt.

Dieses Resultat stimmt, wie Pentschew nachgewiesen hat, völlig mit der Erfahrung überein. Je
länger eine Reihe ist, und je mehr sie geteilt wird, um
so mehr wächst die Anzahl der für die geteilte, im Vergleich mit der ungeteilten, erforderlichen Wiederholungen[1]. Die späteren Untersuchungen von Ebert
und Meumann führten aber zu dem entgegengesetzten
Resultate, nämlich daß das »Ganzverfahren« gewöhnlich
viel mehr Lesungen erfordert als das Teilverfahren.
Diese Versuche widersprechen indes auch an einem
anderen Punkte entschieden allen früheren Erfahrungen,
indem sie ergeben, daß die als Totalität erlernten
Reihen zum Wiedererlernen 24 Stunden später eine

[1] l. c. S. 522.

geringere Anzahl Lesungen als die geteilten Reihen
erforderten[1]. Wenn aber zwei Assoziationen in einem
gegebenen Momente dasselbe Alter und dieselbe Festigkeit haben (eben reproduziert werden können), so müssen
sie auch, den Sätzen VII und VIII zufolge, um jeden
späteren Zeitpunkt dieselbe Festigkeit haben. Das
letztere war nun, wie gesagt, in Eberts und Meumanns Versuchen eben nicht der Fall; die nach dem
Ganzverfahren erlernten Reihen zeigten später eine
größere Festigkeit als die nach dem Teilverfahren erlernten. Folglich darf man schliefsen, dafs sie auch
beim ersten Erlernen eine größere Festigkeit gehabt
haben. Die beiden Widersprüche der Versuche von
Ebert und Meumann können also ganz einfach durch
die Annahme erklärt werden, dafs die nach dem Ganzverfahren gelernten Reihen öfter gelesen worden sind
als eben notwendig, um eine Reproduktion zu ermöglichen. Deshalb fällt erstens die beim Neuerlernen
gefundene Anzahl Lesungen bei dieser Methode im
Vergleich mit derjenigen der Teilmethode zu grofs aus,
und als einfache Folge hiervon zeigen sich die Ganz-
reihen 24 Stunden später fester assoziiert als die geteilten Reihen. Eine solche Annahme ist unzweifelhaft
viel wahrscheinlicher, als dafs die übereinstimmenden
Resultate aller früheren Beobachter unrichtig sein
sollten.

Wir gehen nun als von einer theoretisch und experimentell festgestellten Tatsache davon aus, dafs die zu
einer Reproduktion erforderliche Anzahl Wiederholungen verhältnismäfsig um so gröfser wird, je mehr
man eine Reihe teilt. Die hierbei geleistete Arbeit
wächst aber nicht an, denn eine gegebene Reihe erfordert stets eine ganz bestimmte Assoziationsarbeit,
bis sie sich eben reproduzieren läfst. Hieraus folgt nun
einfach, dafs bei einem einmaligen Durchlesen durchschnittlich um so weniger Arbeit geleistet wird, je mehr
die Reihe geteilt ist. Dies läfst sich mit anderen
Worten auch so ausdrücken, dafs die durchschnittliche
Anstrengung beim jedesmaligen Durchlesen kleiner

---

[1] Über einige Grundfragen der Psychologie der Übungs-
phänomene usw. Archiv f. Psych. Bd. 4. S. 75, 79, 134, 137.

wird. Liest man nun in einem konstanten Tempo, die
Reihe möge nun als Totalität oder in Bruchstücken gelernt werden, so leuchtet es ein, dafs letztere Methode,
die verhältnismäfsig mehr Wiederbolungen erfordert,
auch verhältnismäfsig längere Zeit beanspruchen wird.
Wird eine gegebene Arbeit aber auf längere Zeit verteilt, so wird sie notwendigerweise weniger anstrengend,
hinterläfst sie weniger Ermüdung. Auch dies stimmt
völlig mit der Erfahrung überein: Pentschew hebt
mehrmals als einen entschiedenen Übelstand des »Ganz-
verfahrens« hervor, dafs es weit mehr anstrengt als
die Teilmethode[1]. Nun ist es indes nicht gegeben,
dafs das Tempo konstant bleibt. Wird es der V.-P.
freigestellt, dieses zu bestimmen, so zeigt die Erfahrung, wie die geringere Anstrengung bei der Teilmethode die V.-P. bewegt, das Tempo etwas zu beschleunigen, so dafs der Aufwand an Zeit nicht so stark
anwächst wie die Anzahl der Wiederholungen[2]. Man
erreicht also durch die Teilmethode, im Vergleich mit
dem Ganzverfahren, zweierlei: die Anstrengung wird
geringer, und die angewandte Zeit wächst nicht in demselben Mafse an, wie die Anstrengung abnimmt. Durch
geeignete Teilung einer Reihe mufs man also erzielen können, dafs das Produkt aus der angewandten
Zeit und der resultierenden Ermüdung das möglichst
kleine wird — ebendies müssen wir aber von der
Methode verlangen, welche die am meisten ökonomische
heifsen soll.

Der praktische Instinkt, der gesunde Menschen-
verstand, die Erfahrung des täglichen Lebens — oder
welche Benennung man nun auch vorziehen möchte —
hat hier also einen entschiedenen Sieg über die falschen
Definitionen und ungenügenden Experimente der Psychologen davongetragen. Denn darüber herrscht kein
Zweifel, dafs jeder, der etwas auswendig zu lernen hat,
in der Praxis die Teilung der Reihe vorzieht, sobald
deren Länge eine gewisse Gröfse übersteigt. Eine
richtige Schätzung der beiden hier in Betracht kommenden Momente zeigt denn auch, dafs dieses Verfahren

[1] l. c. S. 483, 495—496, 524, 526.
[2] l. c. S. 523.

wirklich das am meisten ökonomische ist. Wir sind mithin imstande, festzustellen:

XIV. Es ist durchweg mehr ökonomisch, eine Reihe in Teilen zu lernen, als wenn man sie als Totalität lernt, denn durch die Teilung erzielt man eine Zunahme der Anzahl der Wiederholungen, wodurch die durchschnittliche Anstrengung also vermindert wird, während der Erfahrung gemäß die angewandte Zeit nicht in demselben Maße anwächst. Durch eine geeignete Teilung wird man folglich erreichen können, daß das Produkt aus der angewandten Zeit und der resultierenden Ermüdung das möglichst kleine wird, was gerade die Forderung ist, welche das am meisten ökonomische Verfahren befriedigen muß.

Betrachten wir hierauf den zweiten der erwähnten Punkte, die zeitliche Verteilung der Wiederholungen, so erweist dieses Problem sich als so kompliziert, daß die Beantwortung der Frage auf theoretischem Wege wohl kaum möglich ist, solange wir nicht imstande sind, mathematische Formeln darüber aufzustellen, wie die Festigkeit der Assoziationen unter gegebenen Bedingungen variiert. Erst wenn wir die verschiedenen Verhältnisse zu berechnen vermögen, wird ein zuverlässiges Resultat zu erreichen sein, denn wenn es sich um kleine quantitative Unterschiede handelt, können die graphischen Konstruktionen, die wir im vorhergehenden anwandten, nicht genügen, da gar zuviel dem bloßen Gutachten überlassen ist. Es wird indes von Interesse sein, zu sehen, wieweit wir gelangen können, und wo die Schwierigkeiten liegen. Gehen wir daher davon aus, daß eine aus N Gliedern bestehende, in einem gewissen Tempo durchgelesene Reihe sich eben reproduzieren läßt, wenn sie kontinuierlich W mal durchgelesen worden ist. Wir wünschen nun zu erfahren, welche Wirkung erzielt wird, wenn die W Wiederholungen nicht unmittelbar nacheinander ausgeführt werden, sondern in Gruppen mit bestimmten Intervallen verteilt werden. Bleibt das Tempo unverändert, so gebraucht man in beiden Fällen dieselbe Zeit zum ge-

samten Durchlesen. Da alle abwechselnde Arbeit aber
weniger ermüdet als eine ununterbrochen andauernde
Arbeit derselben Art, muß eine Verteilung der Wiederholungen notwendigerweise als weniger ermüdend gefühlt
werden, wenn man die Intervalle mit anderer Arbeit ausfüllt. Aus diesem Grunde wird die Verteilung dieser
Wiederholungen etwas vorteilhafter sein als deren Kumulation. Ist die Reihe aber nicht übertrieben lang, so wird
das kontinuierte Durchlesen keine besondere Ermüdung
bewirken, und der durch die Verteilung gewonnene Vorteil wird so gering, daß wir ganz von demselben absehen
können. Es fragt sich daher nur, ob man durch eine
Verteilung der Wiederholungen eine ebenso feste Assoziation hervorbringen kann, als wenn man die Reihe
dieselbe Anzahl Male kontinuierlich durchliest. Experimentell wird dies sich sicher dadurch entscheiden lassen,
daß man gewisse Zeit nach dem letzten Durchlesen
untersucht, wie viele Wiederholungen in jedem der beiden
Fälle erforderlich sind, um die Reihe aufs neue zu erlernen. Diejenige Methode, welche die geringste Anzahl
erfordert, wird dann die beste sein, weil sie bei derselben Anzahl der ursprünglichen Wiederholungen der
Assoziation die größere Festigkeit gibt. Auf diesem
Wege sind, wie wir sehen werden, zahlreiche Bestimmungen ausgeführt worden. Theoretisch suchte
Lottie Steffens das Problem mittels des früher dar-
gelegten Satzes VII zu lösen. Diesen Gedankengang
betrachten wir in Kürze.

Man habe in einem gegebenen Augenblicke T (Fig. 27)
zwei Reihen von derselben Länge in demselben Tempo
durchgelesen, die eine z. B. 5 mal, die andere 10 mal.
Die Festigkeit der beiden Assoziationen läßt sich dann
graphisch durch die Ordinaten TA und TB darstellen,
und sie wird nun, wenn die Assoziationen nicht ferner
wiederholt werden, im Laufe der Zeit den Kurven AC
und BD gemäß abnehmen, die den Kurven A und B
der Fig. 24 entsprechen. Liest man aber zu dem Zeitpunkte T_1, z. B. 24 Stunden später, die weniger fest
assoziierte Reihe noch 5 mal durch, so erlangt diese die
Festigkeit T_1E. Den Punkt E glaubt Fräul. Steffens
so bestimmen zu können, daß $CE = AB$, weil AB ge-

rade der Zuwachs an Festigkeit war, den die eine Reihe
wegen fünf Wiederholungen vor den anderen voraus
gewann. Ob diese Konstruktion richtig ist, muſs dahingestellt bleiben; wir haben durchaus keine Gewiſsheit
dafür, daſs eine konstante Anzahl Wiederholungen die
Festigkeit einer Assoziation, unbeschadet der bereits bestehenden Festigkeit, stets um die nämliche Gröſse vermehren wird. Dies geschieht zwar, dem Satze VI zufolge, wenn die Vorstellungsreihe beim ersten Erlernen
öfter wiederholt wird, als eben notwendig, um eine Reproduktion zu ermöglichen; es ist aber weder empirisch
nachgewiesen, noch läſst es sich theoretisch dartun, daſs
dasselbe stattfinden wird, wenn man die gegebene Anzahl
Wiederholungen
in der Zeit ver-
teilt. Unwahr-
scheinlich ist dies
jedoch nicht. so-
lange, wie hier,
von einer gröſse-
ren Anzahl Wie-
derholungen die
Rede ist. Nun
sinkt die Festig-
keit der Assozia-
tion vom Punkte E
an; Fräul. Stef-
fens meint, dies

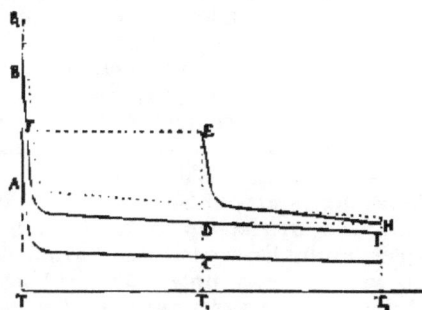

Fig. 27.

geschehe so, daſs die Kurve EH mit dem Bogen FD
identisch sei. Auch dies ist eine rein willkürliche,
obendrein wohl kaum richtige Annahme; denn gleich
nach dem Durchlesen nimmt die Festigkeit der
Assoziation jäher ab als später, und folglich hat
die Kurve EH, allenfalls in dem zunächst an E
liegenden Teile, nicht dieselbe Form wie FD. Groſs
kann der Unterschied doch kaum werden; und können
wir daher, ohne einen wesentlichen Fehler zu begehen, die Kurve EH durch bloſse Parallelverschiebung
von FD konstruieren, so ist es klar, daſs der Punkt H
höher liegt als der Punkt I, weil $T_0 H = T_1 D > T_1 I$.
Hiermit wäre also bewiesen, daſs die Festigkeit der

Assoziation grölser wird, wenn man die Anzahl der
Wiederholungen zeitlich verteilt, als wenn man dieselbe
Anzahl kontinuierlich ausführt.

Es ist indes leicht zu ersehen, dafs der angeführte
»Beweis« gar zu viele Willkürlichkeiten enthält. Hätte
Fräul. S t e f f e n s nicht auf empirischem Wege erfahren —
oder erfahren zu haben geglaubt —, dafs die Verteilung
der Wiederholungen deren Kumulation vorzuziehen ist,
so hätte sie leicht eine Reihe ebenso wahrscheinlicher
Annahmen machen können, durch die gerade das Gegenteil bewiesen worden wäre. Selbst wenn man aber
davon ausgehen wollte, dafs die ganze Beweisführung
in allem Wesentlichen richtig sei, so gilt diese doch nicht
im allgemeinen, sondern nur innerhalb ziemlich enger
Grenzen. Der Gleich. 59 zufolge ist die ausgeführte
Assoziationsarbeit bei Reihen von konstanter Länge der
Anzahl der Wiederholungen proportional; diese Formel
hat aber nur Gültigkeit zur Berechnung der totalen
Arbeit, die ausgeführt worden ist, wenn die Reihe sich
eben reproduzieren läfst, oder allenfalls nach einer
grölseren Anzahl Wiederholungen. Dann ist es nämlich
berechtigt, statt der Summe der bei den einzelnen Wiederholungen geleisteten Arbeiten den mittleren Arbeits-
wert, multipliziert mit der Anzahl der Wiederholungen,
zu setzen, und unter diesen Umständen wächst die
Arbeit der letztgenannten Gröfse proportional an. Betrachtet man dagegen die Arbeiten, die bei ganz wenigen
Wiederholungen, z. B. einer oder zwei, ausgeführt
werden, so mufs dem Satze IX zufolge die bei zwei-
maligem Durchlesen verrichtete Arbeit mehr als doppelt
so grofs sein wie die bei einmaligem Durchlesen geleistete. Aus Fig. 26 ist unmittelbar zu ersehen, dafs
$a_1 + a_2 > 2a_1$ ist. Selbst wenn Fräul. S t e f f e n s also
berechtigt ist, in der Fig. 27 $TB = 2 \cdot TA$ zu setzen, solange von fünf- und zehnmaligem Durchlesen die Rede
ist, so folgt hieraus doch gar nicht, dafs dies auch richtig
sein würde, wenn es sich nur um ein- oder zweimaliges
Durchlesen handelte. Oder genauer: durch zweimaliges
Durchlesen würde die Assoziation eine Festigkeit
$TB_1 > 2 \cdot TA$ erlangt haben. Bezeichnet nun die punktierte
Kurve von B_1 das Abnehmen der Assoziation mit der
Zeit, so sieht man leicht, dafs diese Kurve um den Zeit-

— 333

punkt 7_0 gar wohl eine Ordinate erhalten kann, die größer als T_0H ist. Dies heißt mit anderen Worten, daß eine Kumulation der Wiederholungen sich vorteilhafter als eine Verteilung erweisen würde, solange von einer sehr geringen Anzahl die Rede ist.

Das Ergebnis dieser Betrachtungen wird offenbar, daß wir nicht imstande sind, die hier vorliegende komplizierte Frage auf theoretischem Wege zu lösen. Es handelt sich um ganz kleine quantitative Unterschiede, und unsere graphischen Konstruktionen sind nicht einmal annähernd genau genug, um die Größe derselben in den verschiedenen Fällen festzustellen. Nur ein einzelner Punkt scheint sich mit Sicherheit konstatieren zu lassen, nämlich:

XV. Selbst wenn eine gewisse Verteilung der völligen Kumulation der Wiederholungen vorzuziehen ist, folgt hieraus doch nicht, daß die vollständigste Verteilung auch die zweckmäßigste sein sollte, weil die Assoziationsarbeit bei wenigen Wiederholungen in etwas stärkerem Maße anwächst als die Anzahl der letzteren.

Sehen wir nun, zu welchen Resultaten die experimentellen Untersuchungen uns geführt haben. Jost ließ 12silbige Reihen 24 mal durchlesen; diese Anzahl wurde in drei verschiedenen Versuchsreihen aber verschiedenartig verteilt. In einem Versuche wurden die Reihen auf zwölf aufeinanderfolgende Tage mit zwei kontinuierlichen Wiederholungen täglich, in einem anderen auf sechs Tage mit vier Wiederholungen täglich und in einem dritten endlich auf drei Tage mit acht Wiederholungen pro Tag verteilt. War eine Reihe 24 mal durchgelesen worden, so prüfte man sie am folgenden Tage mittels der Treffermethode. Hierbei erwies es sich nun, daß die größte Anzahl Treffer durch die größte der angewandten Verteilungen, also durch zwei Wiederholungen zwölf Tage hindurch erreicht wurde, während die Kumulation von achtmaligen Wiederholungen drei Tage lang die geringste Anzahl Treffer ergab. Hieraus zieht Jost den Schluß, daß die vollständigste Verteilung, mithin die auf 24 Tage verteilte Wiederholung, sich wahrscheinlich als die vorteil-

hafteste erweisen, der Assoziation die größte Festigkeit
geben werde[1]. Dieser Schluß ist jedoch durchaus unberechtigt. Am leichtesten ist dies zu ersehen, wenn
wir die Versuchsresultate graphisch aufzeichnen, wie in
Fig. 28 gezeigt. Als Abszisse ist hier die Anzahl der
kontinuierlichen Wiederholungen, als Ordinate die entsprechende Anzahl der Treffer abgesetzt. Die drei
durch kleine Kreise bezeichneten Punkte geben die von
Jost gefundenen Werte an. Denkt man sich eine Kurve
wie die punktierte durch diese Punkte gelegt, so wird
diese also angeben, wie die Anzahl der Treffer mit der
Anzahl der kontinuierlichen Wiederholungen variiert,

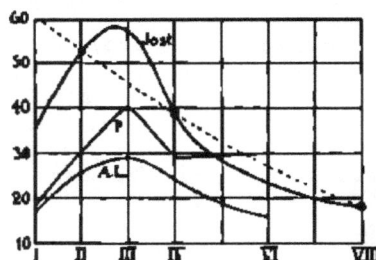

Fig. 28.

und sie zeigt, daß man
eine um so größere
Anzahl Treffer er-
halten wird, je weniger
Male die Reihe kon-
tinuierlich durch-
gelesen wird, mithin je
mehr man die Wieder-
holungen verteilt. Be-
kanntlich läßt sich
aber durch drei will-
kürliche Punkte eines
Planes fast jede be-
liebige Kurve legen, nur keine Gerade. Es ist daher
ganz unberechtigt, wenn Jost die punktierte Linie für
die richtige hält; man könnte ebensogut die mit ›Jost‹
bezeichnete Kurve durch die drei Punkte legen. Dann
würde man das Maximum von Treffern also ungefähr
bei drei kontinuierlichen Wiederholungen bekommen,
und sowohl eine größere als eine kleinere Verteilung
würde sich als unzweckmäßig erweisen. Welche der
beiden Kurven die rechte ist, läßt sich nicht entscheiden;
Josts Messungen sind gar zu wenig umfassend.

Ein entscheidendes Resultat läßt sich auch nicht
aus Lottie Steffens' zahlreichen Messungen[2] herleiten. Während Jost die Festigkeit der Assoziation
24 Stunden nach der letzten Wiederholung untersucht

[1] Zeitschr. f. Psychol. Bd. 14, S. 451—454.
[2] Zeitschr. f. Psychol. Bd. 22, S. 368—374.

und die Treffermethode als Maſs benutzt, nahm Fräul.
Steffens die Ersparnis zum Maſs und bestimmte die
Festigkeit an einem und demselben Tage, wodurch die
verschiedenen Assoziationen also ein höchst verschiedenes Alter erreichen. Ein Beispiel wird die Sache
erläutern. Bei einem Versuche wurden achtsilbige Reihen
sechsmal durchgelesen: diese sechs Wiederholungen
wurden aber auf dreifache Art verteilt. Einige Reihen
wurden einmal täglich an sechs aufeinanderfolgenden
Tagen durchgelesen, andere am ersten und vierten Tage
dreimal kontinuierlich wiederholt, wieder andere am
ersten Tage sechsmal kontinuierlich durchgemacht. Die
Festigkeit der Assoziationen wurde darauf am siebenten
Tage geprüft. Es leuchtet ein, dafs ein solches Verfahren uns durchaus nichts darüber lehrt, welche Verteilung die beste ist; denn schon wegen ihres höheren
Alters müssen die durch Kumulation der Wiederholungen hervorgebrachten Assoziationen entschieden
ungünstig gestellt sein. Es ist also nicht möglich, zu
entscheiden, ob die gefundenen Resultate der gröfseren
oder kleineren Verteilung oder auch dem verschiedenen
Alter der Assoziationen zu verdanken sind.

Es gibt, soweit ich zu sehen vermag, nur eine einzige
Weise, um dem Riffe zu entgehen, an welchem Fräul.
Steffens scheiterte. Man muſs das Intervall zwischen
den einzelnen Wiederholungen so kurz machen und die
Festigkeit um so viel später prüfen, dafs das Alter aller
Assoziationen annähernd dasselbe wird, wie die Wider-
holungen auch verteilt sein möchten. Liest man z. B.
die Reihen mit viertelstündigem Zwischenraum, so kann
man im Laufe von drei Stunden zwölf Wiederholungen
oder Gruppen von Wiederholungen ausführen. Bei
zweckmäfsiger Anordnung derselben braucht unter den
Assoziationen der Altersunterschied nicht gröfser als
eine Stunde zu werden, und prüft man dann deren
Festigkeit 21 Stunden später, so wird der geringe Altersunterschied ganz bedeutungslos. Nach diesem Plan
führte ich eine kleine Reihe von Versuchen aus. An sechs
aufeinanderfolgenden Tagen wurden täglich fünf verschiedene zehnsilbige Reihen, jede zwölfmal, durchgelesen.
Ich bezeichne diese Reihen durch die Zahlen I, II, III, IV
und VI, indem die Zahl angibt, wie viele Male die be-

treffende Reihe kontinuierlich durchgelesen wurde. Das Durchlesen fand folgendem Schema gemäfs statt:

Erster Tag.

```
Um Uhr 9¼  9½  9¾  10  10¼  10½  10¾  11  11¼  11½  11¾  12
        I   I   I   I    I    I    I   I    I    I    I   I
        II  IV  II  VI   II   IV   II  VI   II   IV   II  III
        III         III            III
```

Zweiter Tag.

```
        I   IV  I   VI   I    IV   I   VI   I    IV   I   I
        III I   II  I    III  I    II  I    III  I    II  III
        II           II                 II
```

Auf dieselbe Weise wurden die Versuche an den vier folgenden Tagen durchgeführt, indem an jedem Tage um denselben Glockenschlag die Reihen eine bestimmte Anzahl Male wiederholt wurden; die Ordnung dieser Reihen änderte sich aber fortwährend von Tag zu Tag. Das Tempo war vier Silben pro drei Sekunden; das jede Viertelstunde ausgeführte Ablesen erforderte also, mit einer Pause von einer Minute zwischen den verschiedenen Reihen, höchstens drei Minuten. Die zwölf Minuten langen Intervalle zwischen den einzelnen Wiederholungen wurden mit mechanischer Arbeit — Kurvenvermessung — ausgefüllt, die, ohne zu ermüden, die Aufmerksamkeit völlig beanspruchte. Die Festigkeit der am einen Tage gelernten Assoziationen wurde am folgenden Tage um 9 Uhr mittels der Methode der Ersparnis geprüft. Um den genannten Zeitpunkt war die Reihe VI 22 Stunden alt, während die Reihen I und III erst 21 Stunden alt waren; dieser Altersunterschied ist sicherlich aber gar zu unbedeutend, um wesentlichen Einflufs auf die Resultate erhalten zu können. Da bei derartigem Versuche zweifelsohne eine gewisse Möglichkeit vorliegt, dafs bestimmte Erwartungen auf die Versuchsresultate influieren können, beschränkte ich mich nicht darauf, die genannten Bestimmungen persönlich auszuführen. Eine ganz ähnliche Reihe von Versuchen wurde nach demselben Schema vom Mag. scient. R. Pedersen ausgeführt, der früher schon selbst derartige Untersuchungen angestellt hatte. Die einzigen Abweichungen vom oben Angeführten bestanden darin, dafs Herr P. die Reihen des Abends von 7—10 Uhr las, dafs das Tempo zwei Silben pro Sekunde war, und dafs die Zwischenräume zwischen den einzelnen Wiederholungen mit dem Korrigieren schriftlicher Aufgaben und mit ähnlicher Schularbeit ausgefüllt wurden. Die Resultate unserer Bestimmungen sind in der Tab. 34 wiedergegeben. Da bei jeder der fünf Verteilungen, I, II, III, IV und VI, sechs Reihen durchgelesen wurden, wird es also genügen, die gesamte Anzahl, w, Wiederholungen anzugeben, die erforderlich war, um am Tage nach den verteilten zwölf Wiederholungen diese sechs Reihen wieder zu erlernen. Aus der Zahl w findet man die Ersparnis folgendermafsen. War eine Reihe vorher noch nie durchgelesen worden, so gebrauchte Mag. P. 14, A. L. 10 kontinuierliche Wiederholungen, um dieselbe zu erlernen; für sechs Reihen gibt dies mithin im ganzen 84 bezw. 60 Wiederholungen. Die durch die früheren Wiederholungen gewonnene Ersparnis an den sechs Reihen beträgt also für Mag. P. $84 - w$, für A. L. $60 - w$. Diese Gröfsen sind ebenfalls für jede der fünf Verteilungen in der Tab. 34 angeführt. Unsere Resultate stimmen nun, wie

Tab. 34.

Verteilung		I	II	III	IV	VI
A. L.	w	43	34	31	36	44
	$60 - w$	17	26	29	24	16
P.	w	66	54	44	55	54
	$84 - w$	18	30	40	29	32

man sieht, völlig mit den von Jost gewonnenen überein. Zwei kontinuierliche Wiederholungen (II) gaben der Assoziation gröfsere Festigkeit als vier (IV), das Maximum liegt aber nicht bei I, sondern bei III. Um den Überblick zu erleichtern, sind die Resultate in Fig. 28 eingezeichnet, wo die Abszisse, wie S. 334 genannt, die Anzahl der kontinuierlichen Wiederholungen ist, während die als erspart gefundene Anzahl jetzt als Ordinate abgesetzt wird. Wir erhalten somit die beiden, P. bezw. A. L. bezeichneten Kurven. Diese stimmen nicht nur miteinander in allem Wesentlichen überein, sondern der Form nach auch mit der Kurve, die sich durch die

Jostschen Messungen legen läfst. Hieraus können wir zweifelsohne folgenden Schlufs ziehen:

XVI. Die möglichst grofse Verteilung ist nicht die zweckmäfsigste. Für zehn- und zwölfsilbige Reihen erreicht die Assoziation das Maximum der Festigkeit, wenn eine gegebene Anzahl Wiederholungen in Gruppen von drei kontinuierlichen Wiederholungen geteilt wird, und nachweisbar wird sowohl bei gröfseren als bei kleineren Gruppen die Festigkeit geringer. Für längere Reihen wird das Maximum wahrscheinlich erst bei Gruppen kontinuierlicher Wiederholungen erreicht werden, deren Gröfse mit der Länge der Reihe anwächst.

Es läfst sich behaupten, dafs auch dieses Resultat mit der Erfahrung des täglichen Lebens übereinstimmt, denn darüber scheinen die Praktiker durchweg einig zu sein, dafs die möglichst grofse Verteilung keineswegs für die am meisten ökonomische zu halten ist[1].

Es erübrigt nur noch, die Erklärung der Eigentümlichkeit zu ermitteln, dafs die Verteilungsart VI beim Mag. P. ein ebenso günstiges Resultat gab wie die Verteilung IV (Tab. 34, Fig. 28). Dafs dies lediglich von nicht ausgeglichenen Zufälligkeiten herrühren sollte, ist kaum wahrscheinlich. Dagegen läfst es sich leicht durch die rückwirkende Hemmung erklären (vgl. S. 294—295 Anm.), denn bei dem Mag. P. war die Perseverationstendenz sehr grofs, und da bei unseren Versuchen das Ablesen der verschiedenen Reihen nur durch minutenlange Pausen unterbrochen wurde, müssen diese einander unzweifelhaft ziemlich bedeutend gehemmt haben. Das für die Versuche festgestellte Schema sorgte allerdings dafür, dafs jede Reihe gleich oft die verschiedenen Plätze der Zeitlage einnahm, und jede hätte also durch die rückwirkende Hemmung gleichstark leiden müssen. Es ist aber doch höchst wahrscheinlich, dafs eine sechsmal kontinuierlich wiederholte Reihe durch einmaliges Durchlesen einer nachfolgenden Reihe weit weniger gehemmt wird, als bei umgekehrter Zeitlage erstere die

---

[1] Zeitschr. f. Psych. Bd. 14, S. 454.

letztere hemmt. Die rückwirkende Hemmung hat mithin zwar auf alle Assoziationen influiert, die Verteilung VI hat hierdurch jedoch verhältnismäfsig weniger gelitten und konnte deshalb dieselbe Ersparnis geben wie die Verteilung IV. Eine andere Erklärung der Erscheinung habe ich wenigstens nicht zu finden vermocht. Bei A. L., dessen Perseverationstendenz sehr gering ist, hat die Hemmung keine gröfsere Bedeutung erlangen können.

Messung der Assoziationsarbeit. Im vorhergehenden stützten wir uns besonders auf die drei Sätze (IX, X und XI) von der Assoziationsarbeit; einen direkten Beweis für deren Gültigkeit haben wir aber nicht geführt. Die Sätze sind einfache Konsequenzen der hier durchgeführten Theorie von der Bahnung als Ursache der Assoziation, und es hat sich erwiesen, dafs verschiedene Schlüsse, die wir aus diesen Sätzen herleiteten, völlig mit vorliegenden experimentellen Untersuchungen übereinstimmten. Es ist mithin eine nicht geringe Wahrscheinlichkeit zuwege gebracht, dafs die genannten Sätze Gültigkeit besitzen; da wir sie aber ohne Schwierigkeit einer direkten experimentellen Prüfung unterwerfen können, müssen wir dies natürlich auch tun.

Die Art und Weise, wie dergleichen Messungen auszuführen sind, habe ich bereits früher (2. Teil, S. 197 u. f.), ausführlich auseinandergesetzt. Da die Assoziationsarbeit wie jede andere psychische Tätigkeit einen je den Umständen nach gröfseren oder geringeren Energieverbrauch erfordert, mufs sie auf andere gleichzeitige zentrale Arbeiten hemmend wirken, u. a. also auch auf die Innervation der willkürlichen Muskeln. Und da es ferner als experimentell bewiesen zu betrachten ist, dafs derjenige Bruchteil der freien Energie des Gehirns, der zur maximalen Innervation der Muskeln der Hand verbraucht wird, gar zu gering ist, um sich messen zu lassen (2. Teil. S. 234), so brauchen wir den hemmenden Einflufs der Innervation auf die psychische Arbeit nicht in Betracht zu ziehen. Wir können daher in Gleich. 3a $1/p = 0$ setzen und erhalten dann als Mafs der ausgeführten psychischen Arbeit: $M_p = (A_s - A_i)/A_s = 1/q$. Führt man also ein Ergogramm und von einem gewissen Zeitpunkte an zugleich eine Assoziationsarbeit aus, so wird die hierdurch verursachte relative Verminderung der

22*

Muskelarbeit die Größe desjenigen Bruchteils der freien Energie des Gehirns angeben, der zur psychischen Arbeit verbraucht wird.

Gegen diese Methode hat Sommer folgenden Einwurf erhoben: »Ich kann mich jedoch trotz der mitgeteilten Kurven und Berechnungen bei der relativ geringen Anzahl von Untersuchungsreihen bisher nicht von der Allgemeingültigkeit des behaupteten Gesetzes überzeugen, um so weniger, als L. mehrfach durch Annahme von Fehlern die wirklichen Zahlen im Sinne des Gesetzes umformen muß.«[1] Hierauf kann ich nur entgegnen, daß es mir nicht gelungen ist, zu entdecken, worauf mein geehrter Kritiker eigentlich abzielt; in meinem Buche kann ich keine einzige Stelle finden, wo ich eine Zahl »umgeformt« hätte, um sie mit dem Gesetze in Übereinstimmung zu bringen. Ich habe (2. Teil, S. 216—219) darauf aufmerksam gemacht, daß nicht alle gefundenen Zahlen gleich gut passen, und speziell habe ich nachgewiesen, daß der Grad der Aufmerksamkeit, der bei dem größten Teile meiner Versuche zur Anwendung kam, leiderdessen von so variabler Größe war, daß keine völlig genauen Werte resultieren konnten. Ferner habe ich entwickelt, unter welchen psychischen Bedingungen eine völlige Übereinstimmung mit dem Gesetze zu erzielen sein müßte, und durch eine Zusammenstellung aller meiner Messungsresultate habe ich (S. 227—228) nachgewiesen, wie die Abweichungen unter diesen Bedingungen wirklich so klein sind — nur wenige Prozente der gemessenen Größen —, daß sie als zufällige Fehler betrachtet werden können. Ich habe also weiter nichts getan als den Nachweis einer ganz bestimmten Fehlerquelle geliefert, deren Existenz außer allen Zweifel gestellt ist, da die Fehler in der Tat sehr bedeutend vermindert werden, sobald man diese Ursache entfernt. Natürlich ist Prof. Sommer völlig zu der Erklärung berechtigt, er fühle sich trotzdem nicht von der Allgemeingültigkeit des Gesetzes überzeugt: es ist mir aber durchaus unfaßlich, mit welchem Recht er von einer Umformung der Zahlen redet. Ich muß diesen Einwurf daher als ein mir unlösliches Rätsel dahin-

---

[1] Beiträge zur psychiatrischen Klinik. Bd. 1, S. 169.

gestellt sein lassen und hoffen, dafs die im folgenden zur Besprechung kommenden Versuche dem Prof. Sommer möglicherweise eine bessere Meinung von der Brauchbarkeit der Methode beibringen.

Was die Versuchsanordnung betrifft, so war diese in allem Wesentlichen dieselbe, die bei den ähnlichen Versuchen über den Einflufs der Denkarbeit auf die Muskelarbeit zur Anwendung kam (2. Teil, S. 198—199). Das Ergogramm wurde im bequemsten Tempo, 40 Partialarbeiten pro Minute, ausgeführt; die Silbenreihen wurden aber in doppelt so schnellem Tempo gelesen, indem eine Silbe während der Muskelkontraktion, die nächste während der Erschlaffung ausgesprochen wurde. Hierdurch entstand natürlicherweise ein trochäischer Rhythmus, indem die gewaltige Muskelanspannung gleichsam die erste Silbe unterstrich. Der Verlauf der Versuche war übrigens derselbe wie früher. Erst führte die V.-P. zwölf Partialarbeiten aus, worauf ihr ein Stückchen Karton präsentiert wurde, auf welchem die auswendig zu lernende Silbenreihe geschrieben stand. Wir wandten keine Walze noch irgendeinen anderen Apparat an, welcher der V.-P. nur gestattet hätte, jede einzelne Silbe für sich eine gewisse Zeit hindurch zu sehen. Dies war nämlich ganz überflüssig, da die gleichzeitige Muskelarbeit, die nach dem Taktschlage eines Metronoms ausgeführt wurde, die V.-P. geradezu zwang, in demselben Tempo zu lesen, und jede Abweichung hiervon würde sogleich von dem Versuchsleiter bemerkt worden sein. Überdies beanspruchte die zweifache Arbeit, die Muskel- und die Assoziationsarbeit, die Aufmerksamkeit so vollständig, dafs Kunstgriffe einfach unmöglich wurden. Hatte die V.-P. die Reihe eine vorher verabredete Anzahl Male durchgelesen, so entfernte der Versuchsleiter den aufgestellten Karton, und die V.-P. reproduzierte die Reihe frei in demselben Tempo, während sie ununterbrochen am Ergographen arbeitete. Sobald die Reihe hergesagt war, kehrte die V.-P. ihre ganze Aufmerksamkeit wieder der Muskelarbeit zu und führte noch zwölf Partialarbeiten aus, worauf der Versuch abschlofs.

Dies alles scheint ja ganz leicht zu sein, in der Tat stellen derartige Versuche aber äufserst grofse Forderungen an die V.-P. Als solche kann man erstens nur kräftige Personen gebrauchen, die im Ausführen von Ergogrammen geübt sind, da sie sonst nicht ohne überwältigende Anstrengung die Muskelarbeit so lange aushalten können, wie die Assoziationsarbeit es verlangt. Ferner müssen sie auch lernen können, die Aufmerksamkeit auf die gelesenen Silben zu konzentrieren, — und das ist eigentlich am schwierigsten. An diesem Punkte unterscheidet sich die Messung der Assoziationsarbeit sehr wesentlich von den entsprechenden Messungen der Denkarbeit. Soll man nämlich eine Rechenaufgabe zugleich mit dem Ergogramm ausführen, so ergibt es sich von selbst, daß man dem Rechnen die Aufmerksamkeit zukehrt, da dieses sonst unterbleibt. Dagegen braucht man bekanntlich, um eine Reihe von Silben laut zu lesen, diesen gar keine Aufmerksamkeit zu schenken. Jedenfalls erfordert diese Arbeit nur so geringe Aufmerksamkeit, daß das Ergogramm dadurch gar nicht beeinflußt wird, — die Folge wird denn aber auch, daß man die Reihe durchaus nicht erlernt. Die hier angetroffene Schwierigkeit kam uns ganz unerwartet, und es kostete uns mehrmonatige Übung, bis wir die Arbeit auf rechte Weise ausführen lernten. Anfangs war es uns durchaus nicht möglich, mit der anscheinend so einfachen Sache, die Aufmerksamkeit der psychischen Arbeit zuzukehren und die physische ihren Gang gehen zu lassen, zustande zu kommen. Entweder blieb das Ergogramm unverändert, und dann lernten wir, wie gesagt, die Reihe nicht, oder aber mußten wir die physische Arbeit fast gänzlich einstellen, um die Reihe lernen zu können. Ein Ergogramm bekam unter diesen Verhältnissen das in der Fig. 29 *A* gezeigte Aussehen: da die V.-P. sich aber bewußt war, daß sie die Muskelarbeit willkürlich auf ein Minimum beschränkt hatte, konnte die im Ergogramm hervortretende Verminderung der Arbeit nicht das Maß der psychischen Arbeit sein. Hierfür erhielten wir nun auch bald einen direkten Beweis, indem die Ergogramme die in der Fig. 29 *B* abgebildete Form annahmen. Man sieht, wie die Arbeit beim Beginn des Lesens sehr klein ist, jedoch geschwind anwächst; auch diese eigentümliche Erscheinung vermochte die Selbstbeobachtung uns

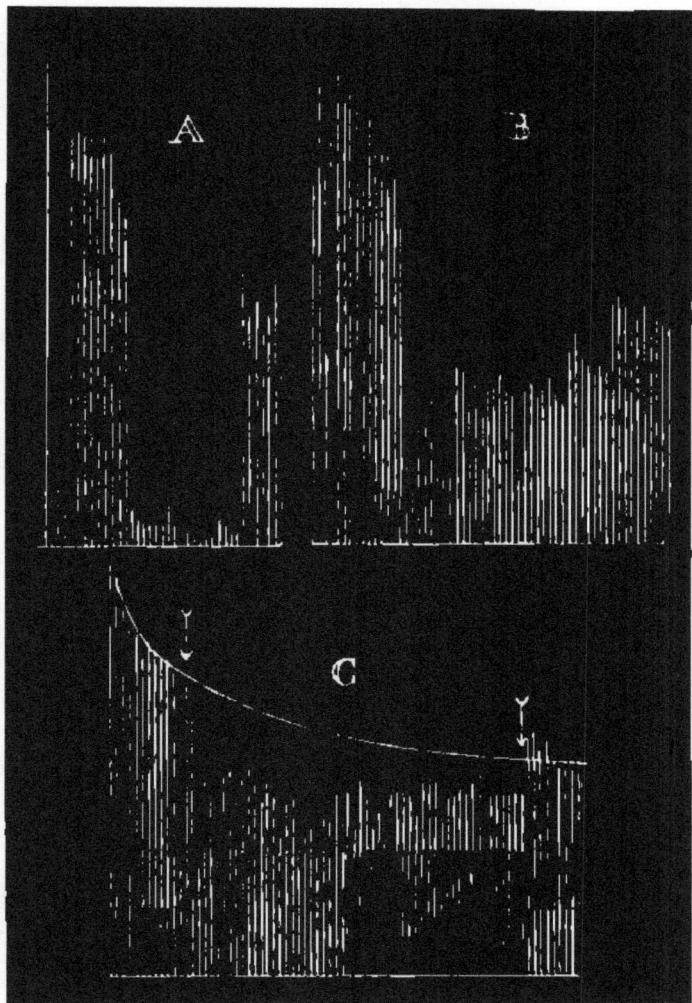

Fig. 29.

zu erklären. Die V.-P. war sich nämlich ebenfalls hier bewußt, gleich anfangs ihre Muskelarbeit willkürlich vermindert zu haben, um die Aufmerksamkeit auf das Lesen konzentrieren zu können; sobald dies aber gut in Gang gekommen war, gelang es ihr, die Muskelarbeit wieder zu vermehren. Als wir erst so weit gekommen waren, fiel es leicht, den letzten Schritt zu tun: die Aufmerksamkeit auf das Lesen zu konzentrieren, ohne eine willkürliche Änderung der Muskelarbeit zu unternehmen.

Die Fig. 29 C zeigt die Form, welche die Ergogramme jetzt erhielten. Wo der erste Pfeil steht, begann das Lesen, und man sieht, wie das Ergogramm ganz sanft und gradweise abnimmt. Gerade dies stand zu erwarten, denn je länger eine Reihe ist, je mehr Vorstellungen man gleichzeitig festzuhalten sucht, um so größer ist die psychische Arbeit, um so größer wird folglich die Verminderung der physischen. Beim Anfang des ersten Durchlesens hat man aber erst ganz wenige Vorstellungen im Bewußtsein, und die Arbeit wächst dann allmählich an, wenn man weiter in die Reihe hineingelangt. Folglich muß das Ergogramm, wenn dieses ausschließlich durch die rein mechanische Hemmung der Muskelinnervation von seiten der psychischen Arbeit bestimmt wird, eine mit der Länge der Reihe gleichmäßig anwachsende Verminderung der Partialarbeiten zeigen. Ebendas ist aber in der Figur 29 C der Fall, und diese Form ist die typische für alle Versuche, die ich zu den im folgenden besprochenen Berechnungen benutzt habe.

Da es der Zweck unserer Versuche war, die Größe derjenigen Arbeit zu bestimmen, die eben erforderlich ist, um Reihen von bestimmter Länge reproduzieren zu können, mußten wir nun vorher durch vorläufige Versuche die hierzu nötige Anzahl Wiederholungen feststellen. Für vier- und sechssilbige Reihen genügte ein einmaliges Durchlesen, für achtsilbige viermaliges und für zehnsilbige zehnmaliges Durchlesen; längere Reihen ließen sich wegen der gleichzeitigen Muskelarbeit nicht wohl untersuchen. Bei den schließlichen Versuchen wurden die einzelnen Reihen also die gegebene Anzahl Male wiederholt, und gewöhnlich gelang es der V.-P.

denn auch, unmittelbar darauf die Reihe frei zu reproduzieren. Bekanntlich gehört aber nicht viel dazu,
die Reproduktion ins Stocken zu bringen, und alle
solche Versuche wurden lieber ausgeschaltet, da die
ausgeführte Assoziationsarbeit in diesen Fällen tatsächlich nicht genügte, um eine freie Reproduktion zu
ermöglichen. Hierdurch erlitt das brauchbare Versuchsmaterial eine starke Beschränkung, und es war deshalb
auch meine Absicht, mit Hilfe meiner beiden Mitarbeiter,
des Mag. Bjarnason und des Dr. E. Buch, die so viele
Zeit und Kraft geopfert hatten, um die notwendige
Übung zu gewinnen, die Versuche fortzusetzen. Die
Durchführung dieses Planes scheiterte indes an Mag.
Bjarnasons Abreise und an Dr. Buchs kurz darauf eintretender tödlicher Krankheit; eine Erweiterung des
Materials war hierdurch vorläufig zur Unmöglichkeit
gemacht, da sich unter den übrigen Assistierenden des
Laboratoriums keiner befand, der im Besitze aller zu
diesen Versuchen erforderlichen Fähigkeiten gewesen
wäre. Glücklicherweise waren fernere Versuche nicht
absolut notwendig.

Was die Verarbeitung des Materials betrifft, so
befolgte ich hierbei dasselbe Verfahren wie früher
(2. Teil, S. 202—203). Doch beschränkte ich mich nicht
darauf, die relative Arbeitsverminderung für die gesamte psychische Arbeit zu berechnen, sondern berechnete dieselbe zugleich für jede einzelne Wiederholung
der ganzen Reihe. Es hat ja auch eben sein Interesse,
zu sehen, inwiefern und auf welche Weise die geleistete
Arbeit mit der anwachsenden Festigkeit der Assoziation
variiert. Die Berechnung selbst ist sehr leicht, denn
da während jeder Partialarbeit zwei Silben gelesen
wurden, entfallen mithin auf jede Wiederholung halb
so viele Partialarbeiten, wie die Reihe Silben hatte.
Mißt man daher die während einer Wiederholung ausgeführte Arbeit A, und ebenfalls mittels der Kurve,
welche den wahrscheinlichen Verlauf des Ergogramms
angibt (Fig. 29 C), die Arbeit A_v aus, die geleistet
worden wäre, wenn keine psychische Arbeit stattgefunden hätte, so ist hierdurch für jede einzelne
Wiederholung bestimmt: $M = (A_v — A,) A,$. Außerdem
geben unsere Ergogramme die während der Re-

produktion geleistete Arbeit, denn erst nach dem freien Reproduzieren der Reihe konnte die V.-P. ihre ganze Aufmerksamkeit wieder auf die physische Arbeit richten. Zur Beleuchtung des Verhaltens dient die Fig. 29 C. Dieses Ergogramm gibt die Arbeit an, die dem Dr. E. B. das Auswendiglernen und Reproduzieren einer zehnsilbigen Reihe kostete. Da jede Wiederholung dieselbe Zeit beanspruchte wie fünf Partialarbeiten, so werden folglich zehn Wiederholungen nebst der Reproduktion mit im ganzen 55 Partialarbeiten zusammenfallen, was denn auch gerade die Länge der in der Figur hervortretenden Senkung beträgt.

Die Tab. 35 gibt eine Gesamtübersicht über alle vorliegenden Messungen. Die Tabelle teilt sich in drei Kolonnen, eine für jede der drei Versuchspersonen, Bj., Dr. E. B. und A. L. Unter N ist die Länge der Reihen, unter W die Nummer der einzelnen Wiederholung angegeben; das hier vorkommende R bezeichnet die Reproduktion der Reihe. Die angeführten Zahlen sind die auf obige Weise berechneten Werte von M; jede einzelne senkrechte Kolonne enthält einen besonderen Versuch. Außer den vier Hauptreihen, $N = 4, 6, 8$ und 10 entsprechend, finden sich noch zwei andere Gruppen von Versuchen, bei welchen ebenfalls zehnsilbige Reihen angewandt wurden. Zu diesen Bestimmungen kamen die bereits vorher erlernten Reihen zur Verwendung, indem die V.-P. eine halbe Stunde später die Reihe so oftmals aufs neue durchlas, bis eine Reproduktion eben möglich war. Hierzu waren, wie die Tabelle zeigt, fünf Wiederholungen erforderlich, und fünf Tage später wurde die Reihe von neuem gelernt, wozu sich sieben Wiederholungen als notwendig erwiesen. Für Bj. finden sich keine $N = 10$ entsprechenden Werte angeführt, da die Reproduktion stets mißlang.

Bei näherer Betrachtung der Tab. 35 sieht man, daß die Resultate gleichartiger Versuche nicht gar wenig variieren, nicht nur für verschiedene, sondern auch für dieselbe V.-P. Dies ist natürlich weiter nichts, als was bei einer so groben Maßmethode wie der hier angewandten zu erwarten war, wo eine Menge zufälliger Umstände: die größere oder geringere Schwierigkeit der gleichartigen Reihen, die Disposition des Individuums und alle diejenigen Faktoren, die auf den normalen Verlauf des Ergogrammes influieren, Einfluſs auf das Resultat erhalten können. Alle diese Zufälligkeiten lassen sich indes mehr oder weniger vollständig eliminieren, wenn man das Mittel hinlänglich vieler

Tab. 35.

N	W	B).		E. D.				A. L.			M	Σ M
4	1	0,12	0,01	0,02				0,02	0,01		0,042	0,042
	R	0,07	0,04	0,05				0,04	0,00		0,040	
6	1	0,11		0,10	0,11			0,10	0,15		0,136	0,136
	R	0,07		0,16	0,24			0,05	0,15		0,135	
8	1	0,23 0,14	0,26	0,25	0,13	0,10	0,14	0,22	0,23	0,15	0,195	0,863
	2	0,22 0,14	0,28	0,33	0,19	0,22	0,19	0,70	0,26	0,18	0,271	
	3	0,26 0,16	0,26	0,32	0,19	0,27	0,19	0,18	0,27	0,13	0,223	
	4	0,20 0,21	0,27	0,31	0,25	0,29	0,16	0,17	0,25	0,13	0,224	
	R	0,25 0,09	0,23	0,34	0,21	0,23	0,16	0,03	0,19	0,01	0,180	
10	1			0,22	0,15			0,25			0,207	2,859
	2			0,37	0,29			0,37			0,343	
	3			0,38	0,24			0,32			0,360	
	4			0,31	0,33			0,33			0,323	
	5			0,26	0,30			0,36			0,313	
	6			0,24	0,17			0,40			0,303	
	7			0,28	0,23			0,34			0,300	
	8			0,22	0,21			0,34			0,263	
	9			0,22	0,21			0,28			0,237	
	10			0,24	0,16			0,23			0,210	
	R			0,26	0,18			0,21			0,217	
10 1 Std. später	1				0,18			0,33			0,255	1,310
	2				0,30			0,36			0,330	
	3				0,30			0,27			0,275	
	4				0,25			0,25			0,250	
	5				0,10			0,22			0,100	
	R				0,03			0,17			0,100	
10 5 Tage später	1				0,18			0,29			0,235	1,850
	2				0,20			0,31			0,255	
	3				0,23			0,27			0,275	
	4				0,27			0,26			0,275	
	5				0,29			0,29			0,290	
	6				0,26			0,31			0,285	
	7				0,23			0,24			0,235	
	R				0,25			0,16			0,210	

Versuche nimmt. Für jede einzelne V.-P. besitzen wir wohl kaum das zu einer solchen Elimination genügende Material; wie die Tab. 35 zeigt, steht aber nichts im Wege, daſs wir das Mittel sämtlicher vorliegenden gleichartigen Versuche nehmen, denn hinsichtlich derselben V.-P. differieren die Resultate der einzelnen Versuche um ebensoviel, als die verschiedenen Versuchspersonen untereinander abweichen. Die unter der Überschrift M angeführten Zahlen sind nun die Mittel aller der in derselben wagerechten Reihe befindlichen Werte, und diese Mittel betrachten wir jetzt etwas näher.

Sehen wir uns erst die beiden längeren Versuchsreihen ($N=8$ und $N=10$) an, so finden wir, dafs M nicht sofort seinen gröfsten Wert erreicht, sondern während der ersten Wiederholungen bis zu einem gewissen Maximum anwächst, worauf es wieder abnimmt. Dies ist also völlig mit dem auf rein theoretischem Wege gefundenen Satze IX übereinstimmend. Ebenfalls zeigt es sich, dafs M durchweg um so gröfsere Werte hat, je länger die Reihe wird, je gröfser somit N ist. Betrachtet man nur die maximalen Werte, so findet man für $N=4$ $M=0,042$, für $N=6$ $M=0,136$, für $N=8$ $M=0,224$ und für $N=10$ $M=0,360$. Die beiden letzten Gruppen, wo zehnsilbige Reihen nach Verlauf einiger Zeit aufs neue erlernt wurden, dürfen in diesem Zusammenhang wohl kaum mitgerechnet werden, da die Assoziationen hier ja bereits eine gewisse Festigkeit besafsen; dennoch sieht man, wie die maximalen Werte, 0,330 und 0,290, den entsprechenden Wert für $N=8$ übersteigen. Wir sehen somit, dafs der maximale Wert der Arbeit mit der Länge der Reihe anwächst, was durch den Satz X ausgedrückt wird. Derselbe Satz sagt aber auch, dafs der maximale Wert um so später erreicht werde, je länger die Reihe ist; dies bestätigen die Versuche aber nicht. Bei $N=8$ kommt der maximale Wert nämlich erst zugleich mit der vierten Wiederholung, während er bei $N=10$ schon mit der dritten Wiederholung eintritt. Bei $N=8$ ist die Differenz zwischen der zweiten, dritten und vierten Wiederholung indes eine so geringe, dafs es von einem einzigen zufälligen grofsen Werte in einem der Versuche herrühren kann, wenn das Maximum sich nach der vierten Wiederholung verschoben hat, statt auf die zweite zu fallen. Von diesem einen, noch nicht völlig aufgeklärten Punkte abgesehen können wir also behaupten, dafs die Sätze IX und X durch die Erfahrung bestätigt werden.

Schreiten wir darauf zur Prüfung der Richtigkeit der Gleich. 59, so ist es vor allen Dingen die Frage, wie wir aus den Werten M die Summe der gesamten zur Assoziation angewandten Arbeit berechnen können. Größere Schwierigkeit kann dies uns doch nicht bereiten, denn da M denjenigen Bruchteil der freien Energie des Gehirns angibt, der durchschnittlich pro Sekunde zur Assoziationsarbeit verbraucht wurde, hat man also nur nötig, M mit der Anzahl der Sekunden zu multiplizieren. Dieses Produkt wird dann die Größe der Arbeit angeben, und zwar in einer Einheit ausgedrückt, welche die Größe der pro Sekunde disponibeln Energie bezeichnet. Beispielsweise führe ich die Berechnung der längsten der Versuchsreihen $N = 10$ durch. Da das Tempo 80 Silben pro Minute betrug, verlangte jede Silbe mithin 0,75 Sek., zehn Silben 7,5 Sek. Multipliziert man nun mit dieser Zahl jeden der Werte in der Kolonne M, so werden diese Produkte die bei jeder Wiederholung geleistete Arbeit angeben, und die Summe der Produkte ist folglich die totale Arbeit. Diese Summe wird aber leichter ermittelt, wenn wir erst die Werte von M zusammenlegen (das der Reproduktion entsprechende M darf hier natürlich nicht mitgenommen werden) und darauf diese Summe mit 7,5 multiplizieren. Unter der Überschrift ΣM ist die Summe der Werte von M angeführt; für den hier betrachteten Fall ist sie 2,859, und die totale ausgeführte Assoziationsarbeit wird mithin $7,5 \cdot 2,859 = 21,443$. Auf ähnliche Weise berechnet man die Größe der Arbeit in den anderen Fällen.

Tab. 36.

N	W	ΣM	A	K	A ber.	f
4	1	0,042	0,126	(0,0079)		
6	1	0,136	0,612	0,0170	0,745	+ 0,133
8	4	0,863	3,178	0,0202	3,299	+ 0,121
10	10	2,859	21,443	0,0214	20,700	− 0,743
10	3	1,310	9,825	0,0196	10,350	+ 0,525
10	7	1,850	13,875	0,0198	14,490	+ 0,015

Die Tab. 36 gibt eine Übersicht über die berechneten Werte der Arbeit. N gibt die Anzahl der Glieder, W die Anzahl der Wiederholungen an; ΣM sind die in der Tab. 35 angeführten Summen, A endlich die durch

Multiplikation mit der Anzahl der Sekunden hieraus berechnete Größe der Arbeit. Gleich. 59 zufolge soll man nun haben: $A = K \cdot W \cdot N^s$; man soll mit anderen Worten finden: $A/W \cdot N^s =$ Konst. Dividiert man also die Werte von A mit den entsprechenden Werten von $W \cdot N^s$, so sollen die Quotienten eine konstante Größe sein. Diese Quotienten finden sich unter der Überschrift K; man sieht, daß diese so wenig voneinander abweichen, wie sich nur irgend bei Versuchen dieser Art erwarten läßt. Nur für $N = 4$ differiert K erheblich von den anderen Zahlen; weit entfernt, daß dies eine Übertretung des Gesetzes wäre, ist es vielmehr als weitere Bestätigung desselben zu betrachten. Die theoretische zur Gleich. 59 führende Entwicklung ruht ja nämlich durchaus auf der Voraussetzung, daß die Assoziationsarbeit bei völliger Aufmerksamkeit ausgeführt wird. Ist dies nicht der Fall, so wird die Arbeit auch nicht der Anzahl der Glieder proportional anwachsen (S. 312). Das Auswendiglernen einer Reihe von vier Gliedern durch einmaliges Durchlesen erfordert aber eben nicht die volle Konzentration der Aufmerksamkeit, denn dann wäre es unmöglich, eine Reihe von sechs Gliedern durch einmaliges Durchlesen zu lernen. Folglich soll Gleich. 59 nicht für $N = 4$ gültig sein, da die subjektive Voraussetzung für die Gültigkeit des Gesetzes in diesem Falle nicht erfüllt wird. Der Umstand, daß man bei $N = 4$ nicht denselben Wert von K findet wie bei höheren Werten von N, ist also geradezu als ein Beweis für die Richtigkeit der theoretischen Entwicklung zu betrachten, die zu Gleich. 59 führte.

Es erübrigt nur noch, zu prüfen, ob ein konstanter Wert von K wirklich die Gleich. 59 befriedigt. Berechnet man den wahrscheinlichen Wert von K, so findet man $K = 0.0207$; hierbei wurde der Wert für $N = 4$ natürlich nicht mitgerechnet. Setzt man nun den wahrscheinlichen Wert von K in Gleich. 59 ein, so läßt sich A berechnen; die somit gefundenen Größen sind in der Tab. 36 unter »A ber.« und die Abweichungen zwischen diesen und den gefundenen A unter der Überschrift f angeführt. Diese Fehler erweisen sich als so klein, daß die Gültigkeit der Gleich. 59 als unzweifelhaft anzusehen ist.

Meiner Ansicht nach ist letztere quantitative Übereinstimmung der Theorie mit der Erfahrung als ein
entscheidender Beweis für die Richtigkeit unserer theoretischen Betrachtungen aufzufassen.

ALLGEMEINE PSYCHO-ENERGETIK.

Intensitäts- und Kapazitätsfaktor der P-Energie.
Im vorhergehenden fanden wir für die Assoziationsarbeit
den Ausdruck $A = K \cdot W \cdot N^2$, einen Ausdruck also, der
wegen seiner Form verschiedene aus der Physik bekannte Maße der Energiemengen ins Gedächtnis ruft. So
hat man für die Bewegungsenergie den Ausdruck $mv^2 2$,
für die elektrische Energie $Cu^2 2$, wo C die Kapazität,
u das Potential ist. Aus dieser rein formellen Übereinstimmung darf man bekanntlich aber doch keine Analogien zwischen den in den verschiedenen Formeln vorkommenden Größen folgern. So ist die elektrische
Kapazität keine Masse, sondern eine Länge, und das
Potential kann folglich auch nicht die Dimension der
Geschwindigkeit haben. Daß man, wie hier, trotz der
durchaus verschiedenen Bedeutung der vorkommenden
Größen, formell übereinstimmende Formeln erhalten
kann, beruht darauf, daß die Dimension der Energie
$(A) = m \cdot l^2 \cdot t^{-2}$ sich auf höchst verschiedene Weise teilen
läßt. Ohne nähere Untersuchung können wir deshalb
aus der Formel für die Assoziationsarbeit keine Schlüsse
in betreff der Dimensionen der einzelnen darin vorkommenden Größen ziehen; eine Auseinandersetzung
dieser Sache wird indes nicht mit größerer Schwierigkeit verbunden sein.
Der Gleich. 59 zufolge läßt der Ausdruck für die
Assoziationsarbeit sich in die Form $k \cdot (N \cdot n) \cdot W \cdot N$ bringen.
Da n hier die Anzahl der pro Sekunde gelesenen Silben
bezeichnet, ist $N \cdot n$ mithin die Zeit, welche das einmalige
Durchlesen erfordert, während $W \cdot N \cdot n$ die von der gesamten Arbeit beanspruchte Zeit T ist. Wir erhalten
somit für die Assoziationsarbeit den Ausdruck $A = k \cdot N \cdot T$,
welcher zeigt, daß diese wie jede andere durch Trans-

formation chemischer Energie ausgeführte Arbeit der
von dem Vorgange erforderten Zeit proportional anwächst. Während jeder Zeiteinheit wird mithin die
Arbeit $k \cdot N$ abgegeben. Hier ist N, die Länge der Reihe,
ganz deutlich der Kapazitätsfaktor, denn die Anzahl
der Glieder ist eine Menge, die sich einfach addieren
läfst. Ebenfalls sieht man leicht, dafs k die Intensität
ist, denn k bezeichnet (vgl. S. 316) diejenige Arbeit,
welche jedes einzelne Glied durchschnittlich während
jeder einzelnen Zeiteinheit ausführt. Da nun die Intensität einer Vorstellung unserer Theorie zufolge durch
das Potentialgefäll bestimmt ist, wird k mithin der
Ausdruck für ein Potential, und N bezeichnet folglich
eine Elektrizitätsmenge. Hiermit soll natürlich durchaus
nicht gesagt sein, dafs anzunehmen sei, die Energie sei
unter der Form der Elektrizität tätig; es werden nur die
Dimensionen der beiden Faktoren hierdurch angegeben.
Die Gröfse $k.N$ ist in letzter Instanz nämlich nur ein
Mafs desjenigen Quantums chemischer Energie, das in
jeder Sekunde durch die Assoziationsarbeit transformiert
wird; welche Form diese Energie aber annimmt, darüber
wird nichts ausgesagt. Aus dem Gesetze der konstanten
Proportionen folgt indes, dafs ein konstanter Bruchteil
der transformierten Energie in psychische Arbeit übergehen wird. Da dieser unbekannte Bruchteil nun sowohl
von der Intensität als von der Anzahl der Vorstellungen
abhängig sein mufs, so kann es wohl keinen Zweifel erleiden, dafs wir in der Anzahl der Vorstellungen den
Kapazitätsfaktor der P-Energie zu suchen haben.

Während wir mithin bei der psychischen Arbeit
beide Faktoren der Energie nachzuweisen vermögen,
stellt sich die Sache etwas anders rücksichtlich des
einzelnen psychischen Zustandes. Da auch dieser,
unserer Auffassung zufolge, von einer Energietransformation herrühren mufs, ist man zu der Erwartung berechtigt, dafs nicht nur die Intensität der Energie, sondern
auch deren Kapazität im Zustande nachweisbar sei.
Nun steht es indes aufser allem Zweifel, dafs alle ein-
stimmig den psychischen Zuständen Intensität beilegen,
während noch niemand etwas gefunden hat, das sich als
deren Kapazität bezeichnen liefse. Von dieser Tatsache
aus hat man schon gemeint, einen gewichtigen Einwurf

gegen die energetische Auffassung der psychischen Erscheinungen erheben zu können; es ist aber doch die
grofse Frage, ob der Einwurf nicht ebensowohl jede
andere Seelentheorie trifft, z. B. den so äufserst beliebten Parallelismus. Denn wenn das Seelische und
das Körperliche zwei Seiten eines und desselben Dinges
sein sollen, so könnte man mit Fug und Recht fragen,
weshalb man nur zur Intensität, nie aber zur Kapazität
der physischen Energieumsätze eine psychische Parallele
findet. Wenn ein solcher Einwand nicht schon längst
zur Geltung gebracht wurde, liegt dies natürlich darin,
dafs der Parallelismus nur eine Redensart, aber keine
ausgearbeitete Theorie ist, welche die Erscheinung in
ihren Einzelheiten erklären könnte und sollte. Je mehr
man bei nichtssagenden Abstraktionen stehen bleibt,
um so weniger braucht man aufdringliche Einwürfe zu
befürchten.

Für die energetische Theorie liegt indes eine wirkliche Schwierigkeit in dem erwähnten Einwurfe, und es
ist klar, dafs diese erst wegfallen wird, wenn es gelingt,
den Kapazitätsfaktor der psychischen Zustände nachzuweisen. Doch brauchen wir, soweit ich zu sehen
vermag, nicht lange nach demselben zu suchen: denn
selbst wenn man ihn bisher auch nicht als eine Kapazität
bezeichnet hat, ist er dennoch völlig bekannt. In der
Psychologie hat man ihm indes kein grofses Gewicht
beigelegt; eine um so gröfsere Rolle spielt er in der
Logik, wo man ihn als den »Inhalt« des Begriffes bezeichnet. Wie aber jeder abstrakte logische Begriff
einen Inhalt hat, so hat tatsächlich auch jede komplexe
Vorstellung einen Inhalt, und ebendieser bildet die
Kapazität der Vorstellung. Alle Partialvorstellungen,
die zusammengehalten werden müssen, damit die komplexe Vorstellung völlig und klar bewufst wird, bilden
eben den Inhalt oder die Kapazität des Komplexes.
Dafs wir hier wirklich mit einem Kapazitätsfaktor zu
schaffen haben, mit einer Menge, die sich einfach addieren
läfst, ohne dafs die Vorstellung hierdurch ihre Art verändert, ist eine allgemeine psychologische Erfahrung.
Die kindliche Vorstellung von einem Pferde als einem
grofsen vierbeinigen Tiere mit langem Schwanze und
langer Mähne verändert ihre Art nicht dadurch, dafs

das Kind nach und nach eine Menge Einzelheiten von
dem inneren Baue, den Zähnen, dem Magen usw. des
Tieres lernt. Alle diese Einzelheiten werden einfach
zusammenaddiert, ohne daſs die Vorstellung hierdurch
ihre Qualität ändert; sie wächst im Gegenteil an Inhalt,
an Tiefe, also an Kapazität.

Diese Betrachtungen stimmen, wie leicht zu ersehen,
ganz mit dem Resultate überein, zu welchem uns die
Untersuchungen über die Assoziationsarbeit führten.
Nehmen wir nämlich an, es sei eine Reihe von N Gliedern
durch häufige Wiederholung so fest assoziiert worden,
daſs jedes beliebige der Glieder imstande ist, die übrigen
zu reproduzieren. Diese Reihe bildet nun eine besondere, komplexe Vorstellung, deren Reproduktion
eine zwar sehr kleine, aber doch endliche Energiemenge
erfordern wird. Die Gröſse derselben ist durch $c \cdot N$ bestimmt, wo c die Intensität der Partialvorstellungen,
N aber deren Anzahl, also die Kapazität der komplexen
Vorstellung ist. Es scheint mithin wohl keinem Zweifel
unterworfen zu sein, daſs eine zusammengesetzte Vorstellung eine Energiemenge ist, die ganz wie alle anderen
Energien nicht nur eine bestimmte Intensität, sondern
auch eine Kapazität hat.

Es liegt nun nahe, diese Betrachtungen so zu erweitern, daſs sie auch von den Partialvorstellungen
gelten. Selbst die sinnlosen Silben, die bei den Assoziationsversuchen angewandt werden, und die — eben
wegen ihrer Sinnlosigkeit — keinen eigentlichen Inhalt
haben, sind dennoch keine unzusammengesetzten psychischen Gröſsen. Die Silben sind aus Buchstaben zusammengesetzt, und es macht gleich einen Unterschied,
ob eine Silbe mit mehr Buchstaben geschrieben wird als
eine andere. So hat die Silbe s c h e u c h unzweifelhaft
gröſsere Kapazität als p a f. Da die Silben nicht nur gelesen, sondern auch ausgesprochen werden sollen, ist
also mit jedem einzelnen Gesichtsbilde eine Reihe
motorischer Assoziationen verknüpft. Sind diese besonders kompliziert, so daſs die Aussprache Schwierigkeiten bereitet, so zeigt die Erfahrung, daſs eine solche
einzelne Silbe die Assoziation der Reihe erschweren
kann, weshalb man derartige Silben am liebsten vermeidet. Das heiſst aber ja weiter nichts, als daſs sogar

die einzelne Silbe, je ihrer Komplikation gemäfs, eine
gröfsere oder geringere Kapazität hat und folglich eine
gröfsere oder geringere Energiemenge repräsentiert.
Selbst wenn unsere Mafsmethoden einstweilen gar zu
grob sind, um diese Energieunterschiede direkt messen
zu können, so spielen dieselben der Erfahrung gemäfs
doch eine Rolle, und von einem theoretischen Standpunkte aus haben sie ihre grofse Bedeutung als Anzeichen der verschiedenen Kapazität der Vorstellungen.
Übrig bleiben also nur die einfachen Empfindungen
und deren Erinnerungsbilder, die letzten Elemente, bei
denen die psychologische Analyse Halt macht. Vorausgesetzt, dafs diese Zustände wirklich völlig unzusammen-
gesetzt sind, werden sie also alle die Einheit der
Kapazität haben, und dieser Faktor wird mithin konstant, unveränderlich. Nun leuchtet es aber ein, dafs
die Sache sich nicht so verhalten kann; denn da die
Art und die Stärke der Empfindung durch die Art
und die Stärke des Reizes bestimmt sind, so mufs die
Kapazität der Empfindung notwendigerweise von der
des Reizes abhängig sein. Da es nun auf einzelnen
Sinnesgebieten, nämlich dem Gesichtssinne, dem Tast-
sinne und zum Teil dem Geschmack, möglich ist, die
Kapazität des Reizes unabhängig von dessen Art und
Intensität variieren zu lassen, indem derselbe auf
gröfsere oder kleinere Areale des Sinnesorganes wirkt,
so mufs hierdurch also auch die Kapazität der Empfindung sich ändern. Eine grofse leuchtende Fläche
erregt eine mehr »voluminous« (James¹) Empfindung
als eine kleine, selbst wenn die Art und Stärke der
Empfindung in beiden Fällen genau dieselben sind.
Diese »Voluminousness« der Empfindung ist aber einfach durch die Kapazität des psychophysiologischen
Vorgangs bestimmt; denn da die Intensität des Reizes
für jede Arealeinheit dieselbe ist, mufs die Menge der
im Zentralorgane transformierten Energie in demselben
Verhältnisse anwachsen wie das Areal der gereizten
Fläche; bei konstanter Intensität wächst die Kapazität
der *P*-Energie folglich dem gereizten Areale proportional
an. Die »Voluminousness«, die »Ausdehnung« einer

¹ James: Text-book of Psychology. London 1892. S. 335.
23*

Empfindung ist mithin offenbar durch deren Kapazität bestimmt, und es kann dann wohl keinem Zweifel unterliegen, daß wir in der Kapazität der Empfindung das primitive, elementare Bewußtsein räumlicher Ausdehnung zu suchen haben. Da jede Empfindung notwendigerweise eine gewisse Kapazität besitzt, erscheint sie dem Bewußtsein deshalb auch als räumlich ausgedehnt. Es leuchtet nun aber ebenfalls ein, daß wir nie über eine solche vage Empfindung der Ausgedehntheit hinaus gelangen würden, wären unsere Sinnesapparate nicht mit einem Mechanismus ausgerüstet, der eine Differenzierung dieser Empfindung der Ausgedehntheit gestattete. Ein solcher ist jedoch der Erfahrung gemäß in denjenigen Sinnesapparaten zu finden, wo die Kapazität des Reizes unabhängig von dessen Qualität und Intensität variieren kann, indem der Reiz auf größere oder kleinere Areale des Sinnesorganes wirkt. Da die einzelnen Flächenelemente nicht vollkommen gleichartig gebaut sind, erhält die Empfindung aus jedem einzelnen Elemente ein eigentümliches Gepräge (Lokalzeichen), wodurch dieses sich von jedem anderen unterscheidet, und hieran knüpft sich ferner eine Reihe motorischer Assoziationen. Hierdurch wird es möglich, daß die ursprüngliche diffuse Empfindung der Ausgedehntheit nach weitläufiger erziehender Übung zu einer klaren Auffassung der Ausgedehntheit in verschiedenen Richtungen und zu einer feinen Beurteilung der relativen Größe der Ausdehnungen führen kann. Wie diese Entwicklung im übrigen verläuft, darauf brauchen wir uns hier nicht näher einzulassen. Hier soll nur präzisiert werden, was die Entwicklung bewirkt, nämlich daß eine Empfindung gegebener Art und Stärke einen mit der Kapazität variierenden Bewußtseinsinhalt erhält, der unmittelbar als eine Anschauung räumlicher Ausdehnung in verschiedenen Richtungen hervortritt.

Bisher hatten wir ausschließlich diejenigen Sinnesgebiete vor Augen, wo die Kapazität des Reizes von anderen Faktoren unabhängig variieren kann, und wo deshalb auch der Inhalt der Empfindung von deren Art und Stärke unabhängig zu variieren vermag. Dies gilt aber nicht z. B. vom Gehör und Geruch, und es

entsteht daher die Frage, ob alle diese Empfindungen
eine Einheit der Kapazität und mithin einen konstanten
Inhalt haben. Die Erfahrung scheint dies nicht an-
zuzeigen; wenigstens kam Whipple durch seine Untersuchungen über »Discrimination of clangs and tones«
zu einem ganz anderen Resultate: »The memory image
of a tone is not a tonal memory image; it is that and
much more. A tone is held in memory not only as an
auditory quality, but also as a definite quality, possessing
marks which help to identify it. These marks of identifica-
tion are supplementary contributions from various
modalities, — visual, temperature and strain sensations,
associations of various sorts, affective reactions etc.
The relative importance of these various features varies
with the individual observer, and the conditions under
which he is placed.«[1] Dies heifst mit anderen Worten,
dafs jede Schallempfindung aufser einer bestimmten Art
und Stärke auch einen bestimmten Inhalt hat, der sich
freilich nicht mittels psychologischer Analyse in seine
Bestandteile auflösen läfst, der aber nichtsdestoweniger
für die Identifikation der Empfindungen von wesentlicher Bedeutung ist.

Es scheint mir unzweifelhaft, dafs Whipple hier
eine sowohl in praktischer als in theoretischer Beziehung
sehr wichtige Tatsache hervorgehoben hat. Aufser
Whipples Untersuchungen gibt es nämlich noch viele
andere, die eigentlich erst unter derselben Voraussetzung verständlich werden. Um nur ein einzelnes
schlagendes Beispiel hervorzuheben, können wir die im
vorhergehenden besprochenen Messungen der Bahnung
der Schallempfindungen betrachten. Bei diesen wird
eine Empfindung mit dem Erinnerungsbilde einer
früheren Empfindung verglichen. Da ein Erinnerungsbild im Vergleich mit einer wirklichen Empfindung
sehr geringe Intensität hat, sollte man offenbar erwarten, dafs die Empfindung, die in einem gegebenen
Moment dieselbe Intensität wie ein Erinnerungsbild hat,
um vielmal schwächer wäre als die ursprüngliche Empfindung, der das Erinnerungsbild entstammt. Dies ist
aber, wie wir sahen, durchaus nicht der Fall. Bestimmt

---

[1] American Journal of Psychology. Bd. 13. S. 261.

man ca. 6 Sek. nach der Empfindung A die Intensität,
die die Empfindung B haben muſs, um ebenso stark
als A zu scheinen, so erweist es sich, daſs beide Empfindungen genau dieselbe Intensität haben müssen. Es
kann also !unmöglich die Intensität des Erinnerungsbildes von A sein, mit welcher man B vergleicht, denn
man müſste dann zu ganz verschiedenen Gröſsen
kommen. Folglich müssen eine Empfindung und ihr
Erinnerungsbild auſser der Qualität noch eine andere
Gröſse miteinander gemein haben, einen Faktor, der
sich nicht ändert, wenn der Zustand aus einer Empfindung von verhältnismäſsig hoher Intensität in ein
Erinnerungsbild von geringer Intensität übergeht.
Dieser konstante Faktor, auf dem die Möglichkeit der
Identifikation beruht, kann aber kein anderer sein als
die Kapazität. der Inhalt der Empfindung. Eben die
Tatsache, daſs wir zu entscheiden imstande sind, ob
eine augenblickliche Empfindung dieselbe Intensität besitzt wie eine vor kürzerer oder längerer Zeit be-
endete, zwingt uns also zu der Annahme, daſs Empfindungen derselben Art, aber verschiedener Intensität,
auch eine von der Intensität abhängige, verschiedene
Kapazität haben.

Unzweifelhaft spricht mithin vieles dafür, daſs sogar
die einfache Sinnesempfindung einen gewissen Inhalt
hat, mittels dessen ihr Wiedererkennen, ihre Identi-
fizierung möglich wird, und es ist deshalb von wesentlicher Bedeutung, völlig darüber ins reine zu kommen,
wovon dieser Inhalt herrührt, da wir sonst Gefahr
laufen, uns in unlösliche Widersprüche zu verstricken.
Im Anschluſs an James wurde oben behauptet, daſs
jede beliebige Empfindung eine gewisse Ausgedehntheit,
voluminousness, besitzt, deren physiologisches Korrelat
wir an der Kapazität des zentralen Vorgangs haben.
Diese Ausgedehntheit hat freilich viel bestimmtere
Formen für Empfindungen, die aus Sinnesgebieten herrühren, welche speziell darauf eingerichtet sind, uns
eine Raumauffassung zu geben, sie wird aber keineswegs gänzlich bei den anderen Sinnen vermiſst. In
extremen Fällen ist dies deutlich zu sehen. »Das
Rollen eines Donnerschlags scheint uns ausgedehnter
zu sein als das Kreischen des Griffels auf der Tafel.«

sagt James. Diese räumliche Ausgedehntheit, die wir somit den Schallempfindungen unmittelbar beilegen, rührt gewifs von dem Umstande her, dafs mehrere Nervenelemente in Tätigkeit gesetzt werden, wodurch die Kapazität des Vorgangs anwächst. Ganz ähnliche räumliche Empfindungen finden ihren Ausdruck, wenn man hohe Töne spitz oder scharf, tiefe dagegen schwer oder dumpf nennt. Die Abhängigkeit des Verhältnisses von der Kapazität des Vorgangs tritt besonders deutlich hervor, wenn man Klänge, die an Obertönen reich sind, »voll« nennt, während die an Obertönen armen »dünn oder leer« heifsen. Bei gegebener Tonhöhe und Intensität mufs ein Klang notwendigerweise um so mehr Nervenelemente reizen, je reicher er an Obertönen ist; folglich wächst die Kapazität des Vorgangs und mithin auch die »Fülle« der Empfindung. Zweifelsohne hat daher jede Schallempfindung eine bestimmte Ausgedehntheit, die sich nicht beim Übergange der Empfindung in ein Erinnerungsbild verändert, und wo es darauf ankommt, sukzessive Schallempfindungen derselben Art aber verschiedener Intensität miteinander zu vergleichen, da vergleicht man — meines Ermessens — vielmehr die verschiedenen »Ausgedehntheiten« als die Intensitäten.

Dies ist indes nur die eine Seite der Sache, und diese hat Whipple im oben angeführten Zitate gar nicht berührt. Der Empfindungsinhalt, den er vor Augen hat, ist auch, wie es ausdrücklich gesagt wird, zunächst assoziativer Art. Strenggenommen hat dieser Inhalt mit der Kapazität des eigentlichen auditiven Vorgangs also nichts zu tun; derselbe ist einer durch den primären Vorgang im Schallsensorium ausgelösten Reihe neuer Vorgänge zu verdanken. Es mufs daher streng unterschieden werden zwischen dem, was wir den primären, und dem, was wir den totalen Inhalt der Empfindung nennen können. Der primäre Inhalt ist die räumliche Ausdehnung, die der psychische Ausdruck für die Kapazität des durch den Reiz unmittelbar erregten psychophysiologischen Vorgangs bildet. Der totale Inhalt umfafst aufserdem eine gröfsere oder kleinere Reihe psychischer Momente, die zwar assoziativ hervorgerufen, meistens aber ziemlich unbestimmbaren

Ursprungs sind, und mit diesem gesamten Komplexe
haben wir gewöhnlich zu schaffen, wenn wir von einer
einfachen Empfindung reden. Dies gilt zweifelsohne
nicht nur von Schallempfindungen, die Whipple ausschließlich ins Auge faßte, sondern auch von allen
anderen Sinnesgebieten. So muß z. B. jede durch
Qualität, Intensität und Kapazität bestimmte Gesichts-
empfindung noch einen anderen Inhalt haben, der sich
nicht dadurch verändert, daß die Empfindung in ein
Erinnerungsbild übergeht, der dagegen mit jedem der
genannten Faktoren variiert. Gerade in einem solchen
Falle sieht man am besten, wie wesentlich es ist, zwischen
dem primären Inhalt der Empfindung, der deren durch
die Kapazität bestimmte räumliche Ausdehnung ist,
und dem ganzen übrigen Inhalte der Empfindung scharf
zu sondern. Denn ist eine beleuchtete Fläche von bestimmter Intensität und Ausdehnung gegeben, so wird
die Kapazität der Empfindung sich natürlich nicht ändern,
weil sich die Intensität ändert: die räumliche Ausdehnung einer Lichtempfindung ist von deren Intensität
unabhängig (von der Irradiation abgesehen, die eine
periphere Erscheinung ist, welche mit den hier betrachteten Verhältnissen nichts zu tun hat). Dagegen
ändert sich beweislich der Totalinhalt der Empfindung
mit der Intensität, selbst wenn alles andere unverändert
bleibt. Eben mit Bezug auf diesen speziellen Fall ist
es nämlich gelungen, direkt experimentell eines der
Momente nachzuweisen, auf denen der Totalinhalt der
Empfindung beruht. Bei erworbener Blindheit ist es
Piltz zu konstatieren geglückt, daß die Vorstellung
von Licht und Dunkelheit von denselben Reflexen der
Pupille begleitet werden, die im sehenden Auge die Einwirkung des Lichtes oder der Dunkelheit auslöst[1]. Ein
Erinnerungsbild eines starken Lichtes ist mithin nicht
mit einer schwachen Lichtempfindung identisch, sondern
ist ein visueller Zustand geringer Intensität plus dem
Pupillenreflexe (und wahrscheinlich auch den zahlreichen anderen organischen Änderungen), welcher eine
intensive Lichtempfindung begleitet. Daß diese organi-

---

[1] Über Vorstellungsreflexe der Pupillen. Neurolog. Zentral-
blatt. 1899.

schen Reflexe auch Spuren im Bewußtsein hinterlassen,
geht daraus hervor, daß jeder, der deutliche Licht-
erinnerungsbilder hat, imstande ist, einen bestimmten
Unterschied zwischen der Vorstellung von einer
helleren und der Vorstellung von einer dunkleren Fläche
zu merken. Existiert aber ein solcher psychischer Unterschied, und ist es zugleich gegeben, daß die beiden Zustände von verschiedenen organischen Änderungen begleitet sind, so ist die Annahme wohl kaum unberechtigt,
daß ebendiese körperlichen Änderungen den psychischen
Zuständen verschiedenen Inhalt verleihen. Freilich sind
wir nicht imstande, weder bei unseren Empfindungen
noch bei unseren Vorstellungen von Licht verschiedener
Stärke, mittels psychologischer Analyse diejenigen
Momente auszuscheiden, die vom Pupillenreflexe oder
von anderen organischen Änderungen herrühren. Dies
ist bekanntlich aber kein Grund, weshalb wir die Existenz
dieser psychischen Momente bestreiten sollten, denn
auch aus einem Klange können wir die einzelnen Partial-
töne nicht ohne Anwendung von Resonatoren durch
Analyse aussondern, dennoch sind sie beweislich aber
da. Vieles spricht mithin für die Annahme, und nichts
widerstreitet wohl derselben, daß sogar unsere sogenannten einfachen Empfindungen in der Tat recht
zusammengesetzte psychische Zustände sind.

Wir können jetzt die Resultate dieser Betrachtungen
in folgende Sätze zusammenfassen:

Jede zusammengesetzte Vorstellung hat
einen Inhalt, der rein additiv durch Assoziation neuer Partialvorstellungen vermehrt
werden kann, ohne daß die Art oder die Intensität des Komplexes sich deswegen ändert.
Der Inhalt der Vorstellung ist der psychische
Ausdruck für die Kapazität des psychophysiologischen Vorgangs.

Auch jede sogenannte einfache Empfindung
hat einen Inhalt, bestimmt durch die Kapazität des zentralen Vorgangs, der durch den
Sinnesreiz direkt erregt wird. Dieser primäre
Inhalt erscheint dem Bewußtsein als eine
Ausdehnung und ist das primitive irre-
duktible Element der Raumauffassung.

Aufser dem primären Inhalt, der Ausdehnung, hat jede sogenannte einfache Empfindung wahrscheinlich noch einen anderen Inhalt, der von organischen Reflexen verschiedener Art und möglicherweise von assoziativen Elementen herrührt. Der totale Inhalt verändert sich nicht, weil die Empfindung in ein Erinnerungsbild, eine Vorstellung, übergeht, und hierauf beruht die Möglichkeit eines Vergleichens der Vorstellung mit der Empfindung.

Wir schreiten jetzt zur Untersuchung, welchen Einfluſs die Aufmerksamkeit auf die beiden Faktoren der Vorstellungen, die Intensität und die Kapazität, übt.

Einfluſs der Aufmerksamkeit auf die beiden Faktoren. Schon früher (2. Teil, S. 235—269) erörterte ich ausführlich die Auffassung der Aufmerksamkeit, welche die natürliche Konsequenz der hier behaupteten Theorie von der Natur der psychophysiologischen Vorgänge werden muſs. Ich kam hierbei zu dem Resultate, daſs die Aufmerksamkeit eine Bahnung an einem einzelnen Punkte von mehreren anderen aus ist, woneben die auf den angebahnten Punkt hin stattfindende Zuströmung von Energie zugleich auf andere gleichzeitige Vorgänge im Zentralorgane hemmend wirkt. Das Bahnende sind die psychophysiologischen Vorgänge, die der Selbstbeobachtung als ›das Interesse‹ erscheinen, d. h. Gruppen von gefühlsbetonten Vorstellungen, die den Ausgangspunkt und das Ziel einer Tätigkeit angeben. Die Wirkung der Konzentration der Aufmerksamkeit oder — psychophysiologisch ausgedrückt — die Wirkung der attentionellen Bahnung wird der Erfahrung gemäſs die, daſs der angebahnte Zustand gewöhnlich mit gröſserer Stärke und Deutlichkeit hervortritt. Hierzu ist aber noch vieles zu bemerken, und es war mein Wunsch, eben an diesem Punkte die Untersuchungen fortzusetzen. Bei meiner früheren Behandlung des Problems konnte ich dies nicht tun, weil die Gesetze der Bahnung damals noch ganz unbekannt waren. Da wir nun aber auf vielen Gebieten die experimentelle Bestätigung der auf rein theoretischem Wege entwickelten Bahnungsgesetze gefunden haben, gibt es mithin die Möglichkeit, zu einem wirklichen Verständnisse der besonderen Schwierigkeiten zu gelangen, welche die Konzentration der Aufmerksamkeit unter gewissen Umständen herbeiführt.

Da die Stärke der Bahnung, wie wir wissen, durch die Differenz der Intensität der beiden psychophysiologischen Vorgänge bestimmt ist, kann also nur der stärkere den schwächeren anbahnen. Dieses Verhalten kann sich offenbar nicht dadurch ändern, dafs ein Vorgang von mehreren anderen zugleich angebahnt wird, was wahrscheinlich bei der attentionellen Bahnung geschieht; denn durch die Bahnung werden die Differenzen der Intensität ausgeglichen, und sobald Gleichgewicht eintritt, mufs der Vorgang aufhören. Hierdurch erklärt sich nun leicht die Tatsache, dafs die Intensität einer Vorstellung bedeutend ansteigen kann, wenn die Aufmerksamkeit auf dieselbe konzentriert wird, während es, bisher wenigstens, nicht möglich gewesen ist, nachzuweisen, dafs die Stärke einer Empfindung durch Aufmerksamkeit vermehrt würde; denn normal haben die Empfindungen eine Intensität, welche diejenige der Vorstellungen bedeutend übersteigt. Da nun der Vorstellungskomplex, den wir das Interesse nennen, selbst wenn er stark ist, unter normalen Verhältnissen dennoch andere Vorstellungen nicht an Intensität übertrifft, so folgt hieraus also, dafs die attentionelle Bahnung Vorstellungen zwar vom Schwellenwerte bis zu ansehnlicher Höhe erheben kann, dafs sie aber nicht imstande ist, Empfindungen einen Zuwachs zu geben.

Ein einziges Zahlenexempel wird hier die Sache klarer machen als viele Seiten Räsonnement. Obschon ich ziemlich lebhafte Gesichtserinnerungsbilder habe und dieselben sehr leicht hervorzurufen vermag, ist es mir doch selbst bei der gröfsten Anstrengung der Aufmerksamkeit noch nie gelungen, diesen Bildern gröfsere Intensität als 4—5 *ie* zu verschaffen. So schwache Reize lassen sich aber nur von dem dunkeladaptierten Auge auffassen. Sogar unter günstigen Umständen und bei grofser Anstrengung (>lebhaftem Interesse<) scheint die attentionelle Bahnung die Vorstellungen also nicht zu höherer Intensität als der der schwächsten Empfindungen steigern zu können. Folglich kann sie auch nicht auf die Intensität derjenigen Empfindungen einwirken, die solche sehr kleine Werte übersteigen.

Es ist jedoch nicht nur die Intensität, sondern auch die Kapazität der Bewufstseinszustände, die durch die attentionelle Bahnung beeinflufst wird. Geht z. B. die Vorstellung von einem Pferde flüchtig durch mein Bewufstsein, so habe ich gewöhnlich nur ein Gesichtsbild in den gröbsten Umrissen. Lenke ich aber die Aufmerksamkeit auf dieses Bild, so wird es nicht nur intensiver, bestimmter in den Konturen, farbig usw., sondern auch reicher an Inhalt. Eine Menge Einzelvorstellungen, die nicht allein das Äufsere des Tieres, sondern auch dessen Natur, dessen Platz im Tierreiche usw. betreffen, tauchen auf; kurz: die Vorstellung nimmt an Inhalt, an Kapazität zu. Etwas ganz Ähnliches findet wahrscheinlich auch dann statt, wenn die Aufmerksamkeit sich einer einfachen Empfindung zukehrt. Die zahlreichen Momente, auf denen der totale Inhalt eines solchen Zustandes beruht, können sich wohl kaum bei einer flüchtigen Wahrnehmung geltendmachen; diese kommen erst bei aufmerksamer Betrachtung zu voller Entwicklung. Hierdurch läfst sich die eigentümliche Erscheinung erklären, dafs kleine Empfindungsdifferenzen, die man bei flüchtiger Betrachtung leicht übersieht, bei aufmerksamer Beobachtung sehr deutlich hervortreten können. Weder die Qualität noch die Intensität der Empfindungen kann nämlich durch die attentionelle Bahnung Änderungen erleiden, und in diesen Beziehungen bleibt der Unterschied mithin unverändert. Wird aber der totale Inhalt durch die Konzentration der Aufmerksamkeit vermehrt, so wird der Unterschied in dieser Beziehung gröfser, deutlicher, und kommt also auch leichter zum Bewufstsein.

Bei Vorstellungen von grofser Kapazität ist noch ein besonderer Umstand zu erörtern. Wir sahen oben, dafs die pro Sekunde zur Erhaltung einer Vorstellung verbrauchte Energie durch $a = c \cdot N$ ausgedrückt wird, wo c die Intensität, N die Kapazität der Vorstellung ist. Da sowohl c als N durch die attentionelle Bahnung abgeändert werden kann, ist a mithin keine für die gegebene Vorstellung konstante Gröfse. Da die in der Zeiteinheit disponible Energie aber konstante Gröfse

hat, kann a ein gewisses Maximum, a_m, nicht überschreiten. Man bekommt daher unter den günstigsten
Umständen den Energieverbrauch $a_m = c \cdot N$, woraus
hervorgeht, dafs c abnehmen mufs, wenn N bis über die
Grenze hinaus anwächst, wo das Produkt $c \cdot N$ seine
maximale Gröfse erreicht hat. Das heifst mit anderen
Worten nur, dafs eine zusammengesetzte Vorstellung
sich gar nicht als Totalität vorstellen läfst, ohne dafs
die Intensität der einzelnen Glieder mehr oder weniger
sinkt. Versucht man es z. B., sich mit aller Anspannung
der Aufmerksamkeit das Alphabet vorzustellen, so ent-
deckt man leicht, wie die einzelnen Buchstaben so schwach
im Bewufstsein hervortreten, dafs man eigentlich gar
keinen festhält, und sobald man die Aufmerksamkeit
auf einzelne derselben richtet, verschwinden die meisten
anderen unter der Schwelle des Bewufstseins. Diese
Erscheinung, die man gewöhnlich »die Enge des Bewufstseins« nennt, haben wir hier also rein energetisch
begründet. Wir können aber noch einen kleinen Schritt
weiterkommen. Es ist nämlich nicht nur unökonomisch,
energieraubend, sondern auch in anderen Beziehungen
unpraktisch, beim Denken mit Vorstellungen von so
grofser Kapazität zu operieren, dafs diese nicht als
Totalitäten festgehalten werden können. Man assoziiert
deshalb mit jeder solchen Vorstellung ein Klangbild, ein
Wort. Dieses wird als blofses Klangbild sehr geringe
Kapazität, dagegen aber grofse Intensität haben können,
und ist deshalb viel leichter zur Arbeit zu gebrauchen,
da es uns gestattet, dieselben Operationen mit weit geringerem Energieverbrauch auszuführen. Mittels einer
attentionellen Bahnung können wir in jedem gegebenen
Augenblicke das Wort in die ursprüngliche dingliche
Vorstellung umsetzen. Die Aufmerksamkeit ist mithin
ein Transformator, mittels dessen ein Zustand von geringer Intensität und grofser Kapazität in einen anderen
von hoher Intensität und kleiner Kapazität umgesetzt
wird, oder umgekehrt.

Wir können jetzt auch leicht die schon früher (2. Teil,
S. 226—229) experimentell bewiesene Tatsache erklären,
dafs jede Denkarbeit ihrer Natur zufolge freilich ein
gewisses Minimum von Energie erheischt, dafs sie aber
auch mit gröfserem Energieaufwand ausgeführt werden

kann, wodurch die Arbeit an Sicherheit gewinnt. Ist nämlich eine bestimmte Arbeit zu verrichten, so muß stets eine gewisse Reihe von Vorstellungen reproduziert werden, und die Aufmerksamkeit muß sich stets auf diejenigen derselben richten, die ans Ziel führen. Es leuchtet nun ein, daß die Arbeit sich überhaupt nicht ausführen läßt, wenn nicht wenigstens so viel Energie angewandt wird, wie erforderlich ist, um den notwendigen Vorstellungen ein Minimum der Intensität und der Kapazität zu verschaffen. Je mehr sich aber die Aufmerksamkeit auf diese Vorstellungen konzentriert, um so mehr nehmen beide Faktoren zu, wodurch also der Energieaufwand anwächst. Indem die Vorstellungen somit aber stärker und deutlicher hervortreten, erhält das Individuum auch die Gewißheit, daß die festgehaltene Vorstellung wirklich die im gegebenen Falle anzuwendende ist. Tritt nämlich der gesamte Inhalt einer reproduzierten Vorstellung, so weit möglich, klar und deutlich im Bewußtsein hervor, so muß die Arbeit mit weit größerer Sicherheit dafür, daß das Ziel erreicht wird, stattfinden, als wenn die sukzessiv reproduzierten Vorstellungen festgehalten werden, ohne daß man sich des vollen Inhalts derselben bewußt wird. Die Eigentümlichkeiten der Denkarbeit scheinen mithin erst von einem energetischen Gesichtspunkte aus völlig erklärlich zu sein, wie es auch nicht anders zu erwarten war.

HEMMUNG UND BAHNUNG DER HERZTÄTIGKEIT.

Tatsachen. In der Einleitung zum ersten Teile wurde die Frage aufgeworfen: Welche Bedeutung haben die Änderungen der vegetativen Funktionen, welche die verschiedenen psychischen Zustände begleiten? Um diese Frage beantworten zu können, mußten wir notwendigerweise erst in Erfahrung bringen, ob die einzelnen Bewußtseinszustände überhaupt von bestimmten, gesetzmäßigen Änderungen der vegetativen Funktionen begleitet werden. Auf Grundlage eines umfassenden, im

ersten Teile näher erörterten Versuchsmaterials fand
diese Frage bejahende Beantwortung. Es konnte demnach wohl keinem Zweifel unterliegen, dafs diese gesetzmäfsigen Änderungen auch ihre bestimmte Bedeutung
haben, einem bestimmten Zwecke dienstbar sind. Da gewisse physiologische Versuche anzudeuten schienen, dafs
die Blutversorgung des Gehirns wesentlich von der Frequenz der Herzschläge und von dem Zustande der Gefäfse
im Organismus abhängig sei, stellten wir die vorläufige
Hypothese auf, dafs die beobachteten Änderungen der
vegetativen Funktionen dazu dienten, dem Gehirn die
während der verschiedenen Arbeiten erforderliche Blutversorgung zu sichern. Eine Prüfung der Richtigkeit
dieser Hypothese erforderte notwendigerweise die
Lösung zweier Probleme: nicht nur mufsten wir imstande sein, die Änderungen der Blutzufuhr zum Gehirn
während der wechselnden psychischen Zustände bestimmen zu können, sondern wir mufsten auch, annähernd wenigstens, die Arbeit messen können, welche
das Gehirn beim Hervorbringen der verschiedenen
psychischen Zustände leistet. Im zweiten Teile wurde
das Problem von einem Mafse der psychischen Erscheinungen aufgenommen, und es erwies sich, dafs man
wirklich imstande ist, in gewissen Fällen die Gröfse der
Hirnarbeit mittels der psychophysiologischen Hemmungswirkungen zu messen. Eine theoretische Bearbeitung
der hierzu nachgewiesenen Methode führte uns nun im
dritten Teile zu einem tieferen Einblick in die dynamischen Verhältnisse des Gehirns, und es fand sich, dafs
die auf theoretischem Wege entwickelten Hemmungsund Bahnungsgesetze auf sehr verschiedenen Gebieten
mit der Erfahrung übereinstimmten.

Selbst wenn wir nun auch, besonders bei den
letzten Untersuchungen, unser ursprüngliches Ziel anscheinend gänzlich aus den Augen verloren haben,
leuchtet es anderseits doch ein, dafs die Kenntnis der
die zentralen Vorgänge beherrschenden Hauptgesetze
von aufserordentlicher Bedeutung ist, um die Beziehung
der psychischen Zustände zu den organischen Änderungen
zu verstehen. Wir sahen nämlich, dafs die psychophysiologischen Vorgänge nicht nur sich gegenseitig anbahnen
und hemmen, sondern auch in ähnlicher Weise auf

die Innervation der willkürlichen Muskeln einwirken.
Es läfst sich deshalb wohl kaum bezweifeln, dafs auch
diejenigen Zentra, von denen aus die vegetativen
Funktionen reguliert werden, hemmenden und bahnenden
Einwirkungen der höheren Zentren unterworfen sind.
Ein wirkliches Verständnis, wie bestimmte organische
Änderungen als Folge gegebener psychischer Zustände
entstehen können, wird daher nur dann möglich sein,
wenn wir die Bedingungen und Gesetze dieser Hemmungen und Bahnungen kennen. Dafs dies sich richtig
verhält, wird sich gleich im folgenden erweisen, indem
die gewonnene Einsicht in die psychodynamischen Verhältnisse zu einer sehr einfachen, rein mechanischen
Erklärung der Abänderungen der Pulsfrequenz führt,
welche die verschiedenen psychischen Zustände begleiten. Läfst eine ähnliche Erklärung sich einstweilen
nicht mit Bezug auf die vasomotorischen Änderungen
durchführen, so rührt das zunächst von dem Umstande
her, dafs die anatomischen Verhältnisse hier weit ver-
wickelter sind, indem der Zustand der Gefäfse von verschiedenen Zentren aus reguliert wird. Selbst wenn
wir aber auch nicht in den einzelnen Fällen nachzuweisen
vermögen, wie die vasomotorischen Änderungen rein
mechanisch zustande kommen, erleidet es doch wohl
keinen Zweifel, dafs die Verhältnisse hier den Änderungen
der Herztätigkeit ganz analog sind, so dafs das Lumen
der Gefäfse in allen Fällen durch die hemmende und
bahnende Wirkung der zentralen Vorgänge auf die
Gefäfszentren bestimmt wird.

Während unsere Einsicht in die psychodynamischen
Verhältnisse uns mithin, in einigen Fällen wenigstens,
zum Verständnisse führen kann, wie die Zirkulationsänderungen rein mechanisch zustande kommen, wird sie
uns zugleich in weit gröfserem Umfange dazu verhelfen
können, die Bedeutung, die Zweckmäfsigkeit der betreffenden Reaktionen zu beurteilen. Hierzu ist es
nämlich nicht erforderlich, die Entstehungsweise der
Reaktion zu kennen; es genügt, die Beschaffenheit des
primären Vorgangs und die begleitende Reaktion zu
kennen; hierdurch wird gewöhnlich auch die Bedeutung
der Reaktion für das arbeitende Organ klar werden.
Trifft z. B. ein Lichtstrahl die dunkeladaptierte Netz-

haut, so wird der hier erregte Vorgang von einer Kontraktion der Pupille und einem vasomotorischen Reflex nach der Netzhaut begleitet werden, und die Stärke dieser beiden körperlichen Reaktionen steht, wie wir wissen, in bestimmtem Verhältnisse zur Intensität des Lichtes. Wie ein lokaler vasomotorischer Reflex zustande kommt, ist bis jetzt aber noch nicht aufgeklärt. Nichtsdestoweniger ist die Bedeutung dieser beiden körperlichen Änderungen indes leicht verständlich. Während die Kontraktion der Pupille die Menge des einfallenden Lichtes vermindert, wird der vasomotorische Reflex einen lebhafteren Stoffwechsel in der Netzhaut bewirken, wodurch diese imstande sein wird, die vom Reize erforderte Arbeit zu leisten. Die Zweckmäfsigkeit beider betreffenden Reaktionen ist mithin leicht ersichtlich — es handelt sich hier allerdings auch um ganz einfache physische Verhältnisse. Betrachten wir dagegen die oft sehr komplizierten körperlichen Abänderungen, welche die Gemütsbewegungen begleiten, so ist die Sache lange nicht so einfach. So kann z. B. ein Mensch plötzlich vor heftigem Erschrecken sterben — hier ist die Zweckmäfsigkeit der Reaktion jedenfalls nicht unmittelbar einleuchtend. Anderseits kann man aus einem solchen verhältnismäfsig seltenen Falle natürlich nicht den Schlufs ziehen, dafs die organischen Reaktionen nicht dennoch zweckmäfsig gewesen wären. Wir wissen, dafs jeder plötzliche starke Sinnesreiz eine Verminderung der Pulsfrequenz bewirkt. Diese Reaktion ist unzweifelhaft, wie wir später sehen werden, eine zweckmäfsige. Bei einem ungemein starken und unerwarteten Reize kann es natürlich geschehen, dafs die Tätigkeit des Herzens gänzlich gelähmt wird, so dafs der Tod eintritt. Der Fehler — wenn ein solcher Ausdruck statthaft ist — liegt in diesem Falle indes nicht an der Reaktion, sondern ist zunächst am Herzen zu suchen, weil dieses zu geringe Widerstandskraft besafs. Möglicherweise sieht diese Betrachtung ziemlich erkünstelt aus; ein aus einem mehr überschaulichen Gebiete geholtes Beispiel wird die Sache aber leicht ins reine bringen.

Ein Mann wird auf freiem Felde von einem wütenden Stier angefallen. Da es ihm an jeglichem Verteidigungsmittel gebricht, ergreift er den höchst natürlichen und

zweckmäfsigen Ausweg, nach dem nächsten Orte, wo
er Deckung finden kann, zu fliehen. Erreicht er diesen
Ort, so ist er gerettet, und es erweist sich dann, dafs
seine Handlung sehr vernünftig und zweckmäfsig war.
Wenn er nun aber unterwegs stürzt und vor der durch
den Gewaltlauf verursachten Anstrengung stirbt? Man
kann darum doch nicht erklären, der Mann habe töricht
gehandelt, denn er tat ja wirklich das Einzige, was die
Möglichkeit der Rettung enthielt, und von vornherein
konnte er doch unmöglich wissen, dafs sein Herz die
damit verbundenen Anstrengungen nicht zu ertragen
vermochte. Also: die Reaktion des Mannes auf den
Angriff des Stieres — die Flucht – ist unzweifelhaft
zweckmäfsig, und es beruht auf mehr zufälligen Umständen — auf der Schwäche des Herzens, der Länge
des Weges - , dafs die zweckmäfsige Reaktion das gewünschte Resultat nicht herbeiführt. Ganz ebenso verhält es sich meiner Meinung nach mit dem tödlichen
Schreck. Die normale Reaktion des Organismus auf
einen plötzlichen Reiz ist zweckmäfsig: bewirkt sie aber
in einem einzelnen seltenen Falle eine Herzlähmung,
die den Tod zur Folge hat, so beruht dies auf einem
unberechenbaren Umstande — der Schwäche des
Herzens —, der durchaus nicht die Unzweckmäfsigkeit
der Reaktion dartut. Der einzige Unterschied der
beiden Fälle besteht darin, dafs wir, wenn von der
Flucht des Mannes die Rede ist, alle Umstände zu übersehen vermögen, weshalb wir die Zweckmäfsigkeit der
Handlung nicht bezweifeln, während wir im anderen
Falle die dem Organismus zu Gebote stehenden Möglichkeiten nicht kennen. Hier ist die Zweckmäfsigkeit
der Reaktion also äufserst schwierig zu beurteilen:
sehen wir aber von solchen exzeptionellen und komplizierten Fällen ab, so wird es gewöhnlich genügen,
die Beschaffenheit des primären Vorgangs und die begleitende Reaktion zu kennen, um die Zweckmäfsigkeit
der letzteren schätzen zu können. Für den primären
Vorgang kommen aber in erster Linie eben die psychodynamischen Verhältnisse in Betracht, und an diesem
Punkte ist Einsicht also durchaus notwendig.

Was ich hier in Kürze anzudeuten versucht habe,
wird an verschiedenen Punkten im folgenden natürlich

deutlicher hervortreten, und es wird sich dann stets
erweisen, dafs wir durch die psychophysischen und
psychodynamischen Untersuchungen, die mit unserem
Problem gar nicht in direkter Beziehung stehen, Voraussetzungen gewonnen haben, ohne die wir der Frage
nach der Bedeutung der organischen Änderungen ganz
ohnmächtig gegenüberstehen würden. Indem wir dieses
Problem nun zu näherer Behandlung vornehmen, be-
grenzen wir dasselbe aus praktischen Gründen vorläufig so, dafs es nur die Änderungen der Herztätigkeit
umfafst. Es wurde nämlich früher (1. Teil, S. 201 u. f.)
bereits nachgewiesen, dafs wir nicht imstande sind, aus
den Plethysmogrammen über die vasomotorischen
Änderungen, die dazu beitragen, den Plethysmogrammen
ihre eigentümliche Form zu geben, Schlüsse zu ziehen.
Was sich mit Sicherheit aus diesen Kurven ableiten
läfst, ist nur dasselbe, was aus jedem Sphygmogramm
zu ersehen ist: die Änderungen der Frequenz und der
Gröfse (Pulshöhe) der Herzschläge. Mehr wissen wir also,
streng genommen, nicht von den Zirkulationsstörungen,
welche die verschiedenen psychischen Zustände begleiten.
Kommt hierzu noch, dafs Wundt und die Anhänger
der dreidimensionalen Gefühlslehre ganz besonderes
Gewicht eben auf die Änderungen des Herzschlages
legen, in welchen sie den typischen Ausdruck für die
drei Gefühlsrichtungen suchen, so haben wir offenbar
allen möglichen Anlafs, die Änderungen der Herztätigkeit zu besonderer Behandlung vorzunehmen, um
zu sehen, wie diese Änderungen zustande kommen, und
welchen Zweck sie haben.

Die erste zu beantwortende Frage ist die rein
empirische: Welche gesetzmäfsige Beziehung besteht
zwischen den verschiedenen psychischen Zuständen und
den dieselben begleitenden Änderungen der Herztätigkeit?
Hierauf wurde allerdings schon im ersten Teil eine sehr
ausführliche Antwort gegeben; seit dem Erscheinen
dieser Arbeit sind aber eine Reihe experimenteller Untersuchungen über denselben Gegenstand veröffentlicht
worden, deren Resultate — wenigstens dem Anschein
nach — weder untereinander noch mit den meinigen übereinstimmen. Dafs solche Abweichungen vorkommen
können, ist keineswegs sonderbar, da das rein individuelle
24*

Gutachten bei derartigen Untersuchungen an vielen
Punkten entscheidende Bedeutung erhält. Erstens sind
unsere Bezeichnungen der psychischen Zustände weder
im täglichen Leben noch in der Wissenschaft so scharf
definiert, daß man sicher sein kann, ob verschiedene
Menschen unter demselben Worte genau denselben
Zustand verstehen. Was dem einen eine willkürliche
Konzentration der Aufmerksamkeit ist, nennt der andere
vielleicht eine unwillkürliche usw. Hieraus muß notwendigerweise große Konfusion entspringen. Ferner
kommt hierzu, daß ein und derselbe Zustand sich
keineswegs immer auf dieselbe Weise äußert; schon im
ersten Teil wies ich mittels zahlreicher Beispiele nach,
wie chronische Zustände, z. B. Spannung, Schläfrigkeit u. dgl., die körperlichen Äußerungen experimentell
hervorgerufener psychischer Erscheinungen zu modifizieren vermögen. Benutzt man nun keinen Plethysmographen — und dies war wenigstens bei einigen der
neueren Untersuchungen der Fall —, so wird man das
Vorhandensein dieser chronischen Zustände auch nur
schwierig entdecken können. Dies bringt neue Konfusion, indem völlig normale Reaktionen mit denjenigen
vermischt werden, die man unter speziellen Umständen
beobachtet. Endlich kommt das Ausmessen der Kurven
und macht die Verwirrung heillos. Denn in nicht
wenigen Fällen sind z. B. die Schwankungen der Pulslänge periodisch (1. Teil, S. 68 u. 75), so daß Verkürzung
und Verlängerung mehrmals miteinander abwechseln.
Man kann unter diesen Umständen daher fast jedes beliebige Resultat erzielen, je nachdem man nur eine
einzelne Phase betrachtet oder aus zwei oder mehreren
das Mittel zieht. Dies hat, wie wir sehen werden, viele
scheinbare Nichtübereinstimmungen der Resultate der
verschiedenen Forscher herbeigeführt.

Es gibt also Ursachen genug, die scheinbare Nichtübereinstimmungen bewirken können; glücklicherweise
wird es aber hierdurch nicht zur Unmöglichkeit gemacht,
die tatsächlichen Übereinstimmungen nachzuweisen,
denn in den meisten Fällen kann man sich einfach an
die Versuche halten, ohne zu berücksichtigen, wie es
dem betreffenden Experimentator den Zustand zu be-
nennen gefällt. Befindet nur die V.-P. sich in einiger-

maßen normalem Zustande, so ist ein Rechenexempel ein Rechenexempel, dessen Einfluß auf den Herzschlag in Zürich ganz derselbe sein muß wie in Leipzig oder Kopenhagen. Und diese Wirkung ist glücklicherweise ganz davon unabhängig, ob der eine Experimentator den Zustand eine Konzentration der Aufmerksamkeit, der andere dagegen abwechselnd ein Tätigkeits-, Spannungs- oder Lösungsgefühl nennt. Halten wir uns daher nur an die Versuche, so wird es schon gelingen, das Gemeinschaftliche, Gesetzmäßige, das hinter den vielen verschiedenen Wörtern liegt, ausfindig zu machen.

Beginnen wir nun z. B. mit der Konzentration der Aufmerksamkeit, so befinden wir uns sogleich mitten in der Konfusion. In guter Übereinstimmung mit Mentz fand ich, daß ein unwillkürliches Fesseln der Aufmerksamkeit eine Pulsverlängerung bewirkte, während eine willkürliche Konzentration von einer Pulsverkürzung begleitet wurde, die um so mehr hervortrat, je stärker man die Aufmerksamkeit konzentrierte (1. Teil. S. 68, 93 u. 102). Im Gegensatz hierzu vermochten Zoneff und Meumann keinen Unterschied der beiden Formen der Aufmerksamkeit nachzuweisen; in allen Fällen finden sie nur Pulsverlängerung [1]. Dem Wortlaute nach ist hier also völlige Uneinigkeit; betrachten wir aber die Versuche selbst, so stellt sich die Sache sofort ganz anders. Die Hauptmasse der Zoneff-Meumannschen Experimente wurde nämlich mit einfachen Sinnesreizen angestellt, mit Farben, Tönen, Figuren u. dgl., welche die V.-P. nur verhältnismäßig kurze Zeit hindurch betrachtete. In allen diesen Fällen ist die Aufmerksamkeit freilich nicht ausschließlich unwillkürlich gefesselt; hierauf kommt es aber auch gar nicht an. Die Hauptsache ist nur, daß keine anstrengende psychische Arbeit verrichtet wird. Dies erweist sich auch aus meinen Versuchen (1. Teil. S. 91—92), wo ich ähnliche Reize anwandte wie Zoneff und Meumann und ganz entsprechende Wirkungen fand, nämlich Pulsverlängerung, ohne Rücksicht darauf, ob die Aufmerksamkeit unwillkürlich gelenkt oder aktiv

[1] Über Begleiterscheinungen psychischer Vorgänge in Atem und Puls. Phil. Studien. Bd. 18, S. 44.

konzentriert wurde (vgl. 1. Teil, S. 93). Es kann hier
also von Uneinigkeit gar nicht die Rede sein, wenn wir
nur die vagen psychologischen Begriffe der willkürlichen und der unwillkürlichen Aufmerksamkeit aufser
Betracht lassen. Am besten sind unsere übereinstimmenden Resultate so zu präzisieren:
Jede sinnliche Wahrnehmung, die keine
besondere Anspannung der Aufmerksamkeit
erfordert, wird von einer Pulsverlängerung
begleitet.
Gehen wir nun zum anderen Punkte über, zur
eigentlichen psychischen Arbeit, die eine mehr andauernde Anspannung der Aufmerksamkeit verlangt,
so ist die Einigkeit nicht völlig so leicht herzustellen.
Unsere Versuche wurden auf dieselbe Weise unternommen, nämlich mit Hilfe von Rechenaufgaben, und
hier finden Zoneff und Meumann meistens Pulsverlängerung, während ich unleugbar am häufigsten Pulsverkürzung finde. Die Ursache dieser Abweichung ist
wahrscheinlich in der verschiedenen Schwierigkeit der Aufgaben zu suchen. Zoneff und Meumann teilen die in
jedem einzelnen Versuche vorgelegte Aufgabe nicht mit;
es wird nur gesagt: »Als Aufgaben wählte der Versuchsleiter zumeist Multiplikationen einer dreistelligen mit
einer einstelligen Zahl.« [1] Da diese Aufgaben im Vergleich mit den von mir gewöhnlich angewandten verhältnismäfsig leicht sind, läfst der Unterschied sich zum Teil
hierdurch erklären. Dies wird verständlich, wenn man
die periodischen Schwankungen der Pulslänge betrachtet,
die ich (1. Teil, S. 68—69) ausführlich erörterte. Ich
wiederhole hier in Kürze meine Resultate, indem ich
ausschliefslich die Pulslänge berücksichtige, die uns für
den Augenblick allein interessiert. Eine willkürliche
Anspannung der Aufmerksamkeit wird unmittelbar von
wenigen geschwinden Pulsen begleitet, worauf vier bis
acht langsamere kommen, deren Länge oft die Norm
überschreitet; darauf folgt eine Periode mit geschwindem
Puls, und die Dauer dieser Periode ist sehr schwankend,
indem diese gewöhnlich ebensolange andauert wie die
psychische Arbeit. Da also bei jeder psychischen Arbeit

[1] l. c. S. 37.

anfangs eine Periode mit verlängertem Puls erscheint, ist es leicht verständlich, daß eine kurze Arbeit, die fast gleichzeitig mit der genannten Periode zum Abschluß kommt, Verlängerung des Pulses zeigt, wenn man das Mittel der während der Arbeit eintretenden Pulse nimmt. Gerade auf diese Weise rechneten aber Zoneff und Meumann, indem sie die Pulsfrequenz vor, während und nach der Arbeit verglichen. Bei der Berechnung meiner Versuche verfuhr ich anders, indem ich das Mittel der Pulslänge für jede Phase der Volumkurve nahm; selbstverständlich verwehrt uns aber nichts, meine Kurven auch auf die angeführte Weise auszumessen und zu berechnen.

Tab. 37.

Nr.	Versuch	vor d. Arb.		währ. d. Arb.		nach d. Arb.	
		A.	d. P.	A.	d. P.	A.	d. P.
XV, A	Punktezählen	5	5,5	4	6,0	16	5,5
XV, B	do.	9	4,6	8	4,6	15	4,5
XV, C	12 × 31	23	5,4	12	5,0	16	4,8
XV, D—E	87 × 78	24	5,7	63	4,5	5³	4,7
XVI, A	32 × 42	13	6,6	27	5,2	14	4,9
XVI, B	34 × 72	11	5,7	45	5,2		
XVI, C	11 × 57	17	5,2	18	4,9	20	5,0
XVII, A	11 × 14	12	4,8	6	4,8	24	4,8
XVII, B	Auswendiglernen	15	4,9	37	4,5	13	4,3
XVII, D	7 × 37	11	5,7	15	5,5	29	5,2
XIII	23 × 47	7	11,21	49	9,67		
XIV	37 × 73	10	10,30	34	9,12		
XV	9 × 57	14	11,96	19	11,21	16	11,56
XVI	13 × 19	6	11,60	50	10,32	15	11,12
XVII	13 × 27	15	8,24	13	8,12	40	8,10

Eine Übersicht über die hier in Betracht kommenden Versuche gibt die Tabelle 37, wo ich teils die früher (1. Teil, S. 64—68) besprochenen und teils die neuen Versuche angeführt habe, die erst im folgenden referiert werden. Unter »Nr.« ist die Nummer des betreffenden Versuchs in den Tafeln, in der Kolonne »Versuch« die Art der Arbeit angegeben. Übrigens ist die Tabelle in drei Kolonnen geteilt, welche die Anzahl, A, und die durchschnittliche Länge, d. P., der Pulse bezw. während der Norm, der Arbeit und der Nachwirkung angeben. Die Tabelle zeigt, daß die Pulslänge während der Arbeit durchweg kleiner ist als während der Norm; bei ganz kurzen Arbeiten ist der Unterschied aber sehr klein oder sogar Null; nur in einem einzigen Falle findet sich Pulsverlängerung. Vergleicht man nun Z o n e f f und M e u m a n n s Angaben [1] hiermit, so findet man auch in diesen in einigen Fällen Pulsverkürzung (gröfsere Frequenz), nämlich in den Versuchen 30, 31 und 32, wo Herr Z. die V.-P. und zugleich Experimentator war. Seine Aufmerksamkeit war daher, wie auch ausdrücklich bemerkt wird, stark in Anspruch genommen, da er sowohl die Apparate beaufsichtigen als die erwählten Rechenaufgaben ausführen sollte. Eben hier, wo wir mithin sicher sein können, dafs eine starke Anspannung der Aufmerksamkeit stattfand, kommt aber die charakteristische Pulsverkürzung zum Vorschein; in allen anderen Fällen dagegen nicht. In einigen derselben war die Arbeit so leicht, dafs wohl von keiner besonderen Konzentration der Aufmerksamkeit die Rede sein konnte, so im Versuche 26, wo die Aufgabe lautete: 450 + 25, und im Versuche 34, wo die V.-P. die Fenster des Lokals zählen sollte. Unter sämtlichen angeführten Versuchen sind jetzt nur noch fünf übrig, wo man der Natur der Aufgabe zufolge Pulsverkürzung erwarten sollte, während tatsächlich Verlängerung eintrat. Über die Ursache dieser Abweichung läfst sich natürlich nichts aussagen, da wir u. a. durchaus nicht wissen, ob die V.-P. sich in einigermafsen normalem Zustande befand. Bei den Versuchen wurde nur ein Sphygmograph zur Aufnahme der Pulskurven benutzt, und folglich können die verschiedenen Versuchspersonen sehr wohl leichtere Anfälle von Spannung oder dergleichen gehabt haben, ohne dafs dies die Aufmerksamkeit des Experimentators gelenkt hätte. Ebenfalls ist es möglich, dafs die V.-P. sehr oberflächlich ohne besondere Anspannung der Aufmerksamkeit arbeitete; hierauf könnte allenfalls der Umstand hindeuten, dafs oft 30—40 Sekunden zur Ausführung sehr leichter Aufgaben angewandt wurden. Es gibt mithin viele Möglichkeiten einer Erklärung des eigentümlichen Resultats.

Dafs ich aber jedenfalls nicht der einzige bin, der während der mehr andauernden und anstrengenden

---

[1] l. c. S. 37—42.

psychischen Arbeit Pulsverkürzung findet, geht deutlich
aus Gents Untersuchungen hervor[1]. Da dieser Autor
die undankbare Aufgabe hatte, die dreidimensionale
Gefühlstheorie zu verteidigen, postuliert er natürlich in
grofsem Umfang Lösungs-, Spannungs- und Tätigkeitsgefühle unter Umständen, wo wohl kein Mensch imstande sein wird, dieselben durch Selbstbeobachtung zu
konstatieren. Dies werde ich später näher erörtern;
hier handelt es sich nur darum, sich nicht durch diese
psychologische Systematik in Verwirrung bringen zu
lassen, sondern bei den Tatsachen: den ausgeführten
Versuchen, zu bleiben. In grofsem Umfang wandte
Gent Rechenaufgaben an, und als allgemeines Resultat
seiner Versuche geht hervor, dafs während der Arbeit
Pulsverkürzung stattfindet, mit Ausnahme derjenigen
Fälle, wo die Aufgabe der V.-P. ziemlich leicht fällt;
dann tritt Pulsverlängerung ein. Dasselbe erweist sich
aus Bergers Versuchen[2]. Nach der Arbeit tritt bald
Verlängerung, bald Verkürzung des Pulses im Vergleich
mit dem Zustande während der Arbeit ein. Dies stimmt
also ganz mit meinen, in Tab. 37 zusammengefafsten
Resultaten überein.

Vergleicht man nun diese Verhältnisse mit den oben
angegebenen Pulsänderungen während der sinnlichen
Wahrnehmung, so sieht man leicht, dafs kein Grund
vorliegt, zwischen den beiden Fällen eine scharfe Grenze
zu ziehen. Es ist augenscheinlich in allen Fällen die
Schwierigkeit der Arbeit und die hierdurch erzwungene
Anspannung der Aufmerksamkeit, was die Pulsänderungen bestimmt. Man kann die vorliegenden
Resultate daher in folgenden Satz zusammenfassen:

Jede psychische Arbeit ohne hervortretende Gefühlsbetonung wird ohne Rücksicht auf ihre Art anfangs eine Pulsver-
jängerung bewirken, die von Pulsverkürzung
abgelöst wird, wenn die Arbeit eine stärkere
und anhaltendere Anspannung der Aufmerksamkeit erheischt.

[1] Volumpulskurven bei Gefühlen und Affekten. Phil. Studien.
Bd. 18. S. 736—747.
[2] Berger: Über die körperlichen Äufserungen psychischer Zustände. Jena. 1904. S. 84.

— 378 —

Wir kommen nun zu den Gefühlen, die ja nach Wundts Ansicht drei Paare von Gegensätzen bilden sollen, nämlich: Lust — Unlust, Spannung — Lösung und Erregung — Beruhigung. Diese drei Paare zerfallen indes in zwei Hauptgruppen, nämlich 1. die Gefühle, welche alle Menschen kennen, und 2. die Gefühle, welche nicht einmal deren eifrigste Verfechter mit Sicherheit nachzuweisen vermögen. Zur ersten Gruppe gehört ausschließlich der Gegensatz Lust — Unlust; die beiden anderen Gegensätze gehören zur zweiten Gruppe. Wir betrachten nun erst die Zustände der Lust und der Unlust, mit denen wir verhältnismäßig schnell fertig werden. Denn da wenigstens jeder normale Mensch weiß, was es heißt, Lust oder Unlust zu fühlen, und da die Erfahrung uns eine große Menge von Mitteln an die Hand gegeben hat, durch die wir diese Zustände mit Sicherheit hervorrufen können, so verursacht es ebensowenig Schwierigkeit, sie experimentell zu erzeugen, als ihr Eintreten durch Selbstbeobachtung zu konstatieren. Infolgedessen herrscht auch keine Uneinigkeit darüber, welchen Einfluß sie auf den Puls üben. Ich fand durch meine Versuche, daß Lust von Pulsverlängerung und Pulserhöhung begleitet wird (1. Teil, S. 136), während Unlust die entgegengesetzten Reaktionen zeigt (1. Teil, S. 116). Hierzu ist jedoch zu bemerken, daß die Gefühle eine beträchtliche Stärke erreicht haben müssen, damit diese charakteristischen Wirkungen hervortreten; bei schwachen Gefühlen findet man nur die eigentümliche Wirkung der leichten Konzentration der Aufmerksamkeit, also in allen Fällen Pulsverlängerung ohne Erhöhung der Pulse (1. Teil, S. 93, 104—105). Überdies wird die typische Äußerung des Lustgefühls leicht durch Spannung und andere Aktivität aufgehoben. Die Richtigkeit dieser Beobachtungen wird von allen späteren, sorgfältigen Untersuchern bestätigt, so von Zoneff und Meumann[1], Brahn[2], Gent[3] und Berger[4]. Letztgenannter macht

[1] l. c. S. 57.
[2] Experimentelle Beiträge zur Gefühlslehre. Phil. Stud. Bd. 18. S. 179.
[3] l. c. S. 756.
[4] Die körperlichen Äußerungen psychischer Zustände. Jena 1904. S. 100, 127—128, 135.

ebenfalls ausdrücklich darauf aufmerksam, dafs die Wirkung nur bei starken Gefühlen deutlich hervortritt; ist z. B. die Unlust nur schwach, so findet man, anfangs wenigstens, Verlängerung statt Verkürzung des Pulses. Dieser Unterschied rührt nach Gents Ansicht von einem Spannungsgefühle her, welches die schwache Unlust überwiege; ich werde bald näher auf diese Erklärung eingehen; hier haben wir einstweilen nur mit Tatsachen zu tun. Der Vollständigkeit wegen ist indes noch zu bemerken, dafs es eine starke und ausgeprägte Unlust, nämlich das Erschrecken, gibt, die konstant von Pulsverlängerung begleitet wird (1. Teil, S. 75).

Aus der jüngsten Zeit kenne ich nur eine einzige Abhandlung, in welcher der hier genannte Gegensatz der Lust und der Unlust bestritten wird, nämlich Bonsers ›A study in mental activity‹ [1]. Dieser Arbeit wäre unbedingt wohl am besten damit gedient, dafs sie gar nicht erwähnt würde; diesen Gefallen kann ich ihrem Verfasser aber nicht erweisen; ich mufs im Gegenteil einige Zeilen opfern, um zu zeigen, mit welcher Oberflächlichkeit das vorliegende schwierige Problem von ihm behandelt worden ist. Bonser schreibt: ›It has been held by Féré that agreeable experiences are accompanied by dilatations of the capillary blood vessels and disagreeable experiences by constrictions. Lehmann agrees with this, and Wundt has embodied Lehmann's conclusions in his Völkerpsychologie. No other investigators have found any foundation for these conclusions. I find that all emotional experiences are accompanied by constriction, either immediatly or after brief dilatation.‹ [2] Dies kleine Zitat genügt, um zu zeigen, mit welcher Sorgfalt Herr Bonser die Literatur behandelt. Dafs Wundt nirgends in seiner Völkerpsychologie von Dilatation und Konstriktion als die Lust und Unlust begleitend spricht, bedarf keiner näheren Erwähnung. In den ›Hauptgesetzen des menschlichen Gefühlslebens‹ stellte ich dies allerdings rein hypothetisch als eine Möglichkeit auf; in meinen ›Plethysmographischen Untersuchungen‹ wies ich aber mit hinlänglicher

[1] Psychological Review. 1903. S. 120 u. f.
[2] l. c. S. 123.

Deutlichkeit nach, daſs die bis jetzt vorliegenden Erfahrungen nicht genügen, um die Hypothese zu begründen. Letztere Arbeit kann Bonser also unmöglich
gelesen haben, obschon er sie zitiert. Was nun seine
eigenen Untersuchungen betrifft, auf die er seinen
Einwand stützt, so wurden dieselben mit dem Luft-
Plethysmographen angestellt; dieser Apparat ist in
technischer Beziehung aber so unvollkommen, daſs die
mit demselben aufgezeichneten Kurven keine sichere
Grundlage bilden (1. Teil. S. 14). Die zahlreichen kleinen
Streckchen von Kurven, mit denen der Verfasser sein
Werk illustriert hat, bestätigen völlig meine Erfahrungen
über die Anwendbarkeit dieses Apparates; in vielen
Kurven sind die einzelnen Pulse kaum sichtbar, ge-
schweige denn meſsbar. Von der physiologischen Einsicht des Verfassers erhält man eine Vorstellung durch
folgenden Satz, der unter der Erklärung der Kurven
zu finden ist: »A drop in the curve indicates vaso-
constriction; a rise, vasodilatation.« Herr Bonser hat
offenbar keine Ahnung davon, welches Gewühl von zusammenwirkenden und sich entgegenarbeitenden physiologischen Änderungen die Ursache der von den Plethysmogrammen angezeigten Volumänderungen ist; wäre
die Auslegung der Kurven so leicht, wie er in aller
Unschuld wähnt, so wäre die Sache schon längst entschieden. Hiernach können wir Herrn Frederik G. Bonser
auſser Betracht lassen und folgendes feststellen:
Alle starken Unlustgefühle sind von Pulsverkürzung und Pulsverminderung begleitet,
mit Ausnahme des Erschreckens, das stets
Pulsverlängerung bewirkt. Starke Lustgefühle sind von Pulserhöhung und Pulsverlängerung begleitet; doch wird letztere
Änderung leicht durch sogar ziemlich unbedeutende Störungen verwischt. Schwache
Gefühlszustände zeigen nur die der leichteren Konzentration der Aufmerksamkeit
eigentümlichen Pulsänderungen.
Die hypothetischen Gefühlsdimensionen. Wir kommen
jetzt zu der anderen Hauptgruppe der Gefühle, die ich
oben durch die Worte charakterisierte, daſs nicht einmal deren eifrigste Verfechter sie mit Sicherheit nach-

zuweisen vermöchten. Hiermit soll natürlich nicht gesagt sein, dafs nicht jedermann Zustände der Spannung, Erregung und Beruhigung kennte; wo das tägliche Leben uns aber diese Erscheinungen darbietet, haben wir gewöhnlich mit recht komplizierten, oft affektartigen Zuständen zu tun. Dafs sie als mehr oder weniger ausgeprägte Gemütsbewegungen vorkommen können, wird wohl von niemand bestritten; mit gutem Fug wird dagegen angefochten, dafs Spannung—Lösung und Erregung—Beruhigung elementare Gefühlsgegensätze sein sollten, die ganz dem Gegensatze Lust—Unlust nebengeordnet wären. Wie irrig diese Behauptung ist, geht am besten daraus hervor, dafs Brahn und Gent, die es unternahmen, die organischen Reaktionen dieser Gegensätze experimentell nachzuweisen, gar kein Resultat erzielten. Der Zweifel, den ich schon früher hinsichtlich der Existenz dieser elementaren Erscheinungen hegte (2. Teil, S. 307—308), hat nach dem Erscheinen der Arbeiten der beiden genannten Forscher nur um so mehr zugenommen. Ich werde nun näher nachweisen, weshalb die versuchte Verteidigung der Theorie meiner Ansicht nach als völlig mifslungen zu betrachten ist. Da eine Kritik dieser und verwandter Theorien von logischen und allgemein - psychologischen Gesichtspunkten aus bereits von Orth geliefert wurde[1], verweile ich hier vorzugsweise bei der experimentellen Seite der Sache.

Ich beginne mit dem Gegensatze: Spannung—Lösung, dem bisher am besten untersuchten. Hierüber schreibt Gent: »Unter dem Gefühl der Spannung verstehe ich jenen eigentümlichen und von anderen ähnlichen Bewufstseinszuständen scharf gesonderten subjektiven psychischen Zustand, welcher regelmäfsig jede elementare Triebäufserung und jeden länger andauernden Willensprozefs zu begleiten pflegt, sei es, dafs dieser letztere nun allein auf die ordnende Gestaltung des Vorstellungsverlaufes sich beschränkt oder auch motorische Impulse für die Bewegungsorgane des Organismus daneben auslöst.«[2] Je nach der Dauer der Zustände

[1] Gefühl und Bewufstseinslage. Berlin 1903.
[2] l. c. S. 727.

teilt er dieselben in kurze und chronische Spannungszustände und äußert hierüber: »Zwischen beiden existiert nur der zeitliche Unterschied.«[1] Nichtsdestoweniger erhalten wir darauf eine besondere Definition
des chronischen Zustands: »Das chronische Spannungsgefühl selbst definiere ich als den subjektiven psychischen Zustand, welcher sich regelmäßig als Begleiter
einer das Bewußtsein eine Zeitlang beherrschenden
komplexen Gesamtvorstellung vorfindet.«[2] Es ist mir
nicht möglich, einzusehen, daß letztere Definition genau
dasselbe angibt wie erstere, so daß der Unterschied
zwischen den beiden Erscheinungen nur eine zeitliche
Differenz wäre: das mag aber noch hingehen. Bedenklicher ist es indes, daß eine Definition überhaupt nötig
ist. Was Lust und Unlust sind, weiß jedermann ohne
Definition; was Spannung und Lösung aber sind, weiß
man offenbar nicht — deshalb müssen sie »definiert«
werden. Leider wird es sich nun sogleich erweisen,
daß man trotz dieser Definition nicht einmal in Leipzig
selbst weiß, was Spannung—Lösung sind.

Die kurzen elementaren Spannungszustände erzeugte G e n t durch einfache Sinnesreize: Berührung
des Halses oder der Lippen, Rasseln mit Flaschen, zu-
fälliges Geräusch in einem anderen Zimmer usw. In
allen diesen Fällen findet er Pulsverlängerung, was
eben zu erwarten stand, da es sich hier ja nur um eine
kurze, wenig anstrengende Konzentration der Aufmerksamkeit handelt. Daß die V.-P. sich hierbei wirklich einer Spannung bewußt werden sollte, erlaube
ich mir aus eigner Erfahrung zu bezweifeln — darum
kann es aber doch ja sehr wohl der Fall gewesen sein.
Höchst sonderbar ist es jedoch, daß B r a h n, der ganz
ähnliche Versuche angestellt hat, zu dem entgegengesetzten Resultate kommt. Dieser findet konstant eine
sogar recht erhebliche Pulsverkürzung. Seine Methode
war nicht ganz dieselbe; er wandte die Anziehung einer
Stahlfeder durch einen Elektromagnet in bestimmten
Intervallen als Signal für die V.-P. an, um einen willkürlichen Spannungs- oder Lösungszustand hervor-

---

[1] l. c. S. 732.
[2] l. c. S. 733.

zurufen. Inwieweit es der V.-P. unter diesen Umständen
möglich sein möchte, ein ›Spannungsgefühl‹ willkürlich
hervorzubringen, darüber wage ich mich nicht zu äufsern.
Sicher ist es indes, dafs eine solche rhythmische Konzentration und Erschlaffung der Aufmerksamkeit eine
ziemlich anstrengende psychische Arbeit ist, und die
sich widersprechenden Resultate, zu denen Brahn und
Gent gelangten, sind mir ein fernerer Beweis für die
Richtigkeit des Satzes, dafs eine anspannende Arbeit
von Pulsverkürzung begleitet wird, während eine
leichtere Konzentration der Aufmerksamkeit Pulsverlängerung bewirkt. Aufserdem legen diese Versuche
dar, dafs das elementare ›Spannungsgefühl‹, welches
nach Wundts Schema von Pulsverlängerung begleitet
sein soll, gar kein durch Selbstbeobachtung nachweis-
barer psychischer Zustand ist. Denn Brahns Versuchspersonen glaubten ja doch, sie hätten sich in diesem
Zustande befunden, während die Kurven im Gegenteil
Pulsverkürzung zeigten, — also nicht einmal in Leipzig,
nicht einmal unter Wundts Oberleitung ist man imstande, mit Sicherheit elementare ›Spannungsgefühle‹
nachzuweisen.

Dafs es sich nun wirklich so verhält, dafs die
Spannung gar kein bestimmtes Gefühl, sondern ein Zustand ist, der sich oft durchaus nicht im Bewufstsein
des Individuums nachweisen läfst, gibt Gent denn auch
mit Bezug auf die chronische Spannung schlankweg
zu. ›Häufig beobachtet man, dafs sich dieser Zustand
vom Beginn eines Versuches an einstellt, sei es nun,
dafs er durch das leise Geräusch des arbeitenden Uhrwerkes oder durch die Ankündigung, dafs der Versuch
beginne, entsteht. Es ist dann in der Regel äufserst
schwierig, ihn durch geschickte Verwendung von Reizen
zu beseitigen, um in den Besitz einer Normalkurve gelangen zu können. Manche Personen sind deswegen
als Versuchspersonen unbrauchbar, weil sie sich aus
dem Bann dieses durch die Selbstbeobachtung
so schwer auffindbaren Zustandes nur sehr
selten zu befreien vermögen.‹[1] Hält man dieses Zitat
damit zusammen, was ich über die Spannung schrieb

[1] l. c. S. 732—733. Die Hervorhebung von mir. A. L.

(1. Teil, S. 76—77), so sieht man, dafs Gent mir in der
Hauptsache recht gibt: die Spannung ist ein Zustand,
dessen sich die V.-P. oft nicht bewufst ist. Welchen
Namen man einem solchen Zustande beilegen will, ist
mir übrigens einerlei — ein der Lust oder der Unlust
nebengeordnetes Gefühl ist er aber nicht. In betreff
der Äuserungen des Zustandes sind Gent und ich
ebenfalls ganz einig; das am meisten charakteristische
Merkmal desselben ist die Verminderung des Volumens
und der Pulshöhe: auserdem findet Gent durchweg
eine kleine Pulsverlängerung. Letztere finde auch ich
in mehreren Fällen, in anderen, ebenso entschiedenen
Fällen dagegen eine geringe Pulsverkürzung, so dafs
die Pulslänge während der Spannung also ziemlich unwesentlich wird.

Nach Gents etwas sonderbarer Definition des
›Spannungsgefühls‹ soll dieses nicht nur unter den
Umständen, wo das Individuum etwas erwartet, sondern
auch, sobald ein Vorstellungskomplex das Bewufstsein
einige Zeit hindurch beherrscht, zugegen sein. Es mufs
also bei allem Denken zu finden sein, und infolgedessen
betrachtet Gent die Pulsänderung während der Denkarbeit als Äuserung des Spannungsgefühls. Dies ist
offenbar aber eine ganz unhaltbare Auffassung, da
während der Denkarbeit, oft allenfalls, Pulsverkürzung
eintritt, während das Spannungsgefühl sich nach Wundts
Schema durch Pulsverlängerung äufsern soll. Um diese
Pulsverkürzung zu erklären, nimmt Gent ein neues
Gefühl an, das ›Tätigkeitsgefühl‹, das seiner Ansicht
nach möglicherweise doch nur eine Resultante der
Spannung und der Erregung wäre. Nach Wundts
Schema soll die Erregung aber ja keinen Einflufs auf
die Pulslänge haben, es ist mithin ganz unverständlich,
wie der Umstand, dafs Erregung mitwirkend ist, die
Pulsverlängerung der Spannung in Pulsverkürzung abändern könnte. Folglich mufs das Tätigkeitsgefühl
eine ganz neue Gefühlsrichtung sein, der wohl als
Gegensatz ein ›Untätigkeitsgefühl‹ entspricht, und die
dreidimensionale Gefühlslehre verwandelt sich somit in
eine vierdimensionale. Dies erinnert in bedenklicher
Weise an die ptolemäische Epizykeltheorie. Wie man
während deren Herrschaft die Anzahl der rollenden

Zirkel immer mehr vergrölsern mulste, um die Theorie mit den Messungen in Übereinstimmung zu bringen, so werden auch die »dreidimensionalen Gefühlspsychologen« gezwungen, die Anzahl der Dimensionen zu vermehren, weil die Tatsachen sich nicht nach der Theorie richten wollen. Und doch scheut Gent kein Mittel, das seiner Theorie eine Stütze bieten könnte. Bewirkt eine Rechenaufgabe eine geringe Pulsverlängerung, so betrachtet er diese als die Äuserung eines Spannungsgefühls; gibt ganz dieselbe Arbeit bei einer anderen Gelegenheit Pulsverkürzung, so soll ein Tätigkeitsgefühl zugegen gewesen sein. Eine solche Sonderung ganz gleichartiger Versuche würde offenbar nur dann etwas beweisen können, wenn die V.-P. jedesmal sogleich nach Abschluſs des Versuches das vorherrschende Gefühl angezeigt hätte, und es sich darauf bei der Ausmessung der Kurven erwiesen hätte, daſs die Kurven sich eben in zwei entsprechende Gruppen teilten. Daſs Gent aber unmöglich dieses Verfahren benutzt haben kann, ist einleuchtend. Denn beim Ausführen einer Denkarbeit hat man unbestreitbar ein gewisses vages Bewuſstsein der Tätigkeit; eine nähere Analyse dieses Zustands läſst sich aber nicht anstellen, weil man in demselben Augenblick mit der Denkarbeit aufhört, was den Zustand zum Verschwinden bringt. Nach meiner persönlichen, nicht ganz geringen Erfahrung kann gar nicht davon die Rede sein, daſs diese Sonderung der Versuche mit Rechenaufgaben in zwei Gruppen wirklich auf Selbstbeobachtungen der V.-P. basiert sein sollte. Folglich hat Gent nach den Resultaten der Ausmessung seinen Versuchspersonen ganz willkürlich Spannungs- bezw. Tätigkeitsgefühle angedichtet, ausschlieſslich zu dem Zwecke, die Versuche mit der Theorie in Übereinstimmung zu bringen. Ganz demselben Prinzipe gemäſs legt sowohl er als Brahn auch meinen Versuchspersonen in groſsem Umfang Gefühle bei, von denen sich jedenfalls nicht beweisen läſst, daſs sie dieselben gehabt hätten. Wenn nur eine Kurve Änderungen zeigt, die einer der hypothetischen Gefühlsdimensionen entsprechen, so wird sie ungeniert als Beweis für die Theorie verwertet. Ein derartiges Verfahren hat meiner Auffassung nach aber nichts mit

der Wissenschaft zu tun; dasselbe würde einfach
Humbug sein, wenn die Autoren nicht selbst ganz naiv
glaubten, es ließe sich auf diese Weise ein wissen-
schaftlicher Beweis führen.

Mit dem Nachweis der elementaren Spannung lief
es also, wie wir sehen, übel ab; noch schlimmer steht
es um die elementare Erregung — Beruhigung. Sowohl
Brahn als Gent gibt zu, diese Zustände ließen sich überhaupt nicht von Lust und Unlust sondern. Brahn führt
eine Reihe von Äußerungen seiner Versuchspersonen
an, aus denen hervorgehen solle, verschiedene Sinnesreize verursachten nicht nur Lust und Unlust, sondern
wirkten zugleich auch erregend oder beruhigend. Dies
bestreitet indes ja kein Mensch; es ist nur die Frage,
ob diese besonderen Wirkungen als spezielle Gefühls-
arten aufzufassen sind, oder ob sie nicht allein von
stark hervortretenden Organempfindungen herrühren.
Einige Zitate nach Brahn geben hier recht guten Aufschluß: »Ich fühle mich wie leichter, die Brust ausgedehnt, in den Muskeln bin ich mehr frei, mehr
energisch.« »Es wirkt nicht erregend, sondern ab-
stumpfend, dumpf im Kopf, etwas schweres in der Brust,
so recht im Gegensatz zur Erleichterung vorhin, be-
klommen und bedrückt.«[1] Es wird wohl jedem einleuchten, daß es sich hier um eine Beschreibung von
Organempfindungen, sogar sehr bestimmt lokalisierten
Empfindungen, handelt. Bei fast allen starken Sinnesreizen wird man durch einigermaßen aufmerksame
Selbstbeobachtung dergleichen sekundäre Empfindungen
konstatieren können, die mehr oder weniger deutlich
lokalisiert sind; Brahn hat durch seine Beschreibungen
also weder etwas Neues aufgestellt noch der dreidimensionalen Gefühlstheorie eine Stütze geliefert. Da
er nun überdies zugibt, er habe unter mehreren hundert
Versuchen nur einige einzelne Fälle erhalten, wo Erregung und Beruhigung ohne Unlust oder Lust angegeben wurden, so hat er nur ein ziemlich dürftiges
Material zur Grundlage. In diesen wenigen Fällen
findet er keine Änderung der Pulslänge, sondern nur
eine Änderung der Pulshöhe, und dies soll also das

[1] l. c. S. 181.

der Erregung — Beruhigung Eigentümliche sein. Über
die besonderen Umstände, unter denen diese exzeptionellen Resultate gewonnen wurden, wird aber
durchaus nichts angegeben: es ist also sehr wohl möglich, dafs die Unveränderlichkeit der Pulslänge nur von
rein zufälligen Umständen herrührt. Dafs eine besondere, der Lust und Unlust nebengeordnete Gefühlsrichtung durch diese Ausnahmefälle dargetan sein
sollte, läfst sich aber doch unmöglich behaupten.

Noch mehr Mifsgeschick hatte Gent, der durch
Sinnesreize nur Lust- oder Unlustkurven erhielt, dagegen keine Reaktionen, die sich mit Sicherheit als
Äufserungen der Erregung oder Beruhigung deuten
liefsen. Es lag nun nahe, hieraus den Schlufs zu ziehen,
dafs die beiden letztgenannten Erscheinungen gar keine
speziellen Gefühlsrichtungen wären, weshalb man natürlich auch keine besonderen organischen Äufserungen für
dieselben finden könne. Da ein solcher Schlufs dem vorher festgestellten Wundtschen Schema aber gänzlich
widersprechen würde, mufste Gent daher andere Aus-
wege suchen, um die Richtigkeit des Schemas darzutun.
Zu diesem Zwecke benutzt Gent etwas, was er die
»Suggestionsmethode« nennt, indem er seinen Versuchspersonen ganz einfach suggeriert, das Armvolumen
solle steigen oder sinken. Diese Idee ist so barock,
dafs sie schon deswegen nähere Erwähnung verdient.
Denn es ist ja als gegeben zu betrachten, dafs normale
Menschen nicht imstande sind, durch die Vorstellung
von einer Änderung des Volumens des Armes die entsprechenden vasomotorischen Änderungen zu erzeugen;
sogar bei tief Hypnotisierten gelingt es nur ausnahmsweise, eine solche Suggestion realisiert zu erhalten.
Es ist nun auch nicht Gents Meinung, dafs die Volumänderungen direkt hervorgerufen würden; dagegen behauptet er, die Vorstellung von einer Volumvergröfserung erzeuge Erregung, die Vorstellung von einer
Volumverminderung aber Beruhigung bei der V.-P., und
die Volumänderungen erschienen dann als Äufserungen
der betreffenden Gefühle. Auch dies kommt mir aber
ganz rätselhaft vor, denn weshalb soll die Vorstellung
von einer Volumvergröfserung Erregung, die von
einer Volumverminderung aber Beruhigung erzeugen?

Warum nicht ebensogut umgekehrt? Hiervon gibt Gent keine Erklärung; soweit ich aber seine Darstellung (l. c. S. 762) zu verstehen vermag, ist es deren Sinn, dafs die V.-P. willkürlich die Vorstellung von einer erregenden Wirkung mit der Vorstellung von einer Volumvergröfserung und die Vorstellung von Beruhigung mit der Volumverminderung verbinde. Strenggenommen liegt hierin also keine Spur von Suggestion; die Worte: »Das Volumen soll steigen« oder »Das Volumen soll sinken« sind nur ein Signal für die V.-P., sich willkürlich in eine erregte oder beruhigte Stimmung hineinzuarbeiten. Es ist deshalb auch nicht sonderbar, dafs Gent Pulsverkürzung bei Erregung, Pulsverlängerung bei Beruhigung findet; denn gewöhnlich ist jede geistige Anstrengung, wie wir wissen, von Pulsverkürzung begleitet, während die vollkommen subjektive Ruhe im Gegensatz hierzu langsamen Puls gibt. Als Äufserungen der vermehrten oder verminderten Anspannung der Aufmerksamkeit sind Gents Resultate mithin sehr wohl zu verstehen, während sie, wie leicht zu ersehen, durchaus nicht mit Wundts Schema für Erregung — Beruhigung übereinstimmen.

Nun enthalten diese Versuche indes die Sonderbarkeit, dafs Gent wirklich als Resultate seiner »Suggestionen« Vergröfserung bezw. Verminderung des Volumens bekommt. Glücklicherweise hat er es doch für nötig erachtet, dieses verblüffende Resultat mit Beweisen, mit Wiedergaben der Kurven zu belegen; hierdurch wird die Sache einigermafsen verständlich. Die beiden abgebildeten Kurven für die Erregung, die Fig. 14 und 15, rühren von derselben V.-P., nämlich von G. her, von dem auch die eine Kurve, Fig. 17, für die Beruhigung stammt. Vergleicht man nun die Fig. 14 und 15 mit den nur wenige Tage vorher ebenfalls an G. gewonnenen Fig. 5 und 10, so sieht man, dafs die Pulshöhe in den ersteren Kurven im Vergleich mit den letzteren äufserst gering ist. Es leuchtet mithin ein, dafs G. bei den »Suggestionsversuchen« anfangs durchaus nicht normal war; er hat sich, wie ganz natürlich, in starker Spannung befunden, und diese nimmt während des Versuches etwas ab. Daher die Volumsteigung mit wachsender Pulshöhe. In meinen

Tafeln XXI bis XXIV finden sich ganz ähnliche Kurven
als Äuserungen abnehmender Spannung, und dafs bei
meinen Versuchen keine Erregung mit im Spiele war,
ist unzweifelhaft. Was ferner Fig. 17 betrifft, wo die
Volumsenkung die Äuserung der Beruhigung sein soll,
so übersicht Gent durchaus, dafs die Senkung mit
einem fast totalen Stocken der Respiration während der
Exspiration zusammenfällt. In meinen Tafeln, V C, ist
genau dieselbe Kurve als Folge des willkürlich ge-
hemmten Atmens zu finden. Diese Kurve beweist also
nichts hinsichtlich der Äuserung der Beruhigung. Und
in der Fig. 16 kann ich nichts anderes als Spannung
gewahren; die bedeutende Volumverminderung und
die stark reduzierten Pulshöhen sind diesem Zustand
ganz typisch; die Kurve entspricht vollständig meiner
Tab. XXIV, C und D, und ist daher gewifs aus reinem
Mifsverständnisse als Ausdruck für die Beruhigung angeführt, da sie ja fast das Gegenteil zeigt. Da die hier
besprochenen Kurven nach Gents Aussage typisch
sind, wird es um seine übrigen Ausdrücke für Erregung — Beruhigung wohl kaum besser stehen; jedenfalls ist es ihm nicht gelungen, einen Beweis zu liefern,
dafs diese Zustände durch besondere Pulsänderungen
charakterisiert wären.

Die dreidimensionale Gefühlstheorie hat also keine
Stütze an den Versuchen gewonnen, die mit dem
speziellen Zweck vor Augen angestellt wurden, für die
beiden hypothetischen Gefühlsrichtungen typische Ausdrücke zu finden. Hierzu kommen noch zwei Umstände.
Erstens hat Titchener durch paarweise Vergleichung
der Gefühlswirkung verschiedener Reize nachgewiesen,
dafs Unlust, Spannung und Erregung einerseits und
Lust, Lösung und Beruhigung anderseits sich nicht
auseinander sondern lassen. Solange von einfachen
Sinnesreizen die Rede ist, sind die beiden Gruppen von
Wörtern in der Tat nur verschiedene Bezeichnungen
einer und derselben Sache; es läfst sich tatsächlich
nicht unter mehreren elementaren Gefühlsgegensätzen
sondern[1]. Ferner hat Stevens eingehend nach-

[1] Ein Versuch, die Methode der paarweisen Vergleichung auf die
verschiedenen Gefühlrichtungen anzuwenden. Phil. Stud. Bd. 20,
S. 382 u. f.

gewiesen, dafs die Stütze, die Wundt an meinen plethysmographischen Kurven für die dreidimensionale Gefühlstheorie zu finden glaubte, rein illusorisch ist. Das Schema, das Wundt für die Pulsänderungen bei den verschiedenen Gefühlsrichtungen aufgestellt hat, gerät an zahlreichen Punkten in unlöslichen Streit mit den Tatsachen[1]. Weder an der Selbstbeobachtung noch an den physiologischen Äuserungen der verschiedenen Gemütszustände scheint die dreidimensionale Gefühlstheorie mithin irgendeine Stütze finden zu können; wir werden nun im folgenden sehen, dafs die Theorie uns auch das Verständnis der verschiedenen Pulssymptome nicht erleichtert, indem sie im Gegenteil deren physiologische Erklärung ganz rätselhaft macht.

Theoretische Betrachtungen. Hat man rein empirisch festgestellt, dafs bestimmte psychische Zustände konstant von bestimmten Pulsänderungen begleitet werden, so erhebt sich die Frage von selbst: Wie kommen diese Pulsänderungen zustande? Darüber kann wohl vernünftigerweise kein Zweifel herrschen, dafs die beobachteten Pulsänderungen bei der gegebenen Organisation notwendige Konsequenzen der im Gehirn vorgehenden Arbeit sind. Da die Bewegungen des Herzens mittels des N. vagus stets vom Gehirn aus reguliert werden, ist es leicht zu verstehen, dafs psychophysiologische Vorgänge in den höheren Gehirnzentren die latente Vagusinnervation verstärken oder schwächen und mithin die Kontraktionen des Herzens bald hemmen und bald beschleunigen können. Denn das Zentralnervensystem mit seinen zahllosen Leitungsbahnen bildet eine Einheit, wo eine Bewegung an einem Punkte auf alle anderen modifizierend einwirken kann, und folglich müssen auch die Bewegungen des Herzens sich wegen eines psychophysiologischen Vorgangs ändern können. Dagegen ist es, mir wenigstens, ganz unfafslich, warum der psychische Zustand gerade ein Gefühl sein soll, um Einflus auf das Herz zu erhalten. Eben eine solche Betrachtung liegt aber der Wundtschen Gefühlstheorie zugrunde. Jedes der Elementargefühle wird von

---

[1] The plethysmographic evidence for the tridimensional theory of the feeling. American Journal of Psychol. Bd. 14, S. 13 u. f.

seiner bestimmten Pulsänderung begleitet, und überall,
wo eine solche Pulsänderung stattfindet, muß ein Gefühl
tätig gewesen sein; es wird angenommen, daß keine
anderen als die psychischen Erscheinungen auf den
Puls influieren könnten. Gent sagt dies mit reinen
Worten: ›Jene Änderung der Niveauhöhe kann außer
durch Gefühle bei der Volumkurve auch durch reflex-
artige Mechanismen zentralen Ursprungs bedingt
sein...‹ [1] Die Änderungen der Volumkurve rühren
also entweder von rein physiologischen Reflexen oder
auch von Gefühlen her; andere Ursachen werden nicht
zugegeben.

Wäre die mehrdimensionale Gefühlstheorie nun
richtig, so hätten wir also ein Gewühl von Elementar-
gefühlen — daß die drei Wundtschen Paare von Gegensätzen nicht genügen, sahen wir oben — und jedes derselben würde seine bestimmte Pulsänderung bewirken.
Wir würden dann offenbar einem höchst sonderbaren
physiologischen Rätsel gegenüberstehen. Denn wie
sollte eine derartige Verbindung zustandegekommen
sein? Da die elementaren Gefühle äußerst selten rein,
isoliert vorkommen, ist es ziemlich unbegreiflich, wie
jedes derselben eine ganz bestimmte Pulsänderung sollte
bewirken können, so daß sogar Gefühlskombinationen
von entsprechenden Kombinationen von Pulsänderungen
begleitet würden. Wäre die Theorie wirklich richtig,
empirisch unzweifelhaft dargetan, so wäre mit der Sache
nichts anzufangen; wir müßten sie als eine Tatsache
dahingestellt bleiben lassen, die ein vorläufig ganz unlösliches physiologisches Rätsel enthielte. Jedenfalls
kann man daher nicht behaupten, die mehrdimensionale
Gefühlstheorie mache uns die Verbindung des Psychischen mit dem Physischen mehr verständlich; — im
Gegenteil. Da die Theorie nun jedoch nicht richtig ist,
so gibt es auch die Hoffnung, daß die Natur sich etwas
weniger verwickelt erweisen wird, als die Psychologen
sie darzustellen geneigt gewesen sind.

Bevor ich nun im folgenden näher auseinander-
setze, wie die Pulsänderungen zustande kommen, welche
die verschiedenen psychischen Zustände begleiten, wird

[1] l. c. S. 716.

es noch nötig sein, darzulegen, daß diese Pulsänderungen
wirklich mit psychophysiologischen Vorgängen in Kausal-
beziehung stehen. Nach allem bisher über diese Sache
Vorliegenden sollte man einen näheren Beweis dafür für
überflüssig halten. Daß Gemütsbewegungen Störungen
der Zirkulation bewirken können, die ohne künstliche
Hilfsmittel sichtbar sind, ist wohl eine der ältesten
psychologischen Beobachtungen der Menschen. Und da
zwischen Gemütsbewegungen und anderen psychischen
Zuständen doch nur ein Unterschied der Stärke und
der Komplikation besteht, kann es nicht wundernehmen, daß man imstande gewesen ist, mittels feiner
Registrierapparate auch in solchen Fällen, wo die bloße
Beobachtung nichts darbietet, Zirkulationsstörungen
nachzuweisen. Nichtsdestoweniger bestreitet R. Müller
die Richtigkeit hiervon in einer Abhandlung: »Ver-
wendbarkeit der plethysmographischen Kurve für psychologische Fragen«[1]. Müllers Gedankengang ist folgender:
In der plethysmographischen Kurve von einem normalen,
wachen Menschen finden sich Respirationsoszillationen
und Undulationen von verschiedener Periode; diese
Schwankungen stimmen an Form und Periode mit den
Traube-Heringschen Wellen und den Mayerschen
Undulationen überein, und folglich, so schließt der Verfasser, müssen sie auch von derselben Ursache herrühren, mithin rein physiologischen Ursprungs sein. —
Nun habe ich freilich in zahlreichen Fällen nachzuweisen
vermocht, daß die Erscheinung, die ich das »jähe Sinken
der Volumkurve« nenne, gleichzeitig mit dem Entstehen
eines Gedankens bei der V.-P. eintritt; eine solche zeitliche Übereinstimmung hat aber nach Herrn Müllers
Ansicht durchaus keine Bedeutung, wenn die Erscheinung
sich anders erklären läßt[2]. Da alle diese Oszillationen
und Undulationen sich nun als Reflexe oder spontane
Änderungen in den Gefäßzentren erklären ließen, indem
sie bei den physiologischen Tierversuchen wieder-
gefunden würden, sei es hier also unzulässig, die Mitwirkung psychischer Vorgänge anzunehmen. Nachdem
auf diese Weise dekretiert ist, daß die Schwankungen

[1] Zeitschrift f. Psych. Bd. 30, S. 340 u. f.
[2] l. c. S. 386.

der Normalkurve rein physiologischen Ursprungs seien,
springt der Verfasser ohne nähere Erörterung zu der
Behauptung hinüber, somit seien alle psychologischen
Versuche, die körperlichen Äußerungen der einzelnen
psychischen Zustände zu bestimmen, »als unrichtig ab-
zulehnen«.

Zu dieser Kritik, die strenggenommen gar keine
begründete Kritik, sondern nur eine Sammlung willkürlicher Postulate ist, habe ich nur zu bemerken, daß der
Verfasser den bei Physiologen so gewöhnlichen Fehler
begeht, die an narkotisierten, mit größeren oder geringeren Hirndefekten behafteten Tieren gewonnenen
Resultate ohne weiteres als auch für normale Menschen
gültig zu betrachten. Weil man bei Tierversuchen
reflektorisch erzeugte oder spontane Schwankungen des
Blutdrucks von verschiedener Periode gefunden hat,
sollen entsprechende Änderungen bei normalen Menschen
ebenfalls von Reflexen oder spontanen Änderungen in
den Gefäßszentren herrühren, selbst wenn sich nachweisen läßt, daß sie nur unter ganz bestimmten
psychischen Bedingungen entstehen. Ein solcher Schluß
ist nicht nur methodologisch unzulässig, sondern wider-
spricht auch der nicht unbekannten physiologischen
Tatsache, daß die höheren Hirnzentra auf die Reflexe
der niederen hemmend wirken. Die Verhältnisse werden
deshalb beim Menschen weit mehr kompliziert als beim
narkotisierten Tier; denn die beim letzteren konstant
eintretenden Reflexe können beim Menschen völlig
unterbleiben, bei dem sie nur unter bestimmten Verhältnissen der höheren Zentra, also während bestimmter
Gemütszustände, eintreten. Deswegen ist der Mensch
speziell zu untersuchen, damit wir die Bedingungen erfahren können, unter denen die Erscheinungen eintreten, wenn die Verhältnisse völlig normal sind. Selbst
wenn es sich hierbei nun erweisen sollte, daß auch
beim normalen Menschen periodische Zirkulationsänderungen rein physiologischen Ursprungs angetroffen
werden, wie kann Herr M. denn hieraus schließen, daß
die Änderungen, welche bestimmte experimentell hervorgerufene psychische Zustände konstant begleiten, mit
diesen nichts zu tun hätten? Wenn man — trotz der
periodischen Zirkulationsstörungen — ganz konstant

— 394 —

in einer grofsen Anzahl von Fällen findet, dafs z. B.
ein Unlustgefühl von Pulsverkürzung begleitet wird, so
mufs es meiner Ansicht nach wissenschaftlich berechtigt
sein, den Schlufs zu ziehen, dafs die Pulsverkürzung
durch den psychophysiologischen Vorgang verursacht
ist, der im Bewufstsein des Individuums als unlustbetont
auftritt. Müller bestreitet jedoch die Berechtigung
eines solchen Schlusses, und da hört alle Diskussion auf.

Dafs der Standpunkt unhaltbar ist, hat Müller
später denn auch eingesehen. In einer Besprechung von
Bergers: ›Über die körperlichen Äufserungen psychischer
Zustände‹ schreibt er: ›Dafs an und für sich Beziehungen zwischen dem kortikalen Geschehen, speziell
den Gefühlsvorgängen, und der Volumkurve bestehen,
ist sichergestellt.‹ Somit ist die Hauptsache zugegeben:
selbstverständlich fällt es Müller aber nicht ein, zu
gestehen, dafs er ein übereiltes Urteil abgegeben hat
über Tatsachen, um deren gründliches Verständnis er
sich nicht bemüht hat. Er schreibt deshalb weiter:
›Wo ist ferner bewiesen, dafs die kortikalen Vorgänge
mit ihrer Gefühlsbetonung, welche, weil wir sie als
bewufst erleben, als psychische bezeichnen, alleinige
integrierende Bedingung für das Zustandekommen dieser
Erscheinungen seien? Handelt es sich nicht vielfach um
Opticus-, Trigeminus-, Acusticusreflexe, die in genau
der gleichen Weise ohne Beteiligung des Cortex verlaufen können?‹ Durch diese Frage führt Müller den
ganz überflüssigen Beweis, dafs er die von ihm kriti-
sierten Arbeiten nicht gründlich gelesen hat. Berger
und ich haben alle beide an zahlreichen Punkten unserer
Arbeiten und in vielfacher Weise experimentell nachgewiesen, dafs ein Reiz nur dann eine bestimmte charakteristische Änderung der Volumkurve hervorbringt,
wenn er einen bestimmten Bewufstseinszustand auslöst.
Kommt er dagegen nicht zum Bewufstsein des Individuums, so unterbleibt auch die körperliche Reaktion
Der von Müller verlangte Beweis für die Beteiligung
der Kortikalsubstanz an den Zirkulationsstörungen ist
also geliefert worden; Müller scheint nur die betreffenden Abschnitte in den Arbeiten von Berger

---

¹ Journal für Psychologie u. Neurologie. Bd 4. S. 68.

und mir übersehen zu haben. Es läfst sich gar nicht berechnen, wieviel Papier und Druckfarbe gespart werden könnte, wenn die Herren Kritiker es sich zur Regel machten, die Bücher, die sie ihrer unmafsgeblichen Kritik unterziehen, auch wirklich zu lesen.

Wir kehren jetzt zur vorhin erhobenen Frage zurück: Wie kommen die verschiedenen Pulsänderungen, welche die psychischen Zustände begleiten, zustande? Eine naheliegende natürliche Erklärung dieses Verhaltens springt gleichsam von selbst in die Augen, sobald wir uns klarmachen, in welchen Fällen die Pulsfrequenz vermindert und in welchen sie vermehrt wird. Verminderte Pulsfrequenz, mithin gröfsere Pulslänge, erhalten wir in allen Fällen bei ganz kurzen Reizungen, ohne Rücksicht auf deren Stärke und auf die Gefühlsbetonung des erregten psychischen Zustandes; sogar die entschiedene Unlust des Erschreckens ist von Pulsverlängerung begleitet. Auch länger dauernde Reizungen können von Pulsverlängerung begleitet werden; dann müssen sie aber verhältnismäfsig schwach sein, so dafs der psychische Zustand entweder lustbetont oder allenfalls nur schwach unlustbetont wird. In keinem Falle darf der Reiz dauernde Anspannung der Aufmerksamkeit, höchstens nur eine kurze leichte Arbeit verursachen. Pulsverkürzung findet man nämlich stets, wo ein Reiz eine anstrengende psychische Arbeit von längerer Dauer veranlafst, aufserdem auch, wo ein andauernder Reiz entschiedene starke Unlust hervorruft. Beim Aufhören dieser Zustände tritt wieder Pulsverlängerung ein[1]. Mit dieser Übersicht ist auch die physiologische Erklärung der Erscheinung gegeben; denn es wurde bereits früher experimentell bewiesen, dafs psychische Arbeit und starke Unlustzustände

---

[1] Aus der Tab. 37 ist zu ersehen, dafs nach vollendeter Arbeit Pulsverkürzung wenigstens ebenso häufig als Pulsverlängerung eintritt. Dies ist indes leicht verständlich, denn die Pulsverlängerung ist nur dann zu erwarten, wenn wirklich ein Übergang aus Arbeit in Ruhe stattfindet. Die Versuchspersonen geben aber sehr häufig an, »sie fürchteten, verkehrt gerechnet zu haben«, oder »sie hätten angefangen, wieder umzurechnen« usw. Unter solchen Umständen, wo die Aktivität tatsächlich nicht aufhört, wird natürlich auch keine Pulsverlängerung eintreten

hemmend wirken (2. Teil, S. 216 u. 288). Ebenfalls
haben die Versuche gezeigt, wie starke kurze Reize in
so weitem Umfang bahnend wirken, dafs dies in den
Ergogrammen hervortritt (2. Teil, S. 295), und ganz
dasselbe ist mit solchen andauernden Reizen der Fall,
die entschiedene Lust hervorrufen[1]. Endlich wurde im
vorhergehenden durch Untersuchungen auf sehr verschiedenen Gebieten nachgewiesen, dafs wahrscheinlich
von allen psychophysiologischen Vorgängen bei deren
Aufhören eine Bahnung ausgeht, die gewöhnlich jedoch
so schwach sein wird, dafs sie sich nicht auf ergographischem Wege, sondern nur durch ihren Einflufs
auf andere gleichzeitige oder nachfolgende psychophysiologische Vorgänge dartun läfst. Halten wir dies
mit den angeführten Verhältnissen zusammen, unter
denen die Pulsverlängerung bezw. Pulsverkürzung eintritt, so kommen wir zu folgendem interessantem Ergebnisse:

---

[1] Breukink(Über Ermüdungskurven bei Gesunden usw., Journal
für Psych. und Neurol. Bd. 4, S. 100 u. f.) wiederholte Férés oben
(S. 44) besprochene Versuche mit Geruchsreizen, kam aber zu einem
ganz entgegengesetzten Ergebnisse, indem er nicht die geringste Vermehrung der Muskelarbeit als Folge eines solchen Sinnesreizes fand.
Er zieht hieraus den Schlufs, dafs Férés Resultate unrichtig seien,
indem sie nur von einer hohen Suggestibilität und einer unbewufsten
Schonung der Kräfte vor dem Geruchsreize herrühren sollten. Dieser
Schlufs ist offenbar ganz unberechtigt; Breukinks abweichende Resultate
lassen sich ebensowohl dadurch erklären, dafs seine eigenen Versuchspersonen suggestibel waren und unbewufst während der Geruchs-
reizungen die Kräfte sparten. Wer recht hat, das läfst sich nur entscheiden, wenn man die Versuche mit Personen anstellt, die gar nicht
wissen, was man beabsichtigt. Unter diesen Verhältnissen, und indem
ich übrigens so verfuhr, wie im 2. Teil, S. 283–284 beschrieben, erhielt ich konstant deutliche Vermehrung der Muskelarbeit bei angenehmen Geruchsreizen; die Kurve im zweiten Teil, Pl. XXIX, D
ist in dieser Beziehung vollkommen typisch. Um solchen nicht zur
Sache gehörenden Gemütsbewegungen(Überraschung, Erschrecken usw.)
vorzubeugen, die den Versuch natürlich vollständig vereiteln könnten,
teile ich der V.-P. nur vorher mit, was ihr widerfahren wird, und
instruiere sie, den angenehmen Geruch zu genießen und dabei die
Arbeit nicht zu vergessen. Ferner füge ich hinzu, dafs ich den Zweck
des Experimentes nach dessen Beendigung erklären werde. Sind
diese Vorsichtsmaßregeln getroffen, so wird ein positives Resultat
schwerlich unterbleiben; ich habe den Versuch sogar in Vorlesungen
mit Erfolg demonstriert.

**Alle psychophysiologischen Vorgänge, die
in größerem Umfang hemmend wirken, sind
von Pulsverkürzung begleitet, während die
Vorgänge, welche anbahnend wirken, von
Pulsverlängerung begleitet werden; letztere
tritt auch beim Aufhören der hemmenden Vorgänge ein.**

Dieses Ergebnis kann uns nicht wundern, da es
nichts anderes aussagt, als was man von vornherein
mit Sicherheit erwarten konnte. Wir wissen ja, daß
durch den Vagus fortwährend eine Innervation des
Herzens stattfindet, die dessen Bewegungen hemmt.
Wird diese latente Vagusinnervation verstärkt, so
schlägt das Herz langsamer; wird sie dagegen vermindert, so schlägt das Herz geschwinder. Es leuchtet
also ein, daß ein psychophysiologischer Vorgang, der
in größerem Umfang auf andere gleichzeitige Vorgänge im Gehirn hemmend wirkt, auch die latente
Vagusinnervation herabsetzen muß — und folglich von
größerer Pulsfrequenz, Pulsverkürzung begleitet wird.
Umgekehrt wird jeder psychophysiologische Vorgang,
der in einem hinlänglich weiten Umkreise anbahnend
wirkt, die latente Vagusinnervation vermehren und somit eine geringere Pulsfrequenz, Pulsverlängerung erzeugen. Diese Pulsänderungen sind also einfach durch
die dynamischen Wirkungen der psychophysiologischen
Vorgänge bestimmt und insofern von der Gefühlsbetonung der psychischen Zustände durchaus unabhängig. Es ist nun auch leicht einzusehen, daß die
Pulsänderungen sich im ganzen und großen als zweckmäßige Reaktionen erweisen werden. Denn ein zentraler Vorgang wirkt nur innerhalb des Gebietes
hemmend, auf welchem der Energieverbrauch die fortwährend mittels des Stoffwechsels stattfindende Zufuhr
übersteigt (S. 30). Ein zentraler Vorgang, der auf die
Vaguszentren im verlängerten Mark hemmend wirken
kann, muß folglich ein Mißverhältnis des Verbrauches
zur Zufuhr bewirken. Indem der Vorgang aber auf
die Vagusinnervation hemmend wirkt, nimmt die Pulsfrequenz und somit der arterielle Blutdruck zu: es
findet folglich eine lebhaftere Blutströmung zum Gehirn
statt, die gerade vonnöten war. Anderseits wird ein

zentraler Vorgang nur dann anbahnend wirken können,
wenn der Stoffwechsel innerhalb eines begrenzten Gebietes den Energieverbrauch zu decken vermag. Eine
anbahnende Einwirkung auf das Vaguszentrum ist mithin das Anzeichen, dafs das Gehirn gröfsere Energiezufuhr erhält, als unter den gegebenen Umständen
erforderlich ist. Indem ein zentraler Vorgang aber die
Vagusinnervation verstärkt und somit die Pulsfrequenz
herabsetzt, sinkt also der arterielle Blutdruck; hiermit
nimmt folglich die Blutzuströmung zum Gehirn ab und
wird die Arbeit des Herzens erleichtert, so dafs auch
diese Reaktion für den Organismus als Gesamtheit
zweckmäfsig sein mufs. Da eine Bahnung besonders
dann stattfindet, wenn ein psychophysiologischer Vorgang aufhört, wird eine Verminderung der Pulsfrequenz
daher vorzugsweise beim Übergang aus Arbeit in Ruhe
eintreten, wo eine Verminderung der Lebhaftigkeit des
Stoffwechsels gerade natürlich sein wird.

Es kommt aber, wie wir gesehen haben, auch häufig
vor, dafs ein während völliger Ruhe eintretender Reiz
von einer Pulsverlängerung begleitet ist. Der Reiz
wird aber immer eine zentrale Arbeit verursachen, und
es ist jedenfalls nicht unmittelbar einleuchtend, dafs
das arbeitende Gehirn einer geringeren Energiezufuhr
als das ruhende Gehirn benötigt sei. In diesem
Falle müssen wir wohl annehmen, dafs die durch die
Bahnung des Vaguszentrums verursachte geringere Pulsfrequenz eine zwar mechanisch notwendige, nicht aber
eben zweckmäfsige Reaktion ist, deren Einfluſs auf die
Blutversorgung des Gehirns durch anderweitige Reaktionen überkompensiert und somit unschädlich gemacht wird. Wir werden später sehen, dafs dies unzweifelhaft der Fall ist; jede zentrale Tätigkeit wird
von einer stärkeren Blutversorgung des Gehirns begleitet, selbst wenn sie eine geringere Pulsfrequenz
verursacht.

Wir verstehen also leicht die Pulsänderungen,
welche die verschiedenen psychischen Zustände begleiten, als einfache dynamische Wirkungen der verlaufenden zentralen Vorgänge, und ebenfalls ist es
leicht zu ersehen, dafs diese Änderungen als Gesamtheit zweckmäfsige Reaktionen sind. Besäfse der Or-

die Blutzirkulation zu regulieren, so wäre er offenbar
nur sehr unvollkommen ausgerüstet. Denn wenn infolge
einer zentralen Arbeit eine Vergröfserung des arteriellen
Blutdruckes stattfindet, so werden ja auch alle anderen
Organe als eben das Gehirn eine lebhaftere Blutzuströmung erhalten, für die sie im Augenblicke möglicherweise gar keinen Gebrauch haben. Dies würde
wenigstens insoweit unzweckmäfsig sein, als das Herz
dadurch gezwungen würde, eine ganz überflüssige
Arbeit zu verrichten. Nun besitzt der Organismus
aufser dem Herzen aber ja den ganzen vasomotorischen
Apparat, der zum Teil wenigstens vom Herzen unabhängig arbeitet und durch Vergröfserung oder Verminderung des Lumens der Gefäfse die Blutzuströmung
zu einigen Organen erleichtern kann, während zugleich
in anderen Organen der Widerstand zunimmt. Es ist
daher eine recht natürliche Annahme, zu deren Stütze
sich auch zahlreiche Erfahrungen anführen lassen, dafs
der vasomotorische Apparat gerade so fungiert, dafs
der Blutstrom nach dem augenblicklichen Bedarf der
Organe verteilt wird. Bei körperlicher Ruhe, aber
psychischer Tätigkeit werden es nun ganz natürlich die
Forderungen des Gehirns sein, die vorzugsweise den
Zustand bestimmen. Handelt es sich nun um Denktätigkeit, um anspannende psychische Arbeit, so ist es
leicht zu verstehen, dafs das Gehirn ebenso wie jedes
andere arbeitende Organ um so lebhafteren Stoffwechsel
erfordert, je gröfser die Arbeit ist. Dagegen leuchtet
es nicht unmittelbar ein, was das Gehirn während eines
andauernden Zustandes, z. B. während einfacher ge-
fühlsbetonter Empfindungen, verlangt, oder ob es dann
überhaupt irgend etwas erfordert. Dennoch zeigt die
Erfahrung, dafs auch diese Zustände von entschiedenen
und charakteristischen Zirkulationsstörungen begleitet
sind. Es ist klar, dafs jede Gefühlstheorie, die mehr
als ein blofses philosophisches Spiel mit Worten zu
sein beansprucht, u. a. die Entstehung dieser Reaktionen
als notwendige Konsequenzen der Theorie zu erklären
imstande sein mufs. Wir schreiten jetzt zur Untersuchung, welche Schlüsse sich an diesem Punkte aus
der dynamischen Gefühlstheorie ziehen lassen, von der

man wohl behaupten darf, dafs sie am besten mit den jetzt vorliegenden Erfahrungen übereinstimmt.

Weitere Entwicklung der dynamischen Gefühlstheorie. Alle psychischen Zustände und Tätigkeiten sind mehr oder weniger lust- oder unlustbetont; neutrale Zustände kommen nur als Grenzfälle vor oder wegen eines Zusammenwirkens von Zuständen mit entgegengesetzten Gefühlsbetonungen, die sich zum Teil aufheben. Obschon diese Verhältnisse allgemein bekannt sind, wird es sich doch der Mühe lohnen, dieselben etwas eingehender zu untersuchen. Betrachten wir die einfachen Sinnesempfindungen, so sind diese sämtlich lustbetont, sobald die Empfindung eine gewisse, sehr geringe Stärke erreicht. Mit wachsender Empfindungsstärke nimmt auch die Intensität der Lustbetonung bis zu einem Maximum zu, worauf sie abnimmt, um schließlich, wenn die Empfindung sehr intensiv wird, in Unlust überzuschlagen. Dies ist zwar die allgemeine Beziehung

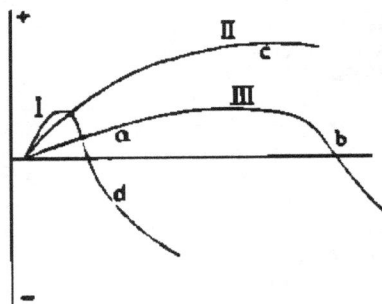

Fig. 30.

der Empfindung zu ihrer Gefühlsbetonung, auf den verschiedenen Sinnesgebieten und besonders hinsichtlich der verschiedenen Arten der Reize kann der Verlauf aber grofse Variationen darbieten. Die graphische Darstellung einiger typischen Beziehungen wird den Überblick über die gegenseitigen Verschiedenheiten, die hier entstehen können, erleichtern; eine solche ist in der Fig. 30 gegeben. Als Abszisse ist hier die Stärke der Empfindung, als Ordinate die der Gefühlsbetonung abgesetzt, indem positive Ordinaten Lust, negative aber Unlust bezeichnen. Die Kurven I, II und III geben also die Abhängigkeit der Gefühlsbetonung von der Stärke der Empfindung in gewissen willkürlich gewählten Fällen an; zwischen diesen können selbst-

redend alle möglichen Übergangsformen vorkommen.
Die Kurve I zeigt den Verlauf zahlreicher Geschmacksreize (Chinin und andere Bitterstoffe, unorganische und
stärkere organische Säuren) und verschiedener Geruchsreize (z. B. Amylazetat, Senföl und eine Menge
unorganischer Verbindungen). Allen diesen ist es gemeinsam, daß nur sehr schwache Empfindungen lustbetont sind; infolgedessen kann das Gefühl nur geringe
Stärke erreichen, indem es bei anwachsender Intensität
der Empfindung sehr jäh in Unlust überschlägt. Im
Gegensatz hierzu zeigt die Kurve II den Verlauf für
Geschmacksreize wie Zucker und Geruchsreize aus der
Klasse ›Blumenduft‹. Diese wachsen verhältnismäßig
langsam mit der Empfindung bis zu einem Maximum
an, das wohl schwerlich überschritten wird, indem das
Gefühl sich sogar bei den stärksten Reizen, die auf-
zutreiben sind, auf seinem Gipfel erhält. Endlich zeigt
die Kurve III den typischen Verlauf bei einfachen
Schall- und Lichtreizen, Tönen und Farben. Das Gefühl wächst auch hier verhältnismäßig langsam bis zu
einem Gipfel an, wo es doch nur ziemlich geringe Stärke
hat, erhält sich aber auf dieser Höhe, selbst wenn die
Stärke der Empfindung bedeutend zunimmt; erst bei
besonders intensiven Reizen nimmt das Lustgefühl ab,
um schließlich in Unlust umzuschlagen. Diese letzte
Kurve zeigt auch die Gefühlsbetonung bei dem meisten
von dem, was man Arbeit nennt. Alle psychische und
körperliche Arbeit innerhalb gewisser Grenzen ist
lustbetont, und die Stärke des Gefühls wächst bis zu
einem Maximum an, worauf dasselbe, wenn die Anstrengung zu groß wird, in Unlust umschlägt. Dies
gilt selbst von den mehr ungewöhnlichen Arbeiten, wie
wissenschaftlichen Entdeckungen, künstlerischen Er-
zeugungen, technischen Erfindungen. Alle die ununterbrochene tägliche Mühe, die derartige Arbeiten erfordern, unterscheidet sich durch ihre Gefühlsbetonung
wohl kaum von der Tätigkeit, die jeder Kontorist ent-
faltet. Erst in dem Augenblick, wo der Forscher, der
Künstler oder der Erfinder sieht, daß die Arbeit gelingt,
wo tage-, monate- oder jahrelange Arbeit zum gewünschten Resultate führt, entsteht eine Freude, so
intensiv, wie sie wohl in keiner anderen menschlichen

Tätigkeit erreicht wird. Von diesen seltenen und kurzen
Momenten können wir hier indes absehen; diese sind
die Ausnahmen, die Regel ist in der Kurve III gegeben.
Unter normalen Verhältnissen, die wir hier zunächst
ins Auge fassen, scheint die Gefühlsbetonung also ein
psychisches Moment zu sein, das durch die Art und
Stärke der Empfindung oder der Tätigkeit aufs genaueste
bestimmt ist. Andere Erfahrungen lehren uns aber,
daß es sich dennoch nicht so verhalten kann, da eine
sogar sehr geringe Änderung des Zustandes des Organismus imstande ist, die Gefühlsbetonung abzuändern,
die eine bestimmte Tätigkeit begleitet, oder die durch
einen gegebenen Reiz erregt wird. Je nachdem das
Individuum gesättigt oder hungrig, frisch oder müde,
gesund oder krank ist, wechselt die Gefühlsbetonung.
Der Geruch kräftiger Speisen kann dem Gesättigten
indifferent, dem Hungrigen stark lustbetont, dem an
einem körperlichen Übel Leidenden aber entschieden
unangenehm sein. Bei Ermüdung, körperlicher In-
disposition oder psychischer Depression kann eine sonst
ansprechende Beschäftigung leicht unerträglich werden.
Mithin scheint die Gefühlsbetonung gar nicht mit der
Empfindung oder Tätigkeit, welche sie normal begleitet,
fest verknüpft zu sein, denn sie kann mit dem »Befinden«
des Individuums wechseln. Dies ließe sich nun so
deuten, daß die Gefühlsbetonung auf einem besonderen
psychophysiologischen Vorgange beruhte, der je den
Umständen nach durch den primären psychischen Zustand hervorgerufen würde oder auch nicht. Eine
solche Annahme würde aber mit zwei Tatsachen in
Streit geraten. Erstens müßte sich, wenn die Gefühlsbetonung nur assoziativ an den primären Zustand geknüpft wäre, unter günstigen Umständen ein meßbarer
Zwischenraum zwischen den beiden Erscheinungen nachweisen lassen; dies ist der Erfahrung gemäß aber unmöglich[1]. Ferner würde es ganz unverständlich sein,
daß Empfindungen um so stärker anbahnend sein
können, je mehr sie lustbetont sind (2. Teil, 284—286).
Denn ist die Gefühlsbetonung an einen besonderen
zentralen Vorgang gebunden, so muß dieser auch

---

[1] Die Hauptgesetze des menschlichen Gefühlslebens. S. 40—47

energieverbrauchend sein, und zwar um so mehr, je
stärker er ist; folglich scheint die Bahnung mit anwachsender Lustbetonung abnehmen zu müssen, während
zweifelsohne das Gegenteil der Fall ist.

Die Frage wird also die, wie die Gefühlsbetonung
einerseits unmittelbar eben an die Empfindung oder die
psychische Arbeit gebunden und anderseits dennoch
von diesen so unabhängig sein kann, dafs sie mit dem
totalen seelisch-körperlichen Zustande des Individuums
variiert. Die früher (2. Teil, S 291—302) aufgestellte
dynamische Gefühlstheorie gibt hierauf eine ebenso einfache als natürliche Antwort. Nach Bergers sinn-
reichem Nachweise der nahen Verbindung dieser Theorie
mit Verworns Lehre von dem Biotonus können wir
jetzt der Theorie einen weit exakteren Ausdruck geben,
als ich dies früher vermochte, und ich schliefse mich
deshalb im folgenden zunächst Bergers Darstellung an[1].
Bei jeder organischen Tätigkeit findet ein Energieverbrauch, eine Dissimilation, statt, und gleichzeitig
geht eine Energiezufuhr, eine Assimilation, vor. Mit
der Gröfse des Verbrauchs D wächst auch die Zufuhr A
an, und solange Verbrauch und Zufuhr sich das Gleichgewicht halten, solange $A/D = 1$ ist, so lange kann das
Organ seine Tätigkeit fortsetzen. Überschreitet dagegen der Verbrauch die Zufuhr, ist $A/D < 1$, so mufs
das Organ unvermeidlich früher oder später seinem
Untergang entgegengehen. Den Bruch $A D$ nennt
Verworn den »Biotonus« der arbeitenden Zellen. Die
dynamische Gefühlstheorie läfst sich nun so ausdrücken:
Solange der Biotonus der arbeitenden zentralen Neuronen
$A/D = 1$ ist, so lange wird der resultierende psychische
Zustand lustbetont sein, und zwar um so stärker lustbetont, je gröfser D, mithin auch A ist. Wird dagegen
der Biotonus $A/D < 1$, so wird der Zustand unlustbetont,
und zwar um so stärker, je kleiner A/D wird. Die
Gefühlsbetonung rührt also nicht von einem besonderen
zentralen Vorgange her; sie ist ganz einfach der
psychische Ausdruck für den Biotonus der jeweilig
arbeitenden Neuronen und somit nur ein Moment des

[1] Die körperlichen Äufserungen psychischer Zustände. Jena 1904.
S. 176.

gesamten resultierenden psychischen Zustandes, von
dem sie sich in der Realität durchaus nicht trennen
läßt, wenn sie auch mittels psychologischer Analyse aus
demselben ausgeschieden werden kann. Es ist jetzt
leicht zu verstehen, weshalb die Gefühlsbetonung mit
dem Zustande des Organismus variiert. Denn jede
Änderung in dessen Ernährungs- und Gesundheits-
zustande muß notwendigerweise auch auf die Arbeitsfähigkeit der zentralen Neuronen influieren. Eine Tätigkeit, die in einem normalen kräftigen Organismus
$A D$ 1 macht, wird in demselben, aber durch Ermüdung
oder Krankheit geschwächten Organismus leicht $A D < 1$
machen und mithin unlustbetont werden. Die Theorie
gibt also eine völlige Erklärung aller angeführten Erfahrungen, und wir können sie folglich folgendermaßen
formulieren:

Die Gefühlsbetonung Lust und Unlust,
die jeden psychischen Zustand oder jede
psychische Tätigkeit begleitet, ist der psychische Ausdruck für den Biotonus der arbeitenden Neuronen. Ist $A D = 1$, so wird der
resultierende psychische Zustand lustbetont,
und zwar um so stärker, je größer D und A
sind; wird $A D < 1$, so ist der Zustand unlustbetont, und zwar um so stärker, je kleiner
$A D$ ist. Mit dem wechselnden Zustande des
Organismus variiert der Wert von D, bei
welchem $A D$ aus $= 1$ in < 1 übergeht, und somit auch die Stärke und Art der Gefühlsbetonung.

Gegen diese Auffassung läßt sich nun ein nahe-
liegender und anscheinend gewichtiger Einwurf erheben.
Es sind ja nicht nur Empfindungen und psychische
Arbeiten — Denktätigkeit, Auswendiglernen usw. —, die
gefühlsbetont sind, sondern auch Empfindungskomplexe,
Wahrnehmungen, und Vorstellungen, Erinnerungsbilder,
sind entweder lust- oder unlustbetont, und unsere
stärksten Gefühle sind eben mit diesen zusammengesetzten psychischen Zuständen verknüpft. Nun kann
eine geringe Änderung des Inhalts einer Wahrnehmung,
ohne daß deren Stärke sich im geringsten änderte, der
Erfahrung gemäß einen großen Unterschied der Gefühls-

betonung bewirken. Variiert die Stärke des Vorgangs
aber nicht, so scheint auch der Biotonus der arbeitenden
Neuronen nicht variieren zu können, und folglich sollte
der Theorie zufolge auch kein Unterschied der Gefühlsbetonung eintreten. Die Theorie scheint daher ganz
aufserstande zu sein, dieses Verhalten zu erklären.

Das rein Tatsächliche läfst sich hier nicht bezweifeln.
Betrachte ich in einem zoologischen Garten einen grofsen,
prachtvollen Tiger, so ist dieser Anblick entschieden
lustbetont. Entdecke ich aber plötzlich, dafs die Tür
des Käfigs geöffnet ist und der Tiger sich zum Heraus-
springen anschickt, so wird mein Gemütszustand aller
Wahrscheinlichkeit nach in ein lebhaftes Unlustgefühl
umschlagen. Wie ist dies aber möglich? Das Gesichtsbild der offenen Tür und des entwischenden Tigers kann
im betreffenden Sensorium doch wohl keinen so intensiven Vorgang erregen, dafs der Biotonus bis auf
den geringen Wert sinken könnte, den er haben mufs,
damit starke Unlust die Folge wird. Allerdings ruft
dieses Gesichtsbild eine Menge Vorstellungen hervor,
die ich vorher nicht hatte; Vorstellungen pflegen aber
keine bedeutende Intensität zu besitzen, so dafs der
zentrale Biotonus hierdurch wohl schwerlich zum Sinken
gebracht wird. Oft geschieht dies tatsächlich denn auch
nicht. Hätte ich die Begebenheit, statt sie zu erleben,
in einem Roman gelesen, so würde dieselbe Reihe von
Vorstellungen zwar einen Gemütszustand hervorgerufen
haben, der dem Erschrecken ähnelte; dieser Zustand
würde aber durchaus nicht unlustbetont gewesen sein,
er müfste im Gegenteil vielmehr ein Genufs genannt
werden, indem er das Seinige dazu beitragen würde, das
Buch »spannend« zu machen. Es gibt offenbar einen
wesentlichen Unterschied zwischen dem »erlebten« und
dem nur »vorgestellten« Ereignisse: Worin besteht aber
der Unterschied?

Wir stehen hier dem Problem gegenüber, an dem
sich C. Lange in seinem letzten Werke: »Sinnesgenüsse
und Kunstgenufs« gänzlich verhoben hat. Lange hat
sehr richtig gesehen, dafs die dichterische Darstellung
nur darauf abzielt, irgendeine Gemütsbewegung, sogar
die stärksten Unlustaffekte, wie Kummer, Zorn, Täuschung und Verzweiflung, hervorzurufen, und zum Teil

lassen diese sich auch erzeugen. Sentimentale Bücher
haben viele Tränen zum Fliefsen gebracht; derartige
Gemütsbewegungen können also zum ästhetischen Ge-
nusse mitwirken. Lange ist aber aufserstande, den
Unterschied zwischen dem wirklich erlebten und dem
nur vorgestellten Kummer klar auseinanderzusetzen,
und deshalb tut er entschlossen den verzweifelten Schritt,
alle Gemütsbewegung für »Genuſs« zu erklären. Das ist
natürlich absurd; denn wenn Kummer, Verzweiflung usw.
»Genüsse« heifsen sollen, so sind es jedenfalls Genüsse
sonderbarer Art, die man am liebsten zu vermeiden
sucht. Niemand sucht einen wirklichen Kummer; nur
der vorgestellte Kummer kann ein Genuſs werden. Es
gibt also einen ganz deutlichen Unterschied zwischen
den beiden Zuständen, und dies ist besonders ein Unterschied der Intensität. Ihr Vorstellungsinhalt, ihre
Kapazität kann fast dieselbe sein; sogar die körperlichen Äufserungen des Affekts können in beiden Fällen
zugegen sein. Das Herz klopft heftiger, wenn der Held
des Buches in eine gefährliche Lage gerät, und bei
seinem traurigen Tode können Tränen fliefsen. Diese
Tränen trocknen aber schnell, und der Kummer ist bald
vergessen; deshalb ist der »vorgestellte« Kummer ein
Genuſs, während der erlebte Kummer ein Leiden von
unberechenbarer Dauer ist. Der Unterschied zwischen
den beiden Zuständen scheint mithin zunächst ein
Unterschied der Intensität zu sein; das »Erlebnis« wird
eben wegen seiner gröfseren Intensität unlustbetont,
während die »Vorstellung« lustbetont ist. Eine weitere
Untersuchung führt aber bald zu dem Ergebnisse, dafs
der Unterschied der Intensität in letzter Instanz auf
einem Unterschiede des Inhalts der beiden Zustände
beruht.

Zwischen dem Inhalte des »Erlebnisses« und dem
der »Vorstellung« existiert offenbar der wesentliche
Unterschied, dafs im ersteren Falle das »Ich« an der
Sache impliziert ist, im letzteren dagegen nicht. Solange
ich nur von den Taten des Helden lese, ist mein Ich-
bewufstsein auf ein Minimum zurückgedrängt; erlebe
ich dagegen etwas Ähnliches, so betrifft die Sache dieses
»Ich« im allerhöchsten Grade. Das Auftreten des »Ich«
im Bewufstsein ändert die ganze Situation. Solange mir

nichts von dem Offenstehen der Tür ahnt, kann ich
ästhetisch genießend vor dem Tiger stehen; ich denke
überhaupt nicht an mich selbst; der Zustand ist nur
eine »Vorstellung«. In demselben Augenblicke, wo ich
entdecke, daß die Tür des Käfigs offen steht, sind der
Tiger und das »Ich« aber nicht mehr gegenseitig indifferent; hierdurch wird die Situation ein »Erlebnis«.
Es ist leicht zu ersehen, daß das Ich in seinem weitesten
Sinne — als körperliches, soziales und geistiges Ich
mit allem, was dazu gehört —[1], jeder wirklich erlebten
Gemütsbewegung als integrierendes Glied angehört,
während es ebenso sicher bei jedem nur vorgestellten
Affekte fehlt. Auf der Mitwirkung des Ich muß also
der Unterschied der Intensität zwischen der erlebten
und der nur vorgestellten Gemütsbewegung beruhen,
und hierin liegt denn auch nichts Sonderbares.

Wir sahen oben, daß zwei verschiedene Geschmacksreize von derselben physischen Stärke des Reizes keineswegs dasselbe Gefühl erregen. Eine Lösung salzsauren
Chinins wird entschiedene Unlust erwecken bei einer
Konzentration, bei welcher eine Zuckerlösung kaum noch
schwache Lust erregt. Es ist also nicht die durch den
prozentigen Gehalt des gelösten Stoffes gemessene
physische Stärke des Reizes allein, die die Stärke des
resultierenden Gefühls bestimmt; in weit höherem Grade
ist es die Empfindlichkeit der arbeitenden Neuronen,
die Leichtigkeit, womit ihr Biotonus sich durch solche
Bewegungen, wie die Reize sie hervorrufen, ändert.
Wie es mit den einfachen Sinnesreizen geht, so verhält
es sich auch mit den mehr zusammengesetzten Zuständen, den Wahrnehmungen. Zwei durch gleichstarke
Reize hervorgerufene Wahrnehmungen können deshalb
wegen einer kleinen Änderung des Inhalts (der Tiger
in einem geschlossenen und der Tiger in einem halb-
geöffneten Käfig) sehr verschiedene Gefühle erregen.
Die eine, die das Ich nicht affiziert, wird eine Gefühlswirkung haben, welche wesentlich durch die Art
und Stärke der Sinnesbilder bestimmt ist; diese bewirkt daher einen ästhetischen Genuß. Erweckt die

[1] W. James: Principles of Psychology. Vol. I, S. 291—329.
Id.: Textbook of Psychology, S. 176—195.

andere dagegen die Vorstellung von etwas dem Ich
Nützlichen oder Schädlichen, so werden die Art und die
Stärke der Sinnesbilder etwas ganz Untergeordnetes;
das Gefühl wird lediglich durch den Nutzen oder den
Schaden bestimmt, den das Individuum davontragen
kann. Und das Gefühl wird nicht nur von der Größe
der Nützlichkeit oder der Schädlichkeit abhängig, sondern
auch davon, ob die Einwirkung das Zentrale oder das
mehr Periphere des Ich betrifft. Wem die Kleider ein
Wesentliches und Zentrales des Ich sind, den wird ein
Fleck an diesen übel berühren, während derjenige, dem
die Kleider nur ein notwendiger Schutz vor Wind und
Wetter sind, den Fleck kaum bemerken wird. Ein Teil,
allerdings ein sehr peripherer Teil unseres Ich, besteht
aus dem nebelhaften Bilde: »alle anderen Menschen«.
Deshalb kann es nie ein ästhetischer Genuß werden,
von wirklichen Leiden anderer Menschen zu lesen, weil
das Ich sich selbst, wenn auch noch so peripher, angegriffen fühlt; hierdurch entsteht das Mitleid, das ein
wirkliches Leiden ist und ein um so entschiedeneres Leiden
wird, je näher das Individuum dem Ich steht. Mein Mitleid mit einer halben Million Soldaten in der Mandschurei
kann nie besonders stark werden, ganz einfach, weil die
Mandschurei in gar zu weiter Ferne liegt. Die arme
Frau, die ich täglich unter einem Torwege sitzen sehe,
erweckt mein Mitleid viel mehr; sie bildet einen mehr
zentralen Teil meines Ich, nur weil ich sie sehe. Handelt
es sich nun gar um die Leiden der Meinigen, so ist gar
nicht mehr von Mitleid die Rede: nun wird mein Ich
fast im Zentrum angegriffen, und der Zustand wird
Kummer, Trauer. Die Schaffensfreudigkeit des Forschers,
des Künstlers und des Erfinders in dem Augenblicke,
wo die Arbeit gelingt, erhält auch erst ihre große
Intensität und ihren affektartigen Charakter dadurch,
daß das Selbstgefühl wächst, das Ich sich wegen des
errungenen Ergebnisses größer fühlt. Allen wirklichen
Affekten scheint mithin stets ein Teil des großen
Komplexes des »Ich« als integrierendes Glied einverleibt
zu sein; nur die reine Kunstbegeisterung scheint eine
Ausnahme hiervon zu machen.

Wir sehen also, wie die dynamische Gefühlstheorie
sehr wohl imstande ist, die Tatsache zu erklären, daß

eine Änderung des Inhalts einer Wahrnehmung die Gefühlsbetonung des Zustands völlig zu verändern vermag. Dies beruht gerade darauf, dafs die zentralen Vorgänge je nach ihrer Beschaffenheit sehr verschiedenen Einflufs auf den Biotonus der arbeitenden Neuronen erhalten können; dieser ändert sich nicht bei jeder Art von Bewegung auf dieselbe Weise. Es sind deshalb nicht nur die Art und die Stärke der sinnlichen Wahrnehmung, welche die Gefühlsbetonung des Zustands bestimmen, sondern in noch höherem Grade die bei der Wahrnehmung reproduzierten Vorstellungen. Besonders zeigt es sich, dafs das ›Ich‹, wenn es als wesentliches Glied an dieser Vorstellungsreihe beteiligt ist, entscheidenden Einflufs auf das resultierende Gefühl erhält. Ein und derselbe Zustand kann unlust- oder lustbetont werden, je nachdem das Ich im Inhalte vorkommt oder fehlt; hierauf beruht es oft, ob ein gegebener affektartiger Zustand zum Leiden oder zum Genufs wird.

Als das wesentliche Resultat dieser Betrachtungen können wir also folgenden Satz feststellen:

Der Biotonus der zentralen Neuronen verändert sich nicht bei jeder Art von Bewegung auf dieselbe Weise. Eine geringe Verschiedenheit des Vorstellungsinhalts eines gegebenen Zustands wird deshalb eine wesentliche Verschiedenheit des Biotonus der arbeitenden Neuronen, mithin auch wesentliche Verschiedenheit des ganzen resultierenden Gefühls bewirken können.

Gehen wir nun davon aus, dafs die dynamische Gefühlstheorie in ihren Hauptzügen richtig ist, so wird es in höchstem Grade wahrscheinlich, dafs der Biotonus des arbeitenden Zentrums in jedem Momente für den Zustand des Zirkulationsapparates das Bestimmende ist; denn, wie wir sahen, ist $A\,D<1$ ein Verhältnis, das früher oder später den Untergang der betreffenden Neuronen herbeiführt. Ist der Organismus zweckmäfsig eingerichtet, so mufs er daher suchen, das Eintreten eines solchen Falles unmöglich zu machen, und dies kann gerade mittels der Blutzirkulation geschehen, die, innerhalb gewisser Grenzen wenigstens, die Zufuhr A

auf die Höhe des Verbrauches D bringen kann, so daß $A/D = 1$ wird. Es ist also wahrscheinlich, daß die Zirkulationsstörungen vom Biotonus des Arbeitszentrums abhängig sind, und was wir bereits über die Änderungen der Pulsfrequenz erfahren haben, spricht in hohem Grade dafür: denn es erwies sich ja, daß frequenterer Herzschlag und mithin lebhaftere Blutzirkulation regelmäßig alle psychophysiologischen Vorgänge begleiten, die in großem Umfange hemmend wirken. Daß ein Vorgang in großem Umfange auf andere hemmend wirkt, zeigt aber geradezu an, daß er sich der Grenze dessen nähert, was das betreffende Zentrum leisten kann, da die Energiezuströmung aus dem möglichst großen Umkreise stattfindet. Der Zustand nähert sich also dem Punkte, wo $A < D$ wird. Solange dagegen der Vorgang an ferneren Punkten anbahnend wirkt, läßt sich der Zustand $A/D = 1$ ohne Schwierigkeit erhalten, und die Pulsfrequenz ist dann gewöhnlich vermindert. An dem aufsteigenden Aste der Kurven der Fig. 30, wo die Lustbetonung anwachsend ist, haben wir also langsameren Herzschlag und $A/D - 1$; an dem absteigenden Aste, wo Lust in Unlust überschlägt, ist die Pulsfrequenz größer und $A/D < 1$, indem das doppelte Zeichen angibt, daß man anfangs zwar $A = D$ hat, daß das Gleichgewicht sich aber nur mit Mühe erhält. Es besteht daher zweifelsohne eine Beziehung zwischen der Pulsfrequenz und dem Biotonus des arbeitenden Zentrums, und letzterer wird sich dann wahrscheinlich als auch die vasomotorischen Änderungen bestimmend erweisen. Ergibt sich dies als richtig, so ist die Beziehung des Gefühls zu dessen körperlichen Äußerungen ganz klar: Die Gefühlsbetonung ist der psychische Indikator des Biotonus des arbeitenden Zentrums, dessen körperliche Wirkungen wir in den Zirkulationsstörungen gewahren.

Es wird nun im folgenden unsere Aufgabe sein, zu untersuchen, ob diese Konsequenzen der Theorie mit der Erfahrung übereinstimmen. Sehr leicht wäre die Sache zu entscheiden, wenn wir imstande wären, einen Reiz verschiedene Stärkegrade durchlaufen zu lassen und die resultierenden Zirkulationsstörungen aufzuzeichnen, während die V.-P. durch Selbstbeobachtung den Gefühlszustand der einzelnen Momente konstatierte.

Dies ist aber praktisch unausführbar, denn wirkte der Reiz kontinuierlich, so würde die V.-P. durchaus abgestumpft werden, und prüft man die verschiedenen Stärkegrade zu verschiedenen Zeiten, so hat man keine Sicherheit dafür, daß das Befinden des Individuums, der »Normalzustand«, keine Änderungen erlitten hat; folglich würde sich auch keine mit der Stärke des Reizes anwachsende Reaktion nachweisen lassen. Es läßt sich deshalb wohl kein anderer Weg einschlagen als der stets bei diesen Untersuchungen betretene, indem man nämlich verschiedene Reize anwendet, deren Wirkungen den Hauptpunkten der Kurven Fig. 30 entsprechen. Bei entschieden lust- oder unlusterregenden Reizen bestimmen wir die Reaktionen, die den Punkten c bezw. d der Kurven entsprechen. Die Wirkung an den zunächst neutralen Punkten a und b erzielt man am sichersten durch psychische Arbeiten verschiedener Art. Die Konzentration der Aufmerksamkeit auf einfache Sinnesreize (das Zählen unregelmäßig verteilter Punkte usw.) gibt eine leichte Arbeit ohne hervortretende Gefühlsbetonung, während z. B. eine Rechenaufgabe, die an der Grenze dessen liegt, was die V.-P. zu leisten vermag, den Übergangspunkt b an der Grenze zwischen Lust und Unlust gibt. Diese gewöhnlich angestellten Versuche dienen mithin gerade zur Bestimmung der Reaktionen in den vier Hauptfällen, die hinsichtlich des Biotonus der arbeitenden Neuronen eintreffen können. Außer diesen werden im folgenden sowohl die Schlafzustände als einzelne Affekte zum Gegenstand der Untersuchung gemacht werden.

BESTIMMUNG DER VASOMOTORISCHEN ÄNDERUNGEN.

Die Methode. Will man die Änderungen ins reine bringen, die unter gegebenen Umständen im Zustande der Gefäße bei einem normalen, unversehrten Menschen eintreten, so gibt es, soweit ich zu sehen vermag, nur ein einziges Verfahren, nämlich: die Bestimmung der

Geschwindigkeit der Pulswelle in den verschiedenen Gefäßsgebieten. Die Zeit, um die der Puls in einer gegebenen Arterie nach dem Herzstoße kommt, variiert nämlich fortwährend, und die Faktoren, von denen die Änderungen abhängen, sind uns genau bekannt. Besonders Grunmachs Untersuchungen haben an diesem Punkte völlige Klarheit zuwege gebracht, indem er nicht nur das tatsächliche Verhalten, sondern auch die Ursachen nachwies, warum die Resultate älterer Forscher voneinander abweichen. Durch direkte physiologische Messungen sowohl an Tieren als an gesunden und kranken Menschen fand Grunmach[1], daß die Geschwindigkeit der Blutwelle nicht nur mit dem Blutdrucke, sondern auch mit dem Tonus des untersuchten Gefäßes anwächst, und durch vergleichende physische Untersuchungen über die Fortpflanzung der Pulswelle in Arterien und verschiedenen anderen elastischen Röhren wies er nach, daß die verschiedenen Materialien wesentliche Verschiedenheiten darbieten, daß die Arterien aber zu den Röhren gehören, deren Elastizitätskoeffizient — mithin auch Pulsgeschwindigkeit — bei anwachsendem Drucke zunimmt[2].

Es läßt sich also als konstatiert betrachten, daß die Zeit, die zwischen dem Herzstoß und dem Pulsschlag einer Arterie verstreicht, um so kürzer wird, je höher der Blutdruck ist, und je mehr die Gefäßwand sich unter der Einwirkung der Vasokonstriktoren kontrahiert hat. Bestimmt man daher die Schwankungen dieser Zeitdifferenz nur mit Bezug auf eine einzelne Arterie, so lassen sich hieraus keine Schlüsse über die wechselnden Zustände des Gefäßes ziehen, da z. B. eine Verkürzung der Zeit sowohl von einer allgemeinen Vergrößerung des Blutdruckes als von einer rein lokalen Gefäßkontraktion oder von beidem im Verein herrühren kann. Dem Anschein nach wäre die hierdurch entstehende Schwierigkeit am leichtesten zu über-

---

[1] Über die Fortpflanzungsgeschwindigkeit der Pulswellen. Du Bois' Archiv. 1879. S. 417 u. f. — Über die Pulsgeschwindigkeit bei Erkrankungen des Zirkulationsapparates. Virchows Archiv. Bd. 102. S. 563 u. f.

[2] Du Bois' Archiv. 1888. S. 129 u. f. Vgl. v. Frey: Die Untersuchung des Pulses. S. 131—139.

winden, wenn man zugleich mit den Schwankungen der
Pulsverspätung auch die Schwankungen des Blutdruckes
bestimmte. Es ist jedoch sehr zweifelhaft, ob man in
diesem Falle wirklich imstande sein würde, sichere
Schlüsse zu ziehen; ich werde mich indes nicht auf die
nähere Erörterung dieses Punktes einlassen, da wir
nicht imstande sind, die Änderungen des Blutdruckes
kontinuierlich zu bestimmen. Möglicherweise kann man
bei zweckmäßiger Anwendung der sogenannten Sphyg-
momanometer den Blutdruck in einem einzelnen gegebenen Augenblicke bestimmen; eben das, worum es
sich handelt, nämlich die fortwährenden Schwankungen,
vermögen wir aber nicht zu registrieren. Folglich lohnt
es sich auch nicht der Mühe, zu untersuchen, was man
schließen könnte, wenn diese Größen bekannt wären.

Im allgemeinen wird man also, wie wir sehen, aus
der Pulsverspätung in einer einzelnen Arterie nichts
folgern können. Kennt man aber zugleich verschiedene
andere Größen rücksichtlich derselben Arterie, so stellt
sich die Sache anders. Nimmt man z. B. ein Plethysmogramm der Radialis und den Herzstoß zugleich auf,
so läßt sich hieraus die Verspätung des Radialispulses
bestimmen, und man kennt dann auch die Pulsfrequenz,
die Schwankungen des Volumens und der Pulshöhe.
Aus diesen vier bekannten Größen muß man in vielen
Fällen sichere Schlüsse ziehen können. Es wurde
nämlich schon früher (I. Teil, S. 201 u. f.) nachgewiesen,
daß wir imstande sind, nach der Pulsfrequenz, den
Änderungen des Volumens und der Pulshöhe durchweg
zu beurteilen, ob in einem vorliegenden Falle vasomotorische Änderungen stattgefunden haben oder nicht.
Dagegen läßt es sich nicht entscheiden, ob diese
Änderungen in einer Gefäßerweiterung im Arme oder
einer Gefäßverengerung in anderen Gebieten bestehen;
diese Änderungen werden nämlich ganz denselben Einfluß auf das Plethysmogramm üben können; es gebricht
uns aber an Mitteln, um zu entscheiden, welches von
beiden stattgefunden hat. Es leuchtet nun ein, daß
eine solche Entscheidung zu treffen sein muß, wenn
wir zu den drei aus dem Plethysmogramm bekannten
Größen noch eine vierte hinzufügen, die Verspätung
des Radialispulses nämlich, die direkt von dem Tonus

der Gefälse abhängig ist. Betrachten wir beispielsweise einen bestimmten Fall. Es liege ein Plethysmogramm vor, wo das Volumen mit wachsender Pulslänge und abnehmender Pulshöhe sinkt, was gewöhnlich beim Beginn einer Denkarbeit stattfindet. Da eine geringere Pulsfrequenz (wachsende Pulslänge) unter sonst gleichen Umständen gröſsere Pulshöhe und vermindertes Volumen bewirkt, kann die vorliegende Verminderung des Volumens also einfach eine Folge hiervon sein; vasomotorische Änderungen sind selbstredend aber nicht ausgeschlossen. Da nun die Pulshöhe tatsächlich geringer wird, während der langsamere Herzschlag, ceteris paribus, gröſsere Pulshöhe gibt, so müssen also vasomotorische Änderungen stattgefunden haben. Wir vermögen aber nicht zu entscheiden, ob diese aus einer Gefälsverengerung im Arme oder aus einer Gefälserweiterung in anderen Organen oder aus beidem im Verein bestehen. Diese Frage läſst sich indes beantworten, wenn die Pulsverspätung bestimmt wird. Erweist es sich nämlich, daſs diese konstant bleibt oder mit sinkendem Volumen abnimmt, so muſs notwendigerweise eine Gefälsverengerung im Arme eingetreten sein; denn der langsamere Herzschlag hat eine Verminderung des arteriellen Blutdrucks zur Folge, und die Pulsverspätung muſs mithin anwachsen. Zeigt es sich daher, daſs diese in einem einzelnen Gefälsgebiete konstant oder abnehmend ist, so muſs in diesem Gebiete eine Verengerung der Gefälse eingetreten sein. Gänzlich ausgeschlossen ist es natürlich nicht, daſs gleichzeitig auf anderen Gebieten eine Gefälserweiterung eintreten kann; diese würde dann aber nur eine fernere Verminderung des Blutdruckes zur Folge haben, und die Gefälsverengerung im Arme müſste daher nur eine um so stärkere sein, da die Pulsverspätung sich sonst nicht konstant erhalten oder sogar abnehmen könnte.

Aus diesem Beispiele geht also hervor, daſs man, in vielen Fällen wenigstens, imstande sein wird, die vasomotorischen Verhältnisse eines einzelnen Gefälsgebietes zu bestimmen, wenn man aufser der Pulsfrequenz die Volumänderungen des betreffenden Gefälsgebietes, die Pulshöhe und die Pulsverspätung kennt. Wäre es daher möglich, diese Gröſsen rücksichtlich des

— 415 —

Gehirns eines normalen Menschen zu bestimmen, so
würde man durch eine Reihe von Versuchen die Blutzuströmung zum Gehirn unter verschiedenen psychischen Zuständen ermitteln können, und es ließe sich
hierdurch ganz einfach entscheiden, ob die Blutversorgung
des Gehirns der Arbeit proportional ist, die dasselbe
leistete, um diese Zustände hervorzubringen. Leiderdessen lassen diese Messungen sich aber nicht an einem
unverletzten Menschen ausführen. Die Volumänderungen des Gehirns lassen sich jedenfalls nicht mittels
irgendeines bisher bekannten Verfahrens nachweisen,
es sei denn, daß eine vorsätzlich oder unvorsätzlich
hervorgebrachte Öffnung des Schädels vorliegt. Findet
sich aber eine durch einen Bruch oder durch Trepa-
nation entstandene Öffnung, so hat man nur in den
seltensten Fällen ein in psychischer Beziehung durchaus
unversehrtes Individuum vor sich. Unter den nicht gar
wenigen Personen, von denen man im Laufe der Jahre
Gehirnkurven aufgenommen hat, scheinen eigentlich
nur der von Mosso untersuchte Bertino und Bergers
Versuchsperson Str. ganz normal gewesen zu sein, und
ersterer eignete sich aus anderen Gründen nur wenig
zum Objekt psychologischer Versuche. Es wird daher
nur in sehr seltenen Fällen eine in jeder Beziehung
brauchbare V.-P. zu haben sein, und es wäre deshalb
sehr wünschenswert, wenn derjenige, der einmal eine
solche V.-P. findet, sich so einrichtete, daß er nicht
nur Hirnplethysmogramme aufnähme, sondern auch die
Pulsverspätung im Gehirn bestimmte, da diese einer
Deutung der Kurven den einzigen sicheren Anhalts-
punkt zu gewähren scheint.

Der Umstand, daß wir an einem unversehrten
Menschen die Volumänderungen des Gehirns nicht zu
bestimmen vermögen, wird die Bestimmung der Zirkulationsverhältnisse im Gehirn indes nur erschweren,
jedoch nicht ganz unmöglich machen; nur sind noch
einige andere Bestimmungen erforderlich. Kennen wir
nämlich außer den vier obengenannten Größen zugleich
die Pulsverspätung der Carotis, so lassen sich hieraus
die vasomotorischen Verhältnisse des Gehirns in allen
solchen Fällen ableiten, wo die beobachtete Pulsverspätung nicht durch die Änderungen der Puls-

frequenz allein verursacht sein kann. Um dies zu verstehen, brauchen wir nur das oben angeführte Beispiel zu betrachten. Wird die Pulsfrequenz im Anfang einer psychischen Arbeit geringer, so sollte dies ja, wenn alles andere unverändert bleibt, auf allen Gebieten eine größere Pulsverspätung bewirken. Zeigen die Messungen nun eben eine solche Veränderung in der Carotis, so läßt es sich nicht entscheiden, ob diese allein von dem langsameren Herzschlage herrührt, oder ob möglicherweise zugleich eine Gefäßerweiterung im Gehirn stattfindet. Fängt darauf aber der Puls während der andauernden psychischen Arbeit an, geschwinder zu schlagen, so sollte die Pulsverspätung unter sonst gleichen Umständen abnehmen. Zeigt es sich dennoch, daß diese in der Carotis — nicht aber in anderen Gefäßgebieten — zunimmt, so kann es keinen Zweifel erleiden, daß im Gehirn eine Gefäßerweiterung stattfindet. Es leuchtet somit ein, daß die vasomotorischen Verhältnisse des Gehirns sich in allen Fällen beurteilen lassen, wo die Pulsverspätung der Carotis nicht durch die gleichzeitigen Änderungen der Pulsfrequenz verursacht sein kann. Diese Schlüsse werden offenbar um so sicherer, für je mehr Gefäßgebiete die Pulsverspätung bestimmt wird, da man hierdurch die Garantie erhält, daß die Schwankungen der Pulsverspätung in der Carotis wirklich von vasomotorischen Änderungen in diesem Gebiete herrühren, nicht aber nur sekundäre Wirkungen größerer Änderungen auf anderen Gefäßgebieten sind.

Diesen Betrachtungen zufolge wird also die geringste Anzahl der Aufzeichnungen, mit denen man sich begnügen kann, wenn man einigermaßen sichere Schlüsse zu ziehen wünscht, folgende sein: der Herzstoß, das Plethysmogramm eines Armes, der Carotispuls und endlich die Atmung. Die Registrierung dieser verschiedenen Erscheinungen ist außerdem so auszuführen, daß es möglich wird, aus den Kurven die Pulsverspätung genau abzuleiten. Derartige Versuche führte ich im Laufe der Jahre 1897 und 1898 in großem Umfange mit verschiedenen älteren und jüngeren männlichen Versuchspersonen aus, dagegen nicht mit weiblichen, teils weil es oft schwer fällt, an erwachsenen Frauen

den Herzstoſs aufzunehmen, teils weil das Anbringen
des Kardiographen ein Entkleiden und eine Reihe von
Manipulationen erfordert, die der betreffenden weiblichen V.-P. lästig sein würden. Es wäre natürlich
sehr wünschenswert gewesen, hätte ich auſser den genannten Kurven auch den Tibialispuls mitbekommen,
aus rein praktischen Gründen muſste ich hierauf aber
verzichten, denn das Anbringen all dieser Apparate
beansprucht bedeutende Zeit, wenn man nicht über einen
gröfseren Stab wohlgeübter Assistenten verfügt; durch
solche weitläufigen Vorbereitungen ermüdet aber die
V.-P. und gerät in einen nichts weniger als normalen
Gemütszustand, der sich keineswegs zum Ausgangspunkt der folgenden Versuche eignet. Ich fand es
deshalb ratsam, mich auf die Aufnehmung der streng
notwendigen Kurven zu beschränken. Erst im Frühling
1901, als zwei junge Ärzte, die früher als V.-P. Dienste
geleistet hatten und in der Handhabung der Apparate
wohlgeübt waren, sich zu demselben Zwecke wieder zu
meiner Verfügung stellten, wurde eine längere Reihe
von Versuchen unternommen, bei denen der Tibialispuls gleichzeitig mit den anderen Pulskurven registriert
wurde. Diese Versuchsreihe ist der Natur der Sache
zufolge viel wertvoller als alle anderen, indem sie uns
die Mittel verleiht, die weniger umfassenden Versuche
mit Sicherheit zu deuten. Bei der folgenden Beschreibung
der Versuche und der Ableitung der Schlüsse, die sich
hieraus ziehen lassen, werde ich deshalb stets diese
vollständigeren Versuche zum Ausgangspunkt nehmen.
Bevor ich aber hierzu schreite, sind erst die angewandten
Apparate, die Versuchsanordnung wie auch die Ausmessung und Berechnung der Kurven zu beschreiben.

Die Apparate. Diese wurden zum Teil bereits im
ersten Teile so ausführlich beschrieben, daſs ich bei
denselben nicht näher zu verweilen brauche. Der
Kymograph war derselben Konstruktion wie der frühere
(1. Teil, S. 5—7), nur wandte ich bei allen diesen Versuchen ein neues und stärker gebautes Exemplar an,
das eine etwas gröfsere Rotationsgeschwindigkeit gestattete, ohne die Regelmäſsigkeit des Ganges hierdurch
wesentlich zu verringern. Überdies wurde bei sämt-

lichen diesen Versuchen natürlich die Zeit konstant
registriert, wie früher (1. Teil. S. 6) genannt: ein un-
gleichmäfsiger Gang des Kymographen wird deswegen
ohne wesentliche Bedeutung, da man stets aus den Zeitmarken ersehen kann, wieviele Millimeter pro Sekunde
durchlaufen wurden. Die Geschwindigkeit war bei den
Versuchen in den Jahren 1897—1898 ungefähr 10 mm
pro Sekunde, bei den Versuchen 1901 dagegen 12 mm.
Eine nicht unwesentliche Verbesserung in der Anwendung des Kymographen führte ich im Herbste 1898
ein, als wir uns damit beschäftigten, die Zirkulationsänderungen während des Einschlafens und des Schlafes
zu untersuchen. Es zeigte sich hier, wie leicht verständlich, dafs es jedesmal höchst störend wirkte, wenn
der Kymograph in Gang gesetzt und wieder zum Stillstand gebracht wurde. Ich verfiel nun darauf, das Uhrwerk fortwährend laufen zu lassen, während der
Zylinder erst in dem Augenblicke, wo man eine Aufzeichnung wünschte, in Gang gesetzt wurde. Dies läfst
sich an dem Kagenaarschen Kymographen bewerkstelligen, indem man nur die Schraube anzieht, mittels
deren der Mitnehmer des Zylinders an die Hauptachse
des Uhrwerkes festgeklemmt wird. Sobald ein Umgang
auf den Zylinder geschrieben ist, löst man dieselbe
Schraube wieder; das Werk setzt dann seinen Gang
fort, der Zylinder steht aber still und läfst sich gegen
einen frischen umtauschen, ohne dafs die geringste
Änderung im schwachen Geräusche des arbeitenden
Werkes verrät, was vorgeht. Bei dieser Ordnung bleibt
die V.-P. also ganz ohne Kenntnis, wann die Aufzeichnung der Kurven anfängt und ein Experiment zu
erwarten ist. Nicht nur zeigte es sich, dafs eine
schläfrige V.-P. unter diesen Umständen leicht ein-
schlief, sondern auch die Spannung, die das Schnurren
des Uhrwerks vorher leicht bei vielen V.-P. hervorrief,
hörte jetzt von selbst auf. Denn wenn das Uhrwerk
erst in Gang gesetzt wird, sobald man eine Aufzeichnung
wünscht, wirkt das natürlich als Signal zur Anspannung
der Aufmerksamkeit; es ist aber ganz unmöglich, sich
konstant eine ganze Stunde hindurch in Spannung zu
erhalten, wenn das Uhrwerk ununterbrochen in demselben Tempo fortschnurrt. Ich kann deshalb diese

Arbeitsmethode, mittels der so viele Vorteile zu erzielen sind, nicht genugsam empfehlen.

Der Pneumograph war derselbe wie der früher von
mir beschriebene und wurde auf dieselbe Weise angewandt. Über diesen Apparat muß ich indes bemerken,
daß derselbe nicht von mir konstruiert ist — wie ich
es zuweilen in Referaten angegeben finde; ich erhielt
ihn in der beschriebenen Form von Kagenaar in Utrecht.

Mit Bezug auf den Plethysmographen und dessen
Anwendung möchten einige Ergänzungen hier am Platze
sein. Einen wesentlichen Mangel des Apparates glaubt
R. Müller nachgewiesen zu haben: «Das Vorwölben
des Gummiärmels an dem proximalen Ende des benutzten Extremitätenabschnittes ist als Fehlerquelle
sehr störend.»[1] Dieser Mangel findet sich jedoch gar
nicht an dem von mir benutzten Plethysmographen,
sondern nur an der vom Mechaniker Zimmermann
in Leipzig dargestellten Modifikation meines Apparates.
Ausdrücklich machte ich darauf aufmerksam (1. Teil,
S. 17), daß man zu jedem Arm eine der Länge und
dem Umfange des Armes angepaßte Röhre gebrauchen
sollte. Macht man die Röhre so lang, daß sie eben
den dicksten Teil des Unterarmes erreicht, und so weit,
daß der Arm an der Mündung der Röhre diese fast
vollständig ausfüllt, so liegt der Gummisack nur auf
einer Strecke von wenigen Millimetern frei und kann
sich nicht erheblich vorwölben. Benutzt man dagegen
nur eine einzelne Röhre, in welcher alle möglichen
Arme, lange und kurze, dicke und dünne, angebracht
werden sollen, so wird der Gummisack in den meisten
Fällen durch den Wasserdruck natürlich stark gespannt
werden, und die Schwankungen des letzteren erhalten
deshalb einen nicht geringen Einfluß auf die Spannung
des Sackes, mithin auf die Größe des Volumens, deren
Wechsel ganz unrichtig wiedergegeben wird. Insoweit
hat Müller recht; ich habe wirklich aber gar keine
Schuld daran, daß er bei der Wiederholung meiner
Versuche einen Apparat benutzte, der, wie die Zimmer-
mannsche Modifikation, in so hohem Grade von dem
von mir vorgeschlagenen abweicht.

[1] Zeitschrift f. Psych. Bd. 30, S. 345.

Bei den im folgenden zu besprechenden Versuchen
hat das Plethysmogramm eine doppelte Bedeutung.
Nicht nur haben wir an den Volumänderungen ein
Merkmal, dafs die beabsichtigte Reaktion wirklich eintrat, sondern wir haben auch zugleich an der Puls-
versplltung, dem Zeitunterschiede zwischen dem Herz-
stofse und dem Pulse, ein relatives Mafs für die
Fortpflanzungsgeschwindigkeit der Welle. Die Berechnung dieser Gröfse erfordert vor allen Dingen
natürlich, dafs man in den Kurven die Abszisse zwischen
zwei bestimmten Punkten des Kardiogramms und des
Plethysmogramms ausmessen kann. Welche Punkte
man wählt, ist an und für sich einerlei, wenn man sie
nur für jeden einzelnen Puls wiederfinden kann. Dies
bereitet nun gewöhnlich keine Schwierigkeit, solange
das Niveau der Kurven sich nicht bedeutend ändert;
bei gröfseren Niveauschwankungen werden die Pulse
aber oft so deformiert, dafs es schwierig ist, die bestimmten Punkte wiederzufinden, deren Abstand gemessen werden soll. Es kommt deshalb darauf an,
gröfsere Niveauänderungen zu verhindern. Wie dies
bei Kardiogrammen und Sphygmogrammen zu erreichen
ist, wird unten besprochen werden; hier ist einstweilen
nur von Plethysmogrammen die Rede. Eine wesentliche
Verminderung erzielt man schon durch die Anwendung
des Müllerschen Flaschenventils (1. Teil, S. 26), weil der
Druck der eingeschlossenen Luftmasse, der den Schreibhebel in Bewegung setzt, zum Teil durch Änderung der
Niveauhöhe des Wassers im Ventil ausgeglichen wird.
Ich schaltete deshalb stets diesen kleinen Apparat in die
Leitung ein, derselbe gestattet aber doch ziemlich grofse
Niveauänderungen, wenn man sich nicht der Gefahr
aussetzen will, dafs ein- oder austretende Luftbläschen
gar zu häufig die Kurven stören, was ebenso ungünstig
wirkt wie die grofsen Niveauänderungen. Bei dem im
Frühling 1901 angestellten Versuche, wo ich möglichst
grofse Genauigkeit erstrebte, benutzte ich deswegen
eine ziemlich dicke Gummimembran im Mareyschen
Tambour. Da die Spannung dieser Membran stets dem
positiven oder negativen Drucke der eingeschlossenen
Luft das Gleichgewicht hält, werden die Exkursionen
der Membran, mithin auch die des Schreibhebels, um

so kleiner, je steifer die Membran ist. Auf diese Weise
kann man die Niveauänderungen so klein machen, wie
man wünscht. Bei den Versuchen 1897 und 1898 benutzte ich eine bedeutend dünnere Membran; deshalb
sind sowohl die Niveauänderungen als die Pulshöhen in
diesen Versuchen viel größer als in den späteren. Die
Pulshöhen aus den verschiedenen Jahren dürfen daher
nicht miteinander verglichen werden.

Als Kardiographen benutzte ich eine Vorrichtung
ähnlicher Art wie mein früher (1. Teil, S. 10 u. f.) be-
schriebener Sphygmograph. Um dem Apparate leichter
eine sichere Stellung an der Brust geben zu können,
hatte der Bügel, in welchem die Pelotte angebracht
war, drei Äste, von denen ein Band um den Hals
herumging, um das Hinabgleiten des Bügels zu verhindern, während ein elastisches Band rund um den
Körper den Apparat an die Brust angedrückt hielt.
Der Knopf der Pelotte war möglichst genau an dem
Orte angebracht, wo der Herzstoß zu fühlen war; die
Größe des Druckes wurde hier aus freier Hand und
nicht mittels eines Gewichtes reguliert, da ein solches
gar keinen Druck auf die Pelotte ausüben wird, wenn
der Apparat an einem sitzenden Menschen angebracht
ist. Da die Anwendung des Kardiographen erfordert,
daß die V.-P. am Oberkörper nur ein einzelnes, leichtes
Kleidungsstück trägt, wurde bei diesen Versuchen für
eine konstante Temperatur von 20° C. im Lokale Sorge
getragen.

Besondere Schwierigkeiten bereitet das Anbringen
eines Sphygmographen an der Carotis. Ein einzelner
Bügel, der um den Nacken geht und vorne die Pelotte
trägt, genügt nicht, um die Stellung der letzteren zu
sichern; eine unwillkürliche Bewegung des Kopfes oder
auch nur eine Schluckbewegung kann den Knopf der
Pelotte verschieben. Überdies wird ein solcher Bügel
um den Nacken auf die Dauer höchst unangenehm sein.
Er gestattet der V.-P. keine bequeme Ruhe, diese ist
aber bei Versuchen, die oft eine Stunde oder länger
dauern, von äußerster Wichtigkeit. Denn wenn ein
Unlustgefühl, aus welchem Grunde es auch entstehe,
bestimmte körperliche Reaktionen bewirkt, so wird eine
unbequeme Stellung, die der V.-P. konstantes Un-

behagen bereitet, einen normalen Gemütszustand selbstverständlich zur Unmöglichkeit machen. Es war mir
daher angelegen, den Sphygmographen so an der
Carotis anzubringen, daſs die V.-P. denselben nur sehr
wenig merkte; aufserdem wünschte ich zugleich zu erreichen, daſs kleine zufällige Bewegungen, Schlucken usw.,
womöglich die Kurve nicht störten. Beide diese Zwecke
erreichte ich ziemlich befriedigend mittels folgender
Konstruktion.

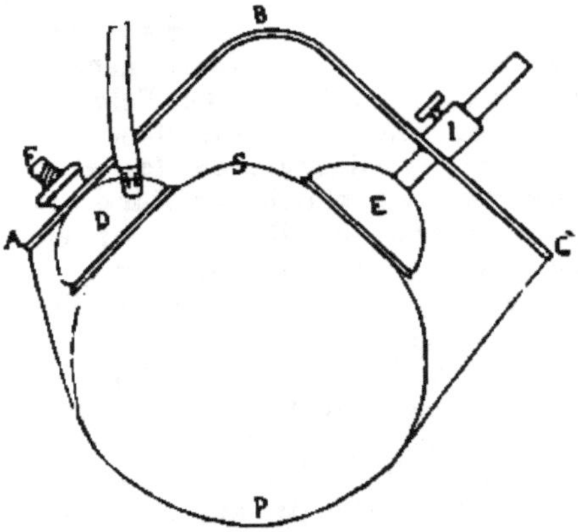

Fig. 31.

Ein leichter Metallbügel *ABC* (Fig. 31) ist bei *B*
fast in einem rechten Winkel umgebogen; *AB* ist 11,
BC 12 cm lang. Der Bügel trägt zwei gleiche Pelotten,
D und *E*, die beide aus einer Metallschale bestehen,
welche 4 cm im Durchmesser und 1,5 cm tief und mit
einer dünnen Gummimembran, doch ohne Knopf, über-
spannt ist. In *AB* ist ein 4 cm langer Spalt, der ungefähr bei *A* anfängt und in der Richtung auf *B* verläuft. Die Pelotte *D* trägt eine kurze, mit Schrauben-
gewinde versehene Metallstange *F*, die durch den
erwähnten Spalt geht und mittels einer Schraubenmutter an *AB* festgeklemmt werden kann; diese Pelotte
liegt also dicht an *AB* an, läſst sich aber nach Bedarf
in der Richtung *A—B* verschieben, so weit der genannte Spalt geht. Bei *H* findet sich eine kurze Neben-

röhre, an die ein Gummischlauch befestigt wird; durch
diese werden die Schwingungen der Membran auf den
Schreibhebel übertragen. Die Pelotte E trägt eine
lange, durch den Zylinder I gehende Metallstange, die
sich hier mittels einer Schraube festklemmen läfst; sie
läfst sich also nicht in der Richtung B—C verschieben,
sondern nur dem Bügel mehr oder weniger nähern.
Es sei nun SP ein Querschnitt des Halses, und die
beiden Pelotten denken wir uns so eingestellt, dafs jede
auf ihrer Carotis ruht: bei den Dimensionen, die wir dem
Bügel gegeben haben, wird der Punkt A dann dem Halse
stets näher liegen als der Punkt C. Befestigt man nun
ein breites elastisches Band an A und C, so dafs dieses
die Pelotten leicht an den Hals angedrückt hält, wird
der ganze Apparat, ohne die V.-P. zu beschweren, hinlänglich fest sitzen, und der mit D verbundene Mareysche
Tambour wird den Carotispuls aufzeichnen. Hierzu ist
es nämlich gar nicht nötig, dafs ein Knopf an der
Membran der Pelotte gegen die Carotis angedrückt
wird; es genügt vollkommen, dafs die Membran an den
Hals anliegt. Der leichte Druck, den die beiden Pelotten
auf symmetrisch gelegene Teile des Kehlkopfes unterhalb dessen oberen Randes üben, wird auch viel weniger
empfindlich als der mehr punktuelle Druck eines Knopfes,
fällt mithin auf die Dauer weniger beschwerlich. Aufserdem kann das Band, das A und C hinten am Halse
miteinander verbindet, durchaus nicht die bequeme
Lage des Kopfes verhindern; mit einem Kissen unter
dem Nacken wird die V.-P. sehr bequem im Stuhle
liegen (siehe das Titelbild des 1. Teiles). Es ist aber
noch mehr erreicht. Die Linie $ADEC$ ist ein Hebel,
der zwei Umdrehungspunkte, E und D, hat, EC ist aber
$> AD$. Eine Änderung der Spannung des elastischen
Bandes zwischen A und C wird deshalb zur Folge haben,
dafs der ganze Bügel sich um den Punkt E dreht, denn
die an A und C wirkenden Züge sind notwendigerweise
gleich grofs, der Hebelarm CE ist aber grüfser als AD;
deshalb liegt E immer fest an den Hals an, während
D, je nach der Spannung des Bandes, mehr oder weniger
fest anliegt. Hierdurch erreicht man der Erfahrung gemäfs, dafs zufällige Umstände, z. B. Schluckbewegungen,
sich nur in sehr geringem Grade in der Kurve äufsern.

Um noch ferner große Niveauänderungen sowohl im Kardiogramme als im Sphygmogramme zu vermeiden, schaltete ich in die betreffenden Leitungen Schraubenventile ein. Die Fig. 32 zeigt ein solches. Dasselbe besteht aus einer etwa 6 cm langen Metallröhre, deren eines Ende mittels eines kurzen Gummischlauches mit dem Schreibtambour in Verbindung gesetzt ist, während das andere Ende auf ähnliche Weise mit der rezipierenden Pelotte verbunden ist. In der Wand der Röhre befindet sich ein kleines Loch, das mittels einer unten konisch zugeschliffenen Schraube verschlossen werden kann. Wird diese aber aufgeschraubt, so wird der Luft ein Durchgang gegeben, dessen Größe sich dadurch regulieren läßt, daß ein größerer oder kleinerer Teil der konischen Spitze aus dem Loche herausgeschraubt wird. Eine solche

Fig. 32.

feine Öffnung der Luftleitung hat aber, wie die Erfahrung lehrt, zur Folge, daß die langsam verlaufenden Druckänderungen ausgeglichen werden, während die geschwind verlaufenden (die Pulswellen) sich mit fast ungeschwächter Stärke durch die Leitung fortpflanzen (vgl. 1. Teil, S. 21). Man erreicht hierdurch also, daß der Puls unverändert aufgezeichnet wird, während die Niveauänderungen der Kurven wegfallen.

Zum Aufzeichnen des Tibialispulses benutzte ich einen Hydrosphygmographen, da es sich mit gar zu großen Schwierigkeiten verbunden zeigte, einen gewöhnlichen Drucksphygmographen mit hinlänglicher Sicherheit an den Fuß zu befestigen. Dieser Hydrosphygmograph war ganz wie mein Plethysmograph eingerichtet, nur mit dem Unterschiede der Form, den seine Anbringung am Fuße benötigte. Die Metallröhre hat deshalb die Form eines Stiefels (Fig. 33, S. 425), während der Gummisack, der wasserdicht mit der Öffnung verbunden ist, die Form eines Strumpfes erhalten hat. Die Röhre S hat zwei Nebenröhren; mittels der einen steht sie mit der Niveauflasche W in Verbindung, während die andere mit der Steigröhre R

versehen ist. Da der Fuſs verhältnismäſsig viel weniger
Weichteile besitzt als der Arm, ist es notwendig, den
Wasserdruck verhältnismäſsig groſs zu machen, damit
der Puls hinlänglich deutlich wird. Das Wasser stand deshalb in der Röhre *R* ca. 20 cm hoch. Eine wesentliche
Schwierigkeit beim Aufnehmen dieser Kurven besteht
darin, daſs der Fuſs im Stiefel nicht fest liegt, sondern
durch den Wasserdruck hinausgeschoben wird. Es
gelang mir indes, diesen Übelstand ähnlicherweise wie
am Plethysmographen zu beseitigen. Der Stiefel *S*
wird auf einem hölzernen Schemel angebracht, dessen
obere Fläche einen Winkel von etwa 45° mit dem wagerechten Plan bildet (siehe Fig. 33, *A*); die hölzerne Leiste *L*

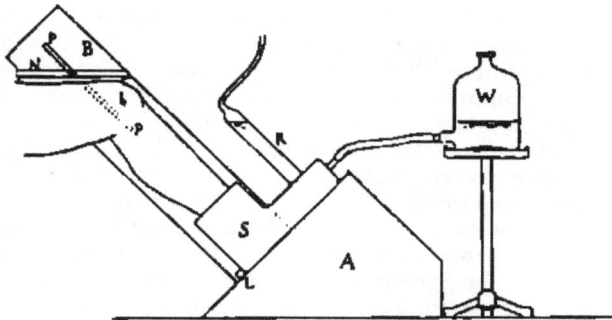

Fig. 33.

hindert den Stiefel am Hinabgleiten. Der Schemel trägt
an jeder Seite ein ca. 70 cm langes Brett *B* (nur das eine
ist in der Figur sichtbar), in dessen Längsrichtung ein
Spalt *PP* eingeschnitten ist. Das Brett *N*, von derselben Breite wie der Schemel, ist an jeder Seite mit
einer starken Schraube versehen, die durch den Spalt *PP*
hindurchgeht und sich mittels einer Schraubenmutter
an der äuſseren Seite festklemmen läſst. Das an der
unteren Seite gepolsterte Brett *N* läſst sich also heben
und senken, soweit die Spalten *PP* dies gestatten, und
unter jeden beliebigen Winkel stellen. Bringt nun die
V.-P. den Fuſs im Stiefel *S* an, und beugt sie das Knie
etwa unter einem rechten Winkel, wie in der Fig. 33
gezeigt, so läſst sich das Brett *N* an den Schenkel

hinabdrücken und festspannen, wodurch jede Bewegung des Beines in dessen Längsrichtung verhindert wird. Auf diese Weise glückte es mir, sehr deutliche und regelmäfsige Pulskurven des Fufses aufzunehmen.

Bei den vollständigsten der Versuche, die im folgenden zur Besprechung kommen, wurden alle diese Apparate zugleich angewandt, indem aufser der Atmung und der Zeit auch der Herzstofs, der Carotis-, der Radialis- und der Tibialispuls registriert wurden. Da die Einstellung der Schreibhebel für jede einzelne dieser Kurven verschieden ist, mufs man jeden rezipierenden Apparat stets mit demselben Schreibhebel verbinden. Um den Überblick zu erleichtern, so dafs der Versuchs-leiter rasch zu sehen vermochte, ob alles in Ordnung war, wurden die verschiedenen Rezipierapparate nebst den dazugehörenden Schreibhebeln mit kleinen ver-schiedenfarbigen Papiermarken versehen, so dafs jeder einzelne Gummischlauch gleichfarbige Apparate mit-einander verband. Natürlich hatten alle Schläuche die-selbe Länge, was hier von besonderer Wichtigkeit war, da es sich darum handelte, den Zeitunterschied der zusammengehörenden Pulse zu bestimmen. Deshalb war es auch notwendig, stets die gegenseitige Stellung der Schreibhebel zu kontrollieren. Es ist offenbar ganz einerlei, ob die Spitzen der letzteren in derselben verti-kalen Linie liegen oder ob sie gegenseitig verschoben sind, wenn man nur die Gröfse der Verschiebung genau kennt. Zu diesem Zwecke wurden vor dem Anfange und nach dem Abschlusse der Versuche an jedem Ver-suchstage die erforderlichen Kontrollzeichen an den Zylindern abgesetzt, indem die Nullinien der Schreib-hebel und die Anfangspunkte der Kurven einge-zeichnet wurden. Dies ist im Pl. I des Atlasses zu sehen, wo die kurzen wagerechten Linien links die Nullinien der Kurven sind, d. h. diejenigen Linien, welche die Schreibhebel, wenn sie nicht selbst in Be-wegung gesetzt werden, auf den rotierenden Zylinder zeichnen. Läfst man dagegen den Zylinder stillstehen und die Schreibhebel eine einzelne auf- und absteigende Bewegung ausführen, so erhält man die ebenfalls im Pl. I gezeigten Bogen, deren Schneidepunkte mit den Nullinien also die Anfangspunkte der Kurven angeben.

27 —

Die lineare Verschiebung zwischen diesen Punkten ist
bei der Bestimmung der Pulsverspätung als konstanter
Fehler zu berechnen: dies ist indes immerhin viel leichter,
als sich zu versichern, daſs die Schreibhebel in derselben senkrechten Linie stehen, was gar nicht leicht
mit Genauigkeit zu erzielen ist. Man muſs ohnehin dafür
sorgen, daſs die Schwingungsbogen der Schreibhebel
aufgezeichnet werden, um hieraus die durch die Höhen-
abweichung verursachte zufällige seitliche Abweichung
bestimmen zu können, die ebenfalls bei der Berechnung
mitzunehmen ist; die Korrektion der konstanten Verschiebung wird mithin nur ein einzelnes Glied der ganzen
Berechnung. Da man die Nullinien und die Schwingungsbogen der Schreibhebel nicht wohl aufzeichnen kann,
ohne die Verbindung der betreffenden Schreibtambours
mit den Rezipierapparaten zu unterbrechen, wurden
diese Aufzeichnungen nur ausgeführt, bevor die V.-P.
in den Apparaten angebracht und nachdem sie wieder
von denselben befreit worden war. Folglich muſs man
beim Umtausch der Zylinder genau beachten, daſs keine
Verschiebung der Schreibhebel stattfindet, was beim
Kagenaarschen Kymographen indes leicht zu vermeiden ist.

Ausmessung und Berechnung der Pulsverspätung.
Pl. I gibt die genaue Kopie eines Teiles eines vollständigen Versuches. Zuoberst findet sich die Atmungskurve, darunter das Plethysmogramm des rechten
Armes (Rad.), das Carotis-Sphygmogramm (Car.), das
Kardiogramm (Cor.) und das Hydrosphygmogramm des
rechten Fuſses (Tib.). Zwischen den letzten beiden
steht die Zeitkurve; die Zeit zwischen zwei aufeinanderfolgenden Marken beträgt 1,5 Sek. Da diese Linie
keine Niveauänderung erleidet, läſst sie sich mithin als
feste wagerechte Linie benutzen, und kennt man nur
den Abstand der einzelnen Nullinien von dieser, so
kann man in der Tafel die Nullinien für jede einzelne
Kurve parallel zur Zeitlinie zeichnen; im Pl. I ist dies
hinsichtlich des Plethysmogrammes geschehen. Um die
Pulsverspätung zu bestimmen, gilt es nun, den Abstand
zwischen den Ordinaten durch die korrespondierenden
Punkte der einzelnen Kurven auszumessen. Der einzige
Punkt des Kardiogrammes, der sich stets mit Sicherheit

wiederfinden läfst, ist aber der Spitzenstofs, und dieser
ist deshalb zum Ausgangspunkte zu nehmen. Diesem
entspricht in den anderen Pulskurven der Gipfelpunkt
der Pulswelle. Aus rein praktischen Gründen mafs ich
jedoch nicht die Abszissen zu diesen Gipfelpunkten,
sondern die Abszissen zu den Punkten, wo die Pulswelle sich erhebt. Der Gipfel der Pulswelle ist nämlich
in vielen meiner Kurven so stark abgerundet, dafs die
Lage des Maximumspunktes oft zweifelhaft wird; dagegen ist der Punkt, wo die Pulswelle sich zu heben
beginnt, gewöhnlich scharf markiert. Es wird mithin
nicht die volle Pulsverspätung gemessen, sondern eine
Gröfse, die für jede einzelne Arterie ein wenig kleiner

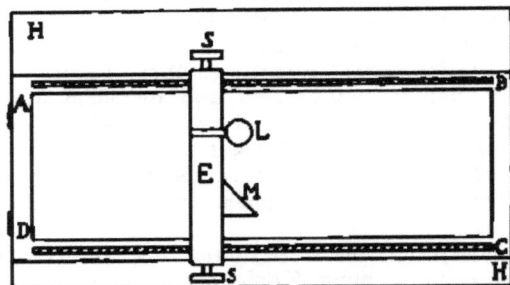

Fig. 34.

als die wirkliche Pulsverspätung ist. Da für uns aber
nicht die Pulsverspätung selbst, sondern nur deren
Schwankungen Interesse haben, ist eine solche konstante Differenz ganz ohne Belang.

Zum Ausmessen der Kurven benutzte ich den in
der Fig. 34 skizzierten Apparat. *HH* ist ein planes
Brett, auf welchem ein aus Stahllinealen gebildeter
rechtwinkliger Rahmen *ABCD* ruht, dessen innere
Dimensionen 25 × 59 cm sind. Der Rahmen ist durch
Angeln bei *A* und *D* mit dem Brette verbunden, und
legt man auf dieses eine der Kurventafeln, deren Gröfse
26 × 60 cm beträgt, so wird die Tafel durch das Gewicht des Rahmens fest niedergedrückt und vollkommen
glatt gehalten. Die beiden Längsseiten des Rahmens,
AB und *CD*, sind in ihrer ganzen Länge mit Zahn-

— 429

stangen versehen; die Brücke *E* kann mittels einer mit Getriebe versehenen Stange *SS* langsam längs der Zahnstangen vor- und rückwärts bewegt werden. An der rechten Seite von *E* findet sich ein senkrecht stehendes Stahllineal, das bis fast an das Brett hinabreicht, so daß es, ohne zu kratzen, über die ausgespannte Kurventafel hinweggleitet. Oben auf der Brücke *E* ist eine aplanatische Lupe *L* befestigt, die sich so einstellen läßt, daß man die Kurven auf der ausgespannten Tafel scharf sieht; außerdem läßt sie sich in der Richtung *S—S* verschieben, so daß sie über jedem beliebigen Punkte der Tafel angebracht werden kann.

Zum Ausmessen der Abstände wurde ein von Zeiß in Jena speziell zu diesem Zwecke ausgeführter Transversalmaßstab (Fig. 35) benutzt. *ABC* ist ein 2 mm dickes Dreieck aus Glas, in dessen untere Seite der Maßstab eingeätzt ist; die mit Zinnober gefärbten Teilstriche stehen scharf zu den schwarzen Kurventafeln. Die Linien *ao* und *oc* sind parallel zu *AB* bezw. *BC*. Das eingeteilte Quadrat hat 2 cm Seite und ist nach Millimetern eingeteilt; man kann daher 0,05 mm genau ablesen und 0,01 mm

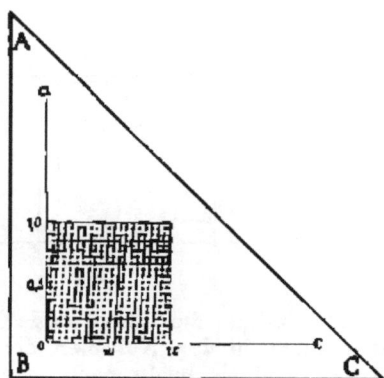

Fig. 35.

leicht schätzen. Da der Maßstab sich an der unteren Seite der Glasplatte befindet, ist eine paralaktische Verschiebung ausgeschlossen. Das Dreieck wird wie in der Fig. 34. *M.* gezeigt angebracht, die Kathete *AB* längs des Stahllineals der Brücke; durch Drehung des Getriebes *SS* sorgt man dafür, daß die Linie *oa* (Fig. 35) durch den Gipfelpunkt einer Pulswelle im Kardiogramme geht, und schiebt man nun den Maßstab längs des Stahllineals der Brücke sukzessiv nach den

anderen Pulskurven hin, so liest man durch die Lupe
die Länge der Abszissen zu den korrespondierenden
Punkten ab.

Aus den solchergestalt ausgemessenen Größen
läßt die Pulsverspätung sich jedoch nicht direkt berechnen: es müssen verschiedene Korrektionen unternommen werden. Dies erhellt die Fig. 36, wo AE die
Nullinie des Kardiogramms, ad die korrespondierende
Linie des Plethysmogramms bezeichnet. Die über den
Nullinien gezeichneten Kurven geben den Herzstoß
bezw. den demselben entsprechenden Pulsschlag im
Plethysmogramme an. Der in den Kurven direkt gemessene Abstand ist die Abszisse zwischen den Punkten

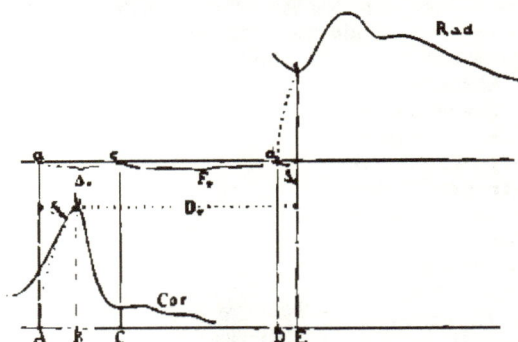

Fig. 36.

b und c, mithin die Länge BE. Da die Punkte b und c
aber nicht in den Nullinien der respektiven Kurven
liegen, sind sie beide nach rechts verschoben, indem
die Schreibhebel sich durch die Bogen Ab und de hindurch bewegt haben. Man erhält also die Länge
$AD = BE + AB - DE$. AD ist aber noch mit dem
Fehler behaftet, der davon herrührt, daß die Spitzen
der beiden Schreibhebel sich nicht von Anfang an in
derselben senkrechten Linie befanden: ist diese Verschiebung $= cd$, so wird die Pulsverspätung also
$= AC = AD - CD = BE + AB - (DE + CD)$. Als allgemeinen Ausdruck für die Verspätung J_r des Radialispulses erhält man daher
$$J_r = D_r + S_h - (S_r + F_t).$$

wo D_r der gemessene Abstand. S_r die seitliche Verschiebung der Herzkurve, S_r die seitliche Verschiebung des Radialpulses und F_r der konstante Einstellungsfehler zwischen den Spitzen der beiden Schreibhebel ist. Für den Carotis- und den Tibialpuls erhält man natürlich ganz analoge Ausdrücke. Die somit bestimmte Pulsverschiebung ist im Längenmaße ausgedrückt; hieraus findet man die Zeitdauer, indem man l, mit der Länge der Strecke dividiert, die der Zylinder sich während 1 Sek. gedreht hat.

Die Korrektionswerte S_t, S_r und F_r und die entsprechenden Größen der anderen Pulskurven lassen sich leicht nach den Tafeln ausmessen; dies ist ohne nähere Erklärung durch Betrachtung des Planes I verständlich. wo die konstante Verschiebung und die von den Schreibhebeln beschriebenen Bogen eingezeichnet sind. Sorgt man dafür, daß die Stellung der Schreibhebel sich nicht verändert, so braucht man selbstverständlich die seitlichen Korrektionen (S_t und S_r) nicht für jede Tafel aufs neue auszumessen; man kann dann ein für allemal diese Größen für jeden Millimeter berechnen, um den sich der Schreibhebel über die Nulllinie erhebt oder unter diese senkt. Dies wurde bereits früher erwähnt (1. Teil, S. 34); nur muß die Genauigkeit der Natur der Sache zufolge hier viel größer sein als diejenige, die uns früher genügte. Zu beachten ist zugleich, daß man nicht voraussetzen darf, die seitliche Korrektion werde dieselbe für Punkte, die mit Bezug auf die Nullinie symmetrisch gelegen sind. Dies wird nur dann der Fall sein, wenn der Schreibhebel genau wagerecht gestanden hat, wie aus der Fig. 37, A und B zu ersehen. Ist der Schreibhebel AB wagerecht (Fig. 37, A), so zeichnet er auf die Tafel die Nullinie AB und beschreibt den Bogen CD, der den Zylindererzeuger EF im Punkte A zur Tangente erhält. In diesem Falle bekommen symmetrisch gelegene Punkte offenbar gleichgroße seitliche Korrektionen S. Steht der Schreibhebel AB dagegen nicht wagerecht (Fig. 37, B), so wird er die wagerechte Nullinie AB' zeichnen, jedoch den Bogen CD beschreiben. In diesem Falle ist der Zylindererzeuger EF also keine Tangente zu CD, und die symmetrisch gelegenen Punkte erhalten ungleich-

—

grofse seitliche Korrektionen, in einigen Fällen sogar
mit entgegengesetzten Vorzeichen. Hieraus geht denn
auch hervor, wie notwendig es ist, während der Versuche die Stellung der Schreibhebel nicht zu verändern,
da dies sogleich ein ganz neues System von seitlichen
Korrektionen erfordern würde.

Aus dem Angeführten geht hervor, dafs die Ausmessung und Berechnung dieser Versuche ziemlich
weitläufig sind. Es ist nicht nur die Abszissenlänge
vom Herzstofs bis zu den korrespondierenden Punkten
der anderen Pulskurven für jeden einzelnen Puls zu
messen, sondern es mufs auch die Abweichung aller
gemessenen Punkte von den Nullinien bestimmt und

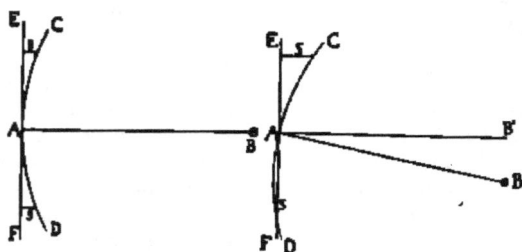

Fig. 37, A.   Fig. 37, B.

protokolliert werden, damit die hierdurch bestimmten
seitlichen Abweichungen zur Berechnung herangezogen
werden können. Sind die nötigen Korrektionen ausgeführt, so mufs die Pulsverspätung in Zeit umgerechnet
werden. Die hierdurch gewonnenen Zahlenreihen sind
indes ganz unüberschaulich; um einen Überblick über
die Schwankungen der Pulsverspätung zu erhalten,
mufs man die Resultate graphisch aufzeichnen. Hierzu
benutzte ich gewöhnliches Millimeterpapier, auf welches
die — im Kardiogramme ausgemessene — Pulslänge als
Abszisse abgesetzt wurde; an jedem einzelnen dieser
Punkte, die also den Gipfeln des Kardiogrammes entsprechen, wurde die Ordinate errichtet, und an dieser
ist die in Tausendstelsekunden ausgedrückte Pulsverspätung für jeden der drei Pulse abgesetzt. Um die zuweilen ziemlich kleinen Schwankungen deutlich hervor-

— 433 —

treten zu lassen, setzte ich 1 mm = 0,005 Sek. Verbindet man die solchergestalt gefundenen Punkte für
jede Arterie miteinander, so entstehen drei gebrochene
Linien, wie Pl. I unten gezeigt. Während die Ordinaten
hier, wie gesagt, die in Zeit ausgedrückte Pulsverspätung
angeben, sind die Zahlen an der Abszisse die fortlaufenden Nummern der einzelnen Pulse. Hierunter
steht die mittlere Pulslänge für jede Phase im
Plethysmogramme, in Sekunden ausgedrückt. Jede
dieser Zahlen ist zwischen zwei liegenden Pfeilen angebracht, welche die Pulsstrecke angeben, für die die
Zahl gilt; im Pl. I zeigen z. B. die Pfeile, daß die sieben
ersten Pulse (Nr. 1—8) die mittlere Pulslänge 1.006 Sek.
haben. Ich zog es vor, die Pulslänge in Zeit auszudrücken, weil es sonst nicht möglich gewesen wäre,
die Versuche aus den verschiedenen Perioden miteinander zu vergleichen, da die Rotationsgeschwindigkeit des Zylinders während dieser verschiedenen Perioden
nicht ganz dieselbe war.

Der Pl. I gibt, wie erwähnt, ein Bild teils von den
direkt aufgenommenen Pulskurven in ihrer gegenseitigen
Lage und teils von den hieraus berechneten Pulsverspätungen für jede der untersuchten Arterien.
Letztere sind es, die hier vorzugsweise für uns Interesse
haben, da sie im Verein mit den Änderungen des Plethysmogrammes und der Atmungskurve dazu dienen sollen,
die vasomotorischen Änderungen der verschiedenen
Gefäßgebiete unter gegebenen psychischen Zuständen
zu beleuchten. Ich unterließ deshalb in allen folgenden
Tafeln die Reproduktion der drei Pulskurven und der
Zeitmarken. Erstens würde eine solche Reproduzierung
ganz unverhältnismäßig großen Raum erfordern, und
ferner sind alle diese Kurven nur als Mittel zur Bestimmung der Pulsverspätung von Bedeutung. Sie mitzunehmen, damit der Leser möglicherweise meine Berechnungen der Pulsverspätung kontrollieren könnte,
würde ganz sinnlos sein, da wohl niemand darauf ver-
fallen wird, diese weitläufige Arbeit zu wiederholen.
Überdies sind die gedruckten Tafeln natürlich bei weitem
nicht so genau wie die originalen Tafeln, so daß eine
Kontrolle auf Grundlage der ersteren ganz illusorisch
werden würde.

Zum Verständnisse der Tafeln mag noch folgendes
dienen. In jeder Tafel ist die Atmung und das Plethysmogramm des rechten Arms wiedergegeben; für letzteres
ist die Nullinie überall als eine selbständige Linie eingezeichnet, die je den Umständen nach die Pulskurve
schneidet (z. B. Pl. I), unter dieser (z. B. Pl. XXV) oder
über derselben liegt (z. B. Pl. XXVI). Unter dem
Plethysmogramm ist die Pulsverspätung in der oben
beschriebenen Weise dargestellt. Da die Pulsverspätung
der Natur der Sache zufolge um so größer wird, je
weiter der betreffende Puls vom Herzen entfernt ist, so
entspricht die unterste der drei gebrochenen Linien der
Carotis, die mittlere der Radialis und die oberste der
Tibialis. Daß die Verspätung des Carotispulses häufig
negativ ist, bedeutet nur, daß dieser Puls sich zu erheben beginnt, bevor der Herzstoß eintritt; dies ist ganz
normal[1]. Für die Versuche, bei denen der Tibialispuls
nicht aufgezeichnet wurde, finden sich infolgedessen nur
die Pulsverspätungen der beiden ersteren Pulse. Gewöhnlich enthält jede Tafel nur einen einzelnen Versuch;
die beiden Kurvenreihen bilden dann eine unmittelbare
Fortsetzung, was aus der fortlaufenden Nummer der
Pulse zu ersehen ist, die in der nächsten Reihe ohne
Unterbrechung fortgesetzt wird. Wo eine Tafel dagegen
Kurven enthält, die keine unmittelbare Fortsetzung
bilden, ist jede Kurvenreihe mit einem Buchstaben:
A, B usw., bezeichnet. Was übrigens in besonderen
Fällen hinsichtlich der einzelnen Tafeln zu bemerken
ist, wird bei der Beschreibung des betreffenden Versuchs
Erwähnung finden.

Da der Abstand zwischen den Ordinaten in der
graphischen Darstellung der Pulsverspätung die Länge
des einzelnen Pulses angibt, müßte diese Größe überall
gleich der im Plethysmogramme gemessenen Pulslänge
sein. Wenn dies nicht allenthalben genau stimmt, hat
es seinen Grund darin, daß das zur graphischen Konstruktion benutzte Millimeterpapier nicht fehlerlos war.
Die Pulslängen des Plethysmogrammes sind deshalb
genauer als die der graphischen Konstruktion; für die

[1] v. Frey: Untersuchung des Pulses. S. 117.

richtige Wiedergabe der Pulsverspätungen sind diese kleinen Fehler offenbar jedoch ganz ohne Belang.

Da die Bearbeitung des Versuchsmaterials, wie gesagt, so äußerst weitläufig ist, habe ich natürlich nicht alles, was ich liegen habe, benutzen können. Im Laufe der Jahre habe ich an sieben verschiedenen V.-P. gegen 700 Kurven aufgenommen, deren aber nur ein geringer Teil zur vorliegenden Arbeit verwertet wurde. Zur Behandlung wählte ich das Material von den drei V.-P., an denen die umfassendsten Versuche angestellt worden waren, und diese Kurven habe ich einigermaßen vollständig bearbeitet. Sämtliche drei V.-P. waren Ärzte; Dr. Bl. und Dr. P. L. waren junge 25jährige Männer, Dr. Hy. dagegen etwa 50 Jahre alt. Dr. P. L. ist derselbe, der zu einem großen Teile der Untersuchungen im ersten Teil das Material lieferte. Der wesentliche Teil des mit Bezug auf diese drei V.-P. bearbeiteten Materials ist in den beifolgenden Tafeln reproduziert. Was die Reproduktion betrifft, so gilt dasselbe, was im 1. Teil, S. 35 u. f. angeführt wurde.

DIE VASOMOTORISCHEN ÄUSZERUNGEN DER PSYCHISCHEN ZUSTÄNDE.

Der Normalzustand. Soll es möglich sein, bestimmte Gesetzmäßigkeiten der die verschiedenen psychischen Zustände begleitenden körperlichen Änderungen nachzuweisen, so muß der Zustand, das »normale Gleichgewicht des Gemütes«, von welchem wir ausgehen, bei einer gegebenen V.-P. wenigstens einigermaßen konstant sein, und man muß für dessen Vorhandensein oder Nichtvorhandensein bestimmte Kriterien haben. In erster Linie ist hier natürlich die Selbstbeobachtung des Individuums in Betracht zu ziehen. Wenn die V.-P. sich »nicht normal fühlt«, so ist der normale Zustand auch nicht vorhanden. Leider gilt aber nicht der umgekehrte Satz: weil die V.-P. sich normal, in völliger Gemütsruhe fühlt, braucht sie dies doch gar nicht zu sein. Es gibt bekanntlich Individuen, die sich in ge-

wissen Fällen völlig normal fühlen, die aber auf die
meisten Reize ganz anormal reagieren, weil sie sich in
einem chronischen Spannungszustande befinden, der
sich nicht durch Selbstbeobachtung konstatieren läfst.
Dafs in diesen Fällen nichts den betreffenden V.-P.
Individuelles vorliegt, ist daraus zu ersehen, dafs man
sie durch angemessene Behandlung dahin bringen kann,
völlig normal zu reagieren. Ferner zeigt es sich auch,
dafs jede V.-P. während eines absichtlich hervorgerufenen
Zustandes der Erwartung ebendieselben anormalen Reaktionen darbietet, die der chronischen Spannung
charakteristisch sind. Es ist mithin gegeben, dafs die
Selbstbeobachtung des Individuums uns kein unzweifel-
haftes Kennzeichen eines völlig normalen Gleichgewichts
des Gemüts gewährt, und es ist deshalb höchst
wünschenswert, die subjektiven Merkmale durch objektive zu ergänzen, so dafs man nach einer aufgenommenen Normalkurve sogleich zu entscheiden
vermag, ob die V.-P. sich in normalem Gleichgewichte
des Gemüts befindet.

Es gilt also, zu bestimmen, welche Schwankungen
der Volumkurve noch als »normal« zu betrachten sind,
und welche den Normalzustand entschieden ausschliefsen.
Nun können in der Volumkurve bekanntlich teils
Respirationsoszillationen oder Wellen zweiter Ordnung,
teils Undulationen oder Wellen dritter Ordnung auftreten. Diese heifsen auch die Traube-Heringschen
bezw. Mayerschen Wellen. Da unter den Physiologen
aber völlige Uneinigkeit über die Anwendung dieser
Namen herrscht, bleiben wir hier bei den ersteren [1].
Von diesen beiden Arten von Wellen hat R. Müller
in der oben (S. 392) erwähnten Kritik behauptet, sie
kämen im Plethysmogramme jedes normalen, ruhigen
Menschen vor und seien rein physiologischen Ursprungs.
Sie fänden sich nämlich in Blutdruckkurven von Tieren,
wo psychische Ursachen ausgeschlossen sind, — folglich
müfsten die Psychologen verpflichtet sein, ohne nähere
Untersuchung denselben Ursprung mit Bezug auf den
Menschen anzunehmen. Da es nun nicht meine Ge-

---

[1] Asher: Die Innervation der Gefäfse. S. 355. In »Ergebnisse
d. Phys.« 1. Jahrgang. II. Abt. Wiesbaden 1902.

wohnheit ist, etwas ohne nähere Untersuchung anzunehmen, muſs Herr Müller — trotz der imponierenden
Überlegenheit, womit er meine Arbeit behandelt — es
sich gefallen lassen, daſs ich die Richtigkeit seiner Behauptung prüfe.

Was die Respirationswellen betrifft, ist die Behauptung nun entschieden falsch. Natürlich: Wenn
diese Wellen in der Volumkurve vorkommen, sind sie
zweifelsohne aus denselben physiologischen Ursachen
entstanden wie bei den Tieren. Die Pointe ist aber,
daſs sie meistens in der Volumkurve eines menschlichen
Arms fehlen. Alle späteren Untersucher geben mir
hierin recht. So sagt G e n t : »Diese Abhängigkeit [des
Volumpulses von der Atmung] tritt beim Menschen
unter normalen Verhältnissen ganz zurück.«[1] Darauf
gibt er eine Darstellung der Bedingungen für das Entstehen der Respirationsoszillationen, die bis auf eine
einzelne kleine Ausnahme ganz mit der meinigen (I. Teil,
S. 51--52) übereinstimmt. B e r g e r, der zunächst, wenn
auch mit einiger Vorsicht, der Kritik Müllers bei-
zupflichten scheint[2], gibt später dennoch zu, die Respirationswellen des Armvolums seien für Depressions-
zustände und Schläfrigkeit charakteristisch[3]; folglich
sind sie aber ja doch von dem Vorkommen bestimmter
psychischer Erscheinungen abhängig. Dies muſs B e r g e r
auch notgedrungen zugeben, da sonst seine eigenen
Kurven einen entscheidenden Beweis gegen ihn liefern
würden. Endlich hebt B r o d m a n n es als der Schläfrigkeit charakteristisch hervor, daſs das Armvolum sogar
bei ganz ruhiger Atmung Respirationswellen zeigt[4].
Wir können also folgende Tatsachen feststellen, deren
Bestätigung jedermann in den vorliegenden Kurven-
sammlungen finden kann, und die keine noch so zahlreiche Menge von Tierversuchen zu entkräften vermag:

Bei normalem Volumen und normaler Pulshöhe treten im Armvolum keine Respirations-

---

[1] l. c. S. 719.
[2] Über die körperlichen Äuſserungen psychischer Zustände.
Jena 1904. S. 40.
[3] l. c. S. 127 und 133.
[4] Plethysmographische Studien am Menschen. Journ. f. Psych.
u. Neur. Bd. I, 1902. S. 36.

wellen auf, es sei denn, dafs die Atmung besonders tief ist. Bewirkt dagegen ein Zustand
oder das Aufhören eines Zustandes, dafs das
Volumen mit grofsen Pulshöhen ansteigt, so
erscheinen gewöhnlich die Respirationswellen.
Treten diese bei ruhiger Atmung und normaler
oder sogar kleiner Pulshöhe auf, so ist das
Individuum entweder schläfrig oder deprimiert.

Da die Respirationswellen also im Armvolum nur
dann auftreten, wenn gewisse besondere Bedingungen
erfüllt sind, und da wenigstens einige dieser Bedingungen
psychophysiologischer Natur sind, so läfst sich wohl
kaum mit Recht behaupten, dieselben rührten ausschliefslich von physiologischen Ursachen her.

Betrachten wir jetzt die Undulationen, die Wellen
dritter Ordnung, so stellt sich die Sache etwas anders,
denn diese kommen fast stets in einem normalen Plethysmogramme vor, wenn auch in sehr wechselnder Stärke.
Auf Grundlage von Beobachtungen, deren Wiederholung
hier überflüssig sein möchte, kam ich im 1. Teil (S. 52—61)
zu dem Resultate, dafs sowohl die sanften als die
jäheren Senkungen der Volumkurve wahrscheinlich von
psychischer Tätigkeit herrührten. Hiergegen erhebt
Berger den Einwurf, es müfsten dann die ebenfalls im
Gehirnvolum auftretenden Undulationen mit denen des
Armvolums synchron sein, was tatsächlich nicht der
Fall sei[1]. Ich bin aber nicht ganz sicher, dafs dieser
Einwurf entscheidend ist; denn Berger selbst hat
nachgewiesen, dafs verschiedene psychische Vorgänge,
die von bedeutenden Volumschwankungen des Arms
begleitet sind, das Volumen des Gehirns fast kaum,
wohl aber die Höhe des Gehirnpulses abändern[1]. Es
braucht einer Volumänderung des Arms also keine
gleichzeitige Volumänderung in der Gehirnkurve zu
entsprechen; läfst sich nur eine Änderung der Höhe
des Gehirnpulses nachweisen, so wird dies schon genügen. Ich werde diese Betrachtung jedoch nicht weiter
verfolgen, da ich meine frühere Behauptung nicht zu

[1] l. c. S. 74.
[1] l. c. S. 112, vgl. z. B. die Kurve 25.

verteidigen gedenke; die Erfahrung scheint mir deren
Richtigkeit entschieden zu widersprechen. Um die Verhältnisse zu erhellen, werde ich nun eine Reihe von
Normalkurven durchgehen, die zu verschiedenen Zeiten
an meinen verschiedenen V.-P. aufgenommen wurden.
Die gewählten Kurven sind als völlig normal zu betrachten, da die V.-P. beide obengenannte Bedingungen
erfüllten: Sie fühlten sich subjektiv in völliger Gemütsruhe, und objektiv reagierten sie normal auf verschiedene
Reize. Bessere Normalkurven als diese stehen mir
überhaupt nicht zur Verfügung.
    Pl. I. 22. 3. 1901. ab. Dr. P. L. Schliefst die Augen
und ist ganz ruhig und gedankenleer.
    Obschon die V.-P. sicher ist, dafs sie an nichts
gedacht hat, zeigt das Plethysmogramm dennoch eine
entschiedene sanfte Undulation, die einzig und allein
von einer rhythmischen Änderung der Frequenz des
Herzschlages herzurühren scheint. Das Volumen nimmt
nämlich mit wachsenden Pulslängen ab, mit abnehmenden
aber zu, während die Pulsverspätungen in den drei
Arterien keine der Undulation des Volumens synchronen
Schwankungen zeigen. Allerdings kommen auch Schwankungen der Pulsverspätung vor; diese sind in betreff
der Tibialis aber recht unregelmäfsig, während sie in
betreff der Carotis und der Radialis mit der Atmungs-
periode zusammenfallen. Die respiratorischen Änderungen der Pulsverspätung zeigen durchweg, dafs diese
während der Inspiration gröfser, während der Exspiration
kleiner wird. Da wir nun wissen, dafs der Blutdruck
in der Aorta bei normaler ruhiger Atmung wie der hier
vorliegenden während der Inspiration abnimmt, während
der Exspiration aber anwächst, lassen die respiratorischen Perioden der Pulsverspätung sich mithin als eine
einfache mechanische Folge der Änderungen des Aorta-
druckes erklären; denn der während der Inspiration abnehmende Blutdruck mufs vergröfserte, der während
der Exspiration anwachsende Druck aber verminderte
Pulsverspätung bewirken, eben wie die Kurven es zeigen.
Obschon wir also mittels der Pulsverspätung deutliche
respiratorische Druckänderungen nachzuweisen vermögen, zeigt das Plethysmogramm dennoch nur zweifel-
hafte Spuren von Respirationswellen.

Wir stehen also hier zwei recht sonderbaren Tatsachen gegenüber. Einerseits sehen wir Undulationen
des Volumens, die in den Pulsverspätungen nicht nachgewiesen werden können, trotzdem sie dem Anschein
nach von Blutdruckänderungen herrühren, welche durch
Variationen der Herzfrequenz verursacht sind. Anderseits finden wir Schwankungen der Pulsverspätungen,
die der Respirationsperiode entsprechen und als mechanische Folge der durch die Respiration verursachten
Blutdruckänderungen erklärt werden können; dennoch
kommen keine Respirationsoszillationen in der Volumkurve vor. Wie sind diese Widersprüche zu erklären?

Fangen wir mit den Undulationen der Volumkurve
an. Wenn eine größere Herzfrequenz ein Anwachsen
des arteriellen Blutdrucks verursacht, muß sich dies
durch eine Verminderung der Pulsverspätungen kund-
geben. Wenn letzteres nun tatsächlich nicht stattfindet, läßt sich dies nur auf die Weise erklären, daß
die Verminderung der Pulsverspätung durch eine gleichzeitige Erschlaffung der betreffenden Gefäße aufgehoben
wird. Einer solchen Annahme steht nichts entgegen;
denn eine Erschlaffung z. B. der Radialisgefäße wird
einfach ein Steigen des Volumens zur Folge haben, das
aber eben stattfindet. Diese Erschlaffung der Gefäße
wird jedoch zugleich, jedenfalls teilweise, die Blutdruckänderungen kompensieren. Durch die Annahme, daß
die periodische Veränderung der Herzfrequenz von
einer vasomotorischen Tätigkeit begleitet wird, welche
die Blutdruckvariationen teilweise kompensiert, können
also einerseits die deutlich hervortretenden Volumschwankungen und anderseits das Ausbleiben entsprechender Variationen der Pulsverspätung erklärt
werden.

In betreff der Respirationsoszillationen stellt sich
die Sache etwas zweifelhafter, weil hier zwei Erklärungen
möglich sind. Wir wissen nämlich, daß die respiratorischen Blutdruckschwankungen von einer ganzen Reihe
teils zusammen-, teils einander entgegenwirkender
Momente abhängig sind. Je den Umständen nach kann
das Resultat daher etwas verschieden ausfallen, und
bei normaler, ruhiger Atmung ist es sehr wohl möglich,
daß die Blutdruckänderungen fast bis auf Null herab-

sinken. Solche geringen und kurzdauernden Blutdruckschwankungen lassen sich aber schwerlich in der
Volumkurve nachweisen; dagegen ist es sehr wohl
möglich, dafs sie dennoch einen mefsbaren Einfluls auf
die Pulsverspätung ausüben. Dies kann also beim besprochenen Versuche der Fall gewesen sein. Die Möglichkeit ist aber keineswegs ausgeschlossen, dafs die
respiratorischen Blutdruckschwankungen zum Teil durch
vasomotorische Veränderungen kompensiert werden,
so dafs sie sich zwar noch in den Pulsverspätungen,
nicht aber in der Volumkurve spüren lassen. Für diese
Möglichkeit spricht erstens der Umstand, dafs die Respirationsperiode in der Pulsverspätung der Tibialis
nur wenig hervortritt, was darauf zu deuten scheint,
dafs auf diesem Gebiete den Blutdruckschwankungen
entgegenarbeitende Gefäfsveränderungen stattfinden.
Zweitens werden wir sogleich im folgenden sehen, wie
kompensierende vasomotorische Veränderungen unter
normalen Umständen mit solcher Konstanz auftreten,
dafs wir fast als allgemeingültiges Gesetz den Satz behaupten können: Unter normalen Verhältnissen werden
Blutdruckschwankungen irgendwelches Ursprunges stets
durch vasomotorische Veränderungen kompensiert.
Höchst wahrscheinlich gilt dies also auch von den
respiratorischen Blutdruckschwankungen, selbst wenn
wir es nicht mit Sicherheit nachweisen können.

Pl. II. 15. 3. 1901. Dr. Bl. Normal, völlig ruhig.
Diese Kurve zeigt ebenso wie die vorige sanfte
Undulationen, die ebenfalls durchweg vom Herzrhythmus
abhängig sind, indem das Volumen mit abnehmenden
Pulslängen steigt, mit zunehmenden sinkt. Die Pulsverspätung bietet aber ein ganz anderes Bild dar, indem sich wohl nirgends Spuren der Respirationsperiode
zeigen. Von allen kleinen unregelmäfsigen Schwankungen
abgesehen erscheint ein merkwürdiger Gegensatz
zwischen der Tib. einerseits, der Rad. und der Car. anderseits. Die beiden letzteren zeigen im Anfang der Kurve,
bis Puls 18, eine sanft anwachsende Pulsverspätung,
die sich darauf etwa bis Puls 40 konstant erhält und
dann eine schwache Neigung zum Abnehmen hat. Die
Tib. hat dagegen den umgekehrten Verlauf, indem die
Pulsverspätung hier bis etwa Puls 22 abnimmt, darauf

konstant wird und von Puls 40 an deutliches Steigen
zeigt. Diese entgegengesetzten Schwankungen lassen
sich kaum anders erklären denn als lokale vasomotorische Änderungen in den betreffenden Gefäfsregionen,
die sich indes so aneinander anpassen, dafs der arterielle
Blutdruck konstant bleibt. Erlitte letzterer nämlich
wesentliche Änderungen, so müfste das als Volumänderungen zu spüren sein. An einem einzelnen Punkte
läfst sich dies wirklich nachweisen. Die Verspätung
in der Tib. nimmt nämlich, wie gesagt, bis Puls 22 ab,
während sie in der Rad. bereits bei Puls 18 ihr Maximum
erreicht. Von 18 bis 22 mufs der Blutdruck mithin
anwachsen, und hier findet sich wirklich eine ziemlich
jähe Volumsteigung mit grofser Pulshöhe. Die Undulationen des Volumens scheinen in diesem Falle also
von zwei verschiedenen Ursachen herzurühren, nämlich
vorzüglich von der periodischen Änderung der Dauer
des Herzschlages und aufserdem von Blutdruckänderungen, die aus lokalen vasomotorischen, sich nicht
gänzlich kompensierenden Änderungen entstehen. Alle
diese Änderungen sind aber unzweifelhaft spontan, rein
physiologischen Ursprungs, da wir im Bewufstsein des
Individuums keine Ursache derselben nachzuweisen
vermögen.

Dies ist indes nicht immer der Fall. Verhältnisse
wie die im Pl. II hervortretenden können sehr wohl
unter Umständen erscheinen, wo die Selbstbeobachtung
uns eine wenigstens anscheinende Erklärung zu geben
imstande ist. Ein Beispiel dieser Art zeigt:

Pl. III. 29. 3. 1901, ab. Dr. Bl. Hatte gleich anfangs eine schwache Wärmeempfindung des im Hydrosphygmographen eingeschlossenen Fufses; die Empfindung verschwand schnell; später völlige Ruhe.

Die Volumkurve zeigt sanfte Undulationen, die bei
abnehmender Pulslänge ansteigen, bei anwachsender
sinken. Die Pulsverspätung der Tib. gibt der Wärmeempfindung des eingeschlossenen Fufses gemäfs eine
ziemlich bedeutende Gefäfserweiterung an, die jedoch
geschwind abnimmt; zugleich zeigt aber sowohl die Car.
als die Rad. Neigung zur Gefäfserweiterung. Diese
entgegengesetzten Bewegungen scheinen sich hier zu
kompensieren, da das Volum kein Anzeichen des Gegen-

teils darbietet; jedenfalls kann die Volumsteigung von
Puls 7 bis 11 nicht mit Sicherheit als die Folge ver-
mehrten Blutdrucks gedeutet werden, da die Rad. ge-
rade hier eine starke Gefäßserweiterung zeigt. Am
Schlusse dieser Tafel, bei Puls 36 und 45, entstehen
wieder einige ziemlich eigentümliche Erscheinungen.
Alle drei Arterien zeigen hier Wellen in gleicher
Richtung, die an beiden Stellen den Atmungsphasen
entsprechen, indem die Pulsverspätung während der
Inspiration zunimmt und während der Exspiration abnimmt. Diese Änderungen lassen sich im vorliegenden
Falle jedoch nicht als einfache Folge der durch die
Atmung hervorgerufenen Blutdruckvariationen erklären,
denn dann müfste der Blutdruck während der Inspiration
vermindert sein; hiermit stimmt freilich die anwachsende
Pulsverspätung überein, das Volumen steigt aber
während der Inspiration an beiden Stellen, und folglich
ist eine Verminderung des Blutdrucks nicht wohl möglich. Da das Volumen und die Pulsverspätung — obendrein in sämtlichen drei Arterien — gleichzeitig anwachsen, läfst sich dies nur als die Folge einer Gefäfserweiterung verstehen. Da eine Erweiterung der Gefäfse
auf mehreren Gebieten aber auch verminderten Blutdruck zur Folge haben würde, mufs diese Änderung
offenbar durch eine gleichzeitige Gefäfskontraktion im
Innern des Organismus kompensiert worden sein. Die
Verhältnisse sind hier augenscheinlich ziemlich verwickelt; Ähnliches gilt von der folgenden Tafel:

Pl. IV. 29. 3. 1901, ab. Dr. Bl. Ruhige, zufriedene
Stimmung, weil der V.-P. feine Schokolade versprochen
worden war, sobald diese Kurve aufgenommen wäre.
Fortsetzung von Pl. III, wenige Min. später.

Die Volumkurve zeigt wie die vorigen sanfte Undulationen, deren Steigen durchweg auf abnehmende
Pulslängen, das Sinken dagegen auf anwachsende Pulslängen fällt. Es gibt doch eine Ausnahme hiervon, indem während des Steigens von Puls 32 bis 38 die
Pulslänge gröfser ist als während der beiden angrenzen-
den Perioden; hier mufs sich also eine vasomotorische
Tätigkeit geltend gemacht haben. In der Pulsverspätung
tritt die Respirationsperiode deutlich hervor, sowohl in
der Rad. als der Car., weniger deutlich in der Tib. Ein

wesentlicher Unterschied zwischen diesem und dem vorigen Plan erweist sich dadurch, daſs die Pulsverspätung in der Tib. durchweg viel gröſser ist. Die Neigung zur Gefäſserweiterung in der Tib., die sich schon im Schlusse des Pl. III spüren lieſs, hat jetzt also die Oberhand gewonnen. Diese Gefäſserweiterung kann den Blutdruck aber nicht verändert haben, da das Armvolum, die Pulshöhe und die Pulsverspätungen, sowohl die der Rad. als die der Car., unverändert sind. Es muſs mithin durch Gefäſskontraktionen im Innern des Organismus eine Kompensation stattgefunden haben. Auch diese Tendenz fanden wir bereits im Schlusse des Pl. III. Wahrscheinlich ist eine solche fortschreitende Kontraktion im Innern auch die Ursache des Volumsteigens zwischen Puls 32 und 38; denn da die Pulslänge hier anwächst, sollte der Blutdruck und somit das Volumen sinken. Eine Volumsteigerung könnte folglich nur durch eine Gefäſserweiterung in der Rad. zustande kommen; diese müſste aber als eine ziemlich bedeutende Zunahme der Pulshöhe zu spüren sein, und hiervon gibt es gar kein Anzeichen. Die Erscheinung läſst sich also wohl nur dadurch erklären, daſs der abnehmende Blutdruck durch eine Gefäſskontraktion auf einem Gebiete, das sich unseren Beobachtungen entzieht, überkompensiert wird.

Es scheint hieraus also unzweifelhaft hervorzugehen, daſs sowohl die Frequenz des Herzschlages als auch der Zustand der Vasomotoren in allen Gefäſsgebieten bei völliger psychischer Ruhe fortwährende Änderungen erleidet, die sich jedoch gegenseitig so kompensieren, daſs der Blutdruck nur innerhalb sehr enger Grenzen schwankt. Auf verschiedene Weise geht dasselbe aus den folgenden Tafeln hervor, die nichts wesentlich Neues darbieten, die wir aber mitnehmen, weil wir sie später als Normalkurven für die unten zu besprechenden Versuche gebrauchen werden.

Pl. V. 12. 4. 1901, ab. Dr. Bl. Normal, ruhig.

Im Vergleich mit den von derselben V.-P. stammenden Pl. II—IV zeigt dieser bedeutend gröſsere Pulslängen, die Pulsverspätung ist indes auf allen drei Gefäſsgebieten fast ganz dieselbe wie vorher.

— 445 —

Pl. VI. 19. 4. 1901, ab. Dr. P. L. Normal, ruhig.
Mit dem von derselben V.-P. stammenden Pl. I
verglichen zeigen die Undulationen sich hier kürzer,
jedoch mit größerer Amplitüde, was wahrscheinlich mit
der größeren Pulshöhe in Beziehung steht. Diese große
Pulshöhe ist gewiß auch die Ursache, weshalb sich in
der Volumkurve Spuren von Respirationswellen zeigen,
wie Puls 5—8 und 30—33. Dagegen ist die Respirationsperiode in den Pulsverspätungen fast verwischt; doch gewahrt man sie noch in der Radialiskurve, wo sie fortwährend eine andere Periode kreuzt, die mit den Undulationen der Volumkurve zusammenfällt. Steigt das
Volumen, so zeigt auch die Pulsverspätung der Radialis •
Neigung zum Steigen. Letzteres kann nun unmöglich
eine Folge des ersteren sein; denn wenn das Volumen
wegen des durch schnelleren Herzschlag erzeugten
vermehrten Blutdrucks anwächst, so sollte zugleich
die Pulsverspätung abnehmen. — sie wächst aber gerade.
Wir sehen also hier wieder die schon oben besprochene
vasomotorische Tätigkeit, welche die durch die Variationen des Herzrhythmus verursachten Blutdruckschwankungen kompensiert; sie tritt aber in diesem
Falle, ungewiß aus welchem Grunde. im Radialisgebiete
deutlicher hervor als in unseren vorigen Kurven. Die
großen Volumschwankungen sind also hier leicht erklärlich, indem mit wachsendem Blutdruck Gefäßserweiterung, mit sinkendem Blutdruck Gefäßverengerung der Radialis eintritt. Daß die kompensatorische
Tätigkeit aber eben in der Rad. hervortritt. ist offenbar
ziemlich zufällig. wie zu ersehen aus:

Pl. VII. 19. 4. 1901, ab. Dr. P. L. Normal, ruhig.
Die Kurve wurde kurz nach der des Pl. VI aufgenommen,
nach einigen wenig eingreifenden Versuchen.

Das Volumen zeigt hier wie im Pl. VI starke Undulationen. die mit bedeutenden Variationen der Pulslänge einhergehen. Die Pulsverspätung ist in allen drei
Arterien aber nur kleinen. unregelmäßigen Schwankungen unterworfen, und in der Rad. kommen nur ausnahmsweise Andeutungen einer ähnlichen Periode wie
in den Undulationen vor. Da die Blutdruckverände-
rungen also in den Pulsverspätungen keine Spur absetzen, müssen folglich auch hier im Radialisgebiete

vasomotorische Veränderungen stattfinden, welche die Blutdruckschwankungen zu kompensieren suchen. Sie sind aber weniger ausgiebig als früher, und die Kompensation muſs also zum Teil anders geschehen.

Die bisher betrachteten Kurven haben das Eigentümliche, daſs die Pulsverspätung in allen drei Arterien fast gar nicht von Tag zu Tage schwankt. Dieselbe liegt um 0° herum für die Car., 100° für die Rad. und 200—250° für die Tib., und diese Werte gelten für beide V.-P. Dies ist doch nicht besonders merkwürdig, da beide V.-P. junge Männer desselben Alters und fast derselben Gröſse und desselben Körperbaues waren. Für den viel älteren Dr. Hy., dessen Kurven wir jetzt betrachten werden, stellt sich die Sache ganz anders; hier liegt die Pulsverspätung der Car. um — 30°, die der Rad. zwischen 50° und 70°. Dies steht in völliger Übereinstimmung mit den von G r u n m a c h unternommenen Messungen, bei denen es sich erwies, daſs die Pulsgeschwindigkeit mit zunehmendem Alter anwächst[1]. — die Pulsverspätung wird mithin geringer. Von Dr. Hy. führe ich nur zwei Kurven an, deren eine unmittelbar vor dem Anfang der Versuche, die andere wenige Minuten später aufgenommen wurde; diese Formen wiederholten sich mit fast stereotyper Unveränderlichkeit an jedem Versuchsabend ein halbes Jahr hindurch, so daſs es keinen Zweck hat, auſser diesen beiden als typischen Repräsentantinnen noch andere wiederzugeben.

Pl. VIII, A. 5. 10. 1898, ab. Dr. Hy. Normal, ruhig. Unmittelbar vor dem Anfang der Versuche.

Die Kurve unterscheidet sich in keiner wesentlichen Beziehung von den oben ausführlich besprochenen. Die Rotationsgeschwindigkeit des Zylinders war bei diesen Versuchen etwas kleiner als bei den Versuchen im Jahre 1901, weshalb die Pulslänge kleiner aussieht; dies hat indes nichts zu bedeuten, da die darunter angegebene durchschnittliche Dauer der Pulse eine Vergleichung ermöglicht. Die Volumkurve zeigt sanfte Undulationen ohne Respirationswellen; dagegen gibt

[1] Über die Fortpflanzungsgeschwindigkeit der Pulswellen. Du Bois' Archiv. 1879.

die Pulsverspätung sowohl in der Car. als der Rad.
deutlich die Respirationsperiode an. Dafs die Pulsverspätung hier kürzer ist und sein mufs als bei den
beiden jüngeren V.-P., wurde bereits erwähnt.

Pl. VIII, B. 14. 12. 1898, ab. Dr. Hy. Völlig ruhig.
ein wenig schläfrig.

Kurz nach eingenommenem Mittagsessen, Schlag
6 Uhr, fand Dr. Hy. sich an den verabredeten Abenden
im Laboratorium ein und machte sein Mittagsschläfchen
in meinem Versuchsstuhl. Dies verschaffte mir reichliche Gelegenheit, den Schlaf in allen dessen Graden
zu untersuchen; eine gröfsere Auslese dieser Schlaf-
kurven wird im folgenden zur Besprechung kommen.
Das Resultat dieser Angewöhnung wurde natürlich
aber, dafs Dr. Hy. an Abenden, wo ich ihn der Ab-
wechslung halber durch lebhaftes Experimentieren
wach erhielt, unvermeidlich etwas schläfrig wurde.
Der Pl. VIII B repräsentiert den Typus der Normalkurven, die wir dann bekamen. Ganz normal kann der
Zustand zwar nicht genannt werden; bessere Normalkurven waren aber nicht zu erhalten, und die V.-P. war
doch nicht mehr schläfrig, als dafs sie völlige psychische
Ruhe zu verbürgen vermochte. Vergleicht man die
Kurve mit Pl. VIII A. so erweist sich die Schläfrigkeit
aus dem grofsen Volumen und der bedeutenden Pulshöhe; aufser Undulationen gewahrt man hier auch
deutliche Respirationswellen. Die Pulsverspätung zeigt
sich etwas vergröfsert, wenigstens in der Rad.; dies im
Verein mit den Eigentümlichkeiten der Volumkurve
deutet entschieden Gefäfserschlaffung in der Rad. an.
Da der Herzschlag keineswegs langsamer ist, sollte
man nach den sehr hohen Pulsen eine ziemlich grofse
Pulsverspätung in der Rad. erwarten, die jedoch nicht
eingetreten ist; aller Wahrscheinlichkeit nach ist die
Gefäfserschlaffung in dieser Gegend daher, wie bei
unseren vorigen Normalkurven, durch Kontraktionen
in anderen Gebieten kompensiert worden, so dafs der
gesamte Blutdruck wohl eher etwas zugenommen hat.
Hierauf werden wir übrigens bei der Besprechung der
eigentlichen Schlafversuche zurückkommen.

Wir können jetzt die Resultate der hier betrachteten
Kurven in Kürze so zusammenfassen:

Während normaler Gemütsruhe zeigt die
Volumkurve keine Respirationsoszillationen,
wohl aber sanfte Undulationen von viel
gröfserer Wellenlänge. Diese scheinen besonders durch periodische Schwankungen der
Herzfrequenz bestimmt zu sein, indem das
Volumen mit abnehmender Pulslänge steigt,
mit anwachsender aber sinkt. Eine entsprechende Periode zeigt sich aber fast nie
in den Pulsverspätungen, was nur durch eine
die Blutdruckschwankungen kompensierende
vasomotorische Tätigkeit erklärt werden kann.
Dagegen treten in den Pulsverspätungen
noch langsamer verlaufende Variationen
auf, die fast ausnahmslos auf dem Carotis-
und Radialisgebiete in derselben, auf dem
Tibialisgebiete aber in entgegengesetzter
Richtung verlaufen, so dafs sie sich ebenfalls
gegenseitig kompensieren und keine Spur in
der Volumkurve hinterlassen. Nur bei unvollständiger Kompensation all dieser verschiedenen Tätigkeiten resultieren Volumschwankungen, für welche sich im Bewufstsein des Individuums dann keine Ursache
nachweisen läfst.
    Es ist der V.-P., mit dem besten Willen, natürlich
nicht immer möglich, sich selbst auf ein ›gedankenleeres
Versuchskaninchen‹ zu reduzieren; so gute Kurven wie
die im Pl. I—VIII gehören in meinen Versuchen viel
eher zu den Ausnahmen als zu den Regeln. Nach der
Aufnahme der Normalkurve teilt die gewissenhafte V.-P.
häufig mit, ›sie habe das Denken doch nicht ganz unterlassen können‹. Es erweist sich indes, dafs die dann
aufgenommene ›aktive‹ Normalkurve sich anscheinend
nur sehr wenig von der ›passiven‹ unterscheidet; ohne
das Zeugnis der V.-P., nur auf Grundlage des Aus-
sehens der Volumkurve, würde es einem kaum ein-
fallen, dafs die Zustände Unterschied dargeboten hätten.
Einen solchen gibt es jedoch, und da dieser Unterschied
abweichende Reaktionen auf verschiedene Reize bewirkt,
müssen wir die Verhältnisse näher untersuchen. Einen
typischen Fall zeigt

Pl. IX. 15. 3. 1901, ab. Dr. Bl. Konnte das Denken nicht unterlassen.

Die Volumkurve unterscheidet sich von den früher besprochenen eigentlich nur dadurch, dafs die Senkung an einer einzelnen Stelle, Puls 29--34, ziemlich tief ist. Die Pulsverspätungen zeigen aber, dafs die Verhältnisse sich bedeutend geändert haben, indem die Kurven der Car. und der Rad., zum Teil auch die der Tib., erheblich tiefer liegen als in den bisher betrachteten Fällen. Hier müssen also ausgedehnte vasomotorische Änderungen stattgefunden haben. Da wir nun im vorhergehenden sahen, dafs der Zustand der Gefäfse ziemlich grofse Schwankungen darbieten kann, ist es ja nicht besonders merkwürdig, dafs ein vom Durchschnittlichen abweichender Zustand längere Zeit hindurch konstant wird. Man mufs dann auch erwarten können, gelegentlich den Übergang aus dem einen Zustand in den anderen zu erblicken. Ein solcher Fall ist wiedergegeben im:

Pl. X. 12. 4. 1901, ab. Dr. Bl. Kurz vor dem Schlusse der Kurve ein vager, schwach lustbetonter Gedanke.

Die Volumkurve zeigt, wie die meisten der vorigen, ganz sanfte Undulationen; diese werden aber beim Puls 36 durch ein ziemlich jähes Sinken unterbrochen. Es scheint mir unzweifelhaft, dafs diese plötzliche Änderung der Undulationen der Kurve mit dem Gedanken in Beziehung steht, der nach Aussage der V.-P. in ihr auftauchte. Ob ein Gedanke spontan entsteht oder durch einen äufseren Reiz hervorgerufen wird, kann für seinen Einflufs auf das Plethysmogramm nicht von Belang sein: überdies wurde früher (1. Teil, S. 53) experimentell dargetan, dafs die spontane Denktätigkeit sich in der Tat ebenso äufsert wie die durch einen Reiz erregte. Ich bezweifle deshalb auch gar nicht, dafs die tiefe Senkung im Pl. IX, Puls 28—38, ebenfalls mit den Gedanken in Beziehung steht, die im Bewufstsein der V.-P. wider deren Willen emporschossen. Betrachten wir nun die Pulsverspätungen im Pl. X, so zeigen diese uns auf hübsche Weise den Übergang aus dem passiven in den aktiven Normalzustand. Die erste Hälfte der Kurven zeigt uns nichts anderes, als was wir an mehreren

Orten im vorhergehenden gesehen haben: Während die
Pulsverspätung in der Car. und der Rad. abnimmt,
wächst sie gleichzeitig in der Tib. an. In der letzten
Hälfte der Kurve ist der Zustand aber stationär mit
einer Pulsverspätung der Car. und der Rad., die bedeutend unter der Norm liegt. Bei Puls 36. wo das
jähe Sinken der Volumkurve beginnt, tritt denn auch
eine kleine Änderung der Pulsverspätungen ein, derjenigen entsprechend, die aller Denktätigkeit charakteristisch ist; hierauf werden wir später näher eingehen.

Pl. XI. 22. 3. 1901. Dr. P. L. Vage, zum Teil
lustbetonte Bilder, Erinnerungen an eine Ferienreise.

In der Volumkurve sehen wir kein Anzeichen
psychischer Tätigkeit, was wohl auch kaum zu erwarten
stand, da ein sanfter Strom vager Erinnerungsbilder
die Aufmerksamkeit nur in äußerst geringem Grade
anspannt. Auch die Pulsverspätungen enthalten kein
hervortretendes Anzeichen der Aktivität; jedoch sinken
diese hinsichtlich der Car. und der Rad., besonders in
der ersten Hälfte der Kurve, etwas unter die Norm.
Weit entschiedener tritt dies indes in der folgenden
Tafel hervor.

Pl. XII. 19. 3. 1898, nachm. Dr. P. L. Nicht ohne
Gedanken.

Die sanfteren Undulationen mit Andeutungen von
Respirationswellen werden hier an einzelnen Stellen
durch jähere Senkungen unterbrochen. Die Pulsverspätung ist in beiden Arterien, besonders in der Rad.,
stark vermindert. Diese Kurven zeigen außerdem ein
schwaches periodisches Schwanken, indem sie sich etwa
um die Mitte, Puls 25—30, etwas erheben, um darauf
wieder zu sinken.

Das Resultat dieser Betrachtungen können wir im
folgenden Satz zusammenfassen, dessen letzter Teil mit
dem früher (1. Teil, S. 54) von mir Angegebenen in
völliger Übereinstimmung steht:

Findet unter sonst normaler Gemütsruhe
eine schwache psychische Tätigkeit statt, so
verrät diese sich gewöhnlich dadurch, daß
die Pulsverspätung in der Car. und der Rad.
geringer als normal wird. In der Volumkurve
können spontan auftauchende Gedanken sich

durch ein jähes Sinken äußern. welches die
sonst sanften Undulationen unterbricht.

Aufmerksamkeit, Denkarbeit. Sogar unter anscheinend gleichen Umständen ist die Reaktion auf einen
gegebenen Reiz nicht immer dieselbe bei demselben
Individuum. Man findet dies ganz natürlich, weil der
Mensch zu verschiedenen Zeiten nicht ganz derselbe
ist. selbst wenn sein Zustand sich anscheinend nicht
verändert hat. Wir sind deshalb auch völlig befriedigt,
wenn die Reaktion auf einen gegebenen Reiz zu verschiedenen Zeiten auch nur in den Hauptzügen konstant
ist; es tritt dann doch eine gewisse Gesetzmäßigkeit
hervor, während die variierenden Details dem Zufalle
angerechnet werden. Diese ›Zufälligkeiten‹ haben aber
doch auch ihre Ursache, und je tiefer wir der Sache auf
den Grund zu kommen suchen, um so mehr finden wir
Gesetzmäßigkeit sogar der Zufälligkeiten. Da wir nun
im vorhergehenden sahen. daß der Normalzustand, der
konstante Zustand, von welchem wir ausgehen. nicht
so gar wenig variieren kann. selbst wenn das Plethysmogramm in verschiedenen Fällen keine auffälligen Differenzen zeigt. wird es also auch ziemlich wahrscheinlich,
daß die Reaktion je nach den Unterschieden des Normal-
zustandes variieren wird. Ist z. B. die V.-P. vorher
›aktiv‹. d. h. befindet sie sich in einer. wenn auch nur
geringen, psychischen Tätigkeit, so steht zu erwarten.
daß eine Konzentration der Aufmerksamkeit eine weniger
entschiedene Reaktion bewirken wird als wo die V.-P.
ganz passiv ist: im letzteren Falle muß die Änderung
folglich eine größere werden. In den Plethysmogrammen.
die sich dem Anschein nach gleich sind, die V.-P. möge
nun aktiv oder passiv sein. können wir allerdings keine
großen Differenzen zu erblicken erwarten. in den
ziemlich abweichenden Pulsverspätungen muß der
Unterschied jedoch zum Vorschein kommen. Wie wir
jetzt sehen werden. bestätigt die Erfahrung diese Erwartungen in allen Stücken. Um dies zu erhellen. gebe
ich eine Reihe von Versuchen mit psychischer Arbeit
(Rechenaufgaben) wieder, die während recht verschiedener ›Normalzustände‹ ausgeführt wurden. weshalb natürlich ziemlich verschiedene Reaktionen er-
folgten.

Pl. XIII. 29. 3. 1901. ab. Dr. Bl. Völlig passiv.
23×47; die Aufgabe kam überraschend.

Die Aufgabe wurde beim ersten Pfeil (Puls 9) gegeben, die Beantwortung kam beim zweiten Pfeil (Puls 57); das Resultat wurde natürlich nicht genannt; die V.-P. gab nur durch ein »Nun« an, daß sie fertig war. Die Volumkurve zeigt normalen Verlauf, anfangs bedeutende Senkung nebst Pulsverlängerung, darauf ein Steigen mit starker Pulsverkürzung. Oft finden sich bekanntlich gleich beim Beginn der Arbeit ein paar geschwinde Pulse; daß sie hier fehlen, ist möglicherweise der Überraschung zuzuschreiben. Diese wohlbekannten und gesetzmäßigen Änderungen des Volumens haben indes für uns nur Interesse, weil sie die Folgen einer Reihe von Änderungen des Zirkulationsapparates sind, und wir wünschen nun gerade zu erfahren, was hier vorgeht. Die Änderungen des Herzschlages wurden bereits im vorhergehenden (S. 398) ausführlich besprochen. Der Sinnesreiz und die erste leichte Konzentration der Aufmerksamkeit bewirken eine Bahnung, die eine geringere Herzfrequenz zur Folge hat. Sobald die Arbeit aber ein gewisses Maß der Anstrengung erfordert, wirkt sie hemmend, und dies führt geschwinderen Pulsschlag herbei. Aus diesen Pulsänderungen würde unter sonst gleichen Umständen das Schwanken des Volumens geradezu resultieren.

Wir betrachten nun die vasomotorischen Änderungen, deren Äußerung wir an den Schwankungen der Pulsverspätung haben. Die V.-P. befand sich vor dem Beginn der Arbeit in völlig passivem Zustande. Die kurz vorher aufgenommene Normalkurve ist im Pl. IV gezeigt, und daß der Zustand sich in keiner wesentlichen Beziehung geändert hat, geht aus Puls 1—9 im Pl. XIII hervor. Der jähe Übergang zu einer nicht ganz leichten Denkarbeit bewirkt daher bedeutende Änderungen. Man sieht, wie die Pulsverspätung der Rad. während des Sinkens des Volumens beträchtlich abnimmt, dieselbe dagegen in der Tib. sowohl als der Car. zugleich ansteigt. Letzteres könnte eine Folge der Verminderung des Blutdrucks, durch die geringere Herzfrequenz verursacht, sein. Da die Pulsverspätung der Rad. aber gerade abnimmt, zeigt dies im Verein mit der

verminderten Pulshöhe, dafs in der Rad. eine Gefäfsverengerung stattgefunden hat. Von Puls 13 an beginnt
das Herz viel schneller zu schlagen. Bleibt sonst alles
unverändert, so würde ein vermehrter Blutdruck die
Folge sein, der wieder ein Steigen des Volumens und verminderte Pulsverspätung aller Arterien bewirken würde.
In der Car. bleibt die Pulsverspätung aber unverändert;
hier mufs mithin eine Gefäfserschlaffung stattfinden.
Dasselbe gilt von der Tib. bis Puls 20; nur die Rad.
zeigt ungefähr bis zu demselben Punkte eine etwas
verminderte Pulsverspätung. Bei Puls 20 wird das Verhalten das umgekehrte; die Rad. wächst an, während
die Tib. abnimmt. Es scheinen hier also vasomotorische
Änderungen in den beiden Gefäfsgebieten vorzugehen;
indem die Gefäfse der Rad. sich ein wenig erweitern,
ziehen die der Tib. sich zusammen, und diese Änderungen
kompensieren sich offenbar gegenseitig, da sie im
Volumen keine deutliche Spur hinterlassen. Von diesem
Augenblick an bleiben die Verhältnisse konstant bis
zum Schlusse des Versuchs.

Ich habe hier die Kurven ziemlich ausführlich
diskutiert, um an einem einzelnen Beispiele zu zeigen,
wieviel sich aus denselben herauslesen läfst. Da die
Verhältnisse den Hauptzügen nach bei allen folgenden
Versuchen die nämlichen sind, brauchen wir die Diskussion dort nicht zu wiederholen. Das Wesentliche,
das wir hier gefunden haben, ist: Dafs das Sinken des
Volumens nicht von dem langsameren Herzschlag allein
herrührt, sondern zugleich auch von einer aktiven
Gefäfskontraktion in der Rad., die sofort, zugleich mit
der Arbeit beginnt und, zum Teil wenigstens, bis zu deren
Abschlufs andauert; aufserdem läfst sich mit Sicherheit
eine Gefäfserweiterung in der Car. feststellen, wenigstens
von dem Augenblicke an, wo das Volumen zu steigen
anfängt. Die Möglichkeit ist indes nicht ausgeschlossen,
dafs die Gefäfserweiterung sogleich beim Beginn der
Arbeit eintritt.

Pl. XIV. 15. 3. 1901. ab. Dr. Bl. Findet es anfangs
unangenehm, dafs er arbeiten soll. 27×73.

Die Arbeit beginnt bei Puls 25; das Sinken des
Volumens trifft hier mit einer schwachen Pulsverkürzung
zusammen, was möglicherweise damit in Beziehung steht,

dafs die V.-P. anfangs Unlust zum Arbeiten hatte.
Übrigens ist der Verlauf der Kurve normal; da die
Antwort erst kam, nachdem der Zylinder vollgeschrieben
war, fehlt der Abschlufs des Versuchs. Ein wesentlicher Unterschied zwischen diesem und dem vorigen
Versuche, Pl. XIII. besteht darin, dafs die V.-P. hier
vor dem Versuche in einem mehr aktiven Zustande ist;
die kurz vorher aufgenommene Normalkurve ist Pl. IX
wiedergegeben, und Puls 1—25 im Pl. XIV bieten dasselbe Bild dar. Da die Pulsverspätungen hier schon
vorher klein sind, treten die Änderungen beim Beginn
der Arbeit auch nur schwach hervor. Das Sinken des
Volumens mufs hier besonders von einer Gefäfsverengerung in der Rad. herrühren, da der Herzschlag eher
geschwinder als langsamer wird; die Pulsverspätung
nimmt aber nur sehr wenig ab. Dagegen sieht man,
dafs diese in der Car. ziemlich bedeutend sinkt; wir
werden später erfahren, dafs dies unzweifelhaft mit der
Unlust der V.-P. zum Arbeiten in Beziehung steht.
Von Puls 34 an ändert sich der Zustand merkbar. Der
Herzschlag wird beträchtlich schneller, und der gröfsere
Blutdruck gibt sich teils durch Steigen des Volumens,
teils durch Verminderung der Pulsverspätung in der
Rad. zu erkennen. Dagegen wächst die Pulsverspätung
in der Car. sogar stark an, und die Respirationsperiode tritt in dieser Kurve deutlich hervor; es mufs
daher eine nicht geringe Gefäfserweiterung in der Car.
stattfinden.

Pl. XV. 12. 4. 1901. ab. Dr. Bl. 9×57.
Beginn und Schlufs der Arbeit sind durch Pfeile
bezeichnet. Diese der V.-P. sehr leicht fallende Arbeit
bewirkt dementsprechend natürlich nur kleine Änderungen; die Tafel zeigt uns aber — was die vorigen
nicht konnten — den Zustand nach Beendigung des
Versuchs. Ich habe keine vor dem Versuche aufgenommene Normalkurve beigefügt; die vorliegende
Tafel selber zeigt aber sowohl vor als nach der Arbeit
völlige Passivität. Dasselbe geht auch aus dem Anfang
der Kurve Pl. X hervor, die kurz nach Pl. XV aufgenommen wurde. Obschon in diesem Falle entschieden
keine Unlust zur Arbeit gefühlt wurde, tritt doch sogleich
eine geringe Pulsverkürzung ein, während der das

Volumen sinkt. Die verminderte Pulshöhe und die Pulsverspätung in der Rad. zeigen, dafs das Sinken des
Volumens von einer Gefäfsverengerung in der Rad. herrührt. Dafs auch in der Tib. und der Car. die Pulsverspätung geringes Sinken zeigt, ist gewifs dem durch
den geschwinderen Herzschlag bewirkten vermehrten
Blutdrucke zu verdanken; jedenfalls ist es ein Anzeichen, dafs das Sinken des Volumens nicht von einer
Gefäfserschlaffung in anderen Gebieten herrühren kann.
Von Puls 22 an nimmt die Pulslänge stark ab, woneben
das Volumen wieder steigt; in der Rad. bleiben die Verhältnisse wesentlich unverändert, während die Pulsverspätung der Tib. ein wenig kleiner wird; diese Umstände deuten zunächst auf eine Kompensation wie die
oben angetroffene hin. In der Car. erreichte die Pulsverspätung schon nach dem ersten schwachen Sinken.
schon bei Puls 20, dieselbe Höhe wie vor dem Beginn
der Arbeit, und diese behauptet sich trotz der späteren
Verminderung der Pulslänge während der ganzen Arbeit.
Hier findet also entschiedene Gefäfserschlaffung statt.

Beim Aufhören der Arbeit tritt sogleich eine bedeutende Pulsverlängerung ein, woneben das Volumen
sinkt. Man sieht, wie in der Tib. die Pulsverspätung abnimmt; es gibt hier also eine Gefäfsverengerung, die zum
Teil die starke Gefäfserweiterung kompensiert, welche
sich durch beträchtliche Zunahme der Pulsverspätung
der Rad. äufsert. In der Car. sind die Verhältnisse
unverändert, die Pulsverspätung ist nach dem Aufhören
der Arbeit aber dennoch durchweg etwas gröfser als
vor deren Anfang, so dafs die Gefäfserschlaffung hier
mithin anzudauern scheint.

Pl. XVI. 22. 3. 1901, ab. Dr. P. L.; fühlte sich
abgespannt. 13×19.

Der Versuch wurde ausgeführt, kurz nachdem die
Pl. XXII wiedergegebene Kurve gewonnen worden war.
Letztere, die wieder eine Fortsetzung des Planes I ist.
zeigt, dafs die V.-P. durch längeres Müfsigsitzen etwas
schläfrig geworden ist; das hohe Volumen und die grofse
anfängliche Pulshöhe im Pl. XVI verraten auch einen
Anfall von Schläfrigkeit. Der Versuch, der bei Puls 7
anfing und bei 37 endete, verlief übrigens ganz wie bei
Pl. XV; die nähere Beschreibung würde nur eine

Wiederholung des oben Gesagten werden. Ich mache
nur darauf aufmerksam, daſs nach dem Aufhören der
Arbeit eine starke Zunahme der Pulsverspätung in
der Rad., dagegen keine kompensierende Verminderung
derselben in der Tib. stattfindet; da nun zugleich die
Pulslänge anwächst, muſs der Blutdruck merklich vermindert sein, was wahrscheinlch die Ursache ist, weshalb das Volumen nach dem Aufhören der Arbeit etwas
tiefer liegt als vorher.

Fassen wir nun die wesentlichsten Resultate der
vorhergehenden Versuche in Kürze zusammen, so
kommen wir zu folgendem Satze:

Jede anstrengende psychische Arbeit von
längerer Dauer bewirkt eine gröſsere Frequenz des Herzschlags, Gefäſserweiterung
in der Carotis, die wahrscheinlich nach dem
Aufhören der Arbeit noch etwas andauert,
und auſserdem Gefäſsverengerung in der
Radialis, die, wenn auch mit abnehmender
Stärke, während der ganzen Arbeit fort-
dauert.

Dies steht in völliger Übereinstimmung mit dem
Resultate, zu dem Berger durch seine direkten
Bestimmungen des Gehirnvolumens gelangte: »Eine
länger dauernde Konzentration der Aufmerksamkeit
z. B. bei der Lösung einer komplizierteren Aufgabe ist
mit einer anfänglichen Zunahme des Gehirnvolumens
und einer Steigerung der Pulsationshöhe desselben verbunden. Während des Fortgangs der psychischen Arbeit
bietet das Gehirnvolumen mehrfache Schwankungen
dar, jedoch bleibt seine Pulsationshöhe dauernd eine
gröſsere und die Steigerung der letzteren überdauert
auch die Beendigung der Arbeit.« [1]

Fragen wir nun, welche Bedeutung diese verschiedenen Zirkulationsstörungen für die Arbeit des
Zentralorgans haben, so kann die Antwort wohl kaum
zweifelhaft werden. Denn die gröſsere Pulsfrequenz,
die eine einfache Folge der hemmenden Wirkung der psychischen Arbeit auf die Vagusinnervation ist (vgl. S. 397),
muſs einen gröſseren Blutdruck und mithin eine leb-

---

[1] l. c. S. 85.

haltere Blutzirkulation im Gehirn bewirken. Die Gefäßverengerung in der Radialis erzeugt größeren Widerstand gegen die Strömung des Blutes zum Arme und vermehrt somit die Strömung nach dem Gehirn, dessen Gefäßerweiterung einen lebhafteren Stoffwechsel ermöglicht. Es erweist sich also, daß die vasomotorischen Änderungen, die wir mit Sicherheit festzustellen vermocht haben, zweckmäßige Reaktionen sind, welche zur Erhaltung der Arbeitsfähigkeit des Gehirns dienen. Hierdurch wird, im vorliegenden Falle, natürlich auch »die Erhaltung der Integrität der Großhirnrinde« gesichert; denn wenn das Gehirn eine Arbeit verrichten soll, die überhaupt innerhalb seiner Leistungsfähigkeit liegt, so bleibt seine Integrität ja gerade dadurch erhalten, daß die Arbeitsfähigkeit mittels des Stoffwechsels bewahrt wird. Ich gestehe deshalb, daß ich nicht imstande bin, Berger zu verstehen, wenn er schreibt: »daß die physischen Begleiterscheinungen der Gefühlsvorgänge an Puls und Atmung nicht, wie Lehmann meint, zur Regulierung des Blutzuflusses zum Gehirn, wohl aber zur Erhaltung der Integrität der Großhirnrinde dienen.«[1] Mir scheint, wie gesagt, daß die Integrität sich nur durch die Blutzuströmung erhalten läßt, die je den Umständen nach stärker oder schwächer sein muß; die beiden Ausdrücke bezeichnen deshalb, meiner Ansicht nach, gar keine Gegensätze. Die Integrität ist der endliche Zweck, die Regulierung der Blutzufuhr das Mittel.

Die Spannung. Die chronische Spannung, die gespannte Erwartung, fasse ich hier ebenso wie früher auf (1. Teil, S. 76–77 und 89; 2. Teil, S. 308–312; vgl. oben S. 381 u. f.), und es wäre nun die Aufgabe, ins reine zu bringen, was die bekannten eigentümlichen Volumänderungen verursacht. Leiderdessen kann ich nicht behaupten, daß mein Material zur Beantwortung der Frage besonders befriedigend wäre. Ich habe zwar Spannungskurven genug, unglücklicherweise jedoch keine, in der außer den anderen Pulsen auch der Tibialispuls registriert wurde. Dies rührt ganz einfach daher, daß die Spannung von dem Augenblicke an, wo

[1] l. c. S. 183.

ich das Uhrwerk des Kymographen während der ganzen
einzelnen Versuchsreihe ununterbrochen laufen ließ,
gar nicht mehr eintrat. Diese Methode wandte ich auch
1901 an, als die Tib. nebst den übrigen Aufnahmen
registriert wurde, und das Resultat war, daß ich keine
einzige Bestimmung der Pulsverspätung in der Tib. bei
Spannung erhielt. Dies ist um so mehr zu bedauern,
da die vorliegenden Kurven darauf hindeuten, daß die
Lösung des Rätsels zum Teil außerhalb der untersuchten Gefäßgebiete zu suchen ist. Als ich bei der
Bearbeitung des Materials diesen Mangel entdeckte,
war es nicht mehr möglich, demselben abzuhelfen; wir
müssen darum versuchen, die Sache, soweit tunlich,
mittels des ungenügenden Materials auseinanderzusetzen.

Pl. XVIII. 16. 4. 1898. vorm. Dr. P. L. Spontan
aufgehobene Spannung.

Gleich wenn der Kymograph in Gang gesetzt wird,
tritt die Spannung mit sinkendem Volumen und kleiner
Pulshöhe ein, und ohne irgendeine nachweisbare äußere
Ursache — während der ganzen Aufnahme war durchaus nichts geschehen — verschwindet dieser Zustand
wieder gegen den Schluß, etwa von Puls 40 an. Die
verschiedenen größeren und kleineren Schwankungen,
die das Volumen zeigt, sind überall in Übereinstimmung
mit der Pulslänge; das Volumen wächst mit abnehmender
Pulslänge an, sinkt aber bei zunehmender. Betrachtet
man die Pulsverspätung der Rad., so zeigt es sich, daß
diese während der Spannung etwas, freilich aber äußerst
wenig kleiner ist als später, wenn die Spannung verschwindet. Die kleine Pulshöhe nebst der geringeren
Pulsverspätung macht es unzweifelhaft, daß während
der Spannung eine Gefäßverengerung im Arme stattfindet, sonderbar ist es aber, daß so bedeutenden
Änderungen des Volumens und der Pulshöhe eine so
geringe Verminderung der Pulsverspätung entspricht.
Dies ließe sich nun leicht erklären, wenn zugleich
andere Variationen vorgingen, die den arteriellen Blutdruck verminderten. Eine derartige Änderung des
Blutdruckes müßte sich dann in der Car. durch eine
Zunahme der Pulsverspätung äußern. Die Kurve der
Car. zeigt indes, daß die Pulsverspätung während der

— 459 —

Spannung eher geringer ist als später. wenn die
Spannung aufhört. Dies würde nun unter Voraussetzung eines stark verminderten Blutdruckes eine bedeutende Gefäfsverengerung in der Car. anzeigen. Nun
hat Berger indes durch direkte Beobachtung folgenden
Satz feststellen können: ›Der als Spannung bezeichnete
Zustand scheint nicht mit Veränderungen der Gehirnkurve, weder in bezug auf das Volumen noch auf seine
Pulsationshöhe, einherzugehen.‹ [1] Wir dürfen daher
keine Gefäfsverengerung in der Car. voraussetzen, und
die sehr unbedeutende Pulsverspätung der Rad. wird
hierdurch ziemlich unverständlich.

Besonders auffällig wird das Mifsverhältnis zwischen
den Änderungen des Volumens und der Pulshöhe einerseits und denen der Pulsverspätung anderseits. wenn
wir die Spannungskurve mit einer Normalkurve. z. B.
Pl. XII, vergleichen. Letztere wurde an derselben V.-P.
wie Pl. XVIII bei genau derselben Versuchsanordnung
aufgenommen. so dafs das Volumen und die Pulshöhe
der beiden Kurven sich vergleichen lassen. Im Pl. XII
erblicken wir nun trotz gröfseren Volumens und gröfserer
Pulshöhe eine bedeutend geringere Pulsverspätung der
Rad., die in der letzten Hälfte der Tafel noch mehr abnimmt, ohne dafs dies auf das Volumen und die Pulshöhe Einflufs erhält. Allerdings wissen wir aus analogen
Kurven, dafs eine solche Gefäfsverengerung in der
Rad. gewöhnlich von entsprechenden Erweiterungen
in anderen Gefäsen begleitet wird (S. 440—448). wodurch
der Blutdruck wahrscheinlich konstant erhalten wird,
das erklärt aber doch nicht. weshalb die Pulshöhe
nicht abnimmt. wenn die Rad. sich kontrahiert. Während
wir also im Pl. XII und in mehreren anderen Normalkurven
bedeutende Änderungen der Pulsverspätung ohne entsprechende Änderungen der Pulshöhe haben. zeigt
Pl. XVIII uns das Gegenteil: grofse Änderungen des
Volumens und der Pulshöhe ohne entsprechend grofse
Änderungen der Pulsverspätung. Dafs letzteres sich
nicht durch eine von anderen Ursachen herrührende
Blutdruckverminderung erklären läfst, wurde bereits
nachgewiesen. Wir können also nur folgende Tatsache
konstatieren:

[1] l. c. S. 110.

Einem gegebenen Volumen und einer gegebenen
Pulshöhe können sehr verschiedene absolute Werte
der Pulsverspätung der Radialis entsprechen und umgekehrt, ohne daſs diese Schwankungen sich durch
gleichzeitige Änderung des arteriellen Blutdrucks erklären lassen.

Beim ersten Anblick sieht dieser Satz allerdings
etwas sonderbar aus, weil er zu zeigen scheint, daſs
die Pulsverspätung nicht — wie bisher allgemein angenommen — allein von dem arteriellen Blutdruck und
dem Tonus der Gefäſse, sondern auſserdem noch von
einem dritten, unbekannten Faktor abhängig ist. Dies
braucht jedoch durchaus nicht der Fall zu sein. Die
Lösung des Rätsels ist wahrscheinlich in dem einfachen
Umstande zu suchen, daſs die Stärke, mit der eine
Arterie ihren Tonus verändert, in den gröſseren Ästen
und in den feineren Verästelungen eine sehr verschiedene
sein kann. Daſs letztere zum Teil von ersteren unabhängig variieren können, ist allgemein anerkannt; dies
ist mit dem Nachweis lokaler vasomotorischer Änderungen gegeben. Dagegen ist meines Wissens kein
direkter Nachweis geliefert, daſs die gröſseren Äste
ihren Tonus verändern könnten, ohne daſs auch die
feineren Verästelungen dies täten[1]; diese Annahme ist
aber doch jedenfalls nicht unwahrscheinlich, und sie erklärt auch vollständig die relative Unabhängigkeit der
Pulsverspätung von dem Blutdruck und den Volumänderungen. Denn messen wir im Plethysmogramm die
Pulsverspätung der Rad., so wird das Entscheidende

[1] Sarah Amilios Versuche (Der Tonus d. Blutgefäſse bei Einwirkung d. Wärme und Kälte. Zeitschr. f. Biologie. Bd. 35, 1897)
dürfen wohl als Beweis betrachtet werden, daſs sehr langsam verlaufende Temperaturveränderungen rein lokale vasomotorische Änderungen zu erzeugen vermögen, während raschere Temperatur-
änderungen stets in weiterem Umfang auf die Gefäſse influieren.
Hiermit ist also gegeben, daſs der Tonus der Gefäſse bis zu einem
gewissen Grade von dem Einflusse der höheren Gefäſszentren unabhängig ist. In einer einzelnen Versuchsgruppe erschienen überdies
Verhältnisse, die nach der eigenen Ansicht der Verfasserin andeuten,
daſs gleichzeitig an der Oberfläche und im Innern des Armes Tonus-
änderungen in entgegengesetzter Richtung stattfinden können
l. c. S. 35). Ist dies möglich, so läſst sich gegen die oben aufgestellte Erklärung wohl nichts Wesentliches einwenden.

für diese vorzugsweise der Tonus der größeren Äste. Sobald die Pulswelle die größeren Äste erreicht hat, die im Plethysmographen eingeschlossen sind, muß der Puls sich zu erheben beginnen, und damit ist die Pulsverspätung gegeben; wie dann die Welle in den feinen Ästen weiter fortschreitet, bleibt ohne wesentliche Bedeutung. Da die größeren Äste bekanntlich verhältnismäßig steif sind, kann ihr Lumen sich nur wenig verändern, so daß eine Kontraktion oder Dilatation nur geringen Einfluß auf das Volumen erhält; dagegen wird die Elastizität der Gefäßwand und mithin auch die gemessene Pulsverspätung bedeutende Änderungen erleiden. Die vasomotorischen Änderungen in den größeren Ästen können folglich außerordentlichen Einfluß auf die gemessene Pulsverspätung erhalten, ohne sich in der Pulshöhe und dem Volumen kundzugeben. Verändern sich aber die Lumina der feineren Verästelungen, so wird dies in hohem Grade auf das Volumen und die Pulshöhe influieren, bleibt indes, wie gesagt, ohne merkbaren Einfluß auf die gemessene Pulsverspätung. Wie wir sahen, ist es eigentlich nur bei psychischer Ruhe, wo sich Schwankungen des Tonus der größeren Äste ohne gleichzeitige Änderungen der feinen Verästelungen nachweisen lassen. Gewöhnlich werden beim Eintreten einer größeren Änderung des psychischen Zustandes die feinen Verästelungen beeinflußt werden, und die Änderungen der letzteren können dann bedeutende Größe erreichen, ohne daß der Zustand der größeren Äste sich erheblich zu ändern braucht.

Hierdurch wird Pl. XVIII verständlich. Die Änderungen beim Aufhören der Spannung zeigen, daß in der Rad. eine Gefäßerschlaffung stattfindet; daß die Änderungen im Volumen und in der Pulshöhe weit mehr hervortreten als in der Pulsverspätung, ist nur ein Anzeichen, daß sie sozusagen mehr peripher vorgehen, ohne auf die größeren Äste einzuwirken. Da eine solche ausgedehnte Gefäßerschlaffung den Blutdruck vermindern muß, wird die schwache Zunahme der Pulsverspätung in der Car. verständlich; hier macht sich übrigens der Mangel einer entsprechenden Kurve für die Tib. fühlbar, denn ein verminderter Blutdruck müßte ja auch in der Tib. sichtbar sein. Wird die

Blutdruckänderung dagegen durch Gefälskontraktionen in anderen Gegenden kompensiert, so müfste die Tib. entweder unverändert bleiben oder, wenn sie selbst sich verengerte, verminderte Pulsverspätung zeigen. Würde der Blutdruck auf diese Weise konstant erhalten, so müfste die gröfsere Pulsverspätung der Car. auf eine Gefäfserweiterung im Gehirn hindeuten. Je nachdem der Blutdruck sich ändert oder unverändert bleibt, wird die gegebene Variation der Pulsverspätung der Car. also von vermindertem oder von vergröfsertem Gehirnvolumen begleitet sein können. Welches von beiden der Fall ist, vermögen wir nicht zu entscheiden, die Möglichkeit ist natürlich aber durchaus nicht ausgeschlossen, dafs sich im Gehirn gar nichts zeigte. Eben dies fand Berger, wie oben angeführt.

Pl. XIX, A und B. 26. 3. 1898, vorm. Dr. P. L. Kurve A. Spontan entstandene Spannung; beim Pfeile wird eine Stimmgabel angeschlagen, kurz darauf verschwindet die Spannung. Kurve B, wenige Minuten später aufgenommen; spontan entstandene starke Spannung.

Die Kurve A zeigt ganz dasselbe wie Pl. XVIII. Indem die Spannung bei starker Zunahme des Volumens und der Pulshöhe verschwindet, wächst die Pulsverspätung sowohl in der Car. als der Rad. schwach an. Es gibt also Gefäfserschlaffung im Arm; ob sich aber im Gehirn Änderungen zeigen werden, kommt wesentlich darauf an, was gleichzeitig in anderen Gefäfsgebieten geschieht, und läfst sich also nicht durch diese Versuche entscheiden. Die wenige Minuten nach A aufgenommene Kurve B zeigt eine während der Zwischenzeit spontan entstandene starke Spannung. Demgemäfs ist die Pulsverspätung sowohl in der Car. als der Rad. durchweg kleiner als in Kurve A; wie denn das geringe Volumen und die kleine Pulshöhe auch zeigen, findet hier also in der Rad. eine bedeutende Gefäfsverengerung statt. Hierdurch wird vermehrter Blutdruck erzeugt, der die Ursache der geringeren Pulsverspätung in der Car. sein kann. Wird die Zunahme des Blutdrucks aber durch anderweitige Gefäfserweiterung kompensiert, so deutet die Pulsverspätung der Car. auf Gefäfsverengerung im Gehirn hin. Es leuchtet also ein, dafs

eine partielle Kompensation der Blutdruckzunahme im
Verein mit einer geringen Gefäfsverengerung in der
Car. gerade bewirken wird, dafs das Gehirnvolumen
und die Pulshöhe unverändert bleiben. Nichts deutet
daher an, dafs Berger nicht recht hätte.

Pl. XX. 7. 12. 1898, ab. Dr. Hy. Bei Puls 16 starke
Erwartung, wachgerufen durch die Vorbereitungen zur
Behandlung mit dem Induktionsstrome; bei Puls 56
schwindet die Erwartung. Die V.-P. gibt ausdrücklich
an: nur Erwartung, keine Spur von Beängstigung.

Beim ersten Pfeil (Puls 16) wurde der Induktionsapparat hervorgeholt und in Gang gesetzt, nachdem
die Verbindung mit den Elementen zuwegegebracht
war. Hierauf wurde der V.-P. mitgeteilt, sie müsse
auf einige Stöfse gefafst sein. Die weiteren Vorbereitungen mit dem Anbringen der Induktions-
leitungen usw. zog der Assistent — nach Verab-
redung — so lange hinaus, dafs ich bei Puls 56 sagte, es
könne nichts nützen, da der Zylinder fast vollgeschrieben
sei. Der Apparat wurde darauf entfernt. Die V.-P.
blieb, wie gesagt, bei der ganzen Geschichte völlig ruhig,
da er als langjähriger Nervenarzt an den Gebrauch der
Induktionsströme gewöhnt war, und die Kurven zeigen
in der Tat denn auch nichts anderes als die bekannten
Merkmale der Spannung. Solange die Erwartung andauert, ist die Pulslänge gröfser denn sowohl vor als
nach dem Versuche, was das jähe Sinken des Volumens
bei Puls 16 erklärt; die abnehmenden Pulshöhen zeigen
aufserdem, dafs vasomotorische Änderungen eintreten,
und die hier ganz deutliche Abnahme der Pulsverspätung
der Rad. gibt Gefäfsverengerung an. Auch in der Car.
wird die Pulsverspätung geringer, besonders gegen
Ende des Versuchs. Nach dem Aufhören der Erwartung
tritt eine nicht unerhebliche Pulsverkürzung ein, die
ein steigendes Volumen zur Folge hat. Überdies ist
die Pulshöhe etwas gröfser; da die Pulsverspätung der
Rad. trotz des anwachsenden Blutdrucks unverändert
bleibt, mufs hier einige Gefäfserschlaffung stattfinden.
In der Car. zeigt sich trotz des anwachsenden Blutdrucks eine kleine Zunahme der Pulsverspätung; hier
wird die bestehende Verengerung also von einer Erweiterung abgelöst. Es läfst sich wohl kaum behaupten,

daſs dies Bergers Bestimmungen widerstritte, die sich
ja nur auf die unwillkürlich entstandene Spannung beziehen. Es muſs zweifelsohne einen wesentlichen Unterschied der Verhältnisse im Gehirn geben, ob das Individuum sich in einem ihm selbst kaum bewuſsten
Zustande befindet, oder ob es eine bestimmte Erwartung
hegt, in welcher es Schritt für Schritt die zum kritischen
Punkte führenden Vorbereitungen verfolgt. Im letzteren
Falle, wo ein wahrscheinlich doch etwas unlustbetonter
Vorgang sich abspielt, ist es ganz natürlich, daſs im
Zentralorgane Zirkulationsänderungen stattfinden, die
im ersteren Falle nicht notwendig sind. — Was übrigens
die Volumänderungen betrifft, die während des Zustandes der Erwartung eintreten, werde ich mich auf
deren Deutung nicht einlassen, denn wegen der fehlenden Tibialiskurve würde dies reines Raten werden.

Pl. XXI. 19. 3. 1898, vorm. Dr. P. L. Erwartung,
schon vor Beginn der Aufnahme hervorgerufen durch
die Worte: »Aufgepaſst, jetzt schieſse ich!« Beim Pfeil
(Puls 28) Rechenaufgabe 11 ✕ 17; die Antwort erfolgte
bei Puls 49. Der Schuſs wurde gar nicht abgegeben.

Die an demselben Tage aufgenommene Normalkurve ist Pl. XII wiedergegeben; zwischen dieser und
der hier vorliegenden Kurve wurden jedoch mehrere
Versuche angestellt. Während derselben muſs der
Tonus der gröſseren Radialisäste offenbar Änderungen
erlitten haben, denn trotz der eingetretenen Erwartung,
die sich durch das niedrige Volumen und die geringe
Pulshöhe verrät, ist die Pulsverspätung dennoch gröſser
als am Schlusse des Pl. XII. Das Rechenexempel
wurde gegeben, um zu prüfen, ob man hier, während
der experimentell erzeugten Erwartung, dieselbe anormale Reaktion erhalten würde wie während der gewöhnlichen spontanen Spannung. Man sieht deutlich,
daſs dies der Fall ist; die Kurve steigt sogleich beim
Beginn der Arbeit und sinkt darauf, um später
wieder zu steigen. Während des ersten Steigens tritt
bedeutende Pulsverkürzung ein; die Pulsverspätung
der Rad. schwankt nicht unbeträchtlich, ist durchweg
aber wohl kaum geringer als vor der Arbeit. Hier
haben wir also eine geringe Gefäſserweiterung, was
auch mit dem Anwachsen der Pulshöhe übereinstimmt.

In der Car. ist die Pulsverspätung trotz der Pulsverkürzung ein wenig größer: hier haben wir mithin entschiedene Gefäßerweiterung. Während der folgenden Phasen der Volumkurve scheint trotz der wechselnden Frequenz des Herzschlages die Pulsverspätung nicht sonderlich zu schwanken, weder in der Car. noch in der Rad.; es scheinen hier daher vasomotorische Änderungen vorzugehen, die zum Teil dem wechselnden Blutdruck entgegenwirken; der Mangel an einer Tibialiskurve verwehrt es uns aber, eine sichere Entscheidung zu treffen.

Fassen wir die wesentlichsten Resultate der hier angestellten Untersuchungen zusammen, so kommen wir zu folgendem Satze:

Sowohl die spontan entstandene Spannung als auch die durch äußere Ursachen erzeugte Erwartung äußert sich durch vermindertes Armvolumen und kleine Pulshöhe, welche Erscheinungen von einer Gefäßverengerung in der Radialis herrühren. Im Gebiete der Carotis lassen sich dagegen keine bestimmten Zirkulationsstörungen mit Sicherheit nachweisen, wenigstens nicht während der spontanen Spannung. Beim Aufhören der Spannung tritt Gefäßerweiterung in der Radialis nebst Steigerung des Volumens und der Pulshöhe ein, während sich auch hier keine bestimmten Änderungen in der Carotis nachweisen lassen.

Welche Bedeutung hat nun diese eigentümliche Erscheinung? Soweit ich zu sehen vermag, liegt die Antwort nicht fern. Die Spannung in den hier betrachteten Formen ist ja weiter nichts als eine Aufmerksamkeitserscheinung, eine Konzentration der Aufmerksamkeit, die durch die mehr oder weniger dunkle Vorstellung entsteht, es werde bald etwas geschehen, was die Aktivität des Individuums in Anspruch nimmt. Wir sahen aber, daß die psychische Arbeit konstant von einer Gefäßverengerung im Arme begleitet wird, die die Blutzufuhr zum Gehirn erleichtert. Es gibt hier also eine feste Beziehung zwischen diesen beiden Erscheinungen, die ganz einfach zur Folge hat, daß mit der Vorstellung von einer Arbeit die nämliche körper-

liche Reaktion einhergeht. Dies ist höchst zweckmäßig, denn es werden somit die Vorbereitungen getroffen: die wirklich eintretende Arbeit findet nun das
Gehirn vorbereitet. Im Gehirn selbst geschieht dagegen
nichts, bevor die Arbeit wirklich beginnt — was ebenfalls zweckmäßig ist, da nur die wirkliche Arbeit, nicht
aber die bloße Vorstellung von einer solchen eine
größere Blutzufuhr erheischt. In dieser Erklärung
sehe ich nichts Gesuchtes noch Gezwungenes; kann
die Vorstellung von einem sauren Geschmack vermehrte Speichelabsonderung bewirken, die konstant das
wirkliche Schmecken begleitet, so kann wohl auch die
Vorstellung von einer psychischen Arbeit diejenige
Reaktion auslösen, die konstant die wirkliche Arbeit begleitet. Da es nun sehr wohl geschehen kann, daß die
während der Spannung zuwege gebrachte Gefäßkontraktion stärker wird, als für die später eintretende
Arbeit notwendig, so wird sie zum Teil wieder aufgehoben, wenn die Arbeit beginnt — damit sind die
anormalen Reaktionen während der Spannung gegeben.

Schläfrigkeit, Schlaf, Traum, Erwachen. Durch seine
eingehenden und sorgfältigen Studien über die verschiedenen Schlafzustände kam Brodmann zu folgenden Ergebnissen. Während der Schläfrigkeit wächst
das Gehirnvolumen wie auch das Armvolumen bei
großer Pulshöhe an: häufig findet man Undulationen
und Respirationsoszillationen, diese Änderungen gehen
aber voneinander unabhängig im Gehirn und im Arm
vor, und außerdem zeigt sowohl die Höhe als die
Länge des Pulses respiratorische Schwankungen. Beim
Einschlafen zeigen alle genannten Änderungen Neigung
zum stärkeren Hervortreten, während des Schlafes
selbst können die Verhältnisse aber äußerst verschieden sein. Zuweilen können während des festen
ruhigen Schlafes heftige Schwankungen des Gehirnvolumens entstehen, zuweilen können dagegen spontane
Volumänderungen gänzlich unterbleiben. Im ganzen
ist die Frequenz des Herzschlages etwas geringer
während des Schlafes als während des Wachens, die
Frequenz kann aber sehr bedeutende Schwankungen
erleiden. Wird der Schläfer von einem Sinnesreize getroffen, so bewirkt dieser ein Steigen des Gehirn-

volumens, oft mit größerer Pulshöhe, und oft zugleich, jedoch nicht konstant, eine Verminderung des Armvolumens. Beim Erwachen werden die Verhältnisse wesentlich davon abhängig, ob dieses auf normale, ruhige Weise eintritt, oder ob es durch einen Reiz verursacht wird, der den Schläfer plötzlich erweckt und der von einer mehr oder weniger lebhaften Gemütsbewegung begleitet ist. Im ersteren Falle, beim ruhigen Erwachen, sinkt das Volumen des Gehirns mehr oder weniger und wird während des wachen Zustandes durchweg niedriger als während des Schlafes; das Armvolumen zeigt dagegen gewöhnlich nur ein geringes Sinken mit nachfolgendem Steigen. Beim Erwachen im Affekt werden die plethysmographischen Erscheinungen nicht so sehr vom eigentlichen Erwachen als vielmehr von der begleitenden Gemütsbewegung abhängig[1]. Fügen wir hierzu nun Bergers interessanten Nachweis, daß ein Reiz, der während leichteren Schlafes deutliche Reaktionen des Gehirn- und Armvolumens hervorruft, während des tiefen Schlafes spurlos vorübergehen kann[2], so ist hiermit unser Wissen von den Zirkulationsveränderungen während der Schlafzustände wesentlich erschöpft.

Wir schreiten nun zur Untersuchung, welche Resultate sich aus den hier vorliegenden Kurven ableiten lassen. Diese gehören leider sämtlich, bis auf eine einzige Ausnahme, der älteren Versuchsreihe an, wo die Tib. nicht aufgezeichnet wurde. Es ist infolgedessen kaum möglich, den Verlauf der vasomotorischen Änderungen im einzelnen auseinanderzusetzen, indes geben die Kurven doch ein klares Bild von der Veränderlichkeit des Tonus der Gefäße, die wohl das für diese Zustände am meisten Charakteristische ist.

Pl. XXII. 22. 3. 1901, ab. Dr. P. L. Schläfrig.

Diese Kurve wurde ca. 5 Min. nach Pl. I aufgenommen. Die V.-P. hatte die Augen geschlossen und verhielt sich ganz ruhig, um möglicherweise einzuschlafen. Sie kam doch nicht weiter als bis zu einer

[1] Brodmann: Plethysmographische Studien am Menschen. Journal f. Psych. u. Neurologie. Bd. I. 1902. S. 31—53.
[2] l. c. S. 151 u. f.

gewissen Schläfrigkeit; wirklich schläfrig fühlte sie sich
nicht. Während dieser Zeit nahm ich mehrere Kurven,
deren hier nur eine einzelne wiedergegeben ist, da sie
keine größeren Verschiedenheiten darbieten. Mit Pl. I
verglichen zeigt Pl. XXII, daß der Tonus der Gefäße
in der Rad. und in der Tib. während der Zwischenzeit
Schwankungen erlitten hat; letzterer Plan zeigt außerdem, daß solche noch immer stattfinden. Während in
der Rad. und der Car. die Pulsverspätung sanft anwächst, nimmt sie in der Tib. ab; das Volumen nimmt
im ganzen zu, wenn auch etwas unregelmäßig. Es
tritt also zweifelsohne Gefäßerweiterung in der Rad.
und der Car. bei zunehmender Schläfrigkeit ein; die
Undulationen treten hier auch bedeutend stärker hervor
als in der Normalkurve Pl. I. Während der ausgeprägten Schläfrigkeit werden diese noch auffallender.

Pl. XXIII. 26. 3. 1898, vorm. Spannung, die von
Schläfrigkeit abgelöst wird.

Die Kurve wurde 4 Min. nach Pl. XIX. B, aufgenommen, wo die V.-P. sich in einem Zustande spontan
entstandener starker Spannung befand. Während einer
Pause äußerte die V.-P., sie fühle sich eigentlich schläfrig,
und wenn ihr Ruhe vergönnt würde, könnte sie gewiß
einschlafen. Dieses Anerbieten wurde sofort angenommen; die V.-P. schloß die Augen, und kurz darauf
wurde Pl. XXIII aufgenommen. Das stark undulierende
Volumen mit anwachsenden Pulshöhen zeigt, daß die
Spannung während der eintretenden Schläfrigkeit aufgehört hat, und die größeren Pulsverspätungen sowohl
in der Rad. als der Car. deuten eine beginnende Gefäßerschlaffung an. Erst in der letzteren Hälfte der Kurve,
Puls 35—50, wo das Volumen seine größte Höhe erreicht, hat die Pulsverspätung in der Rad. wieder abgenommen, obschon die Frequenz des Herzschlags
konstant ist. Es muß hier daher notwendigerweise eine
nicht unbedeutende Zunahme des Blutdrucks eingetreten
sein, die durch Kontraktionen in anderen Gefäßgebieten
erzeugt ist. — Mit Zwischenräumen von wenigen Minuten
nahm ich darauf neue Kurven; die Besprechung einer
einzelnen wird genügen, da sie sich alle ähnlich sind.
Diese ist wiedergegeben:

Pl. XXIV. A. 26. 3. 1898, vorm. Dr. P. L. Schläfrig. Das Volumen und die Pulshöhe sind sehr grofs geworden; die Undulationen sind stark, die Respirationsoszillationen hervortretend. Die Pulsverspätung ist sowohl in der Car. als der Rad. etwas gröfser als im Pl. XXIII; es hat hier also unzweifelhaft eine neue Gefäfserweiterung stattgefunden; übrigens ist deutlich zu sehen, dafs die Veränderungen der Hirngefäfse und der Armgefäfse nicht gleichzeitig zustande kommen, denn die Pulsverspätung der Rad. erreicht ihren gröfsten Wert etwa um die Mitte der Kurve (Puls 12—19); hier hat die Car. aber ihre geringste Gröfse. — Etwa 10 Min. später änderte sich der Zustand ziemlich plötzlich; die aufgenommene Kurve zeigte jetzt folgendes Aussehen:

Pl. XXIV. B. 26. 3. 1898. vorm. Dr. P. L. Schlaf. Die Kurve zeigt gleich im Anfang abnehmendes Volumen nebst vermindertem Puls, während ihres ganzen übrigen Verlaufs aber kaum eine Andeutung von Undulationen. Die Pulsverspätung der Rad. ist dem geringen Volumen gemäfs etwas geringer als in der Kurve A, die der Car. fast unverändert. Kurz nachdem die Kurve aufgenommen war, öffnete die V.-P. die Augen und erklärte, geschlafen zu haben. Es läfst sich natürlich nicht beweisen, dafs sie schlief, gerade während die Kurve B aufgenommen wurde; ich halte dies aber für höchst wahrscheinlich. Wir werden gleich im folgenden mehrere Beispiele eines solchen plötzlichen Sinkens der Volumkurve finden, wo es gänzlich an Undulationen fehlt, und wo es sich mit Sicherheit konstatieren läfst, dafs die V.-P. schlief, weil es möglich war, unter diesen Verhältnissen durch Sinnesreize Träume hervorzurufen.

Ich schreite jetzt zur Behandlung des grofsen Materials, das ich durch Versuche an einer einzelnen V.-P., dem Dr. Hy. gewann. Es läfst sich hier nur ein geringer Teil desselben wiedergeben; eine vollständige Darstellung von zwei typischen Fällen wird indes auch genügen. Für die einleitende Schläfrigkeit erhielt ich konstant eine Äufserung, die völlig mit Pl. XXII übereinstimmt:

Pl. XXV, A. 14. 12. 1898, ab. Dr. Hy. Schläfrig. Die Kurve zeigt hier, ebenso wie Pl. XXII, steigendes Volumen nebst grofser Pulshöhe und gleichfalls an-

wachsende Pulsverspätung sowohl in der Rad. als der
Car. Letztere Erscheinung ist es, die wir als das dem
ganzen Zustande eigentlich Charakteristische bezeichnen
können. Durch Reize verschiedener Art kann man allerdings
eine kurze Weile der Gefäßerweiterung entgegenwirken; sobald eine solche störende Ursache aufhört,
tritt die Erscheinung aber wieder ein. Ein Beispiel
hiervon haben wir:

Pl. XVII. 14. 12. 1898, ab. Dr. Hy. Schläfrig. Bei
Puls 16 wurde die Aufgabe 13 × 27 gegeben; die Beantwortung kam bei Puls 28.

Die Kurve wurde, wie angegeben, an demselben
Abend aufgenommen wie Pl. XXV, A, jedoch etwas später;
während der Zwischenzeit wurden verschiedene, wenig
eingreifende Versuche unternommen, die kein besonderes
Interesse darboten. Die Folge dieser Versuche ist aber
deutlich genug die geworden, daß die Neigung des
Volumens zum Steigen überwunden worden ist; sowohl
die Größe des Volumens als auch die Pulshöhe ist in
beiden Kurven anfangs fast ganz dieselbe. Auch die
Pulsverspätungen sowohl der Rad. als der Car. sind so
ziemlich gleichgroß in beiden Kurven, doch im Pl. XXV, A,
ein wenig größer als im Pl. XVII. Letzterer zeigt nun,
daß die Tendenz zum Steigen sich wieder geltendmacht,
was durch die Rechenaufgabe nur eine kurze Unterbrechung erleidet. Während der psychischen Arbeit,
die normalerweise von stark sinkendem Volumen und
geringer Pulshöhe begleitet wird, erweist die Pulsverspätung der Car. sich deutlich größer als unmittelbar
vorher: dies stimmt also auch mit dem unter normalen
Verhältnissen Angetroffenen überein. In der Rad., wo
man nach der kleinen Pulshöhe während der Arbeit verminderte Pulsverspätung zu finden erwarten sollte, ist
zunächst nur Stillstand. Die steigende Tendenz vor der
Arbeit hört nur auf, solange diese andauert, und setzt
sich dann fort. Dies scheint mir stark für das oben-
erwähnte Verhalten zu sprechen, daß die Stärke der
vasomotorischen Änderungen in den größeren Ästen
nicht dieselbe ist wie in den peripheren Verästelungen.
Die in der Pulsverspätung so entschieden hervortretende
steigende Tendenz ist eine Gefäßerschlaffung, besonders
der größeren Äste. Die Arbeit bewirkt nun eine Gefäß-

verengerung; diese äufsert sich in den gröfseren Ästen
aber nur als ein Stocken der Gefäfserweiterung, und
deshalb zeigt die Pulsverspätung keine Änderungen;
in den feineren Verästelungen erzeugt die Arbeit dagegen eine beträchtliche Kontraktion, weshalb das
Volumen bei verminderter Pulshöhe stark abnimmt.
Die Kurve Pl. XVII ist von den früher aufgestellten
Voraussetzungen aus mithin völlig verständlich.

Betrachten wir nun ferner den weiteren Verlauf der
verschiedenen, den Schlaf einleitenden Stadien, so zeigen
meine Kurven aus den verschiedenen Versuchszeiten,
dafs dieselben in zwei deutlich gesonderte Gruppen
zerfallen. In der einen Gruppe sind alle Kurven merkwürdig ruhig, fast ohne Undulationen, während sie in
der anderen unablässig auf- und abschwanken, bis der
Schlaf eintritt. Darauf kommt gewöhnlich ein beiden
Gruppen gemeinsames Stadium, wo die Volumkurve
kürzere oder längere Zeit hindurch bei sehr kleinem
Volumen undulationsfrei ist. Ich nehme erst ein Beispiel
aus der ersteren Gruppe.

Pl. XXV, B. 23. 11. 1898, ab. Dr. Hy. Schläfrig.
Das Volumen ist grofs bei grofser Pulshöhe, die
Undulationen sehr wenig hervortretend, dagegen deutliche Respirationswellen. Viele Minuten hindurch behält
die Volumkurve dieses Aussehen fast unverändert,
während die Pulsverspätung der Rad. und die der Car.
schwach auf- und abschwanken. Dann ändert sich die
Lage ziemlich plötzlich:

Pl. XXVI. 23. 11. 1898, ab. Dr. Hy. 4 Min. nach
Pl. XXV, B. aufgenommen. Schlaf. Zwischen den
Pfeilen wurde der V.-P. eine grofse Flasche mit Äther
unter die Nase gehalten. Später, nach dem Erwachen,
teilte die V.-P. unbefragt mit, ihr habe von einer grofsen
Operation geträumt, bei der sie mitgeholfen habe.

Mit Pl. XXV, B. verglichen, zeigt die Kurve hier
gleich anfangs ein sehr geringes Volumen mit kleiner
Pulshöhe; sowohl Oszillationen als Undulationen fehlen
fast gänzlich. Die Pulsverspätung der Rad. ist etwas
geringer, die der Car. dagegen etwas gröfser als in der
vorigen Tafel: diese Gefäfse ändern also auch hier ihren
Tonus unabhängig voneinander. Die gleichzeitige Verminderung des Volumens, der Pulshöhe und der Puls-

verspätung der Rad. zeigt. dafs hier eine Gefäfsverengerung stattfindet; ausgeschlossen ist aber nicht,
dafs trotzdem der arterielle Blutdruck, z. B. durch Gefäfserweiterung im Innern des Organismus, vermindert sein
kann. Dieser verminderte Blutdruck würde dann die
erhöhte Pulsverspätung der Car. verursacht haben, die
natürlich jedoch auch von einer Gefäfserschlaffung in
der Car. herrühren kann, ohne dafs der Blutdruck vermindert zu sein brauchte. Wir können also nicht mit
Sicherheit entscheiden, was geschehen ist; jedenfalls
zeigen die Kurven aber, dafs während des Schlafes der
Zustand der Gefäfse einer bedeutenden Labilität unterworfen ist. — Da um diesen Zeitpunkt kein Zweifel war,
dafs die V.-P. schlief, wurde die Äthereinatmung versucht, um zu sehen, was hieraus resultieren würde. Die
schlafende V.-P. verriet durch keine äufsere Bewegung,
dafs der Reiz zu ihrem Bewufstsein gekommen sei;
sowohl die Atmung als auch die Volumkurve zeigt aber
eine deutliche Reaktion, und der später spontan mitgeteilte Traum von einer Operation ist sicherlich als
Beweis zu betrachten, dafs hier eine psychische Wirkung
stattgefunden hat. Während und unmittelbar nach der
Einatmung ist der Puls bedeutend geschwinder als
vorher; da aber trotzdem die Pulsverspätung der Car.
durchweg zugenommen hat, ist in diesem Gebiete mithin
eine Gefäfserschlaffung eingetreten. Besonders interessant ist es, dafs 18 Sek. nach der Reizung, bei Puls 46,
ohne äufseren Anlafs eine bedeutende Störung des regel-
mäfsigen Verlaufs der Volumkurve entsteht. Bei allen
meinen Versuchen derselben Art ergab sich ähnliches:
Merkbare Zeit nach der Reizung traten bedeutende
Änderungen der Volumkurve ein (vgl. Pl. XXIX),
nämlich ein Sinken bei stark verminderter Pulshöhe.
Darauf kehrten das Volumen und die Pulshöhe zu dem
vorigen Zustande zurück. Die Regelmäfsigkeit, mit der
dies sich in allen Fällen wiederholte, wo die V.-P. nach
dem Erwachen den Traum berichten konnte, der
augenscheinlich mit der stattgefundenen Reizung in Beziehung stand, führt fast notgedrungen zu der Annahme,
dafs der durch die schwachen Reize erzeugte Bewufstseinszustand der Traum) in einem gewissen
späteren Stadium zum Teil die V.-P. erweckt. Wir

sehen nämlich im Plan XXVI trotz gesteigerter Pulsfrequenz abnehmendes Volumen mit kleiner Pulshöhe.
Dies scheint eine Gefäfsverengerung im Arm anzudeuten,
und infolge dieser zusammenwirkenden Momente sollte
man verminderte Pulsverspätung der Rad. erwarten,
wovon sich jedoch keine Spur zeigt. Erst indem das
Volumen zu steigen beginnt (bei Puls 58), zeigt sowohl
die Rad. als die Car. eine bedeutende Verminderung
der Pulsverspätung; während des ganzen Sinkens des
Volumens halten diese beiden Kurven sich aber unverändert. Dies ist nur dann möglich, wenn der geschwindere Herzschlag und die Gefäfsverengerung im
Arme durch eine Gefäfserweiterung in anderen Gebieten kompensiert werden, wodurch der Blutdruck abnimmt. Alle diese Änderungen, besonders die entschiedene Verminderung des arteriellen Blutdrucks,
sind aber eben einem plötzlichen Erwachen charakteristisch (vgl. Pl. XXX). Es scheint mir deshalb höchst
wahrscheinlich, dafs der Traum die V.-P. halbwegs erweckt, und dafs sich in diesen Kurven ein beginnendes
Erwachen äufsert.
   Das Ende des Pl. XXVI zeigt, dafs das Volumen
wieder zu steigen anfängt. Diese Tendenz dauerte längere
Zeit hindurch an, worauf wieder Ruhe in der Kurve
eintrat, und die V.-P. alle Anzeichen eines ruhigen
Schlafes darbot. Dasselbe Experiment mit Äthereinatmung wurde nun mit fast ganz dem gleichen Ergebnisse wiederholt; nur war die direkte Wirkung des Reizes
mehr hervortretend und andauernd, und es zeigte sich
kein Anzeichen einer späteren Tendenz zum Erwachen.
Den Schlufs dieses Versuchs gibt:
   Pl. XXVII, A. 23. 11. 1898. ab. Dr. Hy. Schlafend,
schliefslich durch eine elektrische Klingel geweckt.
   Mit Pl. XXVI verglichen zeigt XXVII, A. grofses
Volumen und grofse Pulshöhe, während die Pulsverspätung in der Rad. fast unverändert und in der Car.
durchweg etwas geringer ist. Es scheint hier also in
der Rad. eine Gefäfserweiterung eingetreten zu sein,
während der Blutdruck zugleich durch anderweitige
Gefäfskontraktionen gesteigert wurde. Dieser Zustand
hat sich während der vorhergehenden Versuche, deren
Wirkungen sich noch im Anfang der Kurve spüren

lassen, langsam emporgearbeitet. Man sieht hier eine
ziemlich sonderbare Erscheinung, indem Puls 7 fast
doppelt so lang ist wie die normalen Pulse; das Herz
hat einfach eine Pulsation überschlagen. Dies ist etwas
dem Dr. Hy. Eigentümliches: die Erscheinung zeigte
sich regelmäfsig, sobald er in Affekt geriet. Da diese
Strecke der Kurve nur der Schlufs eines Versuches ist,
wo sich infolge der Äthereinatmung zahlreiche ähnliche Pulse und alle Merkmale psychischer Unruhe
zeigen, und da die V.-P., wie gesagt, von einem Traum
erzählte, in welchem sie bei einer gefahrvollen Operation
eines nahen Verwandten geholfen hatte, kann es wohl
keinen Zweifel erleiden, dafs wir es hier mit einem während
des Schlafes entwickelten Affektzustande zu tun haben.
Von Puls 15 an scheint wieder der ruhige Schlaf eingetreten zu sein. Bei Puls 30 wurde die V.-P. durch
eine elektrische Klingel geweckt; die Atmung zeigt eine
heftige Inspiration, und die Volumkurve wird durch
unwillkürliche Bewegungen völlig gestört. Wir werden
später im Pl. XXX sehen, dafs hier wahrscheinlich eine
starke Gefäfsverengerung im Arm nebst einer plötzlichen, jedoch schnell verlaufenden Verminderung des
Blutdrucks eingetreten ist. Danach versteht man ohne
Schwierigkeit:

Pl. XXVII, B. 23. 11. 1898, ab. Dr. Hy. Wach,
etwa ¼ Min. nach Schlusse von XXVII. A.

Das kleine Volumen und die geringe Pulshöhe im
Verein mit der sowohl in der Rad. als der Car. verminderten Pulsverspätung deuten auf Gefäfsverengerung
in diesen beiden Gebieten hin, wahrscheinlich bei
normalem Blutdruck. Da die Kurven steigende Tendenz
haben und die Pulshöhe ebenfalls merkbar anwächst,
verlieren die Gefäfse also nach und nach den durch das
Erwachen bewirkten erhöhten Tonus; die V.-P. geht
langsam in den normalen wachen Zustand über.

Der hier betrachtete Fall ist, wie gesagt, besonders
deshalb eigentümlich, weil die Volumkurve erstaunlich
frei von Undulationen ist, solange die V.-P. ruhig sich
selbst überlassen bleibt; während des ganzen Versuches
ist nur eine grofse Schwankung, nämlich während des
Übergangs von Pl. XXV, B. zu Pl. XXVI eingetreten.
Ähnliche Verhältnisse wurden an einzelnen anderen

Versuchstagen beobachtet, dies ist aber keineswegs die
Norm; das Häufigste ist unbedingt, dafs während des
Einschlafens und des eigentlichen Schlafens fortwährend
grofse Volumänderungen geschehen. Wir betrachten
einen einzelnen typischen Fall dieser Art:

Pl. XXVIII, 26. 10. 1898, ab. Dr. Hy. Einschlafen.
   Die grofsen Volumschwankungen scheinen haupt-
sächlich durch Änderungen der Pulsfrequenz verursacht
zu sein, indem das Volumen bei wachsender Pulslänge
sinkt, bei abnehmender aber steigt. Auch die Änderungen der Pulsverspätung scheinen zunächst durch die
Änderungen des Blutdrucks bestimmt zu sein, die eine
Folge der wechselnden Pulsfrequenz sind. Es findet
sich daher eine deutliche Zunahme der Pulsverspätung
sowohl in der Car. als der Rad. während des langsamen
Herzschlages, Puls 12—19, und später eine Verminderung
während des raschen Herzschlages, Puls 34—42, die ein
Steigen des Volumens bewirkt. Dieses starke Undulieren
der Volumkurve dauerte etwa 6 Min. lang ununterbrochen an; darauf trat ziemlich plötzlich ein neuer
Zustand ein:

Pl. XXIX. 26. 10. 1898, ab. Dr. Hy. Schlaf.
   Zwischen den Pfeilen wurde der V.-P. eine Flasche
mit Rosenöl unter die Nase gehalten. Später, nach dem
Erwachen, teilte sie unbefragt mit, ihr habe äufserst
angenehm geträumt; des Inhalts des Traumes erinnere
sie sich nicht deutlich, sie sei aber in einem grofsen
Garten gewesen und habe so leicht geatmet.
   Im Vergleich mit Pl. XXVIII zeigt Pl. XXIX sehr
kleines Volumen und kleine Pulshöhe. Nichtsdestoweniger ist die Pulsverspätung sowohl in der Car. als
der Rad. durchweg gröfser; hier scheint mithin eine
Verminderung des arteriellen Blutdrucks eingetreten
zu sein, wahrscheinlich durch Gefäfserweiterungen in
anderen Gebieten bewirkt, da die Pulsfrequenz keine
wesentliche Änderung darbietet. Die V.-P. hatte
schon eine Zeitlang alle Merkmale eines ruhigen
Schlafes gezeigt, und die Reaktion, welche der darauf
folgende Sinnesreiz, das Rosenöl, auslöste, scheint mir
ebenfalls ein Beweis ihres Schlafes zu sein. Die auf-
fälligste Wirkung sind hier unzweifelhaft die tiefen
Atemzüge. Wäre die V.-P. aber wach gewesen, so

hätte sie gewifs sogleich, willkürlich, tiefer geatmet; die Kurve zeigt aber, dafs der erste Atemzug nach dem Anfang des Reizes im Gegenteil ganz normal verläuft; erst der zweite ist tiefer und länger, und dies ist offenbar die Folge davon, dafs ein schwacher Sinnesreiz langer Zeit bedarf, um bis in das Bewufstsein eines Schlafenden zu dringen. Bevor der Reiz zum Bewufstsein gekommen ist, werden die zentralen Reflexe aber nicht ausgelöst. Die tiefen Atemzüge dauern, wie die Kurve zeigt, bis lange nach dem Aufhören des Reizes an, und der letzte derselben ist sogar der längste und der tiefste. Während die Volumkurve von Puls 10 bis Puls 34 nur Respirationsoszillationen zeigt, als natürliche Folge der tiefen Atemzüge, tritt Puls 34—40 ohne äufsere Ursache ein jähes Sinken der Volumkurve ein. Die kleinen Störungen, welche diese hier angibt, rühren von dem Eintreten von Luftbläschen durch das Müllersche Ventil hindurch her: solange dieses dauert, sinkt das Volumen, und man sieht, dafs das Sinken ziemlich beträchtlich ist. Wir haben hier offenbar ganz dieselbe Erscheinung wie im Pl. XXVI: Ein längere Zeit nach dem Reize eintretendes Sinken des Volumens nebst kleiner Pulshöhe und ohne nachweisbaren Einflufs auf die Pulsverspätung der Car. und der Rad. Die Ursache ist hier nun gewifs die nämliche wie dort: Die V.-P. wird zum Teil durch den Traum erweckt, und die Symptome, die wir hier vor uns haben, sind die des Erwachens. Gefäfsverengerung in der Rad. und der Car. nebst vermindertem arteriellen Blutdrucke. Dies tritt deutlich in der folgenden Kurve hervor:

Pl. XXX. 7. 12. 1898. ab. Dr. Hy. Schlafend: zwischen den Pfeilen (Puls 14—24) ertönt eine elektrische Klingel. Erwachen.

Die Äufserungen des Erwachens nachzuweisen, fällt nicht gar so leicht. Überläfst man nämlich die V.-P. sich selbst, so wird sie oft, besonders in Zuständen leichteren Schlafes wie den hier vorliegenden, durch einen halbwachen Zustand hindurch sanft in den wachen übergehen. Verrät sie endlich durch Bewegungen, dafs sie wach ist, so läfst es sich nicht mit Sicherheit entscheiden, um welchen vorhergehenden Zeitpunkt das eigentliche Erwachen stattfand. Weckt man die V.-P.

aber plötzlich, so erhält man erstens, wie Brodmann
bemerkt (vgl. S. 467), nicht so sehr die Äuserungen
des Erwachens als vielmehr die des begleitenden
Affektes, und zweitens wird das Erwachen dann meist
von starken unwillkürlichen Bewegungen begleitet
werden, welche die Kurven gänzlich stören können.
Ich habe es versucht, die V.-P. auf verschiedenste Weise
zu wecken, die Resultate wurden aber in allen Fällen
unbrauchbar. Insofern die Kurven überhaupt leserlich
waren, boten sie unablässig wechselnde Bilder dar; das
dem Erwachen speziell Charakteristische liefs sich mithin nicht nachweisen. Dr. Hy. selbst schlug deshalb
eines Abends die Anwendung einer elektrischen Klingel
vor; an eine solche sei er gewöhnt; als praktizierender
Arzt habe er in seinem Schlafzimmer einen derartigen
Apparat, um erforderlichenfalls des Nachts geweckt
werden zu können, und — leider — geschehe es sehr
häufig, dafs er auf diese Weise geweckt werde. Natürlich werde er dann ärgerlich und verdriefslich, so dafs
das Erwachen wohl kaum ganz affektlos werden werde,
anderseits werde aber die Freude über die Entdeckung,
dafs er sich nicht auf eine nächtliche Expedition zu be-
geben brauche, den ersten Ärger so ziemlich aufwiegen,
so dafs wir auf diese Weise dennoch einigermafsen reine
Resultate erhalten würden. Dies schien denn auch zu-
zutreffen; davon abgesehen, dafs die Kurven in einzelnen Fällen durch unwillkürliche Bewegungen während
des Erwachens gestört wurden, erhielten wir sonst
stets übereinstimmende Resultate.

Pl. XXX zeigt einen solchen typischen Fall.
Während des Klingelns sinkt das Volumen stark bei abnehmender Pulshöhe, dennoch zeigt die Pulsverspätung
sowohl in der Rad. als in der Car. Tendenz zum Steigen.
Da die Pulsfrequenz fast unverändert bleibt, mufs hier
daher eine Verminderung des Blutdrucks stattfinden,
die durch Gefäfserschlaffung in anderen Gebieten bewirkt wird. Nach dem Aufhören der Reizung erfolgt
ein sehr tiefer Atemzug, und darauf sinkt das Volumen
aufs neue bei sehr kleiner Pulshöhe. Da die Pulsverspätung sowohl in der Rad. als der Car. hier
eine enorme Zunahme zeigt, mufs der Blutdruck also
plötzlich sinken, um sogleich darauf wieder zu steigen

(Puls 33—36) und von neuem etwas zu sinken (Puls 36 bis 38). In ihrem weiteren Verlaufe zeigt die Volumkurve ein sanftes Steigen mit anwachsender Pulshöhe, während die Pulsverspätung sich sowohl in der Car. als der Rad. bei kleinen Schwankungen fast unverändert erhält, was einen sanft anwachsenden Blutdruck mit Gefäßerweiterung in den genannten Gebieten andeutet. Diese letztere Hälfte des Plans XXX ist, wie zu ersehen, fast mit Pl. XXVII, B. identisch, und die ganze Kurve gibt in weit ausgeprägterer Gestalt die im Pl. XXVI und XXIX ersichtlichen Anläufe zum Erwachen wieder.

Fassen wir die Resultate dieser Untersuchungen zusammen, so kommen wir zu folgendem Satze:

Eigentümlich ist den Schlafzuständen das labile Gleichgewicht des gesamten Zirkulationsapparates. Die Frequenz des Herzschlages und der Tonus der Gefäße der verschiedenen Gefäßgebiete können fortwährende, anscheinend voneinander unabhängige Änderungen erleiden. Während des Einschlafens findet meistens gewiß eine Vergrößerung des arteriellen Blutdrucks statt, wie denn auch das plötzliche Erwachen von einer schnell verlaufenden Verminderung desselben begleitet ist; auch während des eigentlichen Schlafes scheint der Blutdruck aber ziemlich bedeutenden und jähen Änderungen unterworfen zu sein.

Aus dem sehr variablen Äußeren, den der Zustand des Zirkulationsapparates während des Schlafes darbietet, können wir nun mit ziemlicher Sicherheit den Schluß ziehen, daß die Zirkulationsstörungen nicht die Ursache des Schlafes sind. Jedenfalls würde es ganz rätselhaft sein, wie ein wesentlich konstanter Zustand aus einer so variabeln Ursache sollte resultieren können. Der Schlaf muß auf einer noch ganz unerklärlichen, unter normalen Verhältnissen periodisch eintretenden Verminderung der Arbeitsfähigkeit der höheren Gehirnzentren beruhen. Indem hierdurch die Hemmung aufgehoben wird, welche diese auf alle niederen Zentren ausüben, mithin auch auf diejenigen, die die Bewegungen des Herzens und den Tonus der

Gefäße regulieren, entsteht eine anscheinende Gesetz-
losigkeit, eine gewisse gegenseitige Unabhängigkeit der
Tätigkeit des Herzens und der der verschiedenen Gefäßgebiete. Wir sahen, daß bei einem normalen wachen
Menschen in völliger körperlicher und psychischer
Ruhe fortwährend Änderungen des Tonus der Gefäße
vorgehen, dieselben sind einander aber so angepaßt,
daß der Blutdruck aller Wahrscheinlichkeit nach konstant verbleibt; dies ist sicherlich eine notwendige Bedingung, damit die psychische Tätigkeit ungestört verlaufen kann. Stellen die höheren Gehirnzentren während
des Schlafes aber die Arbeit ein, so fehlt es an einer
Oberleitung, und hierdurch entsteht eine größere gegenseitige Unabhängigkeit der Tätigkeit der niederen
Zentren; es ist jedoch sehr wenig wahrscheinlich, daß
völlig anarchische Zustände sollten eintreten können.
Während des Schlafes, wo alle Funktionen mit Ausnahme der rein vegetativen stark herabgesetzt oder
gänzlich aufgehoben sind, ruhen die betreffenden
Organe. Der ununterbrochene, wenn auch etwas verminderte Stoffwechsel hat dann zur Folge, daß überall
frische Reservestoffe aufgespeichert werden, die den
Organismus in den Stand setzen, nach dem Erwachen
die Arbeit wieder aufzunehmen; hier ist der Biotonus
also wahrscheinlich $A D > 1$. Je nach der Tätigkeit,
welche die verschiedenen Organe vor dem Schlafe ent-
faltet haben, werden sie aber auch mehr oder weniger
erschöpft sein, und ihr Bedürfnis, Reservestoffe auf-
zuspeichern, wird deshalb sehr verschieden. Diese Er-
neuerung geschieht mittels des Stoffwechsels während
des Schlafes, und es ist deshalb höchst natürlich, daß
die Zirkulationsverhältnisse ein sehr wechselndes Aussehen darbieten können. Wir wissen freilich fast gar
nichts darüber, wie der Tonus der Gefäße reguliert
wird, daß dies aber während des Schlafes ebensowohl
als während des wachen Zustandes geschieht, läßt sich
wohl kaum bezweifeln. Es ist wohl auch keine allzu
kühne Behauptung, daß es namentlich die Ermüdung
der Organe ist, die als Reiz auf die betreffenden Gefäßzentren wirkt und vermehrte Blutzufuhr nach der
Gegend, wo solche am meisten benötigt ist, verursacht.
Hierdurch wird die Bedeutung der wechselnden Ver-

hältnisse während des Schlafes verständlich. Denn wenn dem ersten Bedürfnisse in einer Organgruppe abgeholfen ist, so wird die Ermüdung einer anderen Gruppe die relativ gröfsere sein, weshalb die Blutzufuhr vorzugsweise in dieser Richtung gelenkt wird usw. Wir verstehen mithin die wechselnden Zustände des Zirkulationsapparates während des Schlafes als eine natürliche Folge davon, dafs die Organe sich restituieren, und dafs die stärkste Blutzufuhr in jedem einzelnen Momente in der Richtung geht, wo sie am meisten benötigt ist.

Einfache Lustgefühle. Wie früher erwähnt (1. Teil, S. 136, vgl. oben S. 378), können die Plethysmogramme sich bei einfachen lustbetonten Empfindungen ziemlich verschieden verhalten, indem die charakteristischen Merkmale: Pulsverlängerung, Pulserhöhung und Volumsteigerung selten gleichzeitig auftreten. Hierin liegt denn auch insoweit nichts Sonderbares, da die physiologischen Ursachen dieser Erscheinungen sich zum Teil bekämpfen. Pulsverlängerung, also geringere Herzfrequenz wird unter sonst gleichen Umständen gröfsere Pulshöhe, jedoch Volumverminderung bewirken; ein geschwinderer Herzschlag dagegen wird zwar Volumvergröfserung, zugleich jedoch geringere Pulshöhe zur Folge haben. In beiden Fällen, das Herz möge nun geschwinder oder langsamer schlagen, ist also eine ziemlich bedeutende Gefäfserweiterung im Arme erforderlich, um die Verminderung des Volumens zuwieder Pulshöhe aufzuheben. Selbst in dem am häufigsten eintretenden Falle, bei geringerer Pulsfrequenz, hängt es also von der Stärke der vasomotorischen Änderungen ab, ob das Volumen steigen, sich konstant erhalten oder sinken soll; es gibt folglich die Möglichkeit verschiedener Formen des Plethysmogrammes. Indes kann die Pulsfrequenz, wie gesagt, auch gröfser werden. Vom Gesichtspunkte der Theorie aus ist dies leicht erklärlich. Jeder zentrale Vorgang wirkt hemmend innerhalb eines gewissen Gebietes, aufserhalb desselben aber anbahnend (S. 32). Starke Lustgefühle sind nun, der Theorie zufolge, an Vorgänge von solcher Stärke geknüpft, dafs diese zwar noch an ferneren Punkten anbahnend wirken, sich jedoch der Grenze nähern, wo die Bahnung in Hemmung überschlägt. Es ist folglich nur eine ge-

ringe Vermehrung der Tätigkeit, möglicherweise auch
nur ein anderer gleichzeitiger, einen gewissen Stoffverbrauch beanspruchender Vorgang erforderlich, damit
die Vagusinnervation statt einer Vermehrung eine
Verminderung erfährt; letztere wird dann einen geschwinderen Herzschlag bewirken. Rein empirisch erweist es sich wirklich, daß eine geringe Tätigkeit irgendeiner Art genügt, um die Pulsverlängerung des Lustgefühls in Verkürzung zu verwandeln; zahlreiche Beispiele hiervon wurden im 1. Teil, S. 133—134 angeführt.
Diese Verhältnisse bilden also ein neues Moment, das
in den körperlichen Äußerungen der Lustzustände
Änderungen hervorbringen kann, und das wechselnde
Aussehen der Plethysmogramme ist von der Theorie
aus mithin leicht erklärlich. Hiermit ist auch gegeben,
daß wir nicht nötig haben, jede der vielen verschiedenen
Formen, welche die Plethysmogramme bei einfachen
Lustgefühlen annehmen können, besonders zu untersuchen. Die leicht verständlichen Differenzen können für
uns nur von untergeordneter Bedeutung sein; was es hier
ins reine zu bringen gilt, sind die den verschiedenen
Fällen gemeinsamen vasomotorischen Änderungen.

Diese Untersuchungen wurden durch den Umstand
besonders erschwert, daß Geschmacksreize, die sich am
besten dazu eignen, entschiedene Lustzustände hervorzurufen, nicht zur Anwendung gelangen konnten, weil
die unvermeidlichen Bewegungen der V.-P. die Kurven
durchaus störten. Natürlich war es der Carotispuls,
der für uns gerade das größte Interesse hat, welcher
während der Reaktion ganz unleserlich wurde; erst
wenn die gesteigerte Salivation und die daraus folgenden
Schluckbewegungen aufgehört hatten, war ein Ausmessen der Pulsverspätung möglich. Ich mußte mich
deshalb auf die Anwendung von Geruchsreizen beschränken, die freilich auch entschiedene Lustzustände
hervorrufen können, deren Wirkung man aber nicht
immer mit Sicherheit berechnen kann, da sowohl eine
zu lange als eine zu kurze Reizung imstande ist, das
Resultat zu stören. Schwach betonte Empfindungen
wie Farben und Töne sind bei diesen Versuchen nicht
anwendbar, weil ihre körperlichen Äußerungen nichts
dem Lustgefühl Charakteristisches darbieten, sondern

lediglich durch die Konzentration der Aufmerksamkeit bestimmt sind (vgl. oben S. 378 und 410—411).
Mein Material ist daher ziemlich beschränkt; indes bietet
es mehrere verschiedene Formen von Plethysmogrammen dar, unter denen ich zwei typische Fälle
wähle, einen mit Pulsverlängerung, einen anderen mit
Pulsverkürzung.

Pl. XXXI. 12. 4. 1901, ab. Dr. Bl. Eine Flasche
mit Lavendelöl wurde, zwischen den Pfeilen, der V.-P.
unter die Nase gehalten; angenehm.

Die unmittelbar vorher aufgenommene Normalkurve
ist Pl. X wiedergegeben; der Zustand war hier zunächst ›aktiv normal‹, und man sieht, dafs derselbe im
Anfang des Pl. XXXI ganz unverändert war. Während
der Reizung (Puls 6—18), die zwei lange und tiefe Atemzüge bewirkt, findet sich eine freilich äufserst geringe
Pulsverlängerung, bei welcher das Volumen erst mit
verminderter Pulshöhe sinkt und darauf mit bedeutend
vergröfserter Pulshöhe steigt. Während des Sinkens
des Volumens nimmt die Pulsverspätung sowohl in der
Rad. als der Tib. ab, und es gibt hier also zweifelsohne
anfangs eine Gefäfsverengerung in diesen beiden Gebieten; während des Zunehmens des Volumens zeigt
die Pulsverspätung in beiden Arterien indes steigende
Tendenz, die in der Rad. jedoch nur äufserst schwach
ist. Wahrscheinlich rührt die bedeutende Volumsteigerung bis Puls 18 deshalb von einer gleichzeitigen
Gefäfskontraktion im Innern des Organismus her.
Während der ganzen Reizung zeigt die Pulsverspätung
der Car. ein schwaches aber fast gleichmäfsiges Steigen;
hier gibt es also Gefäfserweiterung. Unmittelbar nach
dem Aufhören des Reizes treten eine Reihe schnellerer
Herzschläge ein, während deren das Volumen noch
mehr ansteigt; trotz des vermehrten Blutdrucks wächst
die Pulsverspätung in der Rad. und der Car. stark an,
so dafs hier jetzt also eine bedeutende Gefäfserweiterung
eintreten mufs. Während des folgenden, sehr langsamen Herzschlags sinkt das Volumen sanft (von Puls 26
an), während die Pulsverspätung in der Rad. und der
Car. langsam steigt, in der Tib. aber sinkt. — Als die
hervortretendsten Erscheinungen dieses Versuches
können wir also feststellen: geringere Pulsfrequenz

während, besonders aber nach der Reizung, und eine
Gefäßerweiterung in der Car., die ebenfalls beim Aufhören des Reizes am stärksten markiert ist und noch
lange nachher andauert.

Pl. XXXII. 19. 3. 1898, vorm. Dr. P. L. Von
Puls 12—18 wurde der V.-P. ein Fläschchen mit Rosenöl
unter die Nase gehalten; sehr angenehm.

Die an demselben Tage, aber etwas später aufgenommene Normalkurve ist Pl. XII wiedergegeben;
der Zustand ist zunächst »aktiv normal« mit verhältnismäßig geringer Pulsverspätung der Rad. und der Car.
Im Anfang des Pl. XXXII sind die Verhältnisse in allem
Wesentlichen dieselben. Während der Reizung ist die
Atmung, wie ganz natürlich, länger und tiefer; recht
interessant ist es aber, dafs auch die vier nach dem
Aufhören des Reizes folgenden Atemzüge etwas gröfser
sind; darauf erst tritt die Norm wieder ein. Die Pulslänge ist während der Reizung bedeutend kleiner; der
hierdurch vermehrte Blutdruck ist wahrscheinlich die
Ursache der gleichzeitigen geringen Volumsteigerung,
da aber die Pulsverspätung weder in der Rad. noch
der Car. abnehmende Tendenz zeigt, mufs hier eine
wenn auch nur geringe Gefäßerweiterung stattfinden.
Beim Aufhören des Reizes tritt erst eine geringe Zunahme, darauf aber eine ziemlich bedeutende Abnahme
der Pulslänge ein; demgemäfs zeigt das Volumen erst eine
kleine Senkung und darauf starke Steigerung. Während
dieser Abänderungen bietet die Pulsverspätung der Rad.
eine fortwährend steigende Tendenz dar (Puls 18—33),
so dafs hier also noch ferner eine Gefäßerweiterung
stattfindet; die Pulsverspätung der Car. zeigt trotz des
vermehrten Blutdrucks keine Abnahme, hier ist also
ebenfalls eine wenn auch nur geringe Gefäßerweiterung
vorhanden. In der letzten Hälfte der Kurven sinkt das
Volumen mit anwachsender Pulslänge, steigt aber
wieder mit abnehmender Pulslänge. Im ganzen ist
die Pulsfrequenz indes geringer als während und unmittelbar nach der Reizung, dessenungeachtet befindet
die Pulsverspätung sowohl in der Rad. als der Car.
sich aber in sanfter Abnahme; die frühere Gefäßerweiterung gibt hier also einer Kontraktion Raum.

Wir finden also in diesem Versuche als die her-

31*

vortretendsten Äuserungen: einen etwas geschwinderen Herzschlag sowohl während als unmittelbar nach der Reizung und während desselben Zeitraumes Gefäßserweiterung sowohl in der Car. als der Rad. Halten wir dies damit zusammen, was der vorige Versuch ergab, so erweist es sich mithin, daß nicht die Pulsfrequenz, sondern dagegen die Gefäßserweiterung in der Rad. und der Car. das den einfachen Lustgefühlen am meisten Charakteristische ist. Dies steht in guter Übereinstimmung mit Bergers Resultate: »Lustbetonte Empfindungen (und Vorstellungen) gehen mit einer Abnahme des Gehirnvolumens und einer Zunahme der Pulsationshöhe desselben einher, wobei letztere auf einer Erschlaffung der Gehirngefäße zu beruhen scheint.«[1] Es scheint also kein Zweifel darüber herrschen zu können, daß wir auch hier einer zweckmäßigen Reaktion gegenüberstehen. Der zentrale Vorgang erfordert einen vermehrten Stoffwechsel, und dieser wird durch eine Gefäßserweiterung im Gehirn ermöglicht. Bewirkt der Vorgang nun zugleich eine geringere Pulsfrequenz durch den rein mechanischen, bahnenden Einfluß, den er auf die Vagusinnervation übt, so wird dem hierdurch verursachten verminderten Blutdrucke durch eine Gefäßskontraktion in anderen Gebieten entgegengearbeitet (vgl. Pl. XXXI). Wird die Pulsfrequenz dagegen größer — was von Umständen herrühren kann, die nur in zufälliger Beziehung zu dem betonten Prozesse stehen — so scheint der hierdurch vermehrte Blutdruck durch eine Gefäßserweiterung im Arme reguliert zu werden (Pl. XXXII). Die vorliegenden Tatsachen sprechen also in hohem Grade dafür, daß die Zirkulationsstörungen, welche die einfachen Lustgefühle begleiten, dazu dienen, die Arbeitsfähigkeit des Zentralorganes während des Vorganges, der den Zustand erregte, zu erhalten.

Einfache Unlustgefühle. Es wurde früher (1. Teil, S. 104—106, vgl. oben S. 378) nachgewiesen, daß die Plethysmogramme bei schwachen Unlustgefühlen ganz dieselben Änderungen darbieten, die schon durch die Konzentration der Aufmerksamkeit verursacht werden können. Weil wir in einem Plethysmogramme keinen

[1] l. c. S. 141.

Unterschied der beiden Zustände gewahren, kann ein
solcher aber ja doch sehr wohl vorhanden sein, denn
die Volumkurve gibt uns nur die Resultante sämtlicher
gleichzeitigen Zirkulationsstörungen. Die nähere Untersuchung der vasomotorischen Änderungen zeigt nun,
daß tatsächlich ein nicht unwesentlicher Unterschied
zwischen den beiden Fällen besteht, und wir müssen
deshalb einige Beispiele schwacher Unlustzustände
speziell betrachten.

Pl. XXXIII, A. 15. 3. 1901, ab. Dr. Bl. Willkürliche Atmung, spontane Unlust.

Die unmittelbar vorher aufgenommene Normalkurve
findet sich im Pl. II: die hier bestehenden Verhältnisse
kommen in allem Wesentlichen unverändert im
Pl. XXXIII, A wieder zum Vorschein. Kurz vor dem
Anfang des letzteren Versuches wurde die V.-P. auf-
gefordert, einige willkürliche Atemzüge auszuführen:
einer derselben ist gleich im Anfang des Plans XXXIII
zu finden, wo er eine stark hervortretende Oszillation
der Volumkurve erzeugt, in der Pulsverspätung aber
keine deutlichen Spuren hinterläßt. Das Interessante
der vorliegenden Kurve ist das bei Puls 23 eintretende
starke Sinken des Volumens nebst Pulsverlängerung.
Da der Zylinder um diesen Zeitpunkt vollgeschrieben
und eine unmittelbare Fortsetzung der Aufzeichnung
deshalb unmöglich war, wurde die V.-P. sogleich be-
fragt, was geschehen sei. Die Antwort lautete, es sei
ihr plötzlich etwas Unangenehmes eingefallen: dies sei
wenige Sekunden vor der Befragung geschehen. Es
kann deshalb wohl keinen Zweifel erleiden, daß das
jähe Sinken des Volumens eine Äußerung des spontan
entstandenen unangenehmen Gedankens ist; analoge
Fälle haben wir früher gesehen, z. B. Pl. X. In dem
jähen Sinken der Volumkurve liegt also nichts Sonderbares; ein solches würde jeder plötzlich auftauchende
Gedanke bewirken. Interessanter sind dagegen die
Pulsverspätungen. Die Kurve der Tib. zeigt nach
Puls 23 fast dasselbe Niveau wie vorher, und dies gilt auch
von der Rad. bis Puls 26, obschon die stark verminderte
Pulshöhe hier eine eintretende Gefäßverengerung andeutet. Daß die Pulsverspätung der Rad. dennoch unverändert bleibt, läßt sich indes leicht als eine Folge da-

von erklären, daſs die Verminderung, welche die Gefäſsverengerung herbeiführen würde, durch die Vermehrung
aufgehoben wird, welche teils der langsamere Herzschlag und teils die zugleich eintretende Inspiration erzeugen würde. Sobald letztere beendigt ist, sinkt die
Pulsverspätung jäh. Dasselbe ist offenbar auch mit der
Pulsverspätung der Car. der Fall, die im ganzen von
Puls 23 an vermindert ist und nur während der Inspiration ein vorübergehendes Steigen zeigt. Während
psychische Tätigkeit sonst konstant von Gefäſserweiterung im Carotisgebiete begleitet ist, finden wir
also hier, bei dem unlustbetonten Gedanken, eine Gefäſsverengerung. Diese Reaktion scheint konstant alle einfachen Unlustgefühle zu begleiten.

Pt. XXXIV. 29. 3. 1901, ab. Dr. Bl. Zwischen
den Pfeilen wurde der V.-P. ein Fläschchen mit Schwefel-
kohlenstoff unter die Nase gehalten. Unangenehm.

Die äuſserst kurze Reizung bewirkt nur geringe
Störung, was wohl zum Teil dadurch begründet ist, daſs
die V.-P. das Atmen unterläſst, um der Empfindung zu
entgehen. Die unmittelbar nach dem Aufhören der
Reizung eintretende sehr tiefe Exspiration wirkt in derselben Richtung, indem die Schwefelkohlenstoffdämpfe
durch die Nase ausgeblasen werden. Vieles spricht dafür, wenngleich es sich natürlich nicht direkt beweisen
läſst, daſs die eigentlich unlustbetonte Empfindung erst
während der folgenden Inspiration, bei Puls 10, eintrat,
indem das Volumen erst hier stark und plötzlich sinkt.
Die Pulsfrequenz ist anfangs geringer (Puls 5—10),
darauf etwas gröſser; demgemäſs sinkt und steigt das
Volumen. Die Pulsverspätung zeigt in allen drei Gebieten eine kleine Zunahme während der geringeren
Pulsfrequenz; diese Zunahme kann allenfalls von der
Verminderung des Blutdruckes herrühren, die eine Folge
des langsameren Herzschlages ist. Während der nachfolgenden gröſseren Pulsfrequenz nimmt die Pulsverspätung in der Rad. und der Car. ab, während sie
sich in der Tib. fast unverändert erhält. Es muſs also
im Gebiete der Tib. eine geringe Gefäſserweiterung
stattfinden; wie es sich aber hinsichtlich der beiden
anderen Arterien verhält, läſst sich nicht entscheiden.
Die verminderte Pulsverspätung kann nämlich eine

Folge des geschwinderen Herzschlages sein, ausgeschlossen ist es natürlich aber nicht, daß zugleich
eine Gefäßverengerung vorgeht. Letzteres scheint der
Fall zu sein, denn nachdem das Volumen seinen Gipfel
erreicht hat (Puls 21), wird der Puls wieder langsamer,
während des ganzen folgenden Teiles der Kurve bleibt
die Pulsverspätung aber sowohl in der Car. als der Rad.
trotz der Schwankungen der Pulslänge in sanftem Anwachsen begriffen. Dies läßt sich kaum anders als
durch eine Gefäßerweiterung erklären, die als Reaktion
nach der Gefäßverengerung eintritt. Sicher ist es jedenfalls, daß der unlusterregende Reiz nicht, wie man
wohl Grund zu erwarten hätte, unmittelbar von einer
Gefäßerweiterung in der Car. begleitet wird.

Pl. XXXV. 15. 3. 1901, ab. Dr. Bl. Zwischen den
Pfeilen wurde der V.-P. eine große Flasche mit starkem
Ammoniak unter die Nase gehalten; äußerst un-
angenehm.

Unmittelbar vor dieser Kurve wurde die Normalkurve Pl. IX aufgenommen; man sieht, daß die Verhältnisse im Anfang des Pl. XXXV fast unverändert
sind. Die allerdings kurze, aber äußerst kräftige und
unangenehme Reizung bewirkt erhebliche Störungen.
Die beiden ersten kurzen Pulse während und unmittelbar
nach der Reizung erzeugen eine geringe Steigerung
des Volumens und zugleich verminderte Pulsverspätung
in sämtlichen drei Gefäßgebieten; diese Verminderung
wie auch das Steigen des Volumens ist sicherlich eine
Folge des vermehrten Blutdruckes. Darauf nimmt die
Pulslänge noch mehr ab, und zugleich sinkt das
Volumen bei sehr geringer Pulshöhe. Es findet also
zweifelsohne eine Gefäßverengerung in der Rad. statt;
trotz dieser und des geschwinderen Herzschlages bleibt
die Pulsverspätung von Puls 11—14 aber unverändert
sowohl in der Rad. als der Car. Zugleich nimmt die
Pulsverspätung der Tib. stark zu, und es muß hier also
eine sehr bedeutende Gefäßerweiterung geben, durch
die der arterielle Blutdruck vermindert wird. Daß dies
wirklich der Fall ist, geht aus einer Erscheinung hervor, die in der Tafel freilich nicht wiedergegeben ist,
die in der originalen Aufzeichnung aber deutlich hervortritt, nämlich eine starke Zunahme des Volumens des

Fußes. Es ist mithin gegeben, daß die Gefäße in den
unteren Extremitäten und wahrscheinlich auch die im
Innern des Organismus sich von Puls 11—14 stark erweitern; darauf erlangen diese Gefäße ihren Tonus
wieder, was daraus zu ersehen ist, daß die Pulsverspätung der Tib. abnimmt (Puls 14—22). Bei dem
anwachsenden arteriellen Blutdrucke nimmt die Pulsverspätung in der Rad. und der Car. ab (Puls 14—18),
und in der Car. bleibt sie sehr klein bis Puls 22, worauf
sie wieder etwas zunimmt. In der Rad. fängt die Pulsverspätung bei Puls 18 an zuzunehmen, und zugleich
steigt das Volumen. Später, bei Puls 30, steigt das
Volumen wieder mit großer Pulshöhe, und von hier an
wächst auch die Pulsverspätung in der Rad. und der
Car. sanft bis fast zum Schlusse des Versuches an.
Die Verhältnisse sind hier mithin ziemlich verwickelt,
indem der Tonus der Gefäße der verschiedenen Gebiete
stark wechselt, so dass die verschiedenen Änderungen
sich keineswegs gegenseitig kompensieren, sondern bedeutende Störungen des Blutdruckes verursachen. Was
uns aber am meisten interessiert, ist die bedeutende
Gefäßverengerung in der Car., die bis lange nach dem
Aufhören der Reizung andauert und sich nur langsam
verliert. Dieselbe Erscheinung tritt vielleicht noch
deutlicher hervor in der folgenden Kurve:

Pl. XXXVI. 19. 4. 1901. ab. Dr. P. L. Ziemlich
unangenehmer Zustand, brennende Lippen, schlechter
Geschmack im Munde wegen genossener schlechter
Schokolade.

Unmittelbar vor dieser Kurve wurde die Normalkurve Pl. VI aufgenommen. Die V.-P. bekam darauf
einen Teelöffel voll pulverisierter Schokolade, die irr-
tümlicherweise aber einem wohl mehrere Jahre alten
Vorrate entnommen wurde und folglich nichts weniger
als wohlschmeckend war. Das Resultat war ziemlich
lebhafte Unlust: sobald die unvermeidlichen Schluckbewegungen beendigt waren, wurde Pl. XXXVI genommen. Vergleicht man diesen mit Pl. VI, so sieht
man, wie alle Symptome der Unlust hervortreten:
niedriges Volumen und verminderte Pulshöhe, viel geschwinderer Herzschlag (bis Puls 12) und etwas verminderte Pulsverspätung in der Car. und der Rad. Da

die geringere Pulsverspätung in der Car. auch noch
andauert, nachdem der Herzschlag von Puls 12 an)
langsamer geworden ist, so findet in diesem Gebiete
unzweifelhaft eine Gefäfsverengerung statt, die erst
von Puls 33 an merkbar abzunehmen beginnt. Selbst
bei schwachem Unbehagen wie im vorliegenden Falle
läfst sich also die Gefäfsverengerung in der Car. mit
Sicherheit nachweisen.

Aus seinen Gehirnkurven hat Berger hinsichtlich
der Unlustzustände folgendes Resultat abgeleitet:
»Unlustbetonte Empfindungen bewirken eine Zunahme
des Gehirnvolumens und eine Abnahme der Pulsationshöhe desselben. Die Abnahme der Pulsationshöhe ist
auf eine Kontraktion der Gehirngefäfse zurückzuführen
und geht in ihrer Intensität bis zu gewissem Grade derjenigen der Unlustempfindung parallel.«[1] Dies stimmt
offenbar völlig mit dem aus den hier vorliegenden Versuchen Hervorgehenden überein. Die Unlust mag stark
oder schwach sein, der Reiz mag unmittelbar eine verminderte oder eine vermehrte Pulsfrequenz hervorrufen,
in allen Fällen erweist sich folgendes:

Unlustzustände werden von einer Gefäfskontraktion im Gehirn begleitet.

Dieses Resultat sieht freilich ziemlich sonderbar
aus, da es durchaus damit in Widerspruch steht, was
man von vornherein annehmen möchte. Denn ein
zentraler Vorgang erfordert notwendigerweise wie jede
andere Arbeit einen Energieverbrauch, der um so
gröfser sein mufs, je gröfser die ausgeführte Arbeit ist.
Die Zufuhr von Energie geschieht aber mittels des
Stoffwechsels, und man müfste daher einen um so lebhafteren Stoffwechsel erwarten, je mehr Arbeit verrichtet wird. Nun erfordert ein lebhafter Stoffwechsel
gewöhnlich eine Erweiterung der Gefäfse des arbeitenden
Organs, und dafs eine solche auch bis zu einer gewissen
Grenze im Gehirn stattfindet, wurde oben mit Bezug
auf die psychische Arbeit nachgewiesen (S. 456). Es
ist deshalb ganz merkwürdig, zu sehen, dafs dies bei
Unlustzuständen durchaus nicht eintrifft, obschon diese
der Theorie zufolge doch das psychische Resultat einer

[1] l. c S. 123.

besonders intensiven Arbeit sein sollten. Entweder
muſs also unsere Gefühlstheorie falsch sein, oder auch
hat die Gefäſsverengerung während der Unlustzustände
eine ganz besondere Bedeutung.

Berger hat auf sehr hübsche Weise dieses Problem
gelöst[1], indem er als eine Tatsache feststellt, daſs die
Tätigkeit des Gehirns nur bis zu einer bestimmten
Grenze einen vermehrten Stoffwechsel bedingt. Physiologische Versuche haben nämlich ergeben, daſs sehr
groſse Energieverbrauche — die an bedeutend gesteigerter Temperatur im Gehirn erkenntlich sind — Gefäſsverengerung, mithin verminderten Stoffwechsel bewirken. Nun beruht die Labilität des lebenden Proto-
plasmas, der Biogenen, zum groſsen Teil auf dem Sauerstoff, der demselben mit dem Blute zugeführt wird.
Eine verminderte Sauerstoffzufuhr wird deshalb zur
Folge haben, daſs die Biogenen schwieriger dekomponiert
werden, weshalb sie gröſseren Widerstand gegen einen
gegebenen Reiz zu leisten vermögen. Die Gefäſsverengerung ist mithin eine besonders zweckmäſsige
Maſsregel, mittels der die betreffenden Neuronen geradezu vor Vernichtung beschützt werden in dem Falle,
daſs eine gröſsere Arbeit von ihnen verlangt wird, als
sie zu verrichten imstande sind. Da nun das Unlustgefühl der dynamischen Theorie zufolge eben das
psychische Anzeichen ist, daſs der Biotonus $A/D < 1$,
was mit anderen Worten heiſst, daſs die Tätigkeit das
Vermögen der arbeitenden Neuronen übersteigt, so ist
die hiermit einhergehende Kontraktion der Hirngefäſse
gerade die in diesem Falle zweckmäſsige Reaktion.
Diese von Berger aufgestellte Theorie scheint mir
sehr ansprechend, nicht nur, weil sie so einfach ist,
sondern auch und zwar besonders, weil sie uns das
Zentralnervensystem als einen höchst vollkommenen
Apparat zeigt: können die arbeitenden Zellen die von
ihnen verlangte Arbeit nicht leisten, so vermehren sie
einfach ihre Widerstandsfähigkeit gegen den Reiz.

Von Bergers Theorie aus können wir nun überdies
eine Erscheinung erklären, die oft konstatiert worden
ist (vgl. 2. Teil, S. 286—287), die aber meines Wissens

---

[1] a. a. O. S. 178—181.

bisher keine befriedigende Erklärung gefunden hat,
nämlich den intermittierenden Charakter starker Unlustgefühle, besonders körperlicher Schmerzen. Dafs
der Schmerz trotz des Andauerns des Reizes plötzlich
aufhören kann, läfst sich natürlich wohl als eine Folge
der Ermüdung des gesamten nervösen Apparates erklären. Dauert der Reiz aber fortwährend an, so ist
es schwer zu verstehen, weshalb der Schmerz wieder
auftaucht, da die Ermüdung wegen der unablässigen
Reizung doch notwendigerweise anwachsen mufs; die
Erklärung ist mithin durchaus ungenügend. Dagegen
wird die Sache leichtverständlich, wenn wir die vasomotorischen Reaktionen betrachten. Durch die Kontraktion der Hirngefäfse, welche der zentrale Vorgang
bewirkt, wird die Labilität der Biogenen vermindert,
und der Vorgang hört deshalb, früher oder später,
auf: der Schmerz verschwindet. Beim Aufhören des zentralen Vorganges, der die Gefäfsverengerung hervorgerufen hat, fällt die Ursache der letzteren aber weg,
und folglich erweitern sich die Gefäfse aufs neue und
führen den Biogenen wieder Sauerstoff zu. Diese gewinnen also allmählich ihre normale Labilität zurück,
und in einem gegebenen Momente wird der ursprüngliche
Vorgang von neuem beginnen, und der Schmerz wird
aufs neue entbrennen, wenn dessen Ursache nicht
während der Zwischenzeit beseitigt worden ist. Damit
fängt die Geschichte wieder von vorne an.

Fassen wir nun in Kürze alle vorhergehenden
Untersuchungen über den Einflufs der verschiedenen
psychischen Zustände und Tätigkeiten auf die Blutzirkulation zusammen, so gelangen wir also zu folgendem
Ergebnisse:

Die durch die zentralen Vorgänge hervorgerufenen Änderungen sowohl der Pulsfrequenz als auch des Tonus der verschiedenen
Gefäfse sind zweckmäfsige Reaktionen, indem sie dazu dienen, die Blutzufuhr zum Gehirn dem von dem Vorgange erforderten
Energieverbrauche anzupassen. Solange der
Biotonus A/D der arbeitenden Neuronen = 1
ist, wird die Blutzufuhr zum Gehirn um so
gröfser, je gröfser der Energieverbrauch D

ist, wodurch der Zustand $A\,D = 1$ erhalten
wird. Bewirkt dagegen ein Vorgang, daſs
$A\,D < 1$ wird, so nimmt die Blutzufuhr zum
Gehirn ab, wodurch die Widerstandsfähigkeit
der Biogenen gegen den Reiz vermehrt wird.
Durch diese Reaktionen wird also jedenfalls
die Integrität des Gehirns gesichert.

SCHLUSZ.

*Der Einfluſs der psychischen Zustände auf die At-
mung.* Fast alle Forscher, welche die organischen
Äuserungen der psychischen Erscheinungen experimentell untersuchten, registrierten auſser der Pulskurve zugleich auch die Atmung. Die Notwendigkeit
hiervon ist dadurch gegeben, daſs die Atmung in verschiedener Weise auf den Puls influiert: ohne gleichzeitige Aufzeichnung der Atmung würde man deshalb
nicht imstande sein, zu entscheiden, ob eine Änderung
der Pulskurve von einem gegebenen äuseren Reize
herrührt oder möglicherweise nur eine Folge des
augenblicklichen Zustandes der Atmung wäre. Die
Atmungskurve hat somit in den meisten Fällen allerdings nur sekundäre Bedeutung gehabt, ihre Aufzeichnung hatte natürlich aber zur Folge, daſs man
auch hier einen Überblick über den Einfluſs der psychischen Zustände auf die Atmung erhielt. An diesem
Punkte bieten die Resultate der verschiedenen Forscher
freilich aber sehr grofse Divergenzen dar, wofür sich
zwei wesentlich verschiedene Ursachen nachweisen
lassen, bei denen wir etwas näher verweilen müssen.

Die Hauptursache der abweichenden Resultate hinsichtlich der Änderungen der Atmung ist eben die Versuchsanordnung. Die Beleuchtung dieses Punktes verdanken wir Zoneff und Meumann[1], den einzigen
Forschern, die der Atmungskurve gröfseres Gewicht

[1] Über Begleiterscheinungen psychischer Vorgänge in Atem und
Puls. Phil. Stud. Bd. 18. S. 1 u. f.

beilegten, weshalb sie sowohl vollkommnere Apparate
anwandten, als zugleich nicht nur die thorakale, sondern
auch die abdominale Atmung registrierten. Ihre Versuche
zeigen nun, daſs diese beiden Atmungskurven keineswegs immer parallel verlaufen, übereinstimmende Änderungen darbieten. Es wird daher leichtverständlich,
daſs die Resultate anderer Experimentatoren sich nicht
in gegenseitiger Übereinstimmung befinden können, da
einige vorzugsweise die thorakale, andere die abdominale
Atmung registrierten, während wieder andere un-
bestimmbare Zwischenformen aufnahmen. Wenn eben
die registrierte Erscheinung aber nicht in allen Fällen
dieselbe ist, so kann man eigentlich auch keine gleichartigen Resultate erwarten.

Die andere wesentliche Ursache der Abweichungen
ist in dem Umstande zu suchen, daſs die Änderungen
der Atmung nicht wie die Störungen der Blutzirkulation rein reflektorisch aus dem Zentralorgane
ausgelöst werden, sondern zugleich auch dem Willen
unterworfen sind, sich willkürlich modifizieren lassen.
Dergleichen willkürliche, wenn auch keineswegs immer
bewuſste Änderungen spielen in vielen Fällen eine
wesentliche Rolle. Unter normalen Verhältnissen sind
die Form, die Frequenz und die Tiefe der Atmung
zweifelsohne teils durch die Stellung des Individuums
(stehende, sitzende, liegende usw.), teils durch die ent-
faltete Tätigkeit rein reflektorisch bestimmt. Wenn
z. B. die Atmung während anstrengender Muskelarbeit
verstärkt wird, so rührt dies wahrscheinlich von einem
Reflex her, der durch eine Reizung der Atmungszentren
mittels der im Blute enthaltenen Dekompositions-
produkte erzeugt wird[1]. Und wie in diesem Falle geht
es wahrscheinlich in allen anderen; die Stärke der
Atmung wird dem Sauerstoffbedarfe des Blutes reflektorisch angepaſst. Zu diesen reflektorisch ausgelösten Änderungen der Atmung kommen nun aber
oft die berührten, zunächst wohl instinktiven Änderungen
hinzu, mittels deren die Atmung anderen Zwecken angepaſst wird. So ist es eine bekannte Erfahrung des
täglichen Lebens, daſs die Atmung gehemmt, langsamer

---

[1] Tigerstedt, Lehrbuch der Physiologie. Bd. 2, S. 45. 1898.

und oberflächlicher gemacht wird. wenn man einem
schwachen Schalle lauscht. In meinen älteren Versuchen ›Über die Beziehungen zwischen Atmung und
Aufmerksamkeit‹ [1] tritt dies deutlich hervor. Es wurden
hier sowohl Schall- als Licht- und elektrische Reize in
der Nähe der Reizschwelle angewandt, und die Mittel
von Hunderten von ausgemessenen Atemzügen zeigen.
daß diese durchweg bei Schallreizen am längsten sind.
Dies ist leicht zu verstehen, denn ein tiefer Atemzug
wird rein mechanisch wegen des durch die ausgeatmete
Luft verursachten Geräusches die Auffassung eines
anderen schwachen Schalles erschweren; deshalb wird
die Atmung instinktiv gehemmt. Ganz ähnliche willkürliche Änderungen der Atmung werden beobachtet,
sobald es sich um schwierige Manipulationen handelt.
die nur ausgeführt werden können, wenn die Hand
völlig ruhig ist. Durch Versuche läßt es sich leicht
nachweisen, daß dies nicht zu erzielen ist, wenn man
tief atmet. indem die Atembewegungen sich dem Arm
mitteilen und in dessen Zitterkurve deutliche Spuren
hinterlassen [2]. Man ist deshalb gezwungen, langsam
und oberflächlich zu atmen, wenn man das Zittern der
Hand vermeiden will. Am deutlichsten treten diese
Änderungen bei Geruchsreizen auf. indem ein an-
genehmer Geruch fast ohne Ausnahme eine langsame
und tiefe Atmung bewirkt, während ein unangenehmer
Geruch gewöhnlich das völlige Stocken der Atmung in
der Exspirationsstellung veranlaßt (1. Teil, Atlas
Tab. XLI, C und D, XLIV, A—C). Diese Beispiele, zu
denen sich wahrscheinlich noch zahlreiche andere hinzufügen ließen. zeigen uns also. daß die Atmung unter
gegebenen Umständen instinktiv modifiziert wird, um
Sinneswahrnehmungen oder bestimmte Bewegungen zu
ermöglichen. Nimmt man nun bei Vergleichungen verschiedener Versuche nicht die gebührende Rücksicht
darauf. daß diese willkürlichen Änderungen in gewissen
Fällen vorkommen. in anderen aber gänzlich unterbleiben können. so gibt es hier wieder eine Quelle der
Nichtübereinstimmungen.

[1] Phil. Stud. Bd. 9, S. 79 u. 82.
[2] Lehmann: Aberglaube und Zauberei. Stuttgart 1898. S. 367.
Fig. 46.

Es würde gar zu weit führen und sich wohl kaum
der Mühe lohnen, hier die Resultate der verschiedenen
Experimentatoren durchzugehen, um nachzuweisen,
daß dieselben sich wirklich in Einklang miteinander
bringen lassen, wenn man die gebührende Rücksicht
auf die genannten Ursachen der Abweichungen nimmt.
Glücklicherweise ist eine solche ziemlich mühselige
Arbeit auch ganz überflüssig, denn an Zoneff und
Meumanns eingehenden Untersuchungen besitzen wir
ein hinlängliches — und streng genommen das einzige
brauchbare — Material, um zu bestimmen, welche Bedeutung die Änderungen der Atmung haben. Mehrere
der interessanten Resultate dieser Arbeit müssen wir
völlig unberührt bleiben lassen. Eine Frage wie z. B.
die, weshalb gewisse psychische Erscheinungen besonders in der thorakalen, andere dagegen vorzugsweise
in der abdominalen Atmung Spuren hinterlassen, hat
sicher ihre große Bedeutung, es fehlt uns aber an jeglichem Schlüssel zur Lösung des Rätsels. Es kommt
hier darauf an, die Hauptpunkte festzuhalten, so daß
wir uns nicht durch die Einzelheiten in Verwirrung
bringen lassen. Zoneff und Meumann selbst haben
dies klar eingesehen, und sie haben deshalb ein Maß
für das Wesentliche der beobachteten Änderungen der
Atmung eingeführt. »Um ein Maß zu gewinnen, mit
dem die verschiedenen Phasen der Atmung verglichen
werden können, wurde die mittlere Tiefe (in Zentimeter)
der thorakalen Atemzüge mit derjenigen der abdominalen Atmung in je 10 Sekunden addiert und die Summe
mit der Zahl der Atemzüge in diesen 10 Sekunden multipliziert. Das so sich ergebende Resultat nennen wir
die Atmungsgröße, die selbstverständlich nur eine
relative Bedeutung hat, aber für unseren Zweck ausreicht,
da sie in gewissem Maße dem Quantum der aus- und
eingeatmeten Luft entspricht.« [1] Diese Atmungsgröße
benutzen wir ausschließlich im folgenden.

Bei Zoneff und Meumanns Versuchen waren es
die gewöhnlichen drei Hauptgruppen psychischer Erscheinungen, die zum Gegenstand der Untersuchung
gemacht wurden, nämlich lust- und unlustbetonte

[1] l. c. S. 47.

Empfindungen und psychische Arbeit verschiedener Art.
Beginnen wir mit den Gefühlszuständen, so finden wir
als Resultat der vorliegenden Untersuchungen, dafs
bei Lust der Puls langsamer und die Atmungsgröfse
kleiner, bei Unlust dagegen der Puls geschwinder und
die Atmungsgröfse höher sind als während des Normal-
zustandes[1]. Die Pulsänderungen bieten nichts Sonderbares dar; eben diese werden gewöhnlich beobachtet.
Und die Änderungen der Atmung, gemessen durch die
Atmungsgröfse, lassen sich, wie leicht zu ersehen, als
rein reflektorische Wirkungen der Zirkulationsstörungen
erklären. Ein geschwinderer Herzschlag und daraus
folgender lebhafterer Stoffwechsel erfordern verstärkte
Atmung, um das Blut mit Sauerstoff zu versorgen; ein
langsamerer Herzschlag erfordert verminderte Atmungsgröfse. Die während der Gefühlszustände beobachteten
Änderungen der Atmung sind mithin keine mystischen
Wirkungen des Psychischen, sondern ganz einfach
mechanisch notwendige Folgen der Gehirnarbeit, die
sich psychisch als gefühlsbetonte Zustände äufsert.

Betrachten wir darauf die eigentliche psychische
Arbeit, die Anspannung der Aufmerksamkeit, wo die
Gefühlsbetonung nur von untergeordneter Bedeutung
ist, so finden wir ganz dasselbe: mit der Gröfse der
Arbeit wächst die Pulsfrequenz und somit auch die
Atmungsgröfse an. Leiderdessen berechneten Z o n e f f
und M e u m a n n diese Gröfse nicht hinsichtlich der verschiedenen Versuche, die wir oben eingehend diskutierten (S. 373—376); hätten wir dieselbe gekannt, so
wären wir wahrscheinlich leichter zum Verständnisse
gelangt, weshalb die Versuchsresultate von denen der
meisten anderen Experimentatoren abweichen. Nun ist
die Atmungsgröfse aber nicht mit Bezug auf die betreffenden Versuche bestimmt worden, und sie läfst sich
auch nicht aus den in den Tabellen gegebenen Mit-
teilungen berechnen; wir müssen von diesen Versuchen
deswegen gänzlich absehen.

Grofser Schaden wird hierdurch jedoch nicht an-
gerichtet, da sich in der genannten Arbeit eine Reihe
von Versuchen ähnlicher Art findet, die in mehreren

---

[1] l. c. S. 59.

Beziehungen weit lehrreicher sind. Die Aufgabe bestand bei diesen Versuchen darin, daß die V.-P. entweder einen Metalldraht längs eines feinen, in Ebonit eingelegten Metallstreifens führen oder auch nur den Metalldraht ruhig in einer metallenen Öse halten sollte, mit welcher derselbe nicht in Berührung kommen durfte. Ob der V.-P. die Lösung der Aufgabe gelang, war daran zu erkennen, daß ein durch den Metalldraht und den eingelegten Streifen gehender elektrischer Strom jedesmal, wenn der Draht außerhalb des Streifens geriet, unterbrochen wurde. Bei jeder solchen Unterbrechung setzte ein Zeitmarkierer eine Marke auf einen rotierenden Zylinder ab. Bei der anderen Versuchsanordnung schloß sich der Strom, wenn der Draht mit der Öse in Berührung kam, und diese Berührung wurde auf ähnliche Weise aufgezeichnet, so daß man genau erfuhr, um welchen Zeitpunkt jeder einzelne »Fehler« begangen worden war. Nun ist die bei diesen Versuchen zu leistende Arbeit zwar keine rein psychische, indem sie wesentlich in einer Koordination der Augen- und der Handmuskeln besteht, hierbei ist die Muskelarbeit jedoch unzweifelhaft das Untergeordnete, die zentrale Koordinationsarbeit aber die Hauptsache. Versagt die Aufmerksamkeit nur einen einzigen Augenblick, so wird sofort ein »Fehler« begangen, und man darf deshalb wohl Zoneff und Meumann darin recht geben, daß die Arbeit wesentlich eine Anspannung der Aufmerksamkeit ist.

Diese Versuche sind nun gerade, wie leicht zu ersehen, der oben besprochenen Art, indem sie instinktive Änderungen der Atmung veranlassen, und hierin besteht ihr größtes Interesse. Es ist ganz einfach unmöglich, die Hand beim tiefen Atemholen ruhig zu halten; sämtliche Versuche zeigen denn auch ohne Ausnahme, daß die Atmungsgröße sogleich im Anfange des Versuches kleiner, meistens sogar viel kleiner wird[1]. Das heißt mit anderen Worten nur, daß die V.-P. rein instinktiv »den Atem an sich hält«, um die Hand ruhig führen zu können. Bei kurzen Versuchen (30—40 Sek.) gelingt es der V.-P. in einigen Fällen, die schwache

---

[1] l. c. Tab. S. 47—51.

Atmung und die Koordination der Muskeln zu bewahren, und die Anzahl der Fehler wird dann sehr gering. Bei lange dauernden Versuchen (50—80 Sek.) ist dies dagegen unmöglich. Die äußerst feine Koordination der zusammenwirkenden Muskeln erfordert, da die Hand wegen der Ermüdung der Muskeln ins Zittern gerät, eine fortwährend anwachsende Anspannung. Die größere Arbeit erheischt aber lebhaftere Blutzirkulation, mithin stärkere Atmung. Man sieht deshalb konstant um irgendeinen Zeitpunkt während dieser Versuche, daß die Pulsfrequenz, somit auch die Atmungsgröße steigt. Hier kommt also die reflektorische Verstärkung der Atmung geradezu in Streit mit der instinktiven Hemmung. Das Resultat der verschiedenen zusammenwirkenden Umstände wird jedenfalls, wie die Versuche zeigen, daß in dieser Phase eine bedeutende Anzahl Fehler erscheinen. Wenn dann aber dem Blute durch eine Reihe tiefer Atemzüge wieder der nötige Sauerstoff zugeführt wird, so sinken wieder zu gleicher Zeit die Pulsfrequenz, die Atmungsgröße und die Anzahl der Fehler.

Das Resultat der hier angestellten Betrachtungen können wir in folgendem Satz zusammenfassen:

Die Änderungen der Atmung, welche die verschiedenen psychischen Zustände und Tätigkeiten begleiten, können in speziellen Fällen rein instinktive Äußerungen sein, die dazu dienen, Sinnesreize festzuhalten oder zu entfernen oder auch die Ausführung einer bestimmten Arbeit zu erleichtern. Übrigens sind die Änderungen der Atmung während der Arbeit des Zentralorgans, ganz ebenso wie während der Muskelarbeit, durch die Blutzirkulation reflektorisch bestimmt, indem die Atmungsgröße sich dem Sauerstoffbedürfnisse des Blutes anpaßt. Je größer die auszuführende Arbeit ist, um so mehr wird deshalb gewöhnlich die Atmung verstärkt werden. Wo die reflektorische Einwirkung auf die Atmung mit der instinktiven in Streit gerät, erweist es sich wie immer nur innerhalb eines beschränkten Zeitraums möglich, den Reflex zu hemmen.

In allen bisher untersuchten Fällen hat es sich also

erwiesen, daſs die Störungen sowohl der Blutzirkulation
als auch der Atmung, welche die psychischen Zustände
begleiten, als rein mechanische Wirkungen der vom
Gehirn geleisteten Arbeit zu verstehen sind. Ferner
hat es sich erwiesen, wie der Organismus als Totalität
so zweckmäſsig gebaut ist, daſs die organischen
Änderungen, die aus der zentralen Arbeit resultieren,
gerade dazu dienen, die Integrität des Gehirns zu erhalten, indem dessen Blutversorgung und die Oxydation
des Blutes der Gröſse der ausgeführten Arbeit angepaſst werden. Es ist also in allen Fällen die Menge
dekomponierten Stoffes im Zentralorgane oder genauer
gesagt: die Intensität und die Kapazität der zentralen
Vorgänge und durchaus nicht die hiermit verbundenen
psychischen Erscheinungen, welche für die Art und die
Stärke der organischen Änderungen das Entscheidende
sind. Es könnte daher höchst sonderbar erscheinen,
daſs man in der Volumkurve des Armes typische
Formen von Änderungen nachzuweisen vermag, die bestimmten psychischen Zuständen entsprechen, so daſs
man aus dem Aussehen der Volumkurve schlieſsen
kann, ob eine bestimmte psychische Erscheinung unter
gegebenen Umständen eingetreten ist oder auch nicht
(1. Teil, S. 187—188). Näher besehen erweist es sich jedoch, daſs dies eigentlich nicht so gar sonderbar ist; die
Möglichkeit, die Volumkurve in diagnostischer Beziehung zu benutzen, ist nämlich stark begrenzt. So habe
ich schon früher (1. Teil, S. 104 u. 132, vgl. oben S. 378)
darauf aufmerksam gemacht, daſs schwache Gefühlsbetonungen durchaus keine besondere Spur in der
Volumkurve hinterlassen, die sich in diesen Fällen nicht
von derjenigen unterscheidet, welche jede schwache Konzentration der Aufmerksamkeit hervorbringt. Auſser
der Spannung, die sich durch ihre anormalen Reaktionen verrät, sind es nur die leichte und die anstrengende psychische Arbeit, die starken Lust- und
Unlustgefühle, die sich an gewissen typischen Änderungen der Volumkurve erkennen lassen. Diese vier
Formen der psychischen Aktivität entsprechen aber
eben, wie oben (S. 411) nachgewiesen, den vier Haupt-
phasen der psychophysiologischen Vorgänge, der zentralen Arbeit. Wenn wir aber nachweisen können,

einerseits, dafs die organischen Änderungen von den
Stärkeverhältnissen der zentralen Arbeit abhängig sind,
anderseits, dafs diese Stärkeverhältnisse gerade bei
bestimmten psychischen Erscheinungen zugegen sind,
so ist die Beziehung zwischen diesen psychischen Erscheinungen und gewissen typischen organischen Reaktionen mithin gegeben.

Die Affekte. Gewöhnlich hat man sich bekanntlich
darauf beschränkt, eben die vier erwähnten Hauptgruppen psychischer Erscheinungen: mehr oder weniger
anstrengende intellektuelle Tätigkeit und gefühlsbetonte
Empfindungen von gröfserer oder geringerer Komplikation zu untersuchen. Diese Wahl war zweifelsohne
zunächst durch praktische Verhältnisse bestimmt, indem
die genannten Erscheinungen sich verhältnismäfsig
leicht experimentell durch Reize hervorrufen liefsen,
deren Wirkungen einigermafsen berechenbar waren.
Hiermit haben wir aber ja keineswegs alle Erscheinungen untersucht, die von organischen Reaktionen
begleitet werden: den Affekten, die in dieser Beziehung
gerade die am meisten charakteristischen sind, ist man,
bis auf ganz einzelne Ausnahmen, stets aus dem Wege
gegangen. Die Ursache hiervon ist natürlich die, dafs
wirkliche Gemütsbewegungen sich nur ziemlich schwer
experimentell hervorrufen lassen, und hierzu kommt
ferner der proteusartige Charakter dieser Zustände,
der die Aussichten, gesetzmäfsige Verhältnisse zu finden,
in hohem Mafse verringert. Es wäre gewifs eine kühne
Behauptung, dafs diese Aussichten sich durch unsere
vorhergehenden Untersuchungen wesentlich verbessert
hätten. Ein kleiner Fortschritt ist meiner Ansicht nach
aber doch erzielt, nämlich der, dafs man künftig den
körperlichen Äufserungen der Gemütsbewegungen keine
so grofse Bedeutung beizulegen braucht, wie man
während der letzten 20 Jahre durchweg zu tun geneigt
gewesen ist. Drei verschiedene Umstände scheinen
mir hierfür zu sprechen.

Es wurde oben (S. 405—408) ausführlich nachgewiesen, dafs zwischen den ›Gefühlen‹ und den ›Gemütsbewegungen‹ der wesentliche Unterschied besteht, dafs
die Ichvorstellung bei letzteren als integrierendes Glied
mitbetätigt ist, bei ersteren dagegen fehlt. Rein theore-

tisch betrachtet erleidet es natürlich keinen Zweifel,
daſs die Gefühlsbetonung eines psychischen Zustandes
stets ein Anzeichen ist, ob der Zustand dem körperlich-
seelischen Wohl des Individuums zum Frommen oder
zum Schaden gereicht. Dies ist aber damit nicht gleich-
bedeutend, daſs das Individuum sich dessen auch unmittelbar bewuſst wäre, denn sinnliche Wahrnehmungen
und intellektuelle Arbeit können mit starken Gefühlsbetonungen verbunden sein, ohne daſs das Individuum
sich im mindesten bewuſst wird, wie es sich hier um
das Wohl und Wehe des Ich handelt. Dies ist gerade
den ästhetischen und logischen Gefühlen charakteristisch,
und je mehr das Individuum sich selbst vergiſst und in
seinen Gegenstand verliert, um so reiner ästhetisch-
logisch wird die Befriedigung. Je mehr sich dagegen
die Vorstellung vom Ich als Objekt der nützlichen oder
schädlichen Einflüsse im Bewuſstsein hervordrängt, um
so mehr nimmt der Zustand den Charakter der Gemütsbewegung an, und ohne diese Vorstellung vom
Ich als Objekt sind die Affekte ganz undenkbar. Eine
uninteressierte Furcht z. B., bei welcher das Ich gar
nicht berührt würde, ist ein ebenso unmögliches Ding
wie ein rundes Dreieck. Selbst in der nur vorgestellten
Furcht, wo das Ich sich bewuſst ist, daſs keine wirkliche
Gefahr droht, ist das nähere oder fernere Ich dennoch
ein integrierendes Glied, obschon der Zustand kein
Leiden, sondern ein Genuſs ist. Dies alles wurde oben
so ausführlich erörtert, daſs ich hier nur daran zu erinnern brauche. Stets ist es die Vorstellung vom Ich
als Gegenstand schädlicher oder nützlicher Einwirkungen,
die zwischen den »Gefühlen« und den »Gemütsbewegungen« die Scheide zieht; schon durch das Wort
»Gemütsbewegung« wird dies ausgesprochen: es ist das
Innerste oder Tiefste des Individuums, das Gemüt, das
Ich, das hier in Bewegung gesetzt wird.

An der Ichvorstellung als vorherrschendem, in-
tegrierendem Gliede des Zustandes haben wir also ein
psychisches Moment, das eine schärfere Grenze zwischen
Gefühl und Gemütsbewegung zieht, als dies sonst irgend-
wie möglich wäre. Im Vergleich hiermit werden die
körperlichen Veränderungen von verhältnismäſsig untergeordneter Bedeutung. Hiermit soll selbstverständlich

nicht gesagt sein, dafs die körperlichen Veränderungen
für den psychischen Zustand als Gesamtheit keine
wesentliche Rolle spielten: über diesen Punkt habe ich
mich früher so ausführlich geäufsert[1], dafs ich mich
auf eine Hinweisung beschränken kann. Ohne die
körperlichen Störungen würde ein Affekt gar nicht
existieren können; eben die gewaltigen organischen
Änderungen, durch welche die Ichempfindung modifiziert
wird, haben zur Folge, dafs ein Mensch im Affekt
›aufser sich‹ ist. Wie grofse reelle Bedeutung die
körperlichen Wirkungen aber auch haben, lassen sie
sich doch nicht in theoretisch-psychologischer Beziehung benutzen, um die Gefühle von den Gemütsbewegungen abzugrenzen. Denn ganz ähnliche, wenn
auch schwächere und weniger ausgedehnte körperliche
Änderungen begleiten, wie wir sahen, auch die Gefühle,
so dafs also nur von quantitativen Unterschieden die
Rede sein könnte, auf die sich keine Sonderung basieren
läfst. Ebenso verhält es sich meiner Ansicht nach mit
den trieb- und instinktmäfsigen Äufserungen der Affekte,
denen Marshall so grofse Bedeutung beilegt, dafs er
meint, die Affekte als ›instinkt-feelings‹ bestimmen zu
können[2]. Erstens finden sich nämlich solche motorischen
Äufserungen ebensowohl bei den eigentlichen Gefühlen:
der intellektuell oder ästhetisch Geniefsende sucht das
Objekt festzuhalten, Störungen zu entfernen usw.
Ferner läfst sich wohl nicht bestreiten, dafs es einen
wesentlichen Unterschied zwischen den Affekten bedingt, ob das Individuum verhältnismäfsig passiv, emp-
fangend ist, wie bei Freude, Schreck, Trauer und Be-
freiung, oder aber mehr aktiv, suchend, wie bei Liebe,
Furcht und Zorn. Soll eine derartige Einteilung der
Affekte nach motorischen Erscheinungen aber Bedeutung haben, so mufs sie sich durchführen lassen,
was mir nicht möglich scheint. Aufser den von Marshall rubrizierten Affekten gibt es ja noch eine Menge
anderer: Dankbarkeit, Sehnsucht, Neid, Mitleid, Schaden-
freude, Ungeduld, Scham, Reue usw., die sich nur ziemlich gekünstelt in diese Rahmen einordnen lassen. Als

[1] Die Hauptgesetze des menschlichen Gefühlslebens. S. 114—133.
Die körperlichen Äufserungen usw. I. Teil. S. 191—200.
[2] Pain, Pleasure and Aesthetics. London 1894. S. 63 u. f.

Klassifikationskennzeichen haben die verschiedenen körperlichen Äuserungen also keinen besonderen Wert.

Hierzu kommt noch das dritte, entscheidende Moment. Wir sahen oben, dafs die organischen Änderungen während der Gefühle als zweckmäfsige Reaktionen aufzufassen sind, mittels deren die Integrität des Zentralorgans während der Arbeit erhalten bleibt. Nun sind die Affekte zwar sehr komplizierte Zustände, die oft von ihrer Entstehung an bis zu ihrem schliefslichen Abklingen verschiedene Stadien durchlaufen, darum wird es aber doch nicht weniger wahrscheinlich, dafs die körperlichen Reaktionen auch während dieser Zustände zweckmäfsig sind, indem der Organismus sich in jedem einzelnen Moment der zu leistenden Arbeit anzupassen sucht. Dies kann in extremen Fällen die Adaptationsfähigkeit des Organismus überschreiten — einen derartigen Fall erörterten wir oben (S. 369) —, darum hört die möglichst grofse Zweckmäfsigkeit der Reaktionen aber doch nicht auf. Es bleibt der Zukunft vorbehalten und wird keineswegs eine leicht zu lösende Aufgabe sein, den Nachweis zu führen, wie die Reaktionen während der wechselnden Stadien der Affekte zur Erhaltung der Integrität des Gehirns dienen. Dafs man aber dereinst eben dieses Resultat erzielen wird, steht wohl kaum zu bezweifeln, und deshalb hat es vorläufig keine so grofse Eile mit der genauen detaillierten Lösung der Aufgabe.

Als Ergebnis dieser in Kürze vorgebrachten Betrachtungen scheint also hervorzugehen, dafs der Bestimmung der körperlichen Äuserungen der einzelnen Affekte keine so grofse Wichtigkeit beizulegen ist, wie man bisher zu glauben geneigt gewesen ist. Die Aufgabe mag nun aber für mehr oder weniger wesentlich gehalten werden, so hat sie doch vollen Anspruch auf ihre einstige Lösung, und deshalb hat jeder, selbst der unansehnlichste Beitrag hierzu seine Bedeutung. Ich teile darum in den sechs folgenden Planen eine Reihe teils zufällig entstandener, teils experimentell hervorgerufener Affekte mit, zu deren Beobachtung ich im Laufe der Zeit die Gelegenheit hatte. Mit der Wiedergabe dieser Kurven verbinde ich aufserdem die besondere Absicht, nachzuweisen, wie zusammengesetzt

die körperlichen Äuserungen dieser Zustände werden
können, und wie behutsam man deshalb sein muſs,
wenn man sie durch einzelne bestimmte Reaktionen
charakterisieren will. Es kann wohl keinen Zweifel erleiden, daſs eine Gemütsbewegung wie z. B. der Zorn
stets gewisse psychische Eigentümlichkeiten darbietet,
die vorhanden sein müssen, damit wir den Zustand
überhaupt als Zorn bezeichnen können. Ich bezweifle
deshalb auch nicht, daſs es unter den körperlichen
Äuserungen einer solchen Gemütsbewegung gewisse
Reaktionen gibt, die stets eintreten, und durch die der
Zustand sich daher charakterisieren läſst. Vergleicht
man die Kurven für gleichartige Gemütsbewegungen
bei verschiedenen V.-P. miteinander, so findet man gewöhnlich auch gewisse Übereinstimmungen; es ist aber
ein weiter Sprung von hier bis zur Aufstellung eines
so einfachen Schemas wie dasjenige, in welchem Lange
die körperlichen Äuserungen der einzelnen Affekte
feststellen zu können glaubte[1]. Wegen des Unterschiedes des Vorstellungsinhaltes und wegen des ganzen
Verlaufes des Zustandes kann ein bestimmter Affekt
bei verschiedenen V.-P. so groſse Verschiedenheiten
darbieten, daſs es schwer wird, das Entscheidende zu
erblicken. Groſse Resultate kann man deshalb wohl nicht
erwarten, nicht einmal von einer eingehenden Untersuchung, — und die folgenden Seiten machen keineswegs den Anspruch, als eine solche betrachtet zu werden.
    Vf. XXXVII. 14. 12. 1898, ab. Dr. Hy. Schreck,
durch einen Schuſs hervorgerufen.
    Die V.-P. war völlig ruhig; der Anfang der Kurve,
bis Puls 20, zeigt einen ihr ganz normalen Zustand.
Beim Pfeil, unmittelbar vor Puls 20, fiel der Schuſs, der
einen so starken Chok bewirkte, daſs der Herzstoſs
verwischt wurde. Es war deshalb nicht möglich, die
Pulsverspätung bei Puls 20 zu bestimmen; wahrscheinlich
wäre diese recht interessant gewesen. Nach vier Pulsen,
während deren weder die Frequenz noch das Volumen
sich ändert, beginnt letzteres bei langsamem Herzschlag
und verminderter Pulshöhe zu sinken. Demgemäſs zeigt
die Pulsverspätung der Rad. keine Änderung, indem
der verminderte arterielle Blutdruck eine Zunahme, die

[1] Über Gemütsbewegungen. Leipzig 1887. S. 40.

Gefäfskontraktion dagegen eine Abnahme derselben zur
Folge haben würde. Die Pulsverspätung der Car. hat
von Puls 25 an ziemlich bedeutend zugenommen; dies
kann von der Verminderung des Blutdruckes herrühren,
die Möglichkeit ist natürlich aber nicht ausgeschlossen,
dafs in diesem Gebiete auch eine Gefäfserschlaffung
stattgefunden haben kann. Nach Bergers Beobachtungen
tritt beim Schreck wenige Sekunden nach der Reizung
eine Erschlaffung der Gefäfse des Gehirns ein, während
zugleich dessen Volumen sinkt[1]. Erschlaffen aber
die Gefäfse, und nimmt das Volumen dennoch ab, so
mufs der arterielle Blutdruck bedeutend vermindert
sein, und es ist dann wahrscheinlich in verschiedenen
anderen Gebieten, die sich unserer Beobachtung ent-
ziehen, eine Gefäfserschlaffung eingetreten.

Die letzte Hälfte des Pl. XXXVII zeigt, dafs der
Zustand langsam zur Norm zurückkehrt. Als dies
einige Minuten später geschehen war, wollte ich als
Beendigung der Versuche eine Normalkurve aufnehmen.
Ich bat daher, wie gewöhnlich in solchen Fällen, die
V.-P., sich möglichst ruhig zu verhalten; es solle nur
noch eine einzelne Reihe aufgenommen werden, dann
wären wir fertig. Die Wirkung dieser Mitteilung war
jedoch eine ganz andere als die beabsichtigte. Ich hatte
nämlich die V.-P. den ganzen Abend wach erhalten,
indem ich mit ihr experimentierte, so dafs ihr keine
Ruhe zum gewöhnlichen Schläfchen vergönnt wurde;
als ich nun die Versuche für abgeschlossen erklärte,
war sie also um den Schlaf betrogen worden und fühlte
sich hierüber etwas getäuscht. Diese Kurve ist wiedergegeben:

Pl. VIII, C. 14. 12. 1898. Dr. Hy. Getäuscht, weil
ihm keine Ruhe zum Schlafen vergönnt wurde.

Vergleicht man diese Kurve mit dem Schlusse des
Pl. XXXVII, so sieht man, dafs das Volumen, die Pulshöhe und die Pulsverspätung sowohl in der Rad. als der
Car. bedeutend vermindert sind. Hier finden sich also
alle Anzeichen der Unlust.

Pl. XXXVIII, A. 5. 10. 1898. ab. Dr. Hy. Ernst-
licher Zorn, hervorgerufen durch indiskrete Äufserungen
eines Anwesenden.

[1] l. c. S. 106.

Dieser Versuch wurde nach vorhergehender Ver-
abredung mit dem gelegentlich anwesenden Dr. F.,
einem Altersgenossen und guten Bekannten der V.-P.
ausgeführt. Dr. F. wünschte die Äuserungen eines
ernstlichen Zornes zu sehen und nahm es auf sich,
diesen Zustand hervorzurufen. Als die Situation mir
im Laufe der Versuche dazu geeignet schien, gab ich
Dr. F. das verabredete Signal fast gleichzeitig mit dem
Anfang der Aufzeichnung Pl. XXXVIII, A. Dr. F. begann nun sogleich, mit der V.-P. über ein der letzteren
unangenehmes Ereignis zu sprechen; die Äuserung
wurde zwar in so verblümten Worten vorgebracht, daß
weder der anwesende Assistent noch ich eine Ahnung
davon haben konnte, worum es sich handelte, nichtsdestoweniger wurde die V.-P. jedoch über diese sonderbare Indiskretion von seiten des Dr. F. sehr erzürnt.
Wann die Gemütsbewegung sich bei der V.-P. geltend
zu machen begann, ist natürlich sehr schwer zu entscheiden, bei Puls 13 tritt aber eine bedeutende Zunahme der Pulsfrequenz ein, so daß wir höchstwahrscheinlich das Eintreten des Affekts von diesem Zeitpunkte an rechnen können. Bei Puls 22 sieht man das
für die V.-P. charakteristische Anzeichen einer Gemütsbewegung: das Herz überschlägt eine Pulsation; hier
muß der Affekt also in voller Entwicklung sein. Dr. F.
setzte inzwischen seine indiskreten Andeutungen fort,
bis es der V.-P. zu arg wurde. Bei Puls 40 erklärte
sie sehr entschieden: »Jetzt hören Sie auf!« Da der
Ton dieses Ausbruches keinen Zweifel gestattete, daß
es wirklich gelungen war, die V.-P. zu erzürnen, schwieg
Dr. F., und sofort, von Puls 45 an, tritt eine ziemlich
bedeutende Pulsverlängerung ein. Später, nach Beendigung des Versuches, teilte die V.-P. mit, sie sei um
diesen Zeitpunkt so aufgebracht gewesen, daß sie fast
vom Stuhle aufgesprungen wäre.

Während des ganzen Versuches zeigt die Volumkurve nur einige schwache Undulationen, und man
könnte deshalb, wenn nur diese Kurve zur Verfügung
stünde, zu dem Glauben versucht werden, es sei gar
nichts geschehen; die Pulsverspätungen geben aber an,
daß bedeutende Zirkulationsstörungen stattgefunden
haben. Von Puls 13 an sollte der geschwindere Herz-

schlag, wenn sonst alles andere unverändert wäre, ein
Steigen des Volumens bewirken, wovon jedoch keine
Spur zu sehen ist. Dies kann teils von einer Gefäfsverengerung in der Rad., teils von einer Gefäfserweiterung anderswo herrühren, da hierdurch der
Blutdruck vermindert wird. Die ein wenig kleinere
Pulshöhe und die verminderte Pulsverspätung deuten
an, dafs eine Gefäfsverengerung in der Rad. stattgefunden hat. In der Car. wächst die Pulsverspätung
nach Puls 13 aber stark an; hier gibt es also Gefäfserweiterung: das Blut steigt der V.-P. zu Kopfe, was
eine dem Zorn besonders charakteristische Erscheinung
ist. Wahrscheinlich findet aber doch auch anderswo
Gefäfserweiterung statt, so dafs der Blutdruck trotz
des geschwinden Herzschlages nur sehr wenig zugenommen hat. Während des weiteren Verlaufes
schwanken die Pulsverspätungen sehr stark, was anzeigt, dafs der Tonus der verschiedenen Gefäfse fortwährend Änderungen unterworfen ist. Von Puls 38
bis 48 ist der V.-P. augenscheinlich etwas »in die Krone
gestiegen«; die Pulsverspätung der Car. erreicht hier
eine ungewöhnliche Höhe. Darauf tritt etwas mehr
Ruhe ein.

Pl. XXXVIII, B. 5. 10. 1898, ab. Dr. Hy. Der
Zorn legt sich; 2 Min. nach *A* aufgenommen.

Dafs die V.-P. sich in einer nicht geringen Gemütsbewegung befunden hat, ist aus dem unregelmäfsigen
Herzschlag zu ersehen: nicht weniger als fünfmal
während 30 Sek. überschlägt das Herz eine Pulsation.
Bei der Berechnung der mittleren Pulslänge wurde
jeder dieser Herzschläge als zwei gerechnet. Übrigens
zeigt das durchweg grofse Volumen mit grofser Pulshöhe und vermehrter Pulsverspätung in der Rad., dafs
die Gefäfse sich hier erweitern, als Reaktion auf die
vorangehende Kontraktion. Im Gebiete der Car. bleibt
die Gefäfserschlaffung zum Teil bestehen.

Vergleicht man die hier besprochene Kurve mit
derjenigen, die ich früher über den Zorn aufzunehmen
die Gelegenheit hatte[1], so sieht man, dafs die beiden

---

[1] Die Hauptgesetze d. menschl. Gefühlslebens. S. 109—110.
Tafel V, C.

Kurven so gut miteinander übereinstimmen, wie sich
nur erwarten läfst, wenn die eine von einem jungen,
aufbrausenden Studenten, die andere aber von einem
besonnenen 50jährigen Staatsbürger herrührt. Während
des Affektes zeigt die ältere Volumkurve nur eine geringe Verminderung des Volumens, der Pulshöhe und
der Pulslänge, nach der Gemütsbewegung dagegen ein
unregelmäfsig schwankendes grofses Volumen mit
grofser Pulshöhe. Darf man einen Schlufs aus diesen
beiden Versuchen ziehen, so wird der Zorn offenbar
durch den ein wenig vermehrten Blutdruck nebst Gefäfsverengerung in der Oberfläche des Körpers und Erweiterung der Gefäfse des Gehirns charakterisiert; im
übrigen ist der Tonus der Gefäfse in den verschiedenen
Gebieten starken Schwankungen unterworfen. Über
die Bedeutung dieser Reaktionen ist es schwar, ein Urteil abzugeben; besonders merkwürdig ist es, zu sehen,
dafs ein Unlustzustand von einer Erweiterung der
Hirngefäfse begleitet wird; dies steht sicherlich aber
mit dem aktiven Charakter des Affekts in enger Beziehung.

Pl. XXXIX. 26. 2. 1901, ab. Dr. Bl. Leistete zum
erstenmal als V.-P. Beistand; stark deprimiert wegen
vorhergehender privater Unannehmlichkeiten. Bei
Puls 14 und 30 kurz anhaltende Töne einer Stimmgabel.

Unmittelbar bevor der Kymograph in Gang gebracht
wurde, sank das Volumen stark, und die Pulshöhe ist
im Vergleich mit anderen Kurven von derselben V.-P.
äufserst gering. Dieser Umstand, dafs das Volumen
erst sinkt, wenn die Arbeit beginnen soll, könnte zunächst andeuten, dafs hier ein gewöhnlicher Spannungs-
zustand vorliege, und so fafste ich es auch auf, da die
V.-P. seine deprimierte Stimmung nicht vorher angezeigt
hatte. Indes behauptete die V.-P. später, dafs sie von
Anfang an stark niedergedrückt gewesen sei, was denn
auch nicht mit der Volumsenkung im Anfang der Kurve
unvereinbar ist. Das Anbringen der zahlreichen
Apparate macht nämlich grofse Ansprüche an die V.-P.
die selbst mithelfen mufs, zu prüfen hat, ob alles richtig
sitzt usw. Die körperlichen Äufserungen einer
Stimmung werden sich aber verlieren, wie früher nachgewiesen (1. Teil, S. 135 und 158), solange die Auf-

merksamkeit völlig von anderen Zuständen in Anspruch genommen wird. Dies war nun gewifs während des Anbringens der Apparate der Fall, und erst indem die V.-P. zur Ruhe kommt und der Kymograph in Gang gesetzt werden soll, treten wieder die Äufserungen der Depression mit kleinem Volumen und kleiner Pulshöhe ein. Aufserdem ist die Pulsfrequenz ungewöhnlich grofs für die betreffende V.-P., und die Pulsverspätungen sind auf allen drei Gebieten ganz abnorm. Es findet sich offenbar eine starke Gefäfskontraktion in der Rad. und der Car., dagegen bedeutende Erschlaffung in der Tib. Wahrscheinlich hat der totale Blutdruck wegen des geschwinden Herzschlages zugenommen, was dazu beiträgt, die äufserst geringe Pulsverspätung der Rad. zu bewirken. Während der Aufnahme war ich, wie gesagt, nicht über die Natur des Zustandes im reinen, sondern hielt denselben für eine gewöhnliche Spannung, die ich durch beruhigende Mittel wie die Töne einer Stimmgabel usw. zu beseitigen suchte. Man sieht, dafs der erste dieser Töne eine kleine Gefäfserweiterung in der Rad. und somit eine geringe Zunahme des Volumens herbeiführt; der zweite Ton (Puls 30) scheint ganz wirkungslos gewesen zu sein. Von Puls 50 an verliert sich die Verstimmtheit etwas; das Volumen steigt, indem die Pulsverspätung in der Tib. abnimmt, zugleich aber in der Rad. und der Car. anwächst.

Pl. XL. 26. 2. 1901. ab. Dr. Bl. Unmittelbare Fortsetzung des Pl. XXXIX. Bei Puls 15 die Rechenaufgabe 12×23; bei Puls 32 die Beantwortung.

Der Zustand ist hier wesentlich derselbe wie am Schlusse des Pl. XXXIX. Trotz der andauernd deprimierten Stimmung bewirkt die leichte Rechenaufgabe eine wesentlich normale Reaktion. Der Puls wird etwas geschwinder, die Pulsverspätung in der Rad. deutlich kleiner und in der Car. gröfser. Diese Zunahme dauert bis etwas nach dem Abschlufs der Arbeit an. Während des Schlusses der Berechnung und einige Zeit danach bewegte die V.-P. den Fufs rhythmisch, so dafs der Tibialispuls durchaus verwischt wurde; deshalb fehlt hier die Pulsverspätung während einer gröfseren Strecke.

Nach einigen anderen Versuchen, die nichts von Interesse darbieten, nahm ich:

Pl. XXXIII, B. 26. 2. 1901. ab. Dr. Bl. Die Depression nimmt merklich ab.

Das Volumen ist fast normal, die Pulshöhe größer als in den vorhergehenden Planen, jedoch bedeutend geringer als das für die betreffende V.-P. Normale. Mit der größeren Pulshöhe erscheinen jetzt, wie in solchen Fällen normal, Respirationsoszillationen, von denen sich vorher nur schwache Spuren zeigten. Die Pulsverspätungen in allen drei Gebieten entsprechen zunächst dem Zustand, der früher als der aktiv-normale bezeichnet wurde; vgl. z. B. Pl. IX.

Ein ganz anderes Bild zeigt auf den beiden folgenden Planen die Furcht.

XLI. 30. 4. 1898 vorm. Dr. P. L. Furcht, hervorgerufen durch die Vorbereitungen zur Behandlung mit dem Faradischen Pinsel. Bei Puls 10 wurde der Induktionsapparat hervorgeholt, bei Puls 30 in Gang gesetzt.

Unmittelbar unter der Atmungskurve ist hier und im folgenden Plan die Herzstoßkurve wiedergegeben, die besonders interessant ist, indem sie zeigt, wie die Furcht nach und nach Herzklopfen bewirkt. Die ersten Vorbereitungen zu dem der V.-P. höchst unangenehmen Experimente erzeugen von Puls 10 an sinkendes Volumen mit stark abnehmender Pulshöhe trotz des geschwinderen Herzschlages. Hier findet also eine bedeutende Gefäßverengerung in der Rad. statt. Nichtsdestoweniger ist die Pulsverspätung anwachsend, folglich muß der arterielle Blutdruck bedeutend sinken. In der Car. ist die Pulsverspätung trotz des abnehmenden Blutdruckes konstant; hier haben wir also Gefäßkontraktion. Von Puls 30 an, wo der Induktionsapparat in Gang gesetzt wird, nehmen das Volumen und die Pulshöhe noch ferner ab, zugleich nimmt auch die Pulsverspätung sowohl in der Rad. als in der Car. ab; die Gefäßkontraktion in diesen beiden Gebieten scheint mithin stärker zu werden. Gegen Schluß (von Puls 39 an) wird der Herzstoß mehr markiert; hier haben wir offenbar beginnendes Herzklopfen, das während des weiteren Verlaufes des Versuchs heftiger wird. Außer-

dem zeigt die Volumkurve deutliche Respirationsoszillationen.

Pl. XLII, A. 30. 4. 1898, vorm. Dr. P. L. Unmittelbare Fortsetzung von Pl. XLI. Vor dem Beginn
der Aufnahme wurde der V.-P. die Elektrode in die
Hand gegeben.

Das Herz schlägt ein wenig langsamer, und das
Volumen ist unbedeutend gestiegen; da die Pulshöhe
und die Pulsverspätung der Rad. aber unverändert
bleiben, hat der Blutdruck wahrscheinlich etwas zugenommen. Ob dies möglicherweise dem ungestümen
Arbeiten des Herzens zu verdanken ist, wage ich nicht
zu entscheiden; die Herzstofskurve zeigt, wie man sieht,
ein sehr wohlentwickeltes Herzklopfen.

Pl. XLII, B. 30. 4. 1898, vorm. Dr. P. L. Einige
Minuten nach A aufgenommen. Reaktion nach der
Furcht. Ruhe.

Das Herz ist vollständig zur Ruhe gekommen; der
Herzstofs ist sogar sehr schwach. Das Volumen ist
steigend bei anwachsender Pulshöhe, während der Puls
äufserst langsam ist; wir haben hier also Gefäfserweiterung. Da die Pulsverspätung der Rad. trotz der
Gefäfserweiterung fast unverändert bleibt, mufs der
arterielle Blutdruck also wegen Gefäfskontraktionen in
anderen Gebieten angewachsen sein. Die Pulsverspätung
der Car. erweist sich indes als vergröfsert trotz des
anwachsenden Blutdruckes; hier findet also eine starke
Gefäfserschlaffung als Reaktion nach der vorhergehenden Kontraktion statt.

Vergleicht man diesen Versuch mit dem vorigen
(Pl. XXXIX, XL und XXXIII. B), so sieht man, dafs
die beiden Zustände sehr verschieden sind. Die Volum-
kurven sind freilich fast übereinstimmend, dies hat gewifs aber nur wenig zu bedeuten, denn die Pulsverspätungen zeigen im ersteren Falle (Depression)
einen stark vergröfserten, im letzteren Falle (Furcht) dagegen einen bedeutend verminderten Blutdruck. Hieraus
lassen sich mehrere nicht unwesentliche Lehren ableiten.
Erstens scheint dieses Verhalten einiges Licht auf die
ziemlich rätselhaften Respirationsoszillationen des Armvolumens zu werfen. Während diese nämlich unter normalen Umständen, wo kleine Änderungen des Blut-

druckes sofort durch kompensatorische Änderungen des Lumens der Gefäße ausgeglichen werden, gänzlich fehlen, so erweist es sich hier, daß sie entstehen, sowohl wenn der Blutdruck bedeutend über, als wenn er erheblich unter der Norm ist. Da wir nun oben sahen, daß die Respirationsoszillationen auch während der Schläfrigkeit und des Schlafes hervortretend sind, wo der Blutdruck stark wechselt (S. 478), so liegt die Annahme nahe, daß diese Oszillationen davon herrühren, daß die Gefäße, wenn der Blutdruck stark von der Norm abweicht, nicht imstande sind, die kleinen, von der Atmung verursachten Änderungen zu kompensieren. Ist diese Betrachtung richtig — und ich kann nichts gewahren, was derselben widerstreiten könnte — so hat man an den Respirationsoszillationen also ein Kennzeichen, daß der Blutdruck in positiver oder negativer Richtung bedeutend von der Norm abweicht.

Ferner lernen wir aus einem Vergleiche der beiden Versuche, daß ein einzelnes Plethysmogramm durchaus nicht genügt, um zu bestimmen, welche Zirkulationsstörungen eigentlich eintreten — was man übrigens schon vorher wußte —, denn die Plethysmogramme sind sich in allem Wesentlichen gleich, während die Blutdruckänderungen in entgegengesetzten Richtungen gehen. Folglich darf ein Forscher, der künftighin die Äußerungen der Affekte einer mehr eingehenden Untersuchung zu unterwerfen wünscht, sich nicht darauf beschränken, Plethysmogramme aufzunehmen. Entweder muß er die hier angewandte, äußerst mühselige Methode benutzen, oder auch muß er bei dargebotener Gelegenheit Gehirnkurven aufnehmen. Als am erfolgreichsten wird sich gewiß die früher S. 415) erwähnte Kombination beider Methoden erweisen. Endlich sieht man, daß es bis zu einem wirklichen Verständnisse der Bedeutung der Affektäußerungen noch sehr lange Aussichten hat. Denn allerdings findet in psychischer Beziehung ein nicht geringer Unterschied zwischen der deprimierten Stimmung und der Furcht statt; weshalb aber diese doch verwandten Zustände sich in einander entgegengesetzten Änderungen des Blutdruckes Ausschlag geben, ist noch durchaus rätselhaft. Daß es sich hier um die Erhaltung der Integrität des Gehirns

handelt, kann nach unseren früheren Erfahrungen kaum
zweifelhaft sein: weshalb erfordert dieselbe in so nah-
verwandten Fällen aber ganz verschiedene Änderungen
des Blutdruckes? Soweit ich zu sehen vermag, gebricht
es uns für den Augenblick an allen Voraussetzungen,
um diese Frage beantworten zu können.

— —

Hiermit schließe ich vorläufig diese Untersuchungen
ab. Wir haben gesehen, daß die Fechnersche Formel
nur eine erste, meistens ungenügende Annäherung an
ein rein physiologisches Gesetz für die Beziehung
zwischen der Stärke des Nervenstroms und der des
Reizes ist. Wir haben ferner gesehen, daß Hemmungen
unter gleichzeitigen und Bahnungen unter sukzessiven
zentralen Vorgängen die Ursachen der unter den Namen
»Kontrast« und »Zeitfehler« der Empfindungen seit
langem bekannten Erscheinungen sind, und daß die so
oft diskutierten Abweichungen vom Weberschen Gesetze nur einfache Konsequenzen hiervon im Verein
mit anderen bekannten physiologischen Ursachen sind.
Überdies haben wir gesehen, daß die Vorstellungsassoziation nur eine spezielle Äußerung der Bahnung
ist, auf welcher jede Bildung von Verbindungen
zwischen ursprünglich voneinander unabhängigen zentralen Vorgängen beruht. Und schließlich haben wir
gesehen, daß jede zentrale Arbeit von Änderungen der
Blutzirkulation und der Atmung begleitet ist, mittels
deren die Integrität des Gehirns erhalten wird. Es erweist sich mithin, daß die psychischen Zustände völlig
durch die im Zentralorgane verlaufenden Vorgänge bestimmt sind; alle empirischen psychologischen Gesetzmäßigkeiten sind nur spezielle Ausdrücke für die Gesetze, die für die Nerventätigkeit Gültigkeit haben.
Wie ein elektrischer Funke eine notwendige Folge der
Spannung gegebener Elektrizitätsmengen und des
Widerstandes zwischen den Konduktoren ist, so ist auch
jede psychische Erscheinung eine notwendige Äußerung
des gegebenen Zustandes des Zentralorgans. Eine
wissenschaftliche Psychologie allein auf Grundlage der

Selbstbeobachtung zu beschaffen, ohne die Gesetze des
Organs zu erkennen, in welchem die psychischen Erscheinungen entstehen, ist deshalb ebenso unmöglich
als z. B. eine wissenschaftliche Meteorologie durch das
alleinige Aufzeichnen der täglichen Veränderungen von
Wind und Wetter aufzubauen, ohne jemals nach den
wirkenden Kräften zu fragen.

www.ingramcontent.com/pod-product-compliance
Lightning Source LLC
Chambersburg PA
CBHW022129020426
42334CB00015B/820